The Theory and Practice
of Corporate Compliance Reform

企业合规改革的
理论与实践

主　编：陈瑞华　李玉华
副主编：吴　巍　尹云霞　马明亮

法律出版社
LAW PRESS·CHINA
北京

图书在版编目（CIP）数据

企业合规改革的理论与实践 / 陈瑞华，李玉华主编
. -- 北京：法律出版社，2022
ISBN 978 - 7 - 5197 - 6373 - 2

Ⅰ. ①企… Ⅱ. ①陈… ②李… Ⅲ. ①企业法－中国
－文集 Ⅳ. ①D922.291.914 - 53

中国版本图书馆 CIP 数据核字(2022)第 008694 号

企业合规改革的理论与实践
QIYE HEGUI GAIGE DE LILUN YU SHIJIAN

陈瑞华
李玉华 主编

责任编辑 屈 瑶
装帧设计 臧晓飞

出版发行 法律出版社
编辑统筹 学术·对外出版分社
责任校对 晁明慧
责任印制 陶 松
经　　销 新华书店

开本 710 毫米×1000 毫米 1/16
印张 33.25 **字数** 553 千
版本 2022 年 1 月第 1 版
印次 2022 年 1 月第 1 次印刷
印刷 固安华明印业有限公司

地址：北京市丰台区莲花池西里 7 号(100073)
网址：www.lawpress.com.cn
投稿邮箱：info@lawpress.com.cn
举报盗版邮箱：jbwq@lawpress.com.cn

销售电话：010 - 83938349
客服电话：010 - 83938350
咨询电话：010 - 63939796

书号：ISBN 978 - 7 - 5197 - 6373 - 2　　**定价**：128.00 元
凡购买本社图书，如有印装错误，我社负责退换。电话：010 - 83938349

序　言

2021 年 10 月 16 日,“企业合规监督考察制度改革的理论与实践”研讨会在北京中国大饭店隆重召开。本次会议由北京大学法学院、中国人民公安大学法学院、中国人民公安大学企业合规与社会治理研究院、金杜律师事务所共同主办。来自司法机关、行政监管机关的专家领导,来自北京大学、中国人民公安大学、中国人民大学、中国政法大学、清华大学、中国社会科学院大学等高等院校的教授学者以及来自金杜律师事务所、方达律师事务所等专业机构的行业代表等一百人参加了此次会议。会议以“企业合规监督考察制度改革的实务界与理论界对话会”的形式,在本轮企业合规改革的关键时期,聚集理论界与实务界的同仁分享其研究成果,可谓是百花齐放,异彩纷呈,对企业合规改革探索具有重要意义。本论文集是本次会议重要成果的展示。

企业合规作为一种新型的社会治理模式,近年来已经成为法学界、企业界等领域讨论的热点话题。毋庸置疑,企业合规在防控企业刑事风险、促进企业可持续发展、保障社会主义市场经济健康发展、维持社会稳定等多个方面发挥着关键作用。涉案企业愿意遵循合规考察程序的根本目的是能够获得宽大处理。因此,某些涉案企业积极着手合规整改是真整改,但也不乏一些涉案企业只是以获取宽大处理为目的而开展的形式上的“假整改”。为杜绝这种掩耳盗铃的虚假整改,合规考察会对涉案企业施加压力,使其真正做到认真制定合规计划,督促其切实的进行自纠自查,从而弥补管理漏洞,实现涉案企业有效合规整改。因此,为保障企业合规建设的有效性,建立和完善合规考察制度至关重要。

为贯彻落实习近平总书记重要讲话精神和党中央重大决策部署,依法推进企业合规改革试点工作,有效惩治和预防企业违法犯罪,保障经济社会高质量发展,2020 年 3 月,最高人民检察院开启了企业合规改革探索,确定了 6 家基层检察院为试点单位。试点检察院对民营企业负责人涉经营类犯罪,依法能不捕的不捕、能不诉的不诉、能不判实刑的提出适用缓刑的量刑建议，得到了社会各界的广泛认可。2021 年 4 月，最高人民检察院发布了《关于开展企业合规改革试点工作方案》启动第二期“企业合规改革”试点工作。随后 2021 年 6 月，最高人民检察院、司法部、财政部、生态环境部等九部门联合发布了《关于建立涉案企业合规第三方监督评估机制的指导意见(试行)》(以下简称《意见》)。《意见》的发布不仅肯定了企业合规的重要意义，也初步落实了企业合规的第三方监督评估机制，明确了企业合规整改的评估结果将作为检察机关办理企业涉罪案件的重要参考，可见国家层面对于企业合规有效性的重视与支持。

合规考察制度要求涉罪企业在考察期内制订合规计划，完善公司治理结构，健全公司管理制度，规范生产经营方式，然后由监管考察主体对其合规整改效果进行评估，并将评估结果作为检察机关是否继续刑事追诉的重要根据。这一制度设计有助于激发企业进行合规建设的积极性，强化合规建设的有效性，助推企业切实做好自纠自查、自我完善，从而有效预防合规风险的再次发生，防范企业再次违法犯罪。与此同时，合规考察制度也加深了检察机关参与社会治理的深度，推动了检察职能由注重事后追诉向事前预防的转变，强化了检察机关助推企业合规的实效，为企业合规的深入发展贡献了检察力量，也为保障社会主义市场经济的可持续发展提供了“新抓手”。

在本次“企业合规监督考察制度改革的理论与实践”研讨会中涌现了一大批具有代表性的学术成果，现编著本论文集，并将相关研究成果与各界同仁共享。本论文集聚焦合规考察的理论发展与实践需求，将相关成果从研究性质上为理论、实务、案例三编。并围绕企业合规监督考察制度的适用对象、企业合规整改与验收的标准、合规监管人制度的改革探索以及刑事合规与行政合规的衔接四大主题，针对当前面临的主要理论难题、实践困境以及未来发展进行了深入的探讨，以期为企业合规相关法律制度的建立和完善提供有力支撑，为我国社会主义市场经济健康发展提供智库支持。

目录

第一编 理论

第二编 实务

第三编 案例

第一编

理　论

企业合规不起诉改革的八大争议问题*

陈瑞华**

一、引言

在最高人民检察院的推动下，企业合规不起诉改革已经正式启动。2020年3月，最高人民检察院在上海浦东、金山，江苏张家港，山东郯城，深圳南山、宝安等6家基层检察院部署开展企业合规改革第一轮试点工作。各试点机关经过一年以来的改革探索，形成了合规不起诉制度的两种模式：一是检察建议模式，也可称相对不起诉模式；二是附条件不起诉模式。检察建议模式是指检察机关对犯罪情节轻微的单位犯罪案件，责令涉案企业在认罪认罚的基础上采取补救措施，最终作出相对不起诉的决定，并提出建立合规体系的检察建议，督促企业进行合规整改。试点机关办理的合规不起诉案件大都采用检察建议模式，已经出现数十起案例。而附条件不起诉模式，则产生了更为重大的影响。我国刑事诉讼法确立的附条件不起诉制度只适用于轻微的未成年人犯罪案件，但实践中一些试点机关借鉴西方国家暂缓起诉协议制度，使合规不起诉具备了附条件不起诉的性质。在这一模式中，检察机关在涉案企业认罪认罚，积极采取补缴税款、缴纳罚款、赔偿被害人损失、恢复原状等补救挽损措施的前提下，结合涉案企业提交的合规整改方案，经过审核和评估，设置六个月到一年的合规监管考察期，并在考察期内设置监督、指导、帮助涉案企业推进合规管理体系建设的合规监管人，在合规考察期届满之前，对涉案企业的合规整改情况进行考核验收，对于按照要求完成制度整改、建立合规管理体系的企业作出合规不起诉决定。因为设置了合规监管考察期和合规监管人制度，附条件不起诉模式又可称为合规考察模式。目前，真正适用附条件不起诉的案

* 本文原载《中国法律评论》2021年第4期，收录本书时原文有改动。

** 陈瑞华，北京大学法学院教授，博士生导师，教育部长江学者奖励计划特聘教授。

例并不是太多，但所产生的影响却是巨大的。

在总结改革试点经验的基础上，最高人民检察院于2021年3月启动第二轮企业合规改革试点工作，试点范围涵盖北京、辽宁、上海、江苏、浙江、福建、山东、湖北、湖南、广东等十个省和直辖市，由省级检察院自行确定两到三个地级市检察院及其所辖基层检察院作为试点单位。截至目前，10个省级检察院共选取确定27个市级院和165个基层院作为试点院开展改革工作，这些检察机关改革热情高涨，因此试点范围大幅扩展。由于上一轮企业合规改革发生在基层检察院，试点案例主要是中小微企业实施的轻微单位犯罪案件，如今第二轮改革由省级检察院统一部署，市级检察院负责推进，一些重大单位犯罪案件就有可能被纳入试点对象。我国单位犯罪案件罪名分布较为集中，发案率最高的是涉税犯罪案件，虚开增值税专用发票罪是我国企业犯罪第一大罪名，位列前五的高发犯罪类型还有污染环境犯罪、侵犯知识产权犯罪、商业贿赂犯罪和信息网络犯罪。这些罪名是这两轮合规不起诉改革试点所涉及的主要罪名。

企业合规不起诉改革既是近年来一场意义深远的司法改革，也是一次伟大的司法理念革新。具体来说，合规不起诉改革体现了三大司法理念：一是对企业加强司法保护；二是推动企业有效治理；三是检察机关参与社会治理。首先来看加强对企业司法保护的理念。司法机关意识到不能“办一个案件搞垮一个企业”，因为一个企业的定罪会连累大量员工、股东、投资人、客户、第三方商业伙伴等无辜第三人，甚至祸及整个社会，保护企业不仅是考虑到企业本身，更是为了维护国家利益和社会公共利益。正是基于社会公共利益的考量，检察机关对涉嫌犯罪的企业采取慎用刑事制裁措施的宽大政策，通过企业合规改革尽量给予企业宽大处理的机会，并督促其进行自我整改、消除犯罪隐患，这是贯彻落实最高决策层保护民营企业政治要求的司法举措。其次是企业有效治理和除罪化改造的理念。改革开放初期监管体系不完备，大量企业野蛮生长，随着市场经济发展又涌现出互联网金融、大数据等大量带有探索性质的高科技新兴行业。一开始行政部门监管不力，对相关企业的违法经营方式漠然视之，导致这些企业出现了结构性的违法乃至犯罪问题。而通过合规不起诉制度探索，检察机关可以督促涉案企业进行合规整改，建立合规管理体系，完成“去犯罪化”改造。在这个意义上，督促企业合规整改就是保护企业，帮助其实现可持续发展,建成"百年老店"。最后来看检察机关参与社会治理的理念。合规不起诉改革体现了我国检察机关的重大政治担当,即从单纯地办理案件走向积极地参与社会治理。自2014年中央新一轮司法体制改革启动以来,检察机关通过提起民事公益诉讼和行政公益诉讼,逐步加强对社会治理的积极参与。在2019年通过的《人民检察院检察建议工作规定》中,最高人民检察院将检察建议分为四种类型,其中一种就是"社会治理检察建议"。本轮企业合规不起诉改革也是检察机关参与社会治理的一种探索。检察机关以合规激励的方式,让涉嫌犯罪的企业进行有效整改、堵塞漏洞、消除犯罪隐患,并且督促监管部门加强对企业的合规监管,推动行政机关引入协商性执法方式,激活企业内部的自我监管,这些都是检察机关参与社会治理的新方式和新举措。通过转变检察理念和检察职能,检察机关成功地参与到国家治理现代化的进程之中。

随着改革的进一步推进,在条件成熟的情况下,最高人民检察院有可能推动全国人大常委会将合规不起诉纳入授权改革试点的范围。这种授权改革试点是我国立法机关近年来较为成功的立法方式。全国人大常委会在2014年和2016年就曾两次授权"两高"在部分地区开展为期两年的刑事案件速裁程序和认罪认罚从宽制度试点工作,经过对试点地区改革效果的验收和评估,最终通过修改刑事诉讼法,正式确立了认罪认罚从宽制度。根据我的预测,假如未来全国人大常委会授权最高人民检察院在部分地区开展企业合规改革试点,那么,经过总结改革试点的经验,立法机关有望修改刑法和刑事诉讼法,从而将合规不起诉制度正式确立在法律之中,甚至有可能在法律中引入合规出罪制度和合规从宽制度。所以,从现在到2022年3月的这段时间,将是合规不起诉改革从理论到制度形成的关键阶段。一旦立法机关启动授权试点,就意味着制度框架大体上得到确立,理论争议问题都将尘埃落定。然而,从目前合规不起诉改革的进展情况来看,检察机关固然进行了卓有成效的改革探索,但仍然存在改革的理论准备不足、改革中出现制度偏差、改革的效果不尽如人意等值得关注的问题。甚至在部分试点地方出现了一些脱离改革目标的混乱现象。考虑到合规不起诉是一场重大司法改革,我们有责任对这场改革进行科学的研究,总结成功经验,避开失败做法,为改革者提供富有建设性的"诤言"。具体而言,在合规不起诉的改革实践中,法学界和司法实务界提出了八个重大争议问题。对于这些问题，我们应当给予严肃的对待，考察其现状，分析其成因，提出可能的解决方案。

一是企业责任与关联人员责任的分离问题。我们通过对美国和欧洲国家适用暂缓起诉协议制度的情况进行考察，发现这些国家针对重大企业犯罪案件都是适用合规考察制度，并普遍采取了“放过涉案企业，但严惩责任人”的刑事政策。例如，法国第1例适用“基于公共利益的司法协议”制度的案例，是汇丰银行涉嫌逃税和洗钱的重大犯罪案件；英国迄今为止共有11起适用暂缓起诉协议的案例，包括标准银行、劳斯莱斯、空客公司等特大型企业实施的重大欺诈和贿赂犯罪；美国暂缓起诉协议和不起诉协议制度的适用对象更是包括西门子公司、波音公司、爱立信公司、沃尔玛公司、兴业银行、德意志银行等超大型企业集团涉嫌实施的重大犯罪案件，其中西门子公司曾涉嫌实施海外贿赂总金额超过10亿美元。而相比之下，我国检察机关把合规不起诉的适用范围限定为中小微企业涉嫌实施的轻微犯罪案件，尤其是直接责任人可能被判处三年有期徒刑以下刑罚的轻微案件；而对于直接责任人可能被判处三年有期徒刑以上刑罚的单位犯罪案件，大部分检察机关都不愿意将其纳入合规考察试点的对象。法学界普遍认为，如果继续将企业责任与自然人责任捆绑在一起，将合规考察的案件局限在那些自然人可能被判处三年有期徒刑以上刑罚的单位犯罪案件，那么，企业合规不起诉改革的空间将会小之又小，甚至与我国固有的“相对不起诉”没有本质区别。因此，如何改造传统单位犯罪理论，将企业刑事责任和直接责任人员刑事责任加以分离，已经成为合规不起诉改革的头号理论难题。

二是单位犯罪的分类问题。在司法实践中，根据单位刑事责任归责方式的不同，单位犯罪存在显著的差异。有的单位犯罪由单位集体决定或者单位负责人明确授权决定实施，比如经过党政办公会集体研究决定，或者经过董事会集体表决通过，或者董事长或总经理直接决定实施特定犯罪行为。但是还有一类单位犯罪，既没有经过单位集体决定，也没有经过单位负责人的决定、授意或批准，而是单位内部的某一部门、员工、分支机构或子公司以单位名义实施了犯罪活动，违法所得归单位所有，根据相关法律规定也可成立单位犯罪。这其实是由于单位管理不善、未建立有效合规体系所导致的一种单位犯罪。实践中这类单位犯罪案件发生频率很高，员工、中层管理人员、子公司，以及供货商、经销商、代理商等第三方商业伙伴实施了犯罪活动，由于单位在管理上有重大漏洞和隐患，存在管理失职行为，而由单位承担连带责任。鉴于单位犯罪之间有着如此明显的区别，我们应当对其进行分类，并在合规不起诉改革中作出区别对待。毕竟，对于经过集体决策实施危害社会行为、具有明显主观罪过的企业，可能很难通过建立合规管理体系进行有效的改造。对于这些经过集体决策或者经由企业负责人作出决定所实施的犯罪，我们可以称为“系统性单位犯罪”，对这类犯罪，合规出罪的空间并不是很大。相反，对于那些由企业的某一高管、董事、员工、子公司、第三方等关联人员，以企业名义并为企业利益而实施的犯罪，我们可以称为“非系统性单位犯罪”。

三是合规出罪的正当性问题。目前为止，仍有一些专家学者和司法官员对企业合规出罪持怀疑态度，最高人民检察院将本次改革改称为“企业合规法律监督制度”，部分试点机关则称为“企业合规从宽制度改革”，就显示出一种对“合规出罪”较为慎重的态度。在改革者看来，对于承诺建立合规体系的企业，检察机关可以通过不捕、不诉、提出轻缓化量刑建议等方式，给予程度不同的“合规激励”。但是，假如没有不起诉这一最为显著的激励方式，又有哪一家企业愿意进行实质性的合规整改呢？目前，对于合规整改能否成为出罪事由问题，主要存在两种观点：一种观点认为，合规至多只能算是从宽量刑的理由，但不能作为出罪依据，因为对于一个自然人犯罪主体，即便其已经消除恶习、戒除毒瘾药瘾、改变不良习惯，最终回归社会，这些事后悔过和改造情节最多只能成为宽大量刑的依据。同理，对于一个已经构成犯罪的企业而言，事后的合规整改即便可以发挥堵塞制度漏洞、消除制度隐患、预防再犯罪的功能，这最多也只能带来量刑上的宽大，而不能消除其刑事责任。而根据另一种观点，合规在特定条件下可以实现出罪的效果。“合规出罪”既包括企业因为实施有效合规计划而切割单位责任与关联人员责任，使合规成为无罪抗辩事由，也包括那些已经构成犯罪的企业经过合规整改最终获得无罪处理结果，通过合规考察实现企业出罪。面对这两种截然相反的观点，研究者需要从理论上阐述合规出罪的条件和正当根据，从而为合规不起诉改革确立正当性依据。

四是合规不起诉的适用对象问题。目前合规不起诉改革主要适用于中小微企业的轻微犯罪案件，并要求涉罪企业系初犯、偶犯、自愿认罪认罚，并采取补救挽损措施。合规不起诉的适用对象是当前改革的一个“瓶颈”问题，引发了若干重大争论。第一是应该适用于中小微企业还是大型企业集团的争议。国外的暂缓起诉协议制度几乎都适用于上市公司或者大型企业集团,这些企业中有着股东会、董事会、监事会等完整且有效运行的现代公司治理结构,具备搭建合规治理体系的基础条件。而我国检察机关进行合规考察的对象则主要是中小微企业,尤其是一些带有家族化经营特征的小企业,有些企业只有几十名员工,甚至只有数名员工。这些企业既没有建立基本的公司治理体系,也不具备建立合规管理体系的组织和资源条件,即便在形式上建立了合规管理体系,也难以使其得到有效的运行,各种内控机制可能形同虚设。在适用对象上存在的第二个争议是,合规不起诉究竟应适用于轻微单位犯罪,还是重大单位犯罪。假如继续坚持将企业责任与直接责任人责任捆绑在一起的观点,那么,合规不起诉就只能适用于轻微单位犯罪案件。毕竟,对于那些可能判处三年有期徒刑以上刑罚的案件,检察机关不可能对责任人适用相对不起诉,也不可能单独对进行合规整改的涉案企业作出不起诉的决定。在此情况下,对于略微重大一些的单位犯罪案件,检察机关就只能提起公诉,而最多建议法院作出宽大的刑事处罚。这种做法对于涉案企业的激励作用将是极为有限的。第三个争议问题是,究竟应由基层检察机关还是上级检察机关适用合规不起诉。在美国,无论是暂缓起诉协议,还是不起诉协议,一般都是由联邦司法部或者各个联邦检察官办公室实施的。在英国,暂缓起诉协议则由皇家检察署和反严重欺诈办公室等国家层面的检察机关,与涉案企业达成协议。在法国,国家金融检察官办公室和法国反腐败局负责适用暂缓起诉协议。相比之下,我国的合规不起诉竟然都是由基层检察机关负责实施。如果说在改革试点的初期,出于制度探索的考虑,由基层检察机关试行一下合规不起诉改革,还是情有可原的。但在目前最高人民检察院已经统筹安排这场司法改革的情况下,各省市检察机关直接指导地级市检察机关开展改革试点,这时再交由基层检察机关进行改革试点,就有些说不过去了。毕竟,基层检察机关不仅承担着较大的办案压力,而且也缺乏统一调配相关改革资源的能力,加上所办理的都是中小微企业涉嫌实施的轻微刑事案件,因此,由基层检察机关主导的合规不起诉制度改革,很难达到改革的预期效果。

五是附条件不起诉与相对不起诉的分离问题。按照现有的改革方案,附条件不起诉的适用对象主要是中小微企业涉嫌的轻微单位犯罪案件,对这些涉案企业其实根本没有必要进行合规考察,如果犯罪情节轻微,依照刑法不需要判处刑罚的,检察机关本来就可以直接作出相对不起诉的决定。合规考察制度应针对更为重大的单位犯罪,只有对重大犯罪的涉案企业才需要耗费大量司法资源改变其经营模式和商业模式,对其进行"去犯罪化"改造。因此,是否要将附条件不起诉和相对不起诉彻底分离,也成为各界争论的一大焦点问题。

六是合规考察制度和认罪认罚从宽制度的关系问题。根据目前的改革动向,各级试点机关存在将合规考察制度纳入认罪认罚从宽制度的趋势。毕竟,这两个制度都以涉案企业自愿认罪为适用的前提条件。但是,这两项制度具有完全不同的性质。认罪认罚从宽制度以效率为导向,强调节省资源、降低成本、快速处理案件,通过给予认罪认罚的嫌疑人、被告人较为宽大的处理,形成一种激励效应,使更多的嫌疑人、被告人选择认罪认罚程序,实现刑事案件的快速办理。相比之下,合规考察制度则强调企业合规整改的有效性,要求设置足够长的合规考察期,委任专业的合规监管人,督促企业建立并实施有效的专项合规计划。合规考察的主要目的在于针对企业管理制度的漏洞和隐患,提出整改方案,逐步促使企业改变固有的经营方式和商业模式,消除企业的犯罪基因。但这种合规整改要取得成功,又谈何容易?就像改造一个人原有的不良生活方式,促使一个人戒除毒瘾药瘾、改变陋习、回归社会一样,合规整改也需要投入大量的时间和司法资源,还要进行反复的论证和评估。因此,合规考察制度和认罪认罚从宽制度可谓风马牛不相及,实践中将这两种价值导向完全不同的改革加以混同、错误嫁接的做法,引发了法学界和司法界的普遍争议。

七是合规监管人制度的设置问题。在这场合规不起诉改革中,检察机关创造性地推出了合规监管人制度,这是一个了不起的改革创举。但是,在如何推进合规监管人制度实施方面,却出现了不同的改革模式。一些检察机关在改革过程中大胆探索,从律师事务所、会计师事务所、税务师事务所等中介组织中引入第三方独立合规监控人,由企业负责支付合规监管费用,引入了"原汁原味"的合规监管人制度。这就是以深圳市宝安区检察院为代表的独立合规监控人监管模式。而合规监管人制度的另一种模式则是行政机关监管模式。一些检察机关担心第三方专业机构容易与涉案企业发生利益勾连,影响合规监管的中立性和公正性，因此更倾向于由行政机关和行政官员担任合规监管人。这种监管方式可以保证监管人利用其行政资源，加大监管力度，实现从源头上治理企业的违法违规问题。而且涉案企业无须向其支付监管费用，行政机关在监管过程中能保持较高的独立性和专业性。但是，这种由行政机关担任合规监管人的做法，能否具有可持续性，行政监管人可否从“去犯罪化”的角度进行有针对性的合规监管，是否具有参与合规考察的积极性，能否对检察机关的合规考察进行有效的配合，也是存在较大争议的。

八是合规整改和合规验收的标准问题。在合规不起诉改革中，检察机关要将涉案企业纳入合规考察的对象，就需要审查该企业是否符合法定的条件，其中，涉案企业提出的合规整改方案就属于重要的条件。而经过合规考察，企业是否成功地进行了合规整改，是否实施了有效的合规管理体系，检察机关也需要进行审查评估，才能作出是否提起公诉的决定。在上述两个环节上，检察机关都应当制定可操作的合规整改和验收标准。但由于这场改革缺乏必要的理论准备和配套措施，一些基层检察机关指定一名律师担任“合规监管人”或者“合规律师”，帮助涉案企业提出合规整改方案，经过几个月的合规考察，在其满足形式上的合规整改要求之后，就对其作出不起诉的决定。还有些检察机关委托行政监管部门指导监督涉案企业进行合规整改，在这些监管部门对企业合规整改验收合格后，就直接作出不起诉的决定，而缺乏对企业合规整改实质性的审查。由于没有确立较为具体的合规整改和合规验收标准，参与改革试点的检察机关就可能面临着一些潜在的危险，即面对地方政府部门的压力和影响，对一些不具备基本条件的涉案企业启动合规考察程序，而将一些符合条件的企业排除在合规考察程序之外。这种做法，可能会造成合规不起诉适用过程的不公开和不透明，违背“法律面前人人平等”的原则，以至于影响合规不起诉改革的公信力。2021 年 6 月，最高人民检察院联合多部委组建企业合规第三方监督评估机制管理委员会，其重要职责之一就是研究制定涉企犯罪的合规考察标准。可以看出，缺少明确的合规整改和合规验收的标准，已经成为制约合规不起诉改革的一个“瓶颈”问题。

二、企业与关联人员刑事责任的分离问题

我国《刑法》第 30 条规定，公司、企业、事业单位、机关、团体实施的危害社会的行为，法律规定为单位犯罪的，应当负刑事责任。最高人民法院关于《全国法院审理金融犯罪案件工作座谈会纪要》规定，以单位名义实施犯罪，违法所得归单位所有的，是单位犯罪。对单位犯罪有双罚制和单罚制两种追责方式，双罚制是我国绝大多数单位犯罪的处罚原则，即同时追究单位和责任人的刑事责任，既判处单位有罪并处以罚金刑，又追究直接责任人的刑事责任。单位犯罪的直接责任人员包括两类：一类是“直接负责的主管人员”，是指在单位犯罪中起决定、批准、授意、纵容、指挥等作用的人员，一般是董事长、总经理、实际控制人等单位的主管负责人。另一类是“其他直接责任人员”，是指具体实施单位犯罪并起较大作用的人员，既可以是单位的经营管理人员，也可以是单位的职工。例如，在污染环境犯罪中直接实施倾倒废水、排放废气等行为的员工，在税收犯罪中直接实施虚开发票行为的会计，在侵犯商业秘密案件中直接实施获取商业秘密行为的人，等等。这些人员可能在单位中没有担任领导职务，但由于直接实施了犯罪行为，属于其他直接责任人员，也要受到刑事处罚。与双罚制不同，单罚制意味着不追究单位的刑事责任，对单位既不定罪也不判处刑事处罚，只追究相关责任人员的刑事责任。迄今为止，我国《刑法》规定了 10 个单罚制罪名，包括第 135 条规定的重大劳动安全事故罪，第 137 条规定的工程重大安全事故罪，第 138 条规定的教育设施重大安全事故罪，第 139 条规定的消防责任事故罪，第 161 条规定的违规披露、不披露重要信息罪，第 162 条规定的妨害清算罪、虚假破产罪，第 244 条规定的雇用童工从事危重劳动罪，第 396 条规定的私分国有资产罪、私分罚没财物罪，等等。

根据传统单位犯罪理论，检察机关在推进合规不起诉改革过程中会遇到两个难题。第一，对直接责任人员刑事责任的追究，要以单位构成犯罪为前提，单位不构成犯罪则无法追究直接责任人员的刑事责任。这在轻微单位犯罪案件中是不存在问题的。但在那些责任人可能被判处三年有期徒刑以上刑罚的重大单位犯罪案件中，检察机关无法对直接责任人员作出相对不起诉的决定，而只能提起公诉，并建议法院定罪判刑，这时候再对单位单独作出不起诉决定，就出现问题了。毕竟，按照传统的理论，单位构成犯罪是追究直接责任人刑事责任的前提条件，既然单位都不构成犯罪了，那么，对直接责任人员追究刑事责任就没有依据了。可见，传统单位犯罪理论要求责任追究必须以单位构成犯罪为前提，而合规不起诉改革却要求在重大单位犯罪案件中放过企业，只单独追究直接责任人员的刑事责任，两者存在明显的矛盾。第二，传统单位犯罪理论认为所有单位犯罪都要由自然人实施，单位作为法律拟制的人格体，没有独立的意志和行为，只能依靠内部主管人员或其他关联人员来代为行事，所以单位责任和关联人员责任无法分割。检察机关假如只对责任人员追究刑事责任，而对单位进行出罪处理，那么，这就等于将单位的刑事责任推给直接责任人员，后者就相当于代替单位承担责任，这就与直接责任人员自行实施的犯罪没有本质区别，显然是不公平的。毕竟，自然人犯罪与自然人为企业利益而实施的单位犯罪，无论是在犯罪性质上还是主观责任上都存在明显区别，检察机关对于单位犯罪案件只追究责任人的责任，就可能抹杀自然人犯罪与单位犯罪的区别。

在传统单位犯罪理论的影响下，检察机关只能将合规不起诉的适用对象局限在那些责任人可能被判处三年有期徒刑以下刑罚的轻微案件，而难以将这一改革适用于较为重大的单位犯罪案件。在将单位责任与责任人员的责任捆绑在一起的情况下，检察机关一旦因为案情重大，无法对责任人员适用相对不起诉，也就难以对单位作出无罪处理。由此，合规不起诉就只能被适用于中小微企业涉嫌实施的轻微刑事案件，而无法将那些大型企业的重大刑事案件纳入合规不起诉的适用对象之中。

要走出这一困境，我们提出一种将单位责任与责任人员责任加以分离的理论。根据这一理论，在单位犯罪案件中，单位责任与直接责任人员的责任具有相对的独立性，司法机关对于单位犯罪案件追究刑事责任的方式，并不是必然同时追究单位和责任人员的刑事责任。具体说来，对于那些成功进行合规整改、建立合规管理体系的单位，检察机关可以对单位作出无罪处理，而单独追究直接责任人员的刑事责任。之所以要提出这一理论，主要是基于以下几个方面的理由：一是我国法律已经确立了在单位犯罪案件中单独追究责任人员刑事责任的制度；二是基于“水漾理论”，对单位追究刑事责任会损害大量无辜第三人的利益，甚至损害社会公共利益；三是根据企业独立意志理论，企业具有独立于责任人员的意志，可以独立承担刑事责任；四是随着企业严格责任的确立，企业因内部责任人员犯罪行为而承担的无过错责任，可以因其实施合规管理制度而免除刑事责任。

首先，对于单位犯罪案件，我国法律已经明确确立了单独追究责任人员刑事责任的制度。这主要可分为四种情形：

第一,单罚制本身就意味着单位责任和关联人员责任的分离。刑法设立“单罚制”这一制度本身,就为单位责任和责任人员责任的分离提供了法律依据。根据立法原意,刑法设立单罚制主要有三种情形:一是以单位名义实施犯罪,但并非为本单位谋取利益,违法所得归个人所有,如私分国有资产罪、私分罚没财物罪;二是仅将行为主体表述为单位,如工程重大安全事故罪;三是违规披露、不披露重要信息罪,由于该罪名的涉案企业多为上市公司等大型企业集团,公司的违法犯罪行为已经严重损害了广大股东和投资人的利益,如果再追究单位的刑事责任,对单位判处罚金,并且导致公司被强制退市、信誉扫地、无法融资甚至濒临破产,会使大量无辜第三人的利益遭受进一步损失,所以刑法规定只追究内部责任人员责任,这与作为企业合规基本原理的“水漾理论”不谋而合。通过对立法原意的考察,刑法规定的10个单罚制罪名已经实现了单位责任和关联人员责任在实体上的分离。

第二,《全国法院审理金融犯罪案件工作座谈会纪要》规定,对于应当认定为单位犯罪的案件,即便单位未被起诉,人民法院也应依法对单位犯罪中直接负责的主管人员或者其他直接责任人员追究刑事责任,并应引用刑法分则关于单位犯罪追究直接责任人员刑事责任的有关条款。因此,对于直接责任人员,不仅要认定其构成单位犯罪的罪名,而且要依照单位犯罪的刑事责任进行量刑,也就是对单位犯罪中的责任人员可以判处较之单独实施犯罪的自然人更为轻缓的刑事处罚。由此,在检察机关不起诉单位的情况下,法院可以单独追究单位犯罪责任人员的责任,这体现了单位责任和关联人员责任在程序上的分离。

第三,根据2021年《最高人民法院关于适用〈中华人民共和国刑事诉讼法〉的解释》第344条的规定,审判期间,被告单位被撤销、注销的,对单位犯罪直接负责的主管人员和其他直接责任人员应当继续审理。当然,此时对责任人员仍然应当以单位犯罪定罪量刑。这再次显示出司法机关对单位犯罪中责任人员刑事责任加以独立追究的司法理念。

第四,我国刑法设立了“拒不履行信息网络安全管理义务罪”。本罪给那些网络服务提供者创设了较大的刑事风险。只要单位内部人员或第三方合作伙伴利用单位管理的信息网络实施犯罪行为,例如大型电子商务平台中的某一商户,实施了侵犯公民个人信息、非法经营、开设赌场、销售假冒注册商标的商品等违法犯罪行为，平台企业虽然不构成共犯，但是由于没有建立合规体系，导致危害社会的后果发生，仍可能构成拒不履行信息网络安全管理义务罪。由此，单位内部员工可能构成侵犯公民个人信息罪等特定犯罪，而单位则成立拒不履行信息网络安全管理义务罪，单位责任与员工责任发生了分离。当然，单位如果认为自己尽到了合规管理义务，还可以具备合规管理体系为依据作出无罪抗辩，抗辩成功的，则无须承担刑事责任。

既然我国法律已经确立了在单位犯罪案件中独立追究责任人员刑事责任的制度，而在司法实践中那种"放过企业，单独惩罚单位内部责任人员"的做法，已经被普遍接受，那么，那种坚持单位责任与责任人员责任一体化的观点就不能成立了。其实，在单位犯罪制度中，放弃追究单位的刑事责任，并不等于放弃追究责任人员的责任；对责任人员刑事责任的追究，也并不意味着必然追究单位的刑事责任。只要单位具有免予追究刑事责任的正当理由，那么，"放过单位，单独追究责任人员"的做法，就是具有正当性的。

其次，根据"水漾理论"，在单位犯罪中，对单位刑事责任的追究有必要保持慎重，尽量避免因追究单位刑事责任而导致大量无辜第三人遭受不公平的惩罚。"水漾理论"，是指一旦追究单位刑事责任，其后果会像水池的水漾出来一样，波及员工、投资人、客户、第三方合作伙伴等无辜第三人，导致大量人员失业，引起社会经济剧烈动荡。该理论产生于美国安达信事件之后。安达信曾是全球五大会计师事务所之首，主要业务是为上市公司提供审计服务，2001年安然财务丑闻爆发，为其提供内部咨询和审计服务的安达信休斯敦事务所开始销毁有关安然公司的大量会计账册，2002 年得克萨斯州南区联邦地区检察官经初步调查，认定安达信涉嫌妨碍司法，并向法院提交起诉书，安达信拒绝辩诉交易并拒绝达成暂缓起诉协议，联邦地区法院经开庭审理后，判决安达信妨碍司法罪名成立，判处罚金 50 万美元。在检察官起诉后，美国证交会就发出通告，停止安达信为上市公司提供审计业务的资格，导致安达信业务大量流失，客户中断联系，员工纷纷离职。2001 年，安达信在全球 85 个国家和地区曾设有 390 个分支机构，雇员总数达到 85,000 人，全球营业额达到 93.4 亿美元。但到 2003 年年底，2300 多家上市公司客户陆续离开安达信，其全球分支机构相继被撤销或收购，雇员仅剩 3000 人。

安达信事件发生后，在美国面临金融海啸的背景下，美国联邦检察官和司法部受到多方指责,称这种动辄对企业提起刑事诉讼的做法严重危害社会利益和公共利益,起诉企业就相当于判处其死刑,起诉安达信只获得了微不足道的50万美元的罚金,但却给安达信、美国社会乃至美国经济带来了灾难性后果。安达信事件直接导致美国司法部对企业刑事起诉政策的重大调整,使检察机关大规模使用暂缓起诉协议和不起诉协议。2001年前后,美国司法部每年只会达成2到3个暂缓起诉协议或不起诉协议,到2007年,一年的协议应用数量就达到40个,在2015年更是达到102个。"水漾理论"已经与执法实践紧密联系,所谓"城门失火,殃及池鱼",司法机关深刻意识到起诉企业所惩罚的并不是真正实施危害社会行为的公司内部极少数责任人,而是大量无辜的善意第三方;同时,起诉企业也易导致国家利益和社会公共利益受损、税收丧失、经济动荡。把单位责任和关联人员责任分离,便是为了防止出现这样的水漾效应。我国刑法将违规披露、不披露重要信息罪规定为单罚制,也是出于不让广大股东和投资人的利益进一步受损,避免殃及无辜的考虑。但是,放过犯罪的企业,不等于放弃对责任人的惩罚。毕竟,在企业内部人员对单位犯罪承担责任的情况下,唯有对这些人员实施严厉制裁,才能发挥刑罚所具有的报应、惩戒和威慑功能。这就是在欧美国家检察机关与企业达成暂缓起诉协议时,企业必须解散董事会、改组管理层、惩戒直接责任人的原因所在。

再次,"企业独立意志理论"为单位责任和关联人员责任的分离提供了另一个理论依据。传统单位犯罪理论认为单位不具有独立的行为和意志,只能依据单位内部自然人的行为和意志对单位进行归责,自然人以单位名义并为单位利益实施犯罪活动,违法所得归单位所有,因而才需要追究单位责任。这种以自然人责任为根基和前提的单位犯罪理论,已经落后于时代的发展,不符合对单位犯罪案件刑事追诉的实践情况。

对于中小微企业,特别是一些乡镇企业和家族企业而言,董事长和总经理可能是同一个人,经理层由家族成员担任,公司运营过程中的所有事项都由董事长一人拍板决定,董事会和监事会形同虚设,没有建立起现代公司治理结构。在这类治理结构简单的中小微企业中,单位意志和自然人意志自然是合而为一的。但是在大型企业中,却建立了层级复杂、管理严密的公司治理结构。如中兴公司、西门子公司在全球都拥有数十万名员工,这些大型企业内部都设立了完善的董事会、监事会、管理层,建立了一系列现代公司治理结构,还管理着上百家子公司，拥有数以千计的商业合作伙伴，如此复杂的结构体系意味着公司组织化、流程化运作程度较高。在这些高度组织化的现代大型企业中，董事长、董事、监事、总裁、副总裁等高级管理岗位相互制衡，没有任何自然人的意志能够完全代表单位意志。在英美，基于传统的代理责任原则存在诸多方面的弊端，越来越多的司法机关奉行同一性原则，主张将董事会成员、高级管理人员等高级代理人的行为和犯罪意图，视为公司的行为和犯罪意图。但是，在组织结构复杂、决策机制分散的大型企业中，判断高级代理人的范围，以及实际证明和认定高级代理人员意志等同于单位主观意志的过程，仍然是十分困难的，这是导致对大型企业难以定罪的重要原因。

作为一种新兴的企业刑事归责理论，企业独立意志理论将企业视为一种具有独立法律人格的生命有机体，唯有实施了某种独立于自然人的行为，才能体现其独立的意志。具体而言，可以将企业独立行为分为具体企业行为和抽象企业行为。具体企业行为是指企业针对具体事件作出的经营和管理行为，如在经营方面的投资、生产、并购等行为，在财务管理方面的会计审核、内部审计等行为，以及合规管理方面的风险评估、尽职调查、员工培训、内部举报、风险报告、内部调查、惩戒责任人等行为。抽象企业行为则是指企业所实施的制定章程、政策、规范和文件等建章立制、制定政策和程序的活动，在合规方面，企业发布合规章程、合规管理规范、员工行为准则，以及建立对合规风险进行预防、识别和应对的制度体系，都属于抽象企业行为。无论是具体企业行为还是抽象企业行为，只要经过董事会表决机制、股东大会投票机制、高级管理层决策机制等法定决策程序所直接实施的，或者是经过企业依法授权或事后确认的，都属于企业整体行为。根据罗马法时代的著名格言，“人的客观行为反映人的主观意志”，企业独立意志也是通过企业的抽象行为和具体行为来加以体现的。如果企业建立了有效的合规计划，对违法犯罪行为制定了完善的禁止性规定，并进行了有效的防范、识别和处置，就能体现出拒绝实施、拒绝接受违法犯罪行为的主观意志，若此时员工仍然实施了违法犯罪行为，则说明员工行为违背了企业意志。

最典型的案例是雀巢公司合规无罪抗辩案。雀巢（中国）有限公司的六名员工为推销雀巢奶粉，通过拉关系、支付好处费等手段，多次从兰州多家医院医务人员手中非法获取数万条新生儿及其家长的公民个人信息，构成侵犯公民个人信息罪。审理过程中各被告人均辩称获取公民个人信息是为完成公司下达的任务,销售奶粉所获利润也归公司所有,本案应属于单位犯罪。二审期间雀巢公司的律师团队提供了《雀巢宪章》、《雀巢指示》(取自雀巢公司员工培训教材)、《关于与保健系统关系的图文指引》等多份证明材料,其中明确规定公司员工对医务专业人员不得进行金钱、物质引诱,不得采用非法手段获取公民个人信息,公司还要求所有员工接受合规培训并签署承诺函。兰州中院据此认定雀巢公司已经通过防范违规行为的合规性文件政策提醒员工依规依法经营,并对所有员工进行培训,雀巢公司已尽到管理义务,没有失职行为,本案不构成单位犯罪,故裁定驳回上诉。因此,企业通过建立合规管理体系,对员工尽到了注意义务和管理责任,表现出既没有鼓励、纵容犯罪,也不存在管理上的失职行为,企业的独立意志就通过合规管理文件得以体现,与责任人员意志实现了分离。

最后,从世界各国刑法发展动向来看,企业的严格责任逐渐得到确立。严格责任最早出现在英美刑法中,作为一种替代责任,就是将代理人实施的犯罪行为推定为单位犯罪,单位对此承担刑事责任。刑法中严格责任的最新发展出现在英国 2010 年通过的《反贿赂法》,该法首次确立了“商业组织预防贿赂失职罪”,只要一个商业组织的“关联人员”为了获取或保留该组织的业务,或者为了获取或保留该组织的商业优势,而向他人行贿的,就可以直接推定该商业组织构成该失职罪。但是,如果商业组织能够证明已经制定了旨在预防商业贿赂行为的合规体系,就可以推翻原有的责任推定,实现无罪抗辩。严格责任成为世界刑法发展的潮流,企业的关联人员实施犯罪行为,只要企业没有建立有效合规体系,就需要承担无过错责任,与此同时,严格责任也为企业创设了一种合规无罪抗辩事由。

目前我国刑法虽然没有明文承认严格责任,但是以拒不履行信息网络安全管理义务罪为代表的失职类犯罪,已经显露出严格责任的萌芽。因为拒不履行信息网络安全管理义务罪的主要情形正是关联人员利用网络管理漏洞实施破坏计算机信息系统、侵犯公民个人信息等违法犯罪行为,造成违法信息大量传播,或者致使用户信息泄露,或者造成其他严重后果。如果企业没有履行法定的网络安全管理义务,没有建立网络安全管理体系,存在不作为或者失职的情况,并且拒不改正的,就成立该失职类犯罪。严格责任在我国的萌芽使刑法中的主客观相统一理论受到挑战。在这一归责原则的影响下,企业员工只要实施犯罪行为,企业就有可能因为没有建立合规管理体系,而承担同样的罪名,或者因为在合规管理方面存在失职行为,而承担另一个独立的罪名。也就是说,如果企业尽到合规管理义务,比如企业提交证据证明建立了合规管理体系,对员工尽到了管理义务,就不构成员工所成立的罪名。与此同时,在员工实施危害网络安全或者侵犯公民个人信息行为的情况下,假如企业建立了网络安全和数据保护合规管理体系,证明不存在失职行为,就可以成功地进行合规无罪抗辩,证明自己不构成另一独立罪名。由此,单位责任和关联人员责任就完成了分离。

三、系统性单位犯罪与非系统性单位犯罪的区分问题

企业合规不起诉改革的一个重大争议问题,就是当前试点机关只针对轻微犯罪案件适用附条件不起诉制度,使那种耗时费力所进行的合规考察,变得没有太大的价值。而一旦将这一改革推行到较为重大的单位犯罪案件中,改革者又面临着另一难题:如何在对责任人员追究刑事责任的情况下,对单位进行出罪化处理?其实,导致这一争议发生的重要原因,除了前面所分析的将企业责任与责任人责任捆绑在一起外,还在于没有对单位犯罪的类型作出必要的区分。长期以来,我们对单位犯罪的形态存在认识上的误区,按照自然人犯罪的思维来认定单位犯罪,认为单位犯罪就是“以单位名义”“为单位利益”所实施的危害社会行为。这种笼统的定义没有充分考虑单位犯罪的特征属性。如前所述,不同的单位犯罪之间在形态结构上存在本质区别,因此,在刑事责任追究和合规不起诉方面也应当作出区别对待。

例如,西班牙在引入企业合规出罪机制时,就对企业犯罪的形态作出了区分。《西班牙刑法典》第 31 条第 2 款规定企业实施有效预防犯罪的合规体系的,对公司内部人员所实施的犯罪行为不承担刑事责任,同时规定单位要达到合规出罪效果,必须证明以下事项:企业已有效采纳并执行了合规体系;合规组织和人员被充分授权,具有独立性和专业性;组织充分行使了监督和控制职能;未发生系统性犯罪行为。

西班牙刑法典的规定具有极大的启发性。我们可以借鉴这一规定,将单位犯罪区分为“系统性单位犯罪”和“非系统性单位犯罪”。所谓系统性单位犯罪,是指单位内部经过集体决策或者经由企业负责人决定实施的危害社会行为。例如,董事会或高级管理层集体讨论和表决实施走私、侵犯商业秘密、污染环境等犯罪行为,或者董事长、总经理等企业负责人直接授权或者授意某一部门、子公司、高级管理人员、员工、第三方等实施排放污染物、虚开增值税发票、制造或者销售假药等犯罪行为。在系统性单位犯罪中,直接责任人的意志与单位意志具有高度的重合性。既然直接责任人的意志是实施犯罪,那么单位自然也具有犯罪的主观意志,存在明显的主观罪过。对这些类似于犯罪集团的企业,责令其做出商业模式和经营模式的改造,或者建立一套自我监管的合规治理体系,效果可能是十分有限的。由于在系统性单位犯罪案件中,涉案企业主观恶性较大,责任人意志和单位意志合而为一,因此不具有合规出罪的空间,难以大规模地适用合规考察制度。一般而言,只有在犯罪情节轻微,企业存在积极配合调查、认真补救和有效整改行为的情况下,才能对这类企业作出相对不起诉的决定。

非系统性单位犯罪,则是指企业并没有作出实施犯罪的集体决策,而是由企业内部关联人员以企业名义并为企业利益实施的犯罪行为。在单位犯罪案件中,"关联人员"的范围十分广泛,所有与企业有关联、可能导致企业被追究刑事责任的内部人员和合作伙伴都是关联人员,包括企业内部的员工、各级管理人员、子公司、分公司,以及上游的供应商、中游的代理商、下游的销售商等第三方商业伙伴。除此之外,可能还包括那些被并购的企业。如果被并购企业此前有犯罪行为,在收购企业成为控股公司的同时,就可能继承被并购企业的相关刑事责任,这种责任也被称为继承责任。这种因为关联人员实施犯罪行为,导致企业承担严格责任而构成的单位犯罪,就是非系统性单位犯罪。在这类犯罪中,单位既没有明显的主观罪过,也没有集体决策实施犯罪行为,但由于在管理机制上存在漏洞和隐患,没有建立有效的合规管理体系,使得员工、管理人员或其他关联人员实施了犯罪,单位因为存在失职行为而构成单位犯罪,承担刑事责任。

假如我们接受上述有关单位犯罪的分类,那么,在合规不起诉改革中出现的一些疑难问题,就可能得到合理的解决。我们在解决相关争议问题时就可以产生新的思路。

第一,将非系统性单位犯罪案件确定为企业合规不起诉改革的适用对象,这是十分必要而合理的。在这类案件中,由于单位既没有明显的主观罪过,也没有实施危害社会的犯罪行为,而只是因为关联人员的犯罪行为承担严格责任。单位存在的主要问题是缺乏有效的管理体系和内控机制,其治理方式在阻止、预防关联人员犯罪方面存在结构性缺陷。因此,企业只要进行合规整改,建立有效合规管理体系,加强对关联人员的合规管理,尽到监督和管理义务,就能取得有效预防犯罪的整改效果,实现合规出罪。

第二,对于系统性单位犯罪案件,在适用合规考察制度时应当格外慎重。在这类案件中,企业具有实施犯罪行为的主观意志,董事会、经理层等企业决策层几乎成为一种犯罪集团,企业出台的政策和作出的决定都是具有犯罪倾向的。而合规管理体系作为一种自我监管方式,发挥作用的前提是企业决策层作出合规承诺,具有合规意愿,并具有有效预防犯罪再次发生的可能性。因此,对系统性单位犯罪的涉案企业进行合规考察,通常难以取得较为理想的效果。或许,对于那些较为轻微的系统性单位犯罪案件,检察机关可以根据起诉裁量原则将其纳入合规考察的对象,并且提出更加严格的合规整改要求,包括重组董事会、改组管理层、将责任人员送交司法机关等,在其确实建立有效合规计划、完成人员撤换之后,考虑作出相对不起诉的决定。那些实施了系统性单位犯罪的企业,要进行的合规整改,关键在于及时有效地处理责任人,这是世界各国推行暂缓起诉协议制度的通例。因为只有严厉处理责任人,改组董事会和管理层,才能消除犯罪发生的人事原因,在此前提下推行合规管理体系,才会真正起到改造经营方式和商业模式的作用,实现真正的“去犯罪化”。

总之,对于非系统性单位犯罪案件,检察机关可以大规模适用合规不起诉制度,甚至对于那些较为重大的单位犯罪案件,只要属于非系统性单位犯罪的,都可以对涉案企业适用附条件不起诉制度。对那些合规整改较为成功的企业,作出不起诉决定;而对在单位犯罪中负有责任的内部关联人员,则独立提起公诉,并使其被定罪判刑。相反,对于那些系统性单位犯罪案件,检察机关在适用合规不起诉方面应当慎之又慎。只有对那些可能被判处三年有期徒刑以下刑罚的轻微单位犯罪案件,检察机关才可以适用合规不起诉制度,并在采取合规考察措施时,附加一系列更为严格的条件,包括自愿认罪、积极配合、采取补救挽损措施,也包括及时处理责任人,撤换相关董事,改组管理团队,重建合规组织团队,等等。只有在对责任人作出必要处理的前提下,检察机关才可以对此类企业适用合规不起诉制度。

四、合规出罪的正当性问题

企业合规能否成为出罪事由？企业合规为什么可以成为检察机关不起诉的根据？这是两个亟待解决的理论难题，也是关乎合规不起诉改革能否取得成功的实践问题。一些学者和司法官员认为合规至多能成为量刑宽大的情节，而不能成为出罪理由。但假如这种逻辑得到人们的普遍接受，那么，我国检察机关推行的企业合规不起诉也就没有太大改革空间了。其实，只要对合规不起诉改革的实践进行认真调研，就不难发现，企业合规不起诉改革所面临的最大一个问题，就是检察机关对涉案企业的刑事激励存在严重不足，这在客观上严重制约了合规不起诉改革的成效。例如，根据报道，在2021年5月13日最高人民检察院调研组赴张家港市调研企业合规改革所召开的专题座谈会上，江苏省检察院的一位副检察长提出了工作中遇到的困惑："既然企业本身犯罪情节轻微，符合相对不起诉的条件，又何必大费周章、耗时耗力搞合规呢？刑事激励不足，造成了不少企业合规热情不高、合规动力不足的局面。"因此，有必要对合规出罪的正当性作出充分的论证。

一般来说，合规出罪可分为实体出罪和程序出罪两种基本类型。所谓合规实体出罪，是指企业在实施犯罪时已经建立合规体系的，合规可以作为无罪抗辩事由，司法机关可以此为根据对该企业作出无罪处理。合规程序出罪则是指企业在犯罪时尚未建立合规体系，经过检察机关的合规考察程序，企业进行了有效的合规整改，成功实施了合规管理体系，完成了"去犯罪化"改造，达到预防再犯罪的效果，从而获得合规不起诉的处理结果。

从刑事司法实践情况来看，合规实体出罪具有两种模式，即主观过错免除模式和法定管理义务履行模式。所谓主观过错免除模式，是指在非系统性单位犯罪中，企业内部员工、高级管理人员、子公司、第三方、被并购方等关联人员以实现企业利益为目的实施了犯罪行为，但企业通过有效合规计划证明已经制定了禁止关联人员实施违法犯罪行为的合规政策，建立了旨在预防违法犯罪行为的合规管理流程，对于关联人员进行了有效的合规管理，企业既不存在追求或者放任危害社会结果发生的故意，也不存在因疏忽大意或过于自信而导致危害社会结果发生的过失，企业不存在主观过错，从而得以免除刑事责任。雀巢公司合规无罪抗辩案就是主观过错免除模式的经典案例。法定管理义务履行模式，是指针对失职类犯罪，企业通过建立或者实施合规管理体系，证明已经履行了法律规定的监督和管理义务，从而免除自身的刑事责任，达到合规出罪的效果。失职类犯罪是在企业关联人员实施特定犯罪行为的情况下，为企业设立严格责任，推定企业在预防、阻止关联人员犯罪方面存在失职行为。例如，英国的商业组织预防贿赂失职罪，我国的拒不履行信息网络安全管理义务罪，都为企业确立了特定的法定管理义务，也就是一种强制合规义务，要求企业建立合规管理体系。如果在犯罪时企业已经建立了反商业贿赂合规体系或网络数据保护合规体系，证明企业已经发布合规政策和员工行为守则，对关联人员进行合规培训，对违法违规人员作出过惩戒，履行了法定管理义务，就可以据此作出无罪抗辩，被免除刑事责任。

首先，合规实体出罪的正当根据是企业由于没有主观过错而免责。根据企业独立意志理论，企业作为一种生命有机体，具有法律意义上的意识和意志，通过合规管理行为，企业展示出与关联人员完全不同的意识和意志。一方面，企业已经意识到关联人员可能实施违法犯罪活动，因此通过颁布合规章程、合规政策和员工手册，承担了注意义务和警示义务，这显示出企业对关联人员可能出现违法违规行为存在清醒的认知，同时也表明其清晰地认识到自己正在通过实施合规管理来防范内部违规行为的发生。另一方面，对于关联人员的行为可能造成的危害社会的后果，企业通过合规管理机制，建立了预防、制止、识别违法违规行为的动态管理流程，并在违规事件发生后对有关责任人采取过惩戒措施，这体现了企业不存在追求、放任危害结果发生的主观意志，也显示出企业没有诸如疏忽大意或者过于自信等方面的过失。企业通过合规管理行为表现出明确反对和严厉禁止相关违法犯罪行为的主观意志，合规管理体系发挥了将企业责任与关联人员责任加以切割的作用，此时关联人员的犯罪行为与企业行为无关，不再体现企业的主观意识和主观意志，而纯属其个人行为，关联人员实施犯罪的主观意志与企业意志彻底分离。

其次，合规实体出罪的正当根据还包括企业因没有违反特定刑事义务而免责。在特定失职类犯罪中，法律为企业确立了法定管理义务和强制合规义务，此时，企业管理义务与合规义务相互重合，合规管理义务被纳入刑法的轨道，企业承担合规管理义务成为一种刑法义务，形成“不合规即有罪”的犯罪构成模式。这种合规惩罚制度使企业为规避可能的刑事法律风险，不得不建立合规计划，实施有效的合规管理体系。相比于主观过错免除模式中“合规即有可能出罪”的出罪模式,它在推动企业加强合规管理方面具有更加明显的激励效果。与此同时,法定管理义务履行为企业创设了“合规即无罪”的抗辩理由。失职类犯罪表现为企业没有尽到足够的管理义务,致使关联人员实施了违法犯罪行为,而合规体系的建立足以证明,企业对于关联人员已经履行监管职责、尽到注意义务和管理义务,在预防违法行为、识别违规事件、应对犯罪案件等方面做出了充分的准备和努力,因而不存在对特定刑事义务的违反,即消灭了犯罪构成要件,切断了企业管理与关联人员犯罪行为之间的联系,企业不构成失职类犯罪有了直接依据。

而在合规程序出罪中,企业已经符合犯罪构成要件,成立刑法规定的犯罪,但是企业自愿认罪、主动配合调查、积极补救挽损,并且表达了合规整改的意愿,检察机关经过审查将企业纳入合规考察对象,为其设定合规考察期,责令其聘请第三方合规监管人,在考察期内建立和推行合规管理体系。经过合规考察,检察机关最终对建立有效合规计划的企业作出不起诉决定,从而免除其刑事责任,因此合规程序出罪又称为合规考察出罪。其正当性主要在于以下几个方面:

第一,根据法益修复理论,企业通过合规整改建立合规体系的过程,完成了对犯罪所造成法益损害的补救和修复,因此对企业予以出罪处理。尤其是对于非系统性单位犯罪而言,企业因为关联人员直接实施的犯罪行为而被追责,仅在合规管理方面存在一定的失职责任。在合规考察程序中,企业积极主动采取了一系列补救措施,如主动认罪,配合执法部门的调查执法活动,积极开展合规内部调查,报告合规管理方面存在的缺陷,披露直接责任人员,严惩负有责任的关联人员,并采取了赔偿被害人、补缴税款、缴纳违法所得、恢复原状等挽损措施。不仅如此,企业还针对管理上的漏洞和制度上的隐患,采取了有针对性的积极整改措施。既然涉案企业已经对犯罪破坏的法益进行了全方位的修复,对于通过合规考察的企业而言,单位犯罪所造成的社会危害性已经降到最低程度,继续对企业定罪判刑,不仅没有任何意义,反而会因为水漾效应而对社会公共利益造成进一步损害,因此可以对完成合规考察的企业予以出罪。

第二,根据有效犯罪预防理论,企业通过有针对性的合规整改,一方面建立了一套旨在预防、识别和应对合规风险的治理体系,堵塞制度漏洞、消除制度隐患、加强内部合规管理。例如,通过发布专项合规政策和员工行为守则,建立合规培训制度,督促员工和子公司依法依规经营;通过实施合规风险评估、合规尽职调查、合规风险定期报告等制度,将第三方的经营活动纳入合规监控体系;通过建立内部举报机制、建立合规审计制度,及时识别可能发生的违法违规事件,等等。另一方面,企业对原来存在"原罪"的商业模式和经营方式,做出了有效改造,消除了原有的违法、违规乃至犯罪因素,完成"去犯罪化"改造。因此,经过合规考察,企业最大限度地消除了关联人员再次犯罪的可能性,实现了有效的犯罪预防,此时对企业判处刑罚的正当性也就不复存在了。而要想激发企业建立这种自我监管、自我治理的合规体系,也必须为其提供合规考察免责的激励机制。

第三,根据公共利益考量理论,对于经过合规考察而成功建立合规管理体系的涉罪企业予以出罪处理,更有利于社会公共利益的维护。这样一来,不仅可以避免企业可能宣告破产的结局,也可以使企业免受定罪带来的无法上市、被取消特许经营资格、被吊销营业执照等资格剥夺处罚,更能够防止出现税收流失、经济滑坡、新兴产业受挫等灾难性后果,还可以激励涉案企业进行商业模式的除罪化改造,改变带有违法犯罪基因的经营方式,帮助企业实现可持续发展,建成"百年老店"。在合规考察制度中,检察机关不再是机械办案的公诉者,更是国家利益和社会利益的维护者,对涉案企业不只进行单纯基于犯罪构成要件的事实和证据审查,而是在公诉思维中融入公共利益要素的考量,使检察权的行使主动契合人民群众的期待和社会发展的实际需求,带来一次检察理念的伟大革新。总之,合规程序出罪有利于受损法益的全面修复,有利于有效犯罪预防的实现,更有利于社会公共利益的维护,因而具有充分的正当性根据。

五、合规不起诉的适用对象问题

关于合规不起诉究竟应适用于中小微企业还是大型企业集团,以及究竟应适用于轻微单位犯罪案件还是重大单位犯罪案件的问题,在这场改革过程中产生了激烈的争论,法学界和司法界存在不同的认识。对于这一问题,笔者经过调研和思考,可以提出一些初步的思路。

第一,合规不起诉制度应尽量适用于大型企业,对中小微企业应当慎重适用。企业合规不起诉改革推行以来,大量试点案例中的涉案企业都是包括乡镇企业和家族企业在内的中小微企业。这在改革初期主要由基层检察院负责推进探索的情况下,是完全可以理解的。但如今第二轮改革已经正式启动,省级和地市级检察机关全面参与到企业合规改革中,一些大型企业涉嫌实施的犯罪案件将会进入视野。我们强烈期待检察机关将这些涉案的大型企业纳入合规考察的对象,只有在大型企业中推行这一制度,才能充分发挥合规不起诉的制度优势和整改效果。

首先,大型企业拥有完整的现代公司治理结构,具有建立符合有效合规计划基本标准的合规制度、组织和程序体系的资源。在大型企业中,企业所有权和经营权得以分离,股东会、董事会、监事会分工明确,企业运作制度化、层级化程度较高,决策机制规范透明,而且拥有建立合规管理体系的充足资源,这样一来,合规组织体系才能完整搭建,合规政策规范才能得到遵守,合规管理制度才能有效运行。而中小微企业的董事长和总经理往往由一人兼任,董事、监事、高级管理层成员多为家族成员,董事会和监事会形同虚设,根本无法发挥监督和制衡职能,企业运作高度集权化,组织化、流程化程度较低。

其次,在大型企业中,合规体系可以有效发挥预防犯罪的功能,可以通过建立合规体系进行有效整改,堵塞漏洞、消除犯罪隐患,区分企业责任与员工、高管、子公司、第三方商业伙伴、被并购企业的责任,实现“去犯罪化”。而中小微企业经营模式简单,管理方式原始,既没有成熟的现代公司治理结构,也无法实现企业责任与员工、高管责任的分离,企业意志和高管意志高度重合,企业缺乏建立有效合规体系的基本条件,合规整改往往流于形式。

但是,考虑到我国的实际情况,一些地方检察机关仍将坚持对符合条件的中小微企业适用合规不起诉制度,我们也能理解这种改革的想法和苦衷。但无论如何,在合规整改方面,对于中小微企业与大型企业要作出适当的区别对待。对大型企业进行合规整改的目的是确保其实现可持续发展,而对中小微企业进行合规整改则是为了保证其继续生存下去,恢复正常的生产经营。国际通行的有效合规计划,动辄要求建立合规宪章、合规政策、合规组织体系、防范体系、监控体系、应对体系。如此复杂的合规管理体系,可能主要适用于大型企业,但对于中小微企业而言,可能难以得到全面适用。例如,合规宪章是具有公司最高法律效力的文件,相当于公司章程的地位,其载明了公司合规的基本理念、基本原则、基本框架;合规政策在合规体系中扮演“实体法”的角色,包含了合规架构的主体内容和法律规定的禁止性条款,特定领域的合规管理规范和专项行为准则需要涵盖企业经营中每一个环节;合规组织体系包括合规管理委员会、首席合规官、专项合规部、合规专员等层级结构;合规风险的防范体系包括合规评估、尽职调查、合规培训、内部政策沟通等部分;违规行为的监控体系包括全流程合规监控、举报制度、合规审计、合规报告等内容;违规事件的应对体系包括合规内部调查、处理违规责任人、积极配合执法机关调查等具体要求。考虑到中小微企业的现实情况,我们有必要在确保合规计划行之有效的前提下,为其量身打造一套简便可行的合规整改方案。比如,中小微企业在发布专门的合规章程、合规政策和员工手册的前提下,可以设立合规专员,建立合规考核奖惩制度,将合规制度渗透到公司的每个业务和管理流程,而无需建立国际通行的合规管理体系。未来,应当针对不同性质和规模的企业,确立不同的合规计划版本。比如说,可以考虑为中小微企业制定有效合规计划的"简易版本",而针对大型企业则可以建立有效合规计划的"标准版本"。当然,无论是大型企业还是中小微企业,督促其建立流程化的合规管理体系都只是合规整改的形式要件,而有效合规整改的实质标准是商业模式的"去犯罪化"改造,以达到有效预防犯罪的效果。对于这一点,我在后面将加以展开分析。

第二,对于附条件不起诉模式,应当适用于重大单位犯罪案件。对于轻微单位犯罪案件,则没有必要适用合规考察程序,而可以直接适用相对不起诉模式。具体而言,只有对重大单位犯罪案件,才有必要推行耗时费力的合规考察制度。检察机关为涉案企业设置一定的合规考察期,在考察期内委任合规监管人,对企业进行合规整改的情况进行全流程跟踪、指导、报告和监督……正是因为对涉嫌犯有重大犯罪的企业,需要通过一定时间的合规整改,才能确定是否可以作出宽大处理,因此,我们应将这种合规考察制度运用到这类案件之中,而不宜动辄运用到轻微单位犯罪案件之中。对于轻微单位犯罪案件,检察机关无须适用合规考察制度,只需要在作出相对不起诉决定的前提下,提出包含合规整改方案的检察建议就可以了。

目前,各地检察机关适用合规考察制度的对象几乎都是清一色的轻微犯罪案件。这一方面是因为检察机关在改革试验初期,出于稳妥推进改革的角度考虑,对轻微案件适用合规考察没有太大风险;另一方面也是受到单位责任和关联人员责任一体化理论的影响，不敢在突破相对不起诉适用范围的情况下，对重大单位犯罪案件适用合规不起诉。但从长远的角度考虑，合规考察制度还是应尽量适用于重大的非系统性单位犯罪案件，将企业责任与关联人员责任彻底分离，对涉案企业进行合规考察，使那些通过考察验收的企业得到合规不起诉的处理，而对责任人员则追究刑事责任。

第三，在改革试点初期，最高人民检察院组织了六家基层检察机关开展第一阶段的改革试验，积累了一定的改革经验。但试验结果表明，由基层检察机关实施该项改革具有不可克服的局限性。首先，基层检察机关面临繁重的办案压力，没有余力从事合规考察制度的探索和建设。其次，基层检察机关不具备制定合规考察和验收标准的专业能力，具体标准的确定应交由更高层级的检察机关来完成。最后，基层检察机关处理的案件往往是中小微企业实施的轻微单位犯罪案件，不具有典型意义，对其进行合规考察难以发挥示范作用。

2021 年 3 月，最高人民检察院确定了 10 个省市的检察机关作为第二批改革试点单位。在这一背景下，我们强烈建议各试点的省级检察机关将改革试点工作交由地级市检察机关负责实施，尤其是对重大单位犯罪案件，应由地市级检察机关推行附条件不起诉制度改革，引入合规考察制度。而对于较为轻微的单位犯罪案件，基层检察机关原则上可以推行相对不起诉模式，通过提出检察建议的方式督促企业推行合规管理体系。

唯有将合规考察交由层级更高的检察机关负责推进，才能最大限度地发挥合规不起诉制度的功能。一方面，可以将合规管理体系引入具有现代公司治理结构的大型企业之中；另一方面，可以通过重大单位犯罪合规考察案件的办理，对改革的继续推进和企业建立合规管理体系产生强大的示范效应。

例如，检察机关办理企业涉嫌重大污染环境案件时，就可以适用合规考察制度，督促涉案企业建立环境保护专项合规计划，并将本案的合规整改和合规管理建设经验作为污染环境案件合规不起诉案件的范本。按照这种思路，检察机关在改革试点阶段办理合规不起诉案件，应尽量选择大型企业涉嫌实施的重大犯罪案件，例如重大涉税犯罪、侵犯知识产权犯罪、污染环境犯罪、商业贿赂犯罪、网络数据犯罪，通过合规考察制度督促企业分别建立有效的税收合规计划、知识产权保护合规计划、环境保护合规计划、反商业贿赂合规计划、数据保护合规计划，通过办理一个案件形成一套制度范本，使其具有典型性、指导性和示范性。毕竟，检察机关推进企业合规整改不是单纯为了办案，而是督促企业进行有效整改，建立有效合规体系，完成去犯罪化改造，由此产生辐射效力，最终推动所有相关企业重视合规经营，建立健全合规管理体系。

当然，我国不可能像西方国家那样由最高检察机关亲自办理合规不起诉案件，但是省级检察机关可以直接指导地市级检察机关开展合规考察工作。目前，最高人民检察院已经安排省级检察机关统一指导本省范围内的合规不起诉改革。未来，省级检察机关应加强对地市级和基层检察机关的改革指导，还要与省级行政监管部门建立完善的行政监管和刑事执法的衔接机制，制定统一的合规管理指引。比如省级检察机关可以与省税务局联合发布税收合规计划的基本标准，与省环保部门联合发布环保合规计划的基本标准，与省级金融监管部门联合发布金融合规计划的基本标准……这显然是基层检察机关难以完成的工作，应当由省级和地市级检察机关发挥制定规范文件和合规考察验收标准方面的独特优势。

六、附条件不起诉与相对不起诉的分离问题

目前，试点机关普遍将合规考察的对象限定在那些对责任人判处三年有期徒刑以下刑罚的单位犯罪案件中。其实，对这样的轻微刑事案件，本来就没有必要启动合规考察程序，而完全可以作出相对不起诉的决定，最多附加提出有关合规整改的检察建议。在诉讼理论上，相对不起诉又称为酌定不起诉，是指嫌疑人或涉案企业依照刑法已经构成犯罪，但是犯罪情节显著轻微，依照刑法不需要判处刑罚或者可以免除刑罚的，检察机关基于自由裁量权所作出的不起诉决定。与相对不起诉不同，附条件不起诉则是指检察机关对于较为重大的刑事案件，在对嫌疑人或涉案企业作出相对不起诉没有充分把握的情况下，设置一定时间的监督考察期，在考察期限内进行帮教、督促整改，完成行为模式或商业模式的改造，期满后经过考察验收认为达到犯罪预防效果的，才作出不起诉的决定。

理论上，附条件不起诉应当比相对不起诉适用于犯罪更加重大、情节更加恶劣的案件。但非常遗憾的是，2012 年刑事诉讼法的修改错过了一次机遇，规定对判处一年有期徒刑以下刑罚的轻微未成年人犯罪案件适用附条件不起诉，却对判处更为严厉刑罚的未成年人犯罪案件适用相对不起诉。这种制度设计有本末倒置之嫌。结果，实践中各地检察机关普遍不愿意对未成年人犯罪案件适用附条件不起诉,因为对一年以下的犯罪案件可以直接适用相对不起诉,根本没必要再耗费时力对未成年人进行监督考察。正确的做法应该反其道而行之,也就是对可能判处一年以下刑罚的未成年犯罪嫌疑人直接作出相对不起诉,而对可能判处更严厉刑罚的未成年人犯罪案件,才适用附条件不起诉制度。

如今,我国合规不起诉制度改革又来到了同样的历史转折关头。我相信改革决策者具有高度的政治智慧和法律智慧,能够纠正长期以来对附条件不起诉制度的误读,改变过去将相对不起诉和附条件不起诉相互颠倒、本末倒置的局面,将相对不起诉适用于情节轻微的单位犯罪案件,而将附条件不起诉适用于重大单位犯罪案件。根据这一基本思路,我们可以将目前已经形成的两种合规不起诉模式,重新调整其适用的案件范围。

首先,对于那些责任人判处三年有期徒刑以下刑罚的轻微单位犯罪案件,只要企业作出合规整改承诺、提交合规整改计划,检察机关经过审查认为符合条件的,一律适用相对不起诉,并在宣布相对不起诉决定的同时,发出包含具体合规整改要求的检察建议,而无须设置合规考察期,无须指派合规监管人。当然,对于这类检察建议,也应当加强其刚性监督特征,强化其激励作用。其一,检察建议应当要求企业立即启动合规整改,并设置明确的整改期限。其二,检察机关应当建立跟踪回访机制,以对企业落实检察建议、开展合规整改的情况进行持续监督。其三,检察机关应对那些拒不进行合规整改的企业设置不利的法律后果,使检察建议发挥有效约束作用。例如,如果检察建议要求企业在六个月内完成合规整改,但期满发现企业怠于整改的,检察机关可以向行政机关发出检察建议,建议行政机关对该企业作出行政处罚,并加强行政监管。行政机关怠于行使职权的,检察机关还可以启动公益诉讼程序,提起行政公益诉讼。

其次,对于可能对责任人判处三年有期徒刑以上刑罚的重大单位犯罪案件,检察机关应适用附条件不起诉制度,并启动合规考察程序。一般而言,启动合规考察程序的前提条件应当包括以下几个方面:涉案企业自愿认罪,积极配合司法机关调查,有效采取补救挽损措施,披露和处理违法责任人,并提交有效的合规整改方案。检察机关经过审查认为符合要求的,将其纳入合规考察的对象,设置合规考察期,指派合规监管人,在考察期结束前进行合规验收和评估,最终作出是否提起公诉的决定。如果企业确实进行了有效的合规整改,完成了"去犯罪化"改造,检察机关就可以作出不起诉决定;检察机关如果经过合规考察认为企业没有完成合规整改,不符合作出合规不起诉的条件,检察机关仍然保留提起公诉的权力,但可以将合规考察期间企业在合规整改方面所作出的努力和合规建设的进展情况,作为宽大量刑情节,提出宽缓的量刑建议。

通过上述改革举措,相对不起诉和附条件不起诉就可以发生彻底的分离。检察机关可以将附条件不起诉的适用范围限定为重大单位犯罪案件,涉案企业为大型企业,由省级和地市级检察机关负责进行合规考察;相对不起诉则适用于轻微单位犯罪案件,由基层检察机关作出决定,发出合规整改的检察建议。从过去的改革试验情况来看,这种制度安排更具合理性和可行性,并且可以使各界关于合规不起诉适用对象的诸多争议问题得到合理的化解。

七、合规考察制度与认罪认罚从宽制度的关系

近年来,我国推行了两项影响重大的刑事司法改革:一是以审判为中心的诉讼制度改革;二是认罪认罚从宽制度改革。其中,认罪认罚从宽制度已经在司法实践中得到较为普遍的实施,目前其适用率已经超过全部刑事案件的85%。该项制度引入了协商性司法的理念,对潜在的嫌疑人和被告人起到激励认罪认罚的作用,使大量案件得到快速处理,发挥了预期的改革效果。在合规不起诉改革过程中,一种代表性观点认为,合规不起诉就是认罪认罚从宽制度的具体类型。有人甚至断言,在自然人涉嫌犯罪的案件中,认罪认罚从宽制度主要表现为量刑协商程序;而在单位涉嫌犯罪的案件中,认罪认罚从宽制度就表现为合规考察制度。应当说,合规不起诉制度和认罪认罚从宽制度具有非常密切的联系。从世界各国适用合规不起诉制度的情况来看,检察机关与涉案企业达成暂缓起诉协议的前提之一是涉案企业必须自愿认罪,承认被指控的犯罪事实,积极配合有关部门的调查,还要采取补救挽损措施。应当说,认罪认罚从宽制度与合规考察制度都建立在涉案嫌疑人自愿认罪的前提之下。但是尽管如此,这两种制度无论是在性质上还是在功能上都具有本质的区别,应在制度上将两者区分开来,否则将给合规不起诉改革带来很大的负面影响。

首先,合规考察制度与认罪认罚从宽制度所要实现的价值目标不尽相同。

认罪认罚从宽制度的基本价值目标是追求诉讼效率,在尽可能短的时间内处理尽可能多的案件,通过将认罪认罚案件纳入诉讼程序的快速轨道,使诉讼效率得到提高,诉讼成本大幅度降低,司法资源得到节约并更多地被配置到那些适用普通程序审理的重大疑难案件之中。相比之下,合规考察制度所适用的对象是企业犯罪案件。对于涉嫌犯罪的企业适用合规考察,其主要目标并不是提高诉讼效率,而是督促企业进行合规整改,使企业改造经营方式和商业模式,从而有效实现预防犯罪的效果。很有意思的是,各国处理企业犯罪案件,与处理未成年人犯罪案件采取了较为相似的制度模式。在欧美国家,附条件不起诉制度最早适用于未成年人犯罪案件。早在 20 世纪初期,美国的审前转处制度最初就适用于未成年人,到了 20 世纪 90 年代被扩展适用到涉嫌犯罪的企业,最终发展成为暂缓起诉协议和不起诉协议制度。这与我国刑事司法改革的情况具有很大的相似之处。我国 2012 年《刑事诉讼法》对未成年人设立了附条件不起诉制度,2020 年开始又将附条件不起诉制度适用于涉嫌犯罪的企业。

为什么未成年人诉讼制度与企业合规考察制度具有这样的相似性呢?可能在犯罪发生的原因和治理方式上,这两种刑事案件具有相似的特征。未成年人在家庭、社会、教育等多重因素交织影响下走上犯罪的道路,对他们施加严刑峻罚根本没有意义,要想使其不再实施犯罪,重新回归社会,就必须矫正他们的行为方式、生活习惯、交友范围,使其摆脱对不良嗜好的依赖。这是未成年人刑事司法最大的难点,司法机关为贯彻教育、感化、挽救的方针,就需要投入大量的时间精力来调查未成年犯罪嫌疑人和被告人的成长经历、犯罪原因等情况,研究制定对未成年人进行教育考察的方案,通过大量司法资源的投入,帮助其矫正不良行为习惯,回归社会,重新做人。这种诉讼制度所要追求的是未成年人有效回归社会的价值理念。这显然是以追求诉讼效率为目标的认罪认罚从宽制度所不可比拟的。

同样的道理,一个企业由于初创时期野蛮生长,导致企业的商业模式和经营模式中存在犯罪的基因,形成了通过违法犯罪来获取更高额利润的路径依赖。面对一个涉嫌犯罪的企业,对其进行严刑峻法同样是毫无意义的。与处理未成年人犯罪案件一样,对企业犯罪治理的目标也是使其“回归社会”,但企业回归社会的方式是从事合规的业务,经过经营方式的改造,消除业务模式中存在的违法犯罪因素,实现企业经营的“去犯罪化”。但假如没有足够的资源投入,司法机关根本无法完成彻底改造企业的合规考察工作;如果把考察期压缩在较短的时间内,也必然使合规考察流于形式,出现一位检察长所担心的“为脱罪而改革”以及“盆景化改革”的局面。因此,合规考察所追求的是企业经营模式的改造,实现有效的预防犯罪,确保企业的可持续发展,这与认罪认罚从宽制度主要以提高效率为目标的导向,显然也是完全不同的。

其次,合规考察制度与认罪认罚从宽制度的实体结果不同。适用认罪认罚从宽制度的绝大多数案件都会进入法庭审理程序,法院会作出从轻处罚。因为认罪认罚只能作为从轻量刑情节,这意味着对认罪认罚的企业必须在法定刑幅度内进行量刑,而且其从宽幅度介于坦白和自首之间,不仅不能超越自首,还不能重复评价。在罪刑法定、罪刑均衡等原则的严格限制下,认罪认罚制度能够提供给被告人的从宽幅度并不是很大,也难以产生较强的制度激励作用。相反,合规考察制度的本质是合规出罪,经过合规考察,检察机关对那些成功建立有效合规计划的企业,最终作出不起诉的决定,使其避免被定罪判刑的后果。这种出罪机制的激励效果要大大高于认罪认罚从宽制度。

最后,如果将合规考察制度与认罪认罚从宽制度等同起来,那么合规考察期的设置就失去了正当性。因为认罪认罚从宽制度要求尽快处理案件,根本没有合规考察的空间和余地。在初期改革试点中,一些检察机关仅仅为企业设置一到两个月的合规考察期,然后十分仓促地进行合规验收,并作出不起诉的决定,可能的原因在于将合规考察制度错误地等同于认罪认罚从宽制度,盲目地追求案件的快速处理。唯有将这两种制度加以分离,检察机关才能从推动企业进行有效合规整改出发,为企业设置与合规整改难度相适应的合规考察期。目前,由于在设置合规考察期上没有明确的法律依据,检察机关只能在现行法律框架内设置合规考察期。我国刑诉法规定审查起诉阶段的办案期限最后是一个半月,而若经过两次退回补充侦查,最长能够有六个半月的办案期限。与此同时,刑诉法规定检察机关在审查起诉阶段对嫌疑人取保候审的期限最长可以达到十二个月,检察机关据此将合规考察期限最长设置为十二个月。

应当说,在现有法律框架内探索形成现在的合规考察期制度,已经是最大限度地运用了现行制度提供的空间。但从客观上看,为企业设置六个月到一年的考察期仍然是远远不够的。尤其是大型企业涉嫌实施的重大虚开发票、污染环境、走私等犯罪，这些犯罪发生的原因非常复杂，与公司内部治理结构有着密切关系，短时间的合规考察根本不足以改造公司的管理方式和治理结构，要想让企业有效建立和运行合规管理体系，并将合规治理融入业务活动的每个流程之中，没有更长时间的合规整改通常是无法完成的。例如，为一个从来没有建立合规体系的企业起草合规章程、专项合规政策和员工手册，就可能需要耗费几个月的时间；而搭建一套合规组织体系，在董事会下设合规委员会，设立首席合规官，组建合规部门，让专职合规官和兼职合规联络员进行有机协作，将合规奖惩制度和考核制度渗透到公司的每个流程，更是需要长时间的建设和改进。尤其值得注意的是，即便企业建立了一套书面的合规体系，也还需要在合规监管人的帮助下进行长达一年到两年的试运行，并根据试运行中出现的问题进行动态调整，才能够真正激活合规计划，使其得到有效的实施，营造出企业的合规文化。因此，未来在正式确立合规不起诉制度时，可以考虑将合规考察期设置在一年至三年之间，检察机关可据案件性质和涉案企业的实际情况设置合理的考察期。由此，才能确保合规考察的顺利进行，使涉案企业真正完成合规整改的目标，实现实质上的“去犯罪化”改造。

八、合规监管人制度的设置

在欧美，合规监管人制度普遍被适用到行政监管和刑事和解的案件。无论是行政监管部门还是检察机关，一旦与涉案企业达成和解协议，就有可能委派合规监管人或合规协调员，对涉案企业实施合规整改的情况进行跟踪、指导、监督和报告，协助监管部门和检察机关进行合规考察工作。

某集团因为在参加由世界银行资助的一起道路翻修项目的竞标时提交了虚假业务文件，构成《世界银行集团诚信合规指引》所定义的欺诈行为，2013年10月，世界银行对该公司作出了“附解除条件的取消资格”的制裁决定，并要求其建立诚信合规体系。在合规整改期内，世界银行的官员同样不会亲自考察该公司的合规建设情况，而是由上海一家外资所担任合规监管人，每个季度对企业开展合规监察、听取整改汇报，并将合规建设情况定期报告给世界银行，经过世界银行同意后向企业提出整改意见。该公司经过三年的合规整改，最终建立的合规体系得到世界银行的认可，世界银行将制裁予以解除，恢复了该公司的招投标和贷款资格。

合规监管人制度的价值在我国已经获得广泛认可,实践中最具争议的问题是应当由谁来担任合规监管人。在改革初期,合规监管人的设置较为混乱,也曾经出现过检察院自行监管的形式,但是经过一年多的改革探索,逐渐形成两种较为典型的制度模式:一种是独立合规监控人监管模式,其中最具代表性的试点机关是深圳市宝安区人民检察院,该模式的特征是从律师事务所、会计师事务所、税务师事务所等第三方专业机构中遴选独立监控人。具体而言,由检察机关会同司法行政机关遴选符合条件的第三方专业机构组建合规监控人名录库,具体案件发生时,企业先从名录库中选择三名候选人,最后由检察机关批准其中一位担任案件的独立合规监控人,签署三方合规监管协议。另一种是行政机关监管模式,以宁波市人民检察院为代表的一批检察机关出于对律师担任合规监管人的不信任,担心第三方中介机构的人员容易与企业发生利益勾连,考虑到行政机关工作人员政治素养过硬,职业伦理和专业性都能得到保障,因此主张将合规监管工作交由行政机关完成,任命自然资源规划局、应急管理局、市场监督局、生态环境局、税务局等政府行政主管部门担任合规监管人。

张家港市人民检察院此前采取了一种与众不同的合规监管模式,在合规考察程序中不设置合规监管人,让律师担任企业的合规顾问,免费帮助企业打造合规计划,带有合规法律援助的性质,考察期结束后由行政机关组成合规验收小组,检察官不参与合规考察与验收,合规验收小组审核合格的即视为通过合规考察。近年来,张家港市人民检察院与当地监管部门共同成立合规监管委员会,负责遴选律师事务所、会计师事务所、审计师事务所等专业机构以及各主管行政机关的专业骨干,组建专门的合规监管人队伍。

最高人民检察院刚刚推出的第三方监管制度也采用了合规监管委员会的方式。根据2021年6月3日最高人民检察院与全国工商联、中国贸促会以及司法部、财政部等多部委联合印发的《关于建立涉案企业合规第三方监督评估机制的指导意见(试行)》,由上述机关共同组建国家层面的涉案企业合规第三方监督评估机制管委会,负责研究制定第三方合规监管政策文件、合规监管人选任标准以及涉企犯罪合规考察标准,全国工商联负责承担管委会的日常工作,国务院国有资产监督管理委员会、财政部负责承担管委会中涉及国有企业的日常工作。与此同时,试点地方的检察机关和国资委、财政部门、工商联组建本地区的第三方机制管委会，负责组建本地区第三方机制专业人员名录库以及日常的选任、培训、考核、巡查、惩戒工作。根据这一制度安排，检察机关在办理合规考察案件时只需要审查案件是否符合企业合规试点以及第三方机制的适用条件，并最终根据合规监管人出具的合规考察书面报告作出是否批捕、起诉、提出宽缓量刑建议的决定。而在整个合规考察环节中，合规监管人的选任以及合规考察标准的确定由第三方机制管委会负责，作为合规监管人的第三方组织负责审查企业提交的合规整改方案、确定合规考察期，以及检查、评估、考核涉案企业的合规整改情况，并向第三方机制管委会和承办案件的检察机关提交合规考察报告。检察机关仅保留对合规监管人组成名单、涉案企业合规计划、合规考察书面报告进行审查并提出意见建议的职权。

关于合规监管人应由行政机关工作人员还是律师事务所、会计师事务所、税务师事务所等专业机构人员担任的问题，最高人民检察院在指导意见中并未明确。其实，无论是行政机关监管模式，还是合规监管委员会的设立，都反映出我国检察机关希望将行政机关纳入企业合规改革之中，以加强合规监管专业性的努力。与西方国家不同的是，我国的行政执法和刑事司法是前后衔接的关系，一旦涉嫌犯罪，行政监管部门就要将案件移送司法机关，无法参与后续的刑事诉讼和合规考察工作。但以美国为例，行政监管部门可以和刑事侦查部门同时介入，并行不悖地开展行政调查和刑事侦查工作。例如，西门子事件爆发后，美国司法部和美国证交会同时对西门子公司涉嫌海外贿赂的行为展开刑事调查和行政调查。在商业贿赂和证券违法等领域，美国司法部和证交会还常常会与被调查企业签订“一揽子”和解协议，具有联合执法的色彩。而在我国，案件被移送检察机关进行审查起诉时，早已没有行政监管机关的身影，检察机关最多可以发出检察建议或检察意见，建议行政机关作出行政处罚。

在这种情况下，检察机关推进企业合规改革是面临较大的专业压力和实际困难的。其一，我国刑法规定的单位犯罪主要是行政犯，都是由行政违法行为在满足特定构成要件的基础上转化而来的犯罪，相比于专门设置的行政机关，检察机关的公诉部门要负责所有类型犯罪的审查起诉工作，虽然在决定罪与非罪的犯罪构成方面更有把握，但是对于建立合规体系所要求的特定领域专业知识往往不甚了解，而行政机关被认为对此更具专业性。例如，环保部门对于污染环境案件、税务部门对于涉税案件、海关对于走私案件富有监管和执法经验,在进行合规考察、审查合规计划、确定考察标准时可能更有专业优势。但是,我国在行政监管领域才刚刚开始出现合规激励机制,行政和解协议制度只在证券监管领域有所确立,行政合规监管人制度更是还没有起步,由于缺乏合规监管经验,我国行政机关在推进企业合规治理、监督企业进行合规整改方面究竟是否具备专业性,能够发挥多大的积极作用,这是不无疑问的。其二,在企业涉嫌犯罪的情况下,行政监管部门不再对案件行使行政调查权和行政处罚权,而检察机关与行政机关又没有行政隶属关系,行政机关开展合规监管工作的积极性和有效性无法得到保障。其三,刑事合规和行政监管合规有着本质区别,涉案企业在审查起诉阶段进行刑事合规整改,在考察期内要求其建立一套能够全面预防行政违规和刑事违法的尽善尽美的合规体系,既不现实也没必要,刑事合规整改的关键是要完成实质的去犯罪化改造,这需要合规监管人精确掌握刑事专业法律知识、了解刑事案件司法规律,而这恰恰是行政机关工作人员所不具备的。

根据世界通例,合规监管人必须由独立的第三方中介机构专业人员担任。首先,合规监管人应当从律师事务所、会计师事务所、税务师事务所的专业人员中选任,如果案件涉及环境保护等特定专业领域,还需要从环境保护研究中心等专业机构遴选专家加入合规监管人团队。其次,合规监管人不能由单位担任,因为单位担任合规监管人会带来很大的弊端。例如,律师事务所、会计师事务所、税务师事务所、研究中心等机构不适宜担任合规监管人,某律师事务所可能因为拥有著名的专业合规律师而入选,但是该律师事务所的其他律师并不一定具有合规监管的能力和经验,因此,应当建立以著名的合规律师、会计师、税务师、特定领域专家领衔担任合规监管人、组建合规监管人团队的制度。西门子事件发生后,担任合规监管人的是刚退休的国际知名经济学家、德国前财政部长威格尔博士,由其领衔组建监管人团队。美国司法部还经常任命具有联邦检察官、企业首席合规官、世界银行管理层任职经历的律师担任合规监管人。而让机构担任合规监管人不仅专业性无法得到保障,还会导致责任归属不清晰的问题,一旦合规监管人违背职业伦理与企业发生利益勾连,则难以对机构进行追责。

此外,还要强调的是,任命专业的律师、会计师、税务师和专家担任合规监管人,并不意味着让其单打独斗,而应由合规监管人根据案件需要组建开展有效合规监管所必备的监管人团队。例如,在对涉税案件进行合规监管时,由律师领衔搭建的合规监管人团队中就需要配备税务师和审计师,在反商业贿赂案件中,合规监管人团队也需要有法律、财务、金融、审计人员的参与。而对一个涉嫌污染环境的企业进行合规考察,由环保研究机构的专家来担任合规监管人是必要的,但是如果没有律师参与,连罪与非罪的界限都无法区分,只依靠一些环保领域的专业知识是无法搭建环境保护合规体系的。可见,每个合规监管人团队至少需要包括一名熟悉合规知识的法律专家,以及金融、财务、税务、环保、经济、网络等相关领域的专家。总之,合规监管人应由个人担任,由独立专家领衔组建监管人团队,而绝不能让机构担任。

关于合规监管人费用是否应由企业支付的问题,实践中存在两种截然不同的做法,主张不应当由企业支付监管人费用的声音认为,企业支付费用会影响合规监管人的独立性和中立性,很容易导致监管人违背职业伦理、与企业发生利益勾连。实践中有的试点机关不向监管人支付任何费用,让律师无偿提供法律援助,有的试点机关则主张由检察机关从财政拨款中拿出部分经费象征性地支付给监管人。但是,就像法律援助案件难以保障有效辩护一样,如果监管人费用不由企业支付,就会造成合规监管人的激励不足,难以保证监管人尽职尽责提供监管服务,使合规监管流于形式。

首先,检察机关需要根据市场标准和监管时长制定合规监管费用的基本标准。要使合规监管人真正发挥作用,一定要向其支付符合市场标准的基本费用,不仅要满足监管人为履职所付出的成本,而且要有所盈余。在美国,合规监管人薪酬绝不会低于商业服务的市场标准,甚至大部分案件的合规监管费用要远远高于市场价,动辄达到每年上百万美元。我国的监管人费用虽然难以达到如此高的标准,但至少应相当于担任企业合规顾问的薪酬标准。事实上,监管人无法获得必要的费用激励,反而更容易出现职业伦理问题,一旦企业私下向其输送利益,监管人就很可能产生动摇,从而与企业发生利益勾连。

其次,监管人费用也不宜由企业面对面地直接支付给监管人。合规监管人是受检察机关委派、代表检察机关对企业进行合规监管的主体,监管人与企业并非代理人与被代理人的合同关系,而是监管与被监管的关系,两者签订的是合规监管协议。监管协议中存在三方主体,除了合规监管人和被监管企业以外,还有检察机关作为监督方,其既可以监督企业的合规整改,又可以监督监管人的履职情况。因此,检察机关在制定合规监管人的费用标准之后,在具体案件的办理过程中应当将合规监管人费用写入三方监管协议。不过,企业不得将费用直接支付给合规监管人,而应当将费用打入检察机关或合规监管委员会统一设立的银行账户中。

涉案企业需要支付的费用不仅包括监管人费用,检察机关在办理合规考察案件的过程中也投入了人力和物力,司法行政机关或者合规监管委员会在遴选、管理合规监管人方面也付出了大量成本,因此,涉案企业无须单独支付合规监管人费用,但应集中交纳“合规考察费用”,打入统一设立的银行账户,再由司法行政机关或合规监管委员会按照合规监管协议的内容将属于监管费用的部分支付给合规监管人。这样一来,监管费用就不再是由企业支付给监管人,而是由合规监管委员会从合规考察费用中支付,而且只占到考察费用的一部分。部分试点机关会在合规监管人考察完毕后另行召集有关专家和行政机关工作人员组建验收评估委员会,检察机关根据企业提交的合规整改报告、监管人提交的合规考察报告、评估委员会提交的验收评估报告,来最终作出是否起诉的决定,合规验收评估委员会的费用,以及后续召开听证会的费用,都应当从企业交纳的合规考察费用中予以支付。

九、合规整改和合规验收的标准问题

在改革初期,检察机关对于合规不起诉改革的专业性和复杂性没有给予足够的重视,也没有就企业进入合规考察和合规验收确立较为具体的标准。随着改革的逐步推进,这一问题显得越来越突出,并成为制约合规不起诉改革深入推进的一大“瓶颈”问题。对于这一问题,最高人民检察院也给予了高度重视,并准备与行政监管部门一起,逐步推动合规整改和验收标准的制定工作。

但是,制定合规整改和合规验收的标准,是一项专业性极强的工作。从目前的情况来看,基层检察机关可能难以胜任。通常而言,合规整改和合规验收必须遵循专项合规标准,也就是针对特定的合规风险,确立的专门性的合规管理体系。例如,针对涉税犯罪案件的合规验收,要制定税收合规标准;针对侵犯商业秘密犯罪案件的合规验收,要制定知识产权保护合规标准;对于涉嫌污染环境罪的企业，在对其进行合规考察和验收时，要制定环保合规标准……对上述专项合规验收标准，检察机关都要根据特定领域的刑事法律规范，参考相关领域的行政法律法规，并根据特定企业的性质、经营情况、特定风险点、相关制度隐患和漏洞等，通过吸收行政监管部门的监管经验，来加以制定。

例如，有的企业仅反贿赂合规手册就多达65页，有上百个条文，其中既介绍了公司的反贿赂合规管理体系，又融合了企业日常运营和管理过程中面临的所有商业贿赂刑事合规风险点，极其详细和具体地列举了礼品及款待、外部差旅、客户培训、采购交易、经销商销售业务、商业赞助、公益捐赠、雇佣、投资并购等具体业务场景的禁止性规定和审批流程。合规手册对员工而言就像使用说明书一样，员工只要按照合规手册行事，就能实现刑事合规风险的有效防范。如果员工遵守员工手册的内容，仍然被认定实施了犯罪行为，单位就需要对此承担单位犯罪的刑事责任；如果员工违背员工手册的禁止性规定而实施了犯罪行为的，则只构成自然人犯罪，单位对此免责。

如果说检察机关对于反商业贿赂专项合规的内容还相对熟悉的话，那么对于诸如数据保护合规计划、税收合规计划、环境保护合规计划、知识产权合规计划等专业性更强的合规计划，就可能存在专业知识和合规管理经验的不足了。在这一方面，检察机关急需与行政监管部门进行合作，就特定专门领域的合规整改和验收制定专门性的标准。笔者建议，参与改革试点的省级检察机关，应当与省级监管部门和专业机构进行合作，针对涉税犯罪、侵犯知识产权犯罪、商业贿赂犯罪、污染环境犯罪、信息网络犯罪、安全生产犯罪、金融犯罪、非法经营犯罪等涉企犯罪的高发犯罪类型，制定专项合规整改和验收标准，为辖区内检察机关开展企业合规改革试点提供规范指导。

要确保涉案企业进行有效的合规整改，检察机关除了要制定合规整改和合规验收的专项标准以外，还应高度重视整改和验收标准的实质化问题。目前，几乎所有检察机关都高度重视合规整改的流程问题，一些涉案企业从建立企业合规管理体系的流程出发，也容易在短时间内完成合规整改，满足检察机关所提出的合规管理要求。但令人遗憾的是，这种流程化的合规标准，往往满足的是形式上的合规要求，而未必能够对企业犯罪产生有效的防范作用。一言以蔽之，流程化的合规标准经常变成“纸面上的合规计划”，而不是“有效的合规计划”。

合规的“流程化标准”,是指通行有效合规计划标准所要求的合规宪章、合规政策体系、合规组织体系,以及包括预防体系、识别体系、应对体系在内的三大合规流程,例如,建立合规培训、内部举报、合规审计、合规奖励和惩戒等机制,以及合规风险识别和评估、合规尽职调查、合规内部调查、反舞弊调查等制度。这种流程化合规标准的制定,主要是为大型企业防范合规风险所设立的有效合规计划标准,带有明显的标准化、流程性和格式化的特征,未必适合所有企业防范合规风险的需要。检察机关在推进合规不起诉方面,由于受合规考察期的限制,不可能督促企业进行一套“大一统”的合规管理体系,也不可能仅仅着眼于合规的流程标准,建立一套“大而全”的专项合规计划。作为一种督促企业进行合规整改的方式,检察机关在合规考察过程中只能责令企业作出有针对性的合规整改,也就是针对企业的管理漏洞、制度隐患和主要风险点,确立有针对性的合规整改方案。在检察机关的监督下,在合规监管人的指导下,涉案企业只要针对这些容易导致犯罪的风险点作出有效的整改,避免再次发生类似的犯罪行为,就相当不错了。至于督促企业建立一整套现代合规管理体系,在如此短的合规考察时间内,则是几乎不可能完成的工作。

一般而言,企业合规计划的建立可以分为三个层次:一是标准合规体系的搭建,侧重于对公司治理结构作出根本改变;二是专项合规体系的建立,着眼于对特定领域合规风险的防范;三是合规危机的应对,主要是在危机事件发生时合理应对,争取获得合规激励机制。企业在合规考察期内所建立的主要是危机应对体系,目标在于找到犯罪的根源,建立一种去犯罪化的经营模式和管理模式。这就像治疗胃病一样,当务之急在于找到病灶并进行紧急处理,避免病症出现最坏的结局。至于彻底解决胃部疾病问题,则需要在危机过后,运用药物治疗和保健等多种方式,慢慢进行调理,经过相当长的一段时间,才有可能将这一疾病彻底解决。同样的道理,检察机关通过合规考察,督促企业进行合规整改,当务之急在于预防犯罪再次发生。这一目标实现了,检察机关对企业的合规整改也就成功了。至于企业要建立完整的有效合规计划体系,并将合规管理融入企业经营、管理的每一环节,甚至逐步确立一种依法依规经营的企业文化,这就是另一方面的问题了。要做到这一步,就需要行政机关在行政监管阶段采取各种激励措施,指导企业全面搭建合规管理体系。在一定程度上,检察机关督促企业进行的合规整改,主要解决的是预防企业再次犯罪的问题;而行政监管部门的日常合规监管,所要解决的才是企业依法依规经营的问题。

正因如此,检察机关督促企业进行合规整改的实质,是帮助企业改变原有的违规经营模式,消除原有的制度隐患,实现"去犯罪化"的目标。为此,检察机关在确立合规整改和验收标准时,就不应仅仅着眼于建立一套流程性的合规标准,而应从实质上确立一套旨在实现"去犯罪化"的整改标准。这才是刑事诉讼中合规考察的重点和难点问题。

很多企业在经历了若干年时间的野蛮生长和无序发展之后,基于对不良经营模式的严重依赖,最终走上犯罪的道路,形成了带有违法犯罪基因的经营模式。合规整改的实质在于帮助企业进行"去犯罪化"改造,否则,即便搭建了合规管理体系,也很难逃避严密的刑事法网。改造的第一步是开展合规风险评估,经过合规风险评估和商业模式诊断,查清经营模式和管理模式中存在的漏洞和隐患,发现企业的"原罪"。第二步是帮助企业完成商业模式改造,改变带有犯罪因素的经营模式和管理模式,消除犯罪的基因和隐患,并将合规整改方案落地,嵌入到经营管理、人事管理、考核奖惩机制的各个流程之中。那么,究竟如何对商业模式进行去犯罪化改造呢?

首先来看一个行政监管领域的例子。2021 年 4 月,人民银行、银保监会、证监会、外汇局等金融管理部门再次联合约谈蚂蚁集团,确定了包括五个方面内容的整改方案,其中第一个方面是要求蚂蚁集团纠正支付业务不正当竞争行为,在支付方式上给消费者更多选择权,断开支付宝与"花呗""借呗"等其他金融产品的不当连接,纠正在支付链路中嵌套信贷业务等违规行为。这就是一起商业模式"去违法化"改造的典型案例。

在刑事诉讼中,如果一个涉嫌信息网络犯罪的网络数据企业要实现去犯罪化改造,就必须建立合规尽职调查制度,在发展任何客户和商业合作伙伴时都要对其进行合规尽职调查,出具尽职调查报告,对第三方合作伙伴进行合规管理,必要时建立退出机制,及时有效地完成责任切割。否则,数据企业的商业模式中就始终带有犯罪隐患,一旦客户或者合作伙伴利用网络平台实施非法经营等犯罪行为,企业就可能构成犯罪。合规整改不同于刑事辩护,刑事辩护的目的和方法在于证明构成要件不成立,而合规整改则是在已经符合犯罪构成的情况下将构成要件消灭,所以被称为"去犯罪化"处理,也就是将企业符合特定犯罪构成要件的商业模式和经营习惯加以消除和改造,代之以合法的商业模式和经营模式。从这个意义上来说,合规整改就是改造一个企业的灵魂,使其彻底回归合法经营的轨道,这正是合规不起诉改革的伟大之所在。

又如,某企业违反国家规定从事限制性物品的经营活动,涉嫌非法经营罪,在合规考察期间要对该企业进行去犯罪化改造时,如果只进行建立合规培训制度、合规内部举报制度等流程化的整改是远远不够的,非法经营类案件涉案企业合规整改的关键在于立即停止生产、经营、销售活动,并尽快申请行政许可、获得行政审批,在此期间,企业为了存活下去,可以根据在工商部门注册登记的营业范围调整经营方式,比如开展在营业范围之内的产品咨询和技术转让等业务,从产品的生产商、销售商转变为产品咨询服务的提供商,即便利润可能有所下滑,但这是去犯罪化改造的当然要求,也是在主营业务获得行政审批之前使公司得以存活的最好方式。

再如,某企业涉嫌组织、领导传销活动罪,如果要对涉案企业的经营模式进行去犯罪化改造,一般需要完成两个步骤的整改:第一是建立退货机制,因为判断是否构成犯罪意义上的传销的重要标准即是否具有真实的商品交易和服务,为此必须保障退货自由,批发零售行为的标志之一就是完善的退货机制。一旦企业建立了无条件退货机制,则企业的组织层级、入门费、发展下线获得奖励等制度最多只能构成行政违规,但不会构成组织、领导传销活动罪。第二,调整销售收入和发展下级会员收入的比例,使销售商品的收入远高于发展下级会员获得的报酬。如果企业销售商品的收入占比80%以上,而发展下级的报酬只占极小比例,则说明真实的商品交易才是企业收入的主要来源,反之,如果以销售商品作为幌子,实际上发展下级会员才是主要计酬根据,就仍然会被认定为组织、领导传销活动罪。只有经过这两个步骤的合规整改,企业商业模式中符合犯罪构成要件的因素被剔除,在长期经营过程中根深蒂固的"原罪"被消除,才是真正完成了去犯罪化改造,实现了有效整改的目标。

十、几个基本结论

西谚有云:"制度者,智慧与机遇相结合的产物也。"任何一项改革都是对既有法律秩序的颠覆,也会带来司法理念的重大革新。在改革初期,改革者出于改革的热情和愿望,会将各项改革措施推进得非常顺利。但当改革进展到一定程度,尤其是进入"深水区"之后,一系列的困惑、矛盾和冲突就有可能纷至沓来。这个时候,就需要改革决策者拿出继续推进改革的勇气,又要集思广益,吸收多方面的观点和智慧,找到可行而又具有开拓性的改革道路。改革者切忌故步自封,因噎废食,走回头路,而应在曲折和争议中继续前行。

基于上述理解,我认为,我国检察机关推动的企业合规不起诉改革,经过了一年多的探索和试点之后,已经来到了一个关键的十字路口,到了调整方向、确定重点和推动制度形成的关键阶段。在此重新塑造制度的关键阶段,根据一些初步研究、调研和思考,提出几个基本观点,供改革者参考,供读者批评指正。

第一,合规考察制度应尽量由省级或地市级检察机关来启动,它们拥有更加丰富的资源,能够更好地制定合规整改和验收标准,开展合规考察制度实践。区县一级检察机关则适合对情节轻微的单位犯罪案件作出相对不起诉决定,并向涉案企业提出合规整改的检察建议。

第二,合规考察制度应当尽量适用于大型企业涉嫌实施的重大单位犯罪案件。这类单位犯罪案件情节较重,检察机关不能作出相对不起诉,而应适用附条件不起诉制度。大型企业具有完备的现代公司治理结构,适宜进行合规整改和合规体系建设。越是针对涉嫌重大犯罪的大型企业开展合规考察,这样的合规整改和合规不起诉,才越具有示范作用和标杆意义。

第三,应当改造目前的单位犯罪理论,将企业责任与关联人员责任彻底分离。单位构成犯罪尽管属于关联人员构成犯罪的前提,但两者在承担刑事责任方面具有相对的独立性。检察机关即便对单位作出合规不起诉,也不意味着对关联人员责任的免除。合规出罪的对象应仅限于企业,而不能无条件地扩展到企业家。在检察机关对企业作出合规不起诉的情况下,仍应按照单位犯罪起诉直接负责的主管人员和其他直接责任人员。此外,随着刑事法律的发展和完善,未来会出现大量的失职类单位犯罪,即企业因为关联人员犯罪而被推定承担刑事责任。追究这些企业刑事责任的依据在于没有建立完备的合规管理体系,没有尽到合规管理义务而承担失职责任。反之,如果企业建立了有效的合规管理体系,就能够实现出罪,完成单位责任和关联人员责任的有效切割。

第四,应当将认罪认罚从宽制度与合规考察制度予以分离。认罪认罚从宽制度是一种快速诉讼程序,引入了控辩协商的因素,体现了对认罪认罚的嫌疑人加以宽大处理的精神。而针对单位犯罪的合规考察制度建立后，应当具有独立的诉讼程序，以企业认罪、配合司法机关调查、积极补救挽损、处理责任人、制定有效的合规整改方案为前提，对涉案企业进行合规考察，并设置合规考察期，选任合规监管人，帮助企业进行有效的合规整改，消除商业模式中的犯罪因素，实现“去犯罪化”改造。将来应通过立法部门的授权，经过法律的修改，将一年以上三年以下的合规考察期制度确立在我国法律之中。

第五，未来应确立专业的合规监管人制度。无论是行政监管部门、检察机关，还是工商联等行业协会，都无法保证合规监管所需要的专业知识、时间精力和基本的工作效率，因而均不适宜担任合规监管人。同时，应当停止以单位作为合规监管人的改革试验，而由资深律师、会计师、税务师、特定领域专家领衔担任合规监管人，组建专业的合规监管人团队。为加强对合规监管人专业能力的考察和职业伦理的监督，可以组建合规监管委员会，发现合规监管人专业水平不高、怠于履行监管职责，或违背职业伦理的，管委会有权及时解除监管协议，取消合规监管人资格，情节严重的可将其列入监管人名录库“黑名单”。

第六，应当由省级或地市级检察院负责建立一系列专项合规整改与验收标准，所制定的专项标准不能限于纸面化的合规流程，而应注重确定实质的“去犯罪化”标准。这项工作应当尽快完成，从可行性角度来看，可以先选取我国单位犯罪案件发案率最高的前五类犯罪，尽快颁布第一批五个专项合规整改与验收标准，将来再研究制定第二批和第三批标准，使常见的单位犯罪类型都能拥有一套专项验收标准，这是合规不起诉改革中无法绕开的重要工作，越早开展标准制定的检察机关越能占领先机，为改革提供必要的配套制度保障。

第七，应当将合规出罪作为最重要的合规激励机制。未来，我国的合规不起诉改革必将会扩展为企业合规从宽改革，企业合规的从宽效果可能包括不捕、不诉、变更强制措施、提出宽大量刑建议等。但是，合规出罪依然是其中最重要的激励机制，具有不可替代性，不能随着改革的推进而被弱化。因此，应当在实体法上对犯罪行为发生时已经建立合规体系的企业确立合规无罪抗辩的实体出罪制度，而对犯罪时尚未建立合规体系的企业，应当在程序法上确立合规考察不起诉的程序出罪制度，给予被纳入合规考察对象的企业进行合规整改、获得合规不起诉的机会。唯有通过合规考察不起诉的方式，才能给企业建立合规带来最有效的激励。这种合规激励机制由三个要素构成：一是不建立合规体系就可能被定罪判刑,让企业面临巨大的“压力”;二是被纳入合规考察对象之后就有获得不起诉的希望,使企业进行合规整改、建立合规体系有了强大的“动力”;三是企业完成合规整改,建立有效合规计划,实现“去犯罪化”改造,检察机关就可以对其作出不起诉决定,以无罪的处理结果对其进行“奖励”。

有效合规管理的两种模式*

陈瑞华**

一、引言

从本质上说，企业合规指一种基于风险防控的公司治理方式。但是，没有行政机关、司法机关以及国际组织的外部推动，没有任何企业会自生自发地建立合规管理体系；不从行政监管、刑事执法或国际组织制裁等环节建立强有力的压力机制和激励机制，企业也不会产生建立合规管理体系的足够动力。自2005年以来，我国企业通常沿着两条道路推进合规管理体系的建设：一是在行政监管部门的指导和监督下，以预防相关的合规风险为主要出发点，建立常态化的合规管理体系；二是在行政机关、司法机关执法压力下，或者在国际组织采取制裁措施的情况下，涉案企业以追求减轻处罚或者取消制裁为目标，针对业已暴露的违法、违规或者犯罪行为，采取有针对性的合规整改措施。由此，我国初步形成了两种合规管理推进模式：一是日常性合规管理模式；二是合规整改模式。

“日常性合规管理模式”又被称为“面向市场的合规计划”，是指企业在没有发生违法、违规或者犯罪行为的情况下，根据常态化的合规风险评估结果，为防范企业潜在的合规风险，开展合规管理体系建设的一种方式。① 迄今为止，我国金融监管部门发布了金融领域的合规指引，国有资产管理部门发布了中央国有企业合规管理指引，国家发改委会同其他监管部门发布了中国企业海外经营合规指引。这些合规指引为相关企业建立日常性合规管理体系提供了参考、标准和依据。但是，在日常性合规管理体系建设过程中，很多企业并没有真正的“合规风险意识”，不是根据风险评估结果建立有针对性的合规管

* 本文原载《法制与社会发展》2022年第1期。

** 陈瑞华，北京大学法学院教授，博士生导师，教育部长江学者奖励计划特聘教授。

① 参见尹云霞、李晓霞：《中国企业合规的动力及实现路径》，载《中国法律评论》2020年第3期。

理体系，而是将合规理解为“依法依规经营”，将几乎所有可能的合规风险作为防范对象，倾向于建立一种同时涵盖多种甚至数十种专项合规管理领域的“一揽子合规计划”。这种貌似“大而全”的合规管理体系，可能只是一种纸面上的合规计划，而难以切实有效地发挥预防合规风险的作用。②

“合规整改模式”又被称为“应对危机的合规计划”，是指企业在面临行政执法调查、刑事追诉或者国际组织制裁的情况下，针对其经营模式、管理方式、决策机制等方面所存在的漏洞和隐患，进行有针对性的制度修复和纠正错误的一种治理方式。③ 目前，我国市场监管部门对多家网络平台企业所展开的“反垄断执法行动”，责令其提交反垄断合规整改方案，或者作出反垄断合规整改承诺。我国各级检察机关正在进行企业合规不起诉改革探索，对那些符合条件的涉案企业，责令其提交合规整改方案，或者作出合规整改承诺，并设置合规考察期，指派合规监管人，督促企业限期进行合规整改，在考察期结束前进行合规验收，并根据验收结果作出是否提起公诉的决定。不仅如此，在世界银行以及其他国际金融机构的监督指导下，那些因违反相关规则而接受国际金融机构制裁的企业，一旦承诺根据世界银行的“诚信合规指南”作出合规整改，就可以重建合规管理体系，在通过国际金融机构合规整改验收的情况下，企业就有机会获得解除制裁、重新获得参与招投标的资格。在上述三个领域内，企业在行政机关、司法机关或国际组织的监督指导下所开展的合规整改活动，最终也促成了合规管理体系的建立。

但是，相对于国际制裁领域中的合规整改而言，我国行政机关和司法机关督导下的合规整改，还处于刚刚起步的阶段，既缺乏可操作的合规指南，也不具备行之有效的验收标准。在合规整改方案的设置上，一些涉案企业要么针对违法犯罪发生的制度原因确立了非常具体的纠正措施，而没有将这些措施纳入合规管理体系之中，要么制订了空洞宽泛的合规计划，而不去顾及违法犯罪原因的排查和相关制度的修复。而行政机关和司法机关一旦接受这些不合理的合规整改方案，就很容易造成合规监管和合规考察流于形式，难以达到实质性的预防效果。可以说，如何在行政监管领域和刑事执法领域确保合规整

② 参见陈瑞华：《企业合规不起诉制度研究》，载《中国刑事法杂志》2021 年第 1 期。

③ 参见尹云霞、庄燕君、李晓霞：《企业能动性与反腐败“辐射型执法效应”——美国 FCPA 合作机制的启示》，载《交大法学》2016 年第 2 期。

改的有效性,已经成为一个亟待解决的实践难题了。[④]

从合规理论发展的角度来说,诸多研究者对于合规管理体系的有效性给予了初步研究,研究者大多重视“合规计划在预防违法犯罪方面发挥有效作用”,同时强调不能只是建立“纸面上的合规计划”。[⑤] 但是,由于对企业合规管理的规律缺乏深刻的认识,也由于对合规管理的有效性问题缺乏科学的实证研究,因此,很多相关的研究都着眼于对欧美国家乃至国际组织合规标准的介绍、分析和评价,落脚在如何在我国引进这些合规标准的问题。尤其是在日常性合规管理和合规整改“齐头并进”的情况下,研究者更是缺乏对这两种合规管理如何加以衔接问题的研究,从而造成理论上的混乱,使企业无论是在建构日常性合规管理体系方面,还是在合规整改方面,都缺乏基本的理论指引。

有鉴于此,本文拟对企业合规管理的两种模式作出初步的理论分析。笔者将对日常性合规管理模式和合规整改模式的适用对象、基本功能和制度构造作出比较考察。在综合评估两种模式优劣得失的基础上,笔者将对两种模式的制度衔接问题作出简要的讨论。本文所要论证的基本结论是,日常性合规管理模式和合规整改模式各有其适用范围、制度构造,也可以发挥各自独立的功能。但在企业合规管理体系的建构方面,这两种模式既可以相互转化,也可以促进相互间的补充和完善。

二、日常性合规管理模式

企业之所以要建立日常性合规管理体系,通常具有两个方面的动机:一是出于增强企业市场竞争能力的考虑,将企业合规治理作为降低企业经营风险、提高企业声誉、获得更多商业交易机会的手段;二是出于应对监管部门的监督、考核和行政指导的考虑,将建立合规管理体系作为完成监管要求和通过监管验收的手段。但无论出于何种动机,企业一旦着手建立这种日常性合规管理体系,就要遵循这一合规管理模式的规律,按照监管部门的合规指引或者合规指南,建立体系化的合规计划。与危机发生后的合规整改活动相比,日常性合规管理具有一些特殊的性质、功能和制度结构,也具有一些显而易见的局限性。

---

④ 参见陈瑞华:《企业合规的基本问题》,载《中国法律评论》2020年第1期。

⑤ 参见李玉华:《有效刑事合规的基本标准》,载《中国刑事法杂志》2021年第1期。

（一）日常性合规管理的性质

企业对合规管理体系的建立，一般存在两种情况：一是从无到有地搭建一套合规计划；二是在已经初步建立合规管理体系的情况下，基于有效合规的理念，对该体系进行适当的完善和调整。但无论是哪一种情况，企业在没有遭遇行政调查、刑事执法或国际组织制裁的情况下，所要建立的都是日常性合规管理机制。与危机发生后的合规整改不同，日常性合规管理体系的建立都具有以下基本特征：一是所针对的都是潜在的合规风险；二是所要建立的不是“大而全”的通用合规计划，而是针对特定风险领域的专项合规计划；三是合规管理涵盖企业决策、经营、财务、人事等管理的诸多环节，形成一种完整的合规治理体系；四是合规管理体系在预防合规风险、监控违规行为和应对违规事件等方面，应当是行之有效，而不是流于形式的。下面对这四个特征依次作出简要分析。

首先，作为企业合规管理的一种模式，日常性合规管理体系也是以防控合规风险为目的的公司治理体系。企业在建立这种合规体系时，一般并没有面临迫在眉睫地受到惩罚或制裁的现实危险，也没有陷入违法行为被调查、违规行为被查处、犯罪行为被追诉的困境。但是，由于在决策、经营、财务、人事等各个管理环节存在制度漏洞，企业内部时而会发生一些不合法或不合规的情况，这尽管没有形成现实的危机，却带来了潜在的合规风险。假如企业不建立合规管理体系，那么，这些潜在风险就有可能转化为一些显在的违法事件，企业被行政机关调查、被司法机关立案乃至被国际组织制裁的可能性将大大增加。不仅如此，无论是行政执法调查、刑事追诉还是国际组织的制裁，最终给企业带来的不仅是行政处罚、刑事责任追究的结局，而更主要的是各种市场准入资格的剥夺和商业交易资格的丧失，以及由此带来的商业声誉的降低。⑥

但是，每个企业所面临的具体合规风险都是存在差异的。基于业务类型、公司治理结构、商业模式乃至企业文化的不同，不同的企业可能会在不同领域中发生违法、违规乃至犯罪的可能性。例如，那些在海外从事经营业务的企业，更可能发生违反出口管制法、实施海外贿赂、违反数据保护法乃至从事洗钱活动等方面的合规风险。又如，那些在国内从事生产、经营、贸易、投资等活

⑥ 参见王志乐：《企业合规计划的基本问题》，载微信公众号“转型中的刑法思潮”2020 年 7 月 15 日。

动的民营企业，更有可能发生虚开发票、走私、侵犯商业秘密、污染环境、非法经营、串通投标、侵犯个人信息等方面的违法犯罪活动，并由此带来受到国内监管部门调查或者刑事追诉的风险。再如，那些参与世界银行以及其他国际金融机构招投标项目的国有企业，更有可能实施商业贿赂、欺诈等违规行为，由此带来上述国际组织暂停招投标资格的制裁，甚至在不建立诚信合规体系的情况下，还有可能受到被永久取消参与招投标资格的最严厉后果。

其次，日常性合规管理体系是为预防特定合规风险而建立起来的，一定是一种专项合规管理体系。通过风险评估和识别，企业发现了最容易出现危机的若干风险领域，然后针对这些领域可能出现的违法、违规乃至犯罪问题，建立了专门化的合规治理体系。"专项合规计划"，是指企业针对特定领域的合规风险，为避免企业因为违反相关法律法规而遭受行政处罚、刑事追究以及其他方面的损失，所建立起来的专门性合规管理体系。对于那些从事国际贸易或进出口业务的企业而言，常见的专项合规计划有：反商业贿赂合规计划、诚信合规计划、出口管制合规计划、反洗钱合规计划、数据保护合规计划，等等。而对于那些单纯从事国内业务的企业而言，常见的专项合规计划则主要有：反垄断合规计划、反不正当竞争合规计划、反商业贿赂合规计划、知识产权保护合规计划、反洗钱合规计划、大数据保护合规计划、税收合规计划、证券合规计划、环境保护合规计划，等等。⑦

在建立专项合规体系方面，企业往往会陷入一种误区：以为"合规就等于依法依规经营"，以为监管部门合规指引所列举的合规风险，都是企业通过合规管理所要防范的对象，并由此走向"大而全"的合规体系。其实，监管部门合规指引作为规范性文件，只是指出企业"可能"会面临的合规风险，而不意味着每个企业"实际"面临着这些风险。企业通过建立合规体系，所要防范的不是一般性的合规风险，而是那些与自己商业模式和经营方式密切相关的结构性合规风险。针对这些风险，企业才需要建立特定的专项合规计划。例如，金融机构最需要防范的是洗钱风险，需要建立的是反洗钱合规计划；医药企业最需要建立的通常是反商业贿赂合规体系；化工企业所要建立的往往是环境保护合规体系；网络平台企业所要建立的通常是数据保护合规体系，等等。假如不

---

⑦ 参见陈瑞华：《中兴公司的专项合规计划》，载《中国律师》2020年第2期。

从特定的合规风险入手建立专项合规体系，那么，企业所建立的就可能是覆盖十几项乃至数十项风险领域的合规计划。这样的合规计划貌似十分全面，所针对的是多种企业违法、违规或者犯罪问题，但由于缺乏应有的针对性和可操作性，往往成为一种流于形式的“规范”，难以发挥有效防范合规风险的作用。

再次，日常性合规管理要融入公司治理体系之中，成为公司治理结构的有机组成部分。通常情况下，一个企业针对所面临的结构性风险，会形成以董事会为核心的决策治理、以首席执行官团队为中心的业务治理以及以首席财务官团队为首的财务管理等体系。但相比之下，合规管理是独立于决策治理、业务治理和财务管理的管理活动，它由首席合规官团队负主要责任，以最大限度降低合规风险、避免企业遭受损失为主要目标，以确保企业依法依规经营为归宿。为保证合规管理的有效性，企业最高层要作出合规承诺，并承担最终的责任；董事会要成立合规管理委员会，董事长和首席执行官都应成为委员会成员，使之成为最权威的合规决策和监督机构；企业设立首席合规官，并赋予其与合规管理职务相称的地位和资源；企业要设立合规管理部门，配备足够的人员和预算，并确保其独立性和权威性；企业在其分支机构和各部门要设立合规执行部门或合规专员，使合规管理能够渗透到企业的生产、经营、财务以及其他业务的流程之中；企业还要确立合规审查制度，使合规部门、首席合规官乃至合规管理委员会拥有否决不合规业务的权威；合规管理应变成企业人事管理的内容，成为对员工进行考核和奖惩的依据。通过这种制度设计，合规管理就不再仅仅是一种企业依法依规经营的“外部监督力量”，而内化为公司治理结构的有机组成部分。

与危机来临后的合规整改不同，企业在建立日常性合规管理体系时，通常拥有较为宽裕的时间，可以根据企业合规风险的现状，在公司治理结构之中完成合规管理体系的搭建，实现合规管理与决策治理、业务治理和财务管理的有机整合。一个企业合规管理的体系化程度越高，与公司治理结构的结合越加紧密，该企业防范合规风险的成功率也就越大。

最后，在防范合规风险方面，日常性合规管理体系应当发挥有效的作用。几乎所有监管部门都强调合规管理的有效性。合规管理假如只是一种纸面上的合规计划，而无法起到防范、识别、监控、应对违规事件的作用，那么，这种合规管理将是毫无价值的。日常性合规管理体系的有效性主要体现在事前、事中和事后三个方面：一是在违法、违规或犯罪行为发生之前，企业合规管理体系可以发挥评估合规风险、预防违规行为发生的作用；二是对于企业经营的每一环节进行实时的合规监控，及时发现、识别和报告已经发生的违规事件；三是在违规事件发生后，及时对违规行为加以调查，发现并查处责任人，报告违规事实，对合规管理体系作出持续的改进和完善。

（二）日常性合规管理的制度构造

相对于传统的外部监管手段而言，合规是企业实行“自我监管”（self-policing）的内部治理体系。[⑧] 合规体系的有效运行，意味着企业要将法律、法规、行业规范、规章制度、国际条约所确立的规则，内化为规范公司决策、经营、财务、人事等领域的行为准则。要有效发挥防控合规风险的作用，日常性合规管理就需要具备一系列基本制度要素，并使之形成完整的制度体系。我们可以通过一个国有企业建立合规管理体系的经验，来概括出有效合规管理体系的制度构造。

自 2014 年起，北汽股份有限公司（以下简称北汽股份）就在国资委、北汽集团的指引和德国戴姆勒公司的帮助下，探索既适合本土也符合国际趋势的企业管理体系建设之路。2018 年 12 月，北京市国资委实施《市管企业合规管理工作实施方案》，选定北汽集团等五家企业开展首批合规管理工作试点。经过两年多的探索和建设，北汽股份初步形成了一套合规管理体系。

在组织体系上，北汽股份设立“诚信合规委员会”，下设诚信合规办公室，办公室成员由合规部人员兼任，负责牵头处理公司的全部合规业务。在公司下设的各中心，则设立“专业诚信合规委员会”，在公司诚信合规委员会指导下开展合规工作。该公司保证合规部门的权威性和独立性，及时将合规风险和相关事项回报给最高决策者。

在制度体系上，北汽股份密切关注反商业贿赂、反垄断、反不正当竞争、规范资产交易、招投标、安全环保、产品质量、劳动用工、财务税收、知识产权、商业伙伴等重点领域的合规问题，并根据公司业务发展对合规重点领域及时进行更新。针对上述合规重点领域，北汽股份编制并发布了《北京汽车合规手册》，向全体员工介绍合规要求，提示合规风险，并对手册内容定期作出更新，

---

⑧ 参见陈瑞华：《论企业合规的性质》，载《浙江工商大学学报》2021 年第 1 期。

开发了合规筛查系统，以便及时识别和规范重点领域的合规风险。同时，公司还制定了《北京汽车股份有限公司行为准则》，确立了管理人员、员工、派出人员、商业伙伴一体遵守的纲领性文件。

在合规运行机制上，北汽股份建立了合规风险识别和评估、合规风险控制、合规监控、合规宣传及培训、合规监督与改进五大运行体系。该公司每年进行综合性合规风险评估和专项风险评估，结合评估结果制定合规指引，指导业务部门开展合规工作；合规风险控制包括合规制度制定完善、合规筛查、重大项目和合同合规审核、合规强制咨询、经营决策合规支持等内容；法律与合规部门对各单位进行合规审查，开展合规审计，通过合规举报管理开展合规监控；合规宣传和培训包括对内部员工、商业伙伴、第三方开展定期或者专项合规培训，也包括对合规人员的业务培训；每年对合规管理情况进行总结，提交年度合规评估报告，实行合规奖励和惩戒制度。总体上，合规风险的识别与评估、审查、监督、培训、持续改进等措施形成了相对封闭的完整体系，这种体系化运行机制是企业主动预防、识别合规风险的关键制度安排，也是企业不断完善合规制度体系、有效应对和处理合规危机、实现企业自治管理的重要保证。[⑨]

这是一个兼顾了我国监管部门要求和国际惯例的合规管理体系建设的案例。通过观察这一案例，分析监管部门的合规管理指引，并参考国际有效合规管理的标准，我们可以提炼出日常性合规管理体系的基本制度要素。在一定程度上，与国家治理的法律结构相似，企业合规的治理结构也通常包含四项要素：一是作为企业宪章性质的“合规章程”；二是作为实体合规规范的合规政策和员工手册；三是作为企业组织规范的合规组织体系；四是作为企业管理程序法的合规流程。上述四项合规制度要素，在各自发挥独立功能的基础上，相互结合和补充，形成一种完整的合规管理体系。

1. 合规章程

合规章程又被称为企业的“商业行为准则”，是企业对其合规管理体系加以宣示的规范，是具有最高效力的合规文件。一个合格的合规章程至少应当包括合规理念、合规基本原则以及合规管理体系的基本框架。从所发挥的功能来看，合规章程既是企业建立合规管理体系的规范依据，也可以在危机爆发

⑨ 参见《Compliance ‖ 北汽合规管理体系建设》，载微信公众号“风险管理智慧”2021 年 9 月 2 日。

时发挥风险防控的作用，及时切割企业与管理人员的法律责任。2015 年，雀巢公司就以合规章程为重要证据，阻止了五名员工将刑事责任归于企业的企图，成功地完成了无罪抗辩。[10]

2. 合规政策与员工手册

之所以将合规政策和员工手册视为企业合规的“实体规范”，是因为在任何一个专门性合规管理体系中，企业都要将几乎所有禁止性法律规则写入这两份文件之中，使之成为企业进行自我监管的主要法律依据。在一定程度上，无论是企业员工、管理人员，还是子公司人员，只要遵守了企业发布的员工手册，就等于遵守了企业的合规义务，所实施的行为假如出现违法违规现象，那么，由此产生的法律责任一般应归于企业。同样，无论是客户、第三方商业伙伴还是被并购企业，只要遵守了企业的合规政策，那么，由此所形成的法律责任也应由企业承担。在一定程度上，员工手册是一种“面向内部”的实体规范，既是对企业员工、管理人员和子公司加以内部监管的依据，也可以在危机发生后成为分割企业责任与上述内部人员责任的依据。与此同时，合规政策则属于一种“面向外部”的实体规范，既是对客户、第三方和被并购企业进行合规管理的依据，也可以成为切割企业责任与客户责任、第三方责任和被并购方责任的重要证据。

在日常性合规管理体系构建过程中，企业要针对不同的合规领域确立专门性的合规政策和员工手册，并将相关领域的行政法规、部门规章和刑事法律规范加以详尽的列举和排列，使之成为内部人员和外部人员一体遵守的行为准则。例如，在出口管制领域，企业要发布出口管制合规政策和员工手册；在反商业贿赂领域，企业要发布反商业贿赂合规政策和员工手册；在数据保护领域，企业要发布数据保护合规政策和员工手册；在反洗钱领域，企业要发布反洗钱合规政策和员工手册……在这些专门性合规政策中，企业要将相关行政法律、法规和刑事法律所确立的禁止性规则整合进来，使之成为规范外部人员和企业行为的准则；在这些专门性员工手册中，企业也要将上述法律、法规所禁止的事项加以重新阐述，使之成为内部人员从事职务活动时所要遵守的准则。企业在进行合规培训、合规风险评估、合规尽职调查、合规审计、合

---

[10] 参见陈瑞华：《合规视野下的企业刑事责任问题》，载《环球法律评论》2020 年第 1 期。

规奖惩等活动时，都要将这些合规政策和员工手册的遵守情况作为基本的评判依据。

3. 合规组织体系

建立一个运作良好的合规组织体系，是确保企业合规管理体系发挥有效作用的必要保障。在一个建立了现代公司治理结构的企业中，合规组织通常包括四个层级：一是董事会下设的合规管理委员会；二是首席合规官；三是企业合规部门；四是企业下属部门或分支机构的合规部门或合规专员。其中，合规管理委员会要由董事长、执行团队负责人担任成员，对合规管理负有最高责任；首席合规官应具有较高行政层级；企业应根据专项合规计划的要求，设置相对应的合规部门，如出口管制合规部、反商业贿赂合规部、数据保护合规部、反洗钱合规部等；企业在各部门和分支机构中至少要设置专项合规专员，有条件的企业还可以成立专项合规分支机构。⑪

四级合规组织要有效发挥合规管理的作用，就要遵循几项基本原则。其一是最高层承诺的原则，唯有董事会和执行团队高度重视并参与到合规管理之中，才能将合规管理体系加以激活，使之成为有效公司治理的组成部分；其二是权威性原则，无论是合规管理委员会、首席合规官还是合规部门，不仅要具有较高行政层级，而且对于合规管理拥有决定权，在合规与业务发生冲突时，拥有“合规否决权”；其三是独立性原则，企业尽管可以强调所谓的“全员合规”，但必须设置充足的专职合规管理人员，他们不得从事与合规管理发生冲突的经营、财务等管理活动，四级合规组织还应当上下一体，形成一个垂直领导的管理体系；其四是充分资源保障原则，企业应为合规管理配备充分的管理人员，提供足额的经费预算；其五是合规嵌入企业经营所有流程的原则，合规不能变成只有一部分管理人员监管企业经营活动的格局，而应当渗透到企业经营管理的所有环节和流程之中，在专职合规人员之外，还应在每个部门和分支机构设置必要的兼职合规人员，使其承担起监督所有员工、所有业务或管理活动依法依规进行的责任，必要时还应将合规转化为企业绩效考核的重要依据，使得专职和兼职合规人员在企业人事奖惩方面拥有重要的话语权和影响力。

---

⑪ 参见陈瑞华：《企业合规制度的三个维度——比较法视野下的分析》，载《比较法研究》2019年第3期。

4. 合规流程

企业合规是一种基于合规风险的公司治理体系，其主要功能是确保企业依法依规经营，预防企业的违法、违规和犯罪行为。要发挥上述功能，企业就要建立合规管理的基本流程，使企业及时评估、识别、监控、处置可能发生的潜在风险和违规事件。根据各国的基本经验，从程序上看，合规管理可以包括三大基本流程体系：一是风险防范体系，也就是预防违规事件发生的管理流程；二是风险监控体系，也就是及时识别、报告合规风险的管理流程；三是违规事件应对体系，也就是在违规事件发生后所采取的调查、奖惩和制度修复流程。

风险防范体系又被称为“事前预防流程”，是企业为防止合规风险的发生所采取的风险管理制度，通常由五个要素构成：一是定期的合规风险评估；二是专门的合规尽职调查；三是必要的合规培训；四是充分的合规信息沟通和传达；五是适当的合规文化建设。其中，合规风险评估是风险防范体系的核心要素，是企业通过对业务性质、交易规模、违法违规情况、涉讼情况等诸多方面的审查，检验其是否存在违法、违规和犯罪可能性的管理活动。合规尽职调查是合规风险评估的一种特殊形式，是针对客户、第三方商业伙伴和被并购企业是否存在违法违规情况所采取的背景调查活动。[12] 合规培训是企业针对全体员工、客户、第三方所进行的定期或专门性的培训教育活动。合规信息沟通和传达是企业将法律法规、合规建设进展情况向全体员工、股东、第三方商业伙伴所进行的宣传、沟通和交流活动，目的在于促使上述人员了解法律法规的发展和企业合规政策的变化，做到全员合规。合规文化是企业通过合规管理体系的运行所形成的依法依规经营的习惯和氛围。

风险监控体系又被称为“事中识别流程”，是指企业对于经营活动是否合乎法律法规问题进行实时监督和控制，对于可能发生的违法违规行为及时加以识别和发现，以便对违法违规事件做出及时处置，对合规管理采取进一步改进措施。在一定程度上，风险监控体系犹如企业的24小时“雷达预警系统”，对于企业经营的各个环节进行地毯式的扫描和检查，以确保违法违规行为被纳入企业监管者的视野。通常，风险监管体系由以下几个要素构成：一是实时

[12] 参见陈瑞华：《律师如何开展合规业务(二)——合规尽职调查》，载《中国律师》2020年第9期。

合规检查,又被称为“合规控制管理”,也就是对企业的所有投资、并购、生产、销售、进出口等业务活动,都要进行合规性审查,以确保这些业务活动符合法律法规的要求。二是合规审计,又被称为“独立第三方合规审查”,企业委托外部独立的专业机构对合规管理体系的有效性进行定期或者不定期的审查,既审查合规政策是否在企业内部得到良好的执行,也审查是否发生了企业违法违规情况。三是实时举报机制,对于企业内部发生的任何违法违规行为,应建立实时接收投诉的机制,如举报电话、电子邮件、专项信箱等,对于员工、客户、第三方以及其他任何人针对企业违法违规行为提出的投诉,无论是实名投诉还是匿名投诉,都要进行调查处理,并确保举报人得到特殊的保护,从而不被打击报复。四是合规报告制度,企业应确保首席合规官、合规部门和设在分支机构的合规专员,定期或者不定期地就企业合规管理问题提出报告,这种报告的事项既包括企业合规管理的执行情况,也包括企业内部发生的违法违规乃至犯罪情况。

违规事件应对体系又被称为“事后合规管理流程”,也就是在违法违规事件发生后,企业对合规管理所采取的纠正和补救程序。⑬ 当然,这一体系发挥作用的前提,是企业发生了违法违规乃至犯罪事件,但还没有陷入被执法调查、刑事追诉或者合规制裁的危机之中。对于企业合规管理体系有效性的检验,不是看是否发生了违法违规事件,而是看发生这些违法违规事件之后,企业是否采取了适当的应对措施。具体而言,这种应对体系至少包括以下三个要素:一是合规内部调查,企业应自行或者委托外部专业机构对所发生的违法违规行为,进行全面的调查,既查明违法事实,查明负有责任的员工、管理人员、客户、第三方或者被并购企业,也要揭示企业合规管理的漏洞和隐患;二是惩戒违规人员,对于违法违规行为负有直接责任的员工、管理人员应采取惩罚措施,如调离工作岗位、行政处分、送交司法机关处理等,对于负有直接责任的客户、第三方,则采取责任切割或者终止商业合作等处理措施;三是对合规计划作出及时完善和改进,对存在漏洞的合规管理体系作出必要的补救,对存在隐患的管理环节作出适当纠正,以避免再次发生类似违法违规

⑬ 参见陈瑞华:《论企业合规的中国化问题》,载《法律科学(西北政法大学学报)》2020年第3期。

行为。⑭

(三)日常性合规管理的局限性

“没有任何合规计划能够阻止违法违规行为的发生。”这是很多从事合规管理的企业界人士经常发出的感叹。同时,“有效的合规计划,并不意味着企业不发生任何违法、违规或者犯罪行为”。这是一些刑事执法人员所作的评论。这些感叹和评论不无道理,但也多多少少包含了对合规管理有效性的失望之情。无论是德国的西门子公司,还是中国的中兴公司,在被美国监管部门和刑事执法机关启动调查程序之前,都已经初步确立了日常性合规管理体系。至于那些接受美国、英国、法国乃至世界银行制裁的诸多跨国企业,更是建立了貌似完整的合规管理体系。但为什么这种合规管理体系都没有有效发挥阻止违法违规乃至犯罪行为发生的作用,甚至形同虚设呢?这在很大程度上反映出日常性合规管理体系具有一些自身难以克服的局限性。

首先,日常性合规管理体系将“可能的违法”或“潜在的违规”作为假想敌,通常没有经历“血与火的考验”,在能否成功预防违法行为、违规事件或者犯罪活动方面,缺乏实际的检验和证明。无论是跨国企业还是中国企业,在建立日常性合规管理体系方面,通常都只是针对若干项合规风险来建立专项合规体系。由于尚未爆发企业违法、违规乃至犯罪事件,监管部门、刑事执法部门或者国际组织尚未启动调查或制裁程序,所以企业对于其决策、经营、财务、人事等管理环节究竟存在哪些潜在的风险点,很难做出准确无误的评估和诊断。尤其是很多中国企业,由于刚刚开始探索建立合规管理体系,往往倾向于建立“大而全”的合规管理制度。这种合规管理貌似“体系性较强”,却难以集中到企业最可能发生的合规风险上面,更难以通过合规风险点的逐一识别,将预防性措施融入各种合规政策和员工手册之中。结果,日常性合规管理体系貌似兼顾了很多合规风险,貌似建立了专项合规计划,也貌似确立了合规管理的多项流程,但在预防合规风险、监控合规管理以及应对违规事件等方面,却难以发挥实质的作用。

其次,企业合规所体现的是一种“大而不能倒”的治理哲学,对于那些经历过长时间“缺乏有效监管”和“野蛮生长”的大型企业而言,一些包含着违法因

---

⑭ 参见陈瑞华:《律师如何开展合规业务(三)——合规内部调查》,载《中国律师》2020年第11期。

素的经营方式已经大体形成，一种通过违规获取竞争优势的商业模式已经积重难返，甚至一种为获取高额利润而不惜以身试法的公司文化已经深入骨髓。在没有外部强大监管压力和激励机制的情况下，要指望企业通过自身努力，来改变这些问题重重的经营方式、商业模式乃至企业文化，将是极其困难的。尤其是合规管理体系的执行，不仅意味着一种新型企业管理方式的确立，更意味着公司治理结构的深层次改变，即股东、董事会、监事会、执行团队权力分配格局的重大变化。[15] 尤其是合规管理的有效运行，要赋予合规部门很大的权威性，甚至要对所有企业业务活动进行优先合规审查，必要时还可以否决那些虽然盈利但存在明显合规风险的业务。假如没有面临深刻的危机，面临重大的灾难性后果，企业通过"自查自纠"和"自生自发"来进行的合规体系建设，真的能建立起一种行之有效的预防违法体系吗？这是不能不令人产生怀疑的问题。

再次，与企业决策管理、经营管理、财务管理不同的是，合规管理是一种只耗费资源而不创造利润的治理活动。有些企业所标榜的"合规创造价值"，只是一种可遇而不可求的理想。可能，"合规消耗利润"才是企业治理的常态。企业合规所能够带来的，无论是对违法违规行为的预防，还是企业合规增强竞争优势所获得的效益，往往要经过较长时间的实践才能显现出来。而在一个企业面临竞争压力，甚至遇到生存困难的情况下，企业最高决策层和管理层对于合规管理究竟能重视到什么程度，这是难以令人产生自信的。毕竟，合规管理体系所需要的人力、物力、财力的高成本投入，在一个以盈利为主要价值目标的商业组织中，通常会带来决策部门、经营部门、财务部门的强烈抵制，其生存空间很难得到较大的拓展。这就是很多跨国企业在遭受监管部门、刑事执法机关或者世界银行制裁之前，合规部门不仅没有较高地位，资源投入很少，对于公司业务的合规审查也缺乏实质审查权的主要原因之所在。

最后，合规作为企业实行"自我监管"的治理体系，要得到正常运行，就需要投入十分昂贵的成本，也需要企业最高层产生合规治理的决心和动力。在没有发生危机的情况下，在没有外部监管部门、执法机关或者国际组织强大制裁压力的情况下，尤其是在没有确立足够大的合规激励机制的情况下，企业要

---

⑮ 参见邓峰：《公司合规的源流及中国的制度局限》，载《比较法研究》2020年第1期。

建立内部合规风险防控体系,对员工、管理人员、子公司、客户、第三方、被并购企业等启动"叠床架屋"的合规管理活动,这几乎是非常困难的。企业越大,发生违法、违规乃至犯罪行为的概率就越高,对企业进行合规治理的成本投入也就越大。日常性合规管理体系面临的重大挑战,就是如何在合规管理的高成本投入方面,产生较大的积极性和主动性。如果这一问题得不到解决,那么合规管理体系就可能变成一种形式上和纸面上的合规规范,而在防控合规风险方面难以发挥实质的作用。

三、合规整改模式

如果说日常性合规管理体系是一种常态化的合规管理模式的话,那么,合规整改就属于一种"危机应对的合规管理模式"。企业之所以进行合规整改,通常是因为企业涉嫌实施违法、违规或者犯罪行为,而面临着监管部门的行政调查,司法机关的刑事追诉或者国际组织的制裁。在此情况下,合规整改其实是一种有效激励机制,通过这种合规整改,企业可以说服行政机关免除或者减轻行政处罚,说服司法机关作出不起诉或者其他宽大刑事处理,或者说服国际组织解除制裁,恢复企业参与市场准入的资格。[16] 为达到上述结果,企业针对所存在的合规漏洞和制度隐患,采取有针对性的纠错和补救措施,建立或者完善有关的合规管理制度。相对于日常性合规管理体系而言,合规整改具有若干特殊的制度属性,既具有特殊的制度结构,也具有一定的局限性。在以下的讨论中,笔者拟以刑事领域的合规整改为范例,对合规整改的性质、制度构造作出简要的分析和评价。

(一)合规整改的性质

在刑事合规整改的性质问题上,法律界存在"纠错性整改说"和"预防性整改说"的争论。前者强调合规整改的目标主要是对涉罪行为加以纠错和对危害后果进行弥补,企业在发现犯罪原因的前提下,通过对合规管理体系采取必要补救和修复措施,来达到预防犯罪再次发生的目的。[17] 这种观点强调,企业假如动辄提出那种没有"针对性"的综合合规计划,所推出的注定是无效的合规整改方案。"针对性要求刑事合规计划应当包括两个方面内容:第一,对犯罪原因的分析,包括客观原因分析和主观原因分析,以真正体现企业对自身

---

[16] 参见陈瑞华:《企业合规基本理论》(第2版),法律出版社2021年版,第10页。

[17] 参见石磊:《刑事合规:最优企业犯罪预防方法》,载《检察日报》2019年1月26日,第3版。

犯罪行为的认识;第二,针对犯罪原因而预采取的补救措施,以预防企业再次实施犯罪行为”。[18]

后一观点则关注企业涉罪前的体系化合规治理机制建设,主张在企业决策、组织架构、权责配置、机制运作情况等公司治理环节上,建立旨在实现刑事合规全覆盖的预防性合规机制。这种预防性合规整改可以发挥两个作用:一是不局限在某一涉罪环节采取纠正措施,而是将与犯罪行为有关的内部治理架构、规章制度、经营流程、人事管理等合规模块纳入合规整改范围,从整体上提高企业合规治理能力。二是在改革缺乏具体合规指引的情况下,引入尽职调查、培训、内部调查、举报控告等一系列合规管理要素,建立刑事风险的识别、预防、处置等多种合规机制,提高合规管理机制的独立性和有效性。[19]

上述两种观点各有其理论侧重点,分别强调了合规整改的“针对性”和“体系化”这两个重要特征。在合规不起诉改革的初期探索中,针对一些中小微企业的轻微犯罪案件,一些检察机关比较倾向于采取“纠错性合规整改”。但随着改革探索的逐渐深入,检察机关对于那些存在复杂治理结构的大型企业,仅仅采取“就事论事”的合规整改,难以发挥预防犯罪的作用,而引入“体系化的整改措施”就变得非常迫切,于是,一些涉案企业被要求制定旨在改变公司治理体系的合规管理措施。其实,抛开那些流于形式的合规整改案例不说,只要稍微关注合规整改的有效性问题,涉案企业就要对合规整改的“针对性”和“体系化”进行必要的兼顾和融合。从近期检察机关对大型企业开展合规考察的经验来看,企业合规整改已经初步具有了特有的制度功能和制度框架。[20]

首先,合规整改的主要目的不是建立完整的合规管理体系,而是有效应对由刑事追诉所引发的企业危机,获得最大限度的合规激励。与日常性合规管理体系建设不同的是,合规整改是有效化解企业危机的手段。面对检察机关的追诉活动,涉案企业假如不采取任何有效的应对措施,就可能面临被提起公诉、定罪乃至判刑的后果,并由此带来市场准入资格的丧失、商业交易机会的

---

[18] 参见王焰明、张飞飞:《企业刑事合规计划的制定要把握四个特性》,载《检察日报》2021 年 7 月 13 日,第 7 版。

[19] 参见王峰、王璐:《涉案企业刑事合规整改的三个趋势》,载微信公众号“中伦视界”2021 年 6 月 9 日。

[20] 参见陈瑞华:《企业合规不起诉改革的八大争议问题》,载《中国法律评论》2021 年第 4 期。

减少以及其他灾难性的损失。为避免出现最不利的结果,涉案企业要针对违法犯罪事件所暴露的管理漏洞,提出有针对性的制度纠错和管理补救措施,消除容易引发违法犯罪事件的制度隐患,避免再次发生类似的犯罪行为。这些合规整改措施有一个明显的利益考量,那就是说服检察机关将企业纳入合规考察的对象,暂缓作出起诉的决定,给予企业完善合规管理体系的机会,并最终作出不起诉的决定。可以说,通过合规整改来换取检察机关的宽大刑事处理,尤其是获得合规出罪的结局,这是合规整改的特有目的。[21]

其次,合规整改所针对的不是企业潜在的合规风险,而是已经暴露的现实危险。在搭建日常性合规管理体系时,企业通常都要对合规风险作出评估,遴选出若干项突出的合规风险,然后针对这些风险建立专项合规计划。相反,在危机发生后,企业的违法、违规乃至犯罪行为已经发生,企业要对这些现实的危险做出及时处置,并通过这些违法事件发现企业出现违法犯罪行为的制度原因。从犯罪学的角度来看,企业合规整改所要经历的是三项合规整改流程:一是分析违法犯罪事件的现象;二是发现导致违法犯罪事件发生的原因;三是确定有效预防犯罪事件再次发生的管理措施。这种由"犯罪现象揭示"、"犯罪原因分析"和"犯罪预防控制"所组成的整改流程,显示出企业合规整改所针对的是已经发生的合规风险。当然,很多企业发生犯罪事件也不是偶然的,往往是"小错不断"的累积结果。企业在关注犯罪事件本身的同时,也会调查企业既往的违法、违规和犯罪事件,并从中发现企业结构性的管理缺陷和疏漏,为合规整改提供进一步的根据。但无论如何,合规整改所要防控的不是企业潜在的合规风险,而是由已有犯罪事件和既往违规行为所暴露的制度缺陷和隐患。

再次,企业通过合规整改不是要建立全面的合规体系,而是建立与违法犯罪领域有关的专项合规管理制度。通常情况下,日常性合规管理体系的建立,要围绕着企业经评估确认的若干合规风险领域来展开。相比之下,合规整改所针对的只能是企业已经暴露的违法犯罪领域,而不可能扩展到其他领域。例如,对于企业涉嫌虚开增值税发票的案件,合规整改的目标只能是建立"税收征管合规制度";对于企业被指控犯有污染环境罪的案件,合规整改只能围

---

[21] 参见陈瑞华:《企业合规出罪的三种模式》,载《比较法研究》2021年第3期。

绕着“环境保护合规制度”来展开;对于企业涉嫌侵犯商业秘密罪的案件,合规整改应主要着眼于“知识产权合规管理制度”的建立;对于企业涉嫌走私犯罪的案件,合规整改的重点应是完善“反走私合规管理制度”;对于企业涉嫌非法采矿犯罪的案件,合规整改应以“环境资源保护合规管理”的健全为主要目标;对于企业涉嫌犯有“单位行贿罪”的案件,合规整改要将建立“反商业贿赂合规制度”作为目标……唯有围绕着企业违法犯罪领域来建立相对应的合规制度,企业的合规风险才能被准确地揭示出来;合规整改才能针对这些合规风险,发挥纠正制度错误、堵塞管理漏洞、消除隐患的作用;合规整改的有效性也才能得到保证。

最后,合规整改具有预防违法犯罪的目的,但其主要手段是堵塞漏洞,消除制度隐患,实现“去违法化”或“去犯罪化”。[22] 预防违法犯罪行为是一切合规管理的终极目标。合规整改作为合规管理的一种模式,当然也要确立这一目标。但是,与日常性合规管理体系不同,合规整改所要预防的并不是潜在的合规风险,而是现实的违法违规乃至犯罪的危险。要达到这一目标,企业就要通过合规整改,透过违法犯罪事件的表象,发现制度漏洞和管理隐患,找到企业商业模式和经营方式上的“违法因素”或“犯罪基因”。在此基础上,企业通过采取体系化的纠错、补救和修复措施,堵塞漏洞,消除隐患,实现企业商业模式和经营方式上的“去犯罪化”。假如与医疗行为作一比较的话,合规整改其实是一种在“治疗疾病”的基础上,通过改变生活方式和作息规律,来“预防疾病再次发生”的手段。而相比之下,日常性合规管理体系的建立,所要做的主要是没有明确针对性的“常规体检”而已。

(二)合规整改的制度构造

一个有效的合规整改方案通常包含哪些制度要素呢?在检察机关探索合规不起诉制度改革过程中,这一问题一度成为困扰改革顺利进行的难题。不解决这一问题,我们就无法确定检察机关启动合规考察程序的具体标准,合规监管人在合规考察过程中也无法确定合规监管的重点问题,在合规考察结束的验收听证会上,检察机关更无法设定可操作的评估指标。随着合规不起诉改革的逐步推进,特别是一些涉嫌重大单位犯罪的大型企业被纳入合规考察

[22] 参见陈瑞华:《刑事诉讼的合规激励模式》,载《中国法学》2020年第6期。

的对象，企业提交的合规整改方案逐渐趋于成熟。[23] 通过观察检察机关适用合规考察程序的一些案例，我们不难提炼出合规整改的基本制度要素。

深圳市某从事境外水果进口的公司（以下简称X公司），委托代理公司报关进口榴莲。2018年，X公司按照代理公司“指导价”制作虚假采购合同用于报关，报关价格低于实际成本价格。2018年至2019年，X公司多次要求以实际成本价进行报关，均被代理公司以行业惯例为由加以拒绝。这种虚报报关价格的行为一直持续到2019年4月。同年9月，检察机关在对X公司涉嫌走私普通货物案审查起诉过程中，认为该公司犯罪情节轻微，具有认罪认罚、补缴税款等情节，对该公司和相关责任人员作出了不起诉决定。

从2019年3月开始，在检察机关和海关的指导下，X公司启动了进口业务合规整改工作，主要整改措施包括以下七项：一是对涉案人员采取不同惩处措施，作出《关于公司海关案件处理通告》，对分管副总裁、子公司总经理、财务中心经理、进口部经理等四名责任人给予严重警告处分，取消年度奖金，同时要求其他部门开展自查自纠，以杜绝此类事件再次发生。二是引入外部专业机构协助完善合规体系，聘请律师团队进行进口业务风险评估，找到重点法律风险及其防范措施，完成公司进口合规手册，聘请知名会计师事务所开展内控体系建设项目，对公司及下属子公司的关联交易进行专项审计。三是建立合规组织体系，在集团层面设立合规管理委员会，将合规部、内控部和审计部作为合规风险管理的三道防线，设立合规部，各业务部门、分公司、子公司负责人担任兼职合规负责人，各指定一名员工作为本部门、分公司、子公司的兼职合规员，共设立专职和兼职合规人员94人。四是完善了合规管理体系，制定了《合规管理制度》《合规手册》《合规管理委员会议事规则》《进口贸易合规手册》。五是强化申报价格的真实性，采取有针对性的制度补救措施：明确定价机制，公司进口部与代理报关公司均承担如实申报义务，进口部提供给代理报关公司的清关文件均需有清晰的签收手续和完整的留存记录，如发现代理报关公司有篡改文件的行为，立即终止合作并追究责任；严格内部流程，不同岗位交叉审核，形成流程的闭环管理，并按照海关高级认证的要求，任何申报均需通过公司审核和确认后才能进行；明确责任划分，确保申报价格的完整性，

[23] 参见《企业合规改革试点典型案例》，载《检察日报》2021年6月4日，第2版。

与供应商订立货物买卖合同条款；规避关联交易风险，聘请外部专业机构进行价格鉴定，向海关申请对关联交易价格作出评估，申请海关作出预裁定。六是加强对代理报关公司的合规管理，严格设定代理报关公司的资格，例如，三年内无违法违规记录、信用良好、有正规的专业操作团队，优先选择海关高级认证资格企业，并在合作之初进行合规评估，签订合规协议，等等；条件成熟时采取自理申报，不再委托代理报关公司，公司自主申报数据直接对接海关的单一窗口，增强公司对申报数据的掌控能力。七是建立与检察机关、海关的沟通交流机制，在检察机关建议下开展合规整改，向海关提供进口水果采购价格，向海关提交"关企合作"建议，被海关列入"互联网+智慧征管"数据对接试点企业，等等。㉔

这是一个针对从事进出口业务的大型企业所展开的合规整改案例。通过考察这一案例，同时结合其他案例的分析，我们可以揭示出涉案企业进行刑事合规整改的基本制度要素：一是认罪认罚，承认并停止违法犯罪活动；二是采取必要的补救挽损措施；三是查处相关的责任人；四是评估违法犯罪事实和既往合规事件；五是发现制度漏洞和管理隐患；六是采取有针对性的制度纠错和补救措施；七是将合规整改措施纳入相应的专项合规体系之中。下面依次对这些制度要素作出简要分析。

1. 认罪认罚

根据最高人民检察院和各试点检察机关的改革文件，涉案企业和直接责任人员认罪认罚，是对该企业适用合规考察程序的前提条件之一。之所以要将企业认罪认罚作为合规整改的制度要素，主要是有两个方面的考虑：一是企业认罪认罚，承认检察机关指控的犯罪事实，是合规整改具有针对性的保证。在一定程度上，合规整改是企业放弃无罪辩护权、承诺与检察机关保持合作的标志。在认罪认罚的前提下，企业承认自身的违法犯罪事实，才能正视自身的管理漏洞和管理缺陷，从而展开有针对性的纠错和修复活动。二是企业唯有认罪认罚，才能确保合规整改的有效性。合规整改的根本目的是促使企业有

㉔ 参见深圳市宝安区促进企业合规建设委员会：《鑫荣懋果业科技集团股份有限公司合规整改和合规体系建设考察评估报告》，宝合委会评〔2021〕001-2号文件。另参见邱春艳：《以企业合规做实对民营企业的依法"平等"保护——第三届民营经济法治建设峰会上的"检察好声音"》，载《检察日报》2021年9月4日，第1版。

效预防再次发生违法犯罪行为,而要达到这一目的,企业就应真诚地认罪悔罪,发现、报告和披露自身的犯罪原因,积极采取预防犯罪再次发生的措施。正因如此,涉案企业做出合规整改的第一步,应当是在停止犯罪活动的前提下,承认被指控的犯罪事实,放弃无罪辩护的权利,承诺接受并配合司法机关的调查和追诉活动。

2. 补救挽损

上述案例中,涉案企业采取补缴税款的措施。这种“补救挽损”行为,就是合规整改的第二项制度要素。“补救挽损”,是指涉案企业对于犯罪行为所造成的危害后果所采取的弥补损失、减少危害、恢复原状的修复性措施。从实践效果上看,补救挽损可以分为补交罚款、补缴税款、缴纳违法所得、赔偿被害人以及修复环境和社会关系等多种措施,其主要目的有二:一是大幅度减轻或者消除犯罪所带来的社会危害后果,维护国家、社会和被害人的利益;二是积极修复那些为犯罪所破坏的法益,降低对企业进行刑事责任追究的必要性和紧迫性。在实践中,有些企业积极采取了补救挽损措施,或者作出采取补救挽损措施的承诺。至少,在行政机关和司法机关责令其采取补救挽损措施时,涉案企业应采取配合措施。这是标志着企业启动合规整改的重要步骤。

3. 查处责任人

“放过涉嫌犯罪的企业,但要严惩相关责任人。”这是企业在面临法律危机时作出合规整改的基本原则。上述案例中,涉案企业对于与走私犯罪相关的责任人员采取了处罚措施。在实践中,对责任人的查处可以根据其违法犯罪的情节,采取调离工作岗位、解散组织或者团队、免除职务、开除公职甚至送交司法机关立案处理等多种处理方式。之所以要将查处责任人作为合规整改的制度要素,主要理由有两个:一是查处责任人可以保证对企业宽大处理的正当性,这些责任人对于企业实施犯罪行为负有不可推卸的责任,而动辄处罚企业往往会伤及无辜的员工、股东等关联人员,既然要对做出合规整改的企业采取宽大处理,那么,就必须由那些参与过企业犯罪的组织、筹划、共谋、执行的企业成员,来承担相应的刑事责任;二是唯有及时查处责任人,企业才能成功地进行制度整改,经验表明,在直接实施犯罪行为的责任人还“在其位”的情况下,企业合规整改往往会流于形式,相关管理制度建设也会形同虚设,而唯有将直接责任人及时作出处罚,企业合规整改的诚意和决心才可以得到验证,随后进行的合规制度建设也才具有实质性意义。

4. 评估违法犯罪事件

在违法犯罪事件发生后,企业要启动合规内部调查程序。这种内部调查又被称为“企业自查”,是指企业在外部法律专家的帮助下,对违法犯罪事件本身进行全面的调查,发现违法犯罪发生的原因,评估该事件可能带来的严重后果。在评估该犯罪事件的同时,还可以对企业既往发生过的类似违法犯罪事件作出连带性调查,发现这些类似违法犯罪事件与本次犯罪事件的内在关联性。在上述案件中,企业对其虚报报关价格的事实作出了调查,查明了代理公司和本企业在虚报报关价格、偷逃海关关税方面的作用。

5. 发现制度漏洞

在上述案例中,企业经过内部调查,发现造成走私犯罪发生的原因主要是,企业没有建立完善的合规组织体系,没有发布相关的反走私合规政策和员工手册,没有对作为第三方的代理公司进行有效的合规管理,没有建立确保报关价格真实性的合规性审查机制。由于找到了导致犯罪发生的制度原因,企业就可以有针对性地采取相关的制度纠错和修复措施。根据实践的经验,合规漏洞的发现可以有以下几种主要途径:一是从违法犯罪事件中提炼出制度漏洞;二是从既往接受行政处罚或刑事执法调查的经历中发现企业的管理隐患;三是通过对显在的和潜在的合规风险加以评估,找到容易引发犯罪的合规风险点和风险领域;四是对企业的商业模式和经营方式加以审查,找到容易导致犯罪行为发生的制度因素;等等。

6. 确定有针对性的纠错措施

从犯罪学的角度来说,企业合规整改就是一种在揭示犯罪原因的前提下,加强犯罪控制和预防的管理活动。要预防相似犯罪行为的再次发生,企业就需要针对制度漏洞采取“有针对性”的制度纠错和修复措施。从上述案例的情况来看,制度纠错和修复措施可以从以下几个方面展开:一是建立或者加强合规组织体系建设;二是发布专门性的合规政策和员工手册;三是建立针对第三方商业合作伙伴的合规管理措施,严格把握代理商的遴选资格、遴选程序和退出机制;四是建立确保报关价格真实性的合规审查机制;五是引入外部专业机构,加强对企业合规体系的审计工作,定期评估并修补合规体系的缺陷;六是加强与行政监管部门的日常沟通,主动寻求监管部门对企业合规体系的实时监控;等等。

7. 合规体系化建设

那些有针对性的合规纠错和修复措施,只有被纳入合规管理体系之中,才能发挥长远的犯罪预防作用。[25] 首先,企业应从整体治理的视角上,发现管理体系中存在的深层次问题。其次,企业应预防那些更为潜在、更为系统的刑事法律风险。为达到上述目的,企业可以适度引入日常性合规管理的经验,从合规章程、合规政策和员工手册、合规组织体系和合规三大流程的角度,将那些有针对性的具体整改措施融入合规体系之中,使之从具体的纠错措施转化为公司治理结构的一部分,最终渗透到企业的合规管理机制和合规文化之中。

在一定程度上,以纠错为目的的合规整改,只是有针对性地消除企业经营方式和商业模式中的"涉罪因素",实现企业"去犯罪化"的目的。但是,假如不从源头加以治理,假如不从预防行政违法违规行为的角度出发,作出行政监管层面的"违法预防"努力,那么,所谓的"合规整改",就可能流于形式,无法起到彻底治理的作用。从这一角度来说,任何一种刑事合规整改,最终都应被纳入"行政监管整改"的轨道之中,将企业的行政违法违规行为消除在萌芽状态,由此才能从根本上发挥"犯罪预防"的效果。[26] "合规体系化建设",其实是指企业在消除犯罪因素的前提下,进一步改进合规管理体系,将企业相关的行政违法违规风险进行进一步的预防、监控和应对。企业只有杜绝了行政违法违规的可能性,才能从根本上消除再次犯罪的可能性。

(三)合规整改的局限性

检察机关在探索合规不起诉改革过程中,一直面临着一种制度设计上的困扰:如何避免企业的合规整改不流于形式,而发挥预防犯罪的实质效力。在这方面,实践出现了两种略显极端的合规整改方式:一种是采取"发现犯罪原因—提出纠错措施"的"点对点"整改方式,注重对现实合规风险的即时防控;另一种是采取"评估合规风险—确立合规体系"的体系化整改方式,强调对潜

---

[25] 参见郭小明、刘润兴:《如何确保刑事合规计划得以有效实施》,载《检察日报》2021年8月6日,第3版。

[26] 参见陈瑞华:《论企业合规在行政监管机制中的地位》,载《上海政法学院学报法治论丛》2021年第6期。

在和深层合规风险的全面防控。[27]

前一种合规整改模式又被称为“简易整改模式”，适用于那些涉嫌轻微犯罪的中小微企业，检察机关在作出相对不起诉决定的同时，通过发送检察建议，对企业提出相对简单的整改要求。只要企业针对犯罪原因做出有针对性的合规整改，检察机关就可以给出合规整改成功的结论。但是，在发挥预防犯罪效果方面，这种纠错性合规整改具有两个明显的局限性：一是只关注犯罪事件所暴露的制度漏洞和管理缺陷，无法从整体治理的视角，解决企业治理结构和管理体系中的根本问题；二是只着眼于解决最表层的合规问题，对于企业深层和系统性的合规风险，无法加以解决。

后一种合规整改模式又被称为“普通整改模式”，适用于那些涉嫌犯有重大单位犯罪的大型企业，检察机关对其启动合规考察程序，指派合规监管人，设定合规考察期，在考察期结束之前进行合规整改的验收。这种模式尽管注重体系化的合规管理，但一旦操作不当，也会存在一些明显的问题。例如，合规整改过分注重建立大而全的合规体系，忽略了合规整改的“针对性”，既没有发现企业犯罪的制度成因，也没有提出有效防止企业再次犯罪的解决方案。又如，合规整改过于注重建立“完整的体系”，而忽略了导致企业犯罪的特殊制度漏洞，所提出的合规组织体系、合规管理体系和合规流程等，往往属于“放之四海而皆准”的管理措施，明显不能发挥纠正错误和制度修复的作用。再如，有些企业对于“合规整改”与“日常性合规管理”没有作出合理的区分，完全按照日常性合规管理的要求进行合规整改，甚至在有限的合规整改期限内建立多个专项合规管理体系。结果，在短时间内匆匆建立的合规管理体系，不仅存在“大而不当”“泛泛而论”的问题，而且就连企业已经暴露的制度漏洞都无法作出有效的堵塞和修复，合规整改纯属流于形式。

要解决上述问题，我们需要对“简易整改模式”和“普通整改模式”，从整改目标到制度构造，都做出适度的调整。任何一种合规整改都是在短时间内开展的，并且都要解决犯罪事件已经暴露的合规风险。因此，合规整改既不可能建成日常性合规管理体系，也不可能针对无关的合规风险建立合规管理体系，而只能着眼于与犯罪事件有关的专项合规体系建设。假如我们将“针对

[27] 参见孟广军等：《严管厚爱，为企业送上“法治定心丸”》，载《检察日报》2021年7月12日，第5版。

性”和“体系性”作为两个坐标的话，那么，针对轻微单位犯罪案件的“简易整改模式”，应更为注重合规整改的针对性和现实有效性，而适度关注合规整改的体系性，将合规整改措施纳入合规管理体系之中。与此同时，那些针对重大单位犯罪案件的“普通整改模式”，则应在保证基本的“针对性”的同时，加强合规整改的“体系性”，注重从合规组织建设、合规政策和员工手册的制定、合规防范体系、合规监控体系和合规应对体系的角度，针对现实的和潜在的相关合规风险，建立针对深层和结构性合规风险的管理体系。

四、两种合规模式的衔接(代结语)

通常说来，作为两种合规管理模式，“日常性合规管理”与“合规整改”各有其适用的对象和空间，可以独立地发挥合规治理的作用。当然，两种模式也具有各自的局限性，单靠任何一种模式，企业似乎都无法建立行之有效的合规管理制度。从企业合规的长远发展角度来看，日常性合规管理侧重于企业常态化的合规体系建设，旨在增强企业的商业竞争优势，应对监管部门日益严格的合规监管要求；而合规整改则注重在危机发生后的企业制度纠错体系和违法犯罪预防体系的完善，旨在做出兼顾“针对性”和“体系化”的合规改进措施。从有效防控合规风险的角度来看，这两种合规模式可以在以下几个方面进行必要的衔接，以便发挥两种模式的制度合力：一是通过加强日常性合规管理，减少企业违法违规行为的发生，避免任意启动合规整改程序；二是通过危机后的合规整改，推动日常性合规管理体系的完善；三是日常性合规管理体系和合规整改齐头并进，相互补充，从不同角度推动企业的有效合规治理。下面依次作出简要的分析和评论。

首先来看第一个方面的制度衔接问题。一个企业即使建立了非常完美的日常性合规管理体系，也难以防范一切合规风险，更无法杜绝违法犯罪行为的发生。但经验表明，相对建立了日常性合规管理体系的企业而言，那些根本不存在合规管理的企业，更容易发生违法犯罪行为。在很大程度上，企业一旦建立了常态化的合规管理体系，就可以发挥以下几个方面的作用：一是定期评估潜在的合规风险，并根据合规风险建立相应的专项合规体系；二是通过合规政策、员工手册、尽职调查、合规培训等活动，对企业员工、管理人员、子公司、客户、第三方和被并购企业，发挥行之有效的违法预防作用；三是通过合规报告、合规审计、内部举报系统的建立，对企业违法犯罪事件发挥实时监控作用；四是在违法犯罪行为发生之后,企业通过有针对性的合规整改,发现合规管理的漏洞,消除合规管理的隐患,推动企业合规管理体系的不断完善。

通过上述常态化的合规体系建设,企业发生违法犯罪事件的概率大大降低,相应的合规风险得到及时有效的识别、监控、预防,企业自行改进合规体系的动力机制也发挥作用。既然违法犯罪事件发生的可能性大为减少,那么,企业为应对危机而进行合规整改的必要性也大为降低。因此,有效的日常性合规管理是减少企业合规整改的必由之路。这与一个人针对身体健康风险,定期作出专门性的身体检查,会明显降低重大疾病暴发的概率,显然是同样的道理。

其次,危机发生后的有效合规整改,是推动企业完善日常性合规管理体系的制度保证。既然没有任何企业的合规管理体系是完美无缺的,也没有任何企业会避免发生违法犯罪行为,那么,现实的态度就应当是在发生违法犯罪事件后,企业采取适当的合规整改措施,以便对原有的合规管理体系作出必要的改进和完善。

有效的合规整改可以从以下几个方面发挥完善日常性合规体系的作用:一是通过合规整改,识别更多的合规风险点和风险领域,大大弥补原有"合规风险评估"的局限性;二是通过合规整改,检察机关督促企业修复制度漏洞,消除管理隐患,改造不合规的商业模式和经营方式,与企业对于违规事件进行"自查自纠"相比,这更有利于合规管理体系的改进和完善;三是通过合规整改,企业在预防犯罪方面迈出坚实的一步,实现了管理方式和经营方式的"去犯罪化",但假如要实现深层和长远的风险防控,企业还需要进行"源头治理",那就是从避免企业行政违规的角度,建立行政监管合规体系,这是防止企业再次发生犯罪事件的必由之路。不仅如此,一次印象深刻、教训惨重的合规整改,会激发企业全面改进公司治理方式的动力,使企业获得"全面改进治理结构""重塑企业合规机制"的机会。经验表明,很多企业都是因为接受监管部门、司法机关乃至世界银行压力下的合规整改,才不仅获得了宽大处理的机会,还真正建立了有效的合规管理体系。在这方面,德国西门子公司和中国中兴公司完善专项合规体系的经验,就属于典型的例证。[28]

---

[28] 参见陈瑞华:《企业合规基本理论》(第2版),法律出版社2021年版,第151页。

最后,理想的合规治理应当是企业自动地启动合规管理流程,根据企业内部存在的合规风险和发生的违规事件,对合规体系作出自我完善和改进。企业合规的最高境界应当是避开外部监管,实现企业的"自我监管"。但是,受多重因素的制约,上述理想合规治理状态通常是"可遇而不可求"的,发生的概率并不是很高。现实的合规治理状态是,企业不仅会经常发生违法犯罪事件,而且还经常出现"合规治理失灵"的现象。在此情况下,无论是检察机关还是监管部门,都要从外部推动和督促企业作出合规整改,并对作出有效合规整改的企业,给予较为宽大的处理,使其避免受到最严厉的处罚,由此激发出企业进行有效合规整改的强大动力。在一定程度上,在违规事件发生后,企业自行启动的自我整改,与执法机关外部推动的合规整改,最终的效果和目标都是一致的。只不过,对于那些已经建立成熟的日常性合规管理体系的企业而言,企业自我整改就足以解决合规体系改进的问题,而那些尚未建立有效日常性合规体系的企业,则需要有执法机关的外部推动。两者相互结合,相互补充,共同推动不同企业实现完善合规管理体系的目标。

从实体到程序：刑事合规与企业“非罪化”治理*

陈卫东**

我国调整市场经济的法治模式是以刑法为主导的控制型经济管理模式，在该模式下，刑事法律风险已经成为企业特别是民营企业在发展过程中面临的最大风险。仅《刑法》中规定的企业可能涉嫌的罪名就高达50余条，[①]再加之近年来的诸多复杂环境因素的影响，刑事法律风险对于我国民营企业及企业家来说犹如“达摩克利斯之剑”。[②] 据不完全统计，近十年以来落马的有较大的影响力的民营企业家至少上百位，普通企业家更是不计其数，“中国的企业家不是在监狱，就是在通往监狱的路上”。这一戏谑之言虽有夸大成分，但也形象展示了人们对于企业犯罪领域法律风险的深度担忧。

“给企业减压，给企业家松绑”，有效地消解企业面临的刑事法律风险，已然成为刑事法学界无法绕开的科研任务。解决问题的出路，必然是优化企业犯罪领域的法律控制模式，强化“非罪化”[③]治理的功能与价值。而刑事合规的“异军突起”，使这一命题越发具备新的理论面相：从实体到程序，刑事合规在企业“非罪化”治理上均展现出独特的理论与实践价值，这为我们探索更多的学理解释和实践应用空间提供了新的视角，同时也引出了若干亟待回应的

* 本文原载《中国刑事法杂志》2021年第2期。

** 陈卫东，中国人民大学法学院教授，博士生导师。

① 除了《刑法》之外，我国还有不少单行法律中也涉及企业刑事责任，比如《商标法》《专利法》《土地法》《文物保护法》《税收征收管理法》等。

② 民营企业家触犯频次最高的五大罪名，分别是非法吸收公众存款罪、虚开增值税专用发票罪、职务侵占罪、合同诈骗罪、单位行贿罪。

③ 非罪化(decriminalization)也称除罪化、出罪化或非刑事化，是指对有关行为取消刑事处罚，但仍可适用监管、矫治或罚款，而不再列为刑事犯罪。

热点话题。

一、企业“非罪化”治理的价值与方法

（一）企业“治罪”的社会隐忧

对于企业而言，最重要的不是“罪多罪少”或者“罪行轻重”的问题，而是是否确定有罪的问题，因为有罪判决本身就可能使企业污名化，失去市场经营资格或者参与公共项目的机会。对企业而言，“被定罪”是最严厉、最致命的风险，它所带来的消极后果往往是个人、企业乃至社会所难以承受的。无论是重罪或轻罪，无论是罪轻或罪重，刑法风险的“兑现”都会给企业带来沉重的负担。

涉案企业一旦入罪，那么定罪和刑罚的附随后果足以摧垮整个企业。研究表明，企业一旦涉罪判刑，不但要承担巨额的财产损失，还可能因为定罪带来的相关附随后果而导致企业一蹶不振，企业等于被判处了“死刑”。这种现象不仅在中国存在，而且在世界范围内，也已成为一个严峻的社会问题。例如，在欧洲，任何因涉嫌腐败而被定罪的公司，根据欧洲法律将自动失去在欧洲境内进行活动的权利。此外，起诉和惩罚企业会严重损害公司的投资者、雇员、养老金领取者、客户等无辜的第三人的利益，形成“水波效应”。④ 所以，对于企业犯罪行为的追诉，有时是一种“双输”甚至“多输”的结果。面对这种情况，如何从“出罪”角度对涉罪企业进行“非罪化”治理——包括实体上的无罪判定和程序上的“出罪”处理，将企业的外部责任由刑事处罚转变为其他性质的法律责任，尽量减小“标签效应”⑤带来的负面影响，显得意义重大。

（二）企业“入罪”高风险的成因

通常而言，企业从事的经济活动是由民事法律来调整的，刑事法律一般不会主动介入市场经济。从世界范围内看，凡是涉及经济犯罪的立法都极为慎重。这是因为，经济领域有民法，它是调整市场经济的基本法，由它所主导的权利义务领域，哪怕是强势如刑法也不能随便介入。刑法的介入必须要以严重的社会危害性和确凿的证据为要件。我国企业刑事法律风险畸高的现状，

---

④ 企业犯罪适用刑罚后的“水波理论”，是指惩罚企业以后，其不利后果就像水波扩散一样，会波及很多无辜第三人。

⑤ 真正的企业家都会把企业声誉视为企业生命，声誉全失是企业最大的刑事风险。定罪带来的除了刑事处罚，更重要的是企业信誉的毁损，企业被定罪等于被贴上不良信誉的“标签”，这在熟人社会是极为严重的，因为企业的经营风险将急速增大。

受到复杂时代环境的诸多因素的影响,[⑥]但是同时应当承认,也与我国刑事法律制度和刑事司法习惯的非理性因素有关。

这些原因归纳起来,主要包括:其一,国家法律在企业管控上有着明显的刑事主导倾向,形形色色的罪名为企业布控了“严密法网”,稍有不慎就可能涉嫌犯罪。这种维持市场经济秩序的刑法控制模式与现代企业治理规律存在一定出入。[⑦] 其二,刑法的诸多罪名涉及刑民交叉,适用上存在非理性因素。包括非法集资罪、虚报注册资本罪、集资诈骗罪等涉民营企业的常见罪名,近年来在正当性和合理性上饱受质疑。其三,一些市场行为在违法和犯罪上难以找到严格的区分标准,违法问题有可能被当作犯罪处理,给企业带来更多入罪风险。而且,我国刑法规定了很多“空白罪状”,给司法机关作刑事处理留下较大的自主空间。其四,司法体制机制的滞后性也给企业法律风险的事后救济带来难题。

根据以往的制度框架与司法实践,刑事法律对于市场经济的保护和救济,基本上是通过罪后的刑罚惩治手段来发挥作用的。这种方式体现传统的刑罚报应论价值,强调以整体、抽象的视角看待市场经济的宏观法秩序,认为对涉罪企业及其责任人施加严厉的刑罚手段就能实现消除犯罪主体社会危险性和保护宏观法秩序的目的。但是事实表明,传统的“简单威慑”做法不仅难以达到预期的威慑效果,反而容易使企业面临更大困境,陷入“威慑陷阱”之中。[⑧]正如学者所言,建立在单一的刑罚威慑框架之下的企业犯罪控制很难起效。[⑨]从世界范围内看,我国刑事法制和司法习惯对于企业犯罪的惩治体系不可谓不严厉,但是从效果来看,严刑峻法并没有起到遏制企业犯罪高发事态的效

---

⑥ 中国市场经济正处于转型之中,适应市场经济的法治理念和机制还未形成。企业、权力寻租、法律模糊不清等交叉在一起,形成了特殊的法律风险。

⑦ 民营企业面临的刑事法律风险如此之大,其深层次原因在于中国现阶段采取的是以刑法为主导的经济控制模式;加上法律的模糊性、空白性,造成我国市场经济中不少经济行为缺乏可预测性。易言之,我国民营企业目前面临的法律风险主要是来自传统积极控制模式下的刑法风险。

⑧ “简单威慑”(simple deterrence),是指事先在违规行为上贴上具体的违法价格标签,当违法行为被判定时,违规者就必须按照既定的价格买单,而不管该价格是否合理以及该价格是否足以让不合规者感受到被惩罚的苦痛。Christine Parker, *The Compliance Trap: The Moral Message in Responsive Regulatory Enforcement*, Law & Society Review, 2006, p. 591 - 612.

⑨ Sally S. Simpson, *Corporate Crime, Law and Social Control*, Cambridge University Press, 2002, p. 154.

果。实际上,温和的法律能够使一个民族的生活方式更具人性,向公民传达政府的理性、宽和精神。刑法作为手段最严厉的部门法,在对不法行为施加一定的惩罚来实现保护法益目的同时,其"双刃之剑"的特性也时刻向人们传达着危险信号,用之不当,则国家与公民两受其害。因此,国家行使定罪权和刑罚权应有所克制:凡是用其他法律手段足以抑制某种违法行为时就不要将其规定为犯罪,凡是能够适用较轻的制裁方法就足以抑制某种犯罪行为时就不要规定较重的制裁方法。

刑法的谦抑性品格要求国家应当以最小的刑罚支出以获取最大的社会效益。如果犯罪的成立标准不符合"罪责自负"的要求,那么就会极大地降低理性行为人对刑法的合理预期,并且给行为人带来额外的刑事风险,社会成员(包括单位和个人)不安感明显上升。因此,如果现行法过于严苛,就要考虑从重塑"归责理论"和调整刑事制度上给社会减压,在刑事制度上引入更多的"出罪"因素。同时,司法程序可以在很大程度上实现这一目标:如果刑法的严苛适用不符合公共利益标准,那么就要慎用刑法上的手段;如果刑罚不利于实现特殊预防,那么就要考虑诉诸"非刑罚"措施。

(三)企业"非罪化"治理的契机

党的十九大报告强调,要"毫不动摇鼓励、支持、引导非公有制经济发展""支持民营企业发展,激发各类市场主体活力""激发和保护企业家精神,鼓励更多社会主体投身创新创业"。当前,从中央到地方,从实务界到理论界都在围绕民营企业权利保障问题而共同努力,"打造良好营商环境"更是成为各地政府的工作标签。习近平总书记在民营企业座谈会上发表关于保护民营企业的重要讲话后,民营企业和民营企业家的刑事保护问题得到持续关注。最高人民检察院明确表态,在刑事司法中,保护民营企业合法权益,严禁以刑事手段介入经济纠纷,做到"少捕慎诉慎押"。从地方实践来看,为了避免出现"办了一个案件,垮掉一个企业"的后果,不少地方以认罪认罚从宽为思路,制定了"符合从宽处理条件的一律从宽,可捕可不捕的一律不捕,可诉可不诉的一律不诉,符合缓刑条件的一律建议法院适用缓刑"的办案标准。

刑事合规是指为避免因企业或企业员工相关行为给企业带来的刑事责任,国家通过刑事政策上的正向激励和责任归咎,推动企业以刑事法律的标准来识别、评估和预防公司的刑事风险,制定并实施遵守刑事法律的计划和措施。[⑩] 目前,“企业合规”受到我国决策层的高度重视,中央各部委密集发布了一系列企业合规的指导性文件,[⑪]为传统企业治理模式向更高形态的企业合规升级营造了宏观政策环境;在国家立法层面,包括《反不正当竞争法》等立法已规定了“合规激励机制”,为刑事合规的重点突破创造了前置性制度条件。加强刑事合规理论研究、推动刑事合规制度建设,已成为一种时代呼声。

企业犯罪治理现代化是国家治理体系与治理能力现代化的重要组成部分。刑事合规在实现企业“非罪化”治理中的核心价值在于:一个企业涉嫌犯罪后,如果建立并实施了有效的合规计划,就能以其作为无罪抗辩事由,争取不被定罪或者宽大处理的结果。可以说,刑事合规在企业“出罪”中可以担当重要角色,这有效契合了社会对于企业“非罪化”治理的客观诉求。

二、从实体到程序:刑事合规在企业“非罪化”治理中的基本路径

对于企业来说,定罪本身足以摧毁企业,企业进行自我改造的最大动力甚至是唯一目的必然是谋求“非罪”的结果。因此,有必要从制度构建上引入实体认定上的不作犯罪处理和程序处置上的不予追诉的方法,可分别称之为“实体出罪”和“程序出罪”。前者是指实体上的“非罪认定”,旨在阻却单位犯罪的成立,从而避免单位被“定罪”;后者是指程序上的“出罪处理”,旨在对于业已构成犯罪的企业,在符合特定情节的情况下,作出不起诉决定。

(一)企业责任本质上属于刑事合规责任

要解决“出罪”问题,必先厘清“归责”问题。毫无疑问,与传统的自然人犯罪相比,单位犯罪在归责理论上具有显著的特殊性。这种特殊性与企业作为一个独立的社会组织体密切相关,需要从新的理论视角予以解释。基于企业犯罪罪责理论的特殊性,刑事合规构成了企业犯罪的两种“非罪化”治理方式的核心要素。

企业犯罪的本质是单位犯罪,而且是一种较为典型的单位犯罪。我国《刑法》对单位犯罪的处罚是“双罚制为主,单罚制为辅”,其中“双罚制”是指“单

---

⑩ 孙国祥:《刑事合规的理念、机能和中国的构建》,载《中国刑事法杂志》2019年第2期。

⑪ 例如,为推动中央企业全面加强合规管理,加快提升依法合规经营管理水平,着力打造法治央企,保障企业持续健康发展,国资委于2018年11月制定并印发了《中央企业合规管理指引(试行)》;国家发改委、外交部、商务部等七部门则于2018年12月联合印发了《企业境外经营合规管理指引》。

位犯罪的,对单位判处罚金,同时对单位直接负责的主管人员和其他直接责任人员判处刑罚”。因此,在企业犯罪的刑事归责上,多数时候可以分离出“单位责任”和“单位成员责任”。在对企业犯罪进行“非罪化”的理论研究和制度构建时,必须要对这两种责任的逻辑关系和归责机制予以厘清。

1987年《海关法》首次将单位规定为走私罪的主体,开创了中国惩治单位犯罪的先河,单位犯罪条款此后以单行法和一般法的形式累积确立。从彼时起,有关单位犯罪刑事责任的理论争议和实践难题便层出不穷。直至现在,学界和实务界对诸多要点问题也未能形成统一的认识。但是在论及企业犯罪的“非罪化”议题时,一些观点值得借鉴和思考。20世纪末到21世纪初,“组织责任理论”兴起,成为21世纪企业刑事归责理论的发展方向。该理论认为单位是一个有生命的有机体,单位责任不依赖于自然人的行为和主观过错而发生,单位有自己独立的意志,因此也有着独立的犯罪故意或过失。根据“组织体责任理论”,由合规总则、合规组织体系、禁止违规行为所组成的员工手册,以及防范、识别、应对体系所组成的完整的有效合规计划,说明企业对违法犯罪行为持“零容忍”的态度,建立了很好的企业文化和管理体系,合规体系在预防违规和犯罪方面发挥了积极的作用。⑫ 这种情况下,企业既没有犯罪的故意也没有犯罪的过失,因此不成立犯罪。可以看出,企业责任在本质上是一种刑事合规责任,这与自然人犯罪有着本质的区别,而企业内部的任何人(包括企业高管)犯罪一般可以归类于自然人犯罪。

易言之,有效的刑事合规可以切断企业犯罪和高管犯罪的必然联系,企业高管虽然直接参与企业的运营和决策,掌控着企业最核心的资源和信息,大多时候行使着企业的实际控制权,但是他们的决策和行动只有在属于企业授权范围和符合企业合规要求的情况下,才能体现为企业的意志和行为。正是基于对单位犯罪和单位成员在责任构造上的不同认识,在涉企业犯罪的场合,企业责任和企业成员的责任应当是相互分离的:是否追究单位的责任,不影响对单位成员的责任追究;是否追究单位成员的责任,也不影响对单位责任的追究。

(二)实体上的“非罪”判定:充分利用法教义学解释方法

“定罪免刑、减轻处罚不足以激励企业,对于企业合规计划的推进而言,无

⑫ 参见黎宏:《组织体刑事责任论及其应用》,载《法学研究》2020年第2期。

罪认定能给予企业更大的动力”,[13]部分国家将有效的合规制度作为阻却犯罪成立的法定事由,如意大利2001年颁布的第231号法令第6条规定,如果公司能够证明在犯罪行为发生之前业已确立旨在防止该类犯罪行为的管理体制并且该体制得以有效运行,公司可以免于承担责任。但是应当认识到,实体“出罪”与一个国家刑事法律所采纳的归责理论和归责原则密切相关,实体“出罪”的可行性是有一定条件限制的。

在美国,主流的单位犯罪归责模式是代位责任,这一点在《联邦量刑指南》以及联邦巡回区上诉法院的系列判决中都有体现。代位责任带来的结果是,公司承担了相当严格的责任。也就是说,企业的合规建设无论如何完备,都不能直接免除公司责任,而只能减轻责任。企业若要以刑事合规为由提出抗辩,必须要承担严格证明责任和证明标准。事实上,以刑事合规建设成功对抗犯罪成立的案件在美国是极少数的。该种情形下,刑事合规在“对抗入罪”(“实体出罪”)上面临挑战,于是企业缓起诉制度发挥了以程序机制弥补实体法上之缺陷的作用。

我国《刑法》第30条的规定可以推导出,我国强调单位责任的整体性和过错性。组织体责任理论可以很好地契合我国刑事法制和司法实践的实际状况,企业合规完全可以成为排除企业刑事责任的法定事由。因此,我国刑事实体法在企业的合规激励和“对抗入罪”(至少是减轻罪责)上可以“独当一面”,对于程序上的功能补给需求并没有那么强烈。[14] 在刑法框架没有大的变动的情况下,法解释学方法,尤其是刑法教义学的方法,在企业的实体“出罪”上可以“大有所为”。有学者的论断可以从侧面论证这一点,“我国现行刑事法制存在明显的自然人中心主义的特点”,在刑法理论界尚未对单位刑事责任理论基础形成主导性学说的情况下,建议在对单位追究刑事责任时,应当构建区别于自然人的刑法教义学理论,将单位犯罪成立判断的重点放在归责之上,将组织体内部的治理状况和经营方式作为判断依据。[15]

我国刑法为企业活动编制了一张“罪名法网”,维护经济秩序所采用的刑

---

⑬ 关于刑事合规的法律后果,域外主要存在阻却犯罪成立与减免刑罚处罚两种。在制度建构方面,清华大学法学院黎宏教授以激励效果的最优化为论点,更加赞成“非罪化”的治理模式。参见孟珊、敖博:《刑事合规制度与单位犯罪重构》,载《检察日报》2019年第6月1日,第3版。

⑭ 参见李本灿:《域外企业缓起诉制度比较研究》,载《中国刑事法杂志》2020年第3期。

⑮ 参见时延安:《合规计划实施与单位的刑事归责》,载《法学杂志》2019年第9期。

事控制模式若不加克制,容易过度介入民商事活动。为了缓和这种局面,有必要从实体法上为企业犯罪确立“中和机制”,实现一定条件下的“非罪”认定。“组织体责任理论”和刑事合规的兴起为“中和机制”提供了可靠依据。鉴于我国刑法普遍缺失对于企业犯罪中单位责任的“出罪条款”,有必要引入无罪抗辩事由,亦即规定企业虽然对外表现出违法行为,但是如果企业内部有着有效的合规计划,那么就不受刑事法律的否定评价,企业不成立犯罪。换言之,有效的刑事合规能够成为阻却企业犯罪成立的法定事由,刑法从“对企业及其员工的全面否定”转为“仅对属于自然人犯罪的员工行为(包括企业高管)单独否定”,即仅以自然人犯罪论处。当然,刑事合规虽然可以排除企业的刑事责任,但是其对外的行政违规责任(主要表现为罚款责任)和民事违法责任不受影响;此时,企业的此类损失得依公司法等相关法律规定向行为人求偿。

(三)程序上的“出罪”处理:暂缓起诉制度发挥重要补给作用

需要明确的是,实体上的“出罪”有着相应的前提条件,即企业必须事先建立了较为完备的合规制度。但是“犯罪不会消失”,我们不能期望企业的合规建设可以完全预防和避免犯罪的发生。一方面,从域外来看,刑事合规的法律后果可分为阻却犯罪成立与减免刑罚处罚两种,刑事合规能否被确立为一个实体法上完整的出罪事由,是与一个国家的立法选择和刑事责任理论密切关联的;另一方面,企业的合规计划未必至善至美,如果企业内部的合规管理存在缺陷,那么企业仍然有很大可能入罪。

这种情况下,要实现“出罪”目的就只能诉诸审前转处(pretrial diversion),即对那些构成犯罪但因情节和危害较轻的犯罪人采取非刑罚方法处理。其中的一个选择就是,由检察官作出犯罪适用转处事项的决定,如果检察官在特定时间内撤销了指控或者被追诉人成功完成了转处项目,那么诉讼将不再继续。审前转处的目的就是减少进入司法程序的违法犯罪者,避免因定罪处罚带来的标签化副作用。从世界范围来看,缓起诉制度在审前转处上发挥着至关重要的作用。最早的暂缓起诉协议(deferred prosecution agreement,DPA)是20世纪60年代美国出现的一种用监禁刑以外的方法改造未成年犯和非暴力毒品犯的制度。其基本的政策观念是,避免定罪带来的耻辱和附随后果,从而使被告人得到改造并更容易融入社会。[16] 为了解决公司被起诉可能导致的诸多问题,企业缓起诉制度在美国被率先适用,随后被英国、法国、加拿大、新加坡、巴西等国家普遍效仿。

暂缓起诉制度体现出英美法系当事人主义下的“起诉便宜主义”和“协商性司法”的显著特征,检察官对于重大案件在内的众多案件享有是否起诉、如何起诉的自由裁量权,而企业可以通过缴纳巨额罚金和履行合规责任等承诺来换取不起诉的“出罪”结果。而暂缓起诉协议一旦达成,考验期结束验收合格后将由检察官撤回起诉,不会留下犯罪记录,企业得到的是无罪处理结果,避免重大利益损失。[17] 在附条件不起诉中,企业自身具有积极寻求不诉或附条件不诉的动机,因为如若被不诉或附条件不诉,企业可以获得巨大的利益,包括:从烦琐的程序中解脱,节省诉讼成本;避免定罪或严厉的刑罚,尽早挽回企业的形象;制订新的合规计划,促进企业规范化运营。[18]

有学者把针对企业的暂缓起诉协议和针对自然人的控辩协商制度并列,称为 21 世纪兴起的两种协商性司法制度,认为其本质就是在协商性司法框架下由检察机关和涉嫌犯罪的企业达成的一种和解协议,并将合规计划的建立作为其基本要求。从属性划分上来看,推行暂缓起诉制度的美国采取的是一种附条件的“协议不诉”,而德国是一种附条件的“轻罪不诉”。但“协议”和“轻罪”之间并非存在绝对的界分标准。实际上,美国的“协议不诉”也把犯罪的性质和严重程度作为重要的考量因素,只不过其对于案情轻重的囊括范围较大,不起诉协议空间很大;德国的暂缓起诉也吸收了协商性因素,但是协商范围有限,基本上局限在宣告刑可能判处 1 年徒刑以下刑罚的案件,[19]属性上主要表现为轻罪案件的附条件不起诉。结合我国司法体制、法治状况和既往的附条件不起诉的制度经验,在“实体出罪”完成理论重塑和制度调整之前,“程序出罪”应当成为目前企业“非罪化”治理的最优选择,同时,鉴于在刑法理论、司法体制和社会观念上的特殊性,我国亦可借鉴美国与德国附条件不起诉的有利因素,对现行的附条件不起诉制度予以完善调整,适当拓宽其应用范

---

[16] See Matt Senko, *Prosecutorial Overreaching in Deferred Prosecution Agreements*, 19 Southern California Interdisciplinary Law Journal 163, 2009, p. 163 – 193.

[17] 参见陈瑞华:《企业合规的基本问题》,载《中国法律评论》2020 年第 1 期。

[18] 参见李玉华:《我国企业合规的刑事诉讼激励》,载《比较法研究》2020 年第 1 期。

[19] 参见李倩:《德国附条件不起诉制度研究》,载《比较法研究》2019 年第 2 期。

围和制度功能，打造符合中国实际的附条件“轻罪不诉”制度。唯有如此，才能使制度创新在符合刑事政策的同时避免溢出刑事法治的范畴。

近年来，恢复性司法理念在企业犯罪领域广受关注，该理念强调对涉罪企业进行合规整改，引导其及时回归合法运营轨道，以此为基础来修复受损的市场秩序，弥补受到侵害的社会法益。这与中国认罪认罚从宽制度在内在理论机理上具有高度一致性。因为涉罪企业“悔罪表现”客观上需要一定的时间和空间条件，如恢复被破坏的生态环境，修复被损害的社会秩序和社会关系等，那就需要附加一定的恢复期限和条件。

实践中，检察机关也普遍开始关注涉企业犯罪案件处理的“后半篇文章”，即对办案中发现的企业经营管理漏洞和行政管理等问题及时向企业、有关部门发送风险提醒函、检察建议、白皮书等，致力于促进企业依法经营，从源头上防控刑事风险。但是，这种“从宽处理”和“企业整改”是相互分离的，并没有形成“附条件关系”。这种情况下，以完善企业内部管理制度为核心内容的检察建议效果并不显著，对于企业的约束力和吸引力明显不足。还有一些地方探索通过拓宽酌定不起诉适用范围的方式，敦促企业进行认罪认罚和合规改造，虽然取得了一定的积极效果，但是其价值空间相对局限。一方面，企业整改必须在有限的审查起诉期间内完成，这远不能满足大部分案件有较长考察期的需求；另一方面，酌定不起诉所能适用的案件范围较为有限，只能是轻微犯罪案件，否则很可能落入“超出法律授权范围”的口舌。

三、构建企业犯罪附条件不起诉制度的若干重点问题

检察机关关注合规改造在企业“出罪”上的重要作用，联合学界研究、探索不起诉制度在企业犯罪中的适用问题。这一新的改革动向为企业犯罪的“程序出罪”提供了更多可能，同时也提出了一系列亟待厘清的问题。鉴于此，有必要综合多方因素，对现有制度予以技术调整和功能拓展，探索构建符合中国客观实际的企业附条件不起诉制度。在此之前，以下若干重点问题需要优先得到解决。

（一）附条件不起诉的定性问题

从适用对象来看，酌定不起诉和附条件不起诉适用的案件对象虽然都是已构罪的轻型案件，但是两者之间还是存在一定差别。就酌定不起诉而言，虽然此类案件已经达到起诉标准，但是介于“罪”与“非罪”的边缘，综合案情可

以免除刑罚；而对于附条件不起诉而言，此类案件达到了起诉标准，且应当追究刑事责任，只不过出于公共利益和特殊价值的考量，对嫌疑人苛以附条件的“替代性责任”。当这一替代性责任被有效履行后，刑事责任即告消除；反之，依然要追究刑责。因此，就负面法律评价而言，附条件不起诉在性质上比酌定不起诉更为严重，它的适用原理依然体现着刑罚报应的内在精神，只不过是以履行“替代性责任”的方式变相完成了“刑罚”目的。域外学者普遍认为，缓起诉协议为公司设定的义务是一种“类似（刑罚）制裁”（similar sanction）。

促进企业进行合规建设，是一种积极的、由外向内的整改方式。对犯罪嫌疑企业进行整改，就是促使其全面加强合规建设，包括根据公司法和公司章程改组其管理层、完善会计审计制度、制订反腐败合规计划等，并应根据行业特点制定或完善相应的管理制度；与制订合规计划相比，更为重要的是，如何落实合规计划的具体内容。[20] 对于企业而言，所附条件包括合规整改和财产处罚，前者等同于“人身”改造，考虑到可行性和效率问题，这一改造可以在外部监督下由企业自主完成；后者由刑罚意义上的罚金转变为非刑罚意义的罚款，但处罚的特性依然存在。企业承担“替代性责任”避免了因刑事处罚的原因导致营业资格和特许资格等被剥夺的不利后果。

（二）适用的案件范围及其认定标准问题

相较于“实体出罪”有着内在规律性和理论自洽性，“程序出罪”更多地关注社会公共利益、司法效率价值和公力合作价值，但是“程序出罪”显然不能超出一个国家刑事实体法理念和相关原则的承重范围，不能明显背离“罪责刑相一致”的刑事归责框架。缓起诉的适用前提是行为人业已构成犯罪，理论上应当起诉，但是基于公共利益标准和刑事政策上的考量，以审前程序转处的方式得到“出罪”处理的结果。站在传统刑法理论的视角下，这一做法会对法治原则构成潜在威胁，只不过刑事政策上的正当性在很大程度上弥补了这种不利因素。因此，无论是对于企业还是个人，适用的案件范围都应当限于“轻罪”。

对于何为涉案企业的“轻罪”，除了要考察客观方面的危害结果外，还要考察企业的“人身危险性”和其在具体案件中的主观过错的大小。一般而言，危害结果的考察较为客观，易于把握。但是，基于企业（单位）和个人（自然人）

---

[20] 参见时延安：《单位刑事案件的附条件不起诉与企业治理理论探讨》，载《中国刑事法杂志》2020 年第 3 期。

在责任构造上的不同,两者的"人身危险性"和主观恶性的考察标准会有所不同。

合规改造很大程度上体现着刑法的"特殊预防"功能。在自然人犯罪领域,刑法特殊预防的目的是消除"人身危险性",是否适用附条件不起诉要考量罪后改造的难度和再犯的危险性大小。如果转换角度,以自然人犯罪的特殊预防理论为鉴,同样可以得出的结论是:在企业犯罪领域,针对单位施加的特殊预防是为了消解"组织体危险性",即企业再犯的社会危险性。直观来看,这种危险性的大小和企业内部的合规程度成反比关系:企业内部的治理结构和运营方式越健全,其社会危险性就越低,反之则危险性升高。

不少学者提出,对企业附条件不起诉的适用范围,应当通过其成员犯罪的刑罚幅度来判断。这具有一定的合理性和可行性,但是并非完全妥当。应当说,企业员工的犯罪情况只是企业罪责程度的侧面反映,这种侧面性体现为:企业的合规过错责任通常外化为企业成员犯罪的数量、频率和范围,例如,如果员工职务型犯罪属于频发状态,那么可以侧面证明企业的合规建设存在显著缺陷,企业便存在合规责任。但是仅通过作为自然人的企业成员的罪责来直接印证企业罪责,就缺乏完整的正当性依据。对于达到一定规模的企业来说,法人犯罪与个人犯罪(即便是职务型犯罪)在罪责结构上有相互独立的法律期待,企业罪责与企业员工的罪行严重性(尤其是以个案为参考对象的时候)并不必然关联。企业对于员工以企业名义实施的犯罪只负合规责任,这种责任既可能是故意责任也可能是过失责任,如近年来域外一些国家主张设立企业监管过失罪等,这一点也与企业自身的合规建设情况直接关联。

从域外实践来看,刑事合规的建设情况也都是检察官是否适用暂缓起诉的考察必备项。在中国,对于企业是否适用附条件不起诉,除了关注企业犯罪的社会危害后果外,还应当重点考察企业合规建设情况和合规改造意愿,以此判断企业合规责任的大小和合规改造的难度大小,在综合其他案情的情况下,作出是否适用的决定。

(三)如何适用罚金/罚款问题

司法实践中,有关罚金刑适用的公平性问题在企业犯罪领域表现得较为突出,这是因为,不同的企业自身财力状况不同,应对能力各异。对于经济实力较为雄厚的企业而言,罚金刑是完全可以承受的,倘若违法的机会成本低于违法收益,那么非但起不到刑罚之特殊预防作用,反而容易落入“刑法鼓励企业犯罪”的争议之中。即便是大型企业,如果在不能有效区分企业与员工责任的情况下,对涉嫌经济犯罪的公司处以巨额罚金,也等于是在未经审判程序的情况下要求没有任何实际犯罪意志和行为的股东替代性地承担公司高管犯罪的刑事责任。更何况,涉案企业多半是中小微民营企业,它们在对抗外界风险,尤其是经济打击时的能力相对较差,机械的“以犯罪论处并处以高额罚金”的做法很可能成为这些处于治理困境中的企业所不能承受之重,情况更甚者无异于对企业直接判处了“死刑”。对于中小型企业而言,高额罚款所带来的惩罚效果不亚于直接将企业诉诸法庭,这显然不符合我国刑事司法政策和企业产权保护政策的基本精神。

我国的检察机关在宪法上被定位为法律监督机关,但它既没有类似于行政机关的“罚款权”,也没有类似于审判机关的“刑罚权”(在企业犯罪中主要表现为罚金刑)。如果设置企业附条件不起诉,则罚金转化为罚款,这就需要行政机构介入,来担任罚款的决定和执行主体。而检察机关须将罚款缴纳情况纳入监督考察范围,是否有必要缴纳罚款,缴纳罚款的数额、期限等具体内容需要检察机关联合行政主管单位等部门考察评估并听取各方意见后确定。

此外,在慎用罚金的同时,可以考虑对企业合规不起诉案件,通过刑事转民事的转处程序,发挥检察主导作用以促使涉案企业和涉案人员积极履行民事赔偿责任,建议启动行政违法的处罚程序,加速非刑罚处罚与民事赔偿程序的运转速度,解决执行疲软的问题,确保对被害人的及时救济。

(四)所附“条件”的变通性问题

在企业犯罪治理上,严惩自然人(尤其是企业高管)的处理方式对人事结构宏大且健全的大型企业而言也许是一个不错选择,以处罚责任人来换取全体股东利益的保全,也是企业作为一个利益共同体的原始反应。比如,企业在涉嫌犯罪而谋求刑法优待的场合中,企业履行合规整改责任的内容之一就是进行合规内部调查,其目的一方面在于找出自然人并对其严厉惩戒,从而消除隐患,防止犯罪的再发生;另一方面是通过承担这种披露义务来换取监管部门的谅解和优待,避免企业被追责。

同时也应当认识到,企业必须具备相当程度的组织规模和人财物资源,法律才能对“通过有效的刑事合规切断企业责任与高管行为(决策)的联系”抱有期待，这是因为：一方面，企业的规模很大程度上决定了企业的组织体人格是否可以，以及在多大程度上独立于高管人格，对于组织规模较小、权力结构单一的企业而言，单位人格和高管人格是高度融合的；另一方面，有效的合规计划是塑造企业刑事法上独立人格、排除企业过错风险的基本路径，必然有着严格的国家及行业标准，需要投入高额的人财物资源才能实现系统化合规计划。

作为对抗企业罪责的事由，刑事合规计划不是一个简单的任务规划，也不是“低廉”技术指标，它本身属于“复杂”和“昂贵”的企业运营和管理机制，有着相当程度的规格要求和国家、行业标准。对企业而言，无论是为了实现预防犯罪和对抗犯罪成立的目的而事先主动地进行合规建设，还是事后为了减免刑责而被动地进行合规改造，企业自身和刑事合规的内容都需要满足相应的技术规格的要求，而且必须要投入巨额的人财物资源。这就决定了致力于罪责减免的刑事合规计划在可行性和实效性上不可能相同地适用于所有类型企业。[21] 实际上，在域外，采纳刑事合规计划的国家通常都不会在所有涉案企业中推行合规计划，而是作出专门的范围限定。例如，法国《萨宾第二法案》建立强制合规制度，要求同时符合以下两个法定条件的企业履行建立合规制度的义务：一是用工人数达到500人以上，或者隶属于总部设在法国且用工人数达到500人的公司集团；二是有关营业收入超过1亿欧元。[22] 这就意味着只有财力雄厚的大中型企业才有资格和资本通过建立符合高标准要求的刑事合规来获得罪责“优待”，而数量众多但企业结构规模和财力有限的中小企业恐怕只能“望洋兴叹”。

由此可见，刑事合规很多时候是专属于大中型企业的抗辩手段（即“大到不能关”，too big to jail），对于规模较小的企业而言，企业与企业家有着较强的依附关系，以刑事合规来分割企业守法意志和成员（尤其是高管）不法意志的期待值偏低，企业独立责任在学理上难以有效证成。而且，狭义的刑事合规有着较为严格的条件和标准，需要投入较大的人财物资源，这对于遭遇困境的中小微型企业来说往往是难以承担的。

但是，对于中小型企业中企业家职务型犯罪的严惩，同样会引发一定范围

[21] 参见赵恒：《涉罪企业认罪认罚从宽制度研究》，载《法学》2020年第4期。

[22] 参见陈瑞华：《法国〈萨宾第二法案〉与刑事合规问题》，载《中国律师》2019年第5期。

的“水波效应”。因此，基于我国企业平等保护的政策，应当打造合规之外的其他附加条件。对于刑事合规改造意义有限的企业而言，应当重点关注企业及其责任人罪后认罪认罚的态度和表现；将考察重心放在退赃退赔，赔偿损失，积极配合刑事侦查、行政调查，修复被破坏的社会关系等方面。当然，对于企业内部的管理问题，检察机关同样需要提出整改的检察建议，责令其完善内部监管机制。

（五）“协议不诉”的应用空间问题

从美国暂缓起诉协议制度的运作形式看，检察机关与涉罪企业达成暂缓起诉的协议时，通常会建立高额罚款和暂缓起诉决定之间的协商交易关系，并以此为手段达成对价协议，检察官在这种程序中享有充足的程序处置和实体裁量权。然而，这种制度样态在中国能否有效落地是值得斟酌的，因为我国职权主义的用权方式和罪刑法定的基本原则均对“以协议方式解决刑事追责”的做法高度排斥。企业缓起诉制度在英美的广泛适用是受到深厚的协商性司法文化的影响，这种氛围在我国相对稀薄。

我国的检察体制与美国的检察体制存在明显差别，控辩关系的基本格局也殊为不同，这决定了以“和解”“协商”“妥协”为核心特征的“控辩协议”在中国司法语境下无从适用。《刑事诉讼法》于2012年和2018年修改时先后确立了刑事和解制度和认罪认罚从宽制度。“刑事和解”专指被追诉人与被害人之间的“冲突化解”，而非控辩双方的和解，其制度化价值在于“晋升”为一个法定的从宽处罚情节。对于认罪认罚案件中的控辩关系而言，也很难认定存在所谓的“控辩协商”。这是因为，中国当下的认罪认罚从宽制度中的控辩合意程序类似于“要约+同意”机制，目的是以一个相对公开、规范的程序平台落实“职权式从宽”，其“协商”层面的意义受限。㉓ 可以看出，在有关诉讼主体关系调控的立法实践中，无论是“刑事和解”还是“控辩合意”，均受制于刑事法制宏观架构的约束，所有关于控辩实质化协商的改造建议都是难以直接证成的。从我国刑事诉讼模式和司法权力结构的格局来看，对控辩关系进行跨度较大的扩展解释也是缺乏相应的制度根据和理念支撑的。

因此，我国企业合规应当慎用协议方式来完成审前转处。检察机关需要

㉓ 参见陈卫东：《认罪认罚从宽制度的理论问题再探讨》，载《环球法律评论》2020年第2期。

立足于法律监督者和审前主导者的角色，依法依职权决定和监督合规整改的承诺和计划，以准司法官的立场主导附条件不起诉的适用程序。同时，需要制定较为严格的实体条件和程序规范，指导和规范一线办案检察官在统一的标准下决定是否适用、如何适用附条件不起诉制度。

四、结语

在社会主义市场经济背景下，建立在传统刑法“报应论”基础上的企业犯罪治理模式显然不再符合社会治理模式优化转型的新要求，因其极易忽视市场经济最重要主体之一的企业的内部治理问题。但这一问题又是事关企业犯罪理论特殊性和实践复杂性的关键问题，不能“轻描淡写”，更不能“视而不见”。如何通过法制调整和司法革新的方式实现刑事法律“自我克制”的目标，寻求涉罪企业“非罪化”治理的最大可能，具有相当大的研究价值。

以“非罪化”治理为内在动力的刑事合规是一个较为复杂的问题，既有交叉学科的内容，又有实体法与程序法的衔接问题，还有思辨性较强的前沿理论问题。刑事合规和企业附条件起诉都是作为“舶来品”在中国开启了“试运行”模式，必然引出一系列制度、体制和习惯上能否兼容及如何兼容的深层次问题，需要我们从“刑事一体”的角度对这些问题作出更多的思考和回应。例如，附条件不起诉的试点改革在适用主体、案件范围、考察期限等方面受到现行法的限制，立法应适时适当予以回应。

企业合规案件不起诉比较研究

——以腐败案件为视角*

杨宇冠**

企业合规（corporate compliance）涉及很多法律法规和行业的规定。如果企业违反了相关法律法规，可能受到相应的行政、民事和刑事处罚。刑事法律法规中有禁止企业在生产、销售等活动中发生腐败行为的规定。企业遵守这些法律法规是企业合规的重要组成部分。对于企业和工作人员涉嫌腐败犯罪，一些国家会根据情况对企业给予不起诉的同时进行其他处罚，并要求企业制订合规计划，从而起到了打击和预防腐败、促进企业合规的作用。企业合规案件中的刑事不起诉有不同的类型和功能。对此进行比较研究，可以帮助我国的跨国企业避免因触犯相关国家的法律而受到处罚，还可以丰富企业合规理论和实践，而且对于完善我国的不起诉制度也有参考意义。

一、企业合规与刑事风险

用刑事司法的方法对企业进行处理的前提是企业可以成为犯罪主体并承担刑事责任。目前，世界两大法系中，英美法系中有单位犯罪，大陆法系国家除法国之外不承认单位犯罪。我国《刑法》第 30 条规定："公司、企业、事业单位、机关、团体实施的危害社会的行为，法律规定为单位犯罪的，应当负刑事责任。"相应地，单位也可以因腐败类犯罪被追究刑事责任，《刑法》第 393 条规定："单位为谋取不正当利益而行贿，或者违反国家规定，给予国家工作人员以回扣、手续费，情节严重的，对单位判处罚金，并对其直接负责的主管人员和其他直接责任人员，处五年以下有期徒刑或者拘役，并处罚金。"从该条文可以看出，我国刑法对于企业行贿采取的是双罚制。如何认定单位犯罪，这是法学界

---

* 本文原载《法学杂志》2021 年第 1 期。

** 杨宇冠，中国政法大学诉讼法学研究院教授、博士生导师。

长期来存在争议的问题。根据我国有关部门的解释，以单位名义实施犯罪，违法所得归单位所有的，就是单位犯罪。[①] 在司法实践中，有些行贿并非以单位名义实施，或者违法所得并没有归单位所有，这是否能认定为单位犯罪，值得探讨。有学者认为："可以将包括企业合规建设在内的企业文化建设作为判断企业刑事责任的依据，并据此决定犯罪企业的定罪和量刑，从而稳妥地推进企业合规建设。"[②]

笔者认为，对于企业行贿的刑事责任可以如此界定：企业的章程或者氛围或者企业负责人指令、鼓励、默许、纵容其雇员、被授权人、代理人为了企业的利益进行贿赂等行为的，企业应当承担刑事责任；与企业无关的个人行为，或者这些人在企业明令禁止的情况下为了自己的私利的行为，企业不承担责任。据此，企业如果有完备的合规计划，并且能够认真执行，尽到了预防其雇员触犯刑法的责任，那么即使企业的雇员或者代理人犯有腐败等罪行，企业也可以不承担刑事责任，或者可以减轻刑事责任。这也说明企业制订和实施合规计划对预防企业犯罪和避免企业受到刑事追究的重要意义。

（一）我国的企业刑事合规与反腐败问题

在法治社会，企业应当制订合规计划（corporate compliance program）作为企业运行的规章制度的重要组成部分。企业合规的范围极其广泛，有人认为："企业合规，在本质上属于公司治理问题。"[③]也有人认为"建立健全企业刑事合规制度就是从市场主体内部入手，不断增强企业防范法律风险、抵御市场风险的能力，避免陷入刑事风险之中"。[④] 我国有关部门认为企业合规指："企业及其员工的经营管理行为符合有关法律法规、国际条约、监管规定、行业准则、商业惯例、道德规范。"[⑤]在刑事责任范畴，企业合规指企业及其雇员在业务活动中遵守我国和相关国家的刑事法律法规。

---

① 最高人民法院《关于印发〈全国法院审理金融犯罪案件工作座谈会纪要〉的通知》（法〔2001〕8号），2001年1月21日发布。

② 参见黎宏：《合规计划与企业刑事责任》，载《法学杂志》2019年第9期。

③ 陈瑞华：《企业合规的基本问题》，载《中国法律评论》2020年第1期。

④ 童建明：《充分履行检察职责　努力为企业发展营造良好法治环境》，载《检察日报》2020年9月22日，第3版。

⑤ 2018年12月26日，国家发展改革委、外交部、商务部、人民银行、国资委、外汇局、全国工商联七部委联合出台了《企业境外经营合规管理指引》（发改外资〔2018〕1916号）。

我国的企业合规中与刑事责任有关的主要体现在我国《刑法》第三章“破坏社会主义市场经济秩序罪”、第八章中与腐败有关的行贿罪和介绍贿赂罪等。本文着重研究企业及其雇员腐败方面犯罪的不起诉问题。在反腐败犯罪方面,企业合规不仅要遵守刑法的规定,还要遵守与之相关的其他法律法规,例如2019年修正的《中华人民共和国反不正当竞争法》、2016年发布的《最高人民法院、最高人民检察院关于办理贪污贿赂刑事案件适用法律若干问题的解释》、2008年发布的《最高人民法院、最高人民检察院关于办理商业贿赂刑事案件适用法律若干问题的意见》、1996年发布的《国家工商行政管理局关于禁止商业贿赂行为的暂行规定》等。我国这些法律法规中的相关条文共同形成了企业合规必须遵守的刑事规范。但是,我国的相关规定制定得比较简略,例如,《反不正当竞争法》缺乏强有力的统一的执法部门,只是笼统规定违反该法的经营者由企业监管部门处理,构成犯罪的,依法追究刑事责任。⑥ 一个法律如果没有专门的执法部门,可能形成多部门都可以管、大家都不管的局面。再如《国家工商行政管理局关于禁止商业贿赂行为的暂行规定》一共只有12条,没有对商业贿赂作出具体规定,很难在企业合规中起到指导作用。

近年来,我国相关部门对反腐败案件的打击力度很大,许多官员的腐败案件都涉及收受相关企业的各种贿赂。打击腐败犯罪不仅要严查和打击国家工作人员中的腐败分子,还要扼制腐败的源头,即预防和惩治企业的行贿问题。企业行贿等腐败行为有以下几种情况:

第一,企业为了进行不正当的竞争,给予相关国家工作人员以各种好处。这种企业主动行贿的行为应当成为打击的重点。第二,企业及其负责人为了谋求不正当利益,甚至为了控制相关官员、干扰国家机关的正常工作秩序而给予相关官员好处。这种情况应该对企业的相关人员进行严肃处理,重点打击。第三,企业及其负责人在官员的索要之下,不得已向有关官员输送好处。这种情况应当鼓励企业向有关部门报告,以抵制和防止这种腐败行为发生。第四,企业相关人员为其本人或亲友谋求利益,如获得高额奖金、为亲友安排工作等,动用企业的资源向有关官员行贿。这种情况应对相关人员严肃处理。

在我国的反腐败中,有关部门在严肃处理公职人员贪腐犯罪的同时,对行

⑥ 参见2019年修订的《中华人民共和国反不正当竞争法》第4章。

贿的企业及其负责人员也施以各种处理，一些企业和负责人受到了刑事追究。例如，在江西萍乡原市委书记陈某某受贿案中，与陈某某交往密切的江西大富乳业等企业的董事长何某某被指控为了得到陈某某的照顾，分多次送给陈某某巨额现金。2017 年被告人何某某被南昌市湾里区人民法院判处有期徒刑 2 年缓刑 2 年，何某某所任职的三家企业作为被告单位被判处罚款共 350 万元。⑦ 再如，在葛兰素史克（中国）投资有限公司（以下简称“葛兰素史克公司”）部分高管涉嫌严重经济犯罪案中，有关部门查明：葛兰素史克公司处方药事业部总经理马某某等人通过大肆贿赂医院、医生、其他医疗机构等医药销售相关部门及其所属人员推销药品，牟取非法所得数十亿元。2014 年 9 月 19 日，湖南省长沙市中级人民法院依法对葛兰素史克公司和马某某等人行贿案进行审理，认定被告单位及相关被告人的行为均已构成行贿罪。判处被告单位葛兰素史克公司罚金人民币 30 亿元；判处被告人马某某有期徒刑 3 年，缓刑 4 年，并处驱逐出境。涉案的其他被告人也各自被判刑。

这些案件给我国企业上了生动的一课。企业及其雇员，特别是高管必须重视遵守刑事法律法规，否则将承担刑事责任。随着国家相关部门对企业合规的重视，特别是检察机关在促进企业合规中作用逐步显现，企业刑事合规问题研究方兴未艾。企业合规不起诉对反腐败有重要意义，而且对企业防止因腐败而承担刑事责任也有重要作用。如果企业有完备的合规计划，并且得到认真执行，包括严令禁止企业及其员工的行贿等腐败行为，尽到了预防腐败的责任，在发生腐败行为之后也能及时报告和严肃处理，其雇员即使有行贿等腐败行为，企业也可以免除或者减轻刑事责任。反之，如果企业的规章制度不健全，企业的氛围、目标、要求等有助于或者导致其雇员行贿等，即使该行为不是在企业明确指示下实施的，或者企业并没有从中得到利益，企业也应当承担相应的刑事责任。

（二）《联合国反腐败公约》与企业合规问题

近年来，随着全球经济发展，跨国企业“走出去”、“引进来”已经成为世界经济增长的必然趋势。跨国公司商业贿赂已成为全球公害，一些发达国家也在不断地加大打击跨国公司商业贿赂的力度。因此，跨国公司在经营的过程

---

⑦ 参见江西省南昌市湾里区人民法院刑事判决书，（2017）赣 0105 刑初 1 号。

中必须严格遵守公司的相关政策和经营所在地的相关法律，避免在企业活动中发生贿赂等腐败行为。为了协调和促进世界各国的反腐败合作，2003 年 10 月联合国大会通过了《联合国反腐败公约》（以下简称《公约》），该公约指出了腐败对社会稳定与安全所造成的问题和构成的威胁的严重性，它会破坏民主体制、价值观、道德观和正义，并危害可持续发展和法治。贿赂作为一种腐败行为，不仅腐蚀了官员，破坏了公平的经济活动秩序，影响产品质量的提高，提高了产品价格，而且也妨害了企业的良性发展。⑧ 强化企业合规经营是全球企业发展的普遍共识，也是实现企业可持续发展的必然要求。

《公约》不仅针对跨国企业，也适用于其他企业。例如，《公约》第 12 条要求各国采取措施，防止涉及私营部门（private sector）的腐败，加强私营部门的会计和审计标准，并酌情对不遵守措施的行为规定有效、适度而且具有警戒性的民事、行政或者刑事处罚。这里的私营部门包括各种私营企业。该条还规定："为达到这些目的而采取的措施可以包括下列内容：……促进制订各种旨在维护有关私营实体操守的标准和程序，其中既包括正确、诚实和妥善从事商业活动和所有相关职业活动并防止利益冲突的行为守则，也包括在企业之间以及企业与国家的合同关系中促进良好商业惯例而采用的行为守则；确保私营企业根据其结构和规模实行有助于预防和发现腐败的充分内部审计控制，并确保这种私营企业的账目和必要的财务报表符合适当的审计和核证程序。"公约要求各缔约国"采取必要措施，禁止下列行为：设立账外账户；进行账外交易或者账实不符的交易；虚列支出"。

从上述规定可以看出，《公约》承认企业可以作为腐败犯罪的主体，也可以对企业进行民事、行政或者刑事处罚。值得注意的是，《公约》第 12 条还要求执法机构与有关私营实体之间合作，明确要求执法部门在企业合规反腐败方面发挥作用。

制订企业合规计划在预防企业腐败方面有重要作用，但是仍然有些企业及其雇员违反法律，构成腐败犯罪。《公约》规定，直接或间接向国内外的公职

---

⑧ 《联合国反腐败公约》是联合国大会于 2003 年 10 月 31 日第 58/4 号决议通过并开放给各国签字、批准和加入的，于 2005 年 12 月 14 日生效。2005 年 10 月 27 日，我国第十届全国人大常委会第十八次会议以全票通过决定，批准加入《联合国反腐败公约》。至 2020 年 10 月 12 日，公约共有 187 个成员国。文中所引内容参见《联合国反腐败公约》序言。

人员或者国际公共组织官员许诺给予、提议给予或者实际给予该公职人员本人或者其他人员实体不正当好处,使该公职人员或者该官员在执行公务时作为或者不作为,或以使其滥用本人的实际影响力或者被认为具有的影响力,以便获得或者保留与进行国际商务有关的商业或者其他不正当好处的是腐败犯罪。[⑨] 该公约要求各缔约国均应当考虑采取必要的立法和其他措施,将这些故意实施的行为规定为犯罪。其中"直接或间接"包括通过第三方实施的贿赂,不管他们是否是立法国的国民或惯常居民或在该国的法人。[⑩] 第三方可能在传递物品或送交贿品时构成共同犯罪。据此,企业不仅要防止自身和其雇员涉及腐败犯罪,也必须注意避免自身及其雇员通过第三方行贿或者自身成为行贿的第三方。

《公约》本身没有执行机构,该公约的相关规定由各成员国采纳并体现在各国的立法之中,通过各国的执法机构得到实施。我国是《公约》的成员国,我国的法律法规中关于反腐败的条文主要体现在《刑法》《反不正当竞争法》《监察法》等法律法规之中。[⑪] 我国的一些企业在立项、投标、销售等活动中可能触犯该《公约》的规定,涉及腐败犯罪,根据刑法等有关法律应当承担刑事责任。所以,我国的企业合规首先必须符合我国的这些法律规定。近年来,随着我国与世界各国的经济往来不断增加,许多企业走出国门,参加世界各国的招商、进出口等活动。这些企业不仅要遵守中国法律的规定,在对外经营活动中也要遵守《公约》和相关国家的法律法规,否则不仅可能触犯我国法律,也可能触犯国际条约和相关国家的刑事法律。企业还应当特别注意,有些行为在我国不构成违法犯罪,但在其他国家可能构成犯罪,所以要特别注意《公约》和相关国家、地区的法律规定。我国有些企业,包括一些跨国企业长期以来缺乏相关法律知识,给企业带来重大损失,其雇员也可能因此受到刑事追究。这就需要相关企业在制订合规计划时了解《公约》等国际法和相关国家的法律规定。

《公约》制定后得到世界各国的普遍赞成,目前已经有 187 个国家加入了

---

⑨ 参见《联合国反腐败公约》第 16 条和第 18 条。

⑩ 参见杨宇冠主编:《〈联合国反腐败公约〉解读》,中国人民公安大学出版社 2004 年版,第 172 页。

⑪ 我国《监察法》适用的对象很广泛,不仅包括涉嫌职务犯罪的人,也包括监察对象之外的相关人员,例如部分涉嫌行贿犯罪或者共同职务犯罪的涉案人员。参见杨宇冠:《监察法与刑事诉讼法衔接问题研究》,中国政法大学出版社 2018 年版,第 102 页。

该公约。这意味着任何企业违反该公约的规定,在公约的所有成员国内都可能构成腐败犯罪。《公约》第42条规定,各缔约国对公约所规定的腐败犯罪实行属地和属人管辖。我国是最早加入《公约》的国家之一,公约的这些规定对我国也是有法律效力的。《公约》第37条第3款明确规定:"对于在根据本公约确立的犯罪的侦查或者起诉中提供实质性配合的人,各缔约国均应当考虑根据本国法律的基本原则就允许不予起诉的可能性作出规定。""实质性配合"包括很多方面,其中最重要的是在企业与执法部门合作揭露和打击腐败犯罪的同时制订和执行合规计划。根据这条规定精神,因涉嫌腐败犯罪受到刑事指控的企业,应当尽量争取不起诉;对于我国和各国检察机关而言,应当制定和完善企业因涉嫌腐败犯罪的不起诉制度。

(三)美国《反海外腐败法》及企业合规问题

20世纪70年代,美国证交会发现400多家美国公司为了获得在海外的业务,向外国政府官员支付了数亿美元的贿赂。为了应对美国公司在销售、投标等企业活动中广泛存在的贿赂外国官员、申报不实等情况,美国国会于1977年通过了美国《反海外腐败法》(Foreign Corrupt Practices Act)。《反海外腐败法》包括反贿赂和会计条款。该法由美国国会于1934年设立,其职能是保护投资者,维护公平、有序和有效的市场,促进营造一个值得公众信任的市场环境。[12] 提交报告的美国和外国上市公司(发行人),以及在美国境内经营的外国个人及法人为获得或保留业务而向外国官员支付腐败款项。美国司法部和证交会还共同制定了美国《反海外腐败法执行指南》,要求与美国有关的各企业主动与司法部合作。美国司法部在执行《反海外腐败法》方面权力极大,将全世界与美国有关的企业都纳入它的管辖范围,它不仅可以对相关企业和个人进行调查,而且可以根据《美国联邦刑事诉讼规则》(Federal Rules of Criminal Procedure)决定对相关企业和个人作出起诉、不起诉、附条件不起诉以及罚款等实质性处理。

《反海外腐败法》的管辖权非常广泛,根据美国司法部的说法:"当一个公

---

⑫ 美国证交会全称为美国证券交易委员会(U. S. Securities and Exchange Commission),由美国国会于1934年设立,其职能是保护投资者,维护公平、有序和有效的市场,促进一个值得公众信任的市场环境。美国证交会共有五名委员,由美国总统根据参议院的意见和同意任命。他们的任期为五年。总统还指定一名委员担任主席,即证券交易委员会的最高行政人员。美国证交会不仅对企业进行管理,而且还可以对企业违法行为向美国的相关法院提出起诉。

司的董事、管理人员、雇员或代理人在其职责范围内违反了《反海外腐败法》,而其目的(至少一部分目的)是使该公司受益,则该公司法人即应承担责任。"[13]《反海外腐败法》的对事管辖包括这些企业的雇员利用电子邮件或任何手段,提供要约、支付、承诺付款,或授权支付任何金钱、要约、赠与、允诺、给予,或授权给予任何有价值的东西诱使该外国官员违反其合法职责而采取任何行动;或为了取得任何不正当优势;或促使外国官员利用外国政府或其职责影响该政府的任何行为或决定,协助该发行人获得或保留业务,或向任何人指示业务;也包括影响任何外国政党或其官员或任何外国政治机关候选人,违反该政党、官员或候选人的合法义务以给予相关企业任何不正当的利益;诱使这样的政党、官员或候选人影响这种政府的任何行动或决定,协助该企业获得或保留业务。从以上规定可以看出,美国《反海外腐败法》之规定与《公约》的规定比较类似。但美国的《反海外腐败法》制定的时间比《公约》更早,其中有些条文可以追溯到美国《1934 年证券交易法》第 30A 条。[14] 美国有关部门还通过修订和解释《反海外腐败法》,[15]将该法的效力扩大到美国之外的企业,形成所谓"长臂管辖"。

美国司法部(DOJ)和美国证交会(SEC)共同负责《反海外腐败法》的执行,这两个部门有很大的权力,包括对美国及外国的企业和个人提出起诉、不起诉和施以巨额罚款。例如,美国检察官于 2014 年 12 月向美国纽约南区联邦地区法院对美国雅芳(中国)公司起诉并且同时达成了中止起诉协议,起诉的罪名是雅芳违反《反海外腐败法》记账和财会规定以及内部管理规定,包括企业缺乏合规计划。更为严重的是,美国的这两个部门可以对同一个案件进行双重处罚。例如,2008 年德国的西门子公司就曾被美国司法部和证交会以违反《反海外腐败法》的会计与账簿管理条款、违反内部管理规定、贿赂等违法

---

[13] Criminal Division of the U. S. Department of Justice and the Enforcement Division of the U. S. Securities and Exchange Commission, *A Resource Guide to the U. S. Foreign Corrupt Practices Act*, p. 27.

[14] 参见《美国 1934 证券及交易法》第 30A 条(Section30A of the Securities Exchange Act of 1934)。该法的主要内容有两点:(1)证券投资者有权力获得在市场公开发售证券的公司的所有财务信息和其他重要信息。(2)禁止证券掮客、证券交易者、证券交易机构等在证券销售中对投资者进行欺诈、提供虚假信息等任何欺骗行为。

[15] 《反海外腐败法》自 1977 年颁布后,曾于 1988 年、1994 年、1998 年进行三次修改。2012 年 11 月,美国司法部和证交会共同发布了《反海外腐败法执行指南》,实际上是对该法进行解释。

行为同时罚款8亿美元,其中美国司法部罚款4.5亿美元,美国证交会罚款3.5亿美元。

美国司法部和证交会在决定采取什么行动处理企业触犯《反海外腐败法》的案件中,除了考虑公司是否自首、配合并采取适当的补救措施以外,还会考虑公司合规方案的充分性。企业如果有充分的合规计划,司法部可以采用不起诉等方式对企业从轻处理。为了防止企业腐败,根据《反海外腐败法》第78条,美国司法部和证交会还可以要求企业及其高管定期向其报告企业合规情况、制订企业合规计划,对企业进行评估监督等。由于企业情况不同,企业的合规计划也没有固定的程式。美国司法部在对企业合规进行评估中会提出三个基本问题:公司的合规方案是否经过精心设计?该合规方案是否得到善意适用?该合规方案是否有效?具体而言,又包括企业的高层管理人员是否有明晰的反腐败承诺和政策?企业员工是否有合规的行为准则?美国司法部认为:有效的合规方案是公司内部控制的重要组成部分,其能够有效发现并防范《反海外腐败法》违法行为。有效的合规方案应根据公司的具体业务以及与该等业务相关的风险加以制定。这些合规方案应当是动态的,并随着业务和市场的变化而发展。一项有效的合规方案应当促进"一种鼓励道德行为和信守法律的组织文化"。这样的合规方案能够保护公司的声誉、确保投资者的价值和信心、减少商业交易的不确定性,并维护公司的资产安全。一项结构完善、实施缜密且执行一致的合规和道德方案有助于防范、发现、补救和报告不当行为,包括违反《反海外腐败法》的行为。[16]

二、企业合规与不起诉条件

违反了刑事法律的企业获得不起诉对于企业及其雇员而言无疑是至关重要的,甚至是决定生死存亡的事情。从国家层面而言,对企业涉嫌腐败犯罪运用不起诉,不仅可以挽救该企业,稳定经济,减少雇员失业,而且可以起到预防企业犯罪的作用。企业涉嫌触犯刑律案件不起诉有几种情况,对于不能证明企业违法违规的,或者企业制订和严格执行了合规计划,尽到了预防企业及雇员腐败的责任,检察机关应当决定不起诉,依法保护无辜的企业及其雇员免遭

---

[16] See the Criminal Division of the U. S. Department of Justice and the Enforcement Division of the U. S. Securities and Exchange Commission, *A Resource Guide to the U. S. Foreign Corrupt Practices Act*, p.56 -62.

刑事追究；对于有轻微违法的，可以视案情酌定不起诉，给企业改过的机会，防止企业破产以及职工失业给社会带来的隐患；对已经触犯刑法的企业，也可以用附条件不起诉的方式，在对企业进行其他处罚的同时为其生存保留空间。

不起诉不代表不“处罚”。“处罚”一词所涵括的范围大于“刑罚”。我国《刑法》第 37 条规定：“对于犯罪情节轻微不需要判处刑罚的，可以免予刑事处罚，但是可以根据案件的不同情况，予以训诫或者责令具结悔过、赔礼道歉、赔偿损失，或者由主管部门予以行政处罚或者行政处分。”由此可见，即使行为人违反了《刑法》，也可能免予刑事处罚而被施以其他处罚或处分。对于企业合规的处罚问题，美国等国家的检察机关和主管部门在对企业不起诉的同时可以决定巨额罚款。

(一)我国的不起诉及其对企业刑事合规的作用

根据我国《刑事诉讼法》第 16 条之规定，我国的不起诉有几种类型。

第一种是法定不起诉，[17]其中与企业合规刑事案件有关的情况有：情节显著轻微、危害不大，不认为是犯罪的；犯罪已过追诉时效期限的；违法企业的犯罪嫌疑人、被告人死亡的等。至于其他法律规定免予追究刑事责任而不起诉的，在我国很罕见。因为我国《刑法》规定是犯罪而其他法律规定不是犯罪的情况几乎没有；相反的一种情况则比较普遍的，那就是其他法律对构成犯罪的行为不予规定，只是说：“构成犯罪的，按照刑法的有关规定处理。”笔者认为，我国可以考虑采纳《公约》第 37 条第 3 款中关于对“提供实质性配合的人，各缔约国均应当考虑根据本国法律的基本原则就允许不予起诉的可能性作出规定”。并将这条转化为我国的法律或法规，以便适用。

第二种是酌定不起诉，我国《刑事诉讼法》第 177 条规定：“对于犯罪情节轻微，依照刑法规定不需要判处刑罚或者免除刑罚的，人民检察院可以作出不起诉决定。”具体又可以分为以下情况：(1)犯罪嫌疑人在我国领域外犯罪，依照我国刑法应当负刑事责任，但在外国已经受过刑事处罚的；(2)犯罪嫌疑人又聋又哑，或者是盲人的；(3)犯罪嫌疑人因正当防卫或紧急避险过当而犯罪的；(4)为犯罪准备工具，制造条件的；(5)在犯罪过程中自动中止犯罪或者自

---

[17] 我国《刑事诉讼法》第 16 条规定符合法定不起诉的有下列情况：情节显著轻微、危害不大，不认为是犯罪的；犯罪已过追诉时效期限的；经特赦令免除刑罚的；依照刑法告诉才处理的犯罪，没有告诉或者撤回告诉的；犯罪嫌疑人、被告人死亡的；其他法律规定免予追究刑事责任的。

动有效防止犯罪结果发生,没有造成损害的;(6)在共同犯罪中,起次要或辅助作用的;(7)被胁迫参加犯罪的;(8)犯罪嫌疑人自首或有重大立功表现或者自首后又有重大立功表现的;其中与企业合规刑事案件有关的情况主要有第(1)(5)(6)(7)(8)种。学界对我国法定不起诉与酌定不起诉的性质有不同认识,法定不起诉适用于被告人不构成犯罪或不需要追究刑事责任的情形;而酌定不起诉似乎适用于已经构成犯罪,只是不需要判处刑罚或免除刑罚的情形。据此,有人认为酌定不起诉的决定意味着被告人有罪。⑱ 笔者认为对这两者性质进行区分实无必要,无论是法定不起诉还是酌定不起诉,被告人都是无罪状态,因为我国《刑事诉讼法》第 12 条规定:“未经人民法院依法判决,对任何人都不得确定有罪。”

第三种是证据不足不起诉或称存疑不起诉。我国《刑事诉讼法》第 175 条规定:“对于二次补充侦查的案件,人民检察院仍然认为证据不足,不符合起诉条件的,应当作出不起诉的决定。”具体可分为以下几种情况:(1)据以定罪的证据存在疑问,无法查证属实的;(2)犯罪构成要件事实缺乏必要的证据予以证明的;(3)据以定罪的证据之间的矛盾不能合理排除的;(4)根据证据得出的结论具有其他可能性的。这一条可以适用于对企业及有关人员的不起诉。

第四种是附条件不起诉,目前只适用于未成年人犯罪。

以上四种不起诉运用在反腐败和促进企业合规方面的,目前只有酌定不起诉和存疑不起诉。在酌定不起诉中,自首和坦白是检察院作出不起诉决定的重要考量因素;存疑不起诉在行贿罪中适用的比例比较大。⑲ 在我国的反腐败斗争中,企业及其负责人向相关官员或者其他企业负责人行贿是比较常见的腐败形式。在反腐败调查过程中,如果企业的行贿人员积极配合调查和作证,有关部门不追究其刑事责任的情况也是普遍存在的。但是,由于制订合规计划等制度在我国的企业中尚未得到广泛的重视,对企业及其负责人不追究刑事责任在促进企业合规方面作用不显著。我国检察机关在职务犯罪案件的审查起诉过程中,应当更多利用不起诉这种方式对企业进行处理。

最近,我国最高人民检察院提出:“坚持依法能不诉的不诉。依法行使不

---

⑱ 参见龙宗智、左为民:《法理与操作——刑事起诉制度评述》,载《现代法学》1997 年第 4 期。

⑲ 参见侯昌林:《行贿罪不起诉无罪辩护成功案例》,载求真刑辩律师网 2018 年 1 月 21 日,http://13176419589.com/List.asp? C－1－4694.html。

起诉裁量权，逐步扩大酌定不起诉在认罪认罚案件中的适用，鼓励和促使更多的犯罪嫌疑人、被告人认罪服法，化解社会矛盾，减少社会对抗，提升司法效率，确保办案效果……综合运用刑事追诉和行政处罚、经济处罚措施。依法作出酌定不起诉决定的，要根据案件情况，对被不起诉人予以训诫或者责令具结悔过、赔礼道歉、赔偿损失。”[20]对涉嫌腐败犯罪的企业和人员的案件适用不起诉可能有利于打击腐败犯罪和促进企业合规。司法实践中，我国职务犯罪的调查主要由监察部门负责，在调查结束后移送检察机关审查起诉。对于企业合规中涉嫌向国家工作人员行贿的行为，监察机关有权视案件情况和相关人员的态度决定是否将其移送起诉。如果监察机关要求检察机关对行贿人起诉，检察机关是否能够作出不起诉决定，还需要两个机关的衔接；如果监察机关没有将这些企业及其负责人移送起诉，通常检察机关不能追加对相关企业和其负责人的起诉。[21] 对于我国《刑法》第 163 条规定的“非国家工作人员受贿罪”（又称商业贿赂罪），由公安机关负责侦查。[22] 检察机关审查公安机关移送的案件材料，决定对受贿方和行贿方的企业和个人起诉或者不起诉。因此，我国利用不起诉促进企业刑事合规需要检察机关和有关部门通力合作进行。对于有关部门移送检察机关审查起诉的企业及其负责人行贿案件，检察机关应当在完善我国的不起诉制度的大环境下，针对企业行贿等腐败案件不起诉设定一些条件，以预防腐败和促进企业合规。对企业合规中涉及腐败的犯罪可以考虑适用附条件不起诉，目前我国附条件不起诉仅适用于未成年人，可以将其扩大适用到企业犯罪。

（二）美国司法部在执行反海外腐败法中不起诉的适用

美国司法部是《反海外腐败法》的执行机构，负责对企业及其人员涉嫌腐败案件进行调查，还有权根据《美国联邦刑事诉讼规则》（Federal Rules of

---

[20] 参见《最高人民检察院关于充分发挥检察职能服务保障“六稳”“六保”的意见》，2020 年 7 月 21 日第十三届最高人民检察院党组第一百一十九次会议通过。

[21] 关于监察机关与检察机关在起诉方面的衔接，参见杨宇冠：《监察法与刑事诉讼法衔接问题研究》，中国政法大学出版社 2018 年版，第 129 ~ 132 页。

[22] 根据我国《刑法》第 163 条，商业贿赂指：公司企业或者其他单位的工作人员利用职务上的便利，索取他人财物或者非法收受他人财物，为他人谋取利益，数额较大的，公司、企业或者其他单位的工作人员在经济往来中，利用职务上的便利，违反国家规定，收受各种名义的回扣、手续费，归个人所有的。该犯罪主体是一般主体，既包括自然人，也包括单位：主观方面是故意，而且具有谋取不正当利益的目的。

Criminal Procedure)、《联邦起诉原则》(Principles of Federal Prosecution)、《联邦商业组织起诉原则》(Principles of Federal Prosecution of Business Organizations)对这些案件的被告人作出刑事起诉或者不起诉的决定。美国的起诉分为三种情况,第一种直接起诉(complaint),主要适用于民事诉讼;第二种无陪审团起诉(information),即由检察官直接向法院起诉;第三种陪审团起诉(indictment),即检察官向大陪审团提交起诉材料,由大陪审团听证之后决定是否起诉。由于这种起诉耗费大量司法资源和时间,常用于比较严重的犯罪。

根据美国《联邦起诉原则》,如果犯罪嫌疑人的行为构成联邦犯罪,联邦检察官根据可采信的证据可能足以获得并维持有罪判决时,应提起公诉,但是以下情况除外:(1)公诉不符合联邦重大利益;(2)该犯罪嫌疑人已在其他司法辖区被提起有效公诉;(3)存在充分的非刑事公诉的替代方案。在评估是否存在联邦重大利益时,检察官需“权衡所有的相关因素”,包括犯罪的性质和严重程度;公诉的威慑作用;犯罪嫌疑人与犯罪有关的罪责;犯罪嫌疑人犯罪活动的历史;犯罪嫌疑人是否愿意配合针对其他人的调查和公诉;以及犯罪嫌疑人被判罪后的可能面临的刑罚或其他后果。《联邦起诉原则》还规定在决定是否与被告人签订认罪协议时应权衡的因素,包括犯罪的性质和严重程度、被告人是否愿意配合、快速并确定地处置案件的益处、案件审理和上诉的费用等。

美国司法部制定的《联邦商业组织起诉原则》承认在某些情况下,以控告以外的方式(如不起诉协议和中止起诉协议)解决公司犯罪案件可能更为适当,在开展调查过程中应考虑以下九项因素,以决定是对一家公司提起公诉,还是制定协商认罪协议或其他协议:(1)犯罪的性质和严重性,包括对公众造成伤害的风险;(2)公司内部不当行为的普遍性,包括公司管理层对不当行为的参与或容忍度;(3)公司类似不当行为的历史,包括先前针对违法行为的刑事、民事和监管执法行动;(4)公司是否及时并主动披露不当行为,以及其是否愿意配合对其成员进行调查;(5)公司是否有现成的合规方案及其有效性;(6)公司的补救措施,包括实施有效的公司合规方案或改进现存合规方案、替换有责任的管理层、惩戒或解聘违法犯罪者、支付赔偿金以及与政府相关机构合作的任何努力;(7)附带伤害,包括是否会对股东、退休金持有人、员工和对不当行为不承担个人责任的其他人造成不相称的损害,以及公诉对公众的影响;(8)针对公司不法行为负责人的公诉是否充分;(9)补救措施(如民事或监管执法行动)是否充分。依据这些原则,美国司法部曾在多个案件中,基于特别事实和情况考虑在已有证据的情况下对个人和商业机构决定不起诉(declinations)。

美国执法部门还经常使用协议不起诉(non-prosecution agreements)。协议不起诉实际是一种附条件不起诉。在这种情况下,司法部与违法违规的企业达成协议,司法部不对企业及其负责人提起公诉,条件是企业要与政府合作。与协议不起诉相类似的是辩诉交易,即美国检察官根据《联邦刑事诉讼规则》第 11 条与被告方达成协议(plea agreements),公诉方同意减轻或免除一些指控;被告人承认其他指控并认罪,同时放弃法庭审理的权利。当认罪协议送达法院并被采纳后,被告会被认定有罪。辩诉交易与协议不起诉不同的是:辩诉交易协议达成后,被告人将被起诉并定罪;而协议不起诉达成后,被告人不被起诉也没有犯罪记录。

美国司法部在执行《反海外腐败法》程序中,还经常用中止起诉(deferred prosecution)。需要特别注意的是,“中止起诉”形式上是一种起诉,而不是暂缓起诉。[23] 检察官在适用中止起诉时需要与被告人(包括被告企业及其责任人员)及其律师达成协议(deferred prosecution agreement),主要内容包括:检察官将被告人起诉到法院;被告人认罪并同意支付一定的罚金,同时放弃诉讼时效和放弃法庭审理的权利;与政府合作,承诺进行某些补救措施;被告企业制订合规计划,聘任合规监督人等。检察官向法院提出起诉的同时提交中止起诉协议,并需要法院配合在考验期内不审理该案件。中止起诉的考验期通常是 2 至 3 年。这种起诉是为给企业和个人以立功表现的机会。如果被告人在中止起诉的期限内不能按时履行协议中的承诺,法院将对此案进行审理;如果被告人能够完成各项条件,美国检察官将根据《美国联邦刑事诉讼规则》第 41(a)的规定向法院提出动议,撤销案件,法院将根据检察官的动议裁决撤销案件。在这种情况下,被告企业和个人将不会被刑事定罪。中止起诉在形式上是一种起诉,但实际效果相当于附条件不起诉。它与附条件不起诉有显著不同:

㉓ 一些人把“deferred prosecutions”翻译成“暂缓起诉”。这可能使人认为是暂时没有起诉,但实际上 deferred prosecutions 是一种可以撤销的起诉。

第一,中止起诉是已经向法院提出起诉,而附条件不起诉是未向法院起诉。第二,中止起诉对促进企业整改合规的压力更大。因为如果直接不起诉,检察官对该案件就不能再提出起诉,而中止起诉的这段期间,企业将一直面临着整改合规的巨大压力,如果在规定的时间内不能满足条件,则起诉生效,企业将面临法院的审判。第三,中止起诉是检察机关对起诉权的灵活运用,不仅具有起诉的效力,同时还有要求法院暂缓审判的效力,这是检察机关和法院合作促进企业合规的一种强有力的措施。

(三)美国证交会对企业合规案件的处理

刑事制裁是最严厉的制裁,在企业合规案件中,刑事制裁可能使企业及其负责人难以继续经营。美国司法部和美国证交会同为《美国反海外腐败法》的执行机构,但二者的权力和分工有所不同,美国司法部可以代表国家对企业及其负责人提起刑事诉讼,也可以决定不起诉;美国的证交会可以对企业及其负责人的违法违规行为进行罚款,也可以提起民事诉讼。这并不违反禁止双重危险原则,这也是企业在违规案件中可能受到两个部门同时处罚的法律原理。

美国证交会对企业及其负责人提出的民事诉讼中,也可以与被告方进行协商,减轻或免除部分指控;条件是被告方放弃一些诉讼权利,例如,被告承认指控、放弃进行法庭审理的权利、放弃上诉的权利,从而可以快速结案。这可以降低对企业及其负责人的影响,同时节约了大量司法资源。美国的法院可根据证交会与被告方达成的协议进行判决。这类案件法院处理非常快捷,例如,美国证交会诉杰夫和科宾(Jeffrey Stebbins and Corbin Jones)案于2020年9月24日与被告企业达成协议,法院在同年9月29日就下达判决书结案。判决内容包括永久地限制被告人及其雇员从事某些经营活动,禁止从事证券买卖,禁止参与招标投标;命令企业及相关人员在指定的期限内交纳罚款,上缴非法所得及其孳息;命令企业按照证交会的要求进行合规整改;等等。[24] 据美国证交会官网公布,在2020年9月,美国证交会作为原告处理的案件达到50多个。[25]

---

[24] 参见美国证交会诉杰夫和科宾案,载美国证交会网站2020年11月30日,https://www. sec. gov/whistleblower/award-claim/award-claim-2020 – 133。

[25] 参见 Litigation Releases, "The list below provides links to litigation releases concerning civil lawsuits brought by the Commission in federal court",载美国证交会网站2021年11月12日,https://www. sec. gov/litigation/litreleases. shtml。

在企业合规案件中,被告方可以与司法部和证交会协商,以制订合规计划和罚款等方式代替被刑事起诉。在有关部门的同意下,这种方式实际上可以起到刑事不起诉的作用,对企业和负责人伤害较轻,最明显的区别是没有刑事犯罪记录,但在促进企业合规方面的作用是一样的,甚至效果更好,因为刑事惩罚可能使企业及其负责人不能再经营下去,这样促进该企业合规问题就无从谈起;而民事处理的结果是,企业和负责人只要遵守民事判决,还可以继续经营,通过制订严格的合规计划而继续生存,也可以避免因企业倒闭而形成员工失业的现象。

三、完善企业合规和不起诉制度的建议

长期以来,我国有些企业及其雇员在企业活动中对我国和相关国家的刑事法规关注不够,不少企业及其负责人受到法律制裁。企业在违规的情况下,应当尽量争取相关部门给予不起诉待遇,把对企业和个人的损害降到最低。不起诉并非免除了企业和相关人员的全部法律责任,伴随不起诉有若干条件,企业也可能为此付出巨大的代价。因此,企业合规才是一劳永逸的免除刑事责任的途径。完善企业合规和不起诉制度涉及几个方面,从国家刑事司法层面而言,恰当地运用不起诉制度可以同时处罚企业和相关负责人,起到促进企业合规的作用,还可以完善我国的刑事管辖权,以应对美国的长臂管辖;从企业角度而言,不能仅仅满足于不起诉,而是要完善自身的规章制度,使之符合国内外相关的法律法规,避免腐败犯罪风险。

(一)发挥我国检察机关在促进企业合规中的作用

我国的检察机关是法律监督机关,也是负责起诉的部门,可以在促进企业合规中可以发挥关键作用。2020 年 9 月 10 日,最高人民检察院检察理论研究所在宝安主办了“企业刑事合规与司法环境优化研讨会”,对司法环境优化以及企业犯罪相对不起诉适用机制改革进行了深入研讨,彰显了最高人民检察院对企业合规和刑事责任等问题的重视。㉖ 最近,一些地方的检察院也发布了一些规定,例如,宁波市人民检察院探索建立涉罪企业合规考察制度,出台了《关于建立涉罪企业合规考察制度的意见》,其主要涵盖涉罪企业合规考察制度的概念、案件适用范围、审查程序、具体实施程序、考察机关种类、考察期限、

㉖ 参见于潇:《“企业刑事合规与司法环境优化研讨会”上,与会专家建议——发挥检察职能作用助力企业加强刑事合规建设》,载《检察日报》2020 年 9 月 23 日,第 3 版。

被考察企业义务、检察机关职责、考察后的处理程序等内容,包括合规考察决定书、合规承诺书、通知函以及相关具体实施办法等。[27] 2020 年 9 月,浙江省岱山县人民检察院出台《涉企案件刑事合规办理规程(试行)》,将刑事办案与合规承诺结合,设定了企业合规考察期限,派驻企业合规监督员等制度。这些地方性文件在刑事司法和企业合规方面都很先进,对促进企业刑事合规作了比较明确的规定,更有意义的是探索了检察机关在促进企业合规中的作用和实现机制。这些地方规定,如果严格执行并总结推广经验,为今后制定适用于全国企业刑事合规的相关规定提供参考,可以极大方便全国企业制订合规计划,这对促进我国企业刑事合规具有重要意义。

我国的检察机关作为法律监督机关,有权力也有责任对企业遵守法律,特别是遵守刑事法律进行监督。从公诉机关角度而言,检察机关负责所有刑事案件的审查起诉,包括行贿受贿等腐败犯罪的审查起诉。所以,检察机关有权力也有义务在决定起诉和不起诉的过程中对被指控行贿等腐败案件企业进行起诉或者处罚、教育、挽救;对不构成腐败犯罪的企业及其相关人员采取不起诉措施进行保护。检察机关要充分利用这些环节促进企业制订合规计划,并且监督企业实施合规计划。

(二)完善我国不起诉制度促进企业合规

根据我国的《刑法》和《刑事诉讼法》等相关法律法规,现行的不起诉主要适用于个人,对促进企业合规作用不显著。要完善我国反腐败制度和不起诉制度,促进企业合规,建议针对企业及其雇员在企业经营活动触犯刑事法规的案件中适用附条件不起诉或者中止起诉的制度;还需要扩大我国检察机关不起诉的范围和种类,增加不起诉的条件,赋予检察机关对企业合规类犯罪进行罚款和采取相关措施的权力。目前我国附条件不起诉属于特别程序,只适用于未成年人,有关部门可以考虑扩大附条件不起诉的适用范围,将企业合规案件纳入附条件不起诉之中。这些条件主要包括:企业及其负责人必须如实报告企业的违法违规行为,必须制订企业合规计划,必须进行整改,检察机关可指定或委派监督员对企业合规情况进行监督和审查。这方面有两个问题需要讨论:

---

[27] 孔令泉:《浙江宁波检察机关试水涉罪企业合规考察制度》,载澎湃新闻网 2020 年 9 月 26 日,https://m.thepaper.cn/newsDetail_forward_9355991。

第一,我国检察机关在适用附条件不起诉的同时可以对相关企业和负责人进行处罚。我国现行的不起诉制度缺乏处罚机制,这不利于检察机关运用不起诉这种法律武器治理和预防犯罪,也不利于促进企业合规。对企业及其负责人不起诉并不意味着不处罚,检察机关在作出不起诉决定时可以建议市场监管、银行、税务等机关对企业违规行为进行处罚。在有些国家,检察机关在不起诉时可以对企业处以罚款。目前我国的检察机关没有罚款的权力。有人建议赋予检察机关不起诉罚没权。[28] 学界对这种观点存在一些争议。[29] 笔者认为,可以赋予检察机关在对企业违规不起诉协议的案件中的罚没权。这种罚没是企业在与检察机关协商后自愿承担的,相对于审判之后的刑事处罚而言,罚没对企业更为有利,可以减少对企业及其负责人的影响。

第二,检察机关在不起诉时行使罚没权可以完善我国的刑事管辖权。根据我国刑法规定,外国人对中华人民共和国和我国公民犯罪的,我国有刑事管辖权。但在司法实践中,外国的企业和个人触犯我国刑法,因为被告人不在我国境内,我国很难实施这种管辖权。笔者认为,境外企业虽然不在我国掌控之中,但可能有分部或代理人在我国掌控之中,或者与我国企业有经济往来,检察机关是可以对其采取司法措施的,包括不起诉等措施。从对等角度看,美国已经对许多企业,包括外国企业采取了相关司法措施,我国对相关国家违法违规的企业采取司法措施也是有必要的。笔者还认为,检察机关作出不起诉时,被告人不一定要处于强制措施的控制之中。对被不起诉人可以通过其律师或代理人进行协商,也可以进行远程视频协商。我国 2018 年《刑事诉讼法》修改后,增加了缺席审判制度,但该制度主要针对潜逃境外的腐败分子。[30] 这种缺席审判的被告人就没有被采取强制措施。笔者建议可以考虑将缺席审判的范围扩大到外国企业及其雇员触犯我国刑法的犯罪,那么在被告人缺席的情况下,检察机关起诉或者不起诉就顺理成章了。我国检察机关在审查起诉环节可以对外国企业和个人不起诉,但同时进行罚款,有利于构建我国的刑事长臂管辖权,减少因对外国企业和负责人进行审判而带来的种种困难和不便。这

---

[28] 参见陈国庆、周颖:《刑事公诉制度改革十大趋势》,载《人民检察》2016 年第 12 期。

[29] 参见张树壮、周宏强、陈龙:《我国酌定不起诉制度的运行考量及改良路径——以刑事诉讼法修改后 S 省酌定不起诉案件为视角》,载《法治研究》2019 年第 1 期。

[30] 参见杨宇冠、高童非:《中国特色刑事缺席审判制度的构建——以比较法为视角》,载《法律适用》2018 年第 23 期。

种方式既落实了我国《刑法》的对外效力，又能方便快捷地对外国企业和相关人员进行处罚，是完善我国法治的有效途径；更为重要的是促使中国企业和与我国有业务联系的外国企业遵守我国的法律法规。

（三）利用协议不起诉和中止起诉处理企业合规问题

目前我国立法上还没有确立对企业及其负责人协议不起诉制度。触犯刑事法律法规的企业和个人被起诉后通常会被定罪并受到刑事处罚，或者被不起诉也没有受到处罚。这两种方式都不利于反腐败和促进企业合规。建立我国的协议不起诉制度，可以同时起到惩戒和保护企业及其负责人员的作用。在我国现行的刑事诉讼不起诉制度下，在企业合规案件中，采用协议不起诉比较容易，只要增加协商的环节和赋予检察机关一定的处罚权即可。

具体设想如下：检察机关可以利用我国现行的认罪认罚从宽制度，在企业及其负责人触犯刑法的情况下，进行认罪认罚协商。在协商过程中，检察官可以提出“精准的量刑建议，不仅能够提高犯罪嫌疑人、被告人自愿认罪认罚的积极性，促使其服判息诉，还可以使审判人员将精力集中在重大复杂的案件上，提高审判效率，优化司法资源配置”。[31] 这种精准量刑建议有双重意义：第一，告知被告人适用普通程序和认罪认罚从宽程序各自的量刑差异，以便其选择；第二，如果被告人愿意进行合作，能够满足检察机关对企业整改的条件，则检察官也可以决定不起诉，量刑建议只作检察机关协商的筹码。检察机关在对企业及其负责人涉嫌腐败和其他违法行为进行附条件不起诉中，可以设定考验期限，以促进企业合规。在考验期内，如果企业达到协商的各种条件，则检察机关可以撤销案件。这种不起诉比绝对不起诉对企业及其负责人具有更强大的威慑力，更能够使企业在检察机关指定的时间内进行整改，并制订合规计划。这对企业遵纪守法经营具有长久的效应，对国家法治和经济活动也有深远的积极影响。

我国检察机关也可以考虑采用中止起诉制度。美国、英国等国家对企业违法大量采用中止起诉。2018 年 9 月，加拿大也修改刑法，采纳了中止起诉。加拿大的中止起诉与美国的中止起诉相同，都是由检察官与被指控经济犯罪

---

[31] 参见杨宇冠、王洋：《认罪认罚案件量刑建议问题研究》，载《浙江工商大学学报》2019 年第 6 期。

的企业经过协商达成协议,在中止起诉的同时要求企业必须履行一定的条件。这些条件包括罚款;采取补救措施;加强报告制度;允许独立的监督员对企业合规,特别是执行中止起诉协议情况进行监督。如果企业完成了所有条件,则检察机关将撤销起诉。[32] 我国设立中止起诉制度后,检察机关可以根据企业及其负责人违反法律的情况,将起诉材料送交法院,同时要求延缓审判一定时间作为考察期限。在这期间内如果企业和其负责人进行整改,制订合规计划,检察机关会同企业主管部门和税务工商等部门对企业进行考察,如果考察合格,可以撤回起诉。这种方式的实际效果与不起诉相同,但促使企业及其负责人合规的力度更大。在考验期间内,如果企业未能合规,特别是又发生触犯刑法的行为,检察机关可以将原起诉罪行与新罪合并,要求法院进行审理,不必等到考验期满;如果在考验期满,企业虽然没有新的犯罪行为,但也没有全部完成协商条件,特别是没有制定和实施有效的合规计划,检察机关仍然可以要求法院对企业和负责人进行审判;如果企业完成了所有的条件,制订并履行了合规计划,则检察机关可以撤回起诉。

除了检察机关之外,我国的市场监督管理部门、证监会等单位也应加强对企业合规案件进行调查和处理。企业管理部门对企业进行的调查更加专业,同时也可以减轻我国检察机关的工作负担。在企业合规刑事案件中,建议这些部门与检察机关紧密合作,共同处理企业合规案件,以达到刑事不起诉效果。为了促进企业合规,方便学习和遵守相关法律法规,我国有关部门还可以考虑整合与企业合规有关的法律法规,或者专门针对腐败类犯罪编纂《反商业贿赂法》,并指定相关部门进行常规的执法活动。

(四)企业应当制定和实施合规计划以避免触犯法律

对国家和企业而言,不起诉并非企业合规的目标,而是一种对企业违规违法的处理方式。最理想的状态应当是企业在合规状态下经营,不触犯法律,特别是不违反刑事法律。从这个意义上讲,企业必须有常规的合规计划。

企业在预防腐败方面的合规计划通常应当包括以下要素:制定企业和员工,特别是高管的行为准则,明确承诺和遵守法律法规,明确禁止贿赂行为;制

---

[32] 参见 Lawrence E. RitchieMalcolm Aboud, *Deferred Prosecution Agreements (DPAs) come into force in Canada*,载风险管理和危机应对网站2018年9月19日,https://www.osler.com/en/blogs/risk/september-2018/deferred-prosecution-agreements-dpas-come-into-force-in-canada。

定严格的反腐败政策，保证在合法合规的情况下活动。有关部门也应当制定相关标准供企业执行。企业合规计划应当定期审查和更新，以符合相关法律法规。企业应当为员工，特别是新入职的员工提供常规培训，以防止腐败风险因素。企业对高管或高风险业务职位的雇员，必须提供有针对性的反腐败培训，建立企业员工合规报告机制，这对违法行为和潜在不当行为的早期检测和修正有重要作用。

企业在经营过程中，还需要防止来自合作伙伴的第三方风险，这种风险是大量存在的。为此，企业在与第三方合作之前，应当通过各种合法的途径了解第三方的相关情况，以免因第三方的违法行为而受到牵连，同时也要防止第三方在合作中有不法行为，使企业及其高管面临刑事责任风险。企业要注意第三方风险的一些危险信号，例如：(1)第三方的经营历史或者名声；(2)第三方没有足够的专业知识来提供其所声称的服务；(3)第三方要求以现金支付；(4)第三方要求匿名；(5)第三方要求开高价发票；(6)第三方在高风险地区或行业运营等。㉝

企业在合资、兼并与收购过程中，也需要了解相关企业的合规情况，否则也可能因受到牵连而被追究法律责任。鉴于合资和收购所带来的重大风险，公司应该对潜在的收购目标和合资伙伴进行全面的反腐败情况调查。如果调查在达成协议之前不可能进行，那么就在并购完成或者合资达成之后立即进行，如果发现问题，应当及时补救。

鉴于我国和各国的法律在发展变化，企业的合规风险也在不断快速地进化发展中。企业必须能够识别出新的风险，以适应不断变化的监管和执法情况。企业合规计划的实施需要内部外部有效的沟通。只有企业的所有雇员知道并理解他们在企业合规中的义务，并严格遵守，合规计划才能有效。企业的高管不仅要充分了解我国关于企业合规所必须遵守的一系列法律法规，还要了解企业经营地、企业高管活动地的相关国家的法律法规，以免被外国司法机关指控违法而受到追究。有学者提出："在美上市的中国公司，一方面表示会

㉝ 美国司法部2008年6月处理了美国AGA医疗器材公司(AGA Medical Corporation)通过第三方(其在中国的经销商)向中国有关部门官员行贿案，该公司被罚款200万美元。参见美国司法部关于该案的信息发布、起诉书、中止起诉协议、撤销起诉动议、法院批准撤销起诉的裁定，载美国司法部网站2015年6月9日，https://www.justice.gov/criminal-fraud/case/united-states-v-aga-medical-corporation-court-docket-number-08-cr-172-jmr。

严格遵守美国的法律以及审计的相关规定,另一方面也在做着回归的准备。”[34] 如果企业因为合规问题,已经面临外国执法机构的追究,企业应当及时向有关部门报告,还可以邀请法律专家研究案情和相关国家的法律法规,制定应对方案。如果企业及其高管没有违法违规行为,则一定要依法力争,保护自身的权利;如果有违法违规行为,也要力争不起诉或其他从宽处理。为此,企业应当在法律顾问和专家指导下进行风险评估,还要与企业主管部门及其他相关部门保持沟通,及时了解国内外对企业合规的法律规定,特别是要避免企业及其高管因合规问题而被追究刑事责任。

㉞ 马更新、郑英龙、程乐:《〈外国公司问责法案〉的美式“安全观”及中国应对方案》,载《商业经济与管理》2020 年第 9 期。

企业合规案件撤回起诉和监管问题研究*

杨宇冠**

一、问题的提出

近年来,企业合规问题引起各界广泛重视,国内法律界对以不起诉方式处理的企业合规案件予以极大的关注。有学者认为:“由于刑事合规的正向激励包括了实体性激励和程序性激励,而附条件不起诉正是程序性激励中最为有效的一种激励性措施。”①有学者指出,在司法实践中“目前我国检察机关主要通过检察建议和附条件不起诉两种方式推动企业合规”。② 目前我国合规不起诉制度尚未形成,但两种方式都有一些问题需要深入探讨。

近年来,我国司法实务部门,特别是检察机关走在企业合规处理前列,发挥了引导作用。2021 年 6 月 3 日,我国最高人民检察院联合多部门发布的《关于建立涉案企业合规第三方监督评估机制的指导意见(试行)》(以下简称《意见》),其中第 14 条规定:“人民检察院在办理涉企犯罪案件过程中,应当将第三方组织合规考察书面报告、涉案企业合规计划、定期书面报告等合规材料,作为依法作出批准或者不批准逮捕、起诉或者不起诉以及是否变更强制措施等决定,提出量刑建议或者检察建议、检察意见的重要参考。”在这之前,一些地方检察机关也开展了企业合规不起诉的试点。③ 但是正如有学者指出:“在我国,作为制度层面的合规不起诉从未被有效确立,但是,作为实践层面的合规不起诉却近而有之。就目前而言,这种合规不起诉的司法行动仍是一种零

---

* 原载于《甘肃社会科学》2021 年第 5 期。

** 杨宇冠,中国政法大学诉讼法学研究院教授、博士生导师。

① 杨帆:《企业合规中附条件不起诉立法研究》,载《中国刑事法杂志》2020 年第 3 期。

② 李玉华:《有效刑事合规的基本标准》,载《中国刑事法杂志》2021 年第 1 期。

③ 截至 2021 年 3 月,我国检察系统六个企业合规监管试点单位所在省市对涉罪民营企业合规不起诉的人数均呈现上升趋势。例如广东省检察院对民营企业涉罪案件不起诉人数从 2019 年的 1011 人增加到 2020 年的 1272 人。

星化、碎片化的个体行为，其能否运转，主要取决于检察院的个体意志，尚无统一的国家层面的执行标准与立法依据。”④

用不起诉的方式处理企业合规案件并且由检察机关主导后期监管是否可行？如何进行？是否有更适合的措施？这些问题亟须从理论层面探讨。根据我国《刑事诉讼法》第 18 条及相关规定，检察机关作出不起诉决定之后，案件就结束了，检察机关难以据此再对涉案企业进行后期监管，其也缺乏法律根据通过第三方对相关企业进行监管。

一些国家，例如美国以及英国、加拿大、澳大利亚等国，在企业合规案件中大量适用可撤回起诉协议⑤（deferred prosecution agreement），⑥将企业合规整改作为可撤回起诉的条件。⑦ 在这种机制下，负责起诉的部门与被告企业及其责任人员达成“可撤回起诉协议”，并送交法院审查批准。协议主要内容包括：被告人承认指控事实，支付罚金，放弃诉讼时效和放弃法庭审理的权利，承诺制定合规计划和接受监管，等等。可撤回起诉协议通常设定 2 到 3 年的考验期，法院在考验期内不对此案进行审理。如果被告企业在考验期内履行协议中的承诺，检察官将向法院提出动议，撤销案件。

---

④ 卫跃宁：《由“国家在场”到“社会在场”：合规不起诉实践中的法益结构研究》，载《法学杂志》2021 年第 1 期。

⑤ 有不少人将“deferred prosecution agreement”译为“不起诉”或“暂缓起诉”，实际上它是英美法系国家刑事诉讼中公诉方和被告方达成的，并经过法官审查批准而生效的一种协议。作者经过反复思考后才将“DPA”译为“可撤回起诉协议”。

⑥ 杨宇冠、张沈锲：《英国 DPA 在处理公司刑事合规案件中的适用及借鉴》，载《经贸法律评论》2021 年第 2 期。

⑦ 根据美国《联邦商业组织起诉原则》（the Principles of Federal Prosecution of Business Organizations），检察官在开展调查过程中应考虑以下九项因素以决定是否对一家公司提起公诉或协商认罪协议或其他协议：(1)犯罪的性质和严重性，包括对公众造成伤害的风险；(2)公司内部不当行为的普遍性，包括公司管理层对不当行为的共犯或容忍；(3)公司类似不当行为的历史，包括先前针对这些不当行为的刑事、民事和监管执法行动；(4)公司是否及时并主动披露不当行为，以及其是否愿意配合对其代理人的调查；(5)公司是否有现成的合规方案及其有效性；(6)公司的补救措施，包括实施有效公司合规方案或改进现存合规方案、替换有责任的管理层、惩戒或解聘违法犯罪者、支付赔偿金以及与政府相关机构合作的任何努力；(7)附带伤害，包括是否会对股东、退休金持有人、员工和对不当行为不承担个人责任的其他人造成不相称的损害，以及公诉对公众的影响；(8)针对对公司不法行为负责的个人的公诉是否充分；(9)补救措施（如民事或监管执法行动）是否充分。注意其中的“延迟起诉协议”（DPA）就是本文中所指的“可撤销起诉协议”。参见 The United States Department of Justice, *A Resource Guide to the U. S. Foreign Corrupt Practices Act*，载美国司法部网站 2017 年 2 月 3 日，https://www.justice.gov/criminal-fraud/foreign-corrupt-practices-act。

可撤回起诉协议与我国的“附条件不起诉”存在相似之处：第一，都附条件；第二，都不再经过法院审判；第三，都不是对案件的最终决定。但它与附条件不起诉也有明显的不同：第一，它并非不起诉，而是附条件起诉但暂时不审判；第二，它只适用于企业作为被告人，不单独适用于普通刑事案件的自然人作被告人；第三，它主要适用于某些特定的犯罪，包括腐败、欺诈、财务造假等，而我国的附条件不起诉只适用于未成年人；第四，企业履行了可撤回起诉协议后，其结果是撤销案件，但是这种撤销案件不是法院主动撤销，而是在检察官提出动议的基础上，法官批准撤销，所以又类似于撤诉。而被附条件不起诉的未成年犯罪嫌疑人，在考验期内如果符合《刑事诉讼法》第283条的情况，遵守法律，服从监督，考验期满的，人民检察院将重新作出不起诉的决定；如果有该法第284条的情况，即犯罪嫌疑人有新犯罪或新发现的犯罪，则检察机关将撤回附条件不起诉，并对被告人提起公诉。可撤回起诉协议与我国的撤回起诉也有类似之处，但也不完全一致。我国《人民检察院刑事诉讼规则》（以下简称《高检规则》）第424条规定在人民法院宣告判决前，人民检察院发现具有七种情形之一的，经检察长批准，可以撤回起诉。[⑧] 企业合规案件撤诉不属于该七种情况之内。可撤回起诉协议与我国现行撤回起诉最大的区别在于：第一，检察机关在审查起诉期间就与被告方达成可撤回起诉协议，而不是起诉了之后不能定罪才撤回；第二，这种协议中载明了对企业合规整改的要求以及对企业的处罚，而我国撤回起诉没有这些条件；第三，这种协议需要法院同意不对此案进行审理，直到企业符合协议条件之后，再由法院批准撤诉或撤案。当前我国在治理企业合规案件领域正在探索之中，参考可撤回起诉协议这种方式，建立我国的合规撤回起诉制度可以丰富和完善我国的撤回起诉制度，同时起到促进被告企业和相关负责人制定企业合规计划并进行后期监管的作用。

二、在我国企业合规案件中采用撤回起诉的设想

建立我国合规不起诉制度需要对我国现行的刑事诉讼制度下撤回起诉的问题进行探讨，主要包括其适用于合规案件的必要性，撤回起诉协议的主要内容及其效力。

---

⑧ 《人民检察院刑事诉讼规则》于2019年12月2日最高人民检察院第十三届检察委员会第二十八次会议通过，自2019年12月30日起施行。

(一)我国撤回起诉的现状和问题

在我国的刑事诉讼中,检察机关经常利用撤回起诉以规避法院作无罪判决;法院也可以建议检察机关撤回起诉,以避免作无罪判决或者案件久拖不决。我国司法实践中,有关撤回起诉的规范性依据是《高检规则》。根据该规则,检察机关撤回起诉后需要再作出不起诉决定,才能终结诉讼程序。

根据一事不再理原则,⑨检察机关撤回起诉之后,不得就同一事实向同一法院再次提出起诉。⑩《高检规则》第424条规定:"对于撤回起诉的案件,没有新的事实或者新的证据,人民检察院不得再行起诉。新的事实是指原起诉书中未指控的犯罪事实。该犯罪事实触犯的罪名既可以是原指控罪名的同一罪名,也可以是其他罪名。新的证据是指撤回起诉后收集、调取的足以证明原指控犯罪事实的证据。"这个规定实际上否定了"一事不再理",因为如果发现新证据就可以重新起诉,那么撤回起诉的案件就可以从头再来一遍,其后果是有些案件不能结案,被告人永远处于可能再被起诉的危险之下,这会严重影响被告人及其家庭的正常生活,也不利于社会稳定。笔者认为,检察机关在对一个人作出撤回起诉决定后,对于同一指控的犯罪行为,即使发现了新证据也不宜再起诉,除非新证据是关于另一犯罪行为的,这才可以对该人另一犯罪行为起诉。

(二)在企业合规案件中适用撤回起诉的必要性

中国裁判文书网显示,近年来"单位犯罪"呈上升趋势,2016年1637件,2017年2317件,2018年2676件,2019年2760件,2020年2227件。以定罪的方式治理单位(企业)犯罪,可能严重影响企业的生产经营,甚至导致企业倒闭,员工失业。这不仅会给国家和个人带来重大的经济负担,也将对社会稳定造成消极影响。以司法的方式治理企业合规之目的,并不是让企业破产、人员失业,而是要促使企业依法生产和经营。考虑到企业员工的利益,社会稳定,发展经济等因素,司法部门在法律允许的范围内,要给企业留一条活路。给企业留活路并不意味着不依法处理,企业对其违法甚至犯罪行为应当承担相应

---

⑨ "一事不再理"(ne bis in idem)是国际通行的刑事司法原则。联合国《公民及政治权利国际公约》第14条第7款规定:"任何人依一国法律及刑事程序经终局判决判定有罪或无罪开释者,不得就同一罪名再予审判或科刑。"

⑩ 杨宇冠:《〈公民及政治权利国际公约〉中文作准本问题研究》,载《政法论坛》2021年第3期。

的责任,否则不仅是法律部门的失职,还不能发挥治理企业违规违法的作用。在加强对企业司法保护的政策背景下,我国检察机关开始探索实施企业合规不起诉制度。有学者提出:"与传统的相对不起诉制度不同,检察机关适用合规不起诉的主要理由不是行为人犯罪情节轻微,依照刑法可以免除处罚,而是企业在积极配合、有效补救的前提下推行企业合规计划,对其管理制度进行了认真整改,消除了企业管理上的制度漏洞和隐患,对于企业再次犯罪进行了有效的预防。检察机关通过采取合规考察措施,对于实施有效合规计划的涉案企业,最终作出不起诉的决定。"⑪不起诉是审查起诉的结果之一。有学者提出:"最为接近域外合规不起诉制度设计的就是我国现行的未成年人犯罪附条件不起诉制度。未来,延展附条件不起诉制度的适用范围,将其扩大至单位犯罪案件,也未尝不是一种可行性较大、制度设计成本较低的路径。"⑫根据我国现行《刑事诉讼法》,附条件不起诉只适用于未成年人犯罪。企业合规案件中的企业以及企业负责人犯罪不属于未成年人犯罪,不能适用附条件不起诉。

检察机关对涉嫌违法的企业进行处理,又给其留一条活路,并且设定一定的考验期限,考验期满之后视情况决定是否追究刑事责任,要同时满足这几个条件的处理方式在美国是采用可撤回起诉。⑬ 也即检察机关对相关企业的犯罪进行起诉的同时,设定条件,或者与企业达成协议,企业在一定的期限满足所设定的条件之后,⑭检察机关撤回起诉,法院在此基础上撤销案件。我国治理企业合规案件参考这种方式的可行性和有利条件在于:

---

⑪ 陈瑞华:《企业合规出罪的三种模式》,载《比较法研究》2021 年第 3 期。

⑫ 刘少军:《企业合规不起诉制度本土化的可能及限度》,载《法学杂志》2021 年第 1 期。

⑬ 参见 The Criminal Division of the U. S. Department of Justice and the Enforcement Division of the U. S. Securities and Exchange Commission,*A Resource Guide to the U. S. Foreign Corrupt Practices Act*,载美国司法部网站 2017 年 2 月 3 日,https://www. justice, gov/criminal-fraud/foreign-corrupt-practices-act。

⑭ 美国在以可撤回起诉协议处理企业合规案件中,美国司法部会向法院提交一份起诉书,但同时又会要求暂缓审判,给公司以立功表现的机会。司法部与被告方达成协议,要求被告同意支付一定的罚金,放弃诉讼时效权利,与政府合作,承认相关事实,并作出一定的合规和补救承诺,其中可能包含聘任合规监督人的条款。协议包含对公司的行为、合作以及补偿的内容。协议还依据《美国量刑指南》作出了一个处罚计算。除了向法院公开提交,司法部还会将协议放在其网站上。如果公司能按时成功地履行协议中的承诺(通常在 2 年或 3 年内),司法部就会向法院提出放弃起诉要求。公司成功地履行协议,将不会被刑事定罪。参见美国《〈反海外腐败法〉信息指引》(*A Resource Guide to the U. S. Foreign Corrupt Practices Act*)第 74 页。

首先，我国刑事司法实践中广泛适用撤回起诉，对撤回起诉的适用对象和条件并没有法律限制。用撤回起诉方式处理企业合规在时间上也是可行的。根据我国《刑事诉讼法》第208条，法院的审判期限是二个月，至迟不得超过三个月。这个期限对中小型企业合规的整改是可以的。如果时间不够，还可以延期审理。我国《刑事诉讼法》第204条规定："在法庭审判过程中，遇有下列情形之一，影响审判进行的，可以延期审理：(一)需要通知新的证人到庭，调取新的物证，重新鉴定或者勘验的。"在企业合规案件中，涉嫌犯罪的企业制定企业合规计划，要进行评估，这些都是案件处理的重要证据，而且都需要较长时间，所以，对这类案件延期审理是有法律依据的。

其次，以撤回起诉方式处理企业合规案件还能体现我国刑事诉讼中检察机关和审判机关互相配合、互相制约的原则。企业合规涉嫌犯罪应当得到司法治理，这并非检察机关一家的事务。根据联合国制定的《关于检察官作用的准则》⑮第10条，"检察官的职责应与司法职能严格分开"。据此原则，世界各国的检察机关都没有定罪权，被告人(企业)是否有罪应当由法院经审判决定。因此，企业合规案件中法院应当发挥其应有的作用。《关于检察官作用的准则》第14条规定："如若一项不偏不倚的调查表明起诉缺乏根据，检察官不应提出继续检控，或应竭力阻止诉讼程序。"该准则第18条规定："检察官应在充分尊重嫌疑者和受害者的人权的基础上适当考虑免予起诉、有条件或无条件地中止诉讼程序或使某些刑事案件从正规的司法系统转由其他办法处理。"在处理企业合规案件中，如果企业能完成整改要求，检察机关应当竭力阻止诉讼程序，以促使企业合规，保障企业及其员工的合法权利，维护社会稳定和经济发展。

最后，企业合规需要制订计划和进行后期监管。由于审查批捕和变更强制措施的时间都比较短，检察机关很难在这种决定作出之前要求企业制定合规计划，并与第三方协调对企业进行监管。而不起诉有终结案件的效力，检察机关在不起诉决定作出前，协调第三方对企业进行监管不太现实，而在不起诉决定作出之后，检察机关不宜对同一个案件同一违法行为再行起诉。因此，检

---

⑮ 《关于检察官作用的准则》(*Guidelines on the Role of Prosecutions*)是第八届联合国预防犯罪和罪犯待遇大会于1990年在古巴首都哈瓦那通过的。本文作者作为中国代表团顾问参与了制定和通过该准则的过程。

察机关不再具有监管已经被不起诉企业的法理根据。根据我国《刑事诉讼法》第12条规定,检察机关审查起诉的时间是一个月,重大复杂的案件可以延长15日。即使企业合规案件都是重大复杂案件,检察机关审查起诉时间也只有一个半月。检察机关提出要求企业制定合规计划和组织第三方监管应当是在作出可撤回起诉决定之前,而第三方监管的时间应当是在该决定作出之后和撤回起诉及撤销案件之前。显然这个时间企业难以完成合规计划的制定,第三方也难以对企业实行监管。

综上原因,企业合规案件不宜以不起诉方式处理,而可以用撤回起诉方式处理。

(三)可撤回起诉协议的内容及效力

国外用可撤回起诉协议方式处理企业合规案件的通常做法是与被告方达成协议,内容包括:检察机关有指控的事实,被告方承认指控事实,制订企业合规计划,同意后期监管,接受相应处罚等。英国2013年《犯罪和法院法》附件17对可撤回起诉协议的内容规定得比较详细,具体包括:(1)可撤回起诉协议必须包含与所指控罪行有关的事实陈述,其中可能包括被指控人的承认。(2)可撤回起诉协议必须指定到期日期。(3)可撤回起诉协议可能对被告方施加的要求包括但不限于以下要求:①向检察官支付罚款;②赔偿被指控罪行的受害者;③向慈善机构或其他第三方捐款;④将被告方从被指控的罪行中赚取的任何利润上缴;⑤实施合规计划或更改与被告方的政策或被告方员工的培训或两者相关的现有合规计划;⑥在与指控的犯罪有关的任何调查中进行合作;⑦支付检察官与被指控的犯罪者或可撤回起诉协议相关的任何合理费用。

以上英国法律从实体和程序两个方面详细规定可撤回起诉协议的内容,其中有被告企业向检察官支付罚款的规定,我国由于体制不同不能采纳,但也可变通为检察机关与被告方商定其向法院或企业管理部门交纳罚款。罚款的金额必须与法院在定罪后对被指控人施加的罚款大致相当。还有一点值得注意的是,被指控企业要承担为达成可撤回起诉协议而进行调查等费用。我国刑事诉讼中没有这种做法,法院不收取诉讼费用。笔者认为,可以考虑借鉴这项规定,如此带来的好处是:一方面可以增加财政收入,另一方面也是对企业违法犯罪的一种制裁。至于违法企业对受害人进行赔偿,或者向慈善机构捐款等内容都可以考虑规定在我国的撤回起诉协议中。

“可撤回起诉协议”本身相当于一种契约，根据契约应当诚信履行的法律原则，检察机关和被告方都应当诚信履行该协议。在企业合规案件中，“可撤回起诉协议”应当明确撤回起诉的效力。检察机关撤回起诉或者法院撤销案件的处理相当于无罪判决的效力。但它与无罪判决有一定区别。根据无罪推定的原则，在经过法院依法审判宣布被告人有罪之前被告人都应当被推定为无罪。当企业完成协议所规定的条件，检察机关撤诉后，法院可以宣布撤销案件，并就此终结案件，被告企业是无罪的，并且没有犯罪记录。在检察机关和法院处理企业合规案件中，检察机关撤回起诉或者法院撤销案件后，具有终结案件的法律效果，因此该案件不能再退回到检察院，也不需要再重新制作不起诉决定书。这样一方面可以节约司法资源，避免案件久拖不决；另一方面也是为了被告方的利益，使其尽快摆脱讼累，恢复正常的生产经营秩序。

检察机关撤回起诉或者法院宣布撤案之后，为该案而成立的第三方监管组织和人员应当撤离企业，因为其任务已经完成。企业从此恢复正常的内部监管和行业监管的机制。如无新的违法犯罪行为，检察机关和审判机关不得再对企业进行干预。

三、企业合规中适用撤回起诉需要注意的问题

在现行的法律规定下，如果确立检察机关适用撤回起诉的方式处理企业合规案件，有一些问题需要注意，包括法院同意和被告人同意、如何对涉嫌犯罪的企业进行处罚以及企业合规计划第三方监管等。

（一）法院同意问题

在刑事诉讼中，检察机关将一个案件起诉到法院之后，何时对该案件进行审理是法院职权范围内的事情，只要符合送达文书的期限和完成审理的准备工作，法院随时可以审理该案件。检察机关如果适用可撤回起诉的方式处理企业合规案件就必须事先与法院沟通，要求法院在企业制订合规计划和对企业进行后期监管期间，不要审理该案件或者根据检察机关的建议进行处理。这可参考认罪认罚从宽机制。在认罪认罚从宽程序中，“检察机关作为国家的公诉机关，在向审判机关提起公诉时，可以根据案件的实际情况，向审判机关提出相应的量刑建议以及案件审理程序的建议，无论是实体从宽还是程序从

简，检察机关都可以发挥一定的作用”。[16] 检察机关用撤回起诉方式处理企业合规案件与认罪认罚案件的做法有相似之处，都需要被告方认罪并同意接受处理，不同的是前者可以撤销起诉。这两种处理方式都涉及法院的审判权，均需要得到法院的同意。

据笔者所知，我国还没有采用撤回起诉方式处理企业合规案件的先例，笔者认为在企业合规案件中，实现法院同意撤回起诉机制有三种途径：第一种是由立法机关制定相应的法律，规定检察机关和法院在处理企业合规案件中各自的权限。第二种是由最高人民检察院和最高人民法院协调，对凡适用企业合规可撤回起诉的案件，法院统一延期审理，等待企业合规后期监管报告提交之后，检察机关撤回起诉；或者如果企业未能完成约定条件，则要求法院对该案件进行审理。第三种是在最高人民检察院和最高人民法院未能达成一致意见的情况下，对于企业合规的个案，由办案的检察机关与对应的法院协商延期审理。笔者认为，最好采用第一种方式，但这种方式比较费时，难度较大。后两种情况可能性较大，可以先试点实行。在试点取得成效的基础上，再由立法部门或者“两高”加以规定，由地方法院和检察机关统一执行。

(二)对涉嫌违法的企业处罚问题

一些国家在以可撤回起诉协议处理企业违法违规案件中，检察机关可以对相关企业进行处罚，[17]包括要求违法企业上缴非法所得、对被害人赔偿、向慈善机构捐款等，最典型处罚是科以巨额罚款。[18] 我国如果采用撤回起诉的方式处理企业合规案件也可以视案情对违法企业加以处罚，其中上缴非法所得、对

---

[16] 杨宇冠、王洋：《认罪认罚案件中的“检察主导”：运作特征、归因逻辑与规范路径》，载《河南师范大学学报(哲学社会科学版)》2021年第2期。

[17] 例如，美国司法部对于每一项触犯反贿赂条款的违法行为，可以对公司和其他商业实体处200万美元以下的罚金。对于个人，包括公司管理人员、董事、股东和代理人，可处以25万美元以下的罚金和5年以下的监禁。对于每一项违反会计条款的违法行为，《反海外腐败法》规定对公司和其他商业实体处以2500万美元以下的罚金。对于个人，包括公司管理人员、董事、股东和代理人，可处以500万美元以下的罚金和2年以下的监禁。由于罚金是根据每一项指控的违法行为计算的，累加起来，一个案件中对企业的罚金可能高达几十亿美元。根据《罚金替代法》(*Alternative Fine Act*, 18*U. S. C* § 3571*d*)，只要支持增加罚金的事实包含在起诉书中并在陪审团面前被证实超出合理怀疑，或者在认罪程序中被承认，法院就可以判处比《反海外腐败法》规定高出很多的罚金——最高可判处被告通过支付腐败付款所获得利益两倍的罚金。针对个人的罚金不得由其雇主或被代理人支付。参见美国《〈反海外腐败法〉信息指引》(*A Resource Guide to the U. S. Foreign Corrupt Practices Act*)。

[18] 杨宇冠：《企业合规案件不起诉比较研究：以腐败案件为视角》，载《法学杂志》2021年第1期。

被害人赔偿、向慈善捐款在法律上没有障碍，但能否对涉嫌犯罪的相关企业进行罚款值得探讨。

对企业涉嫌犯罪适用撤回起诉如果没有相应的处罚，这种出罪一方面削弱了法律的严肃性，另一方面对于严重违法的企业也有放纵之嫌。在我国目前的法律构架下，检察机关没有罚款的权力，而法院科以罚款的前提是被告人（企业）构成犯罪。解决这个问题有以下几种途径：

第一种方式是借鉴一些国家的做法，赋予检察机关罚款的权力。这种做法涉及国家机关权力的分配，难度比较大。第二种方式是由法院对涉嫌违法犯罪的企业进行罚款，这种方式的前提是企业已经构成犯罪。根据法理，如果检察机关撤回起诉或者法院在此基础上撤销案件，则法院也缺乏对该企业进行罚款的合法根据。解决的办法可以是借鉴认罪认罚从宽的模式，即在检察机关与企业达成可撤回起诉的协议时，事先说明只撤回犯罪的指控，但建议法院进行罚款。我国法律目前还没有规定法院在撤销案件时可以对被告罚款，需要立法确认。第三种方式是在现行法律制度下，对于企业合规案件的处理，检察机关和法院都不行使罚款的权力，而是由检察机关建议，要求企业主管部门或者行政机关进行罚款，例如违反证券交易规定的，由证监会进行罚款；违反市场管理的，由市场监督管理部门进行罚款。

（三）被告人同意问题

一些国家刑事诉讼撤回起诉必须得到被告方同意，例如美国《联邦刑事诉讼规则》第41(a)规定“代表政府的检察官可以在法院的同意下撤销各种起诉；在审判过程中如果被告方不同意，政府方不得撤销案件”。在我国的司法实践中，检察机关撤回起诉通常不需要征求被告人意见，即不需要被告人同意。有学者提出：“法院建议检察机关撤回起诉必须征得被告人同意。如果被告人不同意，则法院不得建议检察机关撤回起诉。”⑲但在实践中，被告人为了尽快解脱，通常不会对撤回起诉提出异议。笔者认为，检察机关采用撤回起诉的方式处理企业合规案件应当得到被告人（企业）同意。

采用这种方式需要检察机关与被告人达成“可撤回起诉协议”，其中应当明确可撤回起诉的各种条件，包括企业承认违法犯罪行为、承诺制订合规计

⑲ 雷晓萍：《检察机关撤回起诉若干问题探析》，载《齐鲁学刊》2020年第5期。

划、同意第三方监管、接受对其进行罚款以及放弃及时审判的权利等。这些都必须得到被告企业的同意才能达成协议。其中放弃诉讼时效需要特别说明。有些国家,如美国,刑事诉讼并无固定的时效,只是笼统规定不得无理拖延;联合国《公民及政治权利国际公约》第 14 条在规定受到刑事指控人的最低限度权利保障时,其第 3 款也规定了被告人有权要求"立即受审,不得无故稽延"。因为企业合规案件需要设置一定的考验期,在美国通常是 2 到 3 年,这期间法院不审理该案件。为了避免侵犯被告方的权利,检察机关在与被告企业达成的"可撤回起诉协议"中要求被告放弃及时受审的权利。我国的刑事诉讼审查起诉和审判都有固定的时限。这种设置一方面是出于司法效率的考量,另一方面是为了保障被告人的权利。在处理企业合规案件中,如果考验期长于诉讼时限,则应当调整诉讼时效,这涉及两个问题:第一,该案件考验期间不计入法院办理案件的时间;第二,需要被告人同意在考验期内不审理该案件。

在案件起诉到达法院之后,如果企业满足协议条件,检察机关撤诉仍需要被告方同意。通常这种同意是在"可撤回起诉协议"已经达成时,没有正当理由,被告方不会不同意。但是,情况是在变化的,被告方也有可能不同意或者反悔。例如,当法律法规有所变化,原来不合法或者不合规的事项变为合规;或者被告方由于认为协议有重大误解;或者被告方由于经营问题已经无力履行协议;再或者被告方的法定代表人或有关负责人已经更换;或者被告方产权变更;等等。在这些情形下被告方都可能不同意原来的协议,要求重新更改协议,或者要求法院对案件直接进行审理。对于被告方反悔或者要求变更的行为,检察机关经审查认为合理的,可以同意,并可以提前撤回或者更改起诉;如果检察机关认为被告方的要求不合理,也可以撤回协议,要求法院直接对此案进行审判。

四、企业合规计划的监管问题

检察机关采用不起诉的方式处理企业合规案件之后,将缺乏法律根据参与企业合规的后期监管;只有在案件终结之前,检察机关才可以参与甚至引导后期监管,这正是笔者建议采用可撤回起诉并设立撤回起诉的考察期限的主要理由。考察期限根据不同的案件情况和企业合规的难度而定,参考国外的做法,可以设立为 2 到 3 年。在这期间,检察机关如何引导和参与涉罪企业合规的监管值得研究。

涉案企业合规整改的检察建议作为检察机关对涉案企业提出的书面法律文件,内容包括检察机关会同第三方监管组织,指导涉罪企业制定合规规章制度、生产经营方式和企业治理模式等。对于企业合规不起诉的监管机制而言,企业是否遵循检察建议进行了有效的合规是检察机关和第三方评估机制监管的主要内容。由于涉罪企业各自的生产经营状况不同,在合规整改中所面临的不断发展变化的刑事风险也各有不同。检察机关在提出合规整改的检察建议后,还需进一步完善检察建议的定期评估机制以增强检察建议对合规整改的约束力。由于大部分涉罪企业所处领域具备较强的专业性且市场具有不稳定性,检察机关在最初制定检察建议时,并不能完全保证在合规整改期间内,涉罪企业面对不断发展变化的市场时不会出现新的刑事风险点或者合规漏洞。因此,建立一个检察建议的定期评估机制,与《意见》中检察机关对第三方组织合规整改工作的监管相配合,无疑有助于检察机关全面应对动态发展的营商环境,对合规整改期间出现的问题及时评估反馈,提出新的检察建议,实现对涉罪企业合规过程全覆盖的有效监管。

(一)企业合规中检察机关与第三方监管的依据

根据《意见》第 15 条,“人民检察院对于拟作不批准逮捕、不起诉、变更强制措施等决定的涉企犯罪案件,可以根据《人民检察院审查案件听证工作规定》召开听证会,并邀请负责监管的第三方组织相关人员到会发表意见”。可见,对企业合规的案件的监管是由检察机关发起的。根据该《意见》第 16 条,负责办理案件的人民检察院应当对第三方组织组成人员名单进行备案审查,发现组成人员存在明显不适当情形的,及时向第三方机制管委会提出意见建议;对涉案企业合规计划、定期书面报告进行审查,向第三方组织提出意见建议;对第三方组织合规考察书面报告进行审查,向第三方机制管委会提出意见建议,必要时开展调查核实工作;依法办理涉案企业、个人及其辩护人、诉讼代理人或者其他相关单位、人员在第三方机制运行期间提出的申诉、控告或者有关申请、要求等。

《意见》第 16 条存在明显的问题,即它发生的时间是在检察机关“拟作不批准逮捕、不起诉、变更强制措施等决定”的节点,这时候由检察机关促使被告企业制定的企业合规计划还没有开始实行,甚至这时候企业可能还没有企业合规计划,何来由第三方"对涉案企业合规计划、定期书面报告进行审查"这种应当发生在案件终结之前的审查?企业在检察机关督促下制订企业合规计划,经过检察机关和法院同意之后,在实施过程中才发生由第三方定期审查的问题。

根据《意见》第1条,"第三方组织及其组成人员在合规考察期内,可以针对涉案企业合规计划、定期书面报告开展必要的检查、评估,涉案企业应当予以配合"。这个考验期是在审查逮捕、不起诉或变更强制措施时确定的考验期,问题是:根据我国《刑事诉讼法》的相关规定,检察机关审查批捕的期限很短,通常有7天时间,最长也就37天;这么短的时间显然不适合用作企业合规计划的考验期;而不起诉有终结案件的效力,也就不存在考验期。[20] 在目前的机制下,检察机关缺乏法律根据主导对企业合规的监管。但是,根据《意见》第1条的规定,涉案企业合规第三方对涉案企业的合规承诺进行调查、评估、监督和考察。考察结果作为人民检察院依法处理案件的重要参考。如果检察院不起诉,案件就已经终结,何来检察院依法处理案件的重要参考呢?这也说明只有在可撤回起诉的情况下,检察机关才能起主导作用,对被告企业进行监管。

(二)企业内部监管和外部监管体系

企业合规计划的监管应采取企业内部监管和外部监管相结合的方式。企业合规内部监管体系主要包含企业财务、质检、环保等部门。这些部门负责监管的人员应当与企业主管,诸如董事长、总经理等保持一定的独立性,不能完全听命于企业的上级领导。在涉及违反企业财务、质量、环保等问题时,监管人员如果与领导意见不一致,这些人员有责任向相关领导汇报和解释有关财务、质量和环保方面的法律及行业规定。如果领导坚持违规操作,这些人员应当坚持原则,不可迁就,要充分说明违法违规的严重后果,防控违法甚至刑事风险的发生。大型企业除了各部门人员各司其职,防止违法违规之外,还可以设立企业合规师。2021年3月,我国人社部、国家市场监督管理总局、国家统计局联合发布新职业信息名单,已经将企业合规师纳入新职业名录。"企业合规师"将在规范企业投资经营行为、注重环境保护、履行社会责任、提高企业竞争软实力等方面发挥积极作用。企业合规师不仅必须有与该企业整改计划相

---

[20] 杨宇冠、李涵笑:《企业合规不起诉监管问题比较研究》,载《浙江工商大学学报》2021年第4期。

关的专业知识，还应当具有相关法律知识，涉外企业中的合规师还应当熟悉相关国家的法律法规。

企业合规的外部监管机制很多。根据《意见》第 6 条，“最高人民检察院、国务院国有资产监督管理委员会、财政部、全国工商联会同司法部、生态环境部、国家税务总局、国家市场监督管理总局、中国国际贸易促进委员会等部门组建第三方机制管委会，全国工商联负责承担管委会的日常工作，国务院国有资产监督管理委员会、财政部负责承担管委会中涉及国有企业的日常工作”。这种机制实际上是设立一种常设的各部门联合的对企业合规进行第三方监管的机构，它涉及国家机构的设置，国家各部门权力分配，各部门的分工和合作，特别是这种管委会是否在全国各地都设置、人员配置、经费来源、上下级管委会的职权和关系等重大问题，还需要在实践中进一步明确。

就具体的企业合规第三方监管而言，还是要根据企业的性质、经营范围和当地的人力资源等条件加以设置。对于已经涉嫌企业合规犯罪的企业，由当地的检察院出面协调组建第三方监管是可行的，对未涉罪的企业，是否由检察院出面，需要进一步探讨。笔者认为，如果能够在各地设置这种第三方监管机构，对于广大企业，尤其是未涉罪的企业，不需要由检察机关出面协调成立某特定企业的第三方监管机构，而是由管委会指定即可。在全国性以及地方各级第三方监管机构成立之前，有需要的企业可以根据自身情况，聘请当地的律师、会计师、税务师等专业人员参与合规计划的执行评估。

需要特别指出的是，企业内部的监管人员对于与企业有关的情况要如实向监管委员会乃至检察机关报告，不得弄虚作假。如果相关人员故意提供虚假信息，对合规撤诉协议中条件的如实执行造成影响的，则检察机关可以追究其伪证责任。“伪证的主观要件是提供证据或证言者故意向有权收集和审查证据的相关机关和人员提供虚假信息；伪证的客观要件是具有作证行为。”[21]在涉案企业与检察机关订立可撤回起诉协议的情况下，企业相关负责人员也有法律责任向检察机关提供真实情况。由于案件还没有终结，所以在后期考察期间，这种提供真实情况的义务仍然延续。所以如果企业相关负责人提供虚假情况，属于伪证，可以被追究伪证责任。鉴于作证应当是自然人的行为，所

---

[21] 杨宇冠：《刑事诉讼中伪证问题的法律规制》，载《清华法学》2020 年第 6 期。

以伪证罪不应当适用于单位,但可以适用于企业中提供虚假信息的个人。如果以单位的名义提供虚假情况,检察机关也可以撤销可撤回起诉协议,同时对责任人进行追究。

还需要指出的是,企业合规的第三方监管之目的是促进和帮助企业合规,这应当是有利于企业正常的生产经营的,而不能变成对企业的正常经营进行打压控制。如果监管人员利用监管职权干预企业的正常经营,甚至受贿索贿,参与提供虚假信息,则检察机关也应当视情况追究其法律责任,或者建议纪检部门和行政机关对违法乱纪的监管人员进行处分。

(三)企业合规最终评估与企业异议问题

企业合规评估是企业合规案件监管的重要环节,它是检察机关是否撤回起诉的重要依据,应当在检察机关主导下进行,但检察机关不宜干预评估的结果,而是由第三方组织独立完成。根据《意见》第 12 条和第 1 条,企业合规评估在时间段上分为期内评估和期满评估。期内评估指在合规考察期内,第三方组织可以定期或者不定期对涉案企业合规计划履行情况进行检查和评估,可以要求涉案企业定期书面报告合规计划的执行情况,同时抄送负责办理案件的人民检察院。期满评估指第三方组织在合规考察期届满时,对涉案企业的合规计划完成情况进行全面检查、评估和考核,并制作合规考察书面报告,报送负责选任第三方组织的第三方机制管委会和负责办理案件的人民检察院。

评估的内容应当以企业合规计划为基础,核查企业是否完成了计划中的各项整改措施。需要注意的是,法律法规以及行业标准是动态的,在企业合规考验期内,可能出现新的法律法规和标准;企业的生产经营活动以及人事安排也是动态的,可能出现新的违规甚至犯罪行为。因此,第三方组织应当及时了解新的法律法规的发展变化情况和企业的新的违规违法活动情况,及时向检察机关报告,并分情况进行处理。对于法律法规的变更,第三方组织需要及时向企业传达,并要求企业执行;企业如果了解到新的行业规范,也应当及时向第三方组织报告。必要时,第三方组织和相关企业应当及时更新企业合规计划并向检察机关报告。后者应当视情况批准或不批准。检察机关如果不批准应当说明理由。其中比较困难的是国际形势的变化,这可能对相关企业提出了新的规定和要求,企业应当及时向行业主管部门以及外贸、外事部门了解,及时与第三方组织进行沟通，以便及时调整合规计划。

在不定期评估中，如果第三方组织发现涉案企业或其人员存在尚未被办案机关掌握的犯罪事实或者新实施的犯罪行为，应当中止第三方监督评估程序，并向负责办理案件的人民检察院报告。检察机关应当及时核实，并要求企业及相关人员作出说明，如果确实涉嫌犯罪，则检察机关应当视违法犯罪的严重程度，终止原"可撤回起诉协议"，将新的违法犯罪与原指控的犯罪一并处理。

企业评估涉及企业的生存以及无数员工的工作。因此也要赋予企业相应的权利。首先，应当明确的是，如果采用撤回起诉处理企业合规案件，在企业合规案件的监管期间，违法企业仍然具有刑事案件被告人的身份，从而享有辩护权。"辩护权是被告人最重要的诉讼权利。审判时的辩护权是刑事诉讼辩护权的源起，现代刑事诉讼审判程序逐步发达，辩护权也延伸到审前阶段。辩护不仅指被告人或者辩护人在法庭上发表辩护词，还包括要求与案件有利害关系的法庭组成人员回避、在法庭上的质证、为被告人提供各种法律意见等活动。"[22]第三方的评估报告是司法机关处理企业合规的重要依据，被告企业当然可以根据辩护权原理对报告提出异议。企业是被评估者，对于评估结论，企业应当有要求解释的权利和提出异议的权利。第三方组织对于企业的意见应当重视，并对评估结论作出解释。对于企业提出异议的，应当高度重视，必要时与检察机关一起举行听证会，企业作为异议的一方可以由自己的员工也可以聘请外部专家对评估结论提出不同意见。涉及重大问题，第三方组织甚至检察机关也可以请独立的专业人员对评估意见进行核实。如果企业意见合理，第三方组织应当修改相关结论。检察机关如果发现第三方组织的个别工作人员在工作中有不合理甚至不合法的行为，诸如利用评估从中谋利，应当及时要求第三方组织更换相关人员，构成犯罪的应当另案处理。

如果检察机关根据第三方评估认为企业未能完成撤回起诉协议的条件，该案件可能由法院进行审理，涉嫌违法犯罪的企业有权聘请专业人员和律师进行辩护，有权对评估报告进行质疑，要求与评估人员进行对质。这又分为两种情况：第一种是被告企业对检察机关认为企业没有完成协议的意见本身提

---

[22] 杨宇冠：《刑事缺席审判被告人权利保障问题研究》，载《当代法学》2020 年第 6 期。

出异议,其目的是要求继续履行该协议,即撤回起诉。这种情况法院以听证方式审查为宜。第二种是检察机关撤销协议后重新对企业进行起诉,法院应当以审判的方式处理。无论哪种方式,检察机关都成为诉讼的一方,但同时检察机关作为监管的引导者和法律监督机关,有责任保障企业的异议权。

企业合规不起诉：误解及纠正*

黎　宏**

企业合规，是近年来刑法理论界的热点话题，更是检察机关所关注的一个重要领域。为贯彻落实党的十九届四中全会通过的《中共中央关于坚持和完善中国特色社会主义制度推进国家治理体系和治理能力现代化若干重大问题的决定》中"健全支持民营经济、外商投资企业发展的法治环境"的精神，最高人民检察院要求对于涉嫌犯罪的民营企业和民营企业家，"可捕可不捕的不捕，可诉可不诉的不诉"。基于上述精神和要求，各地方检察机关积极探索对企业经营过程中引发的单位犯罪尝试合规不起诉，并初见成效。① 在此背景之

---

* 本文原载《中国法律评论》2021年第3期。

** 黎宏，清华大学法学院教授，博士生导师。

① 从公开的报道来看，2020年9月浙江省宁波市检察机关率先在国内建立涉罪企业合规考察制度，对涉罪企业设立一定的考察期，要求涉罪企业出具合规建设与接受考察承诺书，并在考察期内根据合规计划，完善企业治理结构，健全管理规章制度，规范生产经营模式，进而在考察期结束后综合其合规建设情况、犯罪情节等决定是否予以起诉。参见王春：《"合规考察"护航民企健康发展》，载《法治日报》2020年9月23日，第4版。2020年9月27日，浙江省岱山县人民检察院发布了《涉企案件刑事合规办理规程(试行)》。其中规定，对于认罪认罚的涉罪企业，承诺进行合规整改，在标准化的整改要求完成，并经验收合格后，根据听证会情况，可以在律师见证下由人民检察院与涉罪企业签署认罪认罚具结书，作出不捕、不诉等处理决定。2020年8月28日，深圳市宝安区司法局印发的《关于企业刑事合规独立监控人选任及管理规定(试行)》规定，在合规不起诉制度中，涉罪企业的合规整改是核心内容，而在合规整改过程中，"合规监督员""独立监控人"等角色必不可少。具体规定可参见2020年8月22日，深圳市宝安区人民检察院与宝安区司法局代表共同签署的《关于企业刑事合规协作暂行办法》。2020年4月，深圳市龙华区人民检察院在印发的《关于对涉民营经济刑事案件实行法益修复考察期的意见(试行)》中规定，对移送审查起诉的涉民营经济案件，犯罪嫌疑人有修复受损法益意愿的，由犯罪嫌疑人提出合规整改方案，对被侵害的法益进行修复，并由检察机关在法定审查起诉期间内设置法益修复考察期，在期满之后视情况作出相对不起诉或者提出从轻处罚的建议。2020年10月，上海市长宁区检察机关对一批涉嫌虚开发票的企业及经营者采用"相对不起诉+检察建议"的方式，在对涉罪企业不起诉的同时，建议税务机关帮助涉罪企业开展刑事合规管理。参见简宁、周渊：《合规检察建议+相对不起诉长宁检察护航企业"轻装"再出发?》，载文汇网，http://www.whb.cn/zhuzhan/cs/20201019/375575.html。

下,最高人民检察院检察理论研究所负责人在2021年3月14日的一个讨论会上透露,企业合规不起诉制度改革试点将扩大范围,拟扩至10个省份约上百家检察院。② 2021年6月3日,最高人民检察院等9家单位联合发布了《关于建立涉案企业合规第三方监督评估机制的指导意见(试行)》,就如何具体开展涉案企业合规不起诉工作进行了具体规定。同日,最高人民检察院还举办"依法督促涉案企业合规管理将严管厚爱落到实处"新闻发布会,发布企业合规改革试点典型案例。③ 这表明,在我国,理论界方兴未艾的企业合规正在从企业内部的治理措施逐渐转化为影响司法实践的外部要素。

但是,在将企业合规作为影响企业犯罪惩治要素的尝试过程中,我们必须清醒地意识到,我国检察机关目前正在进行的尝试与作为"舶来品"的西方企业合规不起诉制度在本质上存在一定差别。在西方国家,妥当有效的企业合规是判断企业业务活动中出现的违法犯罪到底是企业自身的行为还是企业组成人员的个人行为的重要标准,司法机关对涉罪企业以企业合规机制进行过滤,在得出企业业务活动中的触法行为不是企业自身的行为,而是其组成人员的自然人的行为的结论之后,往往会"放过企业,只惩责企业中相关责任人员,即企业家",但一般不会既放过企业又放过企业家。④ 相反地,在我国,从检察机关目前所展开的企业合规不起诉改革的试点工作来看,其最终目的似乎是,"放过企业家,顺带放过企业",即在涉罪企业犯罪之后,具有特定的从宽情节,并承诺之后建立妥当的合规计划时,检察机关便以某种方式对企业和企业家

② 沙雪良:《企业合规不起诉改革试点拟扩至10个省份,约上百家检察院》,载新京报网站2021年3月14日,https://www.bjnews.com.cn/detail/161572428715163.html。

③ 《最高检发布企业合规改革试点典型案例》,载最高人民检察院官方网站,https://www.spp.gov.cn/spp/xwfbh/wsfbh/202106/t20210603_520232.shtml。

④ 在美国,一份典型的暂缓起诉协议,通常包括撤换乃至改组董事会或者公司管理团队,对于企业违法违规行为的发生负有直接责任的员工或者公司高管作出严厉处罚的内容。参见陈瑞华:《企业合规基本理论》,法律出版社2020年版,第250页。另外,在美国泰松公司(TYSON CORPORATION)行贿案中,1997年12月,拥有66,000名员工、分布在全美27个州以及数个国家的跨国公司——泰松公司因为向美国农业部长违法提供了价值10,200美元的捐赠品,另有若干观看足球的门票、旅行费用的报销以及包含食物在内的馈赠,而被以数个重罪起诉,被告公司进行有罪答辩。作为和解协议的一部分,公司支付了数百万美元的罚金,4年之内被采取监控措施,并设立伦理事务办公室以重新制定企业行动规范。除此之外,对公司的相关自然人分别以伪证罪、贿赂罪而处以有期徒刑。上述内容,参见[日]甲斐克则、田口守一编:《刑事合规的国际动向》,信山社2015年版,第519页。

均不起诉。⑤ 这一点,在最高人民检察院2020年开始的"企业合规不起诉"的改革试点工作中尤为明显。但这种情况最近似乎有所变化,体现在2021年6月3日最高人民检察院所发布的"企业合规改革试点典型案例"中。上述典型案例中,已经不明确地提"企业合规不起诉",而是提"企业合规改革"了;并且有的案例是"企业合规,既不起诉企业也不起诉企业家",也有的案例是"企业合规,对企业以及企业家都起诉,但从宽处罚"。但是,从所发布的四个案例来看,其重心还是放在了"企业合规不起诉",即企业在涉案之后,如果配合检察机关进行合规建设的话,就可以享受"既不起诉企业,也不起诉企业家"的优遇。

但是,"企业合规之后,既不起诉企业也不起诉企业家"的做法,还有待商榷。众所周知,我国的单位犯罪规定在现行的以处罚自然人为基本宗旨的刑法之中。在单位犯罪的成立和处罚上,也是完全参照自然人的处罚原则,即罪刑法定原则、责任原则、法律适用平等原则。在自然人犯罪的场合,即便其事后具有再好的悔罪态度和改过自新计划,通常也难以获得检察机关的不起诉待遇,为何在企业犯罪的场合,企业却可以因为其事后的改过自新计划即合规计划而享受不起诉的优遇呢?特别是从理论上讲,即便说企业出事后准备建设有效的企业合规计划,但这种计划的效果也只能及于企业自身,而不能及于其中的自然人,但我国的企业合规不起诉实践却也及于企业中的管理者,将其作为不起诉企业家的理由。其中的道理何在?这些都是需要探讨的问题。

以下,试从上述问题出发,对企业刑事合规制度的理念、法律效果以及妥

---

⑤ 这一点,从最高人民检察院2021年6月3日发布的企业合规改革试点典型案例之一的"张家港市L公司、张某甲等人污染环境案"中就能看出。L公司系从事不锈钢产品研发和生产的省级高科技民营企业,张某甲、张某乙、陆某某分别系该公司的总经理、副总经理、行政主管。L公司在未取得生态环境部门环境评价的情况下建设酸洗池,并私设暗管,将含有重金属的酸洗废水排放至生活污水管,造成严重环境污染。后张某甲、张某乙、陆某某主动向当地公安局投案,如实供述犯罪事实,自愿认罪认罚。当地公安局以L公司及张某甲等人涉嫌污染环境罪移送检察院起诉。检察机关经审查认为,L公司及张某甲等人虽涉嫌污染环境罪,但排放污水量较小,尚未造成实质性危害后果,可以进行合规考察监督并参考考察情况依法决定是否适用不起诉。同时经调查,L公司系省级高科技民营企业,年均纳税400余万元、企业员工90余名、拥有专利20余件,部分产品突破国外垄断。如果公司及其主要经营管理人员被判刑,对国内相关技术领域将造成较大影响。鉴于此,2020年10月,检察机关要求L公司进行企业刑事合规,视情决定是否起诉。L公司在通过相关部门的合规考察之后,检察机关当场公开宣告,对L公司以及相关责任人员不起诉,并依法向生态环境部门提出对该公司给予行政处罚的检察意见。

当有效的刑事合规制度的判断基准，结合我国当前企业合规不起诉的司法实践进行展开，并就我国检察机关如何建立企业合规不起诉的制度略述己见。

一、企业合规不起诉是企业自身责任论的必然结果

企业合规制度是最近几年才从国外传入的概念，迄今为止，我们所熟知的概念是企业犯罪（我国刑法上的正式名称是“单位犯罪”）。实际上，企业犯罪和企业合规是一体两面，二者都是有关企业犯罪和企业处罚的概念，只不过企业合规关注的是事前防范，而企业犯罪关注的是事后制裁。从此意义上讲，企业合规是企业犯罪理念的延伸或者深化，是从事后制裁企业犯罪向事前预防企业犯罪的理念转化。二者的连接点是企业行为的界定。即在企业业务活动中出现从业人员的违法犯罪活动时，若企业有充分的证据（如建立妥当有效的企业合规制度）证明，该违法犯罪行为不是企业自身的行为，而是企业从业人员的个人行为，虽然该犯罪行为出现在企业的业务活动过程中，但企业不对该行为承担刑事责任。这一理念，在我国相关法律当中已经有体现。如 2019 年修订的《反不正当竞争法》第 7 条第 3 款规定：“经营者的工作人员进行贿赂的，应当认定为经营者的行为；但是，经营者有证据证明该工作人员的行为与为经营者谋取交易机会或者竞争优势无关的除外。”按照这种理解，企业等经营者的工作人员的贿赂行为不是在任何时候都无条件地归属于企业。在企业能够证明，该行为与为经营者谋取交易机会或者竞争优势无关时，该贿赂行为不得归属于企业。

之所以这样理解，与企业承担刑事责任的根据有关。关于企业承担刑事责任的根据，现在大致有两种见解：一种是代位责任论，其基于英美法中“仆人过错、主人担责”的传统观念，从严格责任论的立场出发，认为在企业与其从业人员的关系中，企业是主人，而其从业人员就是仆人，仆人在业务活动中出现违法行为时，作为主人的企业必须无条件地为其承担责任，从而将企业中从业人员即自然人的违法行为归咎于企业自身。⑥ 这种见解虽然符合一般人的观念，在民法上也能找到其存在根据，但存在以下问题：一是难以对一定规模的企业适用。因为在现代社会，一定规模的企业（如 500 人以上的企业）中往往具有从业人员众多、管理职责分散、决策过程漫长的特征。当这种企业中的每

⑥ 黎宏：《单位刑事责任论》，清华大学出版社 2001 年版，第 150 页。

一个从业人员即自然人都按照其业务要求合法地履行职责,但在最终的业务活动中出现犯罪后果时,就会出现因为无法确定到底是哪个从业人员实施了犯罪行为,无法确定企业对哪一个从业人员的犯罪行为担责,最终导致对企业无法追责的情形。二是有违近代以来刑法所坚持的责任原则。按照近代刑法所坚持的责任原则,每个人只能对自己的行为担责,而不能为他人的行为承担连带或者转嫁责任;每个人只能就自己所认识或者应当认识的行为承担主观责任,而不能对自己无法认识的后果承担绝对的结果责任。在企业犯罪的场合,具有独立人格的企业与其自然人员工是两个不同的主体,企业员工在企业业务活动过程中的犯罪行为完全有可能是基于自己的意思而实施的,但主张“仆人违法,主人受过”的代位责任论就是将员工责任一律转嫁给企业,让企业承担转嫁责任或者结果责任,这显然有违近代刑法的每个人只能对自己的行为承担自我责任,而不能对他人的行为承担转嫁责任的自我责任原则。

由于上述问题的存在,便有了第二种责任论——企业自身责任论的出场。这种见解可以细分为不同的立场,但主流观点认为:企业之所以受罚,不是代人受过,而是为自己的行为承担自我责任;企业犯罪是企业自身的犯罪,而不是其员工的个人犯罪。这一点,也为我国《刑法》第 30 条所承认,该条明文规定,单位犯罪就是“公司、企业、事业单位、机关、团体实施的危害社会的行为”,而不是其员工所实施的行为。这种规定是有道理的。因为,现代社会中的企业已不是传统意义上的人或物的集合,而是有其内在运营机制的组织,这种组织足以让作为其组成要素的自然人消失个性而仅仅成为企业运转过程中的一个微不足道的组成部分。企业为了实现自己既定的目标,会通过一定方法,在依照相关法律政策制定正式规则的同时,用增加报酬、晋升职称、增设岗位等巧妙的潜规则即激励机制,诱使其组成人员的自然人为实现企业自身的目标而努力。此时,企业员工和企业之间呈现一种互动关系:一方面,企业员工特别是企业领导可以将企业作为工具,操纵、支配或者影响其业务活动,以实现自己的个人目的(包括犯罪目的);另一方面,身处企业之中的员工在行动和思想时,不得不受企业整体的目标、政策等支配而丧失自己的个性,成为企业这台复杂机器运行过程中的一颗螺丝钉。因此,企业犯罪,本质上讲,是企业的组织制度、目标宗旨以及企业代表机构成员的业务素质等综合影响而成的结果。[7] 相较过往的企业犯罪学说,这种见解不仅在内容和研究方法上独树一帜,而且还能较好克服传统的企业刑事责任论中代位责任论的不足,因而引人注目。

如果说企业犯罪是企业自身的犯罪,企业的主观意图,可以通过其业务范围、政策规定、防范措施、利润目标等特征体现出来的话,那么,改革企业的经营管理模式、政策规定、防范措施、利润目标,消除导致身处企业之中的企业员工即自然人实施违法犯罪行为的诱惑等外在因素,使企业的经营管理、企业工作人员的执业行为符合法律法规、其他规范性文件以及行业公认并普遍遵守的职业道德和行为准则,就是一个比较明智的选择了。而这种消除导致企业成员违法犯罪外在环境因素的做法,实际上就是企业合规制度。从此意义上讲,就预防企业犯罪而言,建立和强化企业合规,是企业自身刑事责任论的必然归结。

二、有效合规的刑法效果及其判断

企业合规,从根本上讲,是企业内部治理的一种形式,从与刑法的关系上看,其功能有二:一是在企业经营活动中出现违法犯罪时,将守法企业和违法员工的行为切割,从而达到保全企业、惩罚个人,将企业特别是大型企业因为犯罪受罚而产生的社会震荡效果降到最低;二是通过合规企业出现违法犯罪时可以从宽处理的特殊规定,使公权力的影响提前介入企业内部的经济管理,促使企业事先主动建立妥当有效的合规制度,自觉遵纪守法,从而达到在未然之中预防企业犯罪的效果。但要注意的是,对企业来说,建立合规制度,未必是一件"好事",其除了建立合规部门增加经营成本,让企业自己给自己带上一个"紧箍咒"之外,还会让竞争对手在企业按照合规要求披露并纠正违法行为的过程中发现其弱点,随时对其发起攻击。因此,政府要想让企业自觉自愿地建立合规制度,就必须让企业能从合规制度中尝到甜头。那么,合规对企业而言到底有什么实际好处呢?对此,理论和实务中有不同看法。

一种见解认为,企业合规不仅影响量刑,还影响定罪。也即企业有合规制度的话,在企业的经营活动中出现违法犯罪行为时,不仅在量刑上可以从宽,而且在特定情形下,还不会被认定为犯罪。这种见解,是将企业自身责任论贯

---

⑦ 黎宏:《组织体刑事责任论及其应用》,载《法学研究》2020年第2期。

彻到底的必然结论。因为根据该见解，企业合规是企业独立于其组成人员的人格和属性的体现，在企业经营活动中出现犯罪行为时，该犯罪行为是否是企业自身意思的体现，企业是否要对此承担刑事责任，其认定必然要考虑企业自身的合规计划。这种见解在我国的司法实践中，一定程度上已经被认可。如在雀巢（中国）有限公司非法获取公民个人信息案中，尽管被告人辩称自己的行为属于公司行为，属于单位犯罪；但法院认为，单位犯罪是“本单位集体决定或者由负责人决定的行为”，而从单位的相关规定来看，“收集消费者个人信息”等侵犯公民个人信息的违法犯罪行为并不是“本单位集体决定或者由负责人决定的行为”，因而不能将这种行为归责于单位自身。[⑧]

另一种见解认为，企业合规的影响仅及于犯罪企业的量刑。如有人认为，我国经济社会进入转型期后，合规文化环境缺失，致使合规并未在企业的经营活动中被贯彻落实。为了将合规理念深入我国企业内部，使之成为企业的首要责任，必须通过量刑激励推动合规计划深入企业，[⑨]即通过刑事责任的加重、减轻或者免除，给予企业合规以压力和动力，从制度合规出发，逐步形成合规文化。[⑩] 目前，在全国各地检察机关所推行的根据犯罪企业的合规建设情况、犯罪情节等决定是否起诉的尝试中，包含有这种意思在内。

从理论上看，如果说企业与其组成人员的自然人是两个不同的主体，企业意思不完全来自其特定组成人员，那么企业的合规制度就是企业自身意思的

---

⑧ 参见雀巢（中国）有限公司员工非法获取公民个人信息案，甘肃省兰州市中级人民法院刑事裁定书，(2017)甘01刑终89号。但法院根据经过当庭质证的雀巢公司高管（director）的概念、目标任务、与高管有关的信息获取方式等，认为高管的任务目标不是收集消费者个人信息。特别是雀巢公司在相关文件中明确规定，“对医务专业人员不得进行金钱、物质引诱”。基于上述理由，一审法院判决雀巢公司郑某、杨某、孙某等九人的行为均已构成侵犯公民个人信息罪。这一判决为二审法院所维持，二审法院认为：“单位犯罪是为本单位谋取非法利益之目的，在客观上实施了由本单位集体决定或者由负责人决定的行为。雀巢公司手册、员工行为规范等证据证实，雀巢公司禁止员工从事侵犯公民个人信息的违法犯罪行为，各上诉人违反公司管理规定，为提升个人业绩而实施的犯罪为个人行为。”

⑨ 李本灿：《企业犯罪预防中合规计划制度的借鉴》，载《中国法学》2015年第5期。最近，终于有学者提出，应当将刑事合规设定为企业刑事责任的积极抗辩理由，使其在定罪和量刑的两个环节上发挥作用。参见孙国祥：《刑事合规的理念、机能和中国的构建》，载《中国刑事法杂志》2019年第2期。但是，这种观点对于合规计划何以能够成为企业刑事责任的积极抗辩事由，则仅仅以国外学者的一句不明就里的“即便存在法益侵害，‘人们不是期待着每个人都能避免各种利益侵害，而仅仅是期待着这些负责的人和仅仅在其负责并充分关心的范围之内’”一带而过，没有任何解释或者说明。

⑩ 李本灿：《企业犯罪预防中国家规制向国家与企业共治转型之提倡》，载《政治与法律》2016年第2期。

体现。妥当有效的合规制度表明,企业自身在企业的业务活动当中,并没有教唆、纵容、默许其组成人员的自然人犯罪的意思的话,则企业活动中出现的违法犯罪行为,完全可以看作企业中的自然人的犯罪,应由具体承担该项具体业务的自然人负责,而不能追究企业自身的刑事责任。如此说来,在企业犯罪的认定上,只要不采用近乎无过错责任原则的代位责任论,就可以说,企业合规制度不仅影响涉罪企业的量刑,而且也必然会影响其定罪,这是毋庸置疑的。否则,就有违我国刑法中所坚持的行为人只能对自己行为承担刑事责任的自我责任原则。⑪

只是,企业合规的效果是仅及于企业量刑,还是也影响企业定罪,并不纯粹是一个理论问题,更多的还是一个实践问题。如果企业只要具有完善的合规制度,就可以对其业务活动中出现的违法犯罪行为不担责的话,那么人们难免会担心,合规会成为犯罪企业为自己开脱罪责的挡箭牌。而且,这里还有一个悖论,既然企业具有良好的预防犯罪的合规制度,那为什么在企业业务活动中还会出现犯罪行为呢?这岂不表明企业合规制度形同虚设吗?

应当说,这种担心不无道理。在企业合规制度最早推行的美国,联邦法院之所以将企业合规制度的效果仅及于企业量刑,而不及于企业定罪,理由之一就在于此。⑫ 对此,笔者认为,从我国目前的实务来看,在企业合规建设中,"做"比"说"重要。企业合规,不仅是建章立制,更重要的是要实际落实执行。制度,只有通过有效的执行和有力的监督才能取得实效。完整的制度建设,包括制度制定、制度执行和监督落实,而且后者比前者更为关键。否则,规章再多、制度再健全也是废纸一张,而这一点,恰恰是我国企业经营活动中最为缺失的。

根据"快播案"的判决书,2012 年 8 月,深圳市公安局对快播公司进行检查,给予行政警告处罚,并责令整改。随后,深圳市公安局将违法关键词和违法视频网站链接发给快播公司,要求其采取措施过滤屏蔽。快播公司于是成立网络安全监控小组,在一周内投入使用"110"不良信息管理平台。但在深圳网监验收合格后,小组原有 4 名成员或离职或调到其他部门,"110"平台工作

---

⑪ 类似的见解,参见欧阳本祺:《我国建立企业犯罪附条件不起诉制度的探讨》,载《中国刑事法杂志》2020 年第 3 期。

⑫ 黎宏:《单位刑事责任论》,清华大学出版社 2001 年版,第 64 页。

基本搁置，检查屏蔽工作未再有效进行。2013 年，深圳市南山区广播电视局执法人员对快播公司开展调查，找到了可播放的淫秽视频，并对快播公司进行了行政处罚。但快播公司随后仅提交了一份整改报告，其"110"平台工作依然搁置，检查屏蔽工作依然没有有效落实。正因为上述事实，法院认为："快播公司明知快播网络服务系统被用于传播淫秽视频，但出于扩大经营、非法牟利目的，拒不履行监管和阻止义务，放任其网络平台大量传播淫秽视频，具有明显的社会危害性和刑事违法性，应当依法追究刑事责任。"这段描述中，虽然没有提及合规问题，但实际上表明，快播公司的内部治理或者内部管控是无效的，因此，法院判定快播公司有罪。可见，企业合规能否成为企业自救的妥当手段，关键不在于企业是不是建立起了合规制度，更重要的是，企业是不是以实际行动表明其愿意在业务活动中守法，并且约束其员工的经营活动。

三、企业合规不起诉的难题及其改进

如果说企业合规是表明企业自身不愿意犯罪的意思体现，对建立妥当有效的合规计划的企业，在员工犯罪之后，以合规为根据对该企业出罪或者从宽处罚是企业自身刑事责任论的必然归结的话，那么对有妥当有效的合规计划的企业不起诉，更是理所当然。这一点，从近年来在世界范围内全面推广企业合规不起诉的美国的实践中就能看出。例如，2012 年跨国金融公司摩根士丹利的一名高级管理人员被发现违反美国《反海外腐败法》（FCPA），美国司法部审查之后认为，摩根士丹利不应承担公司责任，理由是该公司已经建立了有效防止员工犯罪行为的合规制度，故没有处罚摩根士丹利，而只是追究了该名高管的个人责任。⑬

要注意的是，无论是从理论还是实践来看，美国在合规计划的推广过程中，有两个特点：一是企业事先制定有妥当有效的合规制度，而后才能享受由此带来的制度福利，而非在企业犯罪之后，承诺制订合规计划，并因此享受这种承诺所带来的福利。根据有关研究，在美国等实行企业犯罪暂缓起诉的国家，检察机关对犯罪企业暂缓起诉的条件之一是：首先，涉案企业建立有合规计划；其次，在暂缓起诉协议中，企业承诺完善合规计划；最后，考验期内，检察机关会对重建合规计划内容进行持续监控。而且，相对于从来没有建立合规

---

⑬ 尹云霞、李晓霞：《中国企业合规的动力及实现路径》，载《中国法律评论》2020 年第 3 期。

计划的企业而言,已经初步建立有合规计划的企业与检察机关达成暂缓起诉协议的可能性要大得多;相反地,对于一个从未有过合规计划的企业而言,检察机关很难与其达成暂缓起诉协议。⑭ 二是在推广企业合规制度的过程中,能够享受有效合规计划所提供的优遇的是企业自身,而不是企业中的自然人。换言之,企业合规不起诉制度中不起诉的对象是企业,并非其中的自然人。这一点,在上述美国的司法实践中有清楚的体现。例如,美国《联邦检察官手册》(U. S. Attorney Manual)规定,检察官在决定是否对涉案企业提起公诉时,至少要考虑十个重要因素,其中重要考虑之一就是,对公司员工的起诉是否充分。这意味着,在企业合规的场合,或起诉员工,或者起诉企业。在对企业员工起诉不充分时,对涉案企业可以起诉。不能二者同时不诉。正如美国学者菲利普·韦勒(Philip A. Wellner)教授所言,合规计划减刑机制旨在促进企业的自我监管,鼓励企业培养守法文化,制止员工的犯罪行为,⑮而不是为涉嫌犯罪企业的自然人提供开脱罪责的根据和理由。企业合规本质上是抑制企业自身犯罪的药方,而不是为企业家开脱的手段,其宗旨,通俗地说,就是“放过企业,惩办责任人”。⑯ 从此意义上来讲,我国检察机关目前试行的企业合规不起诉制度与国外类似做法之间存在较大不同。

这种不同,很大程度上来自合规不起诉所针对的对象以及中外企业的管理模式上的差别。在我国,目前企业合规不起诉的案例涉及的多数是民营企业,而很多民营企业所有权与经营权高度集中,具有浓厚的个人或者家族色彩。一旦作为企业核心的企业家或者说掌门人个人倒下,整个企业也会不保或者受到巨大的影响,因此在我国,检察机关推广合规不起诉制度的目的,与其说是保护企业,倒不如说是保护企业的经营者或者责任人。而在国外,企业的所有权与经营权分离,企业管理主要由职业经理人进行,这些职业经理人运用其所掌握的企业经营管理知识以及实践经验,游走于各个企业之间,为企业提供经营管理服务并承担企业资产保值增值责任,但对企业并不具有所有权,而仅仅具有经营权。企业的人事变动,虽说会对企业的

---

⑭ 陈瑞华:《企业合规基本理论》,法律出版社2020年版,第250~251页。

⑮ [美]菲利普·韦勒:《有效的合规计划与企业刑事诉讼》,万方译,载《财经法学》2018年第3期。

⑯ 陈心哲、薛瀚:《企业刑事合规的内化路径探析——以律师业务展望为视角》,载《西安石油大学学报(社会科学版)》2020年第3期。

发展造成影响,但一般不会危及企业的生存。因此,在国外,当企业业务活动过程中出现了违法犯罪行为,必须有人对此负责时,在妥当有效的企业合规制度的前提之下,接受刑罚处罚的是可以随时替换的职业经理人即企业家,而不是企业自身。这种做法,不仅能将企业因为受到刑罚处罚而引起的社会震荡降至最低,而且也与近代刑法所秉持的罪刑法定原则以及责任原则不产生冲突。

在企业合规制度之下,不可能推导出只要企业合规,就可以对涉案企业及其员工均不起诉的结论来。企业合规,本质上是企业自身具有独立意思的体现,是在企业经营活动中出现犯罪行为时,让企业全身而退、免受处罚的理由,而不是让其中的自然人免责的理由。相反地,在企业有妥当有效的合规计划时,可以据此将企业经营活动中犯罪行为推定为企业员工的行为,从而对作为企业员工的自然人进行客观归责。从此意义上讲,我国检察机关目前所推行的"既放过企业又放过企业员工"的企业合规不起诉制度,恰好在这一点上存在难以说清之处。其不仅有直接违反我国《刑法》第 3 条、第 4 条规定的罪刑法定原则、刑法适用平等原则之嫌,而且也与国家有关机关在央企和到海外投资的企业当中所推行的企业合规制度的本意⑰背道而驰。在国际通行的企业合规制度之下,虽说企业在建立有效的合规制度后,其在涉嫌犯罪时所面临的刑事风险一定程度上会有所降低,但这种降低并不是消失,而只是将企业自身的风险转移到了其员工身上而已。企业员工特别是管理层的员工如果不想承担这种风险,就必须在企业业务活动中恪尽职守、谨慎从事,否则,就会面临企业犯罪而引发的刑事制裁。如果说,企业合规不起诉,就是既不处罚企业也不处罚企业的管理人员的话,则企业仿佛披上了刀枪不入的金刚罩,企业家所面临的刑事风险也大为降低,其在企业活动中的责任心和谨慎态度也自然会打折扣。如此,企业合规不仅不能起到防范企业犯罪的效果,

---

⑰ 在"中兴通信事件"之后,2018 年 12 月 26 日国家发改委发布了《企业境外经营合规管理指引》,要求企业应当以倡导合规经营价值观为导向,明确合规管理工作内容,健全合规管理架构,制定合规管理制度,完善合规运行机制,加强合规风险识别、评估与处置,开展合规评审与改进,培育合规文化,形成重视合规经营的企业氛围。同年 11 月 2 日,国务院国资委也发布了《中央企业合规管理指引(试行)》,要求中央企业全面加强合规管理,加快提升依法合规经营管理水平,着力打造法治央企,保障企业持续健康发展。

反而会为企业犯罪提供一把“保护伞”。⑱

之所以会出现这样的问题，很大程度上与我国有关单位犯罪的通说理解有关。在我国，尽管《刑法》第 30 条规定，“公司”等单位实施危害社会的行为，法律规定为单位犯罪的，是单位犯罪，单位犯罪是单位自身的犯罪，而不是其员工的犯罪，但如何认定无血无肉、无手无脚的抽象人格体，即“单位”实施了危害社会的行为，法律却没有任何提示。通说认为，单位决策机构或者单位负责人以单位名义实施犯罪，违法所得归单位所有的，是单位犯罪。⑲ 这意味着，单位犯罪是单位中特定的自然人(决策人员或者负责人员)所实施的犯罪，因此，在认定单位犯罪时，只要将单位中特定人的思想和行为视为单位自身的思想和行为即可。但这种传统的单位犯罪认定方法，与将企业合规作为判断是不是单位自身犯罪要素之一的企业自身责任论之间，存在天壤之别。如前所述，作为抽象人格的企业自身不能实施犯罪，企业犯罪不过是企业中的自然人的犯罪。企业中的自然人之所以实施犯罪，在现代的大型企业之中，很大程度上和企业内部的环境有关，即企业自身的文化氛围、规章制度等鼓励、纵容、默许其中的自然人实施犯罪，而企业合规，就是通过建立一套规范的制度或者机制来消除这种鼓励、纵容、默许企业中的自然人犯罪的氛围或土壤。企业合规的思想，就来自这种观念。它与企业犯罪就是企业中的自然人犯罪这种就事论事的观念相比，完全是两个不同的理念。因此，可以说，只要在企业犯罪的预防和认定上，引进企业合规理念，就必须放弃依据特定单位中的自然人的

---

⑱ 检察机关在试行企业合规不起诉的试点工作中，似乎也意识到了这个问题。在 2021 年 6 月 3 日所发布的企业合规改革试点典型案例中，也有既起诉合规企业又起诉企业中的管理人员，但有企业合规计划的，从宽处罚的案例，这就是“上海市 A 公司、B 公司、关某某虚开增值税专用发票案”。被告单位上海 A 医疗科技股份有限公司(以下简称 A 公司)、上海 B 科技有限公司(以下简称 B 公司)，被告人关某某系 A、B 两家公司实际控制人。2016 年至 2018 年，关某某在经营 A 公司、B 公司业务期间，让他人为两家公司虚开增值税专用发票共 219 份，价税合计 2887 余万元，其中税款 419 余万元已申报抵扣。2019 年 10 月，关某某到案后如实供述上述犯罪事实并补缴涉案税款。2020 年 6 月，公安机关以 A 公司、B 公司、关某某涉嫌虚开增值税专用发票罪移送检察机关审查起诉。当地检察院受理案件后，走访涉案企业及有关方面了解情况，督促企业作出合规承诺并开展合规建设。鉴于涉案企业系国内某技术领域的领军企业、市高新技术企业，科技实力雄厚，对地方经济发展和增进就业有很大贡献；公司管理人员及员工学历普遍较高，对合规管理的接受度高、执行力强，企业合规具有可行性，企业作出合规承诺并开展合规建设，具有立功情节等，检察机关以 A 公司、B 公司、关某某涉嫌虚开增值税专用发票罪对其提起公诉并适用认罪认罚从宽制度，该量刑建议当地人民法院全部采纳，以虚开增值税专用发票罪分别判处被告单位 A 公司 15 万元、B 公司罚金 6 万元，被告人关某某有期徒刑 3 年、缓刑 5 年。

⑲ 参见 2001 年 1 月 21 日最高人民法院印发的《全国法院审理金融犯罪案件工作座谈会纪要》。

思想和行为来决定是不是构成单位犯罪的观念。在企业犯罪预防失败的场合，必须从企业是不是通过设立政策、方针、业务目标、防范以及处罚措施等方式来间接鼓励、纵容或者默许其单位成员实施违法行为的角度来考虑企业合规不起诉的问题。从此意义上讲，企业合规的场合，“既不起诉企业也不起诉自然人”的见解是值得商榷的。

尽管如此，笔者对最高人民检察院所试行的“企业合规改革”的基本理念还是支持的，只是认为，其中有关提法以及做法需要加以改进。具体来说，一是放弃“企业合规不起诉”的提法，改为“企业合规从宽处理”。“企业合规不起诉”的提法，最早见诸最高人民检察院理论所举办的一些会议当中。如有媒体报道，2020 年 3 月，最高人民检察院检察理论研究所选取深圳市宝安区人民检察院作为“企业犯罪相对不起诉适用机制改革”的全国六家试点单位之一，对改革企业犯罪不起诉机制进行先试先行。[20] 这并不是一个司法机关的正式提法。事实上，从最高人民检察院最近公布的相关文件来看，其正式名称是“企业合规改革试点”，从所公布的相关典型案例来看，具体内容既包括“企业合规不起诉”，又包括“企业合规量刑从宽”，也包括“企业合规不起诉企业家”等方面的内容。“企业合规不起诉”只是“企业合规改革试点”的内容之一，而不是全部。二是“企业合规改革试点”内容多元化，既尝试“企业合规不起诉”，也尝试“企业家合规不起诉”。要实现通过保护企业家进而保护企业的目的，与其以“企业合规不起诉”的方式，倒不如以“企业家合规不起诉”的方式更具现实合理性。

“企业家合规不起诉”的意思是，将实务当中所认定的企业犯罪还原为企业家个人犯罪，然后对其适用“认罪认罚”从宽处理制度，促使企业家以建立企业合规制度、加强内部管理的方式保证以后不再犯罪，同时考虑到过往的犯罪是在企业经营活动过程中所发生的，行为人的主观目的是企业的发展，犯罪所得没有中饱私囊等情形，最终对企业家个人适用相对不诉，对企业本身进行行政处罚，从而达到既保护企业家又保全企业的效果。

之所以这么考虑，主要出于以下理由：

首先是回归企业合规制度的本意。如前所述，企业合规是企业自身不想

---

[20] 张剑锋、王德明：《宝安检察院试点“企业犯罪相对不起诉适用机制改革”，为“双区”建设提供宝安样本》，载读特网 2021 年 1 月 22 日，https://www.dutenews.com/p/1218651.html。

犯罪意思的客观体现,而不是企业中的企业家等自然人不想犯罪意思的客观体现。企业合规的效果,只能说是有助于企业在业务活动中出现违法犯罪行为时,被当作无罪或者罪轻的辩护理由,而不可能是帮助企业中的自然人(包括企业家)进行无罪或者罪轻的辩护。如此说来,在企业犯罪之后,企业承诺将来建立防止再犯的合规制度的事实,或许能对企业的已然犯罪之处理网开一面,但绝对不能将企业家已经引起的侵害事实完全一笔勾销。毕竟,企业合规是企业自身的意思体现,而不是企业员工即自然人的意思体现。

其次是从我国企业犯罪现状出发。尽管我国刑法规定的单位犯罪罪名多达160多个,占到刑法分则所规定的全部罪名的1/3,但实际上,迄今为止,我国法院所判处的单位犯罪,不到同期刑事判决的1/1000。[21] 虽说企业犯罪发案率低,但不可能低到如此程度。其中不能排除这种情形,即大量的单位犯罪被处理为个人犯罪。因为,在我国现行的通过特定自然人的行为来认定单位犯罪的主流见解之下,单位犯罪和其组成人员的个人犯罪,没有本质差别,实务当中也无法分清。实际上,实务中大量的所谓企业犯罪,如果仔细追查的话,总能找到为单位犯罪行为背书的自然人,从而最终将其认定为个人犯罪。[22]

---

[21] 笔者对威科先行·法律信息库中的裁判文书数据库进行随机抽样统计发现,2019年的1,240,637件刑事案件裁判文书中,以单位犯罪论处的有1136件,占比为0.092%;2018年的1,505,684件刑事案件裁判文书中,以单位犯罪论处的有1588件,占比为0.105%;2017年的1,502,086件刑事案件裁判文书中,以单位犯罪论处的有1347件,占比为0.090%。另有学者对四川省、山东省、山西省自1997年至2012年共15年的判决进行统计,发现四川省所处理的单位犯罪案件数仅占同期全部刑事案件总数的0.05%;山西省仅占0.03%;山东省仅占0.07%。参见王匡正:《单位犯罪的现状与反思》,西南财经大学2013年博士学位论文,第53~57页。

[22] 对这种观点,可能会有不同的意见。首先,要说明的是,这种结论的提出,是建立在我国实务当中所处理的单位犯罪多半为人数较少、决策层次简单、决定链条较短的中小型企业犯罪的现状之下。对于决定结构复杂的大型企业而言,这种断言不一定适用。因为在大型企业中,每一个部门只负责一个决定中的部分内容,从其所决定的内容上,很难找到违法的情形。也即无法通过特定企业员工的个人违法行为来判断企业整体违法,因而要将企业整体行为作为犯罪考虑。真正意义上的单位犯罪,正是这种意义上的单位犯罪。相反地,单位领导班子成员集体决策的犯罪,尽管涉及人数可能不少,但也是可以作为个人犯罪处理的。如单位领导班子集体讨论决定行贿,那么将其作为参与讨论的领导班子成员的共同行贿罪,在理论上也没有任何障碍。在本文的立场看来,真正要以单位行贿罪处罚的是以下类型,即单位长期以来形成了在推销产品过程中或者争取商业机会的过程中,以财物作为交换手段,或者单位领导发现企业员工有这种做法,睁只眼闭只眼表示默许,或者予以表彰鼓励的场合。

这一点从无锡F警用器材公司虚开增值税专用发票案[23]中就能清楚地看出。这个案子表面上看似单位犯罪，实际上就是两个公司的四位主要领导合谋实施的犯罪。虽然其犯罪的出发点是为了公司的利益即为单位逃税，并且利益去向最终也是归属于公司。但是众所周知，个人犯盗窃罪的场合，即便行为人主观上是为了第三人的利益，而且所盗物品最终也给了第三人，但该行为绝对不会因为行为人的盗窃意图和赃物去向而否定其为行为人本人的盗窃犯罪。与此类似，在我国刑法有关单位犯罪的认定上并没有另行规定与自然人不同的认定标准的情况下，何以能够在单位犯罪的认定上改弦更张，采用一套与自然人犯罪不同的判断标准呢？因此，就上述F警用器材公司虚开增值税专用发票案而言，将其认定为F警用器材公司董事长乌某某等人的个人虚开增值税专用发票罪，也是没有问题的。不这样理解的话，反而可能会出现这样的问题，即原本是个人犯罪，但一旦沾上单位犯罪的名义，相关责任人员就可以被特殊对待，享受不起诉的优遇。这在合法性上是有问题的。如果说基于特殊的政策考虑，要保护企业家，那么完全可以从其他方面寻找理由，没有必要将其和企业合规制度硬扯在一起，让其为我国的企业家不起诉实践背书。况且，在司法实践中，需要不起诉的企业大多是民营企业或者中小企业，本来就规模偏小，实力偏弱，在与大中型企业同台竞争时往往处于劣势，其主要依靠灵活机动、面对市场的变化反应迅速而生存下来。这种灵活机动的体现之一，就是决策机制相对简单，高效快捷。对这种企业中的相关责任人员，进行个人行为举止上的法律约束，比对企业自身进行“高大上”的合规约束反而更加有效。

最后是能够避开法律规定上的障碍。目前，对合规企业不起诉，主要有两

---

[23] 最高人民检察院2020年11月24日发布的第二十二批指导性案例。本案的事实是：F警用器材公司董事长乌某某、F警用器材公司总监陈某某为了F警用器材公司少缴税款，商议在没有货物实际交易的情况下，从其他公司虚开增值税专用发票抵扣税款，并指使F警用器材公司采购员倪某通过公司供应商、无锡B科技有限公司法定代表人杜某某等人介绍，采用伪造合同、虚构交易、支付开票费等手段，从王某某（另案处理）实际控制的商贸公司、电子科技公司虚开增值税专用发票24份，税额计人民币377，344.79元，后F警用器材公司在税务机关抵扣了税款。乌某某、陈某某、倪某、杜某某分别至公安机关投案，均如实供述犯罪事实。案发后，F警用器材公司补缴全部税款并缴纳滞纳金。当地公安机关以F警用器材公司及乌某某等人涉嫌虚开增值税专用发票罪移送检察机关审查起诉。检察机关经审查，综合案件情况拟作出不起诉处理，并举行了公开听证。该公司及乌某某等人均自愿认罪认罚，在律师的见证下签署了《认罪认罚具结书》。最后，当地检察院依据《刑事诉讼法》第177条第2款规定，对该公司及乌某某等四人作出不起诉决定，公安机关对倪某、杜某某没收违法所得，税务机关对该公司处以行政罚款。

种：一是相对不起诉，即检察院在审查起诉过程中，对于犯罪情节轻微同时认罪认罚的涉罪企业，在以检察建议的方式责令其建立合规管理体系之后，作出相对不起诉的决定。这种方式主要为上海市以及江苏省的相关试点单位所采用。二是附条件不起诉，即检察院在对涉罪企业审查起诉过程中，设立一定的考验期，对其暂时不予起诉，并对企业建立刑事合规的情况进行监督考察，在期满后根据企业建立合规管理体系的进展情况，对其作出起诉或者不起诉的决定。这种方式，主要为浙江省的试点单位所采用。

上述两种企业不起诉都有问题，但相对而言，附条件不起诉的问题更明显，因为其于法无据。依照我国《刑事诉讼法》第 282 条，附条件不起诉制度的适用对象，只能是未成年人，而不能适用于其他人，更不可能对涉嫌犯罪的企业适用。相对不起诉的问题是，依照《刑事诉讼法》第 177 条第 2 款，只能对犯罪情节轻微，依照刑法规定不需要判处刑罚或者免除刑罚的犯罪嫌疑人才能适用，而现实当中，需要通过合规不起诉来解决问题的企业犯罪往往都不是“情节轻微”的类型。

从本文的立场来讲，若承认我国企业特别是中小型企业在业务活动中的犯罪，实际上都能认定为其中的自然人即企业相关责任人的个人犯罪的话，则在《刑事诉讼法》第 177 条第 2 款相对不诉中要求的“情节轻微”的认定上，相对容易一些。首先，就已经发生的犯罪而言，企业相关责任人的犯罪动机不是为了自己个人的利益，更多的还是为了企业的利益，即便在企业利益与个人利益一致的场合，客观上也还是具有为当地增加就业、税收等效果；其次，企业相关责任人通过“认罪认罚”、制定改进经营活动的相关措施、上缴犯罪所得、弥补犯罪损失等方式，表明了自己不再犯罪的决心；最后，考虑该企业过往的实际业绩以及目前所面临的困境，起诉企业相关责任人所可能造成的负面效果，公司本身要受到行政处罚等各方面因素，进行起诉的利弊权衡较为妥当。

实际上，实务当中也有如此操作的情形。自 2020 年以来，江苏省张家港市人民检察院处理了多起企业涉嫌虚开增值税专用发票案件。在这些案件中，检察院通过召开案件公开听证会、对案件开展合规风险审查、督促企业加强建设合规体系，并且结合企业犯罪情节、事后补缴税款、修复法益的情形，最终决定是否作出不起诉决定。这种做法，是在不严重违反刑事诉讼法规定的前提之下所做的有益尝试，值得进一步推广。另外，2021 年 6 月 3 日最高人民检察院公布的四个有关“企业合规改革试点典型案例”中,“新泰市J公司等建筑企业串通投标系列案件”也属于这种类型。2013年以来,山东省新泰市6家建筑企业受黑社会性质组织的影响,在建筑工程投标中被迫串通投标,被公安机关移送审查起诉。检察机关查清了6家企业被胁迫陪标,且没有获得任何非法利益的案件事实,同时了解到6家企业常年承接全市重点工程项目,在繁荣地方经济、城乡建设、劳动力就业等方面作出了突出贡献。如作出起诉决定,6家企业三年内将无法参加任何招投标工程,并将被列入银行贷款“黑名单”,会对企业发展、劳动力就业和全市经济社会稳定造成一定的影响。于是邀请人民监督员等各界代表召开公开听证会,参会人员一致同意对J公司等6家企业及其负责人作不起诉处理。检察机关当场公开宣告不起诉决定,并依法向住建部门提出对6家企业给予行政处罚的检察意见,同时向6家涉案企业发出检察建议,要求企业围绕所涉罪名及相关领域开展合规建设,并对合规建设情况进行跟踪监督。最后举办检察建议落实情况公开回复会,对合规建设情况进行验收,从源头上避免再发生类似违法犯罪问题,取得了良好的社会效果。企业合规,实际上就是企业负责人进行合规建设。本案当中,没有说明对企业负责人进行变更,实际上就是涉案的企业负责人在案发之后,配合检察机关进行企业合规建设,并最终获得了“企业及其负责人作不起诉处理”的优遇。这实际上就是本文所提倡的“企业家合规不起诉”的体现。

四、结论

我国检察机关目前借助企业合规所欲达成的目标是,既放过企业又放过企业家。这种目标与企业合规的理念冲突,也有违反罪刑法定原则之嫌。更为重要的是,对国内企业实施这种特别的企业合规优遇,不仅会和我国政府鼓励到海外投资的企业以及央企按照国际标准进行合规建设的政策冲突,而且也不利于我国企业以平和的心态到海外参与国际市场的竞争。从企业的长远发展来看,即便是对中小企业,也不应当滥用企业合规不起诉的理念,以司法制度的方式赋予其特权,从而让其从一开始就不认真对待企业内部治理。

当然,如果一定要变通的话,也只能在不改变企业合规基本宗旨的前提之下进行。其实,我国当前实务中处理的所谓企业(单位)犯罪,绝大多数都可以认定为企业中的个人,即企业主管人员的犯罪。在这种现实之下,我们完全可以在承认企业家个人犯罪的前提之下,借助现有的认罪认罚制度,考虑企业犯罪中相关个人的主观恶性较小、事后弥补损失、修复法益等情形，并根据企业的实际情况建立包括企业合规制度在内的整改措施，以表达不重蹈覆辙的决心，对犯罪的企业家个人进行酌定不起诉，从而达到防止“抓了一个企业家，整垮一个企业，砸了一批人的饭碗”的局面。这样理解，不仅不会和企业合规的本意相左，而且还会消除企业合规不起诉制度于法无据的缺陷，并与赴海外投资企业、央企中所推行的企业合规的理解保持一致。

论企业合规考察的适用条件*

李奋飞**

一、问题的提出

基于优化营商环境、保护民营企业的初心，中国检察机关于2020年3月开启了“企业合规监管试点”的改革探索（以下简称“企业合规改革”），并确定了深圳市宝安区人民检察院等六家检察机关作为试点单位，一定程度上标志着“企业合规改革”在中国正式拉开帷幕。2021年4月，最高人民检察院发布了《关于开展企业合规改革试点工作方案》，启动了第二期“企业合规改革”试点工作。第二期改革试点范围较第一期有所扩大，涉及北京、辽宁、上海、江苏、浙江、福建、山东、湖北、湖南、广东等十个省（直辖市）。上述省级检察院可根据本地情况，自行确定1至2个设区的市级检察院及其所辖基层院作为试点单位。2021年6月3日，最高人民检察院、司法部、财政部、生态环境部等九部门联合发布的《关于建立涉案企业合规第三方监督评估机制的指导意见（试行）》（以下简称《指导意见》）明确规定，检察机关在办理涉企犯罪案件过程中，应当将第三方组织合规考察书面报告、涉案企业合规计划、定期书面报告等合规材料，作为依法作出批准或者不批准逮捕、起诉或者不起诉以及是否变更强制措施等决定，提出量刑建议或者检察建议、检察意见的重要参考。这意味着，企业合规改革的着眼点在于将企业合规激励机制引入批捕、公诉等制度之中，并使之成为对涉罪企业和负有责任的企业高管等自然人作出从宽处理的重要依据。从最高人民检察院2021年6月3日公布的4起企业合规典型案例来看，检察机关是通过将合规建设与酌定不起诉、认罪认罚从宽制度、检察建议等方式来激励涉罪民营企业进行合规整改的。而从合规引入公诉制度的路径来看，“合规不起诉”的实现路径大体上又具有检察建议和合规考察两种

* 本文原载《法学论坛》2021年第6期。

** 李奋飞，中国人民大学法学院教授，博士生导师。

模式。[①]

虽然检察建议模式具有制发对象、时间灵活等优势,[②]但是从有利于激励涉罪企业建立行之有效的合规计划方面来看,合规考察模式却有着检察建议模式所不具有的优势。这是因为,在合规考察模式下,检察机关通常会在审查起诉过程中,为那些被纳入合规考察的涉罪企业、相关责任人等设立一定的考察期,涉罪企业出具合规建设与接受考察承诺书,并在考察期内根据合规计划,完善企业治理结构,健全管理规章制度,规范生产经营模式,进而在考察期结束后综合其合规建设情况、犯罪情节等决定是否给予起诉。[③] 从试点实施以来的情况来看,几乎所有被纳入合规考察的涉罪企业和相关责任人,在经过6至12个月的合规考察之后,[④]都获得了不起诉、轻缓量刑建议等宽大的刑事处理。

企业合规改革的大力推行,不仅会影响乃至改变检察机关在企业犯罪治理中的角色扮演,[⑤]也会带来检察裁量权在涉企刑事案件中的扩张,尤其是在合规考察对象的确定上,检察机关必然拥有较大的裁量权。不同检察官之间的观念、办案习惯等方面的差异,难免发生"选择性"适用合规考察的问题,导致现实中类似企业犯罪处理不一致的情况。这无疑容易引发人们对检察机关主导的合规考察的正当性、公平性和平等性的怀疑。好在,目前正在探索的"合规不起诉"本质上属于酌定不起诉的一种类型,检察机关由于普遍将自然人刑事责任追究与企业刑事责任的追究"捆绑"在一起。[⑥] 受现行《刑事诉讼法》的限制,试点检察机关通常也只是将相关责任人依法可能判处三年有期徒

① 有学者将合规考察模式概括为附条件不起诉模式。参见陈瑞华:《刑事诉讼的合规激励模式》,载《中国法学》2020年第6期。

② 参见李奋飞:《论企业合规检察建议》,载《中国刑事法杂志》2021年第1期。

③ 参见王春:《"合规考察"护航民企健康发展》,载《法治日报》2020年9月23日,第4版。

④ 有观点认为,短期考察可能只能看到企业刑事合规的设计方案,但这不是真正的、全面的合规管理,应当至少以三年为维度。参见郭小明、刘润兴:《如何确保刑事合规计划得以有效实施》,载《检察日报》2021年8月6日,第3版。

⑤ 有观点认为,应推动检察职能由注重事后、消极预防向事前、积极预防转变,使检察机关成为企业治理结构变革的推动者。参见李勇:《检察视角下中国刑事合规之构建》,载《国家检察官学院学报》2020年第4期。

⑥ 有学者指出,理顺犯罪单位与其成员之间的罪责关系,对完善单位犯罪立法、指导惩治单位犯罪实践具有重要意义。参见叶良芳:《论单位犯罪的形态结构——兼论单位与单位成员责任分离论》,载《中国法学》2008年第6期。

刑以下刑罚的涉企轻微刑事案件作为“合规不起诉”的适用对象,且酌定不起诉的适用程序长期以来掌握得比较严格,检察官不敢、不愿适用酌定不起诉制度,⑦加上改革以来“合规不起诉”的案例还很少发生,人们对合规考察中检察裁量权滥用的担忧尚不是很大。

但是,随着企业合规改革的持续推进,未来立法上或将增设企业犯罪附条件不起诉制度,⑧合规考察的适用范围也将得到更加广泛的扩展,这必将赋予检察机关更大的自由裁量权。相应地,合规考察中检察裁量权被滥用的风险也会增加。改革决策者有必要未雨绸缪,认真对待涉罪企业合规考察制度的适用条件。本文将立足于涉罪企业合规考察制度建构的视角,以域外企业犯罪暂缓起诉协议和不起诉协议的适用条件为镜鉴,结合一些试点检察机关对合规考察制度的初步探索,从对象条件、证据条件、公益条件、配合条件、合规条件、补救条件六个方面,对合规考察的适用条件进行评析和重塑,以为合规考察的适用确立更多的约束条件,从而对检察机关在合规考察对象确定上的裁量权进行规范。

二、企业合规考察的对象条件

在企业合规改革的探索过程中,合规考察的适用对象问题,既是争议较大的问题,也是非常重要的问题。目前,试点地区的检察机关基本上将合规考察制度的适用对象设定为“相关责任人”可能被判处三年有期徒刑以下刑罚的涉企刑事案件。而且,合规考察制度不仅可以适用于公司、企业等实施的单位犯罪案件,也可以直接适用于公司、企业实际控制人、经营管理人员、关键技术人员等实施的与生产经营活动密切相关的个人犯罪案件。此外,合规考察制度的适用对象,大多是“中小微民营企业”。这一切,既背离了企业合规“放过企业,严惩责任人”的基本原理,也影响了合规考察制度的实施效果,还限制了企业合规改革的空间。在企业合规改革如火如荼的大背景下,研究合规考察制度的适用条件,首先需要认真研究合规考察制度的适用对象问题。具体而言,合规考察制度是否应单独适用于“企业家”?如果合规考察制度只应适用于涉罪企业,那么是适用于“中小微民营企业”还是“大企业”?是适用于“轻微企业犯罪”还是“严重企业犯罪”?如果应适用于严重企业犯罪,那么是否应对

---

⑦ 参见童建明:《论不起诉权的合理适用》,载《中国刑事法杂志》2019年第4期。

⑧ 参见李勇:《企业附条件不起诉的立法建议》,载《中国刑事法杂志》2021年第2期。

“非系统性企业犯罪案件”和“系统性企业犯罪案件”予以区别对待？这些问题能否得到较好解决，将在很大程度上决定企业合规改革的未来走向。

(一)合规考察不应单独适用于“企业家”

在美国，审前转处协议制度最初只是专门针对自然人轻微犯罪(初犯、偶犯、非暴力犯罪)而创设的，并不适用于法人犯罪。[⑨] 自20世纪90年代以来，联邦检察官逐步将其适用到法人犯罪案件的处理。也就是说，目前审前转处协议制度既可以适用于涉嫌轻微犯罪的自然人，也可以适用于涉嫌经济犯罪的企业，但适用于自然人的审前转处协议制度与企业合规并无关系。在检察官与涉罪企业达成审前转处协议的案件中，被不起诉的通常也只是企业，而不是涉嫌犯罪的自然人。根据美国《联邦检察官手册》的规定，检察官在决定是否与涉罪企业达成审前转处协议时，要重点考虑针对需要为企业违法行为直接负责的个人的起诉是否充分。这意味着，检察官通过审前转处程序的运用，不起诉的通常只是涉罪企业，并非企业中涉嫌犯罪的自然人，即“放过企业，惩办责任人”。在对负有责任的自然人起诉不充分时，还可以选择对企业起诉，而不能“既放过企业，也放过责任人”。[⑩] 英国、法官、加拿大、新加坡等国家确立的暂缓起诉协议制度都仅适用于涉嫌犯罪的企业，而不适用于涉嫌犯罪的自然人。毕竟，企业合规是在企业内部针对合规风险所建构的一套预防违法犯罪的管理体系，是“企业自身的合规”，而不是“企业家的合规”。[⑪]

在企业合规改革试点探索过程中，有的检察机关将合规考察制度直接适用于公司、企业实际控制人、经营管理人员、关键技术人员等自然人实施的与生产经营活动密切相关的犯罪案件。对此做法，《指导意见》显然给予了肯定。《指导意见》第3条明确规定：“第三方机制适用于公司、企业等市场主体在生产经营活动中涉及的经济犯罪、职务犯罪等案件，既包括公司、企业等实施的单位犯罪案件，也包括公司、企业实际控制人、经营管理人员、关键技术人员等实施的与生产经营活动密切相关的犯罪案件。”虽然该条规定的是第三方监管

⑨ 参见叶良芳：《美国法人审前转处协议制度的发展》，载《中国刑事法杂志》2014年第3期。

⑩ 参见黎宏：《企业合规不起诉：误解及纠正》，载《中国法律评论》2021年第3期。

⑪ 参见陈瑞华：《企业合规不起诉制度初步研究》，载《中国刑事法杂志》2021年第1期。

机制的适用范围,但实际上也划定了合规考察制度的适用范围。[12] 检察机关之所以将合规考察制度单独适用于"企业家"的个人犯罪,其目的主要是在于"加大对民营企业的刑事保护力度"。民营企业不仅规模普遍较小,而且规范意识整体较差,[13]甚至很多中小微民营企业就连现代公司治理结构都没有建立起来,导致一些"企业家"完全左右了企业的命运。如果办案机关不能对这些号称企业"灵魂人物"的"企业家"慎捕、慎诉,而是"够罪即捕""够罪就诉",无疑会对企业的生存和发展带来严重影响,甚至极有可能出现"案子办了,企业垮了"的局面。正因如此,才有学者认为,检察机关推行"企业合规改革"的目的,"与其说是保护企业,倒不如说是保护企业的经营者或者责任人"。[14]

在审查批捕、审查起诉过程中,如果检察机关发现该"企业家"所掌控的企业在经营管理上存在合规风险,而向其发出合规检察建议,督促其开展合规建设,也具有合法性、正当性和可行性。但是,在仅有"企业家"构成犯罪的涉企案件中,将"企业家"所在的企业纳入合规考察对象,为其确定合规考察期限,并根据企业的合规整改情况,作为对"企业家"宽大处理的重要考量因素,却有待商榷。毕竟,合规考察不仅具有保护功能,也具有惩罚功能(因此其才能更有效地替代刑罚)。这种惩罚功能体现在,企业一旦被纳入合规考察,就需要承担诸如积极配合、补救挽回、提交合规计划、接受合规监管等义务。因此,在企业并未被作为追诉对象的情况下,检察机关对其适用合规考察,并以企业的合规建设作为放过"企业家"之理由,既有悖企业合规的基本原理,也有违罪刑法定原则之嫌。未来应当将合规考察制度适用到企业涉嫌犯罪的案件之中,并尽可能"放过企业";对于"企业家"单独实施的犯罪,如果可能被判处三年有期徒刑以下刑罚,且"企业家"认罪认罚的,也可以对其裁量"出罪"。如发现"企业家"所掌控的企业在预防违法犯罪方面制度不健全、未落实,管理不完善,存在违法犯罪隐患,需要及时消除的,可以向企业制发检察建议,以督促、引导和帮助其建章立制、堵塞漏洞、合规经营。

---

[12] 当然,并非所有纳入合规考察的案件都需要适用第三方监管。需要适用第三方监管的案件应该只限于那些合规难度较大、需要专业指导的案件,对于一般案件,可以交由企业在检察官的监督下完成自我整改。

[13] 参见陶朗逍:《民营企业刑事合规的解构与展望》,载《浙江工商大学学报》2021 年第 1 期。

[14] 参见黎宏:《企业合规不起诉:误解及纠正》,载《中国法律评论》2021 年第 3 期。

（二）合规考察应适用于重大的企业犯罪

在美国，原则上所有的企业犯罪案件都可以适用暂缓起诉协议和不起诉协议。当然，具体到个案的处理中，则需要由检察官根据犯罪情节等因素进行裁量。从其审前转处程序的实践运行来看，在一些造成了人身伤亡等严重后果的案件中，检察官也选择适用了暂缓起诉协议或不起诉协议；在英国，暂缓起诉程序适用于《2013 年犯罪与法庭法》附件 17 第 2 条第 15～28 款规定的特定罪名，主要包括欺诈、贿赂、伪造文书、内幕交易、洗钱；在新加坡，暂缓起诉协议也仅适用于贿赂、腐败、洗钱、操纵市场、伪造账号、使用犯罪所得等经济犯罪。在法国，基于公共利益的司法协议（public interest judicial agreement）只适用于企业涉嫌的腐败、内幕交易、洗钱等特定违法行为。

而中国检察机关推进的企业合规改革试点，却基本上将相关责任人可能被判处三年有期徒刑以下刑罚的轻微企业犯罪案件作为合规考察的适用对象。在个别地方检察机关制定的规范性文件中，虽然合规考察可以适用于相关责任人依法应当被判处三年以上十年以下有期徒刑的较为严重的企业犯罪，但却需要具有“自首情节或者在共同犯罪中系从犯，或者直接负责的主管人员、其他直接责任人员具有立功表现的”等条件。试点地方的检察机关之所以将合规考察的适用对象限定为相关责任人可能被判处三年以下有期徒刑的案件，主要是基于合规考察之后需要通过裁量不起诉对企业“出罪”，而现行的裁量不起诉正是以“犯罪情节轻微”为基础条件的。而“犯罪情节轻微”在司法实践中通常又被认为是可能判处的宣告刑在三年以下有期徒刑的行为。加之我国追究单位刑事责任是以自然人刑事责任为出发点的，[⑮]单位刑事责任与自然人刑事责任未作适当的分离，这导致只有相关责任人员可能被判处三年以下有期徒刑的轻微企业犯罪，才能被检察机关纳入合规考察的对象，并在实施有效合规计划的基础上，获得“出罪”的机会。有研究者在其提出的企业附条件不起诉的立法建议中，也是将单位犯罪附条件不起诉限定为可能判处三年以下有期徒刑的案件。[⑯] 这种以相关责任人可能被判处的刑罚来决定是否对企业“出罪”的做法，大大限制了合规考察制度的适用空间，难以激励更多的涉罪企业建构或完善合规计划。

---

⑮ 参见周振杰：《企业刑事责任二元模式研究》，载《环球法律评论》2015 年第 6 期。

⑯ 参见李勇：《企业附条件不起诉的立法建议》，载《中国刑事法杂志》2021 年第 2 期。

实际上,是否应对涉罪企业适用合规考察,也即是否应当对涉罪企业特别出罪,检察机关应当考量的重点,不应是犯罪情节,而应是起诉是否会给社会带来过大的负效应。⑰ 因此,即使相关责任人员可能被判处三年乃至十年以上有期徒刑的企业犯罪案件,无论是系统性企业犯罪,还是非系统性企业犯罪,⑱ 检察机关都可以将其纳入合规考察对象,并通过或将在立法上增设的企业附条件不起诉对涉罪企业予以“出罪”。只是对系统性企业犯罪适用合规考察,检察机关应当要求涉罪企业更换管理层,并接受第三方监管。

值得肯定的是,《指导意见》第5条亦未排斥重大企业犯罪案件适用企业合规试点,仅仅规定具有个人为进行违法犯罪活动而设立公司、企业的,公司、企业设立后以实施犯罪为主要活动的、公司,企业人员盗用单位名义实施犯罪的,涉嫌危害国家安全犯罪、恐怖活动犯罪的等几种情形的,不适用企业合规试点。当然,这并不意味着,所有企业犯罪案件不论轻重都适宜纳入合规考察。为实现司法资源在企业犯罪“出罪”程序中的优化配置,未来检察机关应考虑建构“合规不起诉”的二元模式,对于轻微企业犯罪案件,应通过“裁量不起诉+合规检察建议”的方式来激励涉罪企业进行合规整改,对于重大企业犯罪案件,则应通过“附条件不起诉+合规考察制度”来激励涉罪企业建构或完善合规计划。

(三)合规考察应更多地适用于“大企业”

美国的审前转处协议制度并未明确适用对象的企业规模。但是,按照《霍尔德备忘录》的要求,检察官在处理企业犯罪时需要考虑附带后果,包括对不负个人责任的股东和雇员的伤害比例。《菲力浦备忘录》明确指出:“……如果对法人定罪判刑会给无辜的第三人带来极其严重的负面后果,则应当考虑适用不起诉协议或暂缓起诉协议,明确其守法和不得重犯等义务。”对企业犯

⑰ 参见陈学权、陶朗逍:《企业犯罪司法轻缓化背景下我国刑事司法之应对》,载《政法论丛》2021年第2期。

⑱ 有学者根据发生在企业内部的犯罪行为究竟是由企业集体决策实施,还是由关联人员实施后企业承担连带性刑事责任,将企业犯罪区分为系统性企业犯罪和非系统性企业犯罪。在其看来,对于非系统性企业犯罪案件,无论情节轻重,都可以适用合规考察制度。而对于系统性企业犯罪,合规考察没有太大的适用空间。只有那些情节轻微的案件,检察机关才可以给予企业适用合规考察的机会,并将建立有效合规计划作为情节轻微的依据,从而作出不起诉的决定。参见陈瑞华:《企业合规出罪的三种模式》,载《比较法研究》2021年第2期。

罪的刑事追诉,会使投资者、股东、员工、合作伙伴、客户等无辜的第三人的利益受到殃及。企业规模越大,受到殃及的人也就越多,即附带后果越显著。因为,相对“中小微企业”而言,“大企业”不仅拥有更多的投资者、股东、员工、合作伙伴、客户等,其所涉嫌的案件往往情况也更为复杂,一旦对涉罪的“大企业”予以起诉,不仅会消耗更多的司法资源,也会引发诸如企业倒闭、员工失业、经济滑坡等更为严重的附带后果。

以直接导致美国对涉案企业起诉政策进行重大调整的安达信事件为例。作为前美国最大和最成功的会计咨询公司之一,安达信一度在全球85个国家和地区设有390个分支机构,员工总数达到85,000人,全球营业额曾达到93亿美元。受到安然倒闭的影响,在被指控财务欺诈的过程中,安达信被指控妨碍司法公正,因为安达信的休斯敦事务所销毁了与安然财务报表相关的审计文件。安达信被起诉后,证监会就要求其停止从事上市公司的审计业务,这事实上等于令其关门歇业,其客户迅速流失,特别是在其被判有罪后,从事注册会计业务的资格被暂停,致使其几乎失去了所有的客户。虽然美国联邦最高法院后来以初审法院对陪审团的指示存在程序错误为由撤销了其有罪判决,但是其所遭受的损害已经无法挽回。当其最后倒闭时,仅在美国就造成了28,000名员工失业,甚至引发了“水波效应”,使美国经济受到严重影响。为了回应因安达信的倒闭所遭受的指责,美国司法部迅速制定了关于起诉企业的修订指南,并开始增加不起诉协议和暂缓起诉协议在企业犯罪中的适用。2018年,美国与涉案企业达成暂缓起诉协议或者不起诉协议约为24件;2019年,为32件;2020年,为38件。2000年至今,总计已超过580件。实证表明,司法部更经常地对大型企业适用暂缓起诉协议或者不起诉协议。

英国自2013年通过《犯罪与法院法》引入暂缓起诉协议制度以来,截至2020年4月,共与标准银行、劳斯莱斯、特易购等11家企业达成了合规不起诉协议。这11家企业都属于大型企业。法国自2016年通过《萨宾第二法案》确立暂缓起诉协议制度(也称“基于公共利益的司法协议”)以来,负责起诉严重金融犯罪的金融检察官办公室(PNF)共与涉嫌洗钱犯罪的汇丰银行瑞士支行等11家企业达成和解协议。这11家企业也都是大型企业。大型企业不仅具有缴纳大额罚金和罚款、承受合规监管成本的经济能力,也实现了企业经营权和所有权的分离,通常还具有较为完善的内部合规机制。检察机关对其适用合规考察,既可以在得到涉罪企业积极配合的情况下降低执法成本,也可以通过涉罪企业积极实施“法益修复”、承担合规监管成本等方式在一定程度上实现惩罚涉罪企业、形成威慑作用的目的,还可以通过合规监管敦促涉罪企业重建合规计划,变革治理方式和经营模式,加强对员工尤其是高管的合规管理,逐步形成一种合规经营的企业文化,从而有效地预防企业再次实施同类违法犯罪。此外,对大型企业适用合规考察,遵循“放过企业,惩罚责任人”的合规理念,不仅不会影响企业的正常运营和存续,反而有助于提升企业主管或职员在企业经营中的规范性和正当性。⑲

而从我国企业合规改革探索的情况来看,检察机关基于避免“办了一个案子,垮了一家厂子,下岗一批职工”的考虑,主要将一些具有“家族企业”或“个人独立企业”性质的涉案“中小微民营企业”纳入了合规考察的对象。这些企业通常既没有缴纳高额行政罚款、承受合规监管成本的经济能力,也往往未能建立起“产权明晰、权责明确、结构规范、制度完善、管理科学”的现代公司治理结构,即使检察机关将其纳入合规考察对象,怕也难以促使其建立起行之有效的合规计划。一套有效的合规计划至少包含四个要素:一是制定一部合规宪章;二是建立独立、权威和有资源保障的合规组织体系;三是针对特定合规风险指定合规政策和员工行为指南;四是针对合规风险建立预防、监控和应对等三大合规实施程序。⑳ 显然,指望合规基础较差的“中小微企业”通过短时间的合规考察建立具备上述要素的合规计划是不现实的。未来,随着企业合规改革的持续推进,检察机关应当将合规考察制度更多地适用于大型企业尤其是上市公司,激励其完善合规管理体系,发挥合规计划减少和预防同类违法犯罪的作用。当然,刑事合规是所有类型企业都应当遵守的经营底线。㉑ 不过,对于涉嫌犯罪的“中小微企业”,检察机关则应更多地通过“酌定不起诉+合规检察建议”的方式,激励其“健全制度、加强管理、堵塞漏洞”,从而降低再次违法犯罪的可能性。即使对“中小微企业”适用合规考察,也不能要求其建构高标准的刑事合规计划,但“标准应当具备预防机制、识别机制和反应机制及

⑲ 参见唐益亮:《新加坡企业合规不起诉的结构与特色》,载《人民法院报》2021年7月23日,第8版。

⑳ 参见陈瑞华:《有效合规计划的基本标准——美国司法部〈公司合规计划评价〉简介》,载《中国律师》2019年第9期。

㉑ 参见陶朗逍:《民营企业刑事合规的解构与展望》,载《浙江工商大学学报》2021年第1期。

其中的部分核心要素，对核心要素的具体要求可以视情况降低”。[22]

三、企业合规考察的证据条件

在美国，无论是处理公司犯罪，还是处理自然人犯罪，检察官在进行公诉裁量时都遵循着同样的证据标准。美国律师协会《关于检察职能的刑事司法标准》就“提起和维持公诉的最低要求”规定：“(1)只有在合理地相信有合理根据支持指控、可采证据足以排除合理怀疑地支持定罪，并且决定起诉符合司法利益时，检察官才能寻求或者提出犯罪指控。(2)提起公诉以后，只有当检察官继续合理地相信存在合理根据、可采证据足以排除合理怀疑地证明支持定罪时，检察官才能维持公诉。”显然，检察官对涉罪企业适用审前转处程序也遵循着该最低要求；在英国，检察官在裁量是否适用暂缓起诉协议时，首先就要判断案件是否符合证据条件，即是否有“足以定罪的现实预期”或者“低证明标准”，能够证明“有构成犯罪的合理怀疑”，而且“合理时间内继续调查，能否发现足以达到较高标准证据的合理可能”；在加拿大，只有检察官认为有合理的定罪可能，才可以与指控犯有罪行的组织进行“补救协议”的谈判。

我国检察机关在企业合规改革探索中，对涉罪企业适用合规考察制度，也坚持了“案件事实清楚，证据确实、充分”的法定证明标准。例如，《深圳市宝安区人民检察院企业犯罪相对不起诉适用改革机制试行办法》第4条明确规定：对犯罪嫌疑企业适用相对不起诉，应符合以下条件：(一)犯罪事实清楚、证据确实充分的……再如，辽宁省人民检察院等机关联合制定的《关于建立涉罪企业合规考察制度的意见》(以下简称《合规考察意见》)第6规定：对涉罪企业适用合规考察制度的案件应当同时符合下列条件：……(二)犯罪事实清楚，证据确实、充分……这意味着，如果检察机关在审查起诉过程中发现在案证据不足以认定企业涉嫌经济犯罪的，不能对其适用合规考察制度。

毕竟，当前试点地区检察机关在适用合规考察制度时，都要求涉案企业签署认罪认罚具结书，而按照“两高三部”《关于适用认罪认罚从宽制度的指导意见》的要求，办理认罪认罚案件，仍需坚持法定证明标准，提起公诉应当做到犯罪事实清楚，证据确实、充分，防止因犯罪嫌疑人、被告人认罪而降低证据要求和证明标准。对犯罪嫌疑人、被告人认罪认罚，但证据不足，不能认定其有

---

[22] 参见李玉华：《有效刑事合规的基本标准》，载《中国刑事法杂志》2021年第1期。

罪的,检察机关只能依法作出不起诉决定。而且,即使涉罪企业被纳入合规考察程序,后续也可能因为实施新的犯罪、被发现漏罪需要追诉、合规计划存在虚假记载、重大遗漏、拒不实施或变相不实施合规计划、拒不配合考察机关监督考察等被终止合规考察,或者合规整改达不到验收标准,即未能在考察期内实施有效的合规计划,检察机关仍然可能会对其提起公诉。

特别是从保护民营企业的角度出发,也不应当放宽合规考察案件的证据条件。如果允许检察官在证据较为薄弱的情况下与涉罪企业就案件是否适用合规考察制度进行协商,不仅会导致合规考察案件质量下降,也不能响应“能不捕的就不捕,能不诉的就不诉”的刑事政策。只有坚持法定证明标准,才能有效防止检察机关滥用合规考察制度,侵犯涉罪企业的合法权益。对于事实不清、证据不足的涉企案件,检察机关如果发现涉罪企业经营管理上存在合规漏洞和风险,可以在作出存疑不起诉决定后,向其发出合规检察建议,以督促其针对违法犯罪事实,进行有针对性的合规整改,防止其再次实施同类违法犯罪。

四、企业合规考察的公益条件

公共利益考量是现代各国检察机关进行公诉裁量时应遵守的一项基本原则。㉓ 检察机关处理公司犯罪案件更不例外。公共利益考量还被看作美国企业犯罪审前转处程序建立的核心考量。㉔ 英国法律还为检察官适用暂缓起诉协议确立了公共利益条件,即采用暂缓起诉协议更加符合公众利益。㉕ 当然,“公共利益”的衡量是较为复杂的,就一般案件而言,“公共利益”考量因素至少包括:罪行的严重性、犯罪的情节、被害人及相关损害、案件对社会的影响、起诉的恰当性、案件信息的来源与公开等。对于企业犯罪,2014 年《暂缓起诉协议守则》又从正反两个维度对额外的“公共利益”考量因素进行了较为详细的列举(强调非穷尽式列举):一是支持起诉的额外公共利益因素。包括类似的行为历史(包括先前针对公司和/或其董事/合伙人和/或大股东的刑事、民事、监管执法行动);被指控的行为是公司既定商业惯例的一部分;该罪行是在

㉓ 参见李玉萍:《论公诉裁量中的公共利益衡量》,载《政法论丛》2005 年第 1 期。

㉔ 参见陶朗逍:《美国企业犯罪的审前转处协议研究》,载《财经法学》2020 年第 2 期。

㉕ 参见杨宇冠、张沈锲:《英国 DPA 在处理公司刑事合规案件中的适用及借鉴》,载《经贸法律评论》2021 年第 2 期。

该公司没有(有效的)合规计划时犯下的,而且自那以后,该公司的合规计划也没有明显改善;该公司此前曾受到警告、制裁或刑事指控,但仍继续从事此类行为,或未能采取足够行动来预防未来发生的非法行为;在发现违法行为后,没有在合理时间内报告违法行为;报告违法行为,但未核实的,或在明知或确信其不准确、具有误导性或不完整的情况下报告的;直接或间接对违法行为的受害者造成重大损害的,或对市场、地方、国家政府的廉洁性或公信力造成重大不利影响的。二是不支持起诉的额外公共利益因素。包括合作;公司和/或其董事/合伙人和/或大股东没有类似的犯罪、民事、监管执法行为的前科;公司在违法行为发生时和报告时均有积极的合规计划,虽然在当时未能奏效;违规行为代表的是个人的孤立行为;违法行为不是最近才发生的,目前形式下的公司已经与违法行为发生时的公司有本质上的不同。例如,公司可能已被其他机构接管;公司已不在相关行业或市场经营;公司的管理团队可能已经完全改变;可能会对所有负有责任的个人采取纪律处分(包括酌情解雇);公司结构或流程已进行了调整,以最大限度地降低了再犯的风险。

在加拿大,就公共利益的衡量而言,检察官必须考虑以下因素:调查当局注意到构成犯罪基础的作为或不作为的情形;该作为或不作为行为的性质、严重性及其对受害者的影响;该组织高级管理人员参与该作为或不作为的程度;该组织是否对涉及该作为或不作为的人采取了纪律处分,包括终止雇用;该组织是否已作出赔偿或采取其他措施,以补救由于该作为或不作为所造成的损害,防止类似行为的再发生;该组织是否已经确定,或表示愿意识别与该作为或不作为有关的不法行为人;该组织(或其代表)是否被裁定犯罪或受到监管机构的制裁,或者该组织是否因类似行为而在加拿大或其他地方订立了先前的补救协议或其他解决方案;该组织或其代表是否被指控犯有其他任何罪行;以及检察官认为相关的任何其他因素。[26]

而在我国,《刑事诉讼法》至今尚未对“公共利益考量”在公诉裁量中的地位和作用作出明确规定。长期以来,检察机关无论是处理自然人犯罪,还是处理企业犯罪,都主要关注犯罪事实,情节是否清楚,证据是否确实、充分,犯罪性质和罪名的认定是否正确,是否应当追究刑事责任等因素,而通常不会对社

㉖ 参见加拿大《刑事法典》附表12“补救协议”(remediation agreements)。

会公共利益进行考量。对于企业犯罪,有些检察官也不大关注起诉涉罪企业可能对企业、员工、投资人、股东、上下游合作伙伴、消费者等无辜第三方造成的严重损害,以及起诉对当地经济、行业的商业信誉、国家的监管信誉可能带来的消极影响。一旦案件被诉到法院,涉罪企业和相关责任人基本上难逃被定罪的命运。这种针对企业犯罪的机械执法,不仅不利于激励涉罪企业和相关责任人积极配合公安司法机关的执法工作,以至于浪费了宝贵的司法资源,也往往会给社会公共利益带来严重损害。[27]

近年来,检察机关已逐步认识到这种忽视"社会效果"考量的企业犯罪处理方式所存在的弊端,针对涉企业刑事案件的刑事司法政策也在悄然变化。最高人民检察院首席大检察官曾多次强调,检察机关在办理涉及民营企业的案件时,要综合运用好刑事司法政策,能不捕的就不捕,能不诉的就不诉,能判缓刑的就提出缓刑的量刑建议,其目的就是防止"案子办了,企业垮了"。有些省级检察机关还专门发布了《查办涉企案件经济影响评估制度》,要求检察机关在查办涉企案件时,评估案件的查处工作可能对企业经营的影响,目的也是把办案可能对经济生活及企业正常经营活动产生的负面影响降至最低。[28] 这意味着,我国检察机关正在为企业犯罪案件的处理注入公共利益考量。

事实上,作为公众利益守护者,检察机关如果在决定对涉罪企业适用合规考察制度时,能够将社会公共利益作为新砝码,不仅可以有效地防止合规考察过程中检察裁量权的不当行使,也可以确保涉企刑事案件的处理能够符合社会公共利益。当然,公共利益衡量无法抽象实现,必须在个案中进行具体分析方能完成。[29] 检察机关在进行公共利益衡量时,应当重点考量企业涉嫌的犯罪性质、情节和危害后果,企业的经营规模、经营状况、纳税情况、容纳就业情况、发展前景,企业是否有违法犯罪前科,企业高层的参与广度、深度,以及起诉企业对没有参与犯罪行为的无辜第三方,诸如企业员工、投资人、股东,以及对企业经营发展、上下游产业链、所在行业和当地经济发展等可能造成的负面影响等因素。如果检察机关认为起诉涉罪企业将可能对社会公共利益造成严重影

---

[27] 参见陈瑞华:《论企业合规的中国化问题》,载《法律科学(西北政法大学学报)》2020 年第 3 期。

[28] 张吟丰、唐龙海:《湖南建立查办涉企案件经济影响评估制度》,载《检察日报》2016 年 3 月 25 日,第 1 版。

[29] 参见王敬波:《政府信息公开中的公共利益衡量》,载《中国社会科学》2014 年第 9 期。

响的,就可以在其他条件符合时将涉罪企业纳入合规考察程序。

五、企业合规考察的合作条件

在美国,《联邦检察官手册》要求检察官在裁量是否对涉罪企业适用审前转处程序时,应考量其是否及时自愿地披露不法行为,以及是否有合作意愿,包括必要时放弃"律师—客户特免权"。甚至企业是否支付给有责任的公司职员律师费都成了检察官考量的因素。在著名的毕马威(KMPG)案中,检察官就以"并没有充分显示合作意愿"为由,要求公司停止对员工的诉讼费用支持,公司也确实停止了对不合作员工的诉讼费用支持。暂缓起诉协议签订后,公司又停止了对受到追诉的员工的诉讼支持,以显示其"完全的合作意愿"。[30]英国也将涉罪企业在合理时间内披露违法行为等合作表现作为不支持起诉的公共利益要素予以考量。涉罪企业没有及时报告违法行为或所报告的内容不能得到证实或者故意报告不准确、不完全、误导性的信息,都是可能阻碍暂缓起诉协议适用的因素。2014 年,英国反严重欺诈办公室与标准银行(Standard Bank PLC)达成了英国历史上第一起暂缓起诉协议。根据这份协议,涉罪公司必须在考验期内与反严重欺诈办公室和其他调查机构进行充分和诚实的合作;在加拿大,涉罪企业是否就其不法行为作出过报告和承认,以及是否与政府保持了合作,也是检察官签署暂缓起诉协议的考量因素之一;在法国,金融检察官办公室与涉罪企业达成和解协议,也要求其承认检察机关提供的事实陈述及其法律意义,也就是承认这些事实构成公司被指控的罪行。但这种承认不等于有罪供述,也不会产生任何犯罪记录。[31]

显然,将是否承认主要指控事实、积极地与执法机关展开合作等因素,作为是否对涉罪企业适用不起诉协议或者暂缓起诉协议的考量条件之一,有利于激励涉罪企业配合执法部门的调查和起诉,进而有利于节约调查资源、提高执法效率。众所周知,随着企业规模的扩大,企业内部的治理结构和经营活动将变得越来越复杂,这使企业犯罪会越来越隐蔽,执法机关调查企业犯罪的难度也将相应加大。[32] 如果涉罪企业基于获得"出罪"机会、从轻处罚的考虑,能够积极地配合执法调查,向执法机关提供相关内部材料,鼓励员工接受执法机

---

[30] 参见李本灿:《域外企业缓起诉制度比较研究》,载《中国刑事法杂志》2020 年第 3 期。

[31] 参见陈瑞华:《企业合规视野下的暂缓起诉协议制度》,载《比较法研究》2020 年第 1 期。

[32] 参见李勇:《检察视角下中国刑事合规之构建》,载《国家检察官学院学报》2020 年第 4 期。

关的询问,帮助执法机关及时收集、固定相关证据,帮助执法机关识别涉嫌违法犯罪的责任人,放弃诸如律师保密特权等相关权利,那么在大大节省执法机关的人力、物力、财力的同时,也可以大大减少执法机关在调查取证等方面的阻碍。

而从我国企业合规改革试点实施以来的情况来看,检察机关普遍将涉罪企业和相关责任人签署认罪认罚具结书作为适用合规考察制度的前提条件。例如,《合规考察意见》第6条就将涉罪企业及直接负责的主管人员和其他直接责任人员对主要犯罪事实无异议,且自愿认罪认罚作为适用合规考察制度条件之一;再如,《深圳市宝安区人民检察院企业犯罪相对不起诉适用机制改革试行办法》第4条也将“自愿认罪认罚”作为对犯罪嫌疑企业适用相对不起诉机制的条件之一。最高人民检察院发布的企业合规改革试点典型案例,也强调了认罪认罚从宽制度在企业合规改革中的载体意义。认罪认罚从宽处理制度没有适用罪名和可能判处刑罚的限定,所有刑事案件包括企业犯罪案件都可以适用。[33] 在改革的初期,试点检察机关将合规考察制度与认罪认罚从宽制度紧密结合在一起,确实具有一定的合理性。这不仅是因为二者同属合作性司法模式,也是因为只有涉罪企业“自愿承认指控的犯罪事实”,才能体现出对执法机关的配合,也才能进行实质性的合规整改。但是,考虑到作为一种崭新的司法制度,合规考察制度的价值目标毕竟与认罪认罚从宽制度有明显的不同,认罪认罚从宽制度以节约司法资源、提高诉讼效率为主要目标,而合规考察的价值目标则更多地侧重于推动企业变革治理结构,预防其再次实施同类违法犯罪,未来的制度设计还是应将二者加以剥离,使合规考察制度的启动既能体现合作性司法的理念,又可不以涉罪企业签署认罪认罚具结书为前提,甚至可以不要求涉罪企业“认罪”。只要涉罪企业能够自愿承认“主要指控事实”,检察机关就可以结合涉罪企业在侦查阶段中的配合情况,来决定是否对其适用合规考察。

不过,由于企业犯罪在我国主要由公安机关、监察机关立案侦(调)查,检察机关一般只能在案件符合犯罪事实清楚、证据确实充分等起诉条件被移送审查起诉后,才能通过听取侦查机关、调查机关的意见等途径,对涉罪企业的

---

[33] 参见“两高三部”《关于适用认罪认罚从宽制度的指导意见》第5条。

配合情况有更为全面的了解,这显然不利于对涉罪企业尽快启动合规考察,不仅影响了保护涉罪企业的效果,更无法通过合规考察制度激励涉罪企业配合侦(调)查,从而难以发挥合规考察节约调查资源、减少调查阻碍的功能。而且,检察机关通过合规考察对涉罪企业"出罪",使侦查成果被否定,还容易引发侦(调)查机关的排斥。而没有侦(调)查机关的必要配合和支持,企业合规改革怕是很难取得成功的。为此,在短期内不大可能赋予检察机关直接侦办企业犯罪权限的背景下,应明确检察机关可在企业犯罪案件中提前介入侦(调)查程序,未来如果可以针对企业犯罪确立"暂缓立案"程序,还应允许检察机关介入此程序中来,以便可以及时跟进案件进展,听取侦(调)机关的意见和建议。这样,侦(调)查机关既可以全面、细致、客观地收集证据,也可以在案件基本符合合规考察的条件时,能够尽早地与涉罪企业就合规考察展开协商、对话,从而激励涉罪企业积极配合侦(调)查,提升企业犯罪案件的侦(调)查效率。

六、企业合规考察的合规条件

"企业是否已经建立了合理、适当的合规计划",是美国司法部的指导文件要求检察官在裁量是否对涉罪企业适用审前转处程序的重要考量因素。在实践中,对于那些已经建立了合规计划但合规计划有待完善的涉罪企业,检察官更愿意通过审前转处程序来督促其完善合规计划,以实现刑罚的惩罚、威慑和矫正功能。在英国,反重欺诈办公室 2014 年发布的《暂缓起诉协议守则》将"违法行为发生时和报告时均有积极的合规计划(虽然在当时未能奏效)"作为促成暂缓起诉协议的考量因素;在加拿大,"企业是否表现出对其商业行为和企业文化加以改革的真诚意愿",是检察官在决定是否签署暂缓起诉协议的考量因素:在法国,《萨宾第二法案》要求检察官在签署暂缓起诉协议时,应考量涉罪企业是否同意在反腐败局的监控下,在第三方独立专家的协助下,在 3 年之内建立或完善合规制度。无论是案发时已经存在适当的合规计划,还是案发后同意完善合规计划,都表明涉罪企业具有犯罪的自我预防意识,其主观恶意和社会危害性较小,而且合规整改的难度也较小,检察机关对其适用合规考察,更可能在考察期内帮助其改善治理结构,消除违法犯罪潜在的原因,从而使合规考察更有可能发挥替代刑罚的预防功能。

在我国企业合规改革的探索过程中,检察机关在决定对涉罪企业适用合规考察制度时，也要审查企业是否具有合规建设的可能或意愿，是否按照要求提交了合格的合规计划或者合规承诺书，以及是否提交了诸如公司介绍、知识产权证明、社保参保凭证、纳税证明、营业执照及各类许可等支持性材料。对于自愿接受合规监督考察的涉罪企业，检察机关可与其签订刑事合规监管协议，由涉罪企业建立健全刑事合规体系，相关责任人应予以协助。按照《指导意见》的规定，涉案企业提交的合规计划，应主要围绕与企业涉嫌犯罪有密切联系的企业内部治理结构、规章制度、人员管理等方面存在的问题，制定可行的合规管理规范，构建有效的合规组织体系，健全合规风险防范报告机制，弥补企业制度建设和监督管理漏洞，防止再次发生相同或者类似的违法犯罪。当然，对于涉罪企业而言，要确保自己所提交的合规计划能够得到检察机关的认可，可能需要聘请合规律师团队，协助其针对企业涉嫌的罪名开展合规自查，调查并分析违法行为发生的原因、企业合规管控的漏洞，只有识别出违法行为背后的管控漏洞，才能明确合规整改的重点和方向。进一步说，应将合规自查作为检察院决定是否对企业适用考察机制的考量因素之一，让合规自查成为涉案企业的“必选动作”。[34]

此外，按照《指导意见》的规定，对于涉案企业自愿适用第三方机制的，试点地区人民检察院可以根据案件情况，决定交由第三方监督评估机制管理委员会选任组成的第三方监督评估组织（以下简称第三方组织），对涉案企业的合规承诺进行调查、评估、监督和考察。第三方组织应当对涉案企业合规计划的可行性、有效性与全面性进行审查，提出修改完善的意见建议，并根据案件具体情况和涉案企业承诺履行的期限，确定合规考察期限。对于负责案件办理的检察机关而言，则应对涉案企业的合规计划、定期书面报告进行审查，向第三方组织提出意见建议。在合规考察期届满后，第三方组织还应对涉案企业的合规计划完成情况进行全面检查、评估和考核，并制作合规考察书面报告，报送负责选任第三方组织的第三方机制管委会和负责办理案件的人民检察院。

不过，就第三方监管人而言，未来首先需要进一步明确其适用条件问题。域外国家大多建立了明确的必要性原则，并非所有案件都应当约定适用监管

---

[34] 参见吴巍、张双：《涉案企业合规考察实务案例分享之二：合规自查应成为涉案企业的“必选动作”》（下），载妙珠律师事务所网站，http://www.cqlsw.net/business/theory/2021072937454.html。

人;只有依据案情,在有限的、必要的情况下,才应当适用监管人。例如,企业没有有效合规计划,或必须有监管人协助其建立内控机制时,才需要约定适用合规监管人。对于已经建立有效合规计划的企业,检察官可以免除其聘请合规监管人的义务。实践中,在合规难度较高的大企业、复杂行业、域外执法等案件中才适用合规监管人。此外,也要考虑企业的经济条件是否能够承受合规监管的成本。只有设置合规监管人的利益明显大于成本时,检察官才会为涉案企业设立监管人。如果在协商协议时,企业的合规及内控体系已经足够有效,且其运行已经投入了恰当的资源,则基本不会对该企业设立合规监管人。同时,还应明确第三方监管人的基本性质、资质、职能、意见冲突解决等细节。另外,当前《指导意见》建立的随机抽选方式,也未能尊重企业在监管人选任过程中的意见,易增加监管工作的难度。可以借鉴域外国家的做法,即检察官提名三人或涉案企业提名三人,由另一方在提名人选中选出监管人。任命企业认可的监管人,是二者配合地落实合规整改工作的重要前提。

七、企业合规考察的补救条件

根据《霍尔德备忘录》的规定,公司是否采取了诸如支付罚金等补救行动,是美国检察官在处理企业犯罪时需要考虑的重要因素之一。罚金额度一般根据《美国联邦量刑指南》要素确定,包括基础罚款额度、罪责评分、最小和最大乘数等,而具体的数额和交付期限则由检察官与涉罪企业协商确定。但总体数额通常不仅包括刑事罚金,还包括企业应付的民事罚金以及损害赔偿。在美国司法部和美国证交会的执法历史上,2008 年对德国西门子公司的罚款创下最高纪录。[35] 西门子公司根据与美国证券交易委员会和美国司法部达成的行政和解协议,分别支付了 3.5 亿美元的不正当利益和 4.5 亿美元的高额罚款。2018 年,美国联邦司法部和纽约南区检察官办公室与法国兴业银行达成暂缓起诉协议,兴业银行同意向美国政府和纽约州政府支付 8.8 亿美元的刑事罚款,以换取联邦和州检察机关在约定的三年考验期内不对其涉嫌共谋犯罪提起公诉。仅在该年内,美国就通过暂缓起诉协议和不起诉协议收回了总额高达 81 亿美元的罚金;[36]在加拿大,检察官在决定是否对涉案企业适用暂缓起诉协议时,也要考量其"是否已作出赔偿或采取其他措施,以补救由于该作

---

[35] 参见陈瑞华:《西门子的合规体系》,载《中国律师》2019 年第 6 期。

[36] 参见陶朗逍:《美国企业犯罪的审前转处协议研究》,载《财经法学》2020 年第 2 期。

为或不作为所造成的损害，并防止类似行为的发生”；在法国，根据《萨宾第二法案》，检察机关签署暂缓起诉协议的条件时，企业需要交纳不超过过去3年平均年营业额30%的罚款。在那些有明确被害人的案件中，企业还需要在1年之内按照约定方式赔偿被害人的损失。2017年，法国金融检察官办公室与涉嫌洗钱犯罪的汇丰银行达成了和解协议。根据该协议，汇丰银行瑞士支行同意支付总额达3亿欧元的罚款和赔偿，其中1.42亿欧元属于对法国的赔偿金，8600万欧元属于对涉案银行利润的没收金，7200万欧元属于对涉案银行的罚款。[37]

可见，欧美等国对暂缓起诉协议和不起诉协议的适用，只是让那些涉罪企业暂时避免了被审判和定罪的命运，但却没有让其完全逃脱处罚。因为，在与执法机关达成和解协议后，涉罪企业大多需要缴纳大额乃至天价的罚款（数额通常要多于其被定罪后所需缴纳的刑事罚金）。如果涉罪企业未能在约定期限内完成缴纳罚金等协议义务，检察官仍然有权继续对其提起诉讼。[38] 这意味着，审前转处程序或暂缓起诉协议的适用，可以使涉罪企业受到严厉的经济处罚，为自己的违法犯罪付出代价，并借此发挥刑罚所固有的惩罚和威慑功能，甚至在惩罚和威慑功能的发挥方面还具有更为理想的效果。[39]

在企业合规改革探索过程中，一些检察机关也将涉罪企业是否有退赃退赔、补救税款、修复环境等补救完损的可能，作为决定是否对其适用合规考察的条件之一。根据《合规考察意见》第6条第2款的规定，检察机关如果要对有被害人的案件适用合规考察制度，涉罪企业须向被害人赔礼道歉、积极赔偿损失；涉嫌危害税收征管犯罪的，涉罪企业应按照税务机关要求补足税款、滞纳金及罚款；涉嫌破坏环境资源保护的犯罪案件，涉罪企业应按照自然资源管理部门或生态环境主管部门要求，足额缴纳环境资源修复相关资金或恢复原状。这种以“补救挽损”为前提条件的合规考察，既在一定程度上保护了国家和社会利益，也特别注意到了被害人获得赔偿的利益诉求。而且，按照《合规考察意见》的规定，在对涉罪企业决定适用合规考察制度前，检察机关必须听取被害人及其诉讼代理人的意见。这显然有助于保障被害人在合规考察案件

---

[37] 参见陈瑞华：《企业合规视野下的暂缓起诉协议制度》，载《比较法研究》2020年第1期。

[38] 参见陶朗道：《美国企业犯罪的审前转处协议研究》，载《财经法学》2020年第2期。

[39] 参见陈瑞华：《企业合规视野下的暂缓起诉协议制度》，载《比较法研究》2020年第1期。

中的知情权、参与权,从而有助于消解被害人对适用合规考察的抵触情绪,避免合规从宽可能引发的"后遗症"。

不过,如前所述,合规考察制度由于主要适用于"中小微企业"特别是一些陷入经营困境的"中小微民营企业",这些"中小微民营企业"有时就连承担赔偿被害人、退款退赃、补交税款、修复环境等补救挽损义务都很困难,更不要说缴纳高额罚款了。此外,我国检察机关作为宪法和法律规定的国家法律监督机关,并不拥有对涉罪企业进行罚款的权力,而只能通过检察建议等方式督促行政机关对涉罪企业进行行政处罚。例如,在 2021 年 6 月 3 日最高人民检察院发布的企业合规改革试点典型案例之一的"张家港市 L 公司、张某甲等人污染环境案"中,检察机关就在对涉罪企业"合规不起诉"后,依法向生态环境部门提出对该公司给予行政处罚的检察意见。2021 年 3 月,苏州市生态环境局根据《水污染防治法》有关规定,对 L 公司作出行政处罚决定。不过,由于公布的信息有限,具体罚款数额还不得而知。但从同批公布的新泰市 J 公司等建筑企业串通投标系列案件来看,罚款数额不可能太高。因为,在新泰市 J 公司等建筑企业串通投标系列案件的合规建设过程中,6 家涉案企业总共只缴纳了 171 万余元行政罚款,这无疑会在一定程度上影响合规考察制度应当发挥的惩罚涉罪企业、教育潜在犯罪企业的功能。未来,检察机关如果能够将合规考察更多地适用于大型企业,并提高罚款额度,这一功能或许并不难实现。因此,就合规考察制度的建构而言,无论是否能够建立起一体化的行政处罚制度,并赋予检察机关实施行政处罚的权力,都必须首先明确要求检察机关将涉罪企业履行"补救挽损"义务作为适用合规考察的前提条件。

八、余论

在美国,检察官在对企业犯罪适用暂缓起诉协议和不起诉协议方面享有极大的裁量权,法官虽可对检察官与涉案企业达成的暂缓起诉协议进行审查,但这种审查基本上是流于形式的。因此,实践中出现检察官滥用自由裁量权遭受质疑的案例也就不可避免。矿业案(upper big branch 矿井)就是一个典型的例子。2010 年 4 月 5 日,位于美国西弗吉尼亚州蒙特考尔(Montcoal)附近的梅西能源旗下的上大煤矿(upper big branch)矿井发生大爆炸,29 名矿工丧生。历经 20 个月的调查,联邦矿业安全与健康监察局(mine safety and health administration)认定这些工人死于上大煤矿矿井中发生的甲烷和煤尘爆炸,这起事故是“完全可以避免的”。经查明,上大煤矿矿井存在300多起违反《联邦矿业安全与健康法》(mine safety and health acts)的行为,其中包括9起导致此次爆炸事故发生的明显违法行为。由于在安全调查中并没有发现任何常见的防范措施,联邦矿业安全与健康监察局的结论是梅西能源的非法政策和行为是导致上大煤矿矿难的根本原因。就在联邦矿业安全与健康监察局发布了一份972页的调查报告,揭露了梅西能源内部的不法行为的同一天,司法部宣布它将与梅西的新东家达成不起诉协议,因此不会对该公司提起刑事指控。该案最终以涉案公司支付2亿余美元的款项、完善合规计划结案。联邦检察官认为不起诉是合理的,因为梅西的新东家已经同意加强其合规项目。甚至,该检察官还将不起诉协议描述为“有史以来针对矿难的刑事调查中最伟大的解决方案”。而有学者则认为,该案达成不起诉协议的解决方式,消解了公司的刑事责任,有违法治精神,与社会公共利益的要求严重不符。[40]

尽管批判的声音一直存在,但是近年在美国仍有检察官在造成人员伤亡的企业犯罪案件中适用暂缓起诉协议的情况。例如,哥伦比亚煤气爆炸案。2020年,尼索思公司(NiSource Inc.)旗下的煤气子公司造成了爆炸事件,1人死亡、22人受伤、周围房屋毁损,调查显示是该子公司的安全管理疏漏造成的,母公司也负有监管不力的责任。最终,子公司被定罪、判刑,但司法部决定与母公司签署为期3年的暂缓起诉协议,并要求其赔偿损失、出售煤气业务、支付5300万美元的罚款(这是美国《管道安全法案》相关案件中最高额度罚款)。或许,正是对检察官滥用自由裁量权的担忧,英国、法国、加拿大、新加坡等国家不仅没有引入美国那种完全由检察官裁量决定的不起诉协议制度,而且在引入暂缓起诉协议制度时,也对其进行了较为严格的司法审查,并保证其适用的公开性和透明度。特别是在英国暂缓起诉协议程序中,法庭审理可以说起到了举足轻重的作用。诸如协议的启动谈判、谈判结果初步同意、最终公开、协议违约判定、协议到期的终止或延期以及协议条款等具体事项,法官都承担着实质审查的功能。如认为暂缓起诉协议不符合司法利益时,法官有权

---

[40] Uhlmann, David M., *Deferred Prosecution and Non-Prosecution Agreements and the Erosion of Corporate Criminal Liability*, Maryland Law Review, Vol. 72:4, p. 1295 – 1344(2013).

不通过该协议。[41] 而我国目前推行的企业合规改革尚看不到法院参与进来的迹象,立法上或将增设的企业附条件不起诉制度,最终很可能也不会引入司法审查,审判机关没有机会对合规考察的正当性、监管协议的恰当性、合规从宽的公正性进行审查。而且,基于保护涉罪企业的考虑,试点检察机关也没有将那些被纳入合规考察对象的企业向社会予以公开。

因此,为提升企业合规考察制度的公信力,防止合规考察过程中检察裁量权的滥用,消除社会公众的疑虑和担忧,减少企业合规改革可能出现的各种风险,检察机关在确定合规考察对象时,除了应审查案件是否符合前文讨论的对象条件、证据条件、公益条件、配合条件、合规条件、补救条件以外,还应考虑在完善现有意见听取机制的基础上引入公开听证程序。[42] “听证公开是抵御不当决定的一个重要措施”,[43]特别是对那些可能引发重大舆情的案件,检察机关如果拟将其纳入合规考察对象,必须主动举行听证会,打好检察听证与企业合规“组合拳”。[44] 听证会应由检察机关主持,侦(调)查机关、行政机关、涉罪企业及其辩护人、被害人及其诉讼代理人等相关各方均可参与,人大代表、政协委员、人民监督员甚至普通公民都可以旁听。只是,涉及国家秘密、商业秘密、个人隐私等信息,不得在听证会上公开。通过公开听取公安机关、行政机关等各方面的意见,检察机关可以对企业自身状况、行业情况、配合情况等有更为全面的了解,从而才能更为客观地对案件是否符合合规考察的适用条件作出判断。此外,对于被纳入合规考察对象的案件,检察机关应将其具体情况以及《合规考察申请书》《合规承诺书》《合规计划》《适用第三方机制承诺书》等相关材料,在最高人民检察院的网站上予以公布,以便能够接受社会各界的监督。这不仅有助于增强合规考察的透明度和公信力,也有助于规范合规考察中的检察裁量权。

为了保证合规考察制度的慎重适用,未来甚至可以考虑将合规考察案件

---

[41] 参见杨宇冠、张沈锲:《英国 DPA 在处理公司刑事合规案件中的适用及借鉴》,载《经贸法律评论》2021 年第 2 期。

[42] 例如,《合规考察意见》第 8 条第 2 款就规定,检察机关在对涉罪企业决定适用合规考察制度前,应当听取侦查机关、调查机关、被害人及其诉讼代理人的意见。

[43] [美]迈克尔·D. 贝勒斯:《程序正义——向个人的分配》,邓海平译,高等教育出版社 2005 年版,第 73 页。

[44] 彭玉:《认真对待检察听证》,载《检察日报》2021 年 8 月 6 日,第 3 版。

交由设区的市一级以上人民检察院办理。最高人民检察院、省级人民检察院可以自行决定办理合规考察案件,也可以将案件交由指定的省级人民检察院、设区的市级人民检察院办理。基层人民检察院发现本院办理的案件符合合规考察条件的,可以请求移送上级人民检察院办理。当然,对有合规必要的企业犯罪案件,基层人民检察院可以通过向其制发检察建议的形式,督促其开展合规建设,积极防控违法犯罪。可以预见,将合规考察制度交由较高级别的检察机关适用,不仅有助于防止合规考察的滥用,也有助于制定可行的企业合规指引,进而发挥合规考察的示范引领作用。

企业合规不起诉制度的适用对象*

李玉华**

一、引言

近年来我国企业在“走出去”的过程中遭遇了被动合规，如中兴公司、湖南建工集团等，合规开始受到参与国际竞争的大公司和有关部门的重视，2018 年 11 月，国资委发布《中央企业合规管理指引（试行）》，2018 年 12 月，发改委、外交部、商务部等七部门发布《企业境外经营合规管理指引》，因此，2018 年成为我国企业合规的元年。2020 年，“六稳”“六保”成为国家工作的主要目标，再加上保护民营企业和检察机关角色转变的背景，企业合规不起诉开始在我国本土兴起，而且展示出强劲的发展势头，因此，2020 年成为我国合规不起诉的元年。2020 年 3 月，最高人民检察院在 6 个基层检察院开展企业合规不起诉的试点工作，2021 年开始在 10 个省（直辖市）扩大试点范围，涉及 27 个市级检察院、165 个基层检察院。

在我国开展合规不起诉的本土化实践中，既有对国际经验的借鉴，又面临着一些本土化的问题，甚至出现一些争议问题如独立监管人的选任、考验期的确定以及适用对象等。本文拟围绕合规不起诉适用对象中的焦点问题展开论述：合规不起诉适用于轻罪还是重罪？企业合规不起诉适用于个人还是企业？企业合规不起诉适用于大中型企业还是小微企业？希望对新一轮试点和未来立法提供参考。

二、企业合规不起诉制度适用于轻罪还是重罪？

我国的合规不起诉在首轮试点中主要呈现两种模式：“检察建议模式”和“附条件不起诉模式”。“检察建议模式”，是指检察机关对企业作出相对不起诉决定的同时，向其送达检察建议，要求其在一定期限内建立专项合规体系；

---

* 本文原载《法学论坛》2021 年第 6 期。

** 李玉华，中国人民公安大学法学院教授，博士生导师。

“附条件不起诉模式”，是指检察机关对提交合规计划的企业，作出暂缓起诉、合规考察或者附条件不起诉的决定，设定一定的考验期，责令其聘请合规监管人，由合规监管人对企业合规情况进行全流程监管，并定期提交合规进展报告，在考验期结束后，检察机关根据企业合规的情况，作出是否提起公诉的决定。① 目前我国《刑事诉讼法》第177条第2款规定的相对不起诉和第282条第1款规定的附条件不起诉有一个共同的特点：都是针对以自然人为中心的轻罪。在企业合规不起诉的首轮试点中一般将适用范围设定在3年以下有期徒刑的轻罪，如根据上海市金山区人民检察院制定的《试行企业合规工作办法》，企业合规适用范围主要是犯罪嫌疑人可能被判处3年有期徒刑以下刑罚的企业犯罪案件，并且企业能够维持正常经营，具备建立健全合规管理的意愿和条件，已经或者承诺采取退赃、赔偿损失、补缴税款、修复环境等措施的。对于犯罪嫌疑人可能被判处3年以上10年以下有期徒刑的单位犯罪案件，对相关企业也可以有条件适用。② 合规不起诉客观上使企业得到了相对轻缓的处理：没有涉案而“死”，而是通过合规获得了“重生”。已经开始的第二轮试点以及将来的立法也面临一个公众普遍关心的问题：是否只有轻罪才能够适用合规不起诉？合规不起诉的案件范围界定要不要像首轮试点中有些检察机关比照未成年人的附条件不起诉将企业合规不起诉的范围划定为3年以下的轻罪？有人撰文明确提出立法建议，“单位犯罪附条件不起诉应当限定为可能判处3年以下有期徒刑的案件”。③ 笔者认为，企业合规不起诉制度适用的案件范围不应当仅仅限于3年以下轻罪。主要理由如下：

（一）合规不起诉不是对企业轻罪的简单原谅，而是企业犯罪的新型治理方式

合规不起诉从结果上来看是对涉案企业作出了无罪的从轻处理，但这并不意味着是对企业犯轻罪的一种简单原谅，企业合规不起诉是治理企业犯罪的一种新型方式。如果检察机关只是对犯轻罪的企业作出不起诉的话，与普通的不起诉没有什么两样，也就不能叫作合规不起诉。“不起诉”前面加上“合规”二字，就是一种特殊的不起诉，一种与企业合规紧密联系的不起诉。合

---

① 参见陈瑞华：《企业合规不起诉制度研究》，载《中国刑事法杂志》2021年第1期。

② 参见王闲乐：《上海一高科技企业虚开发票，被判刑将损失大量海外客户，最终因何免于起诉？》，载上观新闻网站2021年3月31日，https://export.shobserver.com/baijiahao/html/354271.html。

③ 李勇：《企业附条件不起诉的立法建议》，载《中国刑事法杂志》2021年第2期。

规作为一种企业现代化管理的方式，是将合规的理念与制度融入企业业务的各环节，其目的在于使企业规范经营、健康发展、提升竞争力。企业合规不起诉制度是通过对已经进行合规或承诺进行合规的涉案企业进行不起诉来激励企业进行合规建设。激励企业进行合规建设是合规不起诉制度的初衷，对轻罪涉案企业适用合规不起诉只是合规不起诉制度实施的一种结果呈现而已，这并不必然排除对重罪涉案企业适用合规不起诉。

（二）合规不起诉不是对企业重罪的放纵，而是通过使企业付出代价获得重生

也许有人认为对重罪涉案企业作出合规不起诉的处理是对企业重罪的放纵，损害了司法公正。但是否放纵犯罪不能单从是否起诉进行判断，特别是对企业犯罪。涉嫌重罪的企业如果想通过合规不起诉获得相对从轻的处罚，通常都是要付出巨大代价的。这些代价主要包括以下制裁措施：(1)巨额罚款；(2)更换领导层；(3)任命合规监督官；(4)加大合规投入；(5)改进并落实合规计划。例如，西门子公司因系列贿赂事件受到刑事指控，于2008年12月与美国、德国政府达成和解协议，向美国司法部支付罚金4.5亿美元，向德国政府支付罚金3.95亿欧元，美国司法部和德国慕尼黑检察机关均对其放弃刑事指控，西门子公司以巨大的代价换来了公司的重生并塑造了合规经营的样板。④又如，汇丰银行曾因洗钱案支付了12.56亿美元罚金并与美国司法部签署了为期5年的暂缓起诉协议，并进行合规整改：在北美安置了新领导层；为反洗钱高管和合规高管设立延迟红利的回拨机制；增加反洗钱的员工；提高反洗钱部门的内部地位；改制客户背景调查项目；实施新的客户风险评级方法；退出109项业务；在整改措施上花费超过2.9亿美元；等等。⑤ 如此巨大的代价，很难说是对其的放纵，准确地说应该是让其“付出代价+强制改造+实现重生”。对涉嫌重罪的合规企业可以有两种从轻处理，一是合规不起诉；二是起诉以后量刑从轻，具体幅度视情况而定。在从域外实践来看，大多是在企业付出合规代价后，检察机关以不起诉的方式予以处理。

（三）从域外经验来看，企业合规不起诉的适用并无犯罪轻重的限制

从域外立法经验来看，欧美实行合规不起诉的国家并无对合规不起诉适

---

④ 参见李玉华：《以合规为核心的企业认罪认罚从宽制度》，载《浙江工商大学学报》2021年第1期。

⑤ 参见招商局集团有限公司：《“一带一路”和境外投资法律合规手册》（美国分册），法律出版社2017年版，第123～124页。

用于轻罪还是重罪的明确规定，通常都是针对特定领域的犯罪规定可以适用合规不起诉制度。例如，美国司法部针对经济犯罪，包括复杂的证券、商品和其他欺诈类犯罪，以及海外贿赂犯罪等重大案件可以适用不起诉协议（NPA）和暂缓起诉协议（DPA）。[⑥]与美国类似，英国暂缓起诉协议（DPA）同样主要适用于公司经济犯罪，包括严重（海外）贿赂和腐败犯罪、欺诈犯罪、洗钱犯罪等案件。[⑦] 法国的《萨宾第二法案》则规定了对反腐败犯罪案件实行合规不起诉制度。

从域外的司法实践来看，对重罪适用合规不起诉的案件非常多见。例如，美国司法部的欺诈部门每年发布一份审查报告，根据 2019 年度的审查报告，共有 15 家企业与司法部签订暂缓起诉协议（DPA）或不起诉协议（NPA），其中有 8 份暂缓起诉协议（DPA）和 7 份不起诉协议（NPA），涉及证券欺诈、海外贿赂、消费者欺诈、非法交易等犯罪行为。[⑧] 在与涉嫌证券欺诈犯罪的巴吞公司（Baton Holdings LLC）签订的不起诉协议（NPA）中，前首席财务官爱德华·迪玛利亚被判 10 年监禁，前财务副总裁玄金·勒纳被判 30 个月监禁。[⑨] 根据美国《模范刑法典》的规定，证券欺诈犯罪的法定罪刑等级属于二级重罪；规定贿赂罪的法定罪刑等级属于一级重罪。[⑩] 2020 年度的审查报告显示，共有 10 家企业与司法部签订暂缓起诉协议（DPA）或不起诉协议（NPA），其中有 9 份暂缓起诉协议（DPA）和 1 份不起诉协议（NPA），涉及海外贿赂、非法交易等犯罪行为。[⑪] 根据我国《刑法》第 181 条规定，犯编造并传播证券、期货交易虚假信息罪和诱骗投资者买卖证券、期货合约罪的，处五年以下有期徒刑或者拘役，并处或者单处一万元以上十万元以下罚金，属于重罪之列；第 390 条规定，犯

---

⑥ Fraud Section Year In Review | 2019，载美国司法部网站 2021 年 11 月 5 日，https://www.justice.gov/criminal-fraud/file/1245236/download。

⑦ 参见杨宇冠、张沈锲：《英国 DPA 在处理公司刑事合规案件中的适用及借鉴》，载《经贸法律评论》2021 年第 2 期。

⑧ 数据根据 Fraud Section Year In Review | 2019 公布的案例整理，载美国司法部网站 2021 年 11 月 5 日，https://www.justice.gov/criminal-fraud/file/1245236/download。

⑨ Fraud Section Year In Review | 2019，载美国司法部网站 2021 年 11 月 5 日，https://www.justice.gov/criminal-fraud/file/1245236/download。

⑩ 美国关于对罪刑等级的划分可以参见储槐植、江溯：《美国刑法》（第四版），北京大学出版社 2012 年版，第 4、246 页。

⑪ 数据根据 Fraud Section Year In Review | 2020 公布的案例整理，载美国司法部网站 2021 年 11 月 5 日，https://www.justice.gov/criminal-fraud/file/1370171/download。

行贿罪的一般情形处五年以下有期徒刑或者拘役，并处罚金；情节严重的处五年以上十年以下有期徒刑，并处罚金；情节特别严重的，处十年以上有期徒刑或者无期徒刑，并处罚金或者没收财产，显然也属于重罪之列。

三、企业合规不起诉制度适用于个人还是企业？

在企业合规不起诉的首轮试点中，常常出现“双不起诉”，即对企业合规不起诉的同时对企业负责人或高管不起诉。例如，2020 年 11 月 18 日江苏省人民检察院举行的“优化服务举措 · 护航民企发展”新闻发布会上，通报了 8 起典型案例，在 Y 公司、唐某虚开增值税专用发票案中，检察机关依法对 Y 公司、唐某宣告相对不起诉决定。[12] 2021 年 6 月 3 日，最高人民检察院举办“依法督促涉案企业合规管理将严管厚爱落到实处”新闻发布会，发布企业合规改革试点典型案例，其中张家港市 L 公司、张某甲等人污染环境案和新泰市 J 公司等建筑企业串通投标系列案件中，检察机关对涉案公司及其负责人均作出了不起诉决定。[13] 这就不免令人产生一个疑问：合规不起诉适用于企业，是否也适用于企业家或企业高管等个人呢？“双不起诉”的合规本土实践是否与“放过企业、严惩个人”的合规理念背道而驰？笔者认为，应当从以下几个方面厘清。

（一）合规不起诉制度应当只针对企业，而非个人

合规不起诉制度应当只针对企业，而非个人，其最主要的理由是企业合规制度引入刑事法的初衷和动力是区分企业责任和个人责任，并将合规作为企业出罪或减轻处罚的抗辩理由。

从刑事责任理论的发展历史可以看出，传统上无论是英美法系、大陆法系国家，还是我国，均是通过自然人的责任推定企业的责任。美国传统上认定法人犯罪的理论根据是雇主责任原则和同一性原则，后来又出现集体认识原则。英国传统上认定法人犯罪的理论根据是替代责任原则和同一性原则。法国则确立了代表责任原则。我国传统上则实行“双罚原则”。随着社会的发展，法人的独立责任开始受到重视，建立在“组织责任”基础上的理论开始兴起。如

---

[12] 《典型案例丨Y 公司、唐某虚开增值税专用发票案》，载腾讯网，https://new.qq.com/rain/a/20201119A01L4W。

[13] 《最高检发布企业合规改革试点典型案例》，载最高人民检察院网上发布厅，https://www.spp.gov.cn/spp/xwfbh/wsfbh/202106/t20210603_520232.shtml。

美国的“法人主动过错理论”“法人反应过错理论”“法人品格论”等；英国的“预防失职模式”的理论等；我国的“企业独立意志理论”。[14] 企业责任与个人责任的剥离开始受到关注。合规制度的建立为区分企业责任和个人责任提供了可能。

首先，合规制度是体现和识别企业意志的方式。企业意志是判断企业犯罪的重要构成要素。有效的合规应当包括三个方面：预防机制、识别机制和应对机制。具体包括以下核心要素：合规制度、合规组织机构、合规文化、合规培训、合规风险识别、合规风险评估、合规风险处理、合规审计、合规调查、合规举报、问责与惩戒、持续改进。[15] 有效合规的各项制度均是企业通过董事会会议、监事会会议等法定的形式实现的自我意志，而非企业负责人或企业高管等一两个人的个人意志。不同的合规制度也是区别不同企业的内在或外在特征，不同的企业有不同的合规文化，如一提到“我们只做最廉洁的业务”就会想到西门子公司。我们也可以从企业合规的制度和具体情况判断企业的意志，这对于认定企业犯罪的主观方面至关重要。例如，西门子公司在贿赂案之前存在形式上的合规计划，“在许多情况下，包括董事会在内的西门子高层成员特别纵容这种行为，有些情况下甚至参与贿赂，该组织高层没有明确表示腐败是不可接受的。相反，高层所传达的信息是保持你的销售数字，达到你的销售目标，做你需要做的任何事情，只是不要让我们知道”。[16] 2016 年 10 月兰州市城关区人民法院一审、2017 年 5 月兰州市中院二审的“企业刑事合规抗辩第一案”中，“法院以企业合规管理体系为依据，认定单位不存在构成犯罪所需要的主观意志因素，从而将单位责任与员工个人责任进行了切割”。[17]

其次，合规制度是企业出罪或减轻处罚的重要前提。“要是合规机制真正成为中国企业触及灵魂的治理方式，需要在行政监管和刑法这两个领域建立行之有效的合规激励机制，其中刑法上最重要的激励机制就是以企业合规换取宽大的刑事处理，比如，以合规换取检察机关的不起诉，法院定罪后予以减刑，或者检察机关与涉案企业达成暂缓起诉协议，并督促企业通过完善合规计

⑭ 参见陈瑞华：《合规视野下的企业刑事责任问题》，载《环球法律评论》2020 年第 1 期。

⑮ 参见李玉华：《有效刑事合规的基本标准》，载《中国刑事法杂志》2021 年第 1 期。

⑯ See J. Paul McNulty & Jeff Knox & Patricia Harned, *What an Effctive Corporate Compliance Program Should Look Like*, 9 Journal of Law Economics & Policy 375, 2013, p. 384.

⑰ 陈瑞华：《合规视野下的企业刑事责任问题》，载《环球法律评论》2020 年第 1 期。

划来换取无罪处理。”[18]2016年法国通过了《萨宾第二法案》，根据该法案，暂缓起诉协议制度得以实施，企业实施反腐败合规计划可以成为免除刑事责任的根据。2001年意大利通过第231号法令，明确将企业实施合规计划作为免除刑事责任或减轻处罚的依据。“对于普通员工所实施的犯罪行为，公司可以通过证明已经实施足以有效预防犯罪行为的合规计划而免除刑事责任。而对于高级管理人员所实施的犯罪行为，公司除了证明已经实施了有效的合规计划以外，还需要证明监督机构已经进行了充分的监控，以及该高级管理人员通过欺骗性地规避公司内部控制体系而实施了犯罪行为。”[19]我国虽然在法律上没有明确规定将合规作为出罪和减轻刑事处罚的理由，但是，司法实践中已经出现合规不起诉试点改革探索，检察机关承诺，进行合规的企业，将根据其合规具体情况作出相对不起诉或附条件不起诉。

（二）双不起诉的理论和制度基础不同

在我国的合规不起诉本土实践中，常常出现对涉案企业和企业负责人或高管“双不起诉”的结果，但是，这并不意味着合规不起诉制度是对个人适用。对于“双不起诉”的制度逻辑，我国学界还没有进行细致的研究与区分。笔者认为，“双不起诉”是指对企业的不起诉和对企业负责人或高管的不起诉的现象和结果，对企业和对企业中的个人的这两种不起诉存在不同的理论和制度基础。

企业合规不起诉的理论基础是企业犯罪的治理理论，包括通过企业风险防范和合规建设预防企业犯罪的理论、通过企业内部举报与调查配合公权力共同打击企业犯罪的理论以及企业恢复性司法理念。现代企业犯罪治理的理论与传统上重公权力打击与惩治犯罪的理念有所不同，前者更加强调通过企业的合规建设预防企业犯罪。而对个人不起诉的理论基础是主要是恢复性司法，通过对犯罪嫌疑人的不起诉使其更容易改过自新、回归社会。

对企业合规不起诉的制度基础是企业的刑事合规激励制度。为了鼓励企业进行合规建设，可以进行行政激励和刑事激励。行政激励主要是通过行政和解和减轻处罚予以实现，刑事激励主要是通过刑事出罪和减轻处罚予以实现，其中不起诉就是出罪的一种具体方式。对于已经进行了合规建设或者承

---

[18] 陈瑞华：《合规视野下的企业刑事责任问题》，载《环球法律评论》2020年第1期。

[19] 陈瑞华：《合规视野下的企业刑事责任问题》，载《环球法律评论》2020年第1期。

诺进行合规建设的企业作出不起诉决定是有效激励企业进行合规的方式,不同国家有不同的具体呈现。例如,美国主要通过不起诉协议(NPA)或者暂缓起诉协议(DPA)来实现;英国主要通过暂缓起诉来实现;我国在试点过程中通过相对不起诉或附条件不起诉来实现。对个人不起诉的制度基础是认罪协商制度。合规制度的初衷主要在于激励企业健康发展,而非对涉案个人从轻处罚。对于涉案企业中的个人犯罪进行定罪量刑与其他犯罪的处理并无不同,该严则严、该宽则宽,以刑法和刑事诉讼法的规定为准。涉企业案件的犯罪嫌疑人、被告人如果想取得比较轻缓的定罪处罚,可以充分利用刑事诉讼中的认罪协商制度,这在不同国家名称不同,例如美国的辩诉交易、我国的认罪认罚从宽。涉罪的犯罪嫌疑人和被告人,通过认罪协商程序能够获得比较轻缓的处罚,如不起诉、缓刑等。这客观上与企业通过合规获得出罪和从轻的结果相似。虽然客观的结果也许呈现从轻的一致性,但是,二者依托的制度各不相同。

(三)大中企业和小微企业的个人犯罪要不要区别对待?

"放过企业、严惩个人",这是企业合规在国际上呈现出的理念。为了避免大型企业被刑事追诉所产生的水波效应,通过合规不起诉放过企业的理念便得以接受。同时,对犯罪的个人予以严惩,一方面体现了法律的权威性,另一方面也是对企业的保护和企业员工的警示。例如,洛杉矶的一个公司因违法反洗钱法支付了100万美元的罚款,两名高级官员均被定罪。[20] 企业通过付出沉重的代价,包括严惩个人、更换管理层、巨额罚款等,换来企业的重生,对个人的严惩是企业重生的代价之一。"严惩"最直接、最常见的方式便是提起公诉、经审判后定罪量刑。有时对个人虽然不予追诉,但予以撤职。例如,汇丰银行洗钱数十亿美元,2012年12月美国司法部与该公司达成暂缓起诉协议,高层管理员没有受到起诉,但被撤换。[21] 但是,在我国开展的合规不起诉的首轮本土实践中,大中型企业非常少,多是疫情之下遭遇经济困境的小微企业,

---

⑳ Press Release, U. S. Dep't of Justice, *Los Angeles Check Cashing Store, Head Manager and Compliance Officer Sentenced for Violating Anti-Money Laundering Laws*,载美国司法部网站2013年1月14日,http://www.justice.gov/usao/cac/Pressroom/2013/008.html。

㉑ See Peter R. Reilly, *Sweetheart Deals, Deferred Prosecution, and Making a Mockery of the Criminal Justice System: U. S. Corporate DPAs Rejected on Many Fronts*, 50 Arizona State Law Journal 1113, 2018, p. 1137.

其涉及的罪名也不是国际上的反垄断、贿赂、洗钱等严重犯罪，而是虚开增值税发票，生产、销售假冒伪劣商品等。此外，大中型企业有庞大的组织机构和领导层，而小微企业则呈现出“人企合一”的现象，企业负责人或个别企业高管在很大程度上代表了企业。在这种情况下，如果适用国际上针对大中型企业的合规制度，“放过企业、严惩个人”则无法实现。因为，在小微企业中放过企业，也就意味着放过个人，严惩个人也就意味着严惩企业。这就是我国合规不起诉实践中“双不起诉”现象的现实原因。但是，我们不能简单以企业的大小作出是否对企业和个人起诉与否的决定。应当时刻以合规使企业健康成长的功能为出发点和目标来决定对企业是否起诉；要依托认罪认罚制度来对涉案企业中的个人决定是否起诉。对涉案小微企业的相关责任人不起诉，建议考虑以下条件：涉案的小微企业有健康生存下去的必要性，个人认罪认罚且主动推动企业合规计划的制定和实施。

四、企业合规不起诉制度适用于大中型企业还是小微企业？

从世界范围来看，国际上公布的合规不起诉案例大多是针对大型企业的，而且很多还是跨国大型企业。而从媒体报道和实际调研情况来看，2020 年我国检察机关在 6 个基层检察院进行的首批企业合规不起诉试点工作中，合规不起诉适用的对象都是小微企业，员工百人以下的居多。这促使我们进行思考：合规不起诉是否可以适用于小微企业？我国的合规要不要恪守“放过企业、严惩个人”的合规原理？我国的合规不起诉要不要适用于国内大中型企业及大型跨国企业？

（一）大中型企业合规的理由

从世界范围来看，进行合规的主要国家对合规企业的规模都有一定的要求，多是大中型企业。例如，美国并不要求小公司进行合规，但符合一定条件的公司必须合规，如“在纽约证券交易所和纳斯达克上市的公司必须进行合规”。[22]法国也要求符合一定条件的企业必须建立合规制度。根据《萨宾第二法案》同时符合以下两项条件的企业应建立合规制度：一是用工人数 500 人以上，或者隶属于总部设在法国且用工人数达到 500 人的公司集团；二是有关营

[22] See Maurice E. Stucke, *In Search of Effective Ethics and Compliance Programs*, 39 The Journal of Corporation Law 769, 2014, p. 771.

业收入超过1亿欧元。[23] 之所以要求一定规模的企业建立合规制度主要是基于以下考虑：

第一，大中型企业由于生产的商品或者提供的服务数量大、范围广，如果违法或违规经营会给社会带来严重不良影响。如脸书、谷歌、腾讯、字节跳动等大型互联网企业，如果违法收集、使用、传输数据，将对全球用户的权益带来不良影响。而面对这样的强大巨型企业，个人用户力量显得过于微小。通过合规不起诉激励企业进行数据合规、反垄断合规、反腐败合规等合规建设将有助于企业合法合规经营，从而达到更好服务个人和社会的目的。再如“三鹿奶粉事件”中的奶粉大型企业三鹿集团和“长生疫苗事件”中的长春长生生物科技有限公司由于违规生产关系民生的食品和药品，对大批消费者的生命和健康造成了损害，酿成严重的社会事件。如果这类企业能够建立起严格的合规管理体系，就可能避免此类事件的发生。

第二，大中型企业的上下游企业和第三方关联企业多、投资者多、员工多、客户多，如果其违法涉案，则水波效应明显。“所谓刑罚的水波效应，是指惩罚罪犯对其他人(与犯罪行为无涉、但与罪犯存在某种社会关系的第三人)所可能产生的不利影响。”[24]在审判之前，仅凭起诉书就会使企业在市场中声誉受损，并损害其股东和投资者的财务利益，通常会导致企业死亡。[25] 对企业起诉和定罪带来的“水波效应”，会严重损害法人的投资者、雇员、养老金领取者、客户等无辜的第三人的利益，进而会对社会稳定产生一定影响。这在社会治理中就成为一个难题，如果一个企业因为足够大而不受处罚，就会损害法律面前人人平等的原则，给社会公平带来损害；如果依法惩处又会影响无辜第三人的利益，对社会稳定造成不良影响，面临“太大而不被起诉”(too big to indict)或“太大而不被定罪”(too big to jail)的难题。企业合规不起诉成为解决企业刑罚水波效应的一剂良药：既能够避免投资者、雇员、养老金领取者、客户等无辜的第三人利益受损进而影响社会稳定，又能够激励企业进行合规建设规范，促使企业守法经营、健康发展、行稳致远。尽管小公司通常仍然被定罪(通过审

---

[23] 参见陈瑞华：《法国〈萨宾第二法案〉与刑事合规问题》，载《中国律师》2019年第5期。

[24] 叶良芳：《美国法人审前转处协议制度的发展》，载《中国刑事法杂志》2014年第3期。

[25] Gabriel Markoff, *Arthur Andersen and the Myth of the Corporate Death Penalty: Corporate Criminal Convictions in the Twenty-first Century*, 15(3) U. of Pennsylvania Journal of Business Law 797, 2013, p. 806 - 807.

判后的有罪判决或通过辩诉协议定罪)，但美国司法部已接受使用暂缓起诉协议(DPA)作为对大公司(尤其是上市公司)执行刑法的替代手段。

第三，合规需要成本。企业合规不起诉制度在发展的过程中对什么是有效的合规逐步形成了一定的标准，如美国《联邦组织量刑指南》确立的有效合规的七个标准成为不起诉协议和暂缓起诉协议的必备要素；英国的《反贿赂法指南》确立的六项原则作为判断有效合规的基本标准；法国《萨宾第二法案》确立的七项合规制度成为判断反腐败合规计划是否有效的标准。[26] 这些有效合规的标准表述不尽相同，但是都可以概括为预防机制、识别机制和应对机制。这些合规制度和机制的建立都需要专门的人员和团队进行，需要在人财物上进行专门的投入。这些有效合规的基本建设投入是小微企业无法承受的。也正是因为企业合规的标准以及相应的成本，很多国家对小微企业的合规是没有强制性要求的。

(二)小微企业合规的理由

从国际视野来看，域外开展合规的国家并没有提供小微企业进行合规的经验。新冠肺炎疫情期间我国检察机关主动开展的小微企业合规不起诉为合规不起诉适用对象的拓展提供了有益的经验，让我们看到了对小微企业开展合规不起诉的必要性和可能性。

第一，小微企业有合规经营、健康发展的内在需求和外在期待。“尽管不强制要求所有企业实施合规，但是加强自身规范建设、积极预防犯罪风险的合规精神是值得所有企业吸纳的。”[27]对于涉刑事案件被立案的小微企业，面临被刑事指控和刑事审判的危险，能够切身感觉到违法违规经营给企业带来的死亡风险，对于合规经营有发自内在的需求和愿望，有“我要合规”的要求。试点过程中进行合规不起诉的小微企业，其效益不仅没有因为合规而下滑，反而还获得了更多的业务和利润。例如，最高人民检察院公布的首轮企业合规试点案例1中，L公司实现了快速转型发展，逐步建立起完备的生产经营、财务管理、合规内控的管理体系，改变了野蛮粗放的发展运营模式，企业家和员工的责任感明显提高，企业抵御和防控经济风险的能力得到进一步增强；2021年L公司一季度销售收入同比增长275%，缴纳税收同比增长333%，成为所在地

---

[26] 参见李玉华：《有效刑事合规的基本标准》，载《中国刑事法杂志》2021年第1期。

[27] 李玉华：《有效刑事合规的基本标准》，载《中国刑事法杂志》2021年第1期。

区增幅最大的企业。[28] 检察机关在进行合规不起诉的办案探索中也深切感受到,企业必须合规经营才能健康发展,只有帮助企业实现合规经营才是对企业最好的保护。小微企业合规经营也是国家的期待。国家不仅要保护企业,特别是民营企业的发展,更要让他们依法合规经营。如2017年9月中共中央、国务院《关于营造企业家健康成长环境弘扬优秀企业家精神更好发挥企业家作用的意见》第2条基本原则明确提出企业家带头依法经营;第13条明确提出企业家要自觉依法合规经营。2019年12月中共中央、国务院《关于营造更好发展环境支持民营企业改革发展的意见》第19条明确提出推动民营企业守法合规经营。对小微企业适用合规不起诉,可以对这类企业的制度模式、管理方式和治理结构进行实质性改造,消除其违法犯罪的制度"基因",对企业进行"去罪化处理",使其在接受一定时间的合规监管和合规考察之后,激活内部的自我监管机制,成为依法依规经营、传播合规文化的商业机构。[29]

第二,一定情况下小微企业对社会就业和社会稳定也会产生很大的影响。小微企业相对于大中型企业来说,人数相对较少、营业收入额相对较低,一旦某一个小微企业垮掉,其对社会的影响程度相对不大,水波效应不显著。但是在两种情况下其社会影响也是非常大,水波效应也会比较明显:一种情况是类似的小微企业很多,不是一个,而是"一批",也就是出现数量较多的类案时,如"虚开增值税发票";另一种情况是社会的抗风险能力比较低时,在经济发展势头好的时候,就业的岗位和机会比较多,如果一家小微企业垮掉,员工寻找新工作的机会比较多,但是,在总体经济发展低迷的情况下整个国家、甚至世界的情况都不好,社会所能提供的就业岗位有限,整个社会的抗风险能力都很低,小微企业对就业和社会稳定所发挥的作用尤其显得重要。2020年的政府工作报告没有提到国内生产总值的目标增速,而将"六稳""六保"作为了年度工作目标。这在一定程度上表明,小微企业的生存和发展对于社会和国家的稳定至关重要。这也在客观上促成了小微企业合规不起诉在我国的蓬勃发展。这对世界经济的发展和合规不起诉的发展都是一种可贵的探索和贡献。

---

[28] 《最高检发布企业合规改革试点典型案例》,载最高人民检察院网上发布厅,https://www.spp.gov.cn/spp/xwfbh/wsfbh/202106/t20210603_520232.shtml。

[29] 参见陈瑞华:《企业合规不起诉制度研究》,载《中国刑事法杂志》2021年第1期。

第三,关于合规成本的讨论。对小微企业进行合规,面临一个实际问题:合规是有门槛和标准的,也是有成本的,小微企业如何承受得了?诚然,我们看到的大型跨国公司合规的报道往往令人震惊:庞大的合规团队、声名在外的合规官及高额的薪酬、巨额的罚款等。如西门子受贿案后,公司合规团队从2007年的173人激增到2009年的620人。[30] 而这些条件小微企业都不具备,高成本是否成了阻碍小微企业合规的绊脚石呢?在美国获得暂缓起诉协议和不起诉协议的公司中约有2/3(185个中有122,占66%)是上市公司(其他是上市公司的子公司);相反,在被定罪的1011家公司中,只有125家是上市公司,大多数公司都是小型的、非上市的并且无力支付罚款的公司。[31] 我国合规不起诉的本土实践证明:小微企业、检察机关和国家都有合规不起诉的热情;对小微企业合规不起诉确实对社会稳定发挥了重要作用;合规的标准和成本可以根据企业的规模和实际情况予以调整和控制。合规成本不应成为阻碍小微企业规范经营和健康发展的"瓶颈",对大中小微企业可以制定不同的有效合规标准,大型企业标准最高,起引领示范作用,中小微企业的合规标准可以根据情况降低,但要满足合规最基本的底线,体现合规的基本要义。[32] 此外,为了降低小微企业的合规成本,我国在合规不起诉的实践中也采取了一些有利小微企业的举措,如承担合规费用主体的多元化,在深圳宝安的企业合规不起诉试点过程中,对小微企业的合规监管费用由地方财政予以负担。

(三)合规不起诉适用对象多元化的发展趋势

从世界范围来看,合规不起诉的适用范围会越来越大,小微企业也将会成为合规不起诉的适用对象。在这方面,我国2020年开始的试点提供了疫情对经济发展产生重大影响背景下,对小微企业适用合规不起诉的经验和样本。此外,在国外虽然报道的多是大型跨国企业的案例,但是,对小型企业适用合规不起诉也存在法律上的依据。例如,美国量刑委员会(USSC)制定的《联邦量刑指南》(FSGO)第8章定义了小公司应考虑采用的有效合规与道德计划的

---

[30] 参见王先知:《西门子重建合规体系在华业务不降反升》,载《WTO经济导刊》2009年第12期。

[31] See Brandon L. Garrett, *Globalized Corporate Prosecutions*, 97 Virginia Law Review 1775, (2011).

[32] 参见李玉华:《有效刑事合规的基本标准》,载《中国刑事法杂志》2021年第1期。

最低要求,以最大限度地降低违规风险。[33] 而且,在第8章的整个制定过程中,委员会、国会和咨询小组一直希望《联邦量刑指南》适用于小型企业。1995年参议员特德·肯尼迪(Ted Kennedy)在主题演讲中说:"当小企业成为起诉的目标时,执法部门必须权衡所涉及的特殊问题。我们必须确保小企业有机会开展有效的合规工作,以便他们也能够预防犯罪并最大限度地减少其刑事责任。"[34]从我国实践来看,合规不起诉的适用范围也会越来越大,从现在的小微企业逐步扩展至大中型企业,从国内企业逐步扩展至大型跨国企业。合规对我国企业来讲是个"舶来品"、新生事物,我们从在"走出去"参与国际竞争遭遇被动合规的过程中不断认知与学习,到现在已经逐渐熟悉相关规则,而且,有些企业合规建设的标准非常高,在世界合规建设中都处于领先水平。例如,2019年中兴公司再次入选英国富时社会责任指数系列,其中反腐败合规模块获得了领先业界均值的满分评价。[35] 国家有关部门也不断出台关于企业合规建设的文件积极引导。除了2018年发布的《中央企业合规管理指引(试行)》《企业境外经营合规管理指引》两个重要企业合规指引以外,还有2021年1月21日中国化学制药协会发布的《医药行业合规管理规范》,以及2021年4月28日商务部发布的《两用物项出口管制内部合规指南》。2020年以来,检察机关积极主动在国内的小微企业中进行合规不起诉的探索,首批试点已经结束,现在正进行第二轮扩大试点。随着在试点过程中不断积累经验、增加自信,合规不起诉应当逐步扩大使用范围。下一步应当在大中型企业中扩大适用,对大中型企业适用合规不起诉更能发挥社会效应,使国内经营与国际经营要求同步。在此基础上,对在我国经营的国内企业与国际跨国企业一体适用。这不仅是国际对等原则在企业合规上的体现,也是中国"同各国一道,营造良好法治环境,构建公正、合理、透明的国际经贸规则体系,推动共建'一带一路'高

[33] Paul Fiorelli & Ann Marie Tracey, *The Value of Values in Small Business: Compliance and Ethics Programs for The Rest of US*, 33(2) University of Dayton Law Review205(2008).

[34] Paul Fiorelli & Ann Marie Tracey, *The Value of Values in Small Business: Compliance and Ethics Programs for The Rest of US*, 33(2) University of Dayton Law Review205,(2008).

[35] 申楠:《中兴:探索以风险为导向的合规管理体系,助力企业可持续增长》,载搜狐网2020年6月22日,https://www.sohu.com/a/403486419_744278?_trans_=000014_bdss_dkgyxqsP3p:CP=。

质量发展,更好造福各国人民”的要求。[36] 随着我们对合规不起诉的逐渐熟悉,合规不起诉的适用范围必将越来越大,从国内小微企业到国内大中型企业,再到跨国企业,这一发展方向与欧美国家从大中型跨国企业向小微企业发展的方向恰恰相反。世界合规不起诉制度发展的大方向是一致的,只不过在不同国家和不同时期遇到了不同的历史机遇,使得发展的具体形式不同而已。

五、结语

随着合规不起诉在我国的持续深入发展,其适用对象是无法回避的问题。笔者考察借鉴国外合规不起诉的经验,研究分析国内合规不起诉的试点情况,对合规不起诉的适用对象从三个方面进行了分析。首先,合规不起诉适用的案件不应仅仅局限于 3 年以下的轻罪。其次,合规不起诉仅对企业适用,对企业家或高管个人适用认罪协商制度,在美国为辩诉交易,在我国为认罪认罚从宽。最后,合规不起诉制度不仅对大中型企业适用,也可以对小微企业适用。欧美国家在对大中型企业适用合规不起诉方面积累了经验,我国则在对小微企业适用合规不起诉方面进行了积极探索。合规不起诉适用对象的多元化也将成为世界趋势。合规不起诉的适用对象不仅是第二轮试点中需要面对的问题,也是未来立法需要面对的问题;不仅是我国面临的问题,也是世界共同面临的问题。我们需要不断总结中国的本土经验、借鉴域外的实践经验进行总结提炼,为世界的企业合规建设贡献中国智慧。

---

[36] 《习近平致信祝贺中国法治国际论坛(2019)开幕》,载央视网新闻 2019 年 11 月 10 日,https://baijiahao.baidu.com/s?id=1649817505420993378&wfr=spider&for=pc。

数据合规的基本问题*

李玉华** 冯泳琦***

一、问题的提出

随着信息通讯与网络技术的快速发展,数据成为重要的生产要素,在企业的日常经营中发挥着重要作用。在数据收集、使用和流动的过程中,数据的商业价值被不断挖掘,同时也给数据合规带来了诸多挑战。

在大数据时代,通讯录、人脸、指纹等个人数据面临着被过度收集和不法利用等风险,在使用智能软件时,人们常被要求提供与软件功能无关的信息,允许智能软件获取通讯录、地理位置等信息几乎是前提条件,个人隐私等合法权益很可能在不知不觉中受到侵犯。今年"央视3·15晚会"提到了多个企业存在通过人脸识别技术自动抓取用户信息行为,某科技公司推出具有人脸识别功能的摄像头,在多个店铺门店安装后,未经用户许可抓取人脸数据,对用户的性别、年龄甚至心情等进行分析。① 除此之外,个人数据被泄露的事件层出不穷。例如,在2020年8月,我国某快递公司的员工通过出租员工系统账号导出客户个人数据并卖到全国及东南亚等电信诈骗高发区,超过40万条个人信息被泄露,涉案金额120余万元。② 知名的国际酒店万豪酒店集团因泄露超过3亿名宾客的个人数据而被英国数据保护监管机构处以9900万英镑的罚款。③ 面对日益严峻的个人数据保护问题,个人数据保护的呼声日益高涨,

---

* 本文原载《青少年犯罪问题》2021年第3期。

** 李玉华,中国人民公安大学法学院教授,博士生导师。

*** 冯泳琦,中国人民公安大学法学院硕士研究生。

① 岳品瑜、廖蒙:《央视315晚会曝光监控自动抓取人脸数据,万店掌等机构被点名》,载凤凰网2021年3月15日,https://finance.ifeng.com/c/84djKpDrrjo? ivk_sa=1023197a。

② 李大伟:《圆通多位"内鬼"有偿租借员工账号,40万条公民个人信息被泄露》,载新京报网站2020年11月16日,https://www.bjnews.com.cn/detail/160552366415807.html。

③ 参见 Wang Wei, *Marriott Faces $123 Million GDPR Fine Over Starwood Data Breach*,载骇客新闻网2019年7月9日,https://thehackernews.com/2019/07/marriott-data-breach-gdpr.html。

企业迫切需要开展数据合规建设,通过企业的合规经营改善目前存在的数据保护方面的问题。

根据中国信息通信研究院发布的《全球数字经济新图景(2020 年)》,2019 年,我国的数字经济增加值规模达到了 5.2 亿美元,增速位于全球第一,高达 15.6%,数字经济成为推动经济高质量发展的重要驱动力。在经济贸易全球化和互联网等信息技术实现全球互联的国际背景下,数据跨境流动是大势所趋,支撑着商品、服务等全球化贸易活动的进行,据美国智库布鲁金斯学会调查预估,2025 年数据跨境流动对全球经济增长的价值贡献有望突破 11 万美元。数据跨境流动成为许多企业开展业务必不可少的环节,企业借助便捷迅速的数据跨境流动降低了国际贸易成本,构建了跨国界的业务中心。但是,"棱镜门"事件凸显了数据流动无界性等特点对数据安全、国家安全问题的冲击,引发了许多国家的担忧与重视。由于数据跨境流动涉及个人信息等数据保护问题,企业在进行数据跨境流动时会面临他国合规调查的风险,例如,小米公司将数据回传至北京服务器,遭到了新加坡的合规调查。④ 此外,国家跨境执法取证也是全球化的体现,而社会不断信息化和网络化导致许多证据以数据形式存在,数据跨境流动不仅与企业的经营活动息息相关,也是与国家跨境执法取证有关的重要问题,确保跨境执法取证合规是国家面临的新时代挑战。

在数据驱动型经济背景下,为了数据保护与安全而过度限制,甚至禁止数据的利用或流动是不可行的,实践中存在的上述有关个人数据保护与数据跨境流动等问题迫切需要解决,推动企业开展数据合规建设具有现实的紧迫性与必要性。企业规范数据的收集、使用和流动等行为,形成数据合规文化和经营理念,有助于实现数据保护与利用之间的平衡。目前我国虽然已经开展了有关数据合规的业务实践,但是还缺乏数据合规理论上的系统研究。本文研究了推进数据合规的理论依据,提出了目前数据合规中的个人数据保护合规和数据跨境流动合规这两个重要方面的问题,探讨了数据合规的行政和刑事激励机制。

二、数据合规的理论依据

企业开展数据合规建设不仅具有迫切的客观需求,还有相应的理论依据。

---

④ 参见王融:《大数据时代:数据保护与流动规则》,人民邮电出版社 2017 年版,第 278 页。

企业的社会属性要求其承担一定的社会责任,而企业社会责任理论不断发展,企业的社会责任内涵也不断更新,当今数据合规成为企业社会责任的新内容。同时,治理方式多元化是多元社会治理的要求。监管机构创新监管模式,构建合规激励机制是丰富治理方式、提升治理能力的有效途径。

(一)企业社会责任理论

1. 企业社会责任理论的源起

企业社会责任理论的概念与内涵是复杂多变的,至今未形成一个统一的定义。根据传统的经济学理论与公司法的理念,由于企业具有营利的特征,企业的社会责任只要求企业高效利用资源,生产产品并提供服务,为股东追求最大化利益。⑤ 直至经过两次世界大战后,工业革命使企业经济实现不断发展,但其引发了水质污染等环境问题,社会矛盾日益严重,传统企业社会责任理论的内涵与社会现状不相适应,人们开始思考企业为股东争取利益的同时是否应当承担部分社会责任,企业社会责任理论的新理念顺势而生。⑥ 企业在开展经营活动追求利润的过程中可能会对外界产生不良影响,新的企业社会责任要求企业在追求利润实现发展的同时要兼顾社会效益。企业承担如环境保护、消费者保护等部分社会责任能有效缓解社会矛盾和市场失灵的问题。

2. 企业的社会属性与责任

以系统分析和跨学科的研究方法来分析,企业本身是一种复合性的社会经济组织,兼具经济属性和社会属性。⑦ 同时,企业行为具有外部化作用,即会对市场环境和社会环境产生影响。随着市场经济的发展,企业对社会的影响力不断增强,其社会属性也日益彰显。合法合规的经营会给社会带来良好的效益,但是企业的违法犯罪行为同样会给社会环境与市场秩序带来严重影响,引发或者激化社会矛盾。企业对社会的影响力越大,企业内部逐利行为的外部化作用越明显,则企业的社会属性越强,企业应承担相应的社会责任越大。

党的十八大以来,社会治理成为热点话题,社会多元主体在社会治理中协同发挥作用。党的十九届四中全会指出要"完善党委领导、政府负责、民主协

---

⑤ 参见朱慈蕴:《公司的社会责任:游走于法律责任与道德准则之间》,载《中外法学》2008 年第 1 期。

⑥ 参见杨玲丽:《企业社会责任理论述评》,载《兰州学刊》2007 年第 2 期。

⑦ 参见果洪迟:《论企业的社会属性与社会价值》,载《北京商学院学报》1991 年第 1 期。

商、社会协同、公众参与、法治保障、科技支撑的社会治理体系，建设人人有责、人人尽责、人人享有的社会治理共同体”。企业所具有的社会属性决定了其必然属于“社会治理共同体”中的一员，企业内部管理与经营效果在一定程度上会对社会治理的效果产生影响。企业在追求经济效益的过程中消耗了社会资源，作为参与社会治理的一员，企业应改变经营理念，承担一部分的改善社会环境、缓解社会矛盾的责任，积极发挥企业的经济功能与社会功能。

3. 数据合规成为企业社会责任的新内涵

当前数据贸易活动日益繁荣，数据为企业发展带来新的机遇，但是企业利用数据的逐利行为引发了一些数据保护与安全问题。一方面，个人数据的商业价值激增，企业追求最大化的利润，却忽视个人数据的保护与安全存储问题，诱发了不少以不法手段收集个人数据的事件，个人数据被泄露与滥用的现象日益严峻。同时，个人在互联网留下的信息痕迹在不同程度上反映了个人的偏好与思想，具有一定的人格属性。企业为了实现精准营销，整合大量个人数据刻画用户画像，有可能会侵犯个人的隐私等人格权益。另一方面，在数字驱动型经济时代，全球化的经济贸易活动促使数据全球化流动更加趋向常态化。企业利用便捷的信息技术跨境传输数据创造利润，但也为数据保护和国家安全问题带来新的难题与挑战。

目前个人数据保护与数据跨境流动的规范问题是许多国家重点关注的问题，大数据企业不能仅关注自身利益，无视在利用数据追求利润的过程中对外部产生的损害，否则将有损营商环境，不利于企业提升市场竞争力与实现持续发展，还会激化数据保护与安全的社会问题。实现数据保护与数据安全需要企业的力量，企业在获取数据红利的同时应当将数据合规作为承担社会责任的重要内容，提升数据合规意识，切实将数据合规贯穿于业务活动的各个环节。将企业数据合规作为企业社会责任的新内涵，是当今新形势下的应有之义，可以同步实现企业良好发展与有关数据保护方面的社会问题。

（二）多元社会治理理论

完善和发展中国特色社会主义制度，推进国家治理体系和治理能力现代化是我国全面深化改革的总目标。党的十九大报告中提到了我国目前仍然存在社会治理水平欠缺的问题，创新社会治理方式是多元社会治理的重要内容，也是提高社会治理能力的有效途径。实现治理能力现代化和社会治理方式多元化，要求政府不断丰富执法与监管的模式，只有运用多元化的监管方式才能更有效地缓解社会矛盾，促进治理能力现代化。“十四五”时期是数字经济发展的重要时期，数据治理和保护成为社会治理的重要任务。治理能力现代化的其中一层含义在于要求政府具有一种政策引导和社会协同的能力，能够全面激发不同社会主体协同参与社会治理的积极性和创造性，并与市场之间形成良好的互动关系，为国家良性发展提供保障。[⑧] 企业开展数据合规是其承担社会责任、参与社会治理的重要表现，推进企业数据合规不仅需要企业的落实，也需要监管主体的切实参与和积极引导。

监管主体重视推进企业数据合规，创新监管方式，探索数据合规激励机制，有助于实现公司治理与社会治理的同步现代化。具言之，数据合规激励机制要求企业落实合规计划、积极配合监管主体的工作从而获得从宽处理的结果。一方面，激励机制能推动企业主动合法合规地开展经营活动，帮助企业实现良性的持续发展。另一方面，还能降低企业违法犯罪的可能性并达到事前预防的效果，同时，企业对执法工作的积极配合节约了执法资源，对社会治理现代化有积极推动作用。当前我国社会治理主体呈现多元化的特点，使社会治理形成了一个网络，各类主体在参与社会治理过程中，会产生联结、互动、互助、协商的关系，从而实现共赢的结果。[⑨] 治理能力现代化要求政府创新治理方式，而数据合规激励机制正是监管主体与企业参与社会治理的新型互动方式，是当下符合社会治理需要的新型监管模式。监管主体应积极探索数据合规激励机制，回应治理能力现代化与多元社会治理的要求。

三、数据合规的两个维度

借助先进的现代化信息技术，数据的获取与传输变得更加便捷，同时，数据的繁杂与网络环境的复杂使数据的保护与安全问题面临着更大的挑战。当前世界数据保护相关立法与执法日趋严格，推进数据合规不仅可以让企业充分防控合规风险，实现商业的可持续发展，还可以营造行业的数据合规文化并形成行业自律。数据合规涉及许多方面的内容，其中个人数据保护合规与数据跨境流动合规是目前最迫切需要解决的问题。

---

⑧ 陶希东：《治理能力现代化的五大衡量标准》，载人民论坛网 2014 年 12 月 8 日，http://theory.rmlt.com.cn/2014/1208/355366.shtml。

⑨ 参见贺新宇：《政府体制创新与公共管理职能重塑》，载《中国行政管理》2003 年第 6 期。

（一）个人数据保护合规

根据中国互联网络信息中心在京发布的第47次《中国互联网发展状况统计报告》，截至2020年12月，我国网民数量规模达到9.89亿，互联网普及率达到70%。网络用户是数据来源的基础，而过度收集和利用个人数据侵犯个人隐私等权益的事件频发甚至无法控制，更加突出了推进个人数据保护合规的必要性。实现数据利用与个人数据保护之间的平衡，有赖于推动企业开展个人数据保护合规，确保个人数据收集、利用的合法性与正当性。

1. 个人数据保护合规的法律依据

开展数据合规工作的前提是明确个人数据保护合规所应当遵守的法律规范。我国立法机关和一些行政部门对个人数据的保护制定了相关规定文件。现行有效的主要有《刑法》及相关司法解释和《民法典》《网络安全法》《全国人民代表大会常务委员会关于加强网络信息的决定》《电子商务法》《消费者权益保护法》《征信业管理条例》《电信和互联网用户个人信息保护规定》《网络安全审查办法》等；还有其他规范性文件和国家标准，包括《App违法违规收集使用个人信息自评估指南》《网络安全等级保护基本要求》《大数据安全管理指南》等。针对性较强的《个人信息保护法》与《数据安全法》也列入了2020年立法规划。整体而言，个人数据保护的法律制度内容比较完整，确定了个人数据保护的基本原则、数据收集和处理的要求等内容；相关的国家标准也为数据合规提供了具体的指引。

欧盟作为个人数据保护的代表组织之一，较早就开始关注个人数据保护，其于1995年制定了《关于涉及个人数据处理的个人保护以及此类数据自由流动的指令》，后续对该指令进行了一定修改，也制定了其他相关的法律，其中，2018年5月生效的《通用数据保护条例》[⑩]（以下简称“欧盟GDPR”）影响力最大，体现了欧盟对个人数据保护日趋严格的要求。除此之外，关注到欧盟最新的立法动态，欧盟委员会于2020年11月15日发布了《数据治理法案》[⑪]，于

⑩ 欧盟《通用数据保护条例》赋予了数据主体同意权、删除权、更改权等广泛的数据权利，新增了被遗忘权、可携带权，同时强调不得因保护数据而禁止数据的自由流通。

⑪ 参见 *Commission proposes measures to boost data sharing and support European data spaces*，载欧盟委员会网站2020年11月25日，https://ec.europa.eu/commission/presscorner/detail/en/ip_20_2102。文中提及，《数据治理法案》向社会开放公共部门的数据访问权限，并创立数据中介机构，允许其开展非营利性质的数据交换。

2020 年 12 月 15 日发布了《数字服务条例》和《数字市场法》的提案⑫,完善了个人数据保护的法律体系。不同于欧盟的统一立法,美国联邦层面关于数据保护的法律比较零散,散落在各个领域的专门立法中,根据美国国会研究局 2019 年颁布的《数据保护法:概述》,共有 12 部联邦个人信息保护法,例如《电子通信隐私法》(ECPA)、《金融消费者保护法》(CFPA)⑬。在各州立法中,加利福尼亚州出台了较为系统《加州消费者隐私法》(CCPA)⑭,并于 2020 年 11 月 3 日通过了《加州隐私权利法案》(CPRA),该法的大部分条款将于 2023 年 1 月 1 日生效。⑮ 除了欧盟和美国这两个代表国家之外,许多国家也出台了个人数据保护法规,个人数据保护成为国际上重要的法律价值理念,企业开展数据合规工作应当及时了解国内外的立法变化,做足充分准备应对合规风险。

2. 个人数据收集的合规

数据分析与开发等处理应用行为始于数据收集,个人数据的来源合法与否关系到后续的数据流动与利用等环节的合法性认定。由于个人数据被挖掘出的商业价值巨大,个人数据的非法交易、应用程序违法违规收集个人数据等问题乱象丛生,数据收集是数据监管部门重点关注的问题之一。例如,墨迹科技公司首次公开募股被否决的其中一个原因就在于该公司无法证明其获取用户数据的手段及方式是合法合规的。⑯ 确保数据收集行为合法合规是实现数据收集最终目的的前提基础,收集数据应该要满足合法使用数据收集技术、告知用户且获得同意、收集比例正当等要求。

首先,企业收集数据应当合法合规。《个人信息安全规范(GB/T 35273—2020)》第 3.5 条将收集数据的方式分为直接收集与间接收集。根据技术分

---

⑫ 这两个提案强化了对在线平台数字服务的规制,完善了消费者在网络平台的权利保护机制。

⑬ 其他包括:《格雷姆—里奇—比利雷法》(GLBA,即《金融现代法》)、《健康保险流通和责任法》(HIPAA)、《公平信用报告法》(FCRA)、《通信法》(CA)、《视频隐私保护法》(VPPA)、《家庭教育权和隐私权法》(FERPA)、《联邦证券法》(FSL)、《儿童在线隐私保护法》(COPPA)、《计算机欺诈和滥用法》(CFAA)、《联邦贸易委员会法》(FTC Act)。

⑭ 《加州消费者隐私法》的适用范围十分广泛,适用于任何收集加州消费者个人信息的企业;其赋予了消费者知情权、删除权、选择权、公平交易权等权利,并规定了明确的救济措施。

⑮ 该法案引入了加州隐私保护机构作为新的执法机构;同时新增了"敏感个人信息"的概念,规定了身份证号码、宗教信仰、健康信息等为敏感个人信息。

⑯ 参见中国证券监督管理委员会:《第十八届发审委 2019 年第 142 次会议审核结果公告》,载中国证监会网站 2019 年 10 月 11 日,http://www. csrc. gov. cn/pub/zjhpublic/G00306202/201910/t20191011_364295. htm。

类,主要包括系统日志、网络爬虫、应用程序接口以及系统特定端口等技术。[17]网络爬虫技术能帮助数据收集者快速高效地获取数据,能自动化对网页数据进行抓取、解析和储存等,是最为常用的收集技术。[18] 违法违规使用技术,恶意利用爬虫程序绕过正当途径获取个人数据给网站和网络用户造成危害,会受到法律的规制,企业应当遵守目标网站设置的爬虫协议,依法依规地使用数据收集技术。同时,通过受让等间接方式获取数据的,也应当事前做好尽职调查,确保数据来源的合法性。

其次,企业应当公开收集个人数据,落实告知同意原则,不能从黑市等非法渠道获取来源不明的个人数据。我国相关法律、欧盟《通用数据保护条例》等法律均规定了要在个人知悉且同意的情况下收集数据,而美国则采取消极的同意原则,仅对敏感数据的收集要求个人的同意。[19]《民法典》规定了收集和处理个人信息之前应当公开处理信息的规则、目的、方式和范围,《个人信息安全规范(GB/T 35273—2020)》第3.6、3.7条与欧盟《通用数据保护条例》第4条明确了对"同意"的认定方法,核心在于确认个人数据主体作出同意行为的自主性。数据收集者与网络用户之间存在明显的信息不对称,同意告知原则是为了保护网络用户的知情权,而对数据收集与处理的相关信息一一告知网络用户不具有可行性,而且网络用户对告知信息的了解程度无法保证。把握告知数据处理相关信息的充分性与确保网络用户"同意"的有效性,是企业落实同意告知原则的重难点。由于同意告知原则存在上述的问题,也有学者认为允许网络用户撤回同意能为其提供有效救济。[20]《App违法违规收集使用个人信息行为认定方法》对不合规的隐私政策和"未经用户同意收集使用个人信息"的情形进行列举,企业可以参照规定完善优化隐私政策(告知同意书)的内容,落实同意告知原则。例如,罗列的内容应清晰明确并与实际的处理方式相符,对重点内容使用加粗字体或标红来提醒用户。除此之外,可以设置用户停留在隐私政策的页面一定时间后才能点击"同意"按钮,通过多种方式落实告知与获得同意的要求。

---

⑰ 参见王亚芬:《数据收集的合规路径研究》,载微信公众号"鲸云维度"2020年6月2日。

⑱ 参见刘新宇:《数据保护:合规指引与规则解析》,中国法制出版社2020年版,第394页。

⑲ 参见相丽玲、王景辉.:《网络经营者收集与传输个人数据的中外法律规范比较》,载《图书情报工作》2016年第4期。各行业部门规定了相应敏感信息范围,如健康信息、儿童信息等。

⑳ 参见万方:《个人信息处理中的"同意"与"同意撤回"》,载《中国法学》2021年第1期。

最后,收集数据范围应当具有必要性和适当性。在大数据时代,数据不仅是经济发展的重要推动力,也创新了社会治理的方式和企业经营模式。如果为了保护个人数据而完全禁止对个人数据的收集,不仅不利于发挥数据的价值,还会导致数据市场的失衡,有碍于社会的进步与发展。[21] 对数据收集的范围进行目的限制并要求数据最小化,能在发挥数据价值的同时保护个人数据。我国《民法典》第 1035 条规定了收集、处理个人信息的应当遵循合法、正当、必要原则,不得过度收集和处理。欧盟确立的数据最小化原则也是要求企业收集的数据应是与处理目的充分相关且必要的内容。具体而言,要求企业以开展业务、提供服务的必要需求作为收集数据的目的,在收集之前确定收集的范围且应限定在业务必需的范围之内,实际所收集的数据不能超过必要范围。当需要变更收集目的时,应重新告知用户并重新取得同意后才能进行收集。我国国家互联网信息办公室等四部门于 2021 年联合制定了《常见类型移动互联网应用程序必要个人信息范围规定》,其中明确规定了不同类型应用程序对应的必要个人信息范围,为企业确定收集范围与遵守必要原则提供了具有可操作性的指导依据。

3. 个人数据利用的合规

对个人数据的分析利用是发挥个人数据价值的核心,其中最主要的是通过刻画用户画像来预测用户的喜好与行为,对特定用户提供个性化的广告信息与资讯,实现精准营销。用户画像指的是对网络用户方方面面的数据进行分析处理,总结出该用户的特征形成其个人的特征模型。《个人信息安全规范(GB/T 35273—2020)》第 7.4 条对用户画像的使用作出了限制性规定。一是要求用户画像对用户的特征描述不得包含污秽、恐怖、暴力以及含有对民族、种族、疾病的歧视的内容;二是使用用户画像不得侵害其他权利主体的合法权益、不得危害国家安全和扰乱社会秩序等;三是除为实现用户同意的使用目的所必需的情况之外,避免用户画像可以精确定位到特定个人。欧盟《通用数据保护条例》对刻画用户画像的规定更加具体,要求刻画用户画像是提供对应功能所必要的,且要求企业告知用户享有反对权。我国《网络安全法》及相关法律中未明确规范刻画用户画像的行为,而《个人信息安全规范(GB/T 35273—

---

[21] 参见王卫、张梦君、王晶:《数据交易与数据保护的均衡问题研究》,载《图书馆》2020 年第 2 期。

2020)》的内容具有概括性且没有强制力。刻画用户画像涉及大量个人数据，我国应当完善相关立法,企业也应当要注意把握合理必要的限度,避免侵犯用户的隐私等合法权益。

在利用个人数据的过程中,企业要保障用户的相关数据权益。除了知情权之外,欧盟《通用数据保护条例》还确立了数据可携带权和被遗忘权。数据可携带权指的是数据主体应有权接收其以结构化、通用和机器可读格式提供给数据控制者的个人数据,并有权将这些数据不受阻碍地传输给其他数据控制者。对于个人用户而言,数据可携带权极大程度上增强了其对个人数据的控制能力,实现了将个人数据在不同设备的自由转移。但是对于企业而言,这一权利的确立给企业带来了很大的技术难题,也增加了企业数据合规的压力。我国现行有效的规定、《个人信息保护法(草案)》和其他相关的草案尚未引入个人的数据可携带权,但是欧盟《通用数据保护条例》确立数据可携带权后,有其他国家借鉴与引入,因此,跨国企业应注意业务所在国是否有相关的规定,以备落实数据合规工作。

另外,被遗忘权是指数据主体有权要求数据控制者删除其个人数据,以及数据控制者在规定的情形下有义务主动删除个人数据。我国《网络安全法》第43条规定了个人信息的删除权和更正权,但是被遗忘权与删除权并不是完全相同的。欧盟《通用数据保护条例》规定的被遗忘权还要求数据控制者对其传播后的数据负责,即数据控制者有义务通知第三方停止利用并删除数据。被遗忘权的确立也引发了很大的争论。被遗忘权的确立虽然加大了对个人数据保护的力度,但是与公众的知情权和言论自由等价值理论产生了冲突。虽然我国没有明确规定被遗忘权,但是存在如上述删除权等相关的法律基础,可以根据我国的实际情况作出本土化规定。保护个人数据的新兴权利体现了对个人数据保护的重视,企业在数据利用过程中应注意新要求,结合具体规定作出积极应对。

(二)数据跨境流动合规

频繁的数据跨境流动是数字经济时代的显著特征,推动着国际数字贸易的迅速发展。但是,如果缺少相关的法律规制、企业的数据合规建设,数据跨境流动可能会侵犯个人隐私、泄露商业秘密,甚至会泄露国家秘密和威胁国家安全。[22]

---

[22] 许多奇:《论跨境数据流动规制企业双向合规的法治保障》,载《东方法学》2020年第2期。

如何在数字贸易中寻求最大化利益并保障数据安全与国家安全,成为各国博弈的前沿焦点。

1. 欧美对数据跨境流动的规制路径

目前对于数据跨境流动的规制未在国际上形成统一的规则。欧盟基于传统人权保护的观念,对数据跨境流动采取了较为严苛的限制政策,主要是通过欧盟《通用数据保护条例》和《非个人数据在欧盟境内自由流动框架条例》进行规制。根据欧盟《通用数据保护条例》第五章关于向欧盟成员以外或国际组织传输数据的规定,满足欧盟对该国法律的"充分性认定"是允许该国与欧盟成员国进行数据传输的情况之一。欧盟《通用数据保护条例》对其他国家法律的"充分性认定"制定了较高的标准,而高标准的法律要求给跨国公司的合规工作增加了较重的负担,并因此遭到了跨国公司的抱怨。[23] 虽然欧盟的规制路径明确了数据跨境流动的标准,有利于对数据流动后续安全的保障;但复杂的认定程序与高标准在一定程度上限制了数据的自由流动。实际上,"充分性认定"的本质是要求其他国家和组织的立法达到欧盟《通用数据保护条例》的保护要求,并以此增强其在参与国际规则制定中的话语权。[24]

与欧盟对数据跨境流动严格规制的态度不同,在信息技术领域具有领先优势的美国充分认识到数据自由流动的巨大价值,其采取的是鼓励数据自由流动的宽松政策。美国凭借其经济实力在贸易谈判中占据主导地位,并将"跨境数据自由流动"作为贸易协议的内容,以此打破其他国家的数据出境壁垒并希望构建无障碍数据流动圈。[25] 美国在推崇数据自由流动的政策下全力投入到数字贸易竞争中,促进了其国内数字经济的迅速发展。同时,美国通过出台《澄清境外数据的合法使用法案》允许政府跨境获取数据,打破以往数据属地管辖模式,代表着跨境执法数据调取方式的变革,[26]实现了"长臂管辖"。此

㉓ See D. Bender & L. Ponemon, *Binding Corporate Rules for Cross-Border Data Transfer*, 3Rutgers Journal of Law and Urban Policy 2, 2006, p. 154 - 171.

㉔ 参见方芳:《欧盟个人数据跨境流动政策的演变:市场统一与贸易规范》,载《复旦国际关系评论》2019 年第 1 期。

㉕ 参见孙方江:《跨境数据流动:数字经济下的全球博弈与中国选择》,载《西南金融》2021 年第 1 期。

㉖ See Kyriakides, Eleni, *The CLOUD Act, E-Evidence, and Individual Rights*, 5 European Data Protection Law Review 1, 2019, p. 99 - 106.

外，美国并不是对全部数据都开放自由流动通道。美国严格限制与重要技术相关的数据和涉密敏感数据的出境，还会对外国投资的数据跨境流动进行管制，对涉及关键技术等数据进行安全审查。㉗

2. 数据跨境流动规制的矛盾与冲突

不同国家对数据跨境流动的立场和具体规制要求不一致，数据自由流动的主张与限制数据跨境流动的政策存在冲突。美国对数据跨境流动采取较为开放自由的态度，而有其他不少国家对数据跨境流动加以限制。例如，俄罗斯对数据跨境流动的限制措施分为以下三类：禁止数据跨境流动、有条件的数据跨境流动、要求数据存储本地化。㉘ 我国《网络安全法》对数据存储本地化也进行了相关规定，主张数据自由流动的美国认为我国的立法会对全球的服务贸易提供者产生不利影响，并向世界贸易组织服务贸易理事会提出正式函告，对我国参与数据跨境流动的合作施加重重阻碍。由于各国的发展实力、价值诉求不同，关于数据跨境流动的立场态度存在差异性是不可避免的。在“棱镜门”事发后，数据问题日益凸显，出于反监控与保障国家安全的目的，要求数据本地化和加强数据安全审查是现实且必要的选择。

不同国家和国际组织的立法差异给企业在数据跨境流动的合规工作增加很大难度。例如，不同国家和组织对数据的分类方式不尽相同，我国将个人数据分为基本数据和敏感数据区别保护，美国则以是否可公开获取为分类依据，欧盟未进行区分保护。㉙ 此外，对于数据跨境、敏感数据等一系列概念的界定尚未明确，企业对众多定义的辨析也是合规工作的一大难点。迫切需要构建关于数据跨境流动的国际规则，为数据跨境流动的合规工作提供明确而统一的指导和依据。

3. 数据跨境流动的合规选择

近年来，我国正在不断完善数据跨境流动保护的法律，发布了《个人信息出境安全评估办法》《数据安全管理办法》等相关规定的征求意见稿。结合已生效的相关法律分析，我国要求企业将经营过程中收集和产生的个人数据和

㉗ 参见张茉楠：《跨境数据流动：全球态势与中国对策》，载《开放导报》2020 年第 2 期。

㉘ 参见周念利、李金东：《俄罗斯出台的与贸易相关的数据流动限制性措施研究——兼谈对中国的启示》，载《国际商参见务研究》2020 年第 3 期。

㉙ 参见娄鹤、陈国彧：《中国企业个人数据跨境传输最佳法律实践探讨》，载《信息安全与通信保密》2019 年第 8 期。

重要数据存储在境内,因业务需要跨境传输数据的应根据相关规定进行风险预测与安全评估。欧盟《通用数据保护条例》规定未列入“充分性认定”名单的国家可以通过有约束的公司规则、标准合同条款、经批准的行为准则和认证机制等替代方案实现数据的跨境流动。加拿大则要求企业以合同的形式明确数据跨境流动的保护内容,确保数据接收方能提供同等水平的保护。日本2020年颁布的修改后的《个人信息保护法》规定,当向外国的第三方传输个人数据时,企业应向个人提供接收方处理个人数据的相关信息。如俄罗斯、印度等国家对数据存储本地化作出了相关规定[30],以及大多数国家对于涉及个人数据的跨境流动都要求获得数据主体的同意。

目前尚未完全形成关于数据跨境流动的国际规则,而且不同国家与国际组织的相关规定和政策差异较大。为了适应国际经济贸易的新形式,促进跨国贸易活动为全球经济带来更大的利益,不同国家也纷纷制定相关的法律或者签订双边协议、多边协议等协调国家之间的立法冲突。中国、澳大利亚、美国、欧盟等76个世界贸易组织成员在2019年1月共同签署了《关于电子商务的联合声明》[31],意在解决国际贸易领域出现的如数据跨境流动等新问题。虽然不同国家在数据保护方面存在立法差异,但是仍存在共性,国家之间统筹考虑多方面的利益因素,寻求各国规定的最大公约数以构建国际规则创造的可能。在国际博弈和合作中,中国应当为数据跨境流动规制提供科学有效的中国方案,更加主动地参与国际规则的建构。这更加要求对国内的数据合规体系进行完善,顺应当下时代的发展趋势,积极寻求数据科学利用与有效保护之间的平衡点,努力为企业合规工作提供指导和制度依据,并充分发挥数据的经济价值。

对于企业而言,应当充分了解当前国际形势并考察不同国家的数据跨境流动政策,在数据跨境流动的过程中迎接合规工作的挑战。出于对数据保护与合规问题的重视,不同国家的相关立法如雨后春笋般频频出台,因此,企业除了要根据国内外生效的数据规范做好合规工作,还要留意国内外的立法动

㉚ 参见陈咏梅、张姣:《跨境数据流动国际规制新发展:困境与前路》,载《上海对外经贸大学学报》2017年第6期。

㉛ 商务部新闻办公室:《中国与75个世贸组织成员在达沃斯发表关于电子商务的联合声明》,载商务部网站2019年1月25日,http://www.mofcom.gov.cn/article/ae/ai/201901/20190102830332.shtml。

态与监管趋势,衡量合规风险以做好及时应对的准备。此外,在不同的国家开展业务应当遵循该国的具体要求,企业应该准备多元化的合规方案以遵守不同国家的数据规制标准,准确识别数据种类并做好数据分类管理,在本国法与目标国法之间确定科学的数据战略,实现发展与合规的平衡。数据合规虽然是一个法律问题,但是企业在遵守法律要求时需要相应的技术支持,对于需要本地化处理的数据应当做好技术准备。数据安全风险因信息技术的发展而严峻化,企业同样可以通过技术手段增强数据跨境流动的安全性,例如完善匿名化技术、改进信息防火墙技术等,将合规的需求作为促进技术创新和升级的动力,激发新的经营活力和竞争力。

四、数据合规的激励机制

实现数据保护与安全不能仅依赖数据监管部门的执法活动,面对企业自身开展数据合规的动力不足的问题,需要构建数据合规激励机制为企业开展数据合规提供内在动力,其中包括行政监管激励机制与刑事激励机制。

(一)激励机制是实现数据合规与发展的有效途径

1. 数据监管难度大是激励机制的客观需求

由于数据类的违法犯罪行为具有很强的隐蔽性,对此类违法行为的监管难度极大。首先,不法分子可以通过信息技术在虚拟的网络空间远程操控,不必直接接触受害者就可以完成违法行为,实施违法行为的时间、地点都不受限制。其次,信息数据和违法技术具有无形性,违法行为可能不会留下蛛丝马迹,导致违法行为和结果不容易被发现和侦破。除此之外,信息技术会不断更新变化,使得违法方式层出不穷,这也加大了对信息安全的监管难度。当数据储存系统被破坏或者机密信息和涉及个人隐私等敏感数据被公开,发达的通信技术可能使重要信息瞬时传播到不同地区甚至其他国家,这不仅有可能影响到个人信息主体的生活安宁,如果泄露的是国家机密,还可能会危害国家安全。考虑到危及数据保护与安全的事件往往没有事先预兆,数据传播的无边界性导致危害结果难以遏制,即使事后尽快删除了所有相关信息数据,但是造成的危害影响是难以消除的。

2. 激励机制为数据合规提供内在动力

企业要真正实现数据合规,就要将合规意识和具体措施贯穿至业务的全部流程,这对企业在数据收集、储存和处理等各环节提出了更高的技术要求,增加了企业的合规成本。然而,如果仅依靠外界的强制性规定和法律制裁,难以让潜在违法犯罪者消除违法动因,自觉进行合规工作。在法律层面构建数据合规激励机制,例如建立有效数据合规能减轻处罚力度、达成行政和解等。通过体现数据合规对企业良好可持续发展的推动作用,可以促使企业将合规的外界要求化为内在追求,让企业有足够的动力主动进行数据合规,建立并完善内部数据合规建设,在合规的基础上实现利润的最大化。有效的数据合规包括数据安全技术的升级、定期的合规培训等,这既能提升对外来黑客攻击的防御能力,还可以降低内部员工擅自泄露信息的可能性,双重提高数据安全性。因有效落实数据合规而获得宽大处理结果的事例,会为其他企业产生积极正向的引导作用,推动形成稳定合规的行业自律。有效的数据合规也会让企业避免因违法犯罪而被处以严厉的法律制裁,能为企业的持续发展保驾护航。总之,合规激励机制是实现数据发展与安全的有效途径。

(二)数据合规的行政监管激励机制

1. 行政监管激励机制的探索

我国最早探索行政监管激励机制是在证券监管领域,中国证监会发布的《证券公司和证券投资基金管理公司合规管理办法》确立了强制合规制度,并明确规定了如果证券基金经营机构存在"有效的合规,主动发现违法违规行为或合规风险隐患,积极妥善处理,落实责任追究,完善内部控制制度和业务流程并及时向中国证监会或其派出机构报告"的情形,可以"依法从轻、减轻处理"。[32] 与监管机构达成行政和解,避免被追究刑事法律责任也是行政监管激励的一种方式。从理论上看,相较于从宽处理,达成行政和解无疑会产生更大的激励效果。然而,相关的规定没有发挥出行政和解对推动企业合规的最大激励作用。

中国证监会于 2015 年发布了《行政和解试点实施办法》(以下简称《实施办法》),展开了行政和解制度的探索。该《实施办法》正在被修订,办法名称

---

[32] 《证券公司和证券投资基金管理公司合规管理办法》第 36 条规定:"证券基金经营机构通过有效的合规管理,主动发现违法违规行为或合规风险隐患,积极妥善处理,落实责任追究,完善内部控制制度和业务流程并及时向中国证监会或其派出机构报告的,依法从轻、减轻处理;情节轻微并及时纠正违法违规行为或避免合规风险,没有造成危害后果的,不予追究责任。对于证券基金经营机构的违法违规行为,合规负责人已经按照本办法的规定尽职履行审查、监督、检查和报告职责的,不予追究责任。"

被修改为《证券期货行政和解实施办法》。[33] 虽然原《实施办法》和征求意见稿都要求和解协议中应当载明当事人(行政相对人)纠正违法行为的具体整改措施安排,但是未将事前的合规机制或事后的主动报告与整改作为和解的适用条件,这样的规定对激发企业合规内在动力的效果不足。从实践分析,行政和解试点工作从2015年开始,但直至2019年才出现首个达成行政执法和解的案例。在中国证监会与申请人达成行政和解协议的相关公告中,只载明了"申请人已采取必要措施加强公司的内控管理,并在完成后向中国证监会提交书面整改报告"。[34] 未见和解协议的具体内容以及加强内控管理的具体措施。缺少行政和解工作的公开性和透明度不利于其他开展证券业务的企业从中吸取合规经验,对促进形成行业合规自律的效果不佳。

2. 数据合规领域行政监管激励机制的初步构建

除了《证券公司和证券投资基金管理公司合规管理办法》以外,《企业境外经营合规管理指引》《经营者反垄断合规指南》等合规指南也陆续印发,但是相关法律法规没有规定将企业合规作为从宽处理的情形。在数据保护与安全方面,我国不断加大对数据保护的力度,惩戒数据违法行为的执法行动成为监管活动的重要内容,并呈现出常态化的趋势。例如,中央网信办、工业和信息化部、公安部、市场监管总局四部门联合开展的全国范围的互联网网站安全专项整治工作[35],工业和信息化部展开的信息通信领域应用程序侵害用户权益专项整治行动[36],等等。从相关部门的执法活动可以看出,目前我国没有统一的数据监管部门,而是由多个监管部门各自或联动执法,除此之外,一些行业主管机构也在重视数据合规问题,例如中国证监会、中国人民银行。但是零散的执法主体容易出现权责不清、效率低下等问题。"一法一决定"的实施报

---

[33] 中国证监会:《关于就〈证券期货行政和解实施办法(征求意见稿)〉公开征求意见的通知》,载中国证监会网站,http://www.csrc.gov.cn/pub/zjhpublic/zjh/202008/t20200807_381313.htm。

[34] 中国证监会发布的〔2019〕11号以及〔2020〕1号公告。

[35] 庄红韬、杨曦:《四部委联合开展互联网网站安全专项整治》,载人民网,http://finance.people.com.cn/n1/2019/0613/c1004-31134313.html。

[36] 工业和信息化部:《工业和信息化部开展App侵犯用户权益专项整治行动》,载工业和信息化部网站,http://www.cac.gov.cn/2019-11/04/c_1574399754695177.htm。

告[37]指出，网信部门的统筹协调职能履行不够顺畅，存在同一事项重复检查且标准不一等问题，增加了执法对象的负担。从惩治措施分析，大多数执法主体通过约谈、警告、责令整改、罚款等措施查处各类数据违法行为，未将数据合规作为一种激励手段。构建数据合规方面的行政监管激励机制可以从以下几个方面考虑。

首先，鉴于目前数据监管存在"九龙治水"的现象，应当加强网信办的统筹职能或者设立一个专门的数据监管部门，有一个明确的主导部门才能有效推进合规激励机制的建立与实践。其次，可以加大行政处罚的力度并将有效的数据合规作为决定行政处罚力度的考虑因素。目前，我国对于数据违法违规行为的行政处罚力度较低，过低的企业违法成本无法防范企业的数据违规行为。例如，《网络安全法》对窃取个人数据等相关违法行为的处罚规定为"没收违法所得、处违法所得一倍以上十倍以下罚款，没有违法所得的，处一百万元以下罚款"。然而，谷歌公司因违反欧盟《通用数据保护条例》关于收集信息的相关规定而被罚款5000欧元。[38] 同时，欧盟《通用数据保护条例》第83条规定，决定是否处以行政罚款以及罚款数额时应当考虑的因素包括企业合规程度。我国可以借鉴欧盟《通用数据保护条例》，通过加重对不合规的制裁力度以及强调企业合规程度对于制裁力度的影响这两方面推动企业制定合规计划。[39] 再次，可以尝试在数据安全监管领域引入行政和解制度。其中要注意明确以企业具备有效的数据合规制度作为适用条件之一，和解协议内容要包括对合规的落实审查，以增加行政和解工作的透明度，促进形成行业合规文化。由于数据安全类的违法行为产生的负面影响可能涉及范围甚广、影响深远，应重视事前的合规防范，如果只是事后积极整改以及减少不良影响、承诺事后积极制定合规计划，则应限制行政和解的适用。最后，还要有齐备的配套措施，例如，制定相应的合规指引和数据安全标准制度，为企业开展合规

---

[37] 指2017年12月24日在第十二届全国人民代表大会常务委员会第三十一次会议上发布的《全国人民代表大会常务委员会执法检查组关于检查〈中华人民共和国网络安全法〉〈全国人民代表大会常务委员会关于加强网络信息保护的决定〉实施情况的报告》。

[38] 参见余天：《法国对谷歌开5千万欧元罚单，因违反数据隐私保护规定》，载百度百家号网站2019年1月23日，https://baijiahao.baidu.com/s?id=1623403410799939131&wfr=spider&for=pc。

[39] See W. Gregory Voss, *Internal Compliance Mechanisms for Firms in the EU General Data Protection Regulation*, 50 Revue Juridique Themis 3, 2016, p. 783 – 820.

工作提供明确具体的方向,以及建立后续的监督机制与审核机制,确保合规制度的落实,等等。

(三)数据合规的刑事激励机制

1.刑事合规激励机制的探索

合规激励机制包括行政监管激励机制以及刑事激励机制,不同于行政监管激励机制的探索思路,刑事激励机制在理论研究和实践试点上没有限定犯罪类型和罪名,分析目前刑事合规激励机制的探索情况有助于构建契合数据合规的刑事激励机制。

在刑事激励机制中,将有效的合规作为法定的量刑情节、无罪辩护的事由、适用强制措施的考虑因素等都是激励的具体方式。目前促进合规的刑事激励机制只处于探索阶段,我国还未真正形成刑事合规激励的理念与制度。随着社会发展,刑事诉讼需要适应时代变化和治理需求进行观念转变和制度变革,实现刑事诉讼从以人为中心到个人与企业兼顾的转变。[40] 探索建立刑事合规激励机制就是对关注民营企业持续发展这一要求的回应。最高人民检察院于 2020 年 3 月启动涉案违法犯罪依法不捕、不诉、不判处实刑的企业合规监管试点工作,其中合规不起诉制度是理论和实践中的研究重点,目前已有一些地区的检察机关展开改革探索。例如,浙江省岱山县人民检察院创新运用“认罪认罚 + 合规承诺 + 不起诉”办案模式并推出《涉企案件刑事合规办理规程(试行)》。还有深圳市宝安区人民检察院对企业合规不起诉机制进行试点,创立了独立监控人制度和配套的合规专员制度,但是在开展刑事合规探索工作中也发现了法律依据不足、受限于办案期限与业务考核、验收机制难度大、行刑程序衔接不畅等问题。[41]

2.数据合规刑事激励机制的初步构建

在刑事实体法层面,由于我国未在刑法层面确立严格责任制度,将企业数据合规作为出罪事由对促进企业合规的激励效果可能不明显,如果在短时间内无法解决这一问题,那么将企业数据合规作为量刑情节更具有操作性。刑

---

[40] 参见李玉华:《以合规为核心的企业认罪认罚从宽制度》,载《浙江工商大学学报》2021 年第 1 期。

[41] 参见许锦标:《我院黄美华检察官应邀在企业合规与社会治理专题研讨会发表主题演讲》,载宝安区人民检察院网站,http://bajcy.baoan.gov.cn/bjzx_141860/bjxw_141864/202012/t20201228_5733068.html。

罚既有惩罚的作用也有预防的作用，企业合规降低了借助刑法预防犯罪的必要性，可以以此作为减轻刑罚的事由。同时，主动的事前合规所对应的从宽程度应大于事后被动合规的从宽程度。此外，国家在为企业提供激励动力的同时，应当增加相应的压力，压力也是动力的来源。在数据犯罪规制方面，我国1997年《刑法》对侵入计算机系统类的犯罪进行规制，2009年将侵犯个人信息类犯罪纳入刑法，经过后续的修正案和司法解释，对信息数据安全法益的保护逐渐完善，但是相关罪名的设定与大数据时代下的数据特征不太契合，导致对相关法益的保护尚不全面。例如，我国关于计算机犯罪的立法是以技术限定性为中心的，很大程度上忽略了对数据的保护。激励机制不仅是为了促进企业合规，为了保护企业的持续发展，保护法益也是不可忽视的价值诉求。全面的法律规制，才能丰富完善合规的具体内容，保障对信息数据安全法益的保护。

在刑事程序法层面，可以在适用强制性措施与程序分流两个环节发挥对企业的数据合规激励作用。[42] 在强制性措施环节，可以将数据合规作为采取强制性措施的考虑因素，有效的数据合规可以避免对经营活动影响较大的强制性措施，这使企业在侦查期间也能继续正常经营，以此激励企业开展数据合规。在程序分流环节，可以在符合其他法律条件的情况下采用简易程序或速裁程序，减少企业在诉讼活动的时间成本和人力、物力，以激励企业进行数据合规工作。应当注意的是，在审查数据合规有效性以适用激励机制时，应当结合数据保护与大数据企业的经营规模与特点等多方面的因素。此外，对合规不起诉制度的探索能更大程度激励企业进行数据合规。目前检察机关探索出“检察建议模式”和“附条件不起诉模式”这两种激励模式。[43] 最高人民检察院发布的2019年度全国检察机关社会治理类优秀检察建议中，就有检察机关对企业发出关于加强用户个人信息保护的检察建议书，并在后续工作中召开了关于个人数据保护合规的研讨会，督促企业根据检察建议落实整改。[44] 可见实践中已有检察机关推动数据合规的事例，是数据合规方面的刑事诉讼合规激

[42] 参见李玉华：《我国企业合规的刑事诉讼激励》，载《比较法研究》2020年第1期。

[43] 参见陈瑞华：《刑事诉讼的合规激励模式》，载《中国法学》2020年第6期。

[44] 上海市人民检察院就互联网应用商店对收录软件个人信息保护未履行管理责任问题向某网络科技有限公司制发检察建议，参见《2019年度全国检察机关社会治理类优秀检察建议》，载最高人民检察院网站，https://www.spp.gov.cn/spp/xwfbh/wsfbt/202008/t20200805_475448.shtml#4。

励的雏形,检察机关应当提高对数据保护的重视程度,积极探索与完善激励方式。

五、结语

信息技术的快速发展使数据成为重要的生产要素,在数据收集、利用与跨境流动过程中,数据过度收集、泄露等问题层出不穷。为了保护个人信息与维护国家安全,企业应当承担相应的社会责任,积极开展数据合规。监管主体积极探索数据合规激励机制是对治理能力现代化要求的回应。数据合规能帮助企业防范法律风险,实现健康持续的发展,当前其内容主要包括个人数据保护合规和数据跨境流动合规两个维度。个人数据保护合规主要需要注重在收集、利用过程中的规范,要遵守合法、正当、必要的原则;数据跨境流动合规要求企业关注不同国家的规定而做出相应的合规方案。目前国内外对数据合规的监管越来越严,我国企业应提高数据合规意识,积极开展合规建设。同时,我国应当积极构建数据合规激励机制,促进企业将合规要求内化,推动企业建立并落实数据合规。

论企业合规监管制度

——以独立监管人为视角*

马明亮**

引言

近年来,浙江、江苏、广东等多地检察机关积极探索在现行刑事诉讼制度框架内将企业合规引入司法实践的路径。在办理涉企业刑事案件过程中,检察官充分发挥检察机关参与社会治理的积极作用,试图摒弃以往偏重"制裁"的思维,采用"刑事制裁"与"合规营救"并重的理念,督促企业依法合规经营,由此形成了诸多"合规不起诉"的范式。从域外经验来看,监管制度在确保合规计划有效性方面至关重要。不无例外,检察院在探索合规不起诉的同时,也在积极探索监管制度建设。其中的一个亮点是引入了独立监管人①制度。在美国,除司法部外,证券交易委员会、财政部、商务部、联邦贸易委员会等机构都可以指定监管人。目前,我国的司法行政机关、熟谙合规业务的律师等诸多主体对此都甚为期待,大有独立监管人的适用情况决定合规监管制度走向的态势。

但独立监管人并非超级英雄,仅在制度层面就涉及监管人的资质、选择、职责范围、工作机制、利益冲突规则等内容,即便是在制度与经验都比较成熟的美国,独立监管人仍然难逃诸多实践难题与学术批评。我国对此的理论研究与司法实践经验都处于起步阶段。美国由于企业合规的实践较早,积累了相对丰富的合规监管经验并形成了相对稳固的模式:针对大型企业的企业合规,基于事先惩罚理论,由被监管企业承担监管费用,执法机关聘请独立监管

---

* 本文原载《中国刑事法杂志》2021 年第 1 期。

** 马明亮,中国人民公安大学法学院教授,博士生导师。

① 英文为"independent compliance monitor",其中的"monitor"乃监督、管理之义,结合其角色与职能,译为独立监管人为宜。

人，通过暂缓起诉协议、不起诉协议与辩诉交易协议（以下简称处置协议）具体约定监管人的权利，如此形成了以“独立监管人”为基石与中轴的监管体系。虽然随着美国海外反腐执法实践的发展，独立监管人制度也漂洋过海，对英国、法国、德国等国家产生了影响，他们在移植过程中也结合本国的特点作了些创新与修正，但至少目前来看，独立监管人在美国实践中暴露的问题更多，理论探讨与规则应对也最为成熟。基于制度原理的相似性，这些问题在我国现在或将来同样难以避免。鉴于此，本文首先深度分析美国独立监管人所面临的实践困境与争点，主要包括：如何控制监管的高成本以及如何合理分担？独立监督人的中立性何以可能？监管的公开性与有效性问题。在此基础上，结合我国具体的情况寻求困境的破解之道，这是构建正当合规监管制度的重要组成部分，也是推动企业合规良性发展的重要制度支撑。

一、独立监管人在美国司法实践中的主要争点

事实上，独立监管人参与合规计划监管工作，在美国不断遭遇各种争执与质疑，相关的讨论与学术建议值得我们借鉴，主要有如下几方面。

（一）独立监管人的高成本及其控制

从独立监管人的适用原则来看，它是收益与成本衡量的产物。因此，如果聘用独立监管人的成本高昂，给企业带来沉重的负担，就将成为该制度适用与发展的“瓶颈”。这种担心在美国已经成为现实。由于合规监管的硬性和软性成本越来越多，由此带来的高成本可能超出避免惩罚的收益预期，再聘用独立监管人无异于雪上加霜。那么，多少合规性支出是合理的？以及该如何降低监管成本？

在美国，对监管成本高、监管费用过度问题的关注由来已久，旷日持久的合规计划必然价格不菲，比如进行内部调查就会产生各种各样的费用。② 而由外部专业人员提供合规服务（即外包给独立监管人）的费用可能更高，企业通常会聘请律师、审计师和其他专业人员（例如“道德官员”）。费用也不限于专业方面投入，与合规计划相关的内部调查会带来不正当的时间耗损、生产力降

② Arthur F. Mathews, Symposium, *Current Issues in Corporate Governance: Internal Corporate Investigations*, 45 Ohio St. L. J., 1984, p. 672.

低以及员工注意力从正常业务过度转移而降低士气等所增加的成本。③ 而且，企业为避免刑事罚金而用于合规的费用支出，有时会远远超过其受到刑事制裁的风险成本。④

监管成本之所以出现这种极端现象，原因至少有二：一是企业在选择监管人方面的谈判力量薄弱。比如《莫尔福德备忘录》对监管人的资格设定了系列标准，并且必须经过多层审批方可出任，这种复杂的审批流程使企业难以对监管人的遴选发挥有效的作用与影响。⑤ 二是监管人与企业的监督关系一旦确定下来，一般不再更改。潜在的监管人都知道，企业必须接受政府批准的监管人来运行监督程序，因此，监管人几乎没有动力降低费用。⑥

如何将监管费用控制在合理的幅度，学界提出了许多解决方案。比如，将数字技术引入合规计划来降低成本。鉴于合规数字化、基于算法的大数据、日益复杂的合规数据分析和企业的广泛治理、风险和合规综合系统（Governance Risk Compliamce，GRC）不断走向融合，这种融合将很快取代笨重和陈旧的系统和软件。⑦ 因此，可以通过融合下一代机器学习技术、全球合规标准，甚至包括基础评估科学，高透明并有效地降低合规成本。⑧ 再如，修正合规监管的费用结构以保障支出的合理性。具体有三种方法：（1）督促控诉方协助受监管企业找到一个彼此都同意的监管人，并以具有竞争力的价格提供服务；（2）加强对监管人的司法监督，由独立的司法官评估和审查监管人的费用；（3）要求律师监管人遵守美国律师协会的《职业行为示范规则》所规定的费用义务。⑨ 当

---

③ Michael Goldsmith & Chad W. King, *Policing Corporate Crime: The Dilemma of Internal Compliance Programs*, 50 Vanderbilt Law Review 1, January, 1997, p. 16.

④ 因为在美国，公司承担刑事责任本身即为小概率事件，尤其是大型上市公司被起诉往往视为一种例外，在很多司法管辖区很少见。See William S. Laufer, *A Very Special Regulatory Milestone*, 20 U. Pa. J. Bus. L., 2018, p. 397.

⑤ F. Joseph Warin & Michael S. Diamant & Veronica S. Root, *Somebody's Watching Me: FCPA Monitorships and How They Can Work Better*, 13 U. Pa. J. Bus. L., 2011, p. 346.

⑥ Veronica Root, *The Monitor-Client Relationship*, 100 Virginia Law Review 3, 2014, p. 581.

⑦ 比如，有学者描述了金融市场以及人工智能将如何影响金融监管。Gregory Scopino, *Preparing Financial Regulation for the Second Machine Age: The Need for Oversight of Digital Intermediaries in the Futures Markets*, Colum. Bus. L. Rev., 2015, p. 439.

⑧ See William S. Laufer, *A Very Special Regulatory Milestone*, 20 U. Pa. J. Bus. L., 2018, p. 397.

⑨ 当然，这种方案有其局限性，因为不是所有的监督员都是律师。Veronica Root, *The Monitor-Client Relationship*, 100 Virginia Law Review 3, 2014, p. 582.

然,如果独立监管人制定的工作计划注定要失败或者太繁重,即使费用结构是合理的,监管费用仍然可能会飙升。鉴于问题的复杂性,目前并没有形成一致的解决方案。

(二)企业独自负担监管费用的批评

实践中,监管费用由企业独自承担,这也不断遭遇批评,学界戏称为企业自筹资金。由此引申的话题是,在现代企业治理视野下如何合理分配监管费用。目前,企业独自承担监管费用的理论依据是,合规计划是对企业施加先发制人的惩罚(preemptive penalty),申言之,合规计划所引发的无限支出被视为是对企业先发制人的惩罚,这是监管机构让公司为其责任“黑数”的错误行为支付公平份额的一种方式。[⑩] 基于此,企业聘用监管人被视为一种制裁,被纳入案件的处置协议之中。但是,质疑先予惩罚理论的声音不曾间断,比如,该理论隐含不公平性,有监督成本从政府、社会转移到公司的执行成本之嫌疑。鉴此,提出一种分配方案:虽然因企业责任让检察官承担费用存在理论上的不自恰,但从社会公平的视角来看,让代表政府的检察官承担一部分费用是合理的。[⑪]

(三)独立监管人中立角色的实现路径

为了保证监管的中立性,《莫尔福德备忘录》将独立监管人的角色定义为独立第三人(independent third party)——既独立于企业又独立于代表政府的检察官。在合规计划执行期间,企业,政府和监管人之间应进行“公开对话”。备忘录试图通过角色设定与三方公开对话的工作模式来实现监管人的独立性与中立性。但遗憾的是,这样的设计与理想蓝图似乎是司法部的一厢情愿,现实的冲击与学界抨击不绝于耳,概括起来可以归为两大争点:一是监管人如何独立于检察官?虽然《莫尔福德备忘录》明确指出,独立监管人并非企业或检察官的代理人,但他却经常被公众和企业视为检察官的代理人,因为监管人是由政府授权,代表政府监督企业,他享有调查权并将监督报告呈送检察官,检察官以此为主要依据决定是否恢复控诉。从权力来源来看,很难让独立监管人摆脱检察官的“指手画脚”。这还会延伸出一个话题:他需要向政府提供报

---

⑩ See William S. Laufer, *A Very Special Regulatory Milestone*, 20 U. Pa. J. Bus. L., 2018, p. 393.

⑪ Veronica Root, *The Monitor-Client Relationship*, 100 Virginia Law Review 3, 2014, p. 582.

告的数量与信息广度如何把控?⑫ 监管人是企业与政府之间的纽带,信息通过它流向政府机构,那么,除了监督报告之外,他还应提供多少信息给政府?因为监管人与企业之间不受"律师—客户关系"所约束,这就相当于消除了政府获取企业信息方面的障碍。无限制访问公司信息可能给企业造成不合理的负担并有损企业业务。其中的悖论是,严格限制信息流向政府可能会妨碍监管目的,难以确保企业合规并遵守和解协议。

二是监管人如何独立于企业?虽然《莫尔福德备忘录》将独立监管人视为独立第三人,但从实践来看,独立监管人的职能更接近于双重角色:合规计划的外部监督人与合规质量的服务人。从外部监督职责来看,独立监管人与企业的董事、高级管理人员、员工和其他代表截然不同,他不是企业的律师,因此,企业无权向他寻求获得合法合理的建议。但是,合规监管人的职责并非限于监督,也有为被监督企业提供服务的职责,即与企业一道确保合规计划的有效性,发现与减少未来可能的不法行为。甚至有人称,独立监管人是涉案企业有罪答辩的组成部分。⑬ 从这个角度讲,监管人是企业的发展合作伙伴。如此一来,监管人与企业之间既含有对抗因素,又有合作伙伴关系的潜质,何者为重就看政府更重视企业的追责性还是整改性了。结果就是,独立监管人与企业在实践中会出现两个走势:一是强调监管人的独立性与监督的权威性,这会促成企业与监管人的紧张对抗关系;二是强调监管人改进、完善企业合规计划的职责,这会促进两者走向合作甚至亲密无间。显然,这都背离了监管人的中立角色。

独立监管人在实践中的角色混乱,本质是独立监管人与企业、检察官的三方权利义务布局出现了问题。有人认为,主要原因在于,监管人的权限由案件处置协议具体约定,司法部并没有提供强制性的通用规则,因此,政府应当制定明确的规则,为参与监督的各方提供一套可预测的规范。⑭

(四)监管保密所面临的压力及其应对

根据《莫尔福德备忘录》,独立监管人享有调查权并有义务提供监督报告。

---

⑫ See Christie Ford & David Hess, *Can Corporate Monitorships Improve Corporate Compliance?*, 34 J. Corp. L., 2009, p. 682 – 683.

⑬ F. Joseph Warin & Michael S. Diamant & Veronica S. Root, *Somebody's Watching Me: FCPA Monitorships and How They Can Work Better*, 13 U. Pa. J. Bus. L., 2011, p. 329 – 333.

⑭ Veronica Root, *The Monitor-Client Relationship*, 100 Virginia Law Review 3, 2014, p. 546.

为了保护企业基层员工、第三人、利害关系人利益与社会公共利益，独立监管人的监督工作需要公开与透明，以确保相关主体的知悉权与社会监督权，这也有利于发挥合规计划的警示与教育功能。但是，这种公开、透明与企业信息保密之间会产生冲突与矛盾，因为包括监督报告在内的合规计划与审计材料不仅会泄露企业商业秘密，而且可能用于刑事侦查以及针对企业的民事诉讼。[15]所以，这种披露可能会在根本上摧毁作为激励机制的企业合规计划。[16] 实践中，虽然公众获取监督报告的诉求不绝于耳，[17]但司法机关对监督保密还是公开这一问题并没有形成通用的强制规则，而是交由案件处置协议临时约定。考虑到监管人的调查权以及监督报告内容的广泛性——可能包括产权的、财务的、机要的和竞争性的商业信息，处置协议一般会对监督报告高度保密。[18]

（五）无效监管的预防与制裁

引发无效监管的因素有很多：独立监管人在选任过程中存在腐败行为；[19]独立监管人除了丧失监管资格的惩戒之外，并不承担监督无效的民事责任；监管人的职责边界一直存在模糊地带；等等。围绕独立监管人的监督工作如何才能更有效，学界提出了很多的应对思路。比如，不能将独立监管人视为不受约束能力的超级英雄，必须加强监督和道德改革，包括在公司和监管程序之间再度引入中立的第三方和裁判，并施加有关监督的道德规则，以确保双方之间的公平。还比如，立法应当围绕如何保护三方之间的信息交流建立特权规则，甚至考虑建立新型的“监督者—客户”关系；[20]强化监管人对企业的忠诚、勤勉

---

⑮ 除非受到保护，否则这些材料有可能成为检察官和民事原告的“诉讼路线图”，See Ronald J. Allen & Cynthia M. Hazelwood, *Preserving the Confidentiality of Internal Corporate Investigations*, 12 J. Corp. L. ,1987, p. 357. 专门讨论由于缺乏普遍的公司隐私权而引起的问题。

⑯ James F. Flanagan, *Rejecting a General Privilege for Self-Critical Analyses*, 51 Geo. Wash. L. Rev. 551, 1983, p. 574.

⑰ Veronica Root, *The Monitor-Client Relationship*, 100 Virginia Law Review 3, 2014, p. 546.

⑱ F. Joseph Warin & Michael S. Diamant & Veronica S. Root, *Somebody's Watching Me: FCPA Monitorships and How They Can Work Better*, 13 U. Pa. J. Bus. L. , 2011, p. 353.

⑲ Jessica Naima Djilani, *The British Importation of American Corporate Compliance*, 76 Brook. L. Rev. , 2010, p. 338. 对此，《莫尔福德忘录》建议，检察官要求目标公司雇用监管人，必须允许公司选择个人，由检察官否决；或检察官认为，他在选择监察员时必须扮演“更大的角色”，他应考虑至少三个合格的候选人。选任过程中容易出现腐败问题，也是其他国家在接纳独立监管人制度时顾虑重重，甚至削弱其作用的原因。

⑳ Veronica Root, *The Monitor-Client Relationship*, 100 Virginia Law Review 3, 2014, p. 585.

义务,将律师的《职业行为示范规则》第2.3条视为监管人角色标准,并鼓励其与企业之间展开坦诚的沟通。[21] 司法部的努力则体现于2018年的《本茨科夫斯基备忘录》,其通过进一步明确独立监管人的遴选标准、政策和程序,以期实现监管的有效性。

二、合规监管制度的中国探索

检察院对企业合规运行机制的探索,虽然主要适用于中小微企业,并不涉及大型企业,但合规监管模式仍如雨后春笋,别出心裁并不断推陈出新。其间,有的企业设立了独立监管人并初步形成了涉及三方的监管体系;不设独立监管人的企业,则由检察院直接监督考察。

(一)合规监管制度的三种模式

以有无独立监管人为标准,合规监管制度可以为分为三类模式:检察院自我监管模式、委托行政机关监管模式与委托独立监管人协助模式。

检察院自我监管模式,顾名思义就是由检察院自己完成合规计划的监督考察。例如,青岛市人民检察院充分发挥检察建议在参与社会治理中的积极作用,采取以下合规介入步骤:首先,了解与考察企业。检察官与企业负责人开展多次沟通,并前往企业考察,建议企业继续经营发展。其次,向企业提出检察建议。建议企业建立风控部门,完善业务审批机制,堵塞系统漏洞,更改系统设置,加强法制培训。最后,向企业公开送达检察建议,要求案涉企业认真整改、合规经营。涉案企业将根据检察建议进行有针对性的整改,完善企业内控制度,规范合规做好相关业务。[22] 这种模式,往往针对小微企业,直接由检察院自己承担监管职责。作为主导机关的检察院,有的还内设刑事合规专员。

检察院委托行政机关监管模式,是指检察院对涉案企业合规建设情况的考察主要委托给相关行政主管部门负责,比较典型的是宁波市人民检察院的做法。2020年9月,宁波市人民检察院探索建立涉罪企业合规考察制度,出台了《关于建立涉罪企业合规考察制度的意见》。在制度设计上,宁波市人民检察院将案件适用范围限定为直接责任人员依法应当判处3年有期徒刑以下刑

---

[21] Caelah E. Nelsonal, *Corporate Compliance Monitors Are Not Superheroes With Unrestrained Power: A Call For Increased Oversight And Ethical Reform*, Georgetown Journal of Legal Ethics, 2014, p. 745.

[22] 杨璐:《青岛一企业利用跨境电商"刷单"走私,偷逃税22万余元》,载百度百家号网站2020年6月16日,https://baijiahao.baidu.com/s?id=1669644419272362066&wfr=spider&for=pc。

罚的企业轻微犯罪案件，以契合轻微犯罪依法从宽处理的司法政策。在合规考察上引入行政监管手段，将考察期间对涉罪企业合规建设情况的考察主要交由相关行政主管部门负责；在结果处理上将合规建设情况作为最终对涉罪企业是否起诉的主要依据，对于涉罪企业在考察期内按照合规计划完善治理结构、健全管理制度、规范生产经营的，一般均作不起诉处理。该制度发生在审查起诉阶段，设定6个月到12个月的考察期，在审查起诉期限结束之前进行考察，所有活动都发生在审查起诉环节，在审查起诉结束前作出起诉或不起诉决定。㉓ 该模式引起了热议。支持者认为，行政监管部门参与合规监督考察，完成刑事执法与行政监管有效衔接，既是检察机关履行刑事诉讼的主导责任，也是帮助企业改善治理结构，督促消除犯罪潜在的原因。但也有人心存疑虑，认为企业合规监督考察机关是由政府行政主管部门或者企业所在辖区街道、乡镇政府部门担任，在相对缺乏合规计划统一范本前提条件下，要求考察机关审查发现合规计划缺陷，存在专业技术难度。㉔ 据悉，宁波市人民检察机关正进一步完善涉罪企业合规考察制度，并将联合税务、银保监局、市场监管、海关等单位细化健全工作机制。

委托独立监管人协助模式，即检察院委托独立监管人协助监督。目前，独立监管人的名称虽然在各地并不相同，比如合规监督员、独立监控人等，但其内涵并无二致。根据独立监管人产生的途径、费用支付方式以及检察官与独立监管人的关系，又可以细分为两类范式：一是检察机关携领型。即检察院支付费用，目的是防止监管人受资本驱动进而监管不中立，深圳市南山区人民检察院即采此范式。二是监管人独立监督、检察机关听取意见型。深圳市宝安区的做法即为典型。宝安区司法局于2020年8月28日发布了《关于企业刑事合规独立监控人选任及管理规定（试行）》（以下简称宝安《规定》），为合规不起诉机制的落地执行提供了配套措施。宝安《规定》所称独立监控人，是指受犯罪嫌疑企业委托，对企业刑事合规情况进行调查、规划、监督的律师事务所。犯罪嫌疑企业可以委托刑事合规独立监控人对企业的合规情况进行调

㉓ 孔令泉：《浙江宁波检察机关试水涉罪企业合规考察制度》，载澎湃新闻网2020年9月20日，https://www.thepaper.cn/newsDetail_forward_9355991。

㉔ 武卓立：《宁波涉罪企业合规考察制度备受关注专家分析“合规考察”护航民企健康发展》，载《法治日报》2020年9月23日，第4版。

查,协助企业制定合规计划并监督执行,针对企业合规建设出具阶段性书面报告,作为检察院对犯罪嫌疑企业作出相应处理决定的参考。

(二)面临的困惑与困境

从实践来看,无论哪类监管模式都面临一些相似的困惑与困境。其中,有的归因于中国特殊的企业合规时代背景,比如:涉罪主体主要是中小企业甚至是小微企业,难以承受合规计划成本;合规计划的制定、考察与评估的专业人才相对匮乏。另外,检察机关在合规监管体系中如何发挥作用,是主导还是监督?虽然实践中,检察机关在合规不起诉制度中居于主导地位,并对敦促企业完成合规整改承担主要责任。但是,全程监控涉罪企业的合规整改、推进企业建立合规机制、敦促企业依法依规开展业务活动,实际上要求检察机关承担部分行政监管的责任,与其作为法律监督机关的"本色"有明显不同。那么,检察机关作为司法机关,在对侦查机关、法院、执行机关进行诉讼监督的同时,应不应当、能不能够额外承担行政监管责任?㉕

有的困境则具有全球共通性的属性,比如,如何确保独立监管人的适格性,执法机关、独立监管人与企业之间如何分配权利义务,如何衡平监管的公开透明与企业信息的保密冲突问题,等等。这些问题在美国所面临的责难与争议,我国应当引以为戒,针对这些质疑必须防微杜渐地找到合理的应对方案,否则,独立监管人将无法发挥作用,进而导致合规监管无效。

三、独立监管人制度的完善方案

独立监管人制度作为合规监管体系中的重要组成部分,在未来的适用过程中,应当围绕三方主体(执法机关、独立监管人与企业)之间如何分配权利义务这一中心问题进行制度完善。据目前的资料来看,在独立监管人的实践探索中,深圳市宝安区的范式比较有代表性,也最为成熟。本文便以宝安《规定》为蓝本,探讨制度完善之道。目前,亟待回应的关键问题如下。

(一)独立监管人的适用范围

有人会主张,考虑到域外的经验——独立监管人只适用于大型企业,又考虑到合规的高成本与聘用独立监管人的"必要性"原则,我国应当根据企业的规模确立二元化方案,即独立监管人只适用于大型企业,中小微企业则依靠企

㉕ 李晓琤、杨思源等:《企业合规不起诉的中国实践》,载妙珠律师事务所网站2021年1月13日,http://www.cqlsw.net/business/theory/2021011336261.html。

业自己的合规人员与检察院的外在监督,完成合规计划的监督考察。但笔者认为,该方案虽然实现了经济效益、节约了合规成本,但在社会治理的层面却并不妥当。麻雀虽小,五脏俱全,我们不能仅仅根据企业的经营规模,认为企业规模小难以承担合规成本就因噎废食,执法机关与立法机关应着力研究如何降低监管成本、如何合理分配监管成本。要回归企业合规的制度初衷,要考虑企业经营中的风险及其补救的社会意义,更要考虑独立监管人独特的、不可替代的角色价值——专业的、独立的第三人。因此,中小微企业也应当适用独立监管人制度,不能用内部的法务或风险内控人员,来简单代替独立监管人。

(二)符合“场景”的独立监管人资格

为保障独立监控人履行职责的有效性,确保独立监控人适格是基本的前提条件。宝安《规定》对此主要作了三个方面的制度安排。第一,设置监控人的入选标准与条件,主要分为专业知识、技能条件与中立性条件。前者主要依据经验与工作年限来界定,比如律所拥有专职执业律师 10 人及以上,从事相关法律服务业务两年以上,并有企业合规及法律风险防控的相关经验,具备承担独立监管职责的专业知识及技能,获得省级以上优秀律师事务所荣誉的优先选任。而关于中立性条件,则要求监控人与承办的案件、监控的企业无利害关系。第二,检察院与司法局联合通过培训、考核惩戒与资格免除的方式来确保适格性。针对企业刑事合规工作的开展情况,区司法局和区人民检察院适时举办相关培训,对独立监控人进行年度考核,考核结果作为对独立监控人免除资格、续任的重要依据。在资格免除方面,主要针对在选任时弄虚作假,提供不实材料的,以及在履职过程中违规、违法的,等等。第三,引入社会监督机制来确保适格性。区司法局在选任工作开始 30 日前发布独立监控人选任公告。选任公告内容包括:独立监控人的选任名额、选任条件、报名方式、报名材料、意见反馈方式等相关事项。

其中,面临的问题集中体现于监控人入选标准与条件的设定方面:(1)选任范围、遴选资格过于单一,无法应对复杂多元的合规计划。入选范围目前只局限于律师事务所,而根据涉案企业的业务类型与涉案情况,理应包括其他专业领域。(2)专业能力的要求。独立监控人需要对企业的合规计划是否充分有效发表意见,这必然需要对企业的经营与管理模式等具有相应的知识储备。

但目前的规定却只是笼统要求应当“具备承担独立监管职责的专业知识及技能”。(3)在中立性方面以“无利害关系”来界定,但无利害关系本身即为一个弹性概念,需要在日后的工作中根据具体场景予以细化。

笔者认为,“根据场景确定监管人资质”应作为普遍性原则。有不同的经营范围、在不同行业的企业,经营中的风险点与合规监管重点也不同,由此将产生不同类别的专项企业合规计划。在这些专项合规计划中,虽然也有共性的地方,但更多的是差异与个性,因此,未来的合规监管人资质要求,不能“一刀切”地适用统一标准,而应以专项合规计划为范本,根据不同的监管场景制定相应的入选标准。

(三)监管费用的合理标准与分担机制

聘用独立监管人可能会带来高额的合规费用,考虑到监管费用本质上是监管人提供的服务报酬,同时,为保证监管考察评估的权威性,监管人往往是由不同部门的专业人员组成,包括律师、会计师、评估师、税务师等。如此一来,很难拿出固化的标准来判断多少费用额度是合理的。围绕该问题的争论在美国也无定论,但毋庸置疑的是,不能简单地通过经济计算来判断。目前代表性的观点是,判断合规支出的合理性标准不能仅仅考虑刑事制裁的风险,相反,应取决于公司业务覆灭或中断、生产力降低、费用和其他非法律成本投入后的前景。从制裁风险避免的收益与企业的发展等方面综合衡量监管费用是值得我们借鉴的。当然,为了合理控制服务成本,可以参考律师服务收费的管理与指导经验,司法局与物价局应尽快联合出台《企业合规服务收费管理办法》与《企业合规监管费用指导价标准》,确保合规监管费用有章可循。至于具体数额,执法机关或企业需要结合案情,包括是否损害公共利益(比如,企业具有破坏生态环境和资源保护、食品药品安全的损害社会公共利益的行为的)以及企业规模等要素,通过招投标的方式,在聘用独立监管人时一并解决为宜。

除此之外,立法者还应当思考费用的合理分担问题。尤其是在中小微企业的合规监管过程中,从承担社会治理职责的视角来看,由执法机关分担一部分合规费用是合理的。另外,笔者认为,对中小微企业根据其经营范围分类引导、组织开展合规制度建设,是工商联、企业协会等自律组织的公共服务供给的重要组成部分。[26] 鉴于此，为了缓解中小微企业的合规费用压力，应根据企业的经营范围，由自律组织“打包”组织开展合规监管。具体方案是，由商会、行业协会协调、统一购买合规的商业责任保险，一旦企业被纳入合规计划，就从保险费中支付独立监管人的合规费用。

（四）“执法机关—独立监管人—企业”三方的合理关系

根据宝安《规定》第12条的内容，独立监控人不仅仅是监督者，更是企业整改的参与者。因为他要在调查的基础上协助制定合规计划，协助涉案企业制定合规计划。就监督而言，协助人民检察院监督合规计划的执行，具体分为两种方式：一是定期向区人民检察院报告合规监控情况，包括针对涉案企业履职情况、企业刑事合规建设等出具阶段性书面监控报告，作为区人民检察院作出相应处理决定的参考。二是如果发现涉案企业、犯罪嫌疑人曾隐匿的或者新出现的不合规行为，应及时向区人民检察院报告并督促企业、犯罪嫌疑人整改。其中不清晰的是，监督与参与整改的双重角色何为主要？独立监控人与企业的关系如何界定？中立的监督无法避免对抗式的关系；而重在整改难免会导致二者走向合作伙伴关系，甚至亲密无间。这非常像美国独立监管人所面临的困境，这种双重角色可能导致监控人在实践中沦为迷茫的摇摆人。

所以，未来的制度完善必须在顶层合理设计执法机关—独立监管人—企业的三方关系。就独立监管人与企业的关系而言，立法机关首先应当明确主导思想，应着力于企业的整改而不是预先惩罚，应淡化监管人与公司之间的对抗性关系与事先的惩罚关系。但同时，不仅需要预防监管人与企业的“合谋”，防止其共同欺骗执法部门；[27]而且要预防监管人怠惰失职给企业造成不应有的

---

[26] 这一点可以从2020年12月1日施行的《中华人民共和国出口管制法》中获得灵感。该法第14条确立了合规激励机制，即出口经营者建立出口管制内部合规制度且运行情况良好的，国家出口管制管理部门可以对其出口有关管制物项给予通用许可等便利措施。同时，为引导出口经营者建立健全出口管制内部合规制度，《出口管制法》还着力加强公共服务供给，第7条明确规定有关商会、协会等行业自律组织应当按照章程对其成员提供与出口管制有关的服务，发挥协调和自律作用。

[27] 独立监管人与企业过度的亲密关系会带来系列弊端，这在美国已经引起充分关注。比如，会堵塞公开披露的渠道，进而阻止公众访问相关信息的可能性；还会降低监督的威慑价值并导致监管人被“捕获”（monitor capture），进而可能导致对行业的过度同情以及过度宽松执法。其中，捕获是指监管机构与行业之间的极端紧密关系。Dorit Rubinstein Reiss, *The Benefits of Capture*, 47 Wake Forest L. Rev., 2012, p. 569 – 572. 过度亲密关系断然不会增加监督的有效性。Veronica Root, *The Monitor-Client Relationship*, 100 Virginia Law Review 3, 2014, p. 573 – 580.

损失。其间的得失拿捏最终落脚为独立监管人的职责与权力边界,“方寸之间”极度考验制度设定者的功力,这可以借鉴域外的经验。首先,未来的制度改革必须明确独立监管人的调查职责,同时设定清晰的权力限度。根据宝安《规定》,独立监控人的职责分为调查、监督与参与整改职责。其中,调查是基础性权力,是监督与参与整改的前提。如果涉案企业想得到司法机关和监管机关的谅解,就必须分析导致违规的根本原因并采取确实有效的补救措施,以证明公司充分认识到了违规行为的严重性。这就需要监控人发挥其调查职能,及时、彻底地对违规行为展开调查。但遗憾的是,该《规定》第11条没有限定调查权限,这种笼统授权模式意味着监控人享有广泛的调查权,有可能超越涉案的信息而调查所有的历史问题,这可能引发监控人与企业之间的冲突与纠纷。其次,完善独立监管人的监督责任和道德责任,确保其尽职调查。比如进一步明确勤勉尽责的认定标准与保障机制,这可以参照民商事、证券业律师服务领域中关于勤勉尽责义务的判断与处罚模式。独立监管人如果在尽职调查中未勤勉尽责,出现了遗失重要证据,泄露商业秘密,超越代理权限,或者因其导致审计流程和财务报告信息不全甚至存在虚假信息等情形,执法机关应当取消其监管资格,也可以考虑同时对其予以罚款,并赋予涉案企业提起民事赔偿之诉的权利。[28]

就执法机关与独立监管人的关系而言,既要保障独立监管人的监管质量,又要防止监管人沦为执法机关的代言人。前者相对容易,比如完善独立监管人的有效监管标准以及无效监管的惩戒机制,具体包括设定监督报告的合理性与科学性标准。后者比较困难,可以通过构建检察机关、独立监管人与企业三方关系的再监督机制,比如通过听证程序强化社会监督功能,对其间发生的争议,或者考虑由涉案企业向上一级检察院申诉;或者宣告合规计划失败,在检察院提起公诉之后,结合我国的不起诉制度救济程序,由涉案企业向法院申请再监督,在法院审判阶段重拾合规计划。

---

[28] 近年来在民商事、证券业律师服务领域,勤勉尽责义务备受重视并成为案件的争点。比如在尽职调查中未勤勉尽责,因遗失重要证据、泄露商业秘密、超越代理权限等,引发行政处罚与诉讼的现象频发。除了律师业务外,作为第三方服务的注册会计师,由于自身没有依法履职,没能做到勤勉尽责,导致审计流程和财务报告信息不全甚至存在虚假信息,证监会予以没收、罚款的处罚现象也不鲜见。董明怀:《论注册会计师的勤勉尽责》,载《中国总会计师》2019年第3期。

(五)独立监管人的保密义务

如前所述,监控人依据其广泛调查权,获得大量企业经营信息在所难免。虽然宝安《规定》第14条明确要求独立监控人在工作过程中负有保密义务,对监控过程中知悉的国家秘密、商业秘密、个人隐私和未成年人犯罪信息,以及其他依照法律法规和有关规定不应当公开的案件信息,都不得泄露。但是,如果这些信息是整改计划的基础材料,是书面监控报告不可缺少的内容,该如何处理?[29] 书面监控报告不仅是人民检察院作相应处理决定的参考,而且,第三方、其他利害关系人都想获悉其中的内容。为了满足广泛的知悉权,有的地方检察院采用公开听证的方式来验收整改计划是否成功,即整改期满经公开听证,合规监控人(监督员)应在场接受询问,检察官在汇总各方意见后视情形从宽处理。[30] 也有人主张,在验收整改方案时,让被害方、公安机关、行政监管部门等参与,以专门条款形式规定听证制度,保证公开透明,以发挥最大社会效果。笔者认为,这种围绕知悉权的监管模式仍然要遵循保密原则,适用不公开的听证方式,否则,内容丰富的监督报告极易泄露企业的经营信息甚至是商业秘密,进而激发监管有效性与企业正当经营之间的矛盾。

(六)有效监管的保障机制

保障独立监管人的有效监管是核心的问题,其中的关键是如何设定有效监管的标准。从理论上讲,应当从过程与结果两个维度来判断。在监管过程中,监管人要确保独立性、中立性与公正性;从结果来看,独立监管人提供的书面监督报告应当具备科学性、合理性。否则,皆可视为违规监管与无效监管,监管人对此应当承担法律责任。可喜的是,宝安《规定》第14条从禁止的视角设定了监管过程有效性的四个标准:不得妨碍案件公正处理;不得泄露企业与相关人员的信息;不得干扰企业的正常经营活动(比如以监督考察为名随意干扰企业正常生产经营活动,以及其他任何损害犯罪嫌疑企业合法权益的其他

---

[29] 宝安《规定》第12条明确规定,独立监控人协助犯罪嫌疑企业制定合规计划以及协助区人民检察院监督合规计划的执行,需要针对其履职情况、企业刑事合规建设出具阶段性书面监控报告,作为人民检察院作相应处理决定的参考。

[30] 比如浙江岱山县人民检察院出台的《涉企案件刑事合规办理规程(试行)》,打包式地创造出"企业认罪认罚+出具合规承诺+确定整改方案+合规监督员进驻……整改期……+公开听证+从宽处理+行政争议实质性化解"的司法模式。参见《涉案企业经合规整改可获从宽处理,这是怎么回事?》,载微信公众号"岱山县人民检察院"2020年9月27日。

行为）；不得有收受财物等违反廉洁纪律的行为。而且，宝安《规定》还明确了违规监管的法律责任，即独立监管人履职中有上述行为之一的，视情节给予劝诫或免除其独立监控人资格，构成犯罪的，依法追究刑事责任。但是，监管人是否应当承担民事责任，书面监督报告应该由哪些内容组成，其性质与效力如何界定，科学性、合理性标准如何设定，等等。这些重要问题目前皆付之阙如，未来的制度改革应当予以回应。

如果不能在理念与制度层面有效回应上述实践争点，独立监管人制度可能因为高成本、监管人角色的摇摆与职能边界模糊、监管有效性缺乏审查标准、无效监管缺乏救济程序等原因而功能异化，这将使合规监管制度走向预设的反面，也必然会影响企业合规的适用前景。

四、展望：企业合规监管的协同推进模式

综上所述，企业合规实现有效监管面临很多现实障碍，实属不易。因此，除了解决这些技术性问题，更需要从宏观上确立符合中国国情的合规监管推进方式。笔者认为，要保障监管的有效性，必须构建协同推进模式。针对部分试点单位探索的独立监管人制度，最高人民检察院检察长张军曾指出，企业的合规承诺想要落实落地，就必须建设好、使用好第三方监管机制，第三方可以包括律师、审计师、会计师，也可以包括工商联、企业协会等。检察机关要会同公安、法院及市场监管等部门，发挥好指导、监督作用。[31] 据此，协同推进模式可以分为以下两个板块。

一是执法机关与第三方监督机构的协同推进机制。除了理顺执法机关与独立监管人的关系之外，更要推动工商联、企业协会等组织机构发挥作用。实践中，第三方组织机构已经着手相关工作，目前已经初见成效。[32] 那么，执法机关如何引导与支持这些组织机构参与合规监管工作便是未来的制度完善

㉛ 邱春艳、李钰之：《创新检察履职，助力构建中国特色的企业合规制度》，载《检察日报》2020年12月28日，第1版。

㉜ 比如，2020年9月，国家医疗保障局、国家药监局先后出台了《关于建立医药价格和招采信用评价制度的指导意见》（医保发〔2020〕34号）、《医药代表备案管理办法（试行）》（2020年第150号），其中的指导意见明确指出，实行医药企业主动承诺制。在此背景下，中国化学制药工业协会极力推进医药行业信用合规计划，拟定了《医药行业合规管理规范》，旨在帮助医药企业发现行业及法律监管方面的漏洞，理顺监管和报告体系，通过对风险的预判、分析、处置，为企业建立有效的合规管理风险控制体系。

重点。

二是检察机关、公安机关、法院及市场监管等执法机关之间的协同推进机制。可喜的是,执法机关之间的协同推进探索在实践中也已悄然兴起,比如2020年8月21日,杭州市滨江区成立了全国首家"企业刑事合规促进会",旨在围绕"共建、共享、自治、智治"理念,按照"党委领导、公安主导、部门联动、企业主体、社会参与"的总体架构,携手网易等7家企业和"拾贝保",提升企业安全合规水平。[33] 另外,2020年12月16日,辽宁省检察院等十机关联合制定了《关于建立涉罪企业合规考察制度的意见》。其中,对于拟作不起诉决定的合规考察案件,要求检察机关进行不起诉公开审查,并邀请行政监管机关、参与合规考察的专业人员参加,全面审查涉罪企业的合规建设情况。[34] 除了实践探索,有检察官还进一步细化了协同推进的路径:在合规计划的考评环节,检察机关应充分行使提出检察意见的权利。根据《刑事诉讼法》第177条第3款的规定,[35]检察意见对有关主管机关具有约束力,他们应当将处理结果及时通知人民检察院。检察机关通过发出《检察意见》,督促行政执法机关积极履行职责,综合运用刑事、行政、民事、经济处罚手段,发挥检察机关与行政执法机关的合力。

企业经营活动的复杂性决定了,在合规监管过程中,执法机构与第三方监督机构、执法机构之间,基于不同的视角,必须协同推进并形成合力,如此才能避免监督考察流于形式,也才能最大限度地降低或避免权力滥用风险,最终保障企业合规监管的有效性。此举意义重大,因为合规监管的有效性在执行层面直接决定整个企业合规计划的有效性。

---

[33] 《全国首家!滨江区企业刑事合规促进会成立》,载搜狐网2020年8月21日,https://www.sohu.com/a/414542214_100035511。

[34] 李晓琤、杨思源等:《企业合规不起诉的中国实践》,载妙珠律师网2021年1月13日,http://www.cqlsw.net/business/theory/2021011336261.html。

[35] 《刑事诉讼法》第177条第3款规定,对被不起诉人需要给予行政处罚、处分或者需要没收其违法所得的,人民检察院应当提出检察意见,移送有关主管机关处理。有关主管机关应当将处理结果及时通知人民检察院。

第二编

实　务

检察推动涉案企业合规管理的路径探析

——以江苏省张家港市人民检察院办案实践为样本

邓根保[*]　韩广强[**]

企业合规管理是指企业建立健全预防、发现、处理企业违法犯罪行为内部控制机制的自主行为。检察机关在刑事诉讼中承担主导责任，充分发挥刑事追诉、审前过滤、犯罪预防等职能，推动涉案企业合规管理，是检察机关保护市场主体、优化营商环境、促进社会治理体系和治理能力现代化的重要举措。本文结合江苏省张家港市人民检察院的具体实践，着重就检察机关紧扣检察职能、推动涉案企业合规管理的具体路径进行探讨。

一、与检察建议相结合

最高人民检察院《人民检察院检察建议工作规定》中明确，"人民检察院可以直接向本院所办理案件的涉案单位提出检察建议"。检察建议是检察机关依法履行法律监督职责，参与社会治理，预防和减少违法犯罪的重要方式。通过检察建议来推动涉案企业合规管理，正是体现检察建议作用的应有之义。

该院在办案实践中，对所有涉企案件均开展合规风险审查，不仅分析案件背后暴露出的问题漏洞，还研判企业合规建设存在的不足，把加强合规体系建设作为检察建议的必要内容，引导涉案企业以案为鉴、举一反三。如在某化纤公司维保主任李某重大责任事故案中，该院在依法作出不起诉决定后，当面向李某所在公司送达了检察建议，该公司高度重视，当场提出帮助排查刑事风险点的请求。后该院结合办理的典型案例帮助该公司排查出 19 项刑事风险点，目前该公司制定了《企业刑事合规管理手册》，健全完善相关制度 57 条。

---

[*] 邓根保，江苏省张家港市人民检察院党组书记、检察长。

[**] 韩广强，江苏省张家港市人民检察院党组成员、办公室主任。

二、与单位犯罪"二元化"处理相结合

"二元化"指的是在单位犯罪案件中,按照独立的标准和条件对个人刑事责任与单位刑事责任进行单独判断。比如在认定相对不起诉中的"犯罪情节轻微"标准上,单位和个人就应有所不同,可以认定单位构成犯罪但予以相对不起诉,而对其直接负责的主管人员和其他直接责任人员予以起诉。

该院在办案实践中,将单位的合规体系建设情况、责任人的合规表现等纳入起诉必要性和量刑的考量情节,予以统一定罪,但进行区别化处罚。如在某汽车配件公司及其总经理金某、主办会计孙某虚开增值税专用发票造成税款损失 20 万余元案中,金某、孙某作为单位主管人员和直接责任人员,为了单位利益,以单位名义实施犯罪,所得亦归单位所有,构成单位犯罪。但该公司具有完善的财务管理制度,法定代表人吴某对此并不知情,遂依法对金某、孙某提起公诉,对该公司作出不起诉决定。

三、与相对不起诉相结合

对犯罪情节较轻,通过有效合规建设有作相对不起诉可能的涉案企业,可以根据企业意愿要求其承诺并践行可管控的整改措施,进一步丰富完善"少捕慎诉慎押"司法政策。应将涉案企业合规管理与相对不诉制度紧密融合,建立科学合理的程序流程,依法大胆规范适用相对不起诉权,推动涉案企业加强合规建设。

该院在办案实践中,制定《企业犯罪相对不起诉适用办法》,明确调查评估、合规承诺、监督考察、处理决定等四个流程。在调查评估环节,检察机关通过走访、发函等形式对涉案企业的经营规模、社会贡献等进行社会调查,开展办案影响评估。在合规承诺环节,企业自愿作出合规承诺,具体包括主动承认犯罪事实、取得被害人谅解、积极赔偿损失、形成有效刑事合规体系等,并确定六个月至两年的考验期。在监督考察环节,由律师事务所、会计师事务所以及市场监管、环保、税务、应急管理等部门的业务骨干、相关专家等组成第三方监督评估组织,对涉案企业的合规承诺进行调查、评估、监督和考察,考察结果作为检察院依法处理案件的重要参考;邀请人民监督员参加评估过程和拟不起诉公开听证会,邀请人大代表、退休法官、检察官等开展巡回检查。在处理决定环节,监督评估合格的,对企业作出不起诉决定,对直接负责的主管人员和其他直接责任人,视情况依法作出起诉或不起诉决定。如在某制管公司及其

法定代表人唐某虚开增值税专用发票造成税款损失 18.6 万余元案中，该公司聘请了专业律师，建立完善相关制度 20 余项，该院邀请税务、环保等部门对刑事合规计划完成情况进行专业评估，在认定达到刑事合规标准后，该院举行公开听证会，并依法对公司和唐某作出相对不起诉决定。又如在某化机公司及张某等人污染环境案中，该公司在未取得环境评价的情况下，将酸洗废水排放到外面的生活污水管，重金属铬、镍均超标 20 多倍，造成环境污染。该公司向该院提交了申请书和合规承诺，聘请了专业律所开展合规建设，在该院确定的考察期内，形成了包括合规计划、合规章程、合规政策、员工手册等一套合规体系。该院委托环保、税务、应急管理等部门的业务骨干组成第三方监督评估组织，对合规体系建设情况进行评估，认定达到了刑事合规标准，遂组织召开公开听证会，依法对该公司及张某等人作出相对不起诉决定。

四、与认罪认罚从宽制度相结合

"两高三部"《关于适用认罪认罚从宽制度的指导意见》明确"认罪认罚从宽制度没有适用罪名和可能判处刑罚的限定，所有刑事案件都可以适用"，并没有将单位犯罪排除在外。涉案单位主动加强合规建设的行为，是单位认罪认罚的显性体现，可以按照认罪认罚从宽制度在量刑上予以从宽。

该院在办案实践中，对于案发后主动健全合规体系的，则加强有效性审查；对于合规体系完备、合规实施长效的，则给予比一般认罪认罚更大的从宽幅度；在刑罚评价上体现有事后合规优于无事后合规。如在某建筑安装公司法定代表人吴某职务侵占案中，检察官加强认罪认罚从宽制度和刑事合规宣讲，吴某自愿认罪认罚，及时退还侵占的 9 万元款项，还聘请了法律顾问加强合规建设，经税务、市场监管等部门审查认定有效。该院将其认罪认罚、建立有效合规体系作为从宽量刑的情节，依法对其作出相对不起诉决定。

五、与提出缓刑量刑建议相结合

依法能不判实刑的就提出适用缓刑建议，是检察机关紧扣职能支持企业经营发展的有力举措。刑法规定了缓刑制度，对于被判处拘役、三年以下有期徒刑的犯罪分子，同时符合下列条件的，可以宣告缓刑：(1)犯罪情节较轻；(2)有悔罪表现；(3)没有再犯罪的危险；(4)宣告缓刑对所居住社区没有重大不良影响。在单位犯罪案件的处理中，可以通过主观恶性不大来认定为犯罪情节较轻，通过积极开展合规建设来认定为有悔罪表现和没有再犯罪的危险，依法提出适用缓刑的量刑建议，并将缓刑期作为合规的考验期，引导企业深度开展合规建设。

该院在办案实践中，对一些法定刑在三年以上有期徒刑的案件，注重加强对办案影响的评估和缓刑适用条件的审查，综合考量案件法定、酌定情节，积极引导企业加强合规建设，对最终建议判处三年以下有期徒刑的犯罪分子，依法审慎提出缓刑建议。如在李某虚开增值税专用发票案中，李某系一家骨干企业的负责人，他通过公司虚开增值税专用发票 206 份，向税务机关申报抵扣税额达 200 万余元，案发前李某补缴全部税款并向公安机关投案自首。审查起诉阶段，该院以参与最高人民检察院企业合规改革试点为契机，积极向李某宣传企业合规政策，李某及其所在企业主动提交合规承诺、聘请律师事务所开展合规整改。后该院综合考虑李某犯罪数额、主观恶性、投案自首、补缴税款、认罪悔罪等情节，以及其所在企业合规建设、社会贡献等实际，提出有期徒刑三年、缓期五年并处罚金的确定刑量刑建议，得到法院判决支持。

六、与“挂案”清理相结合

《中共中央关于加强新时代检察机关法律监督工作的意见》要求检察机关及时发现和纠正应当立案而不立案、不应当立案而立案、长期“挂案”等违法情形，坚决防止和纠正以刑事手段插手民事纠纷、经济纠纷。“挂案”是指一些案件在办理过程中，既不了结又不向前推进，这样不仅会影响企业的正常经营活动，也有损法律的权威性。在“挂案”清理过程中，对一些取证困难、可撤可不撤等情形的案件，通过与企业合规改革试点相结合，为及时予以清理提供了途径。

该院在办案实践中，对于公安机关立案后没有采取强制措施满两年、采取强制措施解除或撤销后满一年的“挂案”进行逐案排查，监督公安机关作撤案处理 8 起，启动合规程序 1 起，因怠于侦查发出纠正违法通知书 1 起，其余案件或建议公安机关终止侦查，或就下一步侦查取证进行了引导。如某贸易有限公司、睢某销售假冒注册商标的商品案中，案发后该公司负责人睢某认罪认罚，但提出系从正规途径进购等辩解，且在案证据不足以证明睢某明知系假冒而购买销售，相关鉴定结果也无法证明查获的轴承及包装系假冒，这两方面均取证困难，2019 年 2 月以来一直处于“挂案”状态，睢某也因为不确定的诉讼风险而不敢放手经营。该院在“挂案”清理过程中，积极引导该企业开展合规建设,同时与公安机关沟通协商,达成企业通过合规监督考察时没有证据进展作出撤案处理的共识。2021 年 5 月,该院启动合规监督考察程序,确定 6 个月的监督考察期。其间,该院根据最高人民检察院等九部门《关于建立涉案企业合规第三方监督评估机制的指导意见(试行)》,从张家港市第三方监管人员库中随机抽取组建监督评估小组,跟踪该公司整改、评估合规计划落实等情况,并随机抽选巡回检查小组对监督评估过程进行“飞行检查”。2021 年 8 月 5 日,经公司申请,鉴于该公司业务比较单一、合规建设相对简易等情况,第三方监督评估小组提出缩短合规监督考察期限的建议。该院听取市场监督管理部门、公安机关意见后,决定将合规监督考察期限缩短至 3 个月。2021 年 8 月 16 日至 18 日,第三方监督评估小组对该公司合规有效性进行评估,出具了合规建设合格有效的评估报告。2021 年 8 月 20 日,该院组织公开听证,就是否建议公安机关撤销案件听取意见,听证与会人员均表示同意检察机关制发相关检察建议。同日,该院向公安机关发出检察建议,建议对该案进行撤案处理,公安机关依法对该案予以撤案。

七、与社区矫正检察相结合

《刑法》规定了减刑制度,对于被判处管制、拘役、有期徒刑、无期徒刑的犯罪分子,在执行期间,如果认真遵守监规,接受教育改造,确有悔改表现的,或者有立功表现的,可以减刑。对于被判处缓刑的犯罪分子,如果其确有悔改表现,也应参照减刑制度予以刑罚执行上的正面评价。被判处缓刑的单位犯罪的直接负责主管人员和其他直接责任人员,主动加强合规建设,积极预防违法犯罪,是确有悔改表现的显性体现,应该予以外出请假绿色通道、表彰奖励等正面评价。

该院在办案实践中,与司法行政部门启动“社区矫正 + 合规”协作项目,一方面通过联合组织系列活动,向在矫的企业家、高管宣传企业合规文化,引导其所在企业开展合规建设、合法生产经营。另一方面会签双方协作开展“社矫合规”的意见,明确“社矫合规”的启动条件、衔接形式、单位责任、激励措施等具体事宜。如在密封件企业销售假冒注册商标的商品系列案中,4 家工厂的 5 名负责人被宣告缓刑、进入社区矫正。在张家港市人民检察院、司法局组织的座谈会上,4 家工厂的负责人均谈到“接单认人不认厂,很多订单因外出洽谈不便而错失”的问题,经共同研究,司法局决定开通外出请假审批绿色通道,为作出合规承诺、开展合规建设的负责人提供更便捷的请假手续和更多的外出机会。当前,4 家工厂已全面开启合规建设,相关负责人已经提出的 7 次外出洽谈业务申请均获批准。

企业合规第三方监管机制实践问题研究*

邓根保** 丁胜明*** 钱 丽****

合规监督考察是企业合规改革试点工作中的核心环节。《指导意见》规定检察机关在办理涉企犯罪案件时,对符合企业合规改革试点适用条件的,交由第三方组织对涉案企业的合规承诺进行调查、评估、监督和考察,考察结果作为检察机关依法处理案件的重要参考。建立第三方监管机制的根本目的在于协助企业开展合规建设,促进企业合规经营,从而减少和预防犯罪,实现国家治理体系和治理能力的现代化。

一、企业合规第三方监管机制的发展脉络

(一)域外经验

当代刑事监管人制度源于美国。2008 年开始美国历任司法部官员发表了关于刑事监管人制度的备忘录,对监管人的选择、监管人的资质、监管人的利益冲突规则、监管人的工作范围、监管人的汇报机制、监管人的报酬、监管人最终的建议等方面的内容作出规定。备忘录是司法部的政策性文件,在不断进行修改完善,以修正实践运用中出现的问题①。美国的刑事监管人制度较为成熟,可以作为我们制度设计的重要参考。

在监管人的选择方面,司法部和公司须就聘用监管人达成协议,在考虑监管人与监管任务的专业匹配度的同时;要求监管人与公司及公司人员不存利

* 本文系最高人民检察院 2021 年度应用理论研究课题“涉案企业合规建立第三方监管机制实践与问题研究”的阶段性成果。

** 邓根保,江苏省张家港市人民检察院党组书记、检察长。

*** 丁胜明,西南政法大学博士生导师。

**** 钱丽,江苏省张家港市人民检察院第四检察部检察官助理。

① [日]川崎友巳:《合规管理制度的产生与发展》,李世阳译,载《合规与刑法》,中国政法大学出版社 2018 年版,第 69 页。

益关系，不具有现实或潜在的利益冲突；要求公司承诺监管期结束后两年内不得雇佣监管人等其他有利益关系的人；关于监管人的职责范围应当根据具体案件情况确定，一般为评估公司合规体系；关于监管期限，应根据个案考虑违规行为严重程度、违规行为历史、公司性质、规模等因素；监管人的报酬由公司依据市场规律支付②。

（二）国内探索

企业合规试点以来，部分检察机关探索了合规第三方监管机制，关于第三方监督考察模式主要有四种：一是检察主导模式。党委政府成立专门的合规监管委员会，由检察机关牵头，以司法局、工商联等为成员单位，遴选律师事务所、会计师事务所以及行政机关业务骨干，组建专门的合规监管人队伍，联合监督考察，如张家港市人民检察院提请市委市政府成立合规监管委员会、组建合规监管人队伍。二是检察委托模式。即委托专业第三方如律师事务所、会计师事务所对企业进行考察评估，如南京市建邺区人民检察院的合规制度；三是检行联合模式。也即检察机关根据案件所涉领域，联合行政部门（环保局、应急管理局等）共同负责监督考察工作，如辽宁省人民检察院联合 10 家行政机关制定了《关于建立涉罪企业合规考察制度的意见》。四是独立监控模式。深圳市宝安区人民检察院在全国首创了“企业刑事合规独立监控人”制度，区别于上述几种模式的突出特点是独立监控人是受犯罪嫌疑企业委托，对企业刑事合规情况进行调查、规划、监督的律师事务所，类似美国的刑事监管人制度。

目前，关于第三方监管机制还面临诸多问题，涉及第三方监管人的构成、资质要求、工作职责、报酬来源、如何保证合规第三方监管的公正性等，需要在实践中进一步完善解决。

二、企业合规第三方监管机制实证研究

江苏省张家港市人民检察院自 2020 年 3 月被最高人民检察院确定为合规改革试点单位以来，坚持大胆探索但依法审慎、检察主导但不主办的原则，积极探索第三方监管机制，主要做法如下。

---

② 刘海涛：《美国刑事监管人的制度设计以及借鉴意义》，载微信公众号“上海律协”2020 年 10 月 26 日。

（一）成立合规监管委员会，为第三方监管机制运行提供组织保障

张家港市人民检察院主动向市委市政府汇报，提请市委、市政府联合印发《关于推进企业合规建设工作的意见（试行）》，成立由检察机关牵头的合规监管委员会，统筹推进全市企业合规建设。成员包括监委、法院、公安、司法、市场监管、工商联、各区镇等34家单位。合规监管委员会按照依法公正、平等自愿、科学高效的原则，具体承担制定企业合规建设工作指引、组建管理合规监管专业人员队伍、开展合规有效性审查等职能。

（二）制定配套规范性文件，为第三方监督评估机制运行提供制度保障

第三方监督评估工作政策性强、专业要求高，需要系列制度作为保障。张家港市合规监管委员会制定了《合规监管委员会工作章程》《合规监管人遴选管理办法》《企业合规改革试点工作实施细则》等7个配套文件和8种文书，促进合规试点工作及第三方监管机制的有效运行。例如，《合规监管人遴选管理办法》明确了合规监管人的权利、义务以及回避制度，借鉴国外防止利益冲突的规定，强调合规监管人曾经参与过涉案企业合规建设的，两年内不得再受托成为该企业的法律顾问；规定了合规监管人免除资格七种情形，包括选任中弄虚作假、受到处罚或处分、考核不合格、违反回避制度等，为监管人的管理提供了制度依据。再如，《合规有效性审查工作办法》《合规有效性审查专项参考指标》《合规有效性性审查工作流程》明确了合规有效性审查、评估的程序、方法和参考标准，为合规监管人进行考察评估提供依据和参考。

（三）选任合规监管人并进行培训，为第三方监督评估提供人才储备

一是组建队伍。张家港市合规监管委员会负责组建合规监管人队伍，由司法局负责组织遴选，推荐律师事务所，财政局推荐会计师事务所，各行政机关负责组织遴选、推荐专业骨干，共同组成合规监管人队伍，包括应急管理、市场监管、生态环境、税务等行政机关专业骨干61人，律师18个，会计师7个，税务师12个，并细分为安全生产、环境保护、税务管理、知识产权四个专业化合规监管小组。二是开展培训。合规监管委员会成立以来，针对企业人员、监管人队伍合规意识不够、合规能力不强的现状，组织规模以上培训多次。培训对象包括合规监管人、企业代表、司法机关、行政部门人员等，采取专家授课、互动交流、实地参观等多种方式，培训合规知识、宣传合规文化，引用实践案例，为提升合规监管队伍的专业素能、开展合规有效性审查和分级评定工作奠

定基础。

(四)将合规经费列入财政预算,为第三方监管评估提供有效激励措施

《合规监管人遴选管理办法(试行)》明确合规监管人的经费列入市年度经费预算。为规范推进企业合规专项资金的使用和管理,提高资金使用效益,经对合规监管工作量进行评估,合规费用进行测算,张家港市合规监管委员会制定了《张家港市推进企业合规经费管理暂行办法》,规定合规专项资金包括三块:一是刑事合规费用,即合规计划审查费、监督考察费、合规评估费;二是事前合规费用;三是顾问费用,即劳务费、材料费、会议费、其他费用等。工商联负责编制项目预算和决算,并按照项目批复预算、计划书和相关管理制度使用资金,检察院负责对资金使用的真实性、合法性、必要性进行监督。在资金使用管理过程中,如涉嫌犯罪的,则移送监察委处理。

(五)研发智能抽取系统,保障第三方监督评估组织公正性、透明度

第三方监督评估组织中专业人员的管理和随机抽取,是保障涉案企业合规监督考察公开公正、客观中立、专业高效的前提和基础。为了实现随机分类抽取,张家港市人民检察院研发了智能抽取平台,导入专业人员名录库,根据企业的规模、主要风险领域,分别从安全生产、环境保护、税务管理、知产管理四个小组随机匹配专业人员。抽取人还可以根据案件涉嫌罪名、复杂程度以及涉案企业的主营业务等因素决定是否选用专家学者。在完成抽取系统直接导出公示名单的同时,还设计了公示意见提交、回复等功能。对于因特定原因,如专业人员回避等需要重新抽取的情况,系统需要录入原因,实现全程留痕,以最大限度降低人为干预的因素。

三、第三方监管机制实践中存在的问题

(一)如何界定检察机关的职能定位

检察机关作为国家法律监督机关,不仅承担着公诉、逮捕、立案侦查等诉讼职能,还要在办案过程中贯彻社会综合治理的司法理念,探索参与社会治理的新方式。③ 检察机关承担着刑事案件审前主导责任,开展企业合规探索是应有之义。前期探索过程中,检察机关参与合规监管和介入程度不一,有的检察机关既监管实施合规计划,又负责评估是否达标;有的检察机关发一纸建议要

③ 陈瑞华:《刑事诉讼的合规激励模式》,载《中国法学》2020 年第 6 期。

求企业合规,自身超然于具体工作之外;有的检察机关事无巨细,深度介入甚至代替行政机关开展合规监管。目前存在争议的问题是,当前企业合规试点逐步深入,特别是第三方监管机制的构建需要行政监管部门、中介机构等多方介入,这就必然会牵扯到合规监管人遴选、机构设置、经费管理、履职监督等方方面面的问题,这不禁让人思考:检察机关履职的界限在哪里?

比如,检察机关能否牵头成立合规第三方监管委员会?企业合规监督考察过程中检察机关能否以及是否有必要监督企业的合规建设情况、合规第三方监督评估小组的履职情况?检察机关能否负责合规监管人经费的管理等?按照《指导意见》的规定,全国工商联负责第三方机制管委会的日常工作。第三方监督评估工作面广量大、专业性强,新问题层出不穷,需要协调方方面面。而工商联作为人民团体和商会组织,不具有行政职权且人手有限,面对新的职能挑战,亟须加强力量配置。

(二)如何保证合规考察评估的有效性、权威性

当前我国合规考察评估实践中面临的核心问题,一是缺乏行之有效的合规标准。《指导意见》规定第三方组织应当对涉案企业合规计划的可行性、有效性与全面性进行审查,对涉案企业合规计划履行情况进行检查和评估。目前试点各地普遍没有发布有效合规计划的基本标准,合规监管人进行考察评估时无所依据,而评估结果将作为涉案企业刑事从宽处罚的参考。合规监管人监管工作责任大、压力大,可能出现不敢出具评估意见的情况,但也不排除权力滥用的可能。二是合规计划的有效性高度依赖企业合规建设的能力。合规计划是否有效,有赖于企业自身对合规理念的重视、合规计划及体系建设的完善。经过一段时间的合规培训,企业合规意识虽然有所提升,但仍存在合规氛围不够、合规能力不足的问题。以张家港为例,全市民营企业超6万家,中小型民营企业占大多数,很多采取的是家族式管理,财权人权集中,经营管理缺乏制度规范和有效监督,对企业合规的概念界定不清,推进合规的能力不足。需要针对企业的特点和现实需要,制订切实可行的合规计划,建立严密的制度保障。

(三)如何解决"企业合规长期性"与"办案期限有限性"之间的矛盾

根据高检院的精神,企业合规建设一方面要用足用好现行法律和政策,另一方面又不能突破法律界限,要在法定办案期限内开展。刑事案件有严格的办案期限,在设置企业合规考察期限时,就不得不考虑办案周期的问题。从各

地试点情况看，关于合规监管期限的确定，部分地方规范性文件规定一般不超过12个月，实践中合规考察期限有的是3个月，有的是半年，相对国外的动辄数年能否真的见效？结合域外经验，美国检察官通过暂缓起诉督促企业完成合规计划的平均期限是2年多，企业通过缓刑完成合规改造的期限可以长达5年。因合规涉及企业经营、财务、管理等，有的还涉及异地合规的问题，是一项系统性工程，耗时耗力；时间过短的话，企业合规可能演变为“纸面合规”，无法真正保障企业建立完善的管理体系，实现实质整改目标。

（四）如何落实合规监管经费的支出管理

合规监管工作要求独立性、权威性和专业性，需要相应的经费保证。关于合规经费的管理，主要有两方面问题亟待解决。

1. 经费的支付主体。由涉案企业支付还是统一纳入当地财政预算支出？美国的监管人制度是由企业直接和监管人商谈报酬。但涉案企业支付报酬可能损害合规监管人的独立性，而由政府买单虽然很大程度上可以保证合规监管人独立性，但这种报酬很难有较高的标准，一定程度上会影响合规监管人的工作积极性。另外，涉案企业作为犯罪嫌疑人，不仅不用承担犯罪成本，还可以享受国家机关提供的帮助合规建设的服务，这将在一定程度上影响犯罪治理的目的和效果。

2. 经费的支付方式。主要针对企业付费的情况，企业直接交给合规监管人显然不妥，陈瑞华教授提出应当让企业支付合规监管费用，但要由检察机关进行支付，阻断利益输送。这就产生了检察机关负责经费管理是否合适的问题。此外，关于经费的开支范围、费用标准、费用计算等问题都有待研究。特别是专业人员库中收录的给予行政机关工作人员报酬问题，这可能产生廉政监督风险，需要专门研究、谨慎处理。

（五）如何处理监督评估过程中发现的企业违规违法行为

美国监管制度规定，合规监管人的职责包括汇报之前未披露的或者新的违规行为，同时明确要求监管人必须直接向政府报告发现的之前未披露的或者新的违规事实④。《指导意见》规定，第三方监管组织发现涉案企业或其人员尚未被办案机关掌握犯罪事实或者新实施的犯罪行为时，应当中止第三方

④ 刘海涛：《美国刑事监管人的制度设计以及借鉴意义》，载微信公众号“上海律协”2020年10月26日。

监督评估程序，并向负责办理案件的人民检察院报告。但该条款未明确检察机关的处理原则、处理方法。“中止”而不是“终止”第三方监督评估程序，是否意味着符合特定条件还是可以重启该程序。张家港市人民检察院制定的实施细则作了类似的规定，涉案企业实施新的犯罪或者发现还有其他犯罪需要追诉的，应当终止合规考察，依法提起公诉。这里存在两个问题：一个问题是合规监管人报告企业违法犯罪行为的范围，是否限于可能涉嫌犯罪的事实，还是要包括违法事实，甚至违反行业规范、合规制度的事实？汇报的范围越广，对合规监管人工作的要求越高，相对应企业的顾虑越多，可能不利于监管工作的推进、深入。另一个问题是合规监管人向合规委员会或者检察机关报告企业违法犯罪行为后，检察机关该如何处理，哪种情况下应该终止合规考察，提起公诉？哪种情况下可以继续进行合规监督考察？是否还要考虑其他更加稳妥的处理方式？

（六）如何提升第三方监督人的专业能力

我国企业合规制度起步晚、发展滞后，专业的合规管理师比较少，特别是基层县市缺乏相应人才。在目前的合规不起诉制度探索中，各地检察机关推动建立第三方监管机制，组建第三方监管专家库，成员基本是行政机关人员、律师事务所、会计师事务所等中介机构人员，并非专门的合规人员。合规审查专业性强、评估过程复杂，亟须加强合规监管人的专业能力建设。

（七）如何加强对第三方监管组织的监督制约

如何督促第三方监管人依法、独立、公正开展监督考察工作，防止出现风险隐患；特别是在评估工作中，如何防止出现与被监管企业发生不正当的利益输送。这是关乎检察机关职务廉洁性问题。监督合规监管人方面，张家港市监管委员会设置了考核制度、回避制度、资格免除制度；明确了合规监管人的六项义务，包括不得以监督考察为名随意干扰企业正常生产经营活动或者实施收受财物等违反廉洁纪律的行为。合规监管人需要接受合规监管委员会组织的年度考核，考核结果将作为表彰、免除资格、续任的重要依据。但上述规定都是合规监管委员会的内部监管手段，可能存在监管漏洞，还需要加大外部监督，以公开促公正。

四、解决的对策

（一）明确定位，准确界定检察机关的职能

《指导意见》明确，工商联负责承担管委会的日常工作，负责办案的检察机关履行审查监督职责,包括对第三方监管组织人员名单、企业合规计划、定期书面报告、合规考察报告的审查,并提出意见建议,处理相关人员的申诉、控告。由此可见,检察机关在合规监督考察中履行职责还是围绕刑诉法、刑诉规则等规定的法定监督职责,不得越权、破权。基层检察机关在开展合规试点工作过程中必须遵照执行,创新方式方法解决运行中的困难。

我们认为,检察机关不可消极被动,更不能大包大揽。试点初期,检察机关可以牵头推进建立起合规第三方监管机制,待机制建立、条件成熟后应当将主导权交给工商联。工商联负责第三方监管机制的日常运作,如召集合规监管委员会联席会议、组建合规监管小组、管理经费等事项。检察机关作为办理企业犯罪案件的司法机关,可以推动、协调相关事项,主责主业还是办理案件。在合规不起诉制度中,检察机关应以"监管者"的地位,对合规不起诉的全流程起到指导、监管的作用。在合规第三方监管探索中,检察机关可以充分发挥犯罪预防职能,原有的合规工作人员,比如合规专员、合规办公室人员、研究人员可以作为合规顾问,他们不仅可以对合规监管人进行指导、培训,还可以组织企业家进行合规宣传教育,营造合规文化。

(二)严格验收,促进企业实质整改

一是建立起科学的合规有效性审查标准。建立科学的合规有效性审查标准,作为各地深化合规第三方监管机制规范运行的重要抓手,为第三方监管组织进行考察评估提供了相对统一的标准。二是规定考察评估后的跟踪监督期限。企业合规管理是一种有效防控合规风险的动态管理体系,需要持续性跟踪,保障合规体系与外部法律、法规、政策的衔接,确保有效运行。由于目前合规考察期限受限于一年以下的办案期限,实践中对涉案企业的合规监督考察期限设置较短。为保证监督的持续性,检察机关在参考评估结果作出从宽处理决定后,应当设定一定的跟踪监督期限。检察机关应联合第三方监督评估小组通过回访等方式对企业进行检查,促进企业形成合规自觉。跟踪监督时若发现新罪、漏罪等,应当撤销原不起诉决定,提起公诉,防止出现"纸面"合规的现象。

(三)关口前移,在法定期限内依法合规

一是要用好取保候审强制措施的一年期限,确保在法定期限内开展合规建设。二是要将合规节点适当前移。如在侦查阶段,检察机关提前介入期间发现企业符合合规条件的，在与侦查机关充分沟通协商达成共识后，可以尽早开展合规建设，提出整改方向和建议。程序启动得越早，对企业的合规保护越是有利。一旦立案，进入刑事司法程序，对企业的影响将是巨大的。企业合规启动甚至可以提前到行政处罚环节，在刑行衔接密切协作的基础上，检察机关应引导行政机关用好合规手段，将问题矛盾解决在前，为企业提供纠正错误、及时补救的最佳时机。

（四）科学预算，建立合规经费管理制度

《指导意见》要求合规第三方委员会研究制定第三方组织及其人员的工作保障和激励制度，但如何推进保障激励机制落地见效，需要在实践中进一步探索。笔者认为，可以借鉴张家港市人民检察院的做法，设置专项资金。第三方委员会可以制定符合当地实际的经费管理办法，设立专门的合规专项资金，对监管人的工作量进行科学测算，设置合理薪酬，协调当地财政局将合规专项资金列入年度财政预算，由工商联负责经费管理。同时，严格程序审批，规范使用资金。工商联根据推进企业合规实际需要提出申请，报合规监管委员会审批，检察机关负责对资金使用的合法性、合理性、真实性进行监督。第三方监管委员会可以参照《最高法关于审理企业破产案件确定管理人报酬的规定》，对费用计算标准、收取方式、时间以及程序等问题作出规定。由合规第三方监管委员会制定合规监管组织专业人员报酬总额计算标准，合规第三方监督评估组织提交报酬方案，并提交合规监管委员会审核。

（五）加强培训，提升合规监管人的专业素能

一是探索建立专业合规委员会。在第三方监管委员会下面设立专业的合规委员会，如张家港市合规监管委员会针对本市涉企犯罪案件特点，设立了安全生产、环境保护、税务管理、知产管理四个小组，进行专业化、有针对性的管理、培训。各合规委员会对应合规有效性审查的四个合规指引，在实践中进行检验，以发现问题、解决问题，不断完善合规有效性审查的评估参考指标，走专业化的合规监管道路。条件成熟后，可以进一步增加专业合规委员会，比如反腐败合规委员会、劳动保障合规委员会等。二是完善第三方监管小组产生的程序。第三方监管委员会根据特定企业涉嫌犯罪的情况以及建立合规计划所需要的专业知识，从合规监管人员库中随机抽取人员组建第三方监管小组，确定小组人员的配比，专家组成员一般为奇数，并应向社会公众进行公示。三是

加强专业培训。为第三方监管人定期举办有关合规方面的培训,解读第三方监管规范性文件、合规有效性审查标准,学习最新的法律法规、行业规则等,提升合规监管方面的能力。

（六）分级处置,切实保障涉案企业的合法权益

要完善发现涉案企业违法犯罪行为处置程序,建立不当行为分级处置制度,对被监管企业违规、违法、犯罪行为作区分处理,明确规定监管人发现企业违法、犯罪行为必须报告;但对于企业违规行为,应当明确什么样的违规行为要向合规监管委员会报告,比如,可能损害安全、环保等公共利益的行为,可能严重损害公司利益的行为以及其他可能带来重大损害的违规行为应当报告。而对一般违规行为,如企业员工轻微违规行为,监管人可以自主决定不向政府报告,但应及时向企业合规组织机构报告并督促其整改。关于企业违法、犯罪行为的处置,检察机关应当调查核实,将违法、犯罪的情况移送有关部门处理。对于是否终止合规监督考察程序,需要考虑违法、犯罪是否具有系统性单位犯罪性质⑤,是否会影响对企业整改真实意愿的评估等;如合规整改难以达到预防犯罪的目的,应当终止上述程序,依法提起公诉。

（七）全面监督,确保第三方监管机制公正运行

第三方监督评估组织在合规考察工作中要秉持依法依规、客观勤勉的原则,同样要遵循法律法规、行业规范,共同履行好监督评估职责。检察机关宜发挥主导作用,多措并举保证合规监管考察的公正性。

1. 严格把关资质。在启动合规监督考察时,第三方监管委员会应当对第三方监管人、机构的资质进行审核把关。检察机关在第三方监管人的确认上应当加强监督作用,一方面要注意审查专业能力,保证第三方组织的人员专业能力突出、机构管理规范、执业信誉较好;另一方面要对选定的第三方组织人员进行审查,保证监管考察的客观公正性,与企业有利害关系的人员应及时排除在外。有条件的可以借助大数据对第三方监管人进行资质审核,并对第三方监管组织人员的公示情况进行监督,接到异议应及时向第三方监管委员会反映。

2. 设置程序保障。一是保障企业的控告权利。在对企业进行合规时,检察机关应向涉案企业送达权利义务告知书,告知涉案企业、人员,如第三方监

⑤ 陈瑞华:《合规不起诉改革——价值考量与瓶颈突破》,载《民主与法制周刊》2021 年第 24 期。

管人有违法或者不当行为的,可以向检察机关控告、举报。此外,对第三方监管人的廉洁监督将作为检察机关飞行检查的必要内容,可通过填写问卷、座谈等方式进行检查;二是加强对第三方监管人的监督,具体如需要签订保证书等,第三方监管人须保证自己在履职过程中遵守保密要求、公正客观执法、不得乱收费、干扰企业正常经营等,否则将承担相应后果;三是加强指导监督,合规监管委员会须对第三方监管人进行必要的培训和指导,明确职权清单,并对第三方机构工作开展情况进行跟踪抽查。第三方监管人需定期提供监督考察报告,合规监管委员会也可以开展日常监督、飞行检查等。

3. 加强部门合作,发挥外部监督作用。(1)行为不当、违反职业操守的:对违反社会公德、职业伦理等行为,合规监管委员会应及时向有关主管机关、协会等提出惩戒建议。(2)严重违纪违法的:第三方监管人涉嫌违纪违法线索的,应及时向监委、公安机关移交线索。(3)设置巡回检查小组:借鉴“巡回检察”的模式,督促第三方监管机构依法、公正、客观履职。根据《指导意见》规定,巡回检查小组成员库的成员主要考虑退休的检察官、法官、行政机关人员,人大代表、政协委员、乡贤都可以纳入;建立专门制度明确巡回检查小组组建的流程,包括程序启动、智能抽取组建巡回小组、准备工作、监督方法和要求以及处理结果。规定巡回检查小组人员不得少于 3 人,每个小组专家保证不少于 1 人,一次开展监督工作不得少于 2 人;监督考察一般不少于 2 次,应当制作检查记录,结束后制作巡回检查报告。对检查发现的问题,应当区分情况进行处理,轻微违规情况、履职不尽责、工作漏洞等问题可以口头纠正,严重违反规定的给予劝诫或免除其监管人资格,构成犯罪的,依法追究刑事责任。

4. 检察机关对合规考察书面报告进行实质性审查判断。合规考察书面报告作为检察机关作出处理判断的重要参考,应当加强实质性审查判断。除了审查监管人、机构的资格、资质外,还应看过程是否规范、方法是否科学、结论是否科学合理等,这类似鉴定意见的审查判断。这对办案人员提出了更高的司法要求,检察官可以借助“外脑”对考察报告进行审查,向专家、学者进行咨询并听取他们的意见。必要时可通过公开审查的方式进行,组织专家会诊,以增强合规考察评估的透明度和公信力。

涉企犯罪合规考察标准检察实践研究*

邓根保**　吴晓敏***　钱　丽****

涉企犯罪合规考察是指第三方监管委员会遴选产生的第三方考察评估组织对涉案企业合规计划的可行性、有效性与全面性进行审查,并确定合规考察期限,考察期限届满对涉案企业的合规计划完成情况进行全面检查、评估和考核,并制作合规考察书面报告提交检察机关,作为检察机关依法处理案件的重要参考。涉企犯罪合规考察是涉企犯罪案件合规从宽制度的核心环节,通过第三方监管机制的运行来完成。合规考察应遵循独立、客观、公正、专业的原则,要求合规监管人独立履行评估职责,不受司法行政机关、其他人员的干涉,严格依照法律法规等规定对企业和员工行为进行专业评价和处理。

涉企犯罪合规考察的标准是指第三方组织对涉案企业的合规建设情况进行评估的标准,即以量化的形式对企业合规建设状况作出全面、系统的客观评估的一套指标体系。

一、涉企犯罪合规考察标准制定的重要意义

(一)必要性分析

1. 为企业提供合规建设的基本标准

我国企业有合规建设的需求,但普遍缺乏合规的基础条件。"企业合规"对于中国来说是个舶来品,我国对此问题,尚处于观念倡导期,总体研究还较为薄弱。2018 年年底,国资委印发了《中央企业合规管理指引(试行)》、国家发改委等部门印发了《企业境外经营合规管理指引》,文件都限于央企等大型

---

* 本文系最高人民检察院 2021 年度应用理论研究课题"涉案企业合规建立第三方监管机制实践与问题研究"的阶段性成果。

** 邓根保,江苏省张家港市人民检察院党组书记、检察长。

*** 吴晓敏,江苏省张家港市人民检察院党组成员、副检察长。

**** 钱丽,江苏省张家港市人民检察院第四检察部主任助理。

国资企业、跨国公司,对民营企业涉及较少。研究显示,近年来我国企业犯罪的案件总数呈现快速增长趋势,我们登录裁判文书网站,在该网站输入"单位犯罪""公司""罚金""裁判时间"等关键词后,经文书检索数据分析和可视化图表分析,显示2015年全国法院判决的涉单位犯罪案件为32,959件,2016年为43,039件,2017年为50,544件,2018年为53,103件,2019年为55,027件,数量逐年递增,2019年比2015年增加67%。企业刑事风险高发暴露出企业合规管理的水平较低,合规风险大的特点。

以张家港市为例,张家港常年位居全国百强县前三名。民营经济是张家港市经济最大的特色优势,截至2020年年底,全市民营企业超6万家,其中规上工业企业1116家,民营企业贡献了全市67.3%的规上工业总产值、73.6%的工业利润、75.3%的工业利税。民营经济在发展生产力、培植地方财源、扩大劳动就业、创造地区经济繁荣等方面发挥了重要作用。张家港市人民检察院作为最高人民检察院确定的第一批合规试点的检察院之一,通过实践办案、走访企业、到律师事务所开展检察工作调研等,发现企业特别是民营企业推进企业合规存在诸多难点。企业内部合规环境不足,主要表现为动力不足,不想合规;成本顾虑,不愿合规;盲目自信,不屑合规;能力有限,不会合规。制定涉企犯罪合规考察标准可以为企业合规建设提供参考标准,帮助企业进行自评,了解自身面临的合规风险、经营风险、财务风险等,提高合规建设的能力。

2. 为合规监督评估提供统一的标准和尺度

最高人民检察院启动企业合规不起诉试点工作后,全国多家检察机关探索了企业合规检察监督的多种运作模式,有了一些理论研究,但实践经验不足。《指导意见》规定第三方组织对涉案企业合规计划履行情况进行检查和评估。目前,试点各地第三方组织人员基本是行政机关业务骨干、律师事务所、会计师事务所等中介机构人员,都不是专门的合规人员,我国目前也没有专门的企业合规师。各地普遍没有发布合规监督考察的标准,合规监管人进行考察评估时无所依据,但是评估结果将作为涉案企业刑事从宽处罚的参考,这导致合规监管人监管工作责任大、压力大,可能会出现不敢出具评估意见的情况,相反地,也不排除其滥用权力的可能。因此,需要在国家层面进行顶层设计,建立科学的合规考察标准。

(二)重要性分析

在当前经济形势严峻,疫情防控常态化的背景下,对于很多企业来说,经济下行压力较大。为此,党中央提出了“六稳”“六保”的政策,其中保市场主体是重要内容。合规是企业健康发展,走向国际市场的重要条件。2018 年,美国政府制订了针对中国企业的“中国企业计划”,大大加强了对中国企业在反海外贿赂、商业机密、出口管制等领域的执法行动。中国企业只有将建立完善合规计划作为首要的生存之道,才能更好顺应国际发展的潮流。构建合规考察标准体系,对企业合规建设的有效性进行动态、量化测评,明确测评的标准和方法,可以条理化地认清和把握合规管理体系建设取得的成效、存在的问题及原因,将不同规模、不同行业企业合规建设情况进行分析比较、归纳总结,形成企业合规建设的样本。让合规优质企业发挥示范作用,引导其他企业参与合规建设,从而形成合规文化认同,实现企业犯罪预防的最好效果。

二、涉企犯罪合规考察标准的构建

(一)国外涉企犯罪合规考察标准的经验

《企业合规体系评价指引》是美国司法部对于企业合规体系予以评价的重要文件。2017 年,司法部首次发布了关于如何评估企业合规项目的指导意见,供检察官评估企业合规体系及流程时使用,并在此后多次更新该文件。2020 年 6 月,美国司法部刑事司公布新版《企业合规体系评价指引》(以下简称《更新版指南》),《更新版指南》更强调对企业合规体系之持续性、有效性和实时性的关注,同时更重视该合规体系是否能在企业日常经营中时刻发挥其作用。[①]《更新版指南》进一步重申检察官在评价企业合规体系和合规流程时必须重点考虑合规的“三大基本问题”,即企业的合规体系是否设计精良、企业的合规体系是否得到认真执行、企业的合规体系在实践中是否行之有效。

(二)国内涉企犯罪合规考察标准的现状

北京大学陈瑞华教授发表了《有效性合规计划的基本标准》一文,介绍了美国司法部的《公司合规计划评价》,但未涉及合规标准的本土化改造,其是否符合我国国情和企业发展特点存在疑问[②]。目前,试点各地检察机关或者第三方监管委员会普遍没有发布合规考察的基本标准,个别检察机关或者行业、政

① 奚敏洁:《美国司法部近日更新〈企业合规体系评价指引指南〉》,载搜狐网 2020 年 6 月 10 日,https://www.sohu.com/a/400945994_120656261。

② 陈瑞华:《有效合规计划的基本标准——美国司法部〈公司合规计划评价〉简介》,载《中国律师》2019 年第 9 期。

府部门出台的相关文件主要基于地方实践需要,张家港市合规监管委员会虽然已经制定合规有效性审查的参考指标,但相应指标是否完全契合实际,是否行之有效仍有待实践进一步检验。笔者了解到,截至2021年8月,全国仅有深圳市宝安区人民检察院、江苏省张家港市人民检察院2家基层检察院制定了合规考察的标准。

三、涉企犯罪合规考察标准的实证研究

(一)制定涉企犯罪合规考察标准的整体思路

2021年5月,张家港市人民检察院制定了《企业合规有效性审查办法(试行)》(以下简称《办法》)以及《有效性审查的参考指标》(以下简称《参考指标》)。《办法》规定了合规有效性审查的基本原则、审查标准、审查内容和程序。《参考指标》规定了审查项目、三级指标体系以及审查的证明材料、要点等内容。2021年3月底,张家港市人民检察院牵头成立了全市合规监管委员会,遴选产生合规监管人队伍。合规监管人包括应急管理、市场监管、生态环境、税务等行政机关专业骨干61人,律师事务所11家,会计师事务所7家,并细分为安全生产、环境保护、税务管理、知识产权四个专业化合规监管小组。合规监管委员会负责对合规监管人进行考核、管理。检察机关办理涉企犯罪案件时,可以向合规委员会发出商请函,提请合规监管委员会随机组建第三方监管小组对企业的合规建设情况进行考察、评估。综合考量企业的公司结构、经营规模、业务和产品线的运营管理模式,以及政府监管和所在行业所面临的合规风险等因素,从合规监管人队伍分类随机抽取人员组成第三方监管小组,并向社会公示。第三方监管小组参考合规有效性审查标准进行考察、评估。

(二)涉企犯罪合规考察标准的基本原则和技术路线

合规有效性审查的标准采用多元化区分方法,大型企业合规审查标准应当接近央企标准,具备《办法》规定的合规有效性审查的全部要素;对于中小微企业,可以适度放低标准,但应当具备合规管理体系中的核心要素。第三方监管小组在初步了解企业情况的基础上,应对企业合规计划提出修改完善的意见建议,并参考指标体系编制符合该企业合规管理的有效性审查方案。

在评定的流程方面,该院借鉴了欧美国家的做法、国内合规理论界权威人士的研究论文以及合规律师关于合规评估的文章,结合本地实际,明确了审查程序包括组建合规监管小组、编制审查方案、现场审查方法、出具评估意见。

比如合规监管小组根据审查评估的需要,可以采用访谈、问卷调查、专题讨论、实地查验、抽样检测、比较分析等多种方法对企业合规有效性进行测评。第三方监管小组成员按照各自专业领域分别对企业的合规承诺以及合规计划确定的安全生产、环境保护、财税管理、知产管理等一项或多项合规内容进行审查,对照专项合规指标体系,作出合规审查结果。第三方监管小组根据合规审查结果制作监督考察报告,评估报告应当包括评估目标、依据、范围、程序、方法、合规计划与整改情况,以及内部控制设计和运行有效性的评估结论、意见、建议等相关内容,最终作出合规有效与否的认定,报送企业合规监管委员会和负责办理案件的检察机关审核。

(三)涉企犯罪合规考察参考指标的设计

在参考指标的设计上,张家港市人民检察院学习借鉴了陈瑞华教授提出的合规计划的三个文件、三个流程以及北京新世纪跨国公司研究所副所长、全国企业合规委员会专家丁继华博士设计的企业合规管理体系评审指标,并结合各行政机关现有的行政管理专项指标进行设计。同时,该院分析了近3年涉企犯罪案件刑事风险点,企业犯罪多发的为税收类犯罪、安全类犯罪、贪腐类犯罪、融资类犯罪、经营类犯罪,对应的企业刑事风险分别是税务管理风险、安全生产管理风险、职务行为监管风险、融资管理风险、经营管理风险等。结合本地中小民营企业合规需求,确定合规审查1+4核心内容,包括合规管理审查、安全生产、环境保护、财税管理、知产管理。其中最重要的是合规管理审查,包括合规管理体系审查(合规计划、合规管理办法、合规政策、合规行为准则),合规运行机制审查(合规预防体系、合规识别体系、合规应对体系),合规重点领域、重点环节、重点人员的审查。

除了合规管理指标外,安全生产、环境保护、纳税信用、知产保护四个重点领域,分别参考的是在张家港市应急管理局制定的《张家港市工业企业"创蓝行动"》,江苏省发改委、市场监督管理局《江苏省企事业环保信用评价办法》国家税务总局《纳税信用管理办法(试行)》等规定。需要说明的是,这只是参考指标,并不是统一标准,第三方监管小组需对企业存在的违法犯罪风险进行初评,在初评的基础上针对企业的特定情况调整合规计划,并制定针对性的合规审查指标。

四、涉企犯罪合规考察标准存在的问题

(一)指标体系设计有待进一步完善

虽然企业合规已经受到官方和公众的普遍关注,但目前尚无权威的具有全国普适性的合规制度,涉企犯罪合规考察参考指标构建缺乏依据和参照。近年来,中央和各地方发布的相关文件大多仅是企业合规的指引,告诉企业如何进行合规建设,例如,针对央企、跨国公司的合规管理指引,金融行业的合规管理体系。针对合规管理的考察标准缺乏研究,如评估的原则、方法、标准、程度等内容。个别检察机关或者行业、政府部门出台的相关文件也主要基于地方实践需要,且都处在探索验证阶段。本文关于企业合规内涵界定以及所构建的评价指标体系仅为"一家之言",并且主要参照张家港市实践情况,指标体系是否适用于全国各地的合规评价仍然有待进一步检验。

(二)个别指标设计不够合理

企业经营活动涉及方方面面,风险点面广量大,构建的涉企犯罪合规考察参考指标包括合规管理、安全生产、环境保护、财税管理、知产管理四个重点领域的合规建设要点,但其是否有足够代表性,能否作为企业合规的依据存在疑问。另外,个别主观评价指标存在内涵过于宽泛或负面评价多的问题,可能导致评价人难以作出准确判断或者运用计分规则出现不合理的情况,例如,在合规应对体系评估方面,普遍以企业出现不当行为时及时进行调查、采取补救措施等作为基本要素,这一审查要点需要出现不当行为时才能验证有效性,因而缺乏可操作性。因此,合规参考指标是否完全符合指标设计的科学性和关键性原则,需要进一步研判。

(三)评价的第三方主体存在局限性

一般而言,评价主体是法治评价的发起者、主导者和参与者,拥有评价权、组织权和实施权,负责制定评价技术方案、组织实施以及参与评价等工作③。具体评价人员必须具有独立性、专业性和权威性。评价主体存在两个主要问题:一是如何确定对企业进行分级评定的合规监管小组的组成,如人员结构、人员数量、人员分工、职责等;二是律师、行政机关工作人员作为合规监管人是否能够胜任合规监管工作,企业合规分级评定还是新鲜事物,且企业合规评价

③ 颜海娜:《评价主体对财政支出绩效评价的影响——以广东省省级财政专项资金为例》,载《中国行政管理》2017 年第 2 期。

涉及的内容广泛、评价专业性强、评价环节纷繁，合规监管人的能力和水平有限，在一定程度上会影响评价体系的生命力和评价结果的公信力。

（四）评价体系经费保障问题

国家机关构建起企业合规评价体系，委托第三方开展评价工作。作为第三方机构的律师事务所、税务师事务所，提供了服务，付出了时间、精力、专业技能，当然需要为其支付劳动报酬。企业合规涉及行政合规、刑事合规，行政机关工作人员最了解、最清楚企业经营活动中可能面临的行政风险，因此行政机关的工作人员在评定工作中是不可或缺的。行政机关人员在承担评价工作时，必然影响其本职工作的开展，也需要一定的经费保障，否则无法调动行政机关工作人员的积极性。但是行政机关领取报酬涉及廉政风险的问题，需要在实践中进行探索。

五、涉企犯罪合规考察标准构建的建议

（一）推动涉企犯罪合规考察标准的顶层设计

推动涉企犯罪合规考察指标体系的顶层设计需要在明确企业合规体系构建目标和价值理念的前提下，总结归纳出主要评价维度和具体指标。顶层设计的过程，一方面需要通过实践进行检验，发现问题、解决问题，进行修订完善，积累一定数据样本后，最高人民检察院可以联合相关部门对合规审查标准进行顶层设计；另一方面，可以聘请专门研究人员、合规分析师进行论证，提升标准的合理性和科学性，促进相关主体达成共识，自上而下减少推广至各地的阻力。

（二）完善涉企犯罪合规考察标准的配套制度

第三方组织及其人员提供专业、称职、公正的合规考察评估工作需要一定的资金保障和激励制度。第三方监管委员会可以制定符合当地实际的经费管理办法，设立专门的合规专项资金，对监管人的工作量进行科学测算，设置合理薪酬，协调当地财政局将合规专项资金列入年度财政预算，由工商联负责经费管理。同时，严格程序审批，规范使用资金。工商联根据推进企业合规的实际需要，提出申请，报合规监管委员会审批，检察机关负责对资金使用的合法性、合理性、真实性进行监督。

（三）完善企业合规评价体系构建方法

囿于检察机关知识储备、归纳推理能力和专家咨询范围，指标设计依然存

在不足。要增加指标体系的合理性检验。限于张家港市人民检察院合规实践的进度,适用合规监督考察的案件尚处在合规计划打造阶段。本文研究所构想的指标体系尚未进行检验,未来指标体系不仅需要进行信度和效度检验,还要检验指标体系的一致性、稳健性和相关性,依据检验的反馈结果,进一步完善指标体系。

(四)加强对第三方监管小组人员的专业培养

2021 年 3 月,企业合规师正式列入国家职业分类大典,成为国家一项新职业。未来应当以企业合规师的标准为第三方监管小组人员设定资质要求,要求其接受专业培训。在现阶段企业合规师紧缺的情况下,地方第三方监管委员会要做好培训指导,加强对第三方监管人的合规培训,按照不同专业类别、企业类型、行业特点、合规风险环节进行针对性的培训,争取培养出更多的企业合规师,同时,也应鼓励支持第三方监管人才库人员参与评定,为完善合规监督考察标准提供人才保障。

南京市建邺区人民检察院开展企业合规试点工作的调研报告

李　勇*

2020 年 3 月，最高人民检察院在 6 家基层检察院开展第一轮企业合规改革试点，2021 年 4 月，第二轮企业合规改革试点工作正式启动。南京市建邺区人民检察院（以下简称建邺区院）是第二批试点单位。建邺区院在 2020 年下半年出台《关于涉企经济犯罪案件中适用认罪认罚从宽推进企业合规的实施意见（试行）》，并结合一起企业涉嫌串通投标犯罪的案件开始探索企业合规工作。2021 年 6 月，建邺区院与东南大学法学院合作成立企业合规研究基地。2021 年 8 月，制定了《企业合规办案流程操作指引》及配套流程图，明确了涉企业合规的办案流程。2021 年 9 月建邺区院与区工商联、区司法局、区金融监管局、区市场监管局等单位成立了第三方监督评估机制管理委员会，并出台了《关于建立涉案企业合规第三方监督评估机制的实施细则》。主要做法如下。

一、“承诺合规”替代认罪认罚具结的模式

当前企业合规试点主要有两种模式：一种是案件相对不起诉之后通过制发检察建议，“建议”企业合规；另一种是在案件作出不起诉决定前，倒逼企业建立合规，实质上起到附条件不起诉的效果。我们认为前一种模式效果并不好，严格来说，通过该模式所建立的合规，基本上都流于“纸面”。我们的做法是，结合现有的认罪认罚从宽制度与相对不起诉制度，参照自然人签署认罪认罚具结书，单位犯罪签署合规承诺书，充分利用取保候审案件一年的期限，考验期合规承诺的兑现情况，如果经评估合规计划有效，则再作出相对不起诉的决定。

---

* 李勇，南京市建邺区人民检察院副检察长，全国检察业务专家，东南大学法学院博士生，悄悄法律人公号创始人。

建邺区院开展企业合规试点的基本思路是将企业合规与认罪认罚从宽制度融合推进。认罪认罚从宽制度作为刑事诉讼法的一项基本制度,既适用于自然人,也适用于单位犯罪。自然人认罪认罚体现的是签署认罪认罚具结书,单位犯罪认罪认罚的体现是单位签署合规承诺书。检察机关受理案件后,具备合规条件的企业,由企业的代表签署合规承诺书,这是涉案企业启动合规的起点。我们在办理一起串通投标的案件中,在提前介入阶段,我们对企业的情况进行了初步了解,案件到检察机关后,检察机关告知企业相关权利义务,征求其意见,如果企业承诺合规,签署合规承诺书,这项程序就正式启动,企业就开展重建合规计划。在6个月至1年的时间内,考验合规计划的执行效果。根据考察的效果,检察机关再决定是相对不起诉,还是起诉,或是提出从宽的量刑建议。这样,实际上起到了附条件不起诉的效果,但还不是真正的附条件不起诉(目前法律上并无单位犯罪附条件不起诉)。

关于认罪认罚从宽制度与企业合规的关系,我们认为二者具有相通之处,在目前刑法和刑事诉讼法没有增设企业合规及附条件不起诉的背景下,认罪认罚从宽制度是当前试点企业合规的法律依据和制度基础。首先,刑事合规与认罪认罚从宽都是刑事司法模式由对抗走向合作趋势中的一环。我国的认罪认罚从宽制度也是一种认罪协商模式,这种合作型刑事司法模式已成为一种世界性潮流。从辩诉交易、认罪协商到认罪认罚从宽,代表着刑事司法模式从对抗走向合作的趋势。合规计划是这种变化中的一环,企业通过自我管理,来代为履行国家的犯罪预防职责,配合国家的司法调查,从而获得从宽处罚的处遇,这与认罪认罚一样也是一种合作模式。其次,合规从轻与认罪认罚从宽的正当性根据相同。根据并合主义原理,刑罚正当化根据是报应的正当性与预防目的合理性的结合。量刑取决于责任刑和预防刑。认罪认罚的被告人,由于其认罪并愿意接受惩罚,所以其预防必要性明显降低。对建立并有效实施了“合规计划”的企业预防的必要性降低会影响预防刑,即检察机关可能会对其减轻甚至免除刑罚处罚;同时,通过刑事责任的减轻、免除,给予企业合规以压力和动力,从制度合规逐步形成合规文化,进一步实现积极的一般预防。再次,刑事合规所体现的合规意识与认罪认罚制度中的认罪态度互为表里。一个企业的合规计划可以征表出该企业的认罪认罚态度。根据《刑法》第31条的规定,单位犯罪实行双罚制,对单位判处罚金,对直接负责的主管人员和其他直接责任人员判处刑罚。直接负责的主管人员和其他直接责任人员的认罪认罚可以体现在其本人的认罪态度上;但是企业作为一个法人,其认罪认罚如何体现出来呢?直接负责的主管人员和其他直接责任人员的认罪认罚态度并不能完全反映单位的认罪认罚态度。受单位主观意思鼓励、刺激、容忍或者默许的自然人的行为,才能够被看作单位的犯罪行为。因此,在判断单位自身意志时,不能仅以单位组成人员的主观意思为基础,而应当从企业的结构、文化、合规计划等多方面加以判断。一个企业建立有效、完备的合规计划,配合调查,能表明其对法规范的忠诚。这种合规意识,恰恰是企业认罪认罚的最好体现。根据建构主义系统理论,企业组织、人以及法律体系都被认为是自生系统,即能够自我复制的系统,区别只在于它们实现自我复制的方式不同。有什么样的企业文化,就会有什么样的企业行为。合规的企业文化是企业作为一种组织体所体现出的守法意识,有效的合规计划体现的是企业作为一种组织体对法律的敬畏、遵从,体现的是一种认罪悔罪的态度。就此而言,对建立和实施了有效合规计划的涉罪企业予以从宽处罚,可以直接从认罪认罚从宽的法律规定中找到依据。最后,刑事合规与认罪认罚从宽在优化司法资源配置的目标上相互通联。认罪认罚从宽制度在程序上的基本特征是“从简”,以诉讼经济为原则,立法的直接目的是解决案多人少的矛盾,推进繁简分流,合理配置司法资源。合规计划与认罪认罚从宽制度的上述立法目的相趋一致。建立了有效合规计划的企业,在犯罪发生时配合司法机关调查并改进其合规管理的做法,体现了其认罪认罚的态度,可以从宽处罚;同时,还能节约司法资源和犯罪预防的成本,理应给予企业刑罚上的激励。众所周知,企业犯罪、经济犯罪侦查难度要高于一般犯罪,其侦查成本也远高于一般犯罪。例如,美国《反海外腐败法》(FCPA)起诉德国西门子公司案,案件事实涉及向65个国家的政府官员行贿14亿美元,西门子进行内部调查就花了5亿美元的费用。

二、合规计划的监管与评估

我们认为,从风险评估到合规计划建立,到合规计划的评估监管,总共只用了3个月,并且还被认定为是有效的合规计划,是存在问题的。在目前立法缺乏配套制度的情况下,我们认为有效的合规计划的建立至少需要6个月至1年的时间。如何确保合规计划的有效性是个世界难题。我们目前的做法主要有以下方面。

(一)"双听证"模式

合规计划最容易流于形式,"纸面合规"比比皆是。根据模板建立一套看上去很"高大上"的合规计划是很容易的,但是未必是有效的。同样,合规计划的评估也很容易流于形式,如果单纯地查验、审核台账资料,会发现合规计划似乎执行的都很"完美"。为了最大限度防止形式主义、纸面主义,我们建邺区院采取的措施之一是"双听证"模式,具体来说,就是在涉案企业建立合规计划的初期(3 个月),检察机关会主导召开一次专家听证咨询会,要求合规领域的专家,对企业已经建立的合规计划进行咨询、论证,并提出针对性的改进措施,然后要求涉案企业按照专家的意见,全面修改完善合规计划。以建邺区院办理的案件为例,在合规计划建立后,建邺区院组织了专家听证咨询,邀请陈瑞华教授、孙国祥教授等著名学者提出了很多修改建议,并要求企业在一个月之内,根据专家的意见全面修改、完善合规计划,修改完善后的合规计划重新提交检察机关审查。因为合规风险是动态的,所以合规计划在执行过程中不断修改完善是常态。这是第一次听证。

第二次听证,就是在合规考察期结束后,结合第三方监管的考察报告以及检察机关自行监管考察的情况,由检察机关组织召开第二次听证会(6 个月至 1 年后),对涉案企业的合规计划有效性、执行效果进行评估。检察机关对评估报告进行初步审查后,再根据听证会专家意见进一步审查,对合规计划的有效性作出判断,并作为案件处理决定的依据。这里的处理决定包括起诉、相对不起诉、从宽量刑建议等,具体选取哪种方式取决于合规计划的实施效果。

(二)检察主导下的"协同监管"

最高人民检察院联合八个单位发布的《关于建立涉案企业合规第三方监督评估机制的指导意见(试行)》确定的原则是"检察主导、各方参与、客观中立、强化监督"。可以说这是一种协同监管模式。协同监管模式被认为是合规监管的一种成功模式,原因在于它创造了由资源共享、合作和信任建立措施产生的共赢局面。

检察机关主导监管。企业合规与认罪认罚从宽制度一样,本质上属于诉前程序,涉案企业与检察机关合作,属于控辩合作型司法。无论是合规(附条件不起诉)还是提出从宽的量刑建议,都是在诉前进行的。因此,检察机关成为理所当然的主导者。检察机关必须履行起企业合规有效性审查、评估的主导责任。这种主导责任体现在以下方面:一是对合规计划运行过程及结果有效性的评估、审查责任。从涉案企业合规计划启动到最终合规计划有效性的监管评估,检察机关始终对整个过程起主导作用,并最终对有效性与否作出终局性决定,以此作为案件处理决定依据。尽管美国的暂缓起诉协议需要法官批准,但是这种批准完全流于形式。原因一方面在于,合规作为一种诉前程序,法官自始就未参与,最终也就无法对合规有效性作出判断;另一方面在于,企业合规作为企业搭建法律风险防控机制的"最佳实践",法官的消极居中裁判角色决定了其无法深入实地进行跟踪监管、评估。二是委托第三方监管中的主导责任。检察官难以独立完成合规有效性的监管、评估、审查,委托第三方成为国际上较为通行的做法。但是需要特别注意的是,第三方监管本质上是检察机关委托第三方机构或人员进行监管。检察机关是委托方,第三方机构或人员是受托方,检察机关必须履行委托方的主导责任。检察机关是有效性标准运用的主体,第三方机构或人员本质上是在协助检察机关、受检察机关委托履行监管责任。也即对第三方监督评估组织的组成人员名单、涉案企业合规计划、评估考察报告等负有审查责任,必要时应当开展实地调查核实工作。检察机关应当与第三方机构或人员、涉案企业签订三方委托协议。

建邺区院联合区市场管理局、司法局、金融监管局、工商联等部门成立了企业合规第三方监管委员会,建立了监管员名录库,针对正在办理的案件,从名录库中选取了3名人员组成监管小组,其中2名律师、1名同类型企业高管。对于监管人员的选任,检察机关必须发挥主导作用,确保符合"三性"要求:独立性、专业性和公开性。第三方监督评估小组采取调阅案卷资料、企业经营资料、合规资料,实地调查走访、秘密访谈等方式开展评估。同时检察机关在此过程中,也会采取飞行检查、实地调查、访谈、问卷等方式,考察合规计划执行效果。

第三方监管介入的时间,我们目前是在第一次听证会之后开始介入。监管费用的收取,我们采取涉案企业交到第三方监管委员会的合规基金账户的方式,由委员会根据工作质和量支付给监管员。改革初期,监管员的工作带有公益性质,费用并不多。

(三)评估标准及评估方法

目前,常规的做法是借鉴美国《组织量刑指南》中的"七要素",以及2019年美国司法部发布的《企业合规计划评估指南》。一些试点地方和最高人民检察院也在研究制定评估标准。但是“公式化”的制定评估标准甚至可套用的“模板”,也很容易被企业模仿,从而流于形式。所以“模板化”“公式化”要异常慎重。建邺区院目前正在探索的是如何评估企业合规有无融入企业文化,而评估的具体方法,包括问卷的设计等,目前尚在研制中。

三、行刑衔接机制

企业合规的前端是开放的,企业合规原本就内在地包含“行政合规”,不能因为有人使用“刑事合规”的术语而将二者对立起来。行政、刑事的相互衔接和配合是企业合规得以良好运行的重要路径。刑法是其他法的保障法,行政犯的典型特征是以违反前置的行政法规为前提,而企业犯罪的常见类型都是行政犯。从预防犯罪的角度来说,在企业到达刑事违法之前,通过行政处罚予以截堵无疑是理想的。对于实施了有效合规计划的企业,行政处罚也可以从宽,甚至可以就行政处罚达成和解而得以免除。对于涉罪的企业来说,承诺合规同样应当是多维度的。检察机关对承诺合规的企业作出从宽处罚决定后,需要与行政执法机关配合做好合规计划的执行和有效性考察、监督。企业合规一方面可以作为行政处罚的减免因素考虑,另一方面可以作为刑事处罚的从宽因素考虑。

与美国不同的是,我国检察机关对企业犯罪即使作出了不起诉决定,也并无罚款的行政处罚权和科处罚金的刑事处罚权。目前,在实际操作中,如果行政执法机关发现企业涉嫌犯罪,就会移交给司法机关,检察机关针对企业合规作出不起诉决定后,会给行政机关发出建议书或检察意见书,建议行政机关给予相应的行政处罚。有鉴于此,在合规不起诉制度发展成熟时,可以考虑改革我国的行政处罚制度,建立一体化的行政处罚制度,赋予检察机关实施行政处罚的权力,对于那些由行政执法案件转化过来的刑事案件,检察机关在作出合规不起诉决定时,可以直接对其科处包括罚款在内的行政处罚,建立类似于“检察罚”的制度。

我们目前采取的方法有两种:一是在检察机关在合规考察过程中,行政机关作为第三方监管委员会的成员,派员参与合规监管巡查小组;二是检察机关对涉案企业作出不起诉决定之后,向行政机关发出检察建议,建议行政机关依法给予相应的行政处罚,同时建议行政机关将企业的合规计划实施情况作为行政处罚的因素予以考虑。

浅谈如何加强企业合规建设

——以无锡市惠山区人民检察院实践为例

叶晓伟[*]　徐静超[**]　李　珊[***]

合规经营是国家治理体系和治理能力现代化的具体体现，近年来，国内企业合规的司法实践，以及促进企业构建合规体系、防范企业合规诉讼风险的尝试和探索已逐步铺开，依法保护民营企业健康发展，改善营商环境，已然成为司法机关的共同目标。2020年以来，最高人民检察院部署启动企业合规不起诉制度改革。无锡市检察机关也在不断探索如何依法为民营企业发展提供平等、全方位的司法保障，作为检察机关平等保护民营企业、积极参与社会治理的重要改革举措，企业合规不起诉改革试点取得了阶段性成效，无锡市惠山区人民检察院（以下简称惠山区院）作为江苏省合规试点单位以来，扎实推进合规建设，勇于探索，形成了基层检察院的合规特色。

一、数字化合规评估工作前提至侦查阶段

（一）全力打造法律风险防控平台

惠山区院认真贯彻落实上级院关于企业合规改革试点工作要求，以实践为依托，积极总结企业合规做法经验，全面升级企业合规建设智慧体系，集两级院力量打造全省"建设涵盖海量数据的民营企业数据共享平台"项目——"惠企慧控"法律风险防控暨企业合规数据平台，同时创造性地将该平台建设嵌入实体基地建设中，在无锡市惠山区600余家科创型民营企业集聚的江苏数字信息产业园中，建成全省首家"线上＋线下"一体化运作的涉企法律风险防控暨企业合规中心。

---

* 叶晓伟，无锡市惠山区人民检察院党组成员、副检察长。

** 徐静超，无锡市惠山区人民检察院第二检察部主任。

*** 李珊，无锡市惠山区人民检察院第二检察部检察官助理。

（二）平台对涉案企业进行量化评价

将企业合规风险因素评判与认罪认罚从宽制度等流程前推至侦查环节，并利用涵盖海量数据的惠企“慧”控民营企业服务平台对企业进行量化评价。通过该平台中建立的正负双向影响评估体系，根据涉案企业社会价值、发展前景、企业经营状况、产业性质等，对设置的5类10项具体指标打分后，根据分值情况及评估风险等级情况进行量化评价，辅助出具电子评估报告，实现二次全面研判，为后续是否继续开展合规提供线上佐证，有效前移企业合规的参与“时间”，全面实现涉案企业源头治理和正向激励。

（三）细化办案影响评估细则

在对涉企案件办理实现100%提前介入的前提下，惠山区院联合区公安分局、区法院出台全省首个《涉企刑事案件办案影响评估实施细则》。该细则从评估流程、评估方法、评估标准、评估意见证据展示等多个方面细化了涉民营企业刑事案件办案影响评估工作，切实提高了评估工作的延展性、可操作性及精细化程度，是积极落实宽严相济形势政策的举措。

二、积极探索多样化合规做法

（一）结合企业类型“因企施救”

除事先合规和事后合规外，在企业合规过程中，应灵活对待大型企业和小微企业，结合不同企业类型，采取不同合规方式。针对小微企业人力物力财力有限、合规动力不足的情况，可简化合规建设项目和整改步骤，提高合规整改的针对性。由检察机关针对风险点集中归纳送达涉案企业，精准定位1～2个特别风险进行专项合规。同时通过加强与行政机关联动，采用第三方监管、检察合规专业人员库选派与企业自查自纠有机结合等方式，帮助企业堵塞漏洞，减少企业合规成本，提升合规积极性。

针对经营状况良好、经营规模较大的涉案企业，在审查起诉期间，如果企业自愿认罪认罚，检察机关可结合企业犯罪情节以及提前介入阶段开展的“线上”及“线下”评估工作，对于符合适用合规监管启动程序的，可邀请侦查机关、税务机关、市场监管部门以及人大代表、政协委员或者特约检查员等，召开检察听证会，以“借力外脑破题”的方式，对涉案企业的社会危害性、刑事违法性以及应当受处罚性等问题进行充分听证，综合评估最终决定是否起诉或者依法从宽。

(二)探索建立涉案企业与关联企业同步合规模式

目前合规改革试点中,检察机关大多都集中在涉案企业合规建设中,对关联企业的合规关注较少。而很多涉案企业主要负责人员系其他关联企业(上市企业或规模以上重点科创型企业)的核心负责人员,关联企业的运行模式及其存在的漏洞与涉案企业具有高度同一性。合规制度的完善不仅仅在于通过建立有效的合规审计、内部调查、合规举报等完善涉案企业,关联企业也需要主动健全和完善自身的合规管理体系,自觉形成合法合规的经营理念。我院正在对一起涉嫌虚开税额300余万元的虚开增值税专用发票案进行关联企业合规建设,在自愿承诺、合规成本、第三方监督评估等方面均在进行有益探索。

(三)积极强化异地合规协作工作机制

针对实践中存在的涉案企业注册地、生产经营地、犯罪发生地分离对企业合规监督考察等带来的难题,实现合规全过程的专业化指导、监督,惠山区院正积极探索开展企业合规异地协作工作模式,通过联合制发并送达检察建议,积极打通区域合规工作"绿色通道",成立跨区域合规工作专班,以实现跨区域涉案企业合规试点案件处理的一致性和协同性,全力营造良好法治营商环境,全面升级企业合规建设。尤其是在异地合规启动方面形成了统一流程,并通过远程视频方式实现。目前,惠山区院正在与上海市金山区人民检察院就一起涉嫌重大责任事故罪的案件进行跨省异地合规,就第三方监督评估机制、考察、验收等异地合规中遇到新情况、新问题等进行全面探索,总结经验。

三、有效实现与行政合规的衔接

检察机关应强化企业合规与行政处罚有效衔接,通过预先与行政机关沟通、建立双向衔接机制等形式将合规整改效果作为具体行政处罚的重要考量因素,防止企业合规动力不足。

(一)平台设置合规通道,实现科学预警防控

通过平台的数据分析研判功能,对企业现状情况进行分析,如企业基础信息、法律诉讼、经营状况、经营风险、企业年报、知识产权等,发现企业存在风险,对企业进行风险预警提醒、地图轨迹分析、三色预警防控,通过智能风险预警接口,自动生成风险防控报告、体检报告,定制化的给各类企业、相关行政部门推送。首先,针对存在行政违法可能的企业,通过该平台向行政机关移送违法线索,同步开展事前合规,对有条件合规的企业根据情况建议行政机关开展

全面合规,对中小微企业可视情况建议进行专项合规,对不具备合规条件的个体工商户等可联合行政机关通过制发法律风险提示函等方式积极跟进,精准推动企业合规实质化整改。由检察机关视情况会同相关行政部门第一时间同步介入违法调查,联合开展合规工作,为企业制定具体可行的合规管理标准,推动相关行政主管部门强化监管,积极探索行政合规。其次,对可能构成犯罪,需要追究刑事责任的,通过该平台向公安机关移送犯罪线索,在侦查环节要求公安机关进行预评估,及时将涉企影响评估所需的数据资料录入惠企"慧"控涉民营企业大数据平台,进行二次全面研判,出具完备的电子评估报告,为能否适用企业合规程序提供参考依据,确需起诉至法院的,依法提起公诉。最后,对经过事先合规验收后的企业,可依法不追究刑事责任;对本身符合不起诉条件直接相对不起诉的企业,依法向行政机关制发检察意见书,建议从宽处罚,激发企业合规动力,督促小微企业事后合规,实现与行政合规有效衔接。

(二)建立小微企业事后合规与行政合规有效衔接

在检察机关依法作出相对不起诉后,根据不同案情及企业经营情况选择适合的合规整改模式。针对小微企业采取有针对性地对关键风险点建立切实有效的内部防控机制,并将合规整改成果运用于行政合规中,对于经合规承诺、提交合规计划、合规验收合格的涉案企业,建议行政机关依法对其从宽处罚,确保企业事后合规正向激励举措在行政合规中有效延续,助力企业合法经营。

一是预先沟通协商,加强对合规整改效果互认的衔接配合。实行涉税案件通报制度,制定《无锡市惠山区检察院、无锡市税务局第二稽查分局关于企业合规工作衔接办法(试行)》,促使企业合规与行政处罚衔接,明确将企业合规整改结果作为税务机关是否对该企业进行从宽行政处罚的依据。

二是探索简化小微企业合规程序,降低企业运营成本。鉴于无锡是全国乡镇民营企业发源地,小微企业数量庞大,针对该类型企业,检察机关对企业简化合规建设项目和整改内容,通过集中归纳风险点送达涉案企业、由行政机关无偿专项培训、选派检察合规专业人员库成员跟进监督与企业自查自纠有机结合等方式,降低合规成本、提升合规成效。

三是制发社会治理类检察建议。检察机关在办理案件过程中发现涉案企业在生产、经营、销售等环节存在的管理漏洞的,可以通过检察建议的方式督促企业进行有效合规,如对于涉嫌虚开增值税专用发票案的小微企业,可建议小微企业加强企业内部日常管理、通过官方渠道有效甄别上游采购方、对应付账款等关涉进项税的重要科目建立更规范、严格的入账制度等。

四是落实考核监督。由检察机关会同行政机关对企业整改及合规计划完成情况进行考察验收评估,由企业法律顾问担任公司独立合规审查专员,经验收,若符合合规标准,则由检察机关向行政机关制发检察意见书,将合规整改效果作为具体行政处罚的重要考量因素,以有效实现正向激励,推动企业合规与行政处罚的衔接,防止“不诉了之”。

民营企业刑事合规的检察应对

钟瑞友[*]

民营企业是我国市场经济主体的重要组成部分，在经济发展中发挥着十分重要的作用。为服务保障民营经济高质量发展，促进国家治理体系和治理能力现代化，最高人民检察院于2020年3月启动了刑事合规试点工作。刑事合规是检察机关积极拓展职能，参与社会治理创新的新探索，检察机关在企业犯罪治理中的角色定位因其发生了制度性革命。刑事合规源起于美国，引入我国司法制度和经济形态中难免存在水土不服，故各地检察机关在刑事合规试点工作中，结合地方实际进行了不少制度创新，但仍面临着诸多制度困境和现实难题。唯有牢牢立足本土实际，才能建立起契合我国经济社会发展现状和政治法律土壤的刑事合规机制。为此，本文将借鉴国外刑事合规的经验和理论依据，以正在开展的刑事合规试点工作为基础，立足于检察机关的地位和作用，为构建中国特色刑事合规制度提供思路与对策。

一、刑事合规的现实需求

自检察机关启动涉案企业合规改革试点工作以来，刑事合规陡然成为大家关注的热门词汇，无论是在政策导向，还是在落地实践上，都可窥见国家推行合规管理的决心。那么，在我国法律没有明文确立刑事合规制度的情况下，检察机关为何要启动这方面的改革探索？通过考察我国企业犯罪治理的司法实践，不难发现，是企业犯罪治理面临的困境催生了创新治理路径的现实需求。

（一）民营企业的刑事困境

作为市场经济的重要组成部分和推动社会生产力发展的重要力量，我国民营经济具有“五六七八九”的特征，即贡献了50%以上的税收，60%以上的

---

* 钟瑞友，浙江省金华市人民检察院党组书记、检察长，法学博士。

国内生产总值,70%以上的技术创新成果,80%以上的城镇劳动就业,90%以上的企业数量①。然而,囿于市场体制机制的不完善,民营企业经营管理制度的不健全等,民营企业违法犯罪现象频繁发生,给民营企业的健康发展造成了极大阻碍。

民营企业的刑事困境主要表现在两个方面。一是制度规范性差,易触发刑事法律风险。与外资企业和国有企业相比,我国不少民营企业离现代公司制度的要求仍有较大差距,大量中小民营企业产权混同,企主不分,企业主很容易利用对企业的控制来谋求自身利益最大化。中小民营企业普遍缺乏有效的管理机制,企业内部通常依靠企业主的主观经验以及人情关系来进行管理,缺乏一套规范、完整的内部风险控制、人员管理、财务管理的规章制度,严重的制度漏洞为企业主实施犯罪行为提供了可乘之机,导致民营企业面临较高的刑事风险。二是具有脆弱性,刑事风险易引发一系列负面效应。资金是企业生存和发展的命脉,我国的民营企业在正式融资环境中面临着诸多障碍,这使民营企业不得不转向非正式融资,民间融资成为中小型民营企业的首选。而民间融资的一个鲜明特征是资金稳定性较差,导致民营企业的生存高度依赖市场和商业信誉,具有明显的脆弱性②。一旦民营企业涉及刑事诉讼,将引发企业信誉下降,交易遭到中止,资金链断裂,企业关门停业甚至破产倒闭等一系列连环效应,严重的还会对市场秩序和金融安全产生冲击。

(二)民营企业刑事困境的突围——刑事合规制度的引入

近几年,我国对民营企业问题给予了更多关注,伴随着最高决策层反复作出保护民营企业的政治宣示,金融机构开始逐步消解给民营企业设置的壁垒,加大对民营企业融资需求的供给,司法机关也开始将民营企业特殊保护列为一项新型的刑事政策③。这些做法在保护民营企业方面发挥了一定作用,但收效甚微,无论是资金的扶持,还是事后的司法保护,都难以深入直达企业"病灶",解决企业犯罪的根本性问题。只要企业不规范管理的行为还在持续,企业"越轨"经营的现象就很难得到根本遏制,遭受刑事追诉的结局也很难改变。

① 参见习近平:《在民营企业座谈会上的讲话》,载共产党员网2018年11月1日,http://www.12371.cn/2018/11/01/ARTI1541079015074692.shtml? appinstall=0。

② 参见陶朗逍:《民营企业刑事合规的解构与展望》,载《浙江工商大学学报》2021年第1期。

③ 参见陈瑞华:《刑事诉讼的合规激励模式》,载《中国法学》2020年第6期。

刑事合规是通过刑事政策上的正向激励和责任归咎，推动企业建立健全内部管理机制，从而有效地治理和减少企业犯罪。犯罪治理的理想状态是犯罪发生之前，刑法和刑罚就能显著地发挥作用，切实地预防犯罪的发生。④ 刑事合规能前瞻性地避免企业刑事法律风险，其作为一种相对理想的企业犯罪治理方式，引入我国企业犯罪治理既具正当性也势在必行。

二、刑事合规检察实践的探索和发展掣肘

通过考察目前各地的刑事合规司法实践可知，刑事合规背后的逻辑大体一致，即检察机关通过刑事激励，推动企业进行合规整改，建立合规机制，依法依规从事经营业务。在具体设计、价值考量上则存在明显差异，各地从不同方向、不同角度探索刑事合规工作，促进了刑事合规理论与司法实践的丰富和发展，但刑事合规作为一个舶来品，在与本国检察体制和经济形态融合的过程中还存在一些亟待厘清的矛盾关系，掣肘着刑事合规的有效开展。

（一）刑事合规适用范围的有限性和企业合规的能动性之间的矛盾关系

企业合规最初通过检察建议的方式融入刑事诉讼，即检察机关在办理涉企案件过程中，对企业经营管理中存在的制度漏洞和刑事法律风险，通过发检察建议的方式，建议企业整改。该方式在刑事合规试点工作之前属于检察机关延伸办案职能，服务保障企业发展的重要举措。结合我国现有刑事法律制度，刑事合规在本土化过程中有三条路径，除原有的检察建议模式外，还可以将刑事合规与认罪认罚从宽制度、酌定不起诉制度等制度结合起来，形成合规酌定不起诉、合规附条件不起诉的等激励模式。在诸多刑事从宽激励选择中，不起诉激励无疑对企业具有更大的吸引力，只有以“看得见、摸得着”的方式激励，涉罪企业才有合规动力，合规整改与建设才能落到实处。此外，附条件不起诉制度仅适用于轻微未成年人犯罪案件，刑事合规融入附条件不起诉制度尚还有制度上的障碍，故而通过酌定不起诉开展刑事合规成为目前一种最为可行的路径，这也是大多试点检察院选择的模式。酌定不起诉模式下，检察机关在对企业作出酌定不起诉的同时，可对企业提出合规建议，责令其建立完善合规体系。

基于酌定不起诉主要适用于可能被判处三年以下有期徒刑、拘役或者管

④ 石磊：《刑事合规：最优企业犯罪预防方法》，载《检察日报》2019 年 1 月 26 日，第 3 版。

制刑罚的案件，合规酌定不起诉模式适用范围有严格限定，当企业的罪行已经达到应当予以刑事处罚的程度时，再适用酌定不起诉制度就是不妥当的了[⑤]。从我国实践情况看，涉企犯罪案件中民营企业犯罪案件达85%[⑥]，而民营企业大多为中小企业。中小民营企业在刑事合规建设上往往面临无能力、无经费的困境，一方面，企业专业知识不足、人才资源匮乏，无法像大型企业那样设立合规部门专门开展合规建设；另一方面，企业成本无力承担合规经费，旷日持久的合规建设已然耗资不菲，若还要求企业像国外公司或大型企业那样高薪聘用合规团队开展合规建设，乃至超出企业受到刑事制裁的风险成本，势必会打击到企业开展合规建设的积极性。且在对企业平等保护理念和“厉而不严”的刑罚轻缓化观念的影响下，对于企业的刑事处罚已相对比较轻缓，从近几年司法实践看，对涉罪企业的人员判处缓刑、拘役和管制的占比已经达到了60%。故而，对程序分流需求最为迫切、合规能动性高的，显然不是这些涉嫌轻微刑事犯罪的企业。

（二）刑事激励措施的扩张性和法律适用的公正性之间的矛盾关系

我国民营企业与企业家往往融为一体、密不可分，一旦企业家受到刑事追究，企业也难以维系。因此，我国在引入刑事合规时在适用范围上摒弃了西方国家“严惩责任人，放过企业”的典型做法，采取既放过企业，也放过企业家的模式，甚至拓展至企业实际控制人、经营管理人员、关键技术人员等实施的与生产经营密切相关的个人犯罪案件。相对于自然人犯罪，企业犯罪的门槛更高而刑罚却相对较低，刑事合规对于企业犯罪既放过企业又放过责任人的做法，难免有放纵犯罪之嫌。相较于单纯的自然人犯罪或者只是违反行政法的企业而言，还存在罪责不均、法律适用不公之影响。如对犯罪的企业通过刑事合规既免除了企业也免除了责任人的刑罚，而仅构成行政违法的企业，还有可能受到罚款、取消营业资格、吊销营业执照等行政处罚，对企业而言严厉程度反而更大，这容易造成“违规企业被严厉处罚，犯罪企业受轻缓处理”的现象。

（三）合规监管的灵活性和刑事合规的规范性之间的矛盾关系

最大限度避免和减少合规风险是刑事合规的最基本目标。有效的合规计

---

⑤ 参见时延安：《单位刑事案件的附条件不起诉与企业治理理论探讨》，载《中国刑事法杂志》2020年第3期。

⑥ 参见张志军：《中国企业刑事合规风险的基本样态及其防控基准——基于2439份生效裁判文书的实证研究》，载《法治论坛》2019年第4期。

划既是企业实施合规治理的重要标准，也是司法机关对企业作出宽大处理的重要参考。然而企业合规是一项系统、复杂、专业的涉及企业经营管理活动、内部及外部方方面面的制度。为保障企业合规的质效，各地统筹各方力量，探索构建刑事合规监管考察机制。目前，实践中形成了三种合规监管考察模式：一是检察机关主导监管模式，由检察机关从合规监管员名单库中选择人员名单对企业合规进行监督考察。二是独立监控人模式，由涉案企业从合规选择或推荐合规监管员对企业合规计划进行监管考察。三是行政部门主导监管模式，主要由行政监管部门的专业人员对企业合规进行监管考察。各地在不同模式下对于合规监管员的付费方式也不同，有的实行财政支出，有的实行企业付费，还有的实行"企业支付为主，财政支付为辅"的方式。为了解决不同企业合规资金、合规能力和合规需求不同问题，有的地方还将合规监管员分类为普通合规监管员和专业合规监管员，普通合规监管员主要来自行政监管部门的专业人员，专业合规监管员来自律师事务所、会计师事务所、审计事务所等。总之，各地或者同一地区采取的监管考察模式不尽相同，企业合规监管的专业性、客观性和中立性都有差异，合规计划有效判断标准体现出灵活性、差异性、主观性特点。而合规计划的有效性是检察机关对案件作出处理意见的重要依据，会产生相应的法律评价后果，刑事合规是国家刑法制度的组成部分⑦，受限于刑法规范性，如何理顺两者之间的关系也是刑事合规需要考量的问题。

三、刑事合规中检察机关的地位和作用

刑事合规是检察机关参与企业社会治理的新模式，该制度的引入重塑了检察机关在企业犯罪治理中的角色定位，延伸并强化了其在企业犯罪治理中的地位和作用。对于刑事合规而言，关键点不在于对涉案企业定重罪或者处重罚，而在于刑事司法在规制企业犯罪时能够给予企业多元化的法律救济机制及适当的监督方式，使得企业真正脱胎换骨⑧。故而，在刑事合规过程中检察机关的作用最为关键，明确检察机关在刑事合规中的地位和作用亦是促进合规发展和企业犯罪治理的关键。

（一）检察机关是企业合规的推动者

刑事合规中检察机关通过刑事法律手段的运用，直接推动企业建立健全

⑦ 参见孙国祥：《刑事合规的理念、机能和中国的构建》，载《中国刑事法杂志》2019 年第 2 期。

⑧ 参见石磊、陈振炜：《刑事合规的中国检察面向》，载《山东社会科学》2020 年第 5 期。

内部管理机制，其既是企业合规的直接推动者，也是企业合规文化的倡导者。具体体现在：一是事前事后双管齐下。传统的检察职能侧重于事后消极预防，缺乏后续的跟踪督促。在刑事合规制度下，检察机关对犯罪企业的治理由表及里，深入至企业管理制度层面，检察机关不仅关注犯罪惩治问题，同时紧盯企业管理漏洞，督促企业切实消除违法犯罪风险；针对其他企业，检察机关更加注重合规推介，鼓励企业建立健全内部规章制度，实施“规制了的自治”，以有效预防企业犯罪的发生。二是由点及面一体推进。传统的检察职能关注点和落脚点在涉案企业，很难对涉案企业相关主体产生实质性影响。而根据合规制度的要求，企业及其分支机构自上而下都要遵守有效的合规计划，同时，以合规尽职调查为桥梁，进而传导合规管理要求，推动企业客户、第三方合作伙伴、投资并购相对方建立与之相适应的合规机制⑨，发挥合规制度的辐射效应，倡导合规文化。

（二）检察机关是刑事合规案件的主导者

在普通的刑事诉讼中，检察机关是审前程序的主导者，检察职能的重心是发挥承上启下的枢纽作用，把好案件审查过滤关。在刑事合规中，检察机关既是企业开展合规建设的引导者，也是案件处理意见与企业的协商者，还是案件处理结果的实质影响者，检察权不再仅仅是程序性权力，而且还包括相当程度的实体权力，主导着案件的实体处理⑩。

检察机关在刑事合规案件中的主导作用集中体现在以下几个方面：(1)资格评估。开展刑事合规法律监督前，由检察机关对企业进行资格评估，若企业没有通过资格审查，则检察机关不启动刑事合规法律监督程序。(2)政策引导。对通过资格审查的企业，检察机关要充分开展释法说理，使企业知晓接受刑事合规法律监督的权利义务及法律效果，引导企业积极主动配合开展刑事合规法律监督。(3)承诺把关。由涉案企业出具合规改造承诺书，由检察机关对企业是否有整改的真实意愿，是否有建立健全合规管理体系的实际举措进行把关。(4)合规监管。行政人员在检察主导下对涉案企业开展合规监管，并及时向检察机关报告考察情况，防止行政机关包揽合规监管考察架空检察合规履职。

---

⑨ 参见李勇：《检察视角下中国刑事合规之构建》，载《国家检察官学院学报》2020年第4期。

⑩ 参见朱孝清：《检察机关在认罪认罚从宽制度中的地位和作用》，载最高人民检察院网站2019年5月13日，https://www.spp.gov.cn/zdgz/201905/t20190513_417940.shtml。

(5)案件处理。检察机关对监管报告的可采性进行把关,并结合具体犯罪情况,作出实体或程序上的实质处理。(6)跟踪督促。为确保合规实效,检察机关将持续动态跟踪监督企业合规开展情况。归结起来,从刑事合规法律监督的启动到决定再到后续跟踪,检察机关全程把控,是刑事合规案件的绝对主导者。

(三)检察机关是刑事合规的监督者

检察机关作为法律监督机关,保障法律统一正确实施是其根本任务。随着国家治理体系和治理能力现代化建设对检察机关法律监督提出更高的要求,法律监督的内涵也在不断调整中,法律监督的对象和内容更为丰富,监督对象涵盖了国家机关、社会组织等多类主体,监督的内容也不再限于合法性监督。刑事合规是检察机关堵塞社会治理中存在的管理漏洞,消除社会治理中存在的制度隐患,预防和减少犯罪,履行法律监督职责的全新探索,是检察机关法律监督内涵不断丰富拓展的结果。检察机关在刑事合规中的监督至少包含三个不同对象层面的监督:一是监督企业构建合规机制,合规合法经营,实现社会法益的保护。检察机关不仅要督促企业建立一套形式上的合规计划,更要注重推动企业真正改变管理模式,实现实质性合规改造,防止企业再次犯罪,从而维护国家利益和社会公共利益。二是对第三方监管的监督。企业合规考察报告是法律结果评价的重要依据,检察机关既要审查合规考察报告的客观性,亦要监督第三方监管机构客观、中立履行职责。三是对其他司法机关和行政监管机关的监督。也即促进刑法、刑事诉讼法等法律法规的统一正确实施,维护企业及其他当事人合法权益。

四、检察视角下刑事合规路径的构建

刑事合规对于民营企业犯罪治理具有至关重要的作用,是民营企业治理体系和治理能力现代化的重要标志,从法律制度层面构建符合我国检察体制和经济模式的刑事合规制度是刑事合规发展的必然要求。鉴知中外,博观约取,在现有刑事合规实践探索基础之上,把握好检察机关的地位和作用,着力解决合规发展中的现实掣肘,对刑事合规进行本土化塑造,是中国特色刑事合规制度构建的思考方向,具体包含以下四个方面的内容。

(一)刑事合规激励模式的拓展

1. 合规附条件不起诉模式的构建

暂缓起诉协议制度源起于美国,在美国该制度最初针对是少年犯罪,后被适用于企业刑事案件。暂缓起诉协议制度的实质是检察机关在对涉罪企业提起公诉后，与企业达成的一项附条件的暂停起诉的协议⑪。我国的附条件不起诉制度与暂缓起诉协议制度具有源起上的同一性，在接受暂缓起诉协议制度方面具有兼容性，不存在根本的价值冲突和制度障碍，这为引入暂缓起诉协议制度，构建符合我国本土的合规附条件不起诉模式提供了可能。合规附条件不起诉模式下，对于有合规意愿的企业，检察机关与之签订合规监管协议，并设立一段时间的考察期，企业通过合规监管程序，在考察期内构建起有效的合规管理体系的，可以获得不起诉的宽大处理，否则检察机关仍保有向法院提起公诉的权力。相比现在实践探索的合规酌定不起诉机制，合规附条件不起诉对涉罪企业或嫌疑人的谴责性更高，对涉罪企业的约束力也更强。当合规建设是检察机关作出不起诉决定的必要前提时，企业很难不为此付出真诚的努力，但是在酌定不起诉模式下，纵使企业拒不履行合规检察建议，检察机关也难以对企业重新提起公诉，合规检察建议很可能流于形式。

鉴于合规酌定不起诉主要适用于那些犯罪情节轻微的案件，如上所述这些企业合规意愿反而不高，而那些涉案金额较大又有合规意愿的企业，却没有制度适用空间，不利于刑事合规制度的有效开展。故而，在合规附条件不起诉制度下，可以将刑事合规适用范围扩大，放宽至有期徒刑 10 年以下的案件。合规附条件不起诉模式与合规酌定不起模式适用范围不同、侧重点不同，是合规不诉模式下两种并行不悖的激励模式。

2. 合规量刑从宽模式的构建

建立并实施有效合规计划的企业，一方面，因其具备自我监管、自我防控能力，预防必要性大大降低；另一方面，因其积极配合司法机关的调查，司法资源配置得到明显优化，故而理论界普遍认为刑事合规与认罪认罚相结合，作为量刑优待依据，不存在理论上的障碍，只是在何种程度上予以从宽尚未达成共识。目前，对于刑事合规与认罪认罚的关系主要存在两种观点，一种观点认为，刑事合规是一种不同于认罪认罚的协商性司法模式，认罪认罚制度只能解决涉罪企业的从宽处罚问题，但不能解决促使企业建立合规机制的问题；另一种观点认为，刑事合规与认罪认罚在理论基础上具有同源性，从某种意义上

⑪ 参见陈瑞华：《企业合规视野下的暂缓起诉协议制度》，载《比较法研究》2020 年第 1 期。

说,“认罪认罚从宽 = 合规从宽”⑫。不同的关系论将对刑事合规的从宽力度产生不同的影响。如果将刑事合规视为有别于认罪认罚的一种全新制度模式,则应当将刑事合规与认罪认罚作为两个并列的刑罚裁量因素予以考虑,企业在获得认罪认罚从宽的基础上,还可以获得刑事合规从宽,并且即使企业不愿意开展合规建设,仍能适用认罪认罚制度得到宽大处理;如果认为刑事合规是认罪认罚的一种表现形式,那么即使企业建立并完善了合规机制,也不能够突破认罪认罚的从宽幅度,同时,如果企业不愿意开展合规建设,那么它将不再符合认罪认罚的适用条件。

本文持第一种观点,认为刑事合规与认罪认罚是并列的从宽事由。主要基于以下两点考虑:第一,刑事合规和认罪认罚是犯罪预防的两个面向,不可等同视之。认罪认罚的制度构造是面向过去维度的。根据“两高三部”《关于适用认罪认罚从宽制度的指导意见》,认罪是指被追诉方自愿如实供述自己的罪行,对指控的犯罪事实没有异议;认罚是指被追诉方真诚悔罪,愿意接受处罚。无论认罪还是认罚,落脚点均在过去所犯之罪,检察机关考量的重点是被追诉方对既往过错的主观态度,这种抽象的态度在未来对被追诉方只能起到软约束的作用。认罪认罚制度被规定在《刑事诉讼法》中,而不是《刑法》中,也折射出认罪认罚从宽的根本考量在于程序从简,即符合诉讼经济原则,而非实体上的预防必要性降低。企业合规的拓展研究则是朝向未来的。企业不仅对过去所犯之罪表示认罪认罚,还要开展涉案专项风险检查,针对企业制度上的管理漏洞进行专项整改,并对可能的违规因素实行实时监控并及时处理,此时,检察机关考量的重点是企业的客观努力,具象的风险防控治理结构和治理体系在未来将发挥硬约束作用,切实消除或降低企业的再犯可能性。第二,如果将企业合规简单地视为认罪认罚的一种表现形式,将会与当前的司法实践产生冲突。当前,企业作为认罪认罚制度的适用主体,当企业对检察机关指控的犯罪事实没有异议,并愿意接受处罚时,就可以适用认罪认罚制度。如果将企业合规视为认罪认罚的应有之义,就意味着今后纵使企业表示认罪,并且愿意认罚,也不再适用认罪认罚制度,除非企业额外地建立并实施有效的合规计划。显然,此种理解只会使企业处于更不利的司法地位。

---

⑫ 参见李勇:《检察视角下中国刑事合规之构建》,载《国家检察官学院学报》2020 年第 4 期。

(二)审查起诉阶段中止审查制度的恢复

企业合规作为检察机关不起诉或者从宽量刑的依据,检察机关需要对企业设定一定的考察期限,以准确监督评估企业合规是否有效。根据刑事诉讼法和刑事诉讼规则,一般刑事案件的办案期限最长为6个半月,犯罪嫌疑人被取保候审的可以达到1年。因而,现在试点中合规监管考察期限一般设置为6个月至1年,如辽宁省人民检察院明确合规考察期限为3个月以上5个月以下,深圳市南山区人民检察院规定合规考察期限为6个月到12个月。企业合规是一套复杂、专业的企业运营和管理机制,必须通过较长的时间落实合规计划并对合规计划是否有效进行判断。国外合规考察期限一般都在3年以上,甚至10年以上。[13] 时间是检验实效最真实的标准,企业合规整改需要较长时间,合规监管考察期6个月至1年的做法,很难使刑事合规真正成为触及企业灵魂的治理方式。但目前,除了合规附条件不起诉模式可以设置更长的标准外,其他合规酌定不诉、合规量刑激励等模式在现有的刑事诉讼模式下无法设置过长的合规考察期限。因此,除在合规附条件不起诉模式中赋予检察机关更长合规考察期限外,对于其他激励模式的案件,可以采取恢复审查起诉阶段中止审查制度,以破解办案期限和合规考察期限冲突问题。

审查起诉阶段中止审查制度是对于审查起诉的暂停,该项制度规定于1997年的《人民检察院刑事诉讼规则》中,2012年的《人民检察院刑事诉讼规则(试行)》将该制度予以删除。删除的主要理由是:“中止审查起诉属于刑事诉讼程序,在法律没有规定的情况下,不能由司法机关通过司法解释自行设置和规定”[14]。司法需要适应不断变化的经济社会发展新形势,刑事合规制度的引入对于恢复审查起诉阶段中止审查制度提出了现实需求。建议在刑事诉讼中恢复审查起诉阶段中止审查制度,将刑事合规监管考察明确规定为审查起诉中止事由。同时赋予检察机关如合规附条件不起诉模式一样的考察期限,可以将考察期限延至1至3年,甚至更长,以免合规建设因受审查起诉期限限制而流于形式。

---

⑬ 参见陈瑞华:《企业合规视野下的暂缓起诉协议制度》,载《比较法研究》2020年第1期。

⑭ 陈国庆、李昊昕:《〈人民检察院刑事诉讼规则(试行)〉修改的主要问题理解与适用》,载《人民检察》2012年第24期。

(三)刑行衔接机制的构建

检察机关作为刑事合规的主导者、监督者,既要通过刑事合规推动企业堵塞刑事法律风险,亦要监督法律适用的公平公正,实现罪责相称。为实现相对公正,西方国家刑事合规在“严惩责任人,放过企业”的原则下,还要求企业缴纳高额罚款,以换取合规不起诉。我国的检察机关属于法律监督机关,并没有如西方国家检察机关那样的责令企业缴纳罚款、剥夺资格等权能,但如果对企业、企业家实行纯粹地一体保护又会有放纵犯罪之嫌。对此,我国可以另辟蹊径,大胆探索“企业家刑事处理适度从宽、企业罚款等行政处罚相对从严”的合规不起诉刑行衔接机制,尝试建立行政处罚暂缓的司法提前介入机制,强化刑事合规与行政合规的衔接融合,既使违法犯罪行为付出代价,避免“一味从宽”,又真正赋予企业、企业家“一线生机”。刑行衔接主要依托行政监管部门落实行政处罚,由检察机关依据《刑事诉讼法》第 177 条第 3 款的规定,向行政监管部门提出检察意见,以行政从严处罚发挥惩罚和威慑功效。此处的从严处罚原则上只限于财产罚,不包括行为罚,因为从对企业影响的角度看,限制或剥夺企业特定的行为能力或资格无异于宣告企业破产倒闭,企业合规经营自然也就无从谈起。

(四)第三方监管机制的构建

1. 合规监管模式的选择

现行探索的刑事合规监管的三类模式各有利弊。检察机关主导监管模式,专业性和资金来源是重要问题,且检察机关有既是裁判员又是运动员之嫌,检察职能行使的公信力易受质疑。独立监控人模式,优点在于专业性,但存在客观性不足的问题,且该模式对于大量中小企业而言,合规费用亦是问题。相比较而言,行政监管作为第三方监管既具较强专业性和中立性,也有助于在一定程度上解决合规费用来源问题,与我国的机关职权配置和政治法律土壤也最为契合。不同的企业所处行业领域及其经营范围不同,违规风险点和违规程度也存在区别,专项合规计划及合规监管应当体现企业的个性与差异,根据企业自身的状况有所侧重,这就要求合规监管员必须具备与之相适应的专业知识,才能胜任合规监管工作。与另外两种模式相比,行政监管模式在这方面具有天然优势。企业犯罪一般属于行政犯,企业违反行政法规在先,后续因情节严重才会进入刑事诉讼程序,行政监管部门本就负有监管企业的职责,并且也熟悉特定领域的监管法规⑮,由行政监管机关承担监管责任无疑更具专业性、权威性,且从权源的视角看,也比检察机关主导监管模式更为名正言顺⑯。

2. 合规结果运用的公信力保障

合规监管员在行政监管机关的主导下对企业的合规计划完成情况进行检查、评估之后,形成考察报告报送负责案件办理的检察机关,检察机关据该报告作出是否起诉、是否提出量刑建议等决定。合规考察报告是否客观、检察机关职权行使是否恰当,如何以公开的方式呈现出来,是刑事合规公正性的重要内容。为保障权力行使的公正性,国外多数国家在引入美国暂缓起诉协议制度时,构建了司法审查机制,即暂缓起诉协议需经法官审批之后生效。在我国,推动企业建立合规管理体系是检察机关行使法律监督权的一种体现,司法审查权不得凌驾于法律监督权之上,故不宜采用司法审查模式,但我国仍可对检察机关刑事合规法律监督工作开展多种形式的监督制约。具体可以建立两方面的机制:一是建立监管考察见证制度,吸收代表委员参与到刑事合规监管考察工作的过程中,增强办案的公开性和透明性,让公平正义更加可感可触可信。二是建立公开听证评议制度,对拟作不起诉决定的刑事合规案件,组织公开听证,认证听取吸收代表委员、行政监管部门、合规考察员、被害人等的意见建议,将正义的实现过程置于阳光之下。

---

⑮ 参见陈瑞华:《企业合规不起诉制度研究》,载《中国刑事法杂志》2021年第1期。

⑯ 参见马明亮:《论企业合规监管制度——以独立监管人为视角》,载《中国刑事法杂志》2021年第1期。文中提到,"虽然在实践中,检察机关在合规不起诉制度中居主导地位,并对敦促企业完成合规整改承担主要责任,但是,全程监控涉罪企业的合规整改、推进企业建立合规机制、敦促企业依法依规开展业务活动,实际上要求检察机关承担部分行政监管的责任,与其作为法律监督机关的'本色'有所差异"。

涉案企业合规考察实务案例分享之一：独立监管人的阅卷技巧

吴巍律师团队[*]

自2020年3月至今，最高人民检察院已先后启动两批企业合规改革试点工作。第二批试点的10个省级检察院已选取确定27个市级院、165个基层院作为试点院开展改革。目前，各地的试点工作正在稳步推进。随着试点范围的扩大，试点案件也在逐渐增多。但是，对于如何办理试点案件，尚无统一标准，各地都在不断探索、尝试的过程中。

作为国内首批试点检察院的合规独立监管人之一，金杜律师事务所以独立监管人、涉案企业顾问律师等不同身份，深度参与了多地、多个试点案例的办理。大部分案件已结案或接近尾声。近期，我们将结合一线办案经验，推出系列文章，从实务角度出发，阐发我们参与涉案企业合规考察工作的感悟与思考，抛砖引玉。

一、案件相关情况

深圳某公司是一家主营软件技术开发、技术咨询等技术服务的综合性高科技公司。该公司已通过国家高新企业认证，拥有数十项软件著作权，发展前景较好。2019年，因该公司法定代表人法律意识淡薄，公司治理结构混乱，内部管理存在重大漏洞，导致公司在没有取得相关资质的情况下，非法从事资金支付结算业务，违规使用单位银行结算账户为他人提供向个人账户转账的服务，并从中盈利，涉嫌构成非法经营罪。

公安机关移送审查起诉后，检察机关对涉案企业进行了深入了解。经审查，该公司存在正常合法的主营业务，且具有较高的科技水平和发展潜力，仅

---

* 吴巍，金杜律师事务所合伙人。

在一段时间内存在开展非法资金结算业务的行为。案发后,公司及相关犯罪嫌疑人认罪认罚,悔罪态度良好,在第一时间全面停止违法业务并积极退赃。综合考虑该公司的涉案情节、社会危害性、主营业务、经营规模、纳税金额及未来规划等情况,检察机关决定启动刑事合规监督考察程序,给予该企业一个改正错误,更好发展的机会。

二、阅卷对于办理合规考察案件至关重要

在如何办理试点案件尚无统一指导意见的情况下,实务界对于独立监管人办案过程中是否需要阅卷观点不一。我们认为,独立监管人在检察院允许的情况下开展阅卷工作,对于独立监管人督导企业开展合规整改,具有不可替代的作用。

督导涉案企业制定切实可行的合规计划,是独立监管人的重要工作之一。根据《关于建立涉案企业合规第三方监督评估机制的指导意见(试行)》第11条的规定也可以看出,一份行之有效的合规计划,必须紧密围绕与涉案犯罪行为有关的公司内部治理结构、规章制度、人员管理等方面存在的问题制定。通过阅卷,独立监管人可以更加清晰地了解涉案违法行为发生的全过程,帮助独立监管人识别该企业未能防范违法行为发生的管控漏洞,确保合规计划能够防范同类犯罪行为再次发生。

以上文提到的案例为例,通过阅卷工作,我们可以第一时间直观地了解如下情况:

(1)公司的涉罪原因与动机:一家存在合法经营业务的国家高新企业,为何会在主营业务之外非法从事资金支付结算业务?究竟是偶发性行为还是经营性行为?

(2)涉案资金的流转经过:资金是通过何种渠道、以何种名义转入涉案公司?又是通过何种方式、以何种名目实现资金转出?

(3)公司员工的履职情况:在涉案资金流转的过程中,公司的财务人员以及有关高管(如其他股东、监事等人员)是否履行了审核、审批的职责?

(4)公司管理制度的建设情况:公司是否建立了切实有效的章程、财务制度、员工手册等内控管理制度?有关制度的执行情况如何?

(5)公司全体人员对于涉案行为的认识:监事、财务以及其他员工对于涉案违法行为是否知情?是否清楚认识涉案行为的性质?是否了解国家对于涉案行为的有关法律法规？

在办理案件的过程中，以上信息均是我们后续工作的有效抓手，有助于我们及时掌握涉案企业与有关人员的涉罪情况及思想认识，有效发现企业管理的弱点与风险点，实现对涉案企业进行有针对性的专项合规整改。

同时，详细深入地了解案件事实，也能帮助我们与涉案企业及相关人员建立了更为有效的沟通，我们也在整个合规整改的过程中得到了涉案企业高度的配合，顺利实现了本次合规整改的目标。由此可见，阅卷工作是保障企业刑事合规顺利、高效开展不可或缺的一环。

三、刑事合规考察案件的阅卷重点在于识别企业未能防范犯罪行为发生的管控漏洞

既然阅卷工作如此重要，办理刑事合规考察案件，开展阅卷工作，是否可以直接套用办理刑事辩护案件的阅卷思路？我们认为并非如此，两者有完全不同的出发点和落脚点。

在刑事辩护案件中，辩护人会从犯罪构成角度，判断涉案企业的行为性质，寻找案件争议的根本点，对案件形成宏观、总体的认识；从证据角度，判断案卷内容能否真实、有效地证明涉案行为，在细节中识别案卷证据的漏洞，对照证据的性质形成具有针对性的质证意见；从主观和客观两个角度，在案卷中寻找尚未被公诉机关发掘的可以减轻或从轻的量刑情节，最大程度保障被告人的合法权益。

也就是说，辩护人阅卷必须做到全面、细致、深入，不仅要对案卷进行全面阅览，完整了解案件事实，掌握全案证据，还要梳理案件事实、相关证据和办案流程中的关键节点，从而有效发掘与定罪量刑密切相关的细节，确保辩护工作有针对性、有角度、有力度。

但是，对于刑事合规考察案件而言，独立监管人的角色、工作重点都和辩护人有着本质差别，所以阅卷的思路自然也大不相同。

(1)阅卷的目标不同：独立监管人需要识别企业在涉案行为中的“风险点”。换句话说，监管人关注的重点不单是企业涉罪的行为和结果，而是企业发生涉罪行为的原因。比如，上述案例中的非法经营行为，在犯罪构成方面，辩护律师可能关注的是罪与非罪的认定以及从轻、从宽量刑情节等；而独立监管人关注的则是企业现有管理体制中的哪个环节存在的漏洞导致了企业未能有效避免涉案行为发生。

（2）阅卷的侧重不同：在开展阅卷工作时，独立监管人的工作更有针对性，在发现问题的同时，要综合考虑企业全方面的管理架构，尝试寻找解决问题的思路。独立监管人的目的是督导涉案企业建立合规制度，预防类案行为的发生。因此，阅卷的侧重点是根据阅卷情况，还原案件事实和违法行为发生的全过程，查明犯罪行为发生在哪个环节，企业内部对此是否制定了相应规定等。从独立监管人的角度出发，诉讼文书卷的重要性相对较小，诉讼证据卷中笔录的相关内容更为重要。

针对上述案例中涉案企业通过公账转私账牟利的非法经营行为，阅卷时我们关注的重点不是行为人是否构罪的理由，而是在企业认罪认罚的情况下，分析涉案资金的流转方式和流转名目、经办人员、经办人员是否履行了审核监管义务、企业是否积极退赃等。在完成上述问题的梳理后，我们再对涉案企业开展合规整改提出督导意见。

例如，建议企业选任承担合规管理责任的人员。在公司拟选任公司监事承担合规管理职责后，我们将进一步结合案件情况，建议公司修改《章程》，确保监事有权审阅财务会计账簿以及会计记账所依据的合同或其他文件，有条件发现并制止公司法定代表人违规将资金转出的情况。同时，督导企业有针对性地调整《费用支出管理制度》《财务管理办法》《员工手册》等规章制度，力求相关制度能够符合公司的发展现状，并落地执行。

（3）阅卷的工作成果不同：阅卷完成后，辩护人通常会根据阅卷的有关情况制定辩护策略，形成辩护意见、质证意见等；而独立监管人则需要针对阅卷结果形成问题清单和合规工作计划，这一方面有利于独立监管人在下一步走访企业、访谈相关人员的过程中把握工作方向和重点，另一方面有利于引导涉案企业与有关人员自查，分析企业自身出现涉案违法犯罪行为的原因，对合规工作及其重要性产生认同感。

综上所述，办理刑事合规案件与刑事辩护案件的关注点不同，要求和标准也存在差异。刑事合规整改案件中，独立监管人不仅要了解刑事法律规定，还需要快速梳理涉案企业的业务模式及公司治理结构，在全方面了解涉罪企业的前提下，协助涉案企业构建良好有效的合规体系，达到完善企业合规管理的根本目的。

四、小结

刑事辩护案件和刑事合规案件的办理在各方面都存在较大差异,阅卷工作只是其中一个很小的方面。在涉案企业合规考察机制中引入阅卷环节,厘清刑事辩护阅卷与刑事合规阅卷的异同,重视阅卷工作的质量和效率,有利于形成独立监管人合规督导的工作标准,保障涉案企业的合规整改有针对性地开展,促进涉案企业刑事合规制度的发展。

涉案企业合规考察实务案例分享之二：合规自查应成为涉案企业的“必选动作”（上）

吴巍律师团队*

自最高人民检察院启动涉案企业合规考察试点以来，金杜律师事务所密切关注并有幸以不同角色参与到各地试点工作中。通过总结试点办案经验，我们认为，对于涉案企业来说，开展合规自查，调查并分析违法行为发生的原因、企业合规管控的漏洞，是十分必要的。企业只有识别出违法行为背后的管控漏洞，才能明确合规整改的重点和方向。而企业开展合规自查的情况，也体现了其合规整改的意愿和基础。因此，我们建议将合规自查作为检察院决定是否对企业适用考察机制的考量因素之一，让合规自查成为涉案企业的“必选动作”。

一、案件基本情况

A公司是一家以云计算和大数据技术开展金融科技研发为主要业务的公司，曾被评定为国家高新技术企业。2015年，该公司在未经证监部门许可的情况下，开发并销售荐股软件，违反了相关法律，因涉嫌非法经营罪被立案。

在审查起诉阶段，A公司及其法定代表人、实际控制人均认罪认罚，将相关违法业务停止，并向已经购买涉案软件的客户退款，自愿接受检察机关的刑事合规监督考察。检察院认为其符合承办检察院《企业犯罪相对不起诉适用试行机制》的适用条件，因此对该企业适用合规考察机制，并委托我们担任独立监管人。

二、发现合规管控漏洞

（一）我们作为独立监管人参与案件之前，企业已经对自身的合规管控漏洞进行了初步分析，提出了初步整改计划

该案件是该检察院的第一批试点案例之一。在我们参与案件前，该企业

* 吴巍，金杜律师事务所合伙人。

已经向检察院提交了《合规承诺书》和《刑事合规计划》，并提供了公司介绍、知识产权证明、社保参保凭证、纳税证明、营业执照及各类许可等支持性材料。

在《刑事合规计划》中，企业对违法行为进行了反思，并对避免未来再次发生类似违法或违规行为进行了表态。但整体来看，企业并没有就导致发生该行为的管控漏洞进行深入自查、分析。在《刑事合规计划》中，仅能看出企业认为导致此事件发生的合规管控漏洞是“法律意识淡薄”。

（二）我们担任独立监管人后，进一步调查分析企业发生违法行为的原因，识别企业的合规管控漏洞

发现该企业前期自查不足后，为了更准确地识别导致该企业发生这一违法的合规管控漏洞，我们一方面督导企业继续开展自查；另一方面，我们也仔细阅卷，对企业人员进行访谈，全面梳理和归纳与企业此次违法事件有关的各类主、客观因素，不断追问违法“表象”背后可能存在的深层次管控漏洞，发掘问题根源。

涉案企业孵化于大学生创业园，人员高度精简，具有显著的创业型企业特征。该企业的绝大多数员工都是研发人员，缺少熟悉监管专业知识的管理人员，没有设置负责法律及合规事务的人员或部门。在这种情况下，公司的产品、业务从立项到运营，均缺少合规方面的审查。以涉案产品为例，按照该企业当时的《项目立项管理制度》，产品立项只需要经过“形式审查”和“技术审查”，并没有环节要求审查产品的合规性。在产品投入运营后，尽管相关的监管外规可能会定期更新，企业也不会对标新的外规，看产品是否存在合规风险。

我们在阅卷时还注意到，曾有员工向管理层提出关于该产品合规性的质疑，但公司自身没有法律及合规事务人员进行解答，也没有去询问顾问律师等外部专业人员的意见。由此导致的一个后果是：企业人员的合规疑问无法及时得到化解；企业的管理层、业务人员虽然对产品的合规性有所怀疑，觉得可能属于“灰色地带”，但并没有清晰地认识到涉案产品已经构成违法，将给公司带来严重的合规风险，仍然继续推广该产品。

基于上述情况，我们认为该企业整体合规认识不够，特别是企业管理人员缺少“红线”意识。在组织架构方面，缺少负责合规管理的人员。在产品/业务立项审查制度、合规保障机制等方面存在管控漏洞，最终导致了此次违法行为

的发生。

三、针对发现的管控漏洞,提出督导意见

(一)要求企业继续就是否存在同类违法或违规行为开展自查

如上所述,我们围绕企业已经发生的违法行为,调查和分析了企业的管控漏洞。但考虑到该企业同类产品多、产品迭代快的特点,为了更全面、准确地发现企业运营中的合规管控薄弱环节,我们要求企业必须通过其聘请的顾问律师,协助其开展合规调查,审查该企业除了涉案产品以外,是否还有其他产品存在类似的违法或违规情形。同时,我们要求企业提交调查报告,内容必须包括调查过程、调查结论、调查结论依据的各项支持性材料等内容,并取得专业律师的签字确认。

(二)根据企业的自查报告,确定验收标准

结合企业的自查报告,通过阅卷、访谈,我们在深入分析企业违法事实的基础上,就企业在考察期内如何开展整改工作提出督导意见,形成《合规考察标准》,作为对企业合规整改情况的验收标准。

在《合规考察标准》中,我们针对企业的业务特点及识别出的管控漏洞,要求企业全面终止、清理涉案违法业务,同时采取警示惩戒、专项合规风险排查、专项合规建设等措施。特别是在专项合规建设方面,我们要求企业从强化高层重视、明确合规管理责任、制订产品/业务立项审查制度并保障落实执行等方面强化合规管理,预防未来再次发生同类违法或违规行为。《合规考察标准》从8大方面对企业提出了整改要求。

我们将《合规考察标准》提请检察院确认,并要求企业限期提出意见。经沟通,企业充分认可我们制订的《合规考察标准》,并保证在考察期内,按照《合规考察标准》的要求,逐项执行落实合规整改措施。

(三)要求企业提交整改计划

我们要求企业根据验收标准,提交合规整改计划。企业结合自身情况制订计划,分阶段开展整改工作。第一阶段,企业永久性关停所有涉嫌违规的业务,为相关用户办理退款;同时对相关责任人员进行警示、惩戒。第二阶段,企业建立合规管理组织架构,明确岗位人员配置,围绕产品立项、合规检查等环节制订合规制度并落实执行。第三阶段,企业组织开展全员合规培训,配合考察验收,并根据我们的督导建议持续优化。

四、企业严格落实整改计划

（一）识别和关停同类风险业务

企业按照我们的督导建议，聘请专业律师对其相关业务进行了全面审查，先后出具了3份调查报告。通过开展自查，该企业发现除了涉案的业务模块外，其仍在运行的一些其他服务模块，也存在类似的合规风险：这些业务板块“对证券投资品种的价格走势进行了一定程度上的预测”，“符合证监会对‘荐股软件’的定义”①。

对于这些其他涉嫌违规的业务，企业表示希望通过将这些业务免费开放使用的方式，来满足合规要求。但是，经过充分的调查及论证，企业及其顾问律师认为，开放免费使用仍然存在合规风险，“对网站和应用程序而言，浏览量是一个关系公司利益的至关重要的指标……因此，即使上述三个业务完全免费提供给投资者使用……（仍然）能够间接的获取经济利益”，存在违规风险。最终，企业彻底关停了上述存在违规风险的业务板块。

（二）强化合规管控

企业根据我们的督导建议，针对分析出的合规管控漏洞，采取了“精准”的强化管控措施。企业制订和完善了一系列合规管理制度，设立了合规委员会，确定了合规负责人，对企业经营管理的合规情况进行审查、监督。例如，围绕保障其产品、业务符合监管要求这一问题，企业采取的措施包括：

1. 建立产品/业务立项审查制度，新产品、新业务立项必须经过合规委员会审查，并听取外部专业顾问律师的意见，审查通过后方可立项及开展。

2. 合规委员会对公司产品/业务的合规性检查评估，每季度至少进行1次；合规委员会委托具有专业资质的外部机构对公司产品/业务的合规性检查评估，每一年至少进行1次。

3. 建立合规咨询机制，制订了《合规咨询管理制度》。对于员工咨询区分情形，由咨询受理人答复或者由咨询受理人限期组织合规委员会召开内部讨论会议，必要时需向第三方专业机构寻求协助。同时，公司在自动化办公系统中设置“合规咨询”模块。员工可以通过该模块向合规委员会提交咨询。

---

① 证监会《关于加强对利用“荐股软件”从事证券投资咨询业务监管的暂行规定》第2条规定：“向投资者销售或者提供‘荐股软件’，并直接或者间接获取经济利益的，属于从事证券投资咨询业务，应当经中国证监会许可，取得证券投资咨询业务资格。”

4. 建立合规奖惩机制，对未能执行上述管理要求，在经营管理及业务开展过程中违反法律、法规和准则的人员问责，问责结果与绩效考核和薪酬发放挂钩等。

五、企业通过了合规考察，检察院对企业作出不起诉决定

考察期届满，A 企业如期完成了合规整改计划，我们对企业落实各项整改的情况进行了检查验收。从检查情况来看，企业目前上线的新产品，在立项阶段会有相应的合规审查记录，外部法律顾问会发表合规性意见。企业会将这些立项审批材料完整存档，并能够按照独立监管人的要求及时向独立监管人、检察院提供。

我们在考察期内通过定期工作简报、合规考察报告等方式，向检察院汇报合规自查及企业的合规整改情况。最终，该企业的合规建设工作得到了检察院的认可，检察院对企业作出了不起诉决定。

六、结语

在对 A 公司进行合规考察的过程中，我们深切感受到自查对企业制订整改计划，以及独立监管人、检察院确定验收标准，具有十分重要的作用。在下一篇文章中，我们会进一步结合合规自查的域外经验，并就自查程序设置、自查范围要求等问题，提出我们的反思与建议。

涉案企业合规考察实务案例分享之二：合规自查应成为涉案企业的"必选动作"（下）

吴巍律师团队*

在上篇文章中，我们结合参与的试点案件，介绍了合规自查对于涉案企业分析管控漏洞，有针对性地开展整改的重要意义。参考境外相对成熟的类似制度，合规自查是监管机构决定是否对企业适用合规考察时重要的考虑因素。我们将在本文中介绍合规自查的域外实践，并结合我们的实践感受，提出反思与建议。

一、合规自查的域外实践

（一）合规自查情况是境外监管机构决定是否对企业适用合规考察机制时考虑的重要因素

美国司法部2008年的菲利普备忘录[①]规定，检察官在决定是否要对公司起诉时，应考虑企业开展合规自查的情况。此外，英国《延迟起诉协议操作手册》[②]、法国萨宾第二法案[③]、世界银行《制裁指南》[④]及"主动披露机制"标准

---

* 吴巍，金杜律师事务所合伙人。

① 参见美国司法部（DOJ）官网上公布的美国时任副总检察长马克·菲利普（Mark Filip）于2008年8月28日发表的关于《联邦起诉商业组织的原则》（Principles of Federal Prosecution of Business Organizations）的备忘录（以下简称《菲利普备忘录》），载美国司法部网站，https://www.justice.gov/sites/default/files/dag/legacy/2008/11/03/dag-memo-08282008.pdf。

② 参见英国皇家检察署（CPS）官网上公布的《延迟起诉协议操作手册》（Deferred Prosecution Agreements-Code of Practice），载英国皇家检察署网站，https://www.cps.gov.uk/publication/deferred-prosecution-agreements-code-practice。

③ 参见法国律师及法律协会/研究中心（National Council of Bars and Law Societies/Research and Study Centre）公布的《法国律师内部调查操作指引》（Guide：The French Lawyer and Internal Investigations），载法国律师协会网站2020年6月12日，https://www.cnb.avocat.fr/sites/default/files/cnb_guide_the_french_lawyer_and_internal_investigations.pdf。

④ 参见世界银行集团（WBG）2011年公布的《制裁指南》（World Bank Group Sanctioning Guidelines），载世界银行网站，https://www.worldbank.org/content/dam/documents/sanctions/other-documents/osd/World%20Bank%20Group%20Sanctioning%20Guidelines%20January%202011.pdf。

条款[⑤]等文件，均有关于涉案企业自查的规定或要求。

一般来说，境外监管机构激励企业从两方面开展合规自查：

1. 开展内部调查，调查与违规行为有关的事实以及是否存在其他违规行为。

2. 分析违规行为发生的原因，识别导致违规行为发生的管控漏洞。[⑥]

就内部调查而言，监管机构会关注企业能否及时开展调查、是否主动报告了尚未被监管机构掌握的信息，并提供相关的证据材料。例如，英国《延迟起诉协议操作手册》要求检察官在决定是否对企业延迟起诉时，考虑该企业是否"在合理的时间内发现和报告检察官还不掌握的违规行为"[⑦]。

除了内部调查，监管机构还关注企业分析违法行为、梳理识别管控漏洞的情况。例如，美国司法部《企业合规计划评估指引》[⑧]规定，检察官应当审查该公司是否进行了充分和尽职的调查，以了解是什么导致了不当行为，以及为防止未来发生类似事件需要采取何种补救措施。

以美国司法部（DOJ）、英国严重欺诈办公室（SFO）等开展联合执法的某知名发动机公司行贿案为例，该公司自2013年被监管部门启动调查之日起，主动开展自查，收集和审核员工邮件的数据，调查并分析其他违法或违规行为，识别管控薄弱环节。公司还聘请了外部合规专家，开展实地调查，对公司政策及程序进行了全面审阅。在此期间，公司开展了229次访谈，审查了250多个与其关系密切的中介机构、代理人、顾问等商业伙伴，对其中120名商业伙伴作了进一步的审查分析，并向监管机构提交自查报告，报告中涵盖的其他违法行为线索远超监管机构已掌握的信息。

---

⑤ 参见世界银行廉政局（INT）2006年公布的"主动披露机制"标准条款（voluntary disclosure program terms and conditions），载世界银行网站，https://www.worldbank.org/en/news/press-release/2006/08/15/world-bank-launches-voluntary-disclosure-program。

⑥ 境外监管机构一般将这两项措施作为企业"配合"（cooperation）和企业采取"补救措施"（remediation/remedial actions）情况的一项内容进行考察。

⑦ 参见英国皇家检察署（CPS）官网上公布的《延迟起诉协议操作手册》（Deferred Prosecution Agreements-Code of Practice）第2.8.2（i）段，载英国皇家检察署网站，https://www.cps.gov.uk/publication/deferred-prosecution-agreements-code-practice。

⑧ 参见美国司法部（DOJ）2020年公布的《企业合规计划评估指引》（Evaluation of Corporate Compliance Programs），载美国司法部网站2020年6月，https://www.justice.gov/criminal-fraud/page/file/937501/download。

上述自查措施得到了监管机构的认可。该公司虽然被指控的行贿金额高达数千万美元，最终仍然争取到了延迟起诉的结果。

（二）自查结果很大程度上影响了企业在考察期内需要承担的义务

合规自查不仅是境外监管机构决定是否对企业适用合规考察时考虑的因素，同时也是监管机构在延迟起诉协议或类似文件中，确定企业在考察期内应承担的义务时，参考的重要内容。

例如，上述案例中，某知名发动机公司合规自查的结果在很大程度上影响了监管机构对该公司提出的合规考察期内的要求。延迟起诉协议中一些有关公司义务的内容，正是其合规自查的成果体现和继续延伸，包括：

1. 妥善保管在内部调查中收集到的所有材料，配合执法机关启动的其他调查或潜在调查，向执法机关提交其掌握的信息和材料；

2. 继续审查其现有的内部反贿赂管理措施与相关政策，特别是强化第三方反腐败合规管理、反腐败政策培训等方面的政策和程序；

3. 继续承担费用，聘请外部合规专家开展工作。合规专家必须向企业和监管机构报告调查结果，就化解具体的合规风险提供意见和建议。

二、我们的反思与建议

我们认为，合规自查对于明确合规整改的重点和方向是非常有必要的。但是，上述美国、英国的实践经验，与其相对成熟的制度环境密不可分。现阶段，如果照搬境外的实践经验，要求企业开展大规模的全面自查，也会带来很多问题。

首先，是企业的成本负担问题。在上述某知名发动机公司案件中，截至达成延迟起诉协议时，公司开展的合规自查工作已经持续了 4 年，发生的相关费用已经达到约 1.4 亿英镑。⑨ 对于现行试点阶段的中国涉案企业来说，花费如此巨额的成本开展大规模合规自查，是不太现实的。

其次，有效的合规自查特别是内部调查，对于企业方面负责自查的人员也提出了很高的专业性、独立性要求。但目前，我国的很多企业还缺少合规管理的基本框架，甚至没有负责合规事务的部门或人员。在这种情况下，企业也很难组织完成大规模的合规自查。

---

⑨ 其中，截至 2016 年 12 月，内部调查及相关的配合调查等工作产生的费用共计 123, 115, 643 英镑；分析管控漏洞及采取改进措施（不含惩戒措施）等工作产生的费用共计 15, 175, 331. 46 英镑。

最后,对于企业自查并主动披露的违法或违规问题应如何处理、是否可以给予豁免或减轻处罚,也对我国现行的监管机制提出了挑战:一方面,企业开展了有效调查,主动披露大量违法或违规行为,能够体现其积极配合的意愿,理应给予其更大的激励。但另一方面,我国目前仅在反垄断、海关、税务等非常有限的行政执法领域内,对企业主动披露的违规行为提供了有限的豁免或减轻处罚的途径;整体看来,在刑法层面及很多行政执法领域,还缺少对企业自查及主动披露的成熟激励机制。

鉴于目前我国涉案企业合规考察还处于探索阶段,我们认为,在当前情况下,可以将要求企业自查的范围聚焦在分析违法行为、识别管控漏洞方面,以服务于敦促涉罪企业完成合规整改,预防同类犯罪行为发生这一目标。企业可以自行开展自查工作,也可以聘请外部专业人员协助其自查。

最高人民检察院、多部委 2021 年 6 月 3 日联合发布的《关于建立涉案企业合规第三方监督评估机制的指导意见(试行)》(以下简称《指导意见》),明确提出涉案企业提交的合规计划应"主要围绕与企业涉嫌犯罪有密切联系的企业内部治理结构、规章制度、人员管理等方面存在的问题"展开,"弥补企业制度建设和监督管理漏洞,防止再次发生相同或者类似的违法犯罪"。《指导意见》的上述规定,实际上也提出了对企业开展合规自查的要求:只有通过充分的合规自查,企业才能分析管控漏洞,明确整改方向。同时,充分的合规自查也体现了企业合规整改的意愿和基础。因此,应当将合规自查作为检察院决定是否对企业适用考察机制的考量因素之一,让合规自查成为涉案企业的"必选动作"。

涉案企业合规考察实务案例分享之三：建立有中国特色的独立监管人制度*

吴　巍**

自2020年3月至今，最高人民检察院已启动两期企业合规改革试点工作，探索合规不起诉制度。改革试点范围由最初的6家基层检察院，扩大到165家。参与试点工作的检察院各显其能，呈现出百花齐放、百家争鸣的局面。但与此同时，随着改革的不断深入，也有越来越多的问题需要解决。虽然司法界、学界、实务界已纷纷从不同角度，对如何解决各种问题建言献策，但在现有法律框架下施行的改革，还是会引发很多不可避免的争议。例如，是否在合规考察机制内引入独立监管人制度，便是其中之一。

一、独立监管人制度的渊源及实践

其实，独立监管人制度与"合规"一样，也是一种舶来品。目前，该制度在国外已经较为成熟，美国、英国、法国、瑞士、澳大利亚等许多国家及多边开发银行等国际组织均已建立相应的独立监管人制度，域外的先进经验，值得参考借鉴。因为合规工作本身具备很强的专业性，涉及企业内部管理的多个方面，需要投入大量的时间和资源进行调研与评估。在我国的合规不起诉制度中引入独立监管人，可以协助检察机关分析涉罪企业已经发生的违规行为，并结合企业的运营特点和外规要求，提出改进建议，构思如何预防类似的违规行为在该企业再次出现。

参与第一批试点工作的深圳市宝安区人民检察院曾推动当地司法局出台《关于企业刑事合规独立监控人选任及管理规定(试行)》，建立独立监控人名录库，深圳市南山区人民检察院也曾出台《刑事合规独立监管人工作办法(试

---

* 本文原载《民主与法制》周刊2021年第29期。

** 吴巍，金杜律师事务所合伙人。

行)》,建立独立监管人专家库,均将独立监管人制度纳入探索范围,并取得一定成绩。2021 年 6 月,最高人民检察院联合司法部、财政部、生态环境部等 8 家单位出台的《关于建立涉案企业合规第三方监督评估机制的指导意见(试行)》(以下简称《指导意见》)也在一定程度上参考借鉴了域外独立监管人模式。

根据《指导意见》,检察院未来将探索建立“检察主导、各方参与、客观中立、强化监督”的第三方监督评估机制。如检察院认为涉企犯罪案件符合第三方机制适用条件,可以商请本地区第三方机制管委会启动第三方机制。对于决定启动考察的案件,由第三方机制管委会选任第三方组织,开展调查、评估、监督和考察。但是,《指导意见》对于第三方组织应该如何开展具体工作,以及第三方组织的工作标准和流程尚未给出明确指引。

二、独立监管人的职责定位

因《指导意见》中第三方监督评估机制与第一批参与试点的深圳南山、宝安等检察机关探索试用的独立监管人模式类似,结合此前担任宝安区、南山区独立监管人的经验,我们对独立监管人的工作范围、工作流程和标准等问题,有以下思考,可以为后续完善《指导意见》中提出的第三方组织的工作标准和流程提供参考。

第一,从角色定位角度讲,独立监管人应该对涉案企业的合规整改承担“督导”作用,也即监督和指导作用。独立监管人应凭借丰富的合规工作经验,识别涉案企业存在的合规管控漏洞,为企业的合规整改指明方向,并监督其按要求实施整改,验收整改成果。具体来讲,在我们办理的一起涉嫌非法经营的案件中,共有四方主体参与其中,即检察院、涉案企业、独立监管人、企业顾问律师。在办理案件的过程中,独立监管人仅对合规整改提出有针对性的专业意见,但不会直接帮助企业开展具体的合规整改工作。此类工作将由企业的顾问律师完成,例如起草合规制度文件、开展合规培训等。

第二,从合规整改的范围角度讲,独立监管人应有针对性地确定企业的合规整改范围,而非要求企业开展全面的合规建设。在当前的改革探索阶段,试点检察院给予涉案企业的合规考察期通常为 6 个月至 1 年。客观来讲,在如此短的时间,企业无法完成有效的全面合规建设。因此,独立监管人应以防范同类犯罪行为发生为目标,结合案件情况,深刻剖析发生涉案行为的具体原因,识别涉案企业现有内控制度下的漏洞及薄弱环节,合理确定合规整改范围。

对此,《指导意见》也明确提出涉案企业提交的合规计划应“主要围绕与企业涉嫌犯罪有密切联系的企业内部治理结构、规章制度、人员管理等方面存在的问题”展开,“弥补企业制度建设和监督管理漏洞,防止再次发生相同或者类似的违法犯罪”。

在前述涉嫌非法经营的案件中,涉案企业因未获得人民银行审批,非法从事资金支付结算业务,使用对公账户收取涉案款项,扣除提成后将剩余涉案款项从对公账户转至指定个人账户。经深入了解,上千万元的涉案款项之所以能轻而易举地通过股东借款、虚假报销等方式转移到法定代表人账户,与公司法定代表人凭借大股东身份,在公司内部独断专行,致使公司内部治理结构失灵,公司资产与大股东个人资产混同有密切关系。

有鉴于此,独立监管人在后续的合规整改过程中,应借鉴公司法中大小股东制衡的理论,特别要求该企业修改《章程》,建立切实可行的监事制度,明确赋予担任监事的小股东对于公司财务账簿的检查权,使其可以充分行使监督权,有条件发现并制止违规转移公司资金的行为。同时督导企业有针对性地调整《费用支出管理制度》《财务管理办法》《员工手册》等相关内容,力求相关制度能够符合公司的发展现状,并落地执行。

第三,从办理案件的工作流程角度讲,此类案件可以分为合规整改准备、合规整改实施以及合规整改验收三个阶段,独立监管人在不同阶段的工作重心不同。

在合规整改准备阶段,独立监管人的工作重点是督导企业完成《自查报告》《合规整改计划》并确定《合规考察标准》。《自查报告》的重点是要求涉案企业对标相关法律法规要求,深刻剖析发生涉案行为的具体原因,全面梳理与涉案行为相关的内部经营管理制度,识别现有内控制度下的漏洞及薄弱环节,并在此基础上制定有针对性的《合规整改计划》。

独立监管人在该阶段的工作重点是开展阅卷和访谈工作,依据阅卷、访谈了解的情况,参照涉案企业通过全面自查所确定的合规整改目标,制定符合案件情况、涉案企业自身特点的《合规考察标准》,并提交检察院审定。审定后的《合规考察标准》将作为监督考察该企业合规整改情况的依据。

在合规整改实施阶段,独立监管人的工作重点是督导企业根据《合规整改计划》开展具体整改工作。在此期间,独立监管人将每月向涉案企业了解《合规整改计划》落实情况,视涉案企业整改情况开展实地走访、抽检、不定期员工访谈等工作,出具相应的《合规整改督导意见》,并向检察院报告。

在合规整改验收阶段,独立监管人的工作重点是判定涉案企业是否完成合规整改,并出具《企业刑事合规监督考察报告》,参加检察院安排的听证程序。在此期间,独立监管人将通过实地走访、收集内部制度、对员工抽查访谈等方式,结合检察院审定后的《合规考察标准》,从涉案企业是否已停止案涉违法业务、防范案涉违法行为再次发生的内部制度的完备程度、人员合规意识等多方面对该企业的刑事合规承诺履行情况进行考察。

总的来讲,在办理案件的过程中,独立监管人将开展阅卷,并安排 2 至 3 次现场访谈,督导企业完成《自查报告》及《合规整改计划》,制定独立监管人《合规考察工作计划》,与检察院商定《合规考察工作标准》,出具《合规整改督导意见》,完成《企业刑事合规监督考察报告》,参与检察院组织的听证程序等工作。同时,独立监管人还会通过当面汇报、电话沟通,发送《工作简报》等多种方式,向检察机关及时汇报工作。只有这样才能保证办案效果,确保“严管”“厚爱”落到实处。

由此可以看出,独立监管人办理合规不起诉案件需要投入大量的时间、精力,并非所有案件均适合引入独立监管人角色。而且,在美国等适用犯罪企业不起诉、延迟起诉机制的国家,也不是所有关于涉罪企业的合规监管工作都必须由独立监管人来承担。只有当引入独立监管人带来的潜在效益大于潜在成本时,司法机关才会要求企业聘请独立监管人。否则,整改工作可以由企业自行按照和解协议实施,并向检察院及行政监管机关报告。

例如,某飞机制造企业曾因其在美国联邦航空管理局针对某机型进行安全调查和评估时实施了串谋欺骗,间接导致航班空难,而被美国司法部调查。最终,该飞机制造企业以同意支付超过 25 亿美金的代价,与司法部达成和解,并进行后续合规整改。但在这个案件中,美国司法部在考虑一系列因素后,并没有要求该飞机制造企业在合规整改中引入独立监管人。

根据美国本茨科夫斯基(Benczkowski)备忘录的规定,在评估“潜在效益”时,需主要考虑以下因素:(1)违规行为是否涉及对公司账簿和记录的操纵,或利用不健全的合规或内部管控体系;(2)违规行为是否在整个公司内普遍存在,或是否得到高级管理层的批准或协助;(3)公司在合规和内部管控体系方面是否有重要投入或改进;(4)公司是否对合规和内部管控体系进行验证,以证明其能够防止或监测类似违规行为。而在评估“潜在成本”时,不仅应考虑公司需支出的金钱成本,还应考虑独立监管人的工作范围是否适当,以避免给公司经营造成不必要的负担。由此可以看出,是否引入“独立监管人”,需要权衡利弊。

三、积极发挥行政监管机关在合规考察中的关键支持作用

第一批试点的检察院在设计企业合规考察程序时,曾探索出独立监管人模式、行政监管机关考察模式和混合模式。我们注意到,本次《指导意见》规定的第三方机制管委会虽有多家行政部门参与,但这些行政监管机关在合规考察机制中的角色定位以及可以发挥的作用还不是特别清晰。对此,结合办理试点案件的经验及我国实际情况,我们建议在坚持检察机关主导地位,引入独立监管人机制的情况下,进一步积极发挥行政监管机关在合规考察中的关键支持作用。

因为企业不同的违规情形往往对应着不同的外部监管规定,相比检察机关,行政监管机关对专项领域的监管规定、违规行为的表现形式及相应的整改要求有着更为深入的理解,由行政监管机关参与到对涉罪企业的合规考察、合规评估及验收等环节,有利于发挥各行政监管机关在专项领域的专业优势,确保企业的合规整改符合外部法律法规的要求,同时也可以减轻检察机关的工作压力与负担,并为独立监管人提供指导和支持。

我们有理由相信,随着试点范围的不断扩大,各界人士的不懈探索,我们必将建立起有中国特色的独立监管人制度,为合规不起诉机制的推广适用助力。

涉案企业合规考察实务案例分享之四：检察职能的发挥与思考

吴巍律师团队*

一、引言

为服务“六稳”“六保”，促进市场主体健康发展，营造良好法治化营商环境，进一步充分发挥检察职能，助推国家治理体系和治理能力现代化，最高人民检察院自2020年3月起，已先后启动两批企业合规改革试点。目前，试点范围已从最开始的6家基层检察院扩大到北京、江苏、浙江等地的165家基层检察院。

随着试点范围的逐步扩大，参与办理涉案企业合规考察案件的检察机关也在逐渐增多。但如何办理涉案企业合规考察案件，目前尚无统一办案标准及流程。对于如何促进“严管”制度化，防范“厚爱”被滥用，各试点检察机关仍在积极探索中。

深圳市南山区人民检察院作为企业合规改革的第一批试点单位，已办理多件涉案企业合规考察案件，积累了较为丰富的实务经验。现结合已办理的涉嫌一宗非法经营罪的试点案件，总结涉案企业合规考察案件的一般办案流程，提出几点思考和建议。

二、案情简介

A公司是一家主营软件技术开发、技术咨询等技术服务的综合性高科技公司。2019年，因该公司法定代表人法律意识淡薄，公司治理结构混乱，内部管理存在重大漏洞，导致公司在没有取得相关资质的情况下，非法从事资金支付结算业务，违规使用单位银行结算账户为他人提供向个人账户转账的服务，并从中盈利，涉嫌构成非法经营罪。

* 吴巍，金杜律师事务所合伙人。

三、办理涉案企业合规考察案件的一般流程

（一）审查阶段，深入调研、综合评判是否启动涉案企业合规监督考察程序

对涉案企业开展合规考察的目的之一，是在减少和预防企业犯罪行为的同时，促进企业合规守法经营，实现司法办案政治效果、法律效果、社会效果的有机统一。

为更好地实现上述目的，更好地判断涉案企业是否具备开展合规整改的意愿及基础条件，保障合规整改的有效落地，承办检察官不仅会了解案件的基本事实、违法行为的严重程度及社会危害性，还会调研了解企业的经营发展情况，包括主营业务、经营规模、纳税及容纳就业情况，以及未来的发展规划等信息。

在本案中，承办检察官除全面审查案卷材料、依法讯问案件当事人、细致研究案情以外，还曾多次深入企业，走访员工，开展调研。其间，南山区人民检察院领导也多次听取案件汇报，组织召开检察官联席会议会商案件。

经调查，A 公司已通过国家高新企业认证、深圳高新企业认证、企业双软认证、ISO9001 质量管理体系认证和 ISO27001 信息安全体系认证，属于国家高新技术企业，并拥有软件著作权 23 项，注册商标 2 项。该公司除在一段时间内非法从事资金结算业务外，存在其他正常合法经营的业务。而且，案发时，A 公司正参与某某大数据产业发展有限公司贵州信创数据安全防护项目等高科技政府项目。总体而言，公司正处于快速发展阶段，具有良好的发展前景。

因此，在 A 公司认罪认罚，同意适用涉案企业合规监督考察程序后，承办检察官经综合考察，认为对 A 公司适用合规监督考察程序有利于该企业的持续经营和发展，有利于创造良好的社会和经济效益，拟对其适用涉案企业合规监督考察程序。

该承办意见经部务会讨论通过，并经省、市两级检察院审批同意。2020 年 12 月 14 日，承办检察官拟根据《南山区人民检察院企业犯罪相对不起诉适用机制试行办法》，对该案启动企业合规监督考察程序，考察期为 6 个月。

（二）启动阶段，做好开展合规监督考察工作的各项准备

决定对涉案企业启动合规监督考察程序后，承办检察官要求涉案企业及时提交《合规承诺书》，告知涉案企业其在合规监督考察程序中的权利义务；同时考量案件是否需要聘请独立监管人，完成涉案企业合规考察程序开展过程

中的各项工作。

在本案中,A公司法定代表人在承办检察官决定对其适用企业合规监督考察程序后3日内,便前往南山区人民检察院签署《合规承诺书》,承诺积极自查整改。同时,承办检察官向其送达了《刑事合规监督考察告知书》,向A公司法定代表人释明并强调了刑事合规监督考察期限内应当遵守的义务,说明合规考察期结束后可能获得的处理结果,正式宣告企业合规监督考察程序的启动。

考虑到涉案企业合规监督考察程序在我国尚处试点阶段,检察机关办理此类案件的经验及对企业合规建设的了解均十分有限,承办检察官决定引入第三方独立监管人。

基于案件专业性、办理时限、成本与收益等方面的综合考量与权衡,承办检察官综合考察了南山区"第三方监管人专家库"中各单位的专业性、合规实务经验的丰富性,以及案件办理效率等多方面因素,经南山区人民检察院检察长办公会讨论审议,决定委托北京市金杜(深圳)律师事务所作为该案的第三方独立监管人。

第三方独立监管人确定后,承办检察官除要求独立监管人确认办理本案不存在利益冲突,并作出保密承诺外,还要求独立监管人组建专门工作团队。随后,承办检察官通过介绍案件情况,准予阅卷等方式,帮助独立监管人尽快了解案件事实及涉案企业经营发展的基本情况,以便独立监管人可以督导企业制定切实可行的《合规计划》。与此同时,承办检察官还要求独立监管人在了解案件事实及企业经营发展情况后,提交《监督考察工作计划》及《合规考察标准》,为后续合规监督考察工作的开展奠定坚实基础。

在此过程中,承办检察官、第三方监管人、A公司法定代表人及公司顾问律师建立了特定的工作机制,通过当面汇报、电话沟通,发送《工作简报》等多种方式,随时沟通合规监督考察工作的进度情况,及时解决合规监督考察工作中出现的问题。

(三)整改阶段,检察机关应主导合规监督考察的方向和进度

在合规整改实施阶段,承办检察官的办案重点是总体把控涉案企业合规整改的方向和进度,通过听取第三方独立监管人汇报,实地走访涉案企业等多种方式,确保涉案企业合规整改工作的质效。

在本案中,承办检察官不仅及时审阅独立监管人提交的工作简报、访谈记录,A 公司拟定的制度文件、培训记录及培训心得等文件,还坚持定期听取独立监管人和 A 公司的当面汇报,询问了解 A 公司日常经营状况,沟通交流 A 公司在合规整改过程中遇到的困惑及难题,并对合规整改工作提出建议、要求和期望。

此外,为更好地发挥检察机关的监督职能,除上述工作外,承办检察官还曾实地走访 A 公司考察合规整改情况,并为 A 公司开展《民营企业刑事法律风险防范》合规培训,结合具体案例和工作经验,为涉案企业提供预防同类犯罪的建议与对策,推动企业合规整改的高质量、高标准完成。

在承办检察官及独立监管人的督导下,涉案企业开展了一系列整改工作。涉案企业通过修改公司章程,切实发挥监事的监管职责;任命监事担任合规专员,并成立合规整顿小组;制定多项内部财务制度,严格按照审批权限落实执行,防止涉案违规行为再次发生;修订公司的员工手册,新增合规专员职责、合规监管有关规定;建立常态化的员工合规培训,提升员工的合法合规经营意识;所有高层管理人员均出具了书面的合规承诺书。

通过开展合规整改,涉案企业全体员工合规意识显著提高,制度文件和业务经营更加规范,公司上下营造出合法合规的良好氛围,基本达到对该公司及有关人员适用合规考察程序的目的。

(四)验收阶段,综合评估涉案企业合规计划的落实及效果

合规考察期满后,承办检察院及时审核第三方独立监管人提交的《企业刑事合规监督考察报告》,对涉案企业合规整改工作进行验收和评价,以决定是否对涉案企业及相关责任人作出不起诉处理。

在本案中,承办检察官审查了 A 公司合规整改流程中形成的所有文件材料,结合实地考察的情况,对 A 公司开展合规整改工作的态度、合规制度建设和落地执行的情况、员工合规意识和法律素养的提升情况、合规文化宣贯的效果等多方面情况进行了全面评估,并提出了不起诉处理的承办意见。该承办意见经检察委员会成员讨论、审议,并最终决定。

经历了此次合规整改后,A 公司濒临停滞的重点项目得以继续进行,资金流问题得到有效解决,员工就业得到合理保障,公司全体成员深刻认识到了企业合规的重要性。考察期结束后,A 公司表示,日后仍将持续重视企业合规管

控的开展。目前A公司在现有业务的基础上，亦在逐步发展新的项目，前景可观，且在谋求发展的同时，将合法合规经营的理念和准则置于前所未有的高度。

四、办理涉案企业合规考察案件的反思与建议

（一）在侦查阶段审查涉案企业是否适用合规监督考察程序，有利于降低刑事违法行为对涉案企业造成的不利影响

从试点情况来看，涉案企业多为民营企业。民营企业抗风险能力较弱，如果涉嫌犯罪，主管人员处于羁押状态，企业的生产经营很容易陷入混乱。因此，对涉案企业来讲，越早解除对主管人员的羁押状态，越有利于涉案企业恢复正常的生产经营秩序。

如果参与试点工作的检察机关在审查起诉阶段考量是否适用涉案企业合规考察程序，并在启动涉案企业合规考察程序的同时启动羁押必要性审查，决定是否变更强制措施，意味着涉案企业主管人员在侦查阶段便已处于羁押状态，不利于维持企业正常的生产经营秩序。

因此，如果能在侦查阶段启动涉案企业合规考察程序，避免对可以适用涉案企业合规考察程序的企业主管人员采取羁押措施，将会非常有利于降低刑事违法行为对企业生产经营秩序带来的冲击。

（二）是否引入独立监管人，需要根据案件实际情况，综合衡量收益与成本后决定

企业合规工作本身具备很强的专业性，涉及企业内部治理、人员管理、业务运营等多个方面，且涉案行为可能涉及环保、税务、金融、证券、信息科学技术等多个专业领域。承办检察官可能并不熟悉各类涉案行为的合规整改工作。

在涉案企业合规监督考察程序中引入独立监管人制度，可以有效借助专业人士的力量，协助检察机关分析涉罪企业发生违规行为的原因，并结合企业的运营特点和外规要求，提出改进建议，构思如何预防类似的违规行为在该企业再次出现，这有利于保障企业合规整改工作的高质量完成。引入独立监管人制度，是南山区人民检察院参与改革的一次重大探索。

但是，在办理试点案件的过程中，我们也注意到，独立监管人办理合规监督考察案件需要投入大量的时间、精力，可能并非所有案件均适合引入独立监

管人角色。因此,对于是否引入“独立监管人”,建议承办检察官综合考量、权衡利弊。

(三)建议将企业是否开展了充分的合规自查,作为决定是否对企业适用合规考察的重要因素

现阶段,检察机关在决定是否对企业适用合规考察时,一般要求企业认罪认罚,但一般不会将企业是否开展了充分的合规自查作为考虑的因素。由此导致的一个后果是,企业主动启动合规自查的情况较少,启动的时间也比较滞后。很多企业一般在案件进入检察机关审查起诉阶段后才启动合规自查工作,开展合规自查的时间非常短暂。从目前试点情况看,检察机关一般只给涉案企业6个月至8个月的考察期限。在这种情况下,即便企业在案件进入审查起诉阶段后立即启动合规自查,充分利用检察机关审查起诉的时间及考察期间,那么在扣除企业开展制度建设所需要的时间后,企业用于自查的时间也非常有限,很难保证自查的全面、深刻。

据此,我们认为,检察机关可以考虑将企业是否开展了充分的合规自查,与是否认罪认罚等因素一起,作为决定是否对企业适用合规监督考察程序的考虑因素。如此一来,涉案企业在被刑事立案侦查后,就应及时、主动开展合规自查,披露自查结果,剖析违法行为发生的原因,提供相关的证据材料。检察机关在决定是否启动合规监督考察程序时,除了审查企业经营状况、企业社会价值以及认罪认罚的情况之外,还应审查企业开展自查的情况,并自行或委托考察主体对企业的自查结果进行抽查。只有对于认真开展自查,且经检察机关审查认为符合要求的企业,才准许适用合规监督考察程序。这样,检察机关就可以激励企业充分利用立案侦查至审查起诉的这段较长的时间开展合规自查,缓解企业在进入考察期后才启动合规自查带来的期限太短的问题,提升企业合规自查的质量。

综上所述,开展涉案企业合规改革工作,对完成合规整改的涉案企业作出不起诉决定,符合疫情之下坚持“六稳”“六保”的社会、经济形势。检察机关在涉案企业合规改革工作中,应当充分发挥主导角色,积极督促涉案企业作出合规承诺并积极整改落实,兼顾“严管”“厚爱”,实现司法办案政治效果、法律效果、社会效果的有机统一。

跨境电商走私犯罪法律分析及其合规不起诉的实现进路

冯晓鹏[*]　马　聪[**]

近年来,我国跨境电商市场交易规模迅速上升,特别是自2019年《电子商务法》的出台与跨境电商零售进口新政正式实施以来,跨境电商领域健康有序、蓬勃发展,成为我国经济新增长点。但不可忽视的是,作为新业态的跨境电商的经营模式仍在推陈出新、不断创新中,行业迅猛发展的同时也滋生了许多以伪报贸易方式、低报价格方式为主的走私犯罪。在此形势下,如何对跨境电商走私犯罪做到一分为二地看待,对社会危害性大、主观恶性深、影响恶劣的走私犯罪严厉打击,对社会危害性小、积极合规整改的企业予以引导和扶持,贯彻落实最高人民检察院平等保护民营企业,少捕慎诉的精神,是我们需要思考和解决的问题。检察机关目前试行的"合规不起诉"制度为解决此问题提供了思路。

一、跨境电商走私的特征、正面规定和类型分析

跨境电商因其电子化、个性化、碎片化、高频次和低货值等特征,革新了传统的进出口商业模式。但其中的走私问题并未超出刑法有关走私犯罪的基本构成要件,其本质仍为"逃避海关监管、偷逃应纳税款、逃避国家有关进出境的禁止性或限制性管理",只不过在走私方式上融入了电子商务的元素。因此,在对跨境电商走私犯罪理论与实务问题进行讨论时,应在传统走私犯罪的理论框架下进行解构,同时注意因逃避跨境电商特殊政策,尤其是跨境电商零售进口政策而构成走私行为的特殊性。

* 冯晓鹏,金杜律师事务所律师。
** 马聪,金杜律师事务所律师。

（一）跨境电商走私的特征

跨境电商走私主要是利用国家税收优惠政策，采取伪报贸易方式、瞒报数量、低报价格等方式进行走私。其特征可以概括为：第一，科技化。跨境电商通过互联网进行整套交易环节，因此具备更高的科学技术应用能力，将智能化、集成化、网络化的商业特征融入走私方式中，以降低被查获的概率。第二，以通关走私为主。跨境电商走私主要是利用税收优惠政策，采取伪报、低报的方式偷逃应纳税款，后续走私、间接走私和水上走私较为罕见。第三，以走私普通货物为主。大多数跨境电商走私的对象是普通货物，常见的有奶粉、药品等，走私违禁品的情况较少。第四，走私方式多样化。随着跨境电商的不断发展，商业模式的不断创新，也出现了许多新的走私方式，常见的有"刷单"走私、低报价格、伪报品名、退货漏税等。

（二）关于跨境电商走私的监管规定

走私犯罪是典型的行政犯，认定某种行为构成走私犯罪必然意味着该行为首先违反了海关在该领域的行政监管规定。因此厘清有关跨境电商的监管要求，尤其是相关规定中对走私行为的判定标准尤为重要。

根据《电子商务法》第26条的规定，电子商务经营者从事跨境电子商务，应当遵守进出口监督管理的法律、行政法规和国家有关规定。在跨境电商零售进口领域，目前尚未有法律、行政法规、部门规章等高位阶的法律法规，最重要的几份监管规定即财政部、海关总署、国家税务总局联合发布的《关于跨境电子商务零售进口税收政策的通知》（财关税〔2016〕18号，下称"2016年4·8新政"）、《关于跨境电子商务零售进出口商品有关监管事宜的公告》（海关总署公告2018年第194号，以下简称《194号公告》）和《关于完善跨境电子商务零售进口监管有关工作的通知》（商财发〔2018〕486号，以下简称《486号通知》）。

其中涉及走私行为的最新监管规定如下，《486号通知》第4条规定："海关对违反本通知规定参与制造或传输虚假'三单'信息、为二次销售提供便利、未尽责审核订购人身份信息真实性等，导致出现个人身份信息或年度购买额度被盗用、进行二次销售及其他违反海关监管规定情况的企业依法进行处罚。对涉嫌走私或违规的，由海关依法处理；构成犯罪的，依法追究刑事责任。"《194号公告》第8条规定："海关对违反本公告，参与制造或传输虚假交易、支付、物流‘三单’信息、为二次销售提供便利、未尽责审核消费者(订购人)身份信息真实性等,导致出现个人身份信息或年度购买额度被盗用、进行二次销售及其他违反海关监管规定情况的企业依法进行处罚。对涉嫌走私或违规的,由海关依法处理;构成犯罪的,依法追究刑事责任。”综合两份规定可以看出,目前跨境电商伪报贸易方式的犯罪行为主要包括:第一,参与制造或传输虚假“三单”信息;第二,盗用个人身份信息或年度购买额度,或者负有审核义务的主体未尽责任导致该情况出现;第三,进行二次销售或为二次销售提供便利。

(三)跨境电商走私主要有以下几种常见手段:

1. 伪报贸易方式走私

“刷单”是最常见的伪报贸易走私方式,具体手段为:走私的个人、单位搭建虚假跨境电商平台,利用互联网技术购买或获取网络用户的身份信息,以此为基础制作虚假订单;利用快递行业监管漏洞和支付机构监管漏洞,制作虚假快递单和伪造支付单。这样,伪造的信息在电子商务通关服务平台上就构成了“三单一致”,走私个人或单位则以伪造的信息享受了税收优惠和便利化通关。刷单走私的流程示意图如图 1 所示:

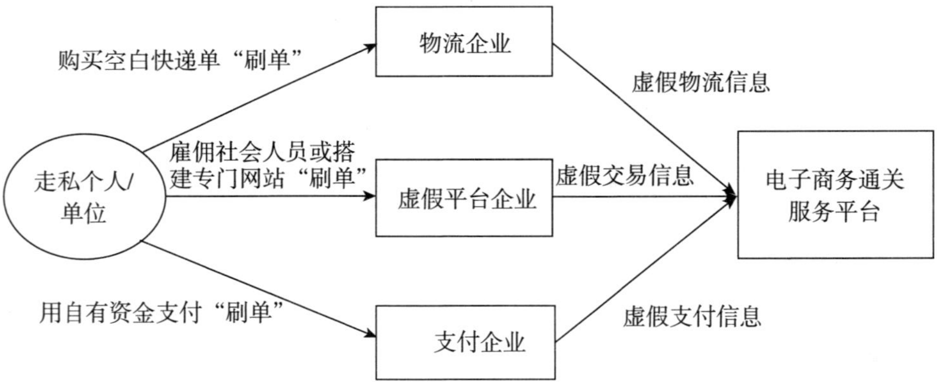

图 1　刷单走私流程示意

2. 低报价格

跨境电商低报价格是基于跨境电商平台上生成的真实有效的订单来进行价格造假,其具体走私方式为:走私单位根据其他电商平台真实订单中的个人买家身份信息、收件地址、货品名称、数量,在虚假平台上生成虚拟“订单”,其价格为自行制定的低报价格。再由支付企业依照低报价格的假订单进行收付款,由此形成了虚假支付信息。低报价格走私的流程如图2所示：

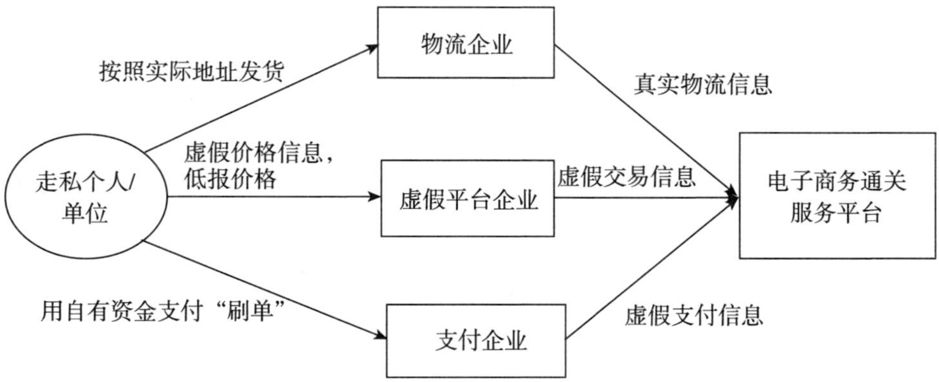

图2　低报价格走私流程

3.包税进口

包税进口是指跨境电商企业或跨境电商平台与物流公司签订类似“包通关”协议,但往往“包通关”的费用明显低于物流公司正常“报关+运输”的成本。换言之,物流公司如需盈利,必然会采取违法手段清关。甚至在有些协议中,双方会有关于海关发现违法清关、查扣商品的对赌约定。在这种情况下,如果跨境电商平台或企业仍然与该物流公司合作,很可能被推断为对走私行为具有间接故意,进而被认定为走私共犯。

4.“推单”走私

所谓“推单”,就是其他商主体将消费者的下单“转推”给跨境电商平台,由跨境电商平台向海关代推订单。推单的核心运营方式为:跨境电商经营者与境外商家,或境内淘宝、微商等店铺,或其他未在海关备案的电商平台合作,将消费者的真实订单导入与海关联网的跨境电商平台,根据导入的真实订单匹配支付单和物流单,并将“三单”信息推送给海关,最终以跨境电商零售进口模式将境外商品申报入境并直接寄送至下单的消费者。推单走私的流程如图3所示：

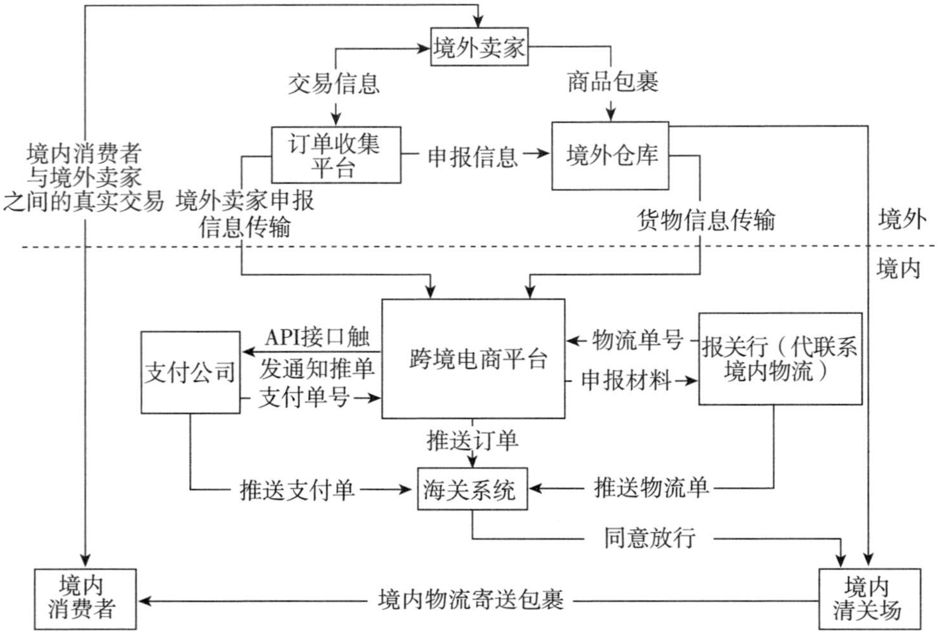

图3　推单走私流程

5. 其他走私方式

跨境电商还可能被认定构成走私的情形包括：第一，伪报品名。只有《跨境电子商务零售进口商品清单》上的商品能享受跨境电商零售进口的税收优惠，但部分商家将清单外商品伪报为清单内商品，从而冒用跨境电商零售进口的税收优惠政策。第二，退货漏税。根据海关总署《关于跨境电子商务零售进出口商品有关监管事宜的公告（2018）》，如发生退货，退回的商品应当符合二次销售要求，并在海关放行之日起30日内以原状运抵原监管作业场所。实践中，有些消费者因为其他原因超出30天才退货，或者电商企业选择将消费者退货的商品存储在国内仓库而非退回原保税区仓库，这种情况下跨境电商企业如未按时向海关办理纳税手续，也可能被认定为走私。

二、对跨境电商走私应区别对待，宽严相济

（一）对跨境电商走私应“严管”

2018年以来，随着《电子商务法》的颁布和一系列跨境电商监管政策的趋严，以及中美贸易争端的影响，越来越多的跨境电商企业和平台为了压缩成本，利用跨境电商政策红利进行非法走私。这不仅造成了国家税收的损失，扰

乱了海关监管秩序，也不利于跨境电商行业的健康可持续发展。因此，对于跨境电商走私犯罪应进行严厉打击，通过对走私企业的严惩形成有力震慑。

对于走私违禁品案件应严厉打击。根据走私是否涉税，可以把走私犯罪分为涉税走私和违禁品走私。走私违禁品犯罪的社会危害性不仅在于逃避海关监管和偷逃税款，更在于违禁品会对国家经济、社会、国防、环境等方面造成巨大危害。因此，对于违禁品走私，应予以严厉打击，以维护国家政治文化安全和社会稳定，保护生态环境和人民群众身心健康。

对于定性无争议的走私方式应严肃处理。随着跨境电商的不断发展和探索，跨境电商走私方式也呈现多样化的特点。对有些理论界和实务界已达成共识的走私方式，定性问题无可争议，例如“刷单”走私、低报价格走私、利用线上“水客”走私等。通过此类方式走私的涉案企业往往通过制造虚假信息、盗取他人信息等非法手段逃避海关监管，行为主体主观恶性深，危害程度大，因此也应予以严肃处理。

（二）对跨境电商不合规行为需落实宽严相济的刑事政策

1. 对跨境电商不合规行为的情节认定和量刑幅度应遵循宽严相济的刑事政策

《刑法》第153条为走私普通货物、物品罪设立了三个量刑档次，分别为三年以下有期徒刑档，三年至十年有期徒刑档和十年以上有期徒刑至无期徒刑档。相对应的量刑数量分别是，“偷逃应缴税额较大或者一年内曾因走私被给予二次行政处罚后又走私的”，“偷逃应缴税额巨大或者有其他严重情节的”，“偷逃应缴税额特别巨大或者有其他特别严重情节的”。如此大幅度、有梯度的刑罚设置能有效地与宽严相济刑事政策相结合，根据不同的犯罪情节予以区别对待，做到该宽则宽，当严则严。

具体来说，一是要因案而异，对于情节严重的走私犯罪，如专业性的走私团伙、有预谋有组织的走私犯罪集团，以及其他偷逃税额巨大、犯罪情节恶劣的走私案件，应当适用从严的刑事政策，依法严厉打击；对于一些情节轻微，偷逃税额不大，且积极退赃或者愿意补缴税款、接受处罚的，依法适用从宽的刑事政策。二是因人而异，对于主观恶性较深的犯罪分子，如惯犯、累犯等，应依法从重处罚；对主观恶性不大，人身危害性小，在事发后认罪悔罪的，依法予以从宽处理。

2. 对跨境电商不合规行为从宽处置具有合理性

从监管层面看，目前对跨境电商零售行业的主要监管依据仅为商务部、海关总署等部委发布的规范性文件，政策导向强、立法层级低，显然是希望在从业者探索创新的基础上逐步总结经验教训和监管要点，再以完善的高位阶立法进行调控。从实践中看，有很多商业模式是否构成走私还存在争议。因此，对于跨境电商企业在先试先行，尝试创新中的无心之过，不应一律施以刑罚处罚，而应区分情形，宽严相济，为其提供改过自新机会。

根据传统刑法理论对自然犯和法定犯的划分，走私犯罪属于典型的法定犯，法定犯并非当然具有反社会性与反道义性，其是由于违反了行政法规或特定政策的规定才构成犯罪，因此又被称为“行政犯”。走私犯罪是以违反海关相关行政法规为前置条件，情节严重到应当受到刑法处罚的行为。既然走私犯罪是以行政法上的评价为前提，如涉罪企业能及时纠正其违法违规行为，修补法益，并承诺合规经营，就不应当将行政违法行为上升到刑事犯罪层面追究其刑事责任。

正如前文所述，跨境电商进口方式多样，在对其进行罪与罚的判断时，不能简单地以“三单”是否匹配作为依据。根据理论界和实务界的共识，走私犯罪的成立必须以存在税款损失为前提，而判断税款损失的依据是通关环节直接纳税义务人是否享有税收优惠资格。对于主观上要合规经营，且符合消费者个人交易限额，没有出现偷逃税后果的企业，即使在报关中使用了虚假的身份、支付或物流信息，也应认定为违规。例如，对于“推单”模式，尽管在形式上违反了海关的监管规定，但如果收件人确为实际消费者，且不存在低报价格的情况，就不会造成税款流失，对其行为的惩处不应上升至刑事处罚层面。另外，对于确属走私犯罪的案件，如果涉案企业符合合规不起诉条件且愿意进行合规整改，应适用合规不起诉制度予以从宽处理。

三、跨境电商走私犯罪合规不起诉的实现进路

跨境电商作为一种尚未定型的新兴业态，行政监管政策、立法尚且在完善之中，对跨境电商行业发展过程中出现的种种问题，不宜轻易对企业动用刑事手段，尤其要注意避免出现对新兴行业的“秋后算账”“一刀切”等激进做法。但谦抑不等于无原则的退让，对于确已符合犯罪构成要件的行为，办案机关也不能置之不理。最高人民检察院目前试行的合规不起诉制度，恰恰能够弥合

鼓励创新与打击违法之间的缝隙，在敦促企业合规整改、回到正轨的同时，对新兴行业、创新做法提供改错机会。结合各试点检察机关在实践中的经验，我们对跨境电商走私犯罪合规不起诉的实现提出以下几点建议。

（一）合理适用合规不起诉制度

一是要积极转变思维。检察机关应积极响应最高人民检察院平等保护民营企业，少捕慎诉的精神，扭转"重打击轻保护"的办案思维模式，在打击与惩罚犯罪的同时注重预防企业违法犯罪，指引企业合规经营，服务保障经济社会高质量发展。对符合合规不起诉条件的企业，应用尽用。

二是合规不起诉不应与法定不起诉或存疑不起诉混淆。无论是检察建议模式还是相对不诉模式，实际上都是在企业构成犯罪的条件下基于刑事政策和检察院的自由裁量空间给予的政策优惠。尽管企业暂未被提起公诉，也未接受实际刑罚，但刑事合规程序的启动仍会对企业的商誉产生影响。因此，如果企业本身并没有犯罪事实，或现有证据不足以证明企业构成犯罪，应当按照法定不起诉或存疑不起诉处理，不应适用合规不起诉。

（二）采用"相对不诉"模式

目前各试点检察院在探索"合规不起诉"制度的司法实践中，主要采取的是"检察建议"模式和"相对不诉"模式。在检察建议模式下，检察机关在对涉案企业作出不起诉决定的同时依职权提出检察建议，通过检察建议要求涉案企业健全、完善并落实相应的合规管理。在相对不诉模式下，检察机关发现涉案企业有合规管理意愿后，责令涉案企业提交合规计划，作出合规考察期决定，决定合规考验期并指派第三方合规监控人，最终由检察机关根据合规考察情况，作出起诉或不起诉决定①。

笔者认为，检察建议模式缺乏约束力，而相对不诉模式更能体现合规不起诉制度的精神和优势。从实践中看，检察建议模式一般是检察机关在作出不起诉决定后提出的检察建议书，但检察机关不会根据整改结果对涉案企业采取奖励或惩罚措施。这样的制度设计难以约束涉案企业完成合规体系的建设，使合规不起诉制度浮于表面，流于形式。② 而在相对不诉模式下，检察机关对承诺采取合规整改的企业确定考察期，根据企业建立的合规体系和整改效

① 参见陈瑞华：《刑事诉讼的合规激励模式》，载《中国法学》2020年第6期。

② 参见李勇：《企业附条件不起诉的立法建议》，载《中国刑事法杂志》2021年第2期。

果决定是否起诉,迫使涉案企业主动进行合规整改。同时,决定适用相对不起诉的检察机关,一般会对企业设置半年到两年的考察期,并责令企业定期提交进展报告,这显然更有助于企业真正建立有效的专项合规计划,降低企业未来违法犯罪的风险。因此,在跨境电商走私犯罪合规不起诉试点工作,乃至今后的立法修改中,应采用相对不诉模式,由检察机关根据跨境电商企业走私的具体情况确定考察期,并要求涉案企业定期提交整改报告,在考察期满后认为其合规整改有效的,作出不起诉决定;对考察期内违反相对不诉整改要求或有其他犯罪行为的,撤销相对不诉决定,并提起公诉。

(三)加强与海关部门的合作

跨境电商走私案件往往较为复杂,证据材料多、工作量大,侦察过程往往长达数月。因此在检察机关介入前,海关部门可能已对涉案企业及其负责人采取了冻结账户、扣留货物和拘留等强制措施,这使企业的生产、投资、经营甚至生存都面临困难,“办理一个案件,搞垮一个企业”的后果已经形成。在此情况下,即使检察机关再对涉案企业采取合规不起诉措施,也难以达到保护企业的作用。因此,检察机关应加强与海关缉私部门的沟通联系,缉私部门在对涉案企业作出立案决定后,发现案件符合适用合规不起诉制度条件的,可以及时将案件移交检察机关审查确认。

检察机关应与海关合作共同完成合规整改考察。跨境电商企业合规体系的建设往往包含了规范进出口业务流程、确保申报内容真实准确、妥善保管会计账簿和进出口单证等资料,专业性较强。检察机关应与涉案企业的主管海关共同对企业的合规整改结果进行考察,充分听取海关意见,如此才能科学且高效地督促企业建立风险管控和合规体系,并对企业的合规整改结果出具专业结论。

(四)完善合规不起诉监督制度

合规不起诉制度改革必然会使一部分本应收到刑法处罚的涉案企业免于被起诉,获得从宽处理,但这会令社会公众对适用该制度的正当性和公平性产生怀疑。因此,为打消社会公众的疑虑,同时为防止检察机关滥用自由裁量权,应加强合规不起诉的公开透明程度,完善合规不起诉监督制度。

一是加强内部监督。第一,发挥检委会决策职能。在决定对涉案企业进行合规考察前,承办检察员应将案件情况说明、企业整改及监督计划和第三方监控人情况等提交至检委会,报检委会讨论决定。第二,建立上级检察机关审查监督机制。在合规考察期满、检察机关作出不起诉决定前,承办检察员应报送上级检察机关公诉部门审查,上级部门认为决定不当的,可以责令下级部门撤销合规协议,提起公诉。

二是强化外部监督。第一,建立听证程序。检察机关应召开听证会听取各方意见,包括海关、第三方监控人、涉案企业及其律师的意见,在作出合规不起诉决定前应综合考虑各方意见。第二,设立公示制度。[③] 作出合规不起诉决定前,检察机关应将案件情况说明、企业合规整改及考察计划和第三方监控人情况等向社会公开,设置异议期,接受社会的监督,并对提出的异议进行审查。同时,在作出合规不起诉决定后,检察机关应将对涉案企业作出合规考察的全部相关材料,根据办理案件的年份和编号予以公布,持续接受社会各界的监督。

③ 参见陈瑞华:《企业合规不起诉制度研究》,载《中国刑事法杂志》2021 年第 1 期。

从第三方监管人的视角谈企业合规不起诉制度构建

韩　旸[*]　王嘉铭[**]

自2018年以来,"合规"一词就是理论界和实务界讨论的焦点。理论界关注于合规制度所能带来的法律价值和社会效益,而国有企业、民营企业、跨国企业等则更关注于企业合规建设所能产生的企业经济动能。

2020年1月,最高人民检察院检察长张军在全国检察长会议上提出:"一方面,要以更大的力度保护民营企业和企业家合法权益,依法切实做到能不捕的不捕、能不诉的不诉、能不判实刑的就提出适用缓刑建议。另一方面,也要有力推动民营企业筑牢守法合规经营底线。"这是司法机关高层首次对企业合规发出的探索之音。

2020年3月,最高人民检察院在包括深圳南山、深圳宝安、上海浦东、上海金山、江苏张家港、山东郯城在内的6家基层检察院推行了关于合规不起诉改革的试点工作,合规不起诉的制度探索正式拉开序幕。除了6个试点检察院之外,各地检察机关对于合规不起诉制度的尝试性构建也如雨后春笋般应运而生。2020年4月,深圳市龙华区人民检察院发布了《关于对涉民营经济刑事案件实行法益修复考察期的意见(试行)》;2020年9月,浙江省岱山县人民检察院发布了《岱山县人民检察院涉企案件刑事合规办理流程(试行)》;2020年10月,浙江省人民检察院主动展开了辖区内5家检察院对于企业经济犯罪刑事合规法律监督试点工作;2020年12月,辽宁省检察院发布了《关于建立涉罪企业合规考察制度的意见》……截至2021年4月,已经有19家检察院通过内部文件、制度指引或政策意见的方式,就企业合规不起诉制度的实体内容和实

---

* 韩旸,金杜律师事务所律师。

** 王嘉铭,金杜律师事务所律师。

施程序进行了规定。

2021 年 3 月 8 日，最高人民检察院检察长张军在第十三届全国人民代表大会第四次会议上作了最高人民检察院工作报告。报告提出，对民营企业负责人涉经营类犯罪，依法能不捕的不捕，能不诉的不诉，能不判实刑的提出适用缓刑建议，同时探索督促涉案企业合规管理，促进“严管”制度化，不让“厚爱”被滥用。最高人民检察院首次将企业合规制度纳入工作报告，体现了检察机关对于企业合规不起诉制度的决心。

对企业合规不起诉制度的探索，是我国在企业合规体系建设与管理的部门监管、行政监管的基础上又迈出的一大步。而合规不起诉制度，虽然与域外一些制度，诸如美国暂缓起诉制度（Deferred Prosecution Agreement，DPA）或不起诉制度（Non-Prosecution Agreement，NPA）有着异曲同工之处，但又立足于习总书记提出平等保护民营企业的中国特色司法理念。诚然，我国目前的理论研究和试点经验尚不足以覆盖合规不起诉制度的整体构建，在合规不起诉制度实践中如何对各方主体进行明确的角色定位，如何通过有条件的不起诉倒逼企业构建事前预防机制，以及程序运行中如何落实对涉罪企业既“厚爱”又“严管”的双重目标，等等，皆是需要进一步探索研究的重点，也是合规不起诉制度真正承担起国家治理和社会责任的要义。对此，我们对合规不起诉制度所涉及的问题稍作探讨，以期为合规不起诉制度的立法构建和司法运行建言献策。

一、独立监管人在刑事合规制度中的角色与价值定位

刑事合规与合规同为舶来品，在域外有着成熟的制度建设和运行规范，英国的《反贿赂法》（Bribery Act）对商业组织预防贿赂失职罪予以立法，明确将公司企业的行为，作为有独立意志的法人实体所实施的行为予以单独评价，不再将公司内部控制人或高管的个人行为与公司层面的集体行为混为一谈。美国历经三次修改的《反海外腐败法》（Foreign Corrupt Practices Act，FCPA），为公司企业等商业实体的贿赂行为以及公司内部高级职员的贿赂行为进行了实体层面的约束。对企业的罚金处罚，以及对自然人的罚金和监禁处罚，皆是美国为惩处商业贿赂行为而对公司企业内部合规体系所提出的新的要求。此外，在《美国联邦量刑指南》中，公司是否具备有效的合规计划，是检察官决定是否对涉案企业进行起诉的重要依据。合规不仅是检察官起诉的重要依据，同时也是法官量刑的重要考量因素。从程序层面看，缓起诉制度和不起诉制

度的设立，则是从程序上给予公司企业在涉罪情况下的一种“自救机制”，企业为了寻求程序上的“出罪”，往往会选择缴纳高额罚款以及承诺建立有效的合规制度作为条件。

对独立监管人角色的引入，是刑事合规制度的点睛之笔。在美国司法部于2008年公布的《在与企业签订缓起诉协议和不起诉协议中选择和任用监管人备忘录》(《莫尔福德备忘录》)和《格林德勒备忘录》[①]中，对监管人的定性是:“监管人的主要职责，是对旨在评估并减少企业违法行为再次发生的相关协议条款的合规行为进行评估及监督，而并不是以进一步的惩罚作为目标。监管人只有在那些特定案件中某些事实和情形下才得以适用。比如，当一个企业缺乏行之有效的内部合规制度，或者有建立内部合规控制体系的必要性时，才适宜由监管人进行参与。相反，在那些违法犯罪行为发生而导致某个企业停止运行时，监管人便不是必要性因素。”在《莫尔福德备忘录》中，对监管人规定了9项规则，分别是:(1)对监管人的最低要求应当包括综合案件情况选择高质量及受认可的个人或团队，避免潜在或实际的利益冲突，通过实施本规则增强公众信心;(2)监管人应当是一个独立的第三方主体，而不是企业或政府的员工或代理人;(3)监管人的主要职责应当是基于协议条款来评估和监察企业的合规情况，包括在大多数情况下评估公司的内部控制和企业道德以及合规制度等;(4)在执行职责的过程中，一名监管人通常需要理解协议所覆盖的公司失当行为的全部内容，但是监管人的职责应当以避免或降低企业不当行为的风险为必要界限;(5)政府、企业和监管方的沟通应当基于各方的共同利益，基于案件事实和情况，监管人应当向政府和企业同时作出书面的监管报告;(6)如果企业在合理的时间内作出不遵从监管人所提出建议，应由企业、监管人或双方共同向政府机关汇报情况，政府机关应当在判断企业是否实现了协议义务的基础上予以考量;(7)协议应当明确披露监管人会被要求直接向政府报告的任何未披露的或新的过错行为，监管人应当有对于向政府、企业或二者共同报告过错行为的自主决定权;(8)协议的期限应根据公司存在的问题以及监管人需要采取的补救措施类型来确定;(9)在大多数情况下，协议应规定，如果公司未能成功履行协议规定的义务，则由政府酌情延长监督条款，相

---

① 2010年，时任美国司法部代理副部长格林德勒(Gray G. Grindler)发表了新的备忘录，在莫尔福德备忘录的基础上，又提出了第十项基本原则，旨在解决独立监管人与涉罪企业之间的纠纷，称为《格林德勒备忘录》。

反,如果公司能够向政府证明情况发生变化,已完全不再需要监管人,则监管提前终止。此后,2010 年在任的格林德勒(Gary G. Grindler)部长又对《莫尔福德备忘录》增加了一款,作为对监管人规定的第 10 款,“基于具体的案件情况和事实,协议应当考虑政府部门在解决监管人和企业之间可能产生纠纷中所扮演的角色。”

美国的缓起诉协议或不起诉协议程序中,对监管人有着较为完备的制度性规定,除了上述《莫尔福德备忘录》及补充规定的《格林德勒备忘录》之外,2018 年美国司法部又发布了《本茨科夫斯基备忘录》,旨在针对监管人选择的方面确立标准、政策及程序。在该备忘录中,监管人并不被认可是所有解决企业犯罪程序中的必要成员,监管人只有在特定情形下才是程序的适格主体,需要考虑聘用监管人对企业和公众而言的潜在效益、监管人的成本以及对企业运行的影响。只有当潜在效益大于引入监管人而付出成本的情况下,才能被证明引入监管人存在现实必要性。

在美国,关于监管人的司法实践丰富了相关制度内涵,在各种各样的检察机关与涉罪企业达成的不起诉协议、缓起诉协议或辩诉交易中,都对监管人的主体、工作职责及内容等进行了具体的个案明确。在 2012 年 9 月,联邦政府与美国州检察官就美国五大按揭贷款银行违规行为达成了 25 亿元的和解协议,协议中指定了由约瑟史密斯(Joseph A. Smith)担任合规监察员,在该案中监管人的职责是:考察协议所要求标准的执行情况;对每次违反协议规定行为处以 100 万美元的处罚(或某些重复违规行为的最高 500 万美元处罚);定期发布公开报告,公开任何行为人未达到协议标准的时间。② 此外,在某大型跨国通信公司 2017 年与美国司法部达成的认罪协议中,就独立监管人单独增设附件予以了规定,其将监管人的职责约定为:评价并监督企业遵守本协议所约定的各项条款;通过评估企业的管理体系并提出相应的改进意见,降低类似违规行为再次发生的风险。③ 在美国司法部与涉案企业达成的诸多缓起诉协议和不起诉协议中,对于监管人的职责均作出了明确的规定,监管人的角色也从

② 参见 Federal Government and State Attorneys General Reach $25 Billion Agreement with Five Largest Mortgage Servicers to Address Mortgage Loan Servicing and Foreclosure Abuses,载美国司法部网站 2012 年 2 月 9 日,https://www.justice.gov/opa/pr/federal-government-and-state-attorneys-general-reach-25-billion-agreement-five-largest。

③ 参见 United States of America v. ZTE Corporate Plea Agreement,载美国司法部网站,https://www.justice.gov/opa/press-release/file/946276/download。

最初的检察机关附属主体逐渐过渡成为企业提供体系整改和制度优化的独立督导主体，这也直接决定了刑事合规制度价值实现的最终目的，即通过刑事司法机关、外部监管机关以及涉案企业自身的联合推动，以可承受的经济成本与让渡换取企业发展的续航与价值的重塑。

二、关于第三方监管人/独立监管人的介入机制

完满解决监管人介入合规不起诉程序中的应然性，以及介入的方式和时间问题，是监管人有效发挥独立、中立的监管作用，乃至合规不起诉制度实现企业治理和犯罪预防机能的桥梁。美国的缓起诉、不起诉制度以及辩诉交易，均对监管人的准入设置了严格、繁琐的程序，虽然在多份司法部发布的备忘录中不断强调监管人的独立性、中立性，其既不依附于检察机关，也不听命于涉案企业，但从程序上来看，监管人的介入方式仍然受司法部和检察机关所设定的流程约束。

由图1可见，美国刑事合规制度中对监管人的介入设置了较为繁琐的流程，不仅要通过企业的候选提名，还要进一步接受为选聘独立监管人而成立的常设委员会的考核。

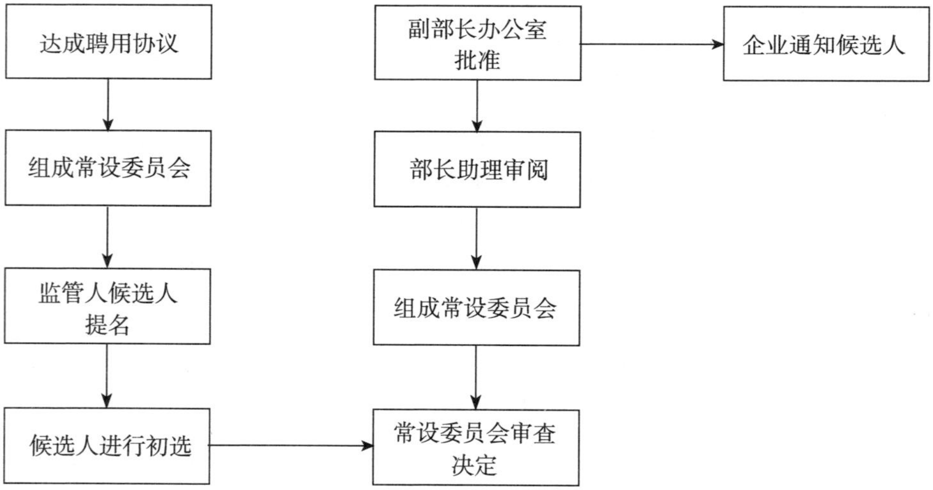

图1　美国独立监管人选任流程

除程序之外，在监管人的资格准入方面，美国司法部也设立了较高的门槛。首先，并非所有案件都会引入监管人，美国司法机关对引入监管人的必要性存在着效益和成本的综合衡量。2021年1月，某国际航空公司因安全事故一案与司法部达成延迟起诉协议，司法部在综合考虑涉案因素后，[④]认为没有必要在该案中引入独立监管人。[⑤] 此外，在选聘监管人的案件中，不同公司对监管人的资质要求也各有差异。除了律师、前检察官、合规官等，也有由政府机关担任独立监管人的案件。例如，2020 年，美国某大型航空公司因贿赂及出口管制等违规行为与美国司法部、英国严重欺诈办公室以及法国国家金融检察官办公室达成了延迟起诉协议，在协议中赋予了法国反腐败局合规监管工作的职能。[⑥]

在美国律师协会出版的《美国律师协会刑事司法监管员及监管程序标准》中，提到了独立监管人应当具备的几项条件：(1)独立监管人的诚信、公信力和敬业精神；(2)独立监管人在该行业或特定领域的专业知识或执业经验；(3)独立监管人履行法院命令或监管协议规定的职责所需的相关技能和经验；(4)独立监管人团队的人员构成，以及独立监管人是否具备履行法院命令或协议约定的职责所需的统筹资源的能力；(5)独立监管人承诺在整个监管期(考察期)的期限内都能担任独立监管人。

在刑事合规制度的起步阶段，检察机关从承担追诉职能的司法机关身份转为对企业合规体系、制度建设以及内控规范等的考察机关，其并不完全具备足够的公司化治理与合规制度建设经验，因此独立监管人在刑事合规中的角色非同小可，检察机关虽然承担着主要的监管角色，但就专业性而言，并不足以比拟独立监管人的专业判断和业务能力，从某种程度来说，检察机关在刑事合规中的程序价值优于实体价值，在合规不起诉制度中，检察机关虽然是基于涉案企业的合规整改和执行情况而作出相应轻诉或不诉决定的主导司法机关，但该决定的前提是涉案企业在实体上制定并执行了有效的制度排查并完善了内规漏洞，监管人的监管报告是检察机关从实体上判断是否构成不予起诉的主要因素，因此，第三方监管人的介入是刑事合规制度得以推进的必要

---

④ 非必要引入监管人的主要因素包括：波音公司的不当行为非公司行为，也非大量员工参与或由公司高层管理人员指使的行为；波音公司对其合规体系及内部控制机制进行了及时的补救及整改措施，包括董事会层面常设航空安全委员会、建立产品和服务安全部门、重组波音公司的工程智能部门以及重组波音公司的飞行技术团队，等等。

⑤ 参见 United States of America v. The BOEING Company Deferred Prosecution Agreement，载美国司法部网站，https://www.justice.gov/opa/press-release/file/1351336/download。

⑥ 参见 SFO enters into 991m Deferred Prosecution Agreement with Airbus as part of a 3.6bn global resolution，载英国严重欺诈办公室网站，https://www.sfo.gov.uk/2020/01/31/sfo-enters-into-e991m-deferred-prosecution-agreement-with-airbus-as-partof-a-e3-6bn-global-resolution/。

条件。

三、我国在企业合规不起诉制度构建中关于独立监管人/第三方监管人⑦的几个重要问题

对于企业合规不起诉制度中第三方监管人或独立监管人之称，见诸实践中试点检察院的不同提法。深圳市宝安区人民检察院称之为“独立监控人”，上海市金山区人民检察院称之为“第三方监管人”，浙江省岱山县人民检察院称之为“合规监督员”，等等。虽然称谓各异，但作为合规不起诉制度中的重要主体之一，其承担的职责都是对涉案企业在考察期内进行合规建设、制度整改及执行情况的监督与考察。根据公开可见的相关资料以及相关调研，综合目前各地检察院推行合规不起诉的情况来看，各地对监管人的规定与做法不一，主要包括以下形态，见表1：

表1　我国第三方监管人的机制模式

探索模式	第三人监管人			
	选任	费用承担	职责	期限
模式一	检察机关指定	检察机关付费	○受检察院委托，对涉罪企业以及犯罪嫌疑人遵守规定、履行承诺以及刑事合规计划的执行等情况进行评估，制作监督考察报告。	12个月，可延长或缩短
模式二	检察机关选任 涉罪企业委托	企业付费	○协助涉罪企业制订合规计划； ○协助检察院监督合规计划的执行； ○针对涉罪企业刑事合规建设出具阶段性书面监控报告，作为检察院作出相应决定的参考。	N/A
模式三	检察院指定	企业付费	○协助涉罪企业完善合规体系； ○考察涉罪企业对于企业外部规定和内部规范的执行情况，并对出现的问题及时纠正； ○定期为涉罪企业进行内部培训； ○为涉罪企业提供法律咨询服务； ○定期形成对涉罪企业合规监管工作的书面报告，并提交检察机关。	6个月

⑦　因实践中并未通过立法赋予监管人以明确的称谓，各地检察院试点过程中对监管人的称谓也各有所异，为行文统一，以下统称第三方监管人。

续表

探索模式	第三人监管人			
	选任	费用承担	职责	期限
模式四	司法局遴选名录库 检察院选任并委托监管人	企业付费	○监管人对涉罪企业进行合规考察评估,并制作书面的考察记录,并向检察机关及时汇报考察情况; ○考察期届满前,制作考察评估报告对涉罪企业的整体合规考察情况进行总结,并于考察期满后将评估报告提交检察机关。	6个月
模式五	检察机关选定,涉案企业有推荐权	方式一:检察机关通过政府采购方式进行列支 方式二:涉案企业按固定比例缴纳至第三方(如行政机关),在检察机关申请后由第三方向合规监督员支付相应比例费用	○进驻企业,确定整改方案; ○开展尽职调查、内部调查、反舞弊调查、证据保全等; ○持续指导整改方案的建立执行,并于合规整改期结束前30日内,提交合规整改考察报告; ○整改期结束后举行听证,合规监员接受各方询问。	6个月~2年

在试点的和正在尝试探索的地区中,多数检察机关选择将第三方监管人作为合规不起诉制度中的重要角色之一予以纳入。综合试点和其他检察院的模式来看,担任合规监管人的主要有两类:一是律师、审计师、合规官等专业类人员独立或共同担任第三方监管人或成立监管小组,承担监管任务;二是由行政机关独立或联合监管。

第三方监管人所承担的主要职责,是对涉案企业整体合规体系构建、合规制度整改及执行情况、或就其所涉具体罪名而触发的企业某个单项合规制度的构建、整改及执行情况,从外部、专业、独立的角度进行监督与考察。除此之外,在有些地区,第三方监管人还担任着帮助企业构建、完善合规体系,优化公司合规治理结构的角色,比如,深圳市宝安区司法局及浙江省岱山县人民检察院均在已经发布的内部企业合规不起诉流程指引中明确，第三方监管人一方面要帮助企业进行内部自查、确定整改方案；另一方面还要以外部监督的角色对涉罪企业建设及整改合规制度的情况进行考察，并将考察结果向检察机关予以汇报。但是此种做法，难免会引发第三方监管人“既是运动员又是裁判员”的质疑，可能在一定程度上对程序性公正有所干扰。我国在合规不起诉制度领域刚刚起步，各项立法和政策性法规指引都不甚成熟完备，虽然有成熟的域外经验可以借鉴援引，但基于国内目前合规不起诉制度建立的法治背景，以及各地区企业犯罪指数和领域的差异，对国外制度形态照本宣科并不必然带来合规不起诉制度在我国有效落地，因此，最高人民检察院以试点在先，立法在后的方式探索合规不起诉制度，乃是进行适合我国司法土壤制度构建的明智之举。

（一）第三方监管人的成本负担与合规不起诉制度的价值实现

企业合规不起诉制度的初衷，乃在“出罪”与“归责”之间为涉罪企业利益寻求最大平衡。我国《刑法》第31条对于单位犯罪以“双罚制”为主的立法规定，理清了对单位处罚和对单位成员处罚的双重罚则，这也是企业合规不起诉得以生存的制度土壤。涉罪企业在符合刑法规定的构成要件并达到相应的追诉标准时，从立法和司法层面而言，应当进入实体追诉的刑事诉讼程序中，承担并接受相应的刑事处罚。但合规不起诉制度给了涉罪企业一块“免死金牌”，即通过附加一定的条件同时对涉罪企业提出一系列整改要求的方式，给企业一次“改过自新”的机会，使企业家多年创业的成果不至于毁于一旦，这也有利于涉罪企业更加规范地运行，并在日后通过回馈社会的方式实现合规不起诉制度“一举多得”的价值。正如我国刑事诉讼体系中适用于自然人的“认罪认罚制度”，合规不起诉制度便是以公司企业为涉罪对象的一种协商性司法制度。

在合规不起诉制度中，涉罪企业愿意与检察机关达成一致或遵从检察机关提出的建议进行合规性整改，其重要原因在于企业可以通过付出相应成本来最大限度地降低因违法犯罪行为而产生的损失，也即在“成本小于损失”的情况下，企业才有足够的动力主动参与到合规不起诉的程序中来。否则，对企业犯罪的惩治还是只能依赖于严刑峻法。比如，以深圳市宝安区人民检察院近5年办理的物流行业犯罪为例，在相关的279个案件中，利用物流行业运输、寄递违禁品犯罪的现象占比达48.39%，其中违禁品种类包括枪支弹药、毒品以及假药等。在此类犯罪中，很多中小型物流公司，由于公司业务人员的合规意识较差、公司经营投入成本较低，犯罪分子有了可乘之机。在此类犯罪中，可以通过合规不起诉的有效运用，推动涉罪企业建立健全业务标准及合规体系，同时对业务人员进行合规性培训，完善公司内控制度。

由此还衍生出了合规不起诉的内因问题，即涉罪企业进行合规建设的内在推动力，一方面在于企业对于“出罪”的刚性需求，另一方面也在于企业继续生存的现实压力。企业如果因涉罪而进入合规不起诉程序中，并为此付出了高额成本，那么即便最终实现了“出罪”的目标，企业的生产经营却无以为继，这种合规不起诉就失去了制度初衷。在我国现有的合规不起诉模式中，承担第三方监管人工作费用成本的主体有两个，一是检察机关，二是涉罪企业。两种不同的费用承担方式，直接决定了合规不起诉程序中涉罪企业所要承担的费用的多少，并进一步决定了企业为所涉罪责所要承担的涉罪成本大小。在检察机关承担第三方监管人费用的模式下，涉罪企业仅需承担因内部相关合规建设或整改而产生的费用，而不需额外支付聘请第三方监管人相关的费用。而在企业付费的模式下，企业需要支出的往往是“整改费用+监督费用”，除了合规整改成本外，亦要承担第三方监管人合规整改与执行外部监督而产生的费用。

从域外暂缓起诉制度的运行实践看，美国独立监管人的费用统一由企业负担，且没有统一的收取标准，个案中需要支出的人工成本不尽相同。但普遍来看，企业为聘请独立监管人而支付的成本相对较为昂贵，3000万美元是通常的费用起点。而法国的《萨宾第二法案》所建立的强制合规制度，明确了可以进入制度的企业的标准，即用工人数达到500人以上，或者隶属于总部设在法国且用工人数达到500人的公司集团，以及有关营业收入超过1亿欧元。只有满足以上两个条件，涉罪企业才能进入刑事合规程序，通过付出“出罪”成本来实现罪责“优待”。这也可以看出，法国的刑事合规程序，不会忽视企业所能承受的“出罪”成本而强行将企业纳入程序，而是出于企业的社会效益和市场影响，在一定范围内实现刑事制裁与合规优待的最佳平衡。

企业合规不起诉程序在我国已经通过分批试点的方式全面铺开，越来越多检察院已纳入试点范围，将来该程序可能会在全国范围内得到普遍适用，而这必然使更多的企业获得此程序带来的宽宥机会，其中也不乏许多中小企业。但很多中小企业因生产经营成本所限，无力投入更多的外部资金用于公司合规制度的建设与整改，这便产生了涉罪企业的合规不起诉成本与合规不起诉制度价值之间的矛盾，如果企业因追求合规不起诉的程序结果而被动进入了停滞状态，那该制度便丧失了其社会治理与企业“非罪化”价值的初衷。因此，在积累一定试点经验的基础上，可以通过“地区区分 + 主体区分”的方式降低因前述矛盾而带来的价值减损。由于我国不同地区的经济情况和企业现状不同，在对不同涉罪企业的考察中，企业的资产状况、经营情况也“因人而异”，所以，在确定具体承担费用的主体时，应当考虑该地区的平均经济水平，当地企业的发展状况以及具体涉罪企业的资金情况、经营情况、规模大小，这样，第三方监管人的费用承担才不致成为削减涉罪企业合规不起诉实质价值的因素。除此之外，也可以考虑通过成本分摊的方式来降低中小企业因高成本的监管而承担的经营压力。也即在监管成本远远超过涉案企业所能承受范围的不起诉案件中，可以由检察机关、企业或行政机关共同承担因选聘第三方监管人而产生的监管费用。

（二）有效化解第三方监管人的潜在利益冲突以保障合规不起诉的制度价值

从工作内容上看，合规不起诉制度直面企业经营中的刑事风险，包括刑事认罪认罚协议的签署、违法犯罪法益的修复、刑事合规体系的设计与建设等帮助企业或企业家和企业成员规避承担刑责风险的核心问题。就合规不起诉制度第三方监管人的工作职责而言，其因履行监督、考核、报告职责而可能产生的利益冲突问题，主要包括以下几个方面。

第一，任职冲突。在现有的试点和制度模式中，有的地区将第三方监管人明确界定为承担外部监管职责的独立主体，而有的试点地区第三方监管人除了承担外部独立监管的职责外，还参与涉罪企业合规体系建设与整改。在后一种方式中，便相应产生了第三方监管人的职责冲突问题。作为参与涉罪企业合规完善和整改过程的主体，监管人是“规则的制定者”，而在承担外部监督考察的职责中，监管人又是“规则的评判者”，这种制度下如何确保第三方监管人保持公正独立的考察态度，如何使监管人敢于否定或推翻自身参与制定的合规体系和制度，我们认为值得关注和研究，未来可能需要通过相关配套制度予以细化。

第二,业务冲突。美国的刑事合规制度中,存在某些利益冲突的情况下,检察机关通常会考虑排除监管人的资格,[⑧]或者因存在某些潜在利益冲突足以影响监管人的主观判断或独立性而不允许其担任监管人。[⑨] 在我国企业合规不起诉制度探索中,有的地区由检察机关选任或指定律师担任第三方监管人,此种模式下,作为商事主体的律师可能存在商业利益之考虑。比如,某律师事务所或律师团队承办了某涉罪企业合规不起诉案件,作为第三方监管人,律师的角色更像是检察机关的一双"眼睛",要对涉案企业合规建设或整改情况进行监管考察并形成调查报告向检察机关汇报,检察机关根据第三方监管人的实际汇报情况,综合涉案企业的合规整改情况,作出诉与不诉的决定。而在实践中可能有涉案企业为了争取合规监管的"低门槛"而对第三方监管人进行"业务输送"的情况,尤其是律师担任第三方监管人的案件中,涉案企业往往可以通过承诺或直接聘用的方式对作为独立监管人的律师作出业务委托,监管人便可以从来自涉案企业的大量律师业务中获得丰厚的利润。这种"业务输送"是否是一种变相的"利益输送"我们暂不详述,但涉案企业出于"宽松监管"或"降低出罪门槛"的目的,而将自身所涉及的诉讼或非诉案件委托监管人律师提供法律服务,这势必会在一定程度上影响监管人在涉罪企业合规不起诉案件中的独立性、中立性及公正性。

在合规不起诉程序中,第三方监管人是唯一既不承担国家追诉的社会治理责任,又不承担因涉罪而进入刑事程序受到刑事处罚的主体,因此,第三方监管人才有着"利益绝缘"属性,只有将其引入合规不起诉制度中才能保证监管考察的中立、公平。但不可避免的是,监管人同时又是一个市场化主体,在非行政机关担任第三方监管人的试点地区中,通常由律师担任监管人。作为

⑧ 排除任职资格的冲突情形可能包括:第一,参与过案件相关工作的原公务员;第二,此前已经参与、作为监督者参与或以其他方式参与了导致监管事宜的违规活动,或者对此类活动负有责任的任何人;第三,曾经参与设计了与违规行为相关的企业组织架构以及企业合规或内部控制制度,或曾经对相关合规制度提出过建议的人员;第四,向企业提供过非监管的法律服务或者其他专业性服务,且其曾经所提供的服务与本次引起监管的违规行为具有相关性;第五,任何与企业存在经济利益关系的人员。

⑨ 潜在利益冲突可能包括:第一,此前与企业开展过与本次案件无关的其他工作,或者与本次监管相关的调查工作,此时应该适当考虑此前监管工作的重要性、性质以及时间;第二,担任过由企业此前自己聘请的监管人,就与本案有关的企业违规行为开展过合规监管工作;第三,此前任职的机构曾向企业提供过法律或其他专业服务;第四,其他任何可能会被认为影响或者削弱其作为独立监管人客观性或独立性的因素。

市场经济的产物，律师群体在商业活动中存在一定程度上对利润和商业利益的追求，在任何能产生合法效益的商业交易机会中都可能产生律师服务。因此，在合规不起诉程序中，毋庸置疑应当通过必要的程序和资格设置，消除因第三方监管人与涉案企业产生“业务输送”而使监管人丧失中立性的风险。比如，第三方监管人只参与涉案企业整改后的制度监管考察工作，以及制度合规后的运行和执行情况，并形成报告向检察机关予以汇报反馈，而不再介入涉案企业的具体合规建设及整改工作中。再如，给第三方监管人设置一定的禁业期，在禁业期内监管人不得再接受涉案企业的委托而为该企业提供任何法律服务。

（三）第三方监管人实施有效监管的保障机制以及事后评价问题

要确保合规不起诉程序中涉案企业受到合法有效的合规监管，以及基于所涉案件而进行建设或整改的合规制度体系在涉罪企业日后的经营中能够得到切实有效的执行，总而言之还是要归结到合规不起诉制度的价值实现上来，这种制度价值体现为两个方面：一是事中针对企业所涉罪责进行全面合规、专项合规建设与制度和体系整改的效果，二是事后涉案企业通过检察机关考察、被作出不起诉决定后，对内规和制度的执行效果。第三方监管人的监管是否有效，在一定程度上也与合规不起诉制度的价值实现相挂钩，企业合规的目的不单单限于某个案件项下的整改承诺，还应当最大限度地杜绝涉案企业的社会危险性，否则不起诉的程序价值便没有实现，反而成了企业的“脱罪工具”。因此，第三方监管人的监管功能绝不仅限于当下的合规建设，还应当延续到企业未来经营过程中的持续合规问题。但从另一个角度来看，无效监管而产生的再犯问题，也并不应当必然引起第三方监管人的责任承担，因为引发无效监管的因素不仅限于监管人的自身问题，除了监管人的腐败行为、履职不能或者监管资格丧失等原因外，还有可能因立法或实践中对监管人的职责划分模糊不清、涉案企业自身的制度漏洞或不起诉后合规计划执行低效等问题，而引发企业再次犯罪或潜在的刑事风险。

有观点认为，要从过程和结果两个维度来判断或衡量监管行为的有效性，在监管过程中，要确保监管人的独立、中立与公正性；从结果来看，第三方监管人所提供给检察机关的书面报告应当具备科学性、可操作性与合理性。二者缺一,则会导致违规监管与无效监管,从而导致监管人法律责任的产生。[⑩] 各个地区的试点或非试点规定,大多都列举了监管人的职责内容和禁止性行为,比如深圳市宝安区司法局出台的《深圳市宝安区司法局关于企业刑事合规独立监控人选任及管理规定(试行)》,通过正向和禁止性规定明确了监管人的职责边界。其第13规定,独立监控人应当恪尽职守,履行诚实、信用、谨慎、勤勉、中立的义务,并遵守下列规定:第一,遵守法律法规,服从监督;第二,依法、独立、客观、公正地实施合规监控;第三,定期向区人民检察院报告合规监控情况;第四,发现犯罪嫌疑企业、犯罪嫌疑人曾隐匿的或者新出现的不合规行为,应及时向区人民检察院报告并督促犯罪嫌疑企业、犯罪嫌疑人整改;第五,对监控过程中知悉的国家秘密、商业秘密、案件情况及个人隐私等信息予以保密。第14条规定,独立监控人应当严格遵守法律和有关纪律规定,按照规定的权限和程序,独立公正地进行监督,不得有下列行为:妨碍案件公正处理;泄露案件涉及的国家秘密、商业秘密、个人隐私和未成年人犯罪信息;披露其他依照法律法规和有关规定不应当公开的案件信息;以监督考察为名,随意干扰企业正常生产经营活动或者实施收受财物等违反廉洁纪律的行为;损害犯罪嫌疑企业合法权益的其他行为。独立监控人履职中有上述行为之一的,视情节给予劝诫或免除其独立监控人资格,构成犯罪的,依法追究刑事责任。上海市金山区人民检察院发布的《关于企业合规第三方监管人遴选、选任、管理的暂行规定》,也通过禁止性规定为监管行为的有效性设定了相应标准:妨碍办案活动正常进行;泄露办案活动涉及的国家秘密、商业秘密、个人隐私;披露其他依照法律法规和有关规定不应当公开的办案活动信息;以监督考察为名,随意干扰企业正常生产经营活动或者实施收受财物等违反廉洁纪律的行为;对犯罪嫌疑企业实施合规监管结束后两年内,不得与该企业及关联企业发生有偿业务往来;损害犯罪嫌疑企业合法权益的其他行为。

涉案企业合规不起诉制度中,对于第三方监管人不当履职在涉案企业事后行为的评价,应当划分为不同的责任类型,具体包括劝诫、免除资格并/或准入限制、民事责任、刑事责任。在未来的制度实践中,涉案企业经过考察期被作出不起诉决定后仍然再犯的可能性并不能完全排除,而一旦出现涉案企业

---

⑩ 马明亮:《论企业合规监管制度——以独立监管人为视角》,载《中国刑事法杂志》2021年第1期。

再次犯罪的现象，司法机关会本能地作出不起诉程序中因监管人未尽监管责任、无效监管而导致再次犯罪的推论，而给监管人带来“株连之祸”，因此，如何在理论与制度层面有效回应监管人的职责，以及如何有效界定或切割监管人的监管行为与涉案企业事后再犯之间的关联，是下一步立法层面应当审慎考虑的话题之一。否则，第三方监管人制度很可能因为成本过高、监管人角色的摇摆与职能边界模糊、监管有效性缺乏审查标准、无效监管缺乏救济程序等原因而功能异化，这将使合规监管制度走向预设的反面，也必然会影响企业合规的适用前景。

四、结语

在多地检察机关的积极探索下，检察机关参与国家治理体系与治理能力现代化的程度越来越高，在刑事诉讼程序中，检察机关也摒弃了传统偏重“惩罚制裁”的办案式思维，转而采取“刑事制裁”与“合规营救”并重的举措，督促企业依法合规经营，在生死危机之时给予“免死金牌”，通过内外并举的探索使企业走向正轨。

我国刑事法律虽然尚没有关于企业合规不起诉的明确立法规定，在实践探索中，企业合规不起诉仍旧面临着一系列与现行立法和相关制度的配套与衔接问题，但最高人民检察院发布第二期改革试点工作方案已经宣示这一改革绝不会仅是浅尝辄止，而是将在不久的未来成为完善、通行的法律制度，甚至可能带来刑事相关法律的直接修改。我们期待各界法律人的理论研究百花齐放，为制度完善提供切实可行的学术意见，也盼望各试点地区政法机关在先行先试的过程中勇于探索，为制度发展贡献具有中国特色的司法智慧。

以评估监督考察为视角谈第三方监管人在企业合规制度中的职能实现

韩　旸[*]　王嘉铭[**]

涉案企业合规制度，自最高人民检察院于2020年3月在全国6个试点检察院首次推行之后，各地关于企业合规的尝试便势如破竹；2021年3月，最高人民检察院又将试点范围扩大到了全国10个省份共27个市级检察院以及165个基层检察院。在各地检察机关对于企业合规制度初尝初探的改革精神下，截至2021年8月，全国检察机关办理的涉企合规案件共206件。试点案件的大规模铺开，在立足于维护检察机关职能定位基础上，更为明确了涉企合规制度是对于保障民营经济发展的重要助推力。

第三方监管人作为涉企合规制度中的新生主体，日趋受到制度内各方主体的关注。于检察机关而言，第三方监管人肩负着对涉罪企业合规制度构建与整改的监督监管、对制度执行情况进行考察评估的重要使命；于涉案企业而言，第三方监管人则承担着指导涉案企业根据合规承诺进行合规整改、为企业提供合规咨询指导的关键职责。根据2021年6月最高人民检察院联合司法部、财政部等八部门联合发布的《关于建立涉案企业合规第三方监督评估机制的指导意见（试行）》（以下简称《合规指导意见》），第三方监管人（在《合规指导意见》中被称为"第三方监督评估机制管理委员会"）的主体定位为"调查、评估、监督、考察"。由此，无论是第三方监管人还是第三方监管组织，都担负着调查企业涉案动因、评估企业合规风险、监督企业合规整改以及考察企业整改成效的职能。就实践来看，第三方监管人如何在涉企合规制度运行中真正落实上述职能定位，是目前涉企合规制度面临的难题，也是下一步合规试点在

---

* 韩旸，金杜律师事务所律师。

** 王嘉铭，金杜律师事务所律师。

全国广泛适用过程中应当为各方重点关注的问题。

一、第三方监管人的概念本质及职能定位

根据《合规指导意见》，第三方监管人是独立适用该指导意见的涉企合规制度主体，同时也是涉企合规制度第一个官方司法性文件所单独约束的适用对象。宏观来看，在《合规指导意见》中，第三方监管人以第三方监督评估机制管理委员会（以下简称"第三方管委会"）的组织形式予以呈现，成员单位包括最高人民检察院、国资委、财政部、工商联、税务及市场监督管理部门等，其工作职责聚焦于对统筹性、规范性文件及标准的制订，以及对相关重大法律政策的研究论证。微观来看，在涉及具体企业合规案件中，则由第三方管委会具体成立第三方专业人员名录库，实践中根据不同的案件，从名录库中抽取专业人员形成第三方组织，承担对涉罪企业合规整改进行检查、评估及考核的监管职责。

从《合规指导意见》的文件精神来看，承担第三方监督评估机制的现实主体包括第三方管委会，以及由第三方管委会单独或联合检察机关选任的第三方组织及其组成人员；前者负责纲领性、标准性制度体系的制订，后者肩负个案中对涉罪企业的合规考察。从笔者担任第三方监管人的自身经验出发，由第三方管委会单独或联合检察机关选任的第三方组织及其组成人员，是制度实践中直接关系涉罪企业合规整改效果以及是否能在实质上达到"以合规换取轻缓处罚"的制度效果的关键，因此在实践中理应得到更多的关注和探讨，笔者在此将该主体简称为"第三方监管人"，以便于行文。无论是域外的暂缓起诉协议或者不起诉协议制度，还是国内的涉企合规制度，第三方监管人都是举足轻重的角色，而其肩负的职能为何、如何实现、是否能够真正达到监管目的，都是直接关乎刑事合规发挥制度效应的关键环节。鉴于此，笔者从以下域外成型机制与本土试点情况出发，讨论第三方监管人所承担的职能内容与实现路径，以期在明确角色职能定位的基础上，再展开现实性、实践性的探讨。

（一）"监管人"还是"调查员"——关于域外制度中第三方监管人的职责聚焦

美国作为企业合规制度的溯源国，早在暂缓起诉协议（deferred prosecution agreement）和不起诉协议（non-prosecution agreement）制度中就已经孕育了对监管人的角色雏形，在《莫尔福德备忘录》中，监管人（monitor）所承担的角色被界定为专门的监督者，包括顾问、专家和其他人员。其职责被定义为评估和

监督公司遵守协议条款的情况，这些条款专门用于防止和减少公司不当行为再次发生的风险，以及评估内部控制和公司道德与合规计划。《莫尔福德备忘录》作为美国监管人制度文件的鼻祖，首次对监管人的职责进行了明确的定位，在该备忘录中，赋予了监管人对受监管企业的评价（assess）、监管（monitor）、评估（evaluate）的职能，同时界明了监管人的监管目的应当包括“降低企业行为的再次发生”以及“避免进一步惩罚性结果的出现”两个维度。此外，监管人的独立属性也被提出，独立原则体现为监管人是一个独立的第三方主体（independent third-party），并不是企业或政府部门的任何员工（employee）或代理人（agent）。

此后，在2018年的《本茨科夫斯基备忘录》中，监管人的定义继续被沿用，并对其职能范围进一步作了成文性深化，规定了其监控行为也可以是降低导致潜在公司犯罪预防方案的不当行为和合规失误再次发生的风险的有效手段。在关于暂缓起诉协议或不起诉协议广为人知的实践案例中，也不乏监管人的踪迹。例如，在2017年某通信公司与美国司法部达成的认罪协议中，就出现了关于监管人的必要条款，其中约定“该公司需聘用一名独立的第三方监管人，从专业角度来审查及评估该公司与合规相关的政策及流程是否符合美国进出口法律的相关规定，以及该公司关于认罪协议的合规性”。其中，关于监管人的聘用、职责、工作内容、工作流程等事项被作为单独的附件而加以详细规定，就监管人的简要工作职能来看，包括完整的制度审查（review），对企业出口政策的合规性审查、报告义务（report），公司内控体系流程以及审计程序的审查和评估（observation and testing），与公司高管人员的会议交流（meeting），对公司出口业务内部网络及信息化的分析、研究及评估（analyses、studies、testing），等等。再如，在2014年阿尔斯通（Alstom S. A.）与美国司法部达成的认罪协议中，独立监管人（independent compliance monitor）独立成款，公司不仅要满足世界银行的监管要求，还要聘请一名合规监管人（compliance monitor）。认罪协议明确地划分并界定了“监管人职责”以及“企业义务”，监管人的职责不仅包括公司对认罪协议条款合规执行的评估（assess）及监管（monitor），也包括在监管期间的评估（evaluate）职能，评估事项涉及公司的内部审计控制体系的有效性，记录保存制度，资金报告制度，在《反海外腐败法》规定项下现有制度和未来制度的合规情况，以及反贿赂反腐败制度规定，等等。

域外对于监管人的表述，除了“监管人”之外，还出现了“调查员”（investigator）一词。从字面来看，二者的英文释义略有不同，前者倾向于监督、监察，而后者倾向于发现、调查；从监管人在暂缓起诉协议和不起诉协议制度中所承担的角色以及工作职能来看，似乎“监管人”（monitor）一词中蕴含的调查、审查、监管、监察功能与实际更为契合，而仅仅由调查员（investigator）所产生的“调查发现”功能并无法实现帮助企业达成协议条款的目的，更无法实现监管企业合规体系整改及监督企业合规计划执行的主体目标。

（二）涉企合规的中国模式——第三方监管人如何定位？

随着《合规指导意见》的颁布实施，各地区检察机关也相继制定发布了关于第三方监督评估机制的相关文件。例如，深圳市人民检察院印发施行《企业合规第三方监督评估机制管理委员会及第三方监控人管理暂行规定》，宁波市人民检察院印发实施《关于简历涉案企业合规第三方监督评估机制的实施办法（试行）》，上海市浦东新区人民检察院印发实施《上海自贸区涉案企业合规第三方监督评估组织运行管理实施办法（试行）》，广东省佛山市南海区十二家单位联合印发《南海区涉案企业合规第三方监督评估机制工作办法（试行）》，等等。各地颁布实施的有关第三方监督评估机制的相关制度文件，既体现了最高人民检察院发布《合规指导意见》的合规改革精神，同时又结合了各地关于涉企合规的本土现状，在第三方监管人的职能方面，主要涵盖以下几个方面的定位。

1. 调查职能——“调明企业基本情况、探查企业涉罪动因”

在《合规指导意见》中，第三方监督评估组织的职能在该意见的第1条就被明确为“调查、评估、监督和考察”，四项职能涵盖了第三方监管人在涉案企业自进入企业合规制度直至被检察机关作出不起诉决定的纵向时间轴线，也囊括了第三方监管人对涉案企业的由浅入深不断了解企业现状并考察合规整改的横向空间维度。

调查职能，作为第三方监管人在涉企合规案件中的工作开端，系对涉案企业合规整改评估及考察的先决条件，调查行为本身不仅包含对企业基本情况的了解，诸如经营范围、所涉行业、组织架构、人员成分以及业务模式等，还应包括对企业涉罪动因的分析，从所涉罪名、构罪行为模式、涉罪主体以及被指控理由等方面，探查企业涉罪与其自身的管理制度、合规体系以及公司治理机制等企业自身因素的关联性。唯有如此，才能实现企业合规建设与轻缓刑罚的有机连接，进而实现“以合规换取轻缓处理”的制度初衷；否则会割裂企业本身的涉罪行为与企业制度存在的缺陷及漏洞，无法实现企业合规的现实意义，也无法体现涉企合规制度为企业所换取的“生存空间”。

而“调查”一词，也见于企业在面临行政处罚危机或潜在刑事风险时，聘请专业律师进行的企业内部合规调查。在2006年11月德国某跨国公司因涉嫌商业贿赂而受到德国慕尼黑检察机关的调查一案中，该公司主动向美国司法部和证交会报告了其在多个国家的行贿行为，并聘请独立的会计师事务所和律师事务所等外部专业机构进驻公司，开启了德国历史上的首次公司独立调查。[①] 通常而言，律师作为专业人员被聘请，为企业进行内部调查，其工作内容一般包括四个方面：一是协助企业配合执法调查和刑事调查的活动；二是查明直接责任人，以便检察机关进行及时惩戒；三是发现内部管理制度和合规机制的漏洞和缺陷；四是提出进行制度整改和完善合规管理体系的方案。[②]

从由来已久的公司内部调查制度，反观第三方监管人在涉企合规制度中的调查职能，二者有异曲同工之处，即都是在独立性、合法性的原则和基础上，结合企业的基本情况，对企业违规行为、违规人员以及机制漏洞展开独立的调查活动，查明涉罪案件的公司制度动因，从而为下一步评估体系、合规体检以及整改完善奠定基础。

2. 评估职能——“评价现有合规体系、估判合规整改方案”

从外部独立属性来看，第三方监管人不同于涉案企业自己所聘请的合规顾问，因此其并不直接承担对企业进行合规整改以及体系建设的职能，第三方监管人所承担的评估职能，更多倾向于对企业进行合规建设或整改之后进行的咨询支持及建议指导。

从笔者自身的实践经验来看，第三方监管人的评估职能，一般建立在涉案企业向第三方监管人提交的合规建设计划或合规整改计划的基础之上，监管人对合规计划的可行性、有效性及全面性进行评估判断，同时提出修改或指导建议，以使涉案企业合规计划具备综合性、专业性及完备性。另外，评估职能

① 陈瑞华：《企业合规基本理论》（第2版），法律出版社2021年版，第401页。

② 陈瑞华：《企业合规基本理论》（第2版），法律出版社2021年版，第402页。

除了覆盖于上述合规计划构建或整改阶段,也应贯穿于合规计划及方案的实施环节,并以此作为监督考察的重要事项,纳入最终提交给检察机关考察报告的书面文件之中。

评估职能,是第三方监管人实现监督及考察职能的必要前提。对企业经营状况的评估、涉案动因的评估、企业制度的评估、企业合规风险的评估,乃至对适用涉企合规制度后、对企业所提交的合规整改方案的评估,最后到企业落实整改方案、建立健全企业合规体系的状况评估,所有这些评估环节都给第三方监管人创造了更全面的途径,以对涉案企业进行合规整改的情况进行监测,真正实现涉企合规制度的初衷。

3. 监督职能——“监测合规方案落实、督促合规执行整改”

第三方监管人所承担的监督职能,其重要性是不言而喻的。作为一个独立性的外部角色,第三方监管人在涉案企业合规制度中是唯一无利益关联的主体,其监督职能的赋予乃是基于企业同意以合规整改换取检察机关轻缓处理的隐性协议,但第三方监管人又缺乏公权力机关所直接赋予的具有强制色彩的权力属性。因此,监督职能的实现,并非采用具有惩罚性代价的法律监督,而是对涉案企业合规制度建设情况以及合规整改落实情况的一种监察与督促。

通过各地检察机关印发的相关指引性规定,同时结合笔者的自身经验,第三方监管人的监督职能,主要包括对以下几个方面的持续性、主动性跟进:

一是督促涉案企业提交有效的书面合规计划,同时对该合规计划是否能够构建有效的刑事合规体系进行审查,包括但不限于合规组织架构、合规管理规章制度、合规审查监督体系、合规风险预警及应对、合规分析评估、违规行为的整改机制、合规奖惩机制以及合规文化培养体系等;

二是督促企业严格执行其通过审查的合规计划或合规整改方案,以促使企业达到检察院能够作出不起诉决定的交换条件;

三是监督企业在合规整改期及合规考察期内的行为,避免企业“顾此失彼”而产生其他方面的刑事风险,使企业在弥补现有漏洞及缺陷的基础上,实现未来刑事风险的可控化。

4. 考察职能——“考量企业合规价值、洞察企业再犯风险”

第三方监管人的考察职能,相比前述调查、评估及监督职能而言,更倾向于涉企合规制度的后半段工作，即合规计划制订后的实施、合规整改方案确定后的履行、合规体系搭建后的落实以及合规评估机制运行后的保障。同时，从第三方监管人对涉案企业进行考察期内考察的效能上来看，第三方监管人的考察职能不仅包括对企业现有漏洞的填补和制度缺陷的改进，还包括对企业再次犯罪风险或日后涉嫌其他刑事风险的防控和规避。

此外，第三方监管人在一定程度上分担了检察机关在涉企合规案件办理中的部分职能。根据《合规指导意见》第13条的规定，“第三方组织在合规考察期届满后，应当对涉案企业的合规计划完成情况进行全面检查、评估和考核，并制作合规考察书面报告，报送负责选任第三方组织的第三方机制管委会和负责办理案件的人民检察院”。同时根据第14条，“人民检察院在办理涉企犯罪案件过程中，应当将第三方组织合规考察书面报告、涉案企业合规计划、定期书面报告等合规材料，作为依法作出批准或不批准逮捕、起诉或者不起诉以及是否变更强制措施等决定，提出量刑建议或者检察建议、检察意见的重要参考”。可见，第三方监管人对企业的考察结果，在一定程度上直接决定了检察机关是否据此作出对涉罪企业的轻缓处理。监管人的考察，应当包括四个方面：一是对涉案企业所提交合规整改方案或合规体系建设的有效性进行制度考察；二是对涉案企业在考察期内对于合规计划的履行情况或对合规整改方案的落实情况进行实践考察；三是对涉案企业在考察期满后对于合规计划或整改方案的完成情况进行延伸考察；四是对涉案企业合规完成后的合法合规运行以及再次犯罪的潜在风险进行考察。

从我国目前涉企合规制度中对于第三方监管人的规定来看，对于第三方监管人的成文规定仅限于主体组成、主体职责以及机制启动和运行等方面。相比域外成熟的暂缓起诉协议及不起诉协议制度项下关于合规监管人(monitorship)制度的运行，我们对于监管人机制是否应当必要适用，监管人的选任机制、职权范围、主体地位、追责机制以及费用承担等方面，均缺乏相对完善的制度构建，但从目前的改革精神以及各地的试点情况来看，第三方监管人囊括了行政机关、社会团体或组织，以及会计师、律师等专业人员，在监管角色上避免了单一主体带来的业务领域受限的弊端。同时，由检察机关联合八部委组建的第三方管委会，不仅纳入了诸如生态环境、税务稽查、市场管理等专业的行政部门，而且管委会本身还承担着对第三方组织及成员的选任、培训及考核工作,从独立性、专业性方面保障了第三方监管人依法依规履职。此外,与美国第三方监管人机制下绝大多数被司法机关批准选择的监管人都是前法官或前检察官不同的是,我国第三方监管人制度构建了地区性的第三方机制专业人员名录库,在具体案件中,从名录库中分类随机抽取人员组成第三方组织,实施监管职能。名录库模式的构建,可以在一定程度上深化第三方监管人的独立属性,使其不受职业利益或其他利害关系的约束或牵连,而在美国大多数前法官或前检察官被选任为监管人的案件中,由于司法官员在执法部门具有较高的信誉度,因此其往往受到涉案企业的"偏爱",涉案企业希望因此在合规整改结束时更容易获得检察机关的"绿灯",但这种方式却在监管人制度下受到公众的普遍非议,究其原因在于,前司法官员的介入更多考虑企业如何"便利"地通过审查,而非在真正考虑企业利益和需求的基础上,为之提出切实可行的整改建议。

二、从国内外案例剖析第三方监管人的职能实现

(一)国外案例——从"某跨国企业案"说起

2006 年 11 月,发生在德国慕尼黑的某跨国企业涉嫌商业贿赂案已然成为企业合规制度的警示案例,根据美国司法部对该企业作出的《量刑备忘录》(*Department's Sentencing Memorandum*)中所披露的案件事实,[③]在慕尼黑检察机关于 2006 年 11 月对该企业展开的突击检查过程中,检察机关发现该公司在全球接受的 20 多位"可疑支付"的接收人和公司来历不明,同时数百万欧元被转至阿拉伯联合酋长国、印度尼西亚、苏丹等多国的账户。该份备忘录显示,公司向美国证交会承认了其对《反海外腐败法》的违反,并承诺聘请某国外律所担任独立的调查(investigation)人,展开长达两年的内部调查,独立调查人的调查范围包括了该公司所有全球范围内的业务,涵盖总部、各分支机构以及各地区运营公司。

为了避免更为惨重的损失,该公司与美国司法部达成了最终的刑事和解协议(plea agreements)。根据这项协议,美国司法部放弃了对该公司提起刑事指控,但条件是对该公司因违反《反海外腐败法》有关会计条款和内部管制条款为由,处以约 4.48 亿美元的罚款;对阿根廷分公司处以 50 万美元罚款;对

③ 参见 *Department's Sentencing Memorandum*,载美国司法部网站,https://www.justice.gov/sites/default/files/opa/legacy/2008/12/19/siemens-sentencing-memo.pdf。

委内瑞拉和孟加拉分公司各处以 50 万美元的罚款。在和解协议中对独立监管人进行了单独规定,美国司法部认为该公司需要引入外部监管人的必要因素主要包括三个方面。第一,违规行为涉及对公司账簿和记录的操纵:该公司及其分支机构在多个国家通过咨询公司向有关政府官员支付了高额贿赂,并将这些贿赂款以“咨询费”和“律师费”的名义进行记账。第二,违规行为在整个公司内普遍存在:该公司以及其位于阿根廷、孟加拉国、委内瑞拉的分支机构,从 2001 年 3 月至 2007 年 9 月,向外国政府官员进行了广泛而系统的行贿以获取业务。其间,该公司向第三方提供了至少 4283 次、总计约 14 亿美元的资金,用于行贿全球多个国家的政府官员。通过行贿获得了 332 个项目,获取的利润额超过 11 亿美元。第三,违规行为得到高级管理层的批准或协助:在意大利等国家的内部调查结果,实际上已经向该公司的高级管理层提出了警示,但是该公司的高级管理人员并没有采取任何措施来强化企业的合规管理。

就该案中监管人的职责和工作范围来看,在该公司作出的《认罪陈述》(*Statement of Offense*)中,④监管人的职能被单独作为附件内容加以规定,具体包括:第一,评估内部控制(internal controls)的有效性、内部记录保存(record keeping)的有效性、资金报告制度和流程(financial reporting policies and procedures)的有效性、内部审计控制以及对《反海外腐败法》反腐败条款和其反商业贿赂规定的执行情况。第二,监管人可以采取合理方式以实现公司合规计划,公司应当向监管人提供对所有公司信息(information)、文件(documents)、文档记录(records)、设备(facilities)以及员工(employees)的顺畅获取途径。第三,在监管期内,监管人将会进行初步审查并准备初步报告,之后会再次进行三轮审查并出具三轮报告,在每一轮审查和报告起草过程中,监管人都会准备书面的工作计划,在 60 日内向有关部门提交接受批注,批注将在 30 日内予以反馈,在此过程中,监管人会被鼓励与公司的包括审计师或合规官在内的个人进行交流合作。第四,在监管人被聘任后的 120 日内,初步审查即会开启,且监管人将会在 120 日内提交一份书面的审查报告,以期为评估及提高公司合规计划的有效性提出合理建议。第五,收到监管人报告的 120 日内,该公司应当采取报告中的所有建议。第六,监管人最多可以进行 3 轮审

④ 参见 *Statement of Offense*,载美国司法部网站,https://www.justice.gov/sites/default/files/criminal-fraud/legacy/2013/05/02/12-15-08siemens-statement.pdf。

查并出具报告,但如果在经过两轮审查后,监管人和公司方均同意了公司的合规方案,方案已经被合理制定且执行过程中能够探测并避免对反贿赂法律的违反,则第三轮审查工作也并非必要程序。但相反,如果经过完整的三轮审查后,监管人及监管部门认为公司并没有成功地达到基于和解协议下的义务,则监管期限将会被进一步延长。第七,在承担评估和审查职能时,监管人将会基于相关事项形成必要的结论,主要包括:对相关文件的审查,包括该公司现行的反贿赂政策及流程;在抽样地点现场审查该公司所选定的系统和程序,包括内部控制、记录保存以及内部审计程序;与相关员工、高管、主管或其他人员进行相互的会议访谈;分析、研究并审查该公司与反贿赂法律相关的合规计划。

由于篇幅所限,本文无法详尽分析该案所涉及全部司法文书中的监管内容,包括但不限于终审判决、和解书、认罪协议、案件信陈述书等。但以点带面来看,监管人在整个认罪协议中实属不可或缺的必要主体。如果说美国司法部对企业"以合规换取轻缓量刑"是重磅开端,则合规监管人便肩负着企业是否能够真正"以合规获取重生"的完美收官的任务。监管人的职能,不仅体现在对企业的外部监管上,更为重要的是在监管的同时,能够尽可能消除企业的制度瑕疵、体系漏洞乃至系统风险,使企业能够重焕生机。

(二)国内案例——从某检察机关办理的相关涉企合规案件说起

从国内视角来看,涉企合规制度虽已试点一年有余,各地检察机关亦纷纷基于改革精神制订具体的指引文件,但在具体的案件实践中,各地在制度落实的过程中仍然做法不一、形态各异。笔者有幸被纳入企业合规制度试点检察院的监管人名录库,参与了部分案件中第三方监管人的相关工作,并介入到企业的合规整改、合规审查与建设过程中,承担了对企业在合规整改和建设过程中相关工作进行监督、考察及评估的职责,指导企业完善合规制度,争取不起诉决定,避免再犯风险。

现结合笔者自身在涉企合规案件办理过程中的实践经验,从第三方监管人的职能实现路径角度,简析涉企合规案件中的具体职能落实。出于保密需要,笔者在此不披露具体案件办理过程中所涉及的具体工作事项及内容,以及涉案企业的详细信息。

1. 第一阶段——调查职能:在该阶段中,在检察机关决定适用涉企合规制度的相关案件中,监管人以企业自身组织结构、经营状况、涉案情况以及人员构成等作为调查工作的核心内容。同时,要求企业提交自查报告,内容囊括公司部门机构及负责人员职责范围、各部门的职权范围、公司业务决策审批流程、对现有公司内控合规制度的自查事项。调查阶段的工作,主要为监管人进一步为企业提出合规整改指导意见,对合规整改方案制订及履行情况进行考察监督进行铺垫。

2. 第二阶段——评估职能:在该阶段中,第三方监管人以评估企业自身存在的合规风险、分析合规管理制度漏洞以及评判合规机制运行缺陷等事项作为主要工作内容。同时,针对企业提供的所涉案件的具体调查报告及案件材料,向企业出具书面的问询清单或问题清单。例如,在某涉嫌"单位行贿罪"的案件中,通过调查评估,发现涉案企业存在顶层设计及部门组织架构混乱、部门体系结构中关键合规性部门缺失、各部门的合规职能以及统一归口合规管理机构缺失等问题。另外,在涉案公司的总体制度运营中,亦发现公司决策制度失灵、重大事项决策制度缺失等合规管理制度方面的漏洞。与此同时,针对已发现的合规风险和问题,我们向涉案企业提出了有针对性的指导建议及方案设计。再例如,在某涉嫌"虚开增值税专用发票案"的案件中,第三方监管人职责过程中的评估职能,便体现为要求企业提供合规整改计划,并视整改计划的具体内容及事项与企业进行沟通,并最终确定涉案企业据以整改实施的合规整改计划。

3. 第三阶段——监督、考察职能:在此阶段,第三方监管人的主要职责体现为向企业出具书面监督考察工作计划,对企业履行合规整改方案的具体要求进行明确。与此同时,通过对涉案企业人员进行访谈、制度文件梳理、业务流程熟悉等,深入了解企业的经营管理情况,剖析企业涉罪业务模式漏洞,有角度有方向地监督、考察企业的整改情况。在考察期内,第三方监管人持续考察整改情况,随时提出指导意见,聚焦未来犯罪风险的控制和预防,并最终形成监管报告,呈递检察机关,用于其作出起诉或不起诉决定的必要参考。

三、第三方监管人在实现合规监管职能过程中的现实障碍及完善路径

虽然我国目前在涉企合规制度中已经颁布实施了专门针对第三方监管人的制度性文件,且在该文件中详尽地阐明了第三方监督评估组织的相关职责及工作事项,但仍需注意的是,由于涉企合规制度在我国土壤中的根基并不牢固,制度实施至今仍然处于试点探索阶段,作为制度主体的涉案企业、外聘合

规律师、第三方监管人以及检察院，各自的权责并未被成文化地确定。因此，第三方监管人在制度实施过程中、在对涉案企业进行合规体系建设整改监管的过程中，仍然存在诸多亟须解决的现实障碍，有待于在该制度铺开后的下一阶段予以细化解决。

（一）合规整改方案停留在模式化层面，合规验收标准参差不齐

对于合规整改和合规验收的标准问题，是涉企合规制度实施以来被广泛关注但仍无法落地成文的问题，且随着改革的逐步深入，这一问题显得越发突出，逐渐成为企业合规改革进一步深化的制度瓶颈。有研究者提出，制定合规整改和合规验收的标准，是一项专业性极强的工作，通常需要遵循专项合规标准，也就是针对特定的合规风险，确定专门性的合规管理体系。例如，在针对涉税犯罪案件的合规验收方面，要制定税收的合规标准；而针对侵犯商业秘密犯罪案件中，则要制定知识产权保护的合规标准；对于涉嫌污染环境罪的企业，在对其进行合规考察和验收时，则要考虑制定环保合规标准，等等。⑤ 合规验收标准，是一个无法固化且模式化的概念，在每个案件中都需要根据涉罪企业的性质、经营范围、特定风险点、相关制度漏洞和隐患等分别加以制定。

反观目前的制度实践，在试点案例或非试点尝试性案件中，较为普遍的问题是合规整改方案被模式化、流程化，同时合规验收标准也因不同检察机关对于合规计划和制度的专业性不同而产生质量参差不齐的情况。具体而言，流程化的合规计划是目前实践中适用率较高的模式，企业为了满足检察机关所提出的合规整改要求，通常能够在短时间内建立起一套制度化、流程化的合规管理体系，流程化合规标准的制定，带有明显的标准化、流程化和格式化的特征，虽然全面，但未必能够真正实现合规的有效性要求，极易演变成“纸面上的合规计划”。尤其是对于那些合规制度及体系完全缺失的涉罪企业，“从无到有”的流程性合规制度似乎看起来甚为丰满，但细细考究，其并未达到为企业“祛除病根”的实质效果。就涉罪企业而言，在考察期内所建立的主要是基于危机应对的合规机制，目的在于找到犯罪根源，建立去犯罪化的经营模式和管理模式。至于企业是否要以此为契机建立完整有效的合规计划体系，并将合规管理融入企业经营、管理的每一环节，甚至逐步确立依法依规经营的企业文

⑤ 陈瑞华：《企业合规不起诉改革的八大争议问题》，载《中国法律评论》2021年第4期。

化,便是另一层面的问题了。[⑥] 同时,由于合规验收标准具有极强的专业性,极为考验第三方监管人以及检察机关对于合规制度和体系的把握,因此,实践中出现的合规验收质量参差不齐,甚至在某些案件中缺失合规验收标准的现象,都是相关主体专业性薄弱的直接体现。

基于实践中频发的上述问题,笔者认为,应当从以下几个方面入手,在制度实践和规范制订中予以体现。第一,合规整改方案应当区分不同企业类型及不同涉罪名称而具体确定,避免"千篇一律"的制度套用。第三方监管人作为涉案企业合规整改制度以及合规实施计划有效性的鉴别者,以及对企业落实整改方案及合规建设内容的监督者,应当在进入案件后,针对具体企业的涉案原因、涉罪情形以及涉罪情况与企业内部制度之间的关联性进行综合调查及评判,结合不同情况进行定向性、有针对性的合规整改方案的指导,确定专项合规的具体内容,避免"大而空"的制度模板,导致合规整改目的的落空。第二,针对不同案件的企业涉案情形,应吸纳各个领域的专业人员,包括但不限于通晓税务、知识产权、商业贿赂、环境污染、信息网络、安全生产、金融等高发犯罪类型及涉罪领域的专业人才,检察机关应当与行政监管部门、专业性机构或组织等建立联动机制,采取顾问或外部咨询等方式为个案中的合规整改方案或合规验收标准制订提供规范指导。第三,加强第三方管委会对辖区内第三方组织及其成员的培训、考核工作,提升第三方监管人的专业素养以及业务根基。诚然,检察机关把握着对最终作出批准或不批准逮捕、起诉或不起诉的决定权,但第三方监管人对涉案企业的合规完成情况进行全面考察评估是检察机关作出轻缓决定与否的直接依据,而合规完成情况一方面包括合规制度的构建及合规整改方案的制订情况,另一方面也包括对合规制度建设及整改方案的执行情况。因此,第三方监管人的专业素养、业务能力直接关系企业能否制订并落实真正有效的合规建设,对监管人的培养也应与制度建设本身并重。

(二)第三方监管人的费用支付模式仍未固化,个案中企业承担监管人费用导致监管效果受到一定影响

关于第三方监管人的费用支付问题,一直尚未有定论,实践中也模式各

---

⑥ 陈瑞华:《企业合规不起诉改革的八大争议问题》,载《中国法律评论》2021 年第 4 期。

异。有观点主张不应当由企业支付监管人费用,认为该方式会影响监管人的独立性及中立性,容易导致监管人违背职业伦理,与企业发生利益勾连。⑦ 实践中亦有由检察机关支付的试点方式,以及不向监管人支付任何费用的模式。但后者受到的质疑认为,若完全实现第三方的监管行为无偿化,则极容易导致对监管人的激励不足从而使监管流于形式,而由检察机关支付则可能演化为象征性的支付模式,且有可能出现第三方监管人的费用低于,甚至远低于涉案企业外聘的合规顾问费用的情形,也易造成导致监管力度不足的结果。

相较于美国的合规监管模式,美国独立监管人的费用通常由企业支付,且独立监管人的费用一般较高,甚至高达上亿美元。但立足于我国涉企合规制度的孕育及发展背景来看,中小企业更普遍地成为被合规规制的对象,原因在于相比于大型企业及跨国企业,中小企业更容易因制度的不健全及内部治理缺陷而滋生刑事问题,一旦涉案,又很容易因实控人被采取强制措施而使企业丧失核心领导,从而瞬间消亡。因此,在我国以中小企业作为受制主体的企业合规制度,对于第三方监管人的费用支付如落在涉案中小企业的肩上,则一定程度上更增加了企业负担。

笔者认为,考虑到不同的个案情形,从涉企合规制度的初衷出发,在第三方监管人的费用支付方面,不应采取“一刀切”的方式加以规定。简言之,在足以承担监管人成本的企业中,可以考虑将该费用转嫁由涉案企业承担,同时该费用也能够在一定程度上发挥对企业进行惩罚的效用。而在无力承担监管人费用的小微型企业涉罪案件中,则可以考虑适用由检察机关独立承担监管费用或检察机关与涉案企业共同承担监管费用的模式,一方面保障监管人的工作成本,另一方面又不致给涉案企业施加其无法承受的资金负担。

(三)第三方监管人的监管时间过短,“短期合规”能否扎根企业土壤存疑

在现有的试点案例中,第三方监管人的考察期通常为6个月,在此期间,监管人不仅要针对企业自身的涉案情况进行调查剖析,深入了解企业自身存在的制度漏洞和合规缺陷,还要对企业提交的合规整改方案和制度架构提出有效的指导意见,并监督方案的实施以及考察合规计划的有效执行。可见,从挖掘犯罪根源、建立去罪化的经营模式,到制订可适用的合规计划、监督企业

⑦ 陈瑞华:《企业合规不起诉改革的八大争议问题》,载《中国法律评论》2021年第4期。

落实计划实施方案,再到对企业合规经营的考察,短短6个月的时间并不足以让整改后的制度固化并内嵌于企业的既有运营模式中,亦不足以成为企业全员都予以遵守的制度文化。

在美国司法部和证交会的多个案例中,对企业的考察期动辄便是数年之久,在此期间,监管人可以定期或不定期对企业的合规执行情况进行监督考察,直至企业的合规整改方案及合规计划能够真正成为企业的内嵌机制,成为企业得以运营的有效保障,而非"纸面制度"。因此,笔者建议,在监管时间的设置上,可以一定程度上参考域外监管考察期的时长标准,拉长企业在合规制度下对整改方案及合规体系的执行考察期,使涉企合规制度真正发挥为企业成为"百年老店"保驾护航的制度效用。诚然,受限于现行刑事诉讼法关于检察机关在审查起诉阶段的时限,检察机关需要在审查起诉期限内作出起诉或不起诉的决定,而此期限过后,第三方监管人是否能够继续以外部独立监管人的角色继续对企业实施合规整改方案的情况进行考察,则是下一步对涉案企业延长考察期后所需要面临的现实问题。

刑事合规的现状与问题

庄燕君[*]　王　鼎[**]　魏　彤[***]

一、刑事合规的兴起

（一）行刑一体化趋势

近年来，行政法与刑法的一体化趋势日趋明显，行政法与刑法的规制界限日益模糊。总的来说，其外在表现形式是行政犯或法定犯的大量创设。

（二）行刑一体化对刑法的影响

行刑一体化对刑法适用主要产生以下三个影响：第一，刑事不法对行政法内容的依赖性；第二，刑法传统归责方式的松懈；第三，刑法的防卫前线从结果向行为前移。

（1）刑事不法对行政法内容的依赖性。

在当今时代，随着社会生活的不断复杂化、网络化，刑法规制的行为范围已经从自然犯（即本体的恶）扩大到了法定犯（即法律禁止的恶）。一个法定犯的时代已经到来①，如今，法定犯在我国刑法中的占比已高达85%。

法定犯普遍化的立法模式，对现代刑法产生了以下两个主要冲击。②

第一，刑法规制范围的扩张。法定犯的设立乃是为了契合国家行政的需要，而国家行政渗透在公民生活的各个方面，因此，法定犯普遍化将导致刑法的规制范围的扩大。

第二，刑法规范的行政性标准化。法定犯的一个显著特征，就是在构成要件中包含了对其他行政法律的违反。例如，《刑法》第225条非法经营罪的构成要件中，就包括“违反国家规定”这一构成要件。根据《刑法》第96条的规

* 庄燕君，方达律师事务所律师。
** 王鼎，方达律师事务所律师。
*** 魏彤，方达律师事务所律师。

① 参见李运平：《储槐植：要正视法定犯时代的到来》，载《检察日报》2007年6月1日，第3版。

② 参见江溯：《罪刑法定原则的现代挑战及其应对》，载《政法论丛》2021年第3期。

定,国家规定还涵盖了国务院制定的行政法规、规定的行政措施、发布的决定和命令。这一范围显然超出了刑法本身,使刑法规范的构成要件中包含了行政性标准。

法定犯的普遍化,导致刑法与行政法规制行为之间的界限日渐模糊。构成法定犯、承担刑事责任的前提之一,往往是违反了有关行政性法律法规;而违反了行政性法律法规,往往还会给行为人带来行政责任。这就意味着,对于某一行为,可能同时受到刑法和行政法的规制。这一特征也在我国诸多行政立法中得以体现。例如,《药品管理法》第114条规定:"违反本法规定,构成犯罪的,依法追究刑事责任。"这样的表述几乎出现在了所有的单行行政法律法规之中。

(2)刑法传统归责方式的松懈。

传统的刑法归责方式强调"主客观相统一",即行为人既要符合刑法分则条文明确规定的客观构成要件,还要符合主观构成要件(故意、过失以及部分犯罪中的目的)。

但是,当涉及法定犯时,在主观要素的判断上便产生了一定的模糊。刑法中对部分法定犯的法条表述,难以确认其到底是故意犯罪还是过失犯罪;而通过文义解释、学理解释等方式既可以解释出故意的主观要素,又可以解释出过失的主观要素,因此,这对传统的刑法归责方式提出了挑战。

例如,《刑法》第338条污染环境罪对构成要件的表述是,"违反国家规定,排放、倾倒或者处置有放射性的废物、含传染病病原体的废物、有毒物质或者其他有害物质,严重污染环境的"。在学界对本罪的罪过形式到底是故意还是过失,一直存在争议。一方面,主张故意说的学者认为,本罪的主观构成要件应当是行为人对本罪的罪行明知,且存在对严重污染环境结果的希望或者放任;如果仅仅是出于过失,则不构成本罪。但同时,"通说固执认为污染环境罪的罪过形式还是过失"。[③]

由于罪过形式难以确认,在司法实践中,常常采取模糊处理,即无论行为人主观上出于故意还是过失,或者故意和过失并存时,在现行刑法下,法院一律认定为污染环境罪。因此,为了解决实践中用同一个罪名既规制故意犯罪,

③ 参见陈洪兵:《法定犯时代背景下罪过形式的确定》,载《法治研究》2018年第3期。

又规制过失犯罪的需要，有学者提出了“模糊罪过说”，也即“至少过失说”。该说认为，无论对某一罪名主观上是故意还是过失，只要行为人对可能发生的犯罪结果具有可预见性，就满足本罪的主观要件。污染环境罪就是适用模糊罪过说的最典型罪名。④

在刑法分则规定的法定犯中，存在大量的符合模糊罪过说适用条件的罪名，而在司法实践中也常常采取相应的模糊处理方法。因此，随着法定犯时代的到来，刑法传统上“故意－过失”二元罪过判断模式将不断受到挑战，不少罪名将采取模糊罪过的方式，相较于传统的归责方式更为松懈。

(3)刑法的防卫前线从结果向行为推移。

传统的自然犯视角下，刑法往往需待实害结果出现，才会予以规制，但是，由于社会生活的不断丰富、社会风险的不断增加，刑法逐渐开始处罚有一定抽象危险的行为本身，即行为本身即为不法。

随着法定犯时代的到来，刑法立法扩张、法益保护前移现象在全球各国均有明显体现。自1979年以来，我国刑法的抽象危险犯从53个增加到如今的155个，而增加抽象危险犯以控制风险，是刑法修正案的特点之一。从刑法分则的结构上来看，抽象危险犯主要集中在危害国家安全罪、破坏社会主义市场经济秩序罪、妨害社会管理秩序罪中，也就是说，抽象危险犯主要都是法定犯。⑤

抽象危险犯往往也以违反行政法律法规为前提。但是，导致抽象危险的行为本身何时构成刑事犯罪，何时仅构成行政违法，则存在较大的模糊。对于众多的抽象危险犯，法律法规、司法解释没有作出明确的规定，因而反映出行刑一体化的问题。⑥

(三)行刑一体化与刑事合规的关系

一般而言，合规的目的是避免合规风险的发生，而“合规风险”，通常是指“企业因未能遵循法律法规、监管要求、规则、自律性组织制定的有关准则以及

④ 参见陈洪兵：《模糊罪过说之提倡——以污染环境罪为切入点》，载《法律科学(西北政法大学学报)》2017年第6期。

⑤ 参见姜涛、柏雪淳：《刑法中抽象危险犯的立法限缩路径研究》，载《中国高校社会科学》2021年第2期。

⑥ 参见姜涛：《抽象危险犯中刑、行交叉难题的破解——路径转换与立法创新》，载《法商研究》2019年第3期。

适用于企业自身业务的行为准则，而可能遭受法律处罚、监管处罚、重大财务损失或声誉损失的风险”[⑦]。产生刑事合规风险的前提则是企业违反了刑法有关规定，有构成单位犯罪的风险。从刑事合规发展的历史逻辑来看，其基本上也都是围绕着“反商业贿赂”这一典型的法定犯而展开的。刑事合规之所以在全球范围内兴起，正是因为1977年美国《反海外腐败法》的颁布以及美国在全球范围对反商业贿赂的推动。目前，除了反商业贿赂外，反洗钱、反垄断、数据保护、反金融欺诈等领域，都成了企业合规的对象。[⑧] 但是，无论这一范围如何扩大，单位犯罪基本上均为法定犯，因而刑事合规的行为对象也都是法定犯。

从行刑一体化视角来说，刑事合规正是需要规制企业行为，禁止从事有刑法抽象危险地方行为，阻断刑事不法，避免过错推定。

一方面，行刑一体化导致刑法中抽象危险犯的增加，从而使单纯的不法行为也构成犯罪。这时，企业的合规控制也应当从结果前移到行为，不仅要避免违法结果的发生，更要注意经营中商业行为的合法性，避免产生刑法禁止的抽象危险。

另一方面，在过错认定上，随着模糊罪过的兴起，传统的“过失抗辩”——认可行为符合某故意犯罪的构成要件，但主张主观上是过失而非故意，从而达到无罪的效果——往往无法发挥作用。这时，企业刑事合规的方向就应当转为避免过错推定，从而避免模糊罪过为企业带来的合规风险。

二、刑事合规律师在企业生态发展中的功能重塑

（一）承担角色多元化

相比于传统业务，刑事合规中，律师的身份更为多元化。除了企业刑事合规顾问、辩护律师之外，律师还可能扮演刑事合规独立监管人的角色。[⑨]

1. 独立监管人。独立监管人是指受犯罪嫌疑单位委托，对企业的刑事合规情况进行调查、规划、监督的专业机构。[⑩] 2020年8月28日深圳市宝安区司

---

⑦ 陈瑞华：《企业合规制度的三个维度——比较法视野下的分析》，载《比较法研究》2019年第3期。

⑧ 陈瑞华：《企业合规制度的三个维度——比较法视野下的分析》，载《比较法研究》2019年第3期。

⑨ 钱小琴：《企业刑事合规业务中律师的角色定位与业务开展（二）》，载微信公众号“巾帼刑辩”2021年6月30日。

⑩ 参见陈瑞华：《企业合规不起诉制度研究》，载《中国刑事法杂志》2021年第1期。

法局印发《关于企业刑事合规独立监控人选任及管理规定(试行)》,明确规定由律师事务所担任刑事合规独立监控人,协助涉刑企业完善刑事合规工作。律师担任独立监管人,应当履行诚实、信用、勤勉、中立的义务,依法独立、客观、公正地进行合规监管,主要工作包括:首先,监督并帮助企业针对识别、控制刑事风险的漏洞,建立完善预防、发现、遏制违法犯罪的内控机制;其次,定期向当地人民检察院报告合规监控情况;最后,如果发现委托企业新的不合规行为,应及时举报并督促其整改。⑪

2. 企业刑事合规顾问。刑事合规顾问属于企业法律顾问的组成部分之一,作用机制存在相似之处,本质上是对具体行业下具体企业经营管理中存在的风险进行诊断,在此基础上建立刑事合规体系,以规避企业及其员工刑事法律风险的发生。有效的合规计划是一系列轻缓刑事措施的前提条件,对企业存在重要意义,刑事合规顾问的重要性也就不言而喻。

3. 辩护律师。在刑事合规的大形势下,传统刑事辩护律师既会面临被挤压的效应空间,也会迎来新的价值探测区。一方面,在合规不起诉制度中,如果检察机关同意将合规体系的建设情况当作判断是否起诉的考量因素,那么鉴于刑事程序的暂时中止,辩护律师发挥作用的空间的确不大。但另一方面,既然存在刑事合规的可能性,除了传统的会见、申请取保候审等诉前业务,辩护律师还可以帮助企业申请进行刑事合规考察和建设。而在刑事合规的过程中,辩护律师也应保持与刑事合规员、独立监管人的沟通,时刻把握合规建设动态,以确保在合规不符合要求,需要重启诉讼程序时做到及时续接。

(二)作用时间全程化

刑事处罚的严峻性及其后果的严重性,决定了刑事合规计划必须贯穿于企业从诞生到发展的全部流程,刑事合规律师也必然需在事前、事中、事后发挥从始至终的作用。⑫

1. 事前制定合规防范体系。刑事合规律师主要参与两个方面:一是企业监督管理制度设置,即围绕企业经营领域所涉及的一般领域和专属领域的行

---

⑪ 参见陈瑞华:《律师如何开展合规业务(五)——律师如何担任合规监管人》,载《中国律师》2021 年第 1 期。

⑫ 庞理鹏、田浩男:《律师视角下的企业刑事合规业务开展》,载中国法制网 2021 年 3 月 2 日,http://www.legaldaily.com.cn/zt/content/2021-03/02/content_8445473.htm。

政法规和刑事法律规范,制定一套企业运营规则和员工守则。二是健全的岗位设置,即在企业设立之初围绕刑事合规,对相应的岗位或者职责进行明确分工安排,包括宣讲、内部调查等部门,并对上述相关人员进行职能规划和岗前培训。

2. 事中识别特定法律风险。律师应在企业的日常经营活动中,及时开展对公司内部的合规调查,全面了解交易和经营活动的细节。还要定期对公司进行合规体检,以及时评估识别公司业务中可能存在的风险点以及对应的刑事罪名、处罚结果。最后,律师还需针对企业开展日常的刑事合规培训及答疑。

3. 事后应诉以及合规整改。目前我国刑事合规制度仍处于初期探索之中,主要集中在犯罪行为发生后的刑事合规整改与认罪认罚相结合,试点阶段各地政策不一。因此,在给定期限内因地制宜,快速建立起符合检察机关要求的合规体系,是刑事合规律师的重要任务。此外,如整改最终未通过,刑事合规律师还需及时制定诉讼策略。

(三)专业优势凸显化

传统业务中,企业内设的法务部门在一定程度上可以代替外聘律师,但在刑事合规业务中,专业律师具备更突出的优势,主要体现在以下方面:

1. 综合能力更强,更具市场前瞻性。多数企业的法务专长于民商法、公司法以及经济法,对企业日常少有触及的刑法并不熟悉。另外,由于内部法务的业务领域常年局限在单个企业内,发现的问题和提出的解决方案都相对单一。相反,专业的刑事合规律师团队对刑法有更深刻的认识,尤其是破坏社会主义市场经济秩序罪和妨害社会管理秩序罪等刑民、刑行交叉领域。除此之外,专业的合规团队常年接触各行各业最优质顶尖的客户,其不仅了解国内市场,也会对国外市场深入调研,保证第一时间全面把握前沿合规问题,实现多角度、全方位、专业化的风险防范。

2. 合规团队独立性更高。合规计划、内部调查等的实施有赖于合规团队时刻保持客观中立,不受任何其他部门和个人的干扰。内部法务团队的员工长时间在同一集体内共处,在自查自纠的时候即便发现违规违法行为,也可能碍于情面选择隐瞒或停止查处,风险由此不断积累,最终导致无可挽回的后果。外聘专业律师团队具有高度的独立性,在接受举报、内部调查、制定预防措施等方面具有先天优势，不会受到企业内部因素的干扰。

3. 沟通成本更低。企业并非专门法律机构，即使是法务部门，更多涉及的也是民事诉讼，较少接触公安、检察院等执法、司法机关。而专业的刑事合规律师团队在其日常的刑事辩护及合规业务中，需要经常与各地各级司法机关进行协商沟通，相比于企业内设部门，不仅成本更加低廉，交流也更加高效。

三、刑事合规的意义

（一）刑事合规对企业的意义

1. 事前有效预防犯罪，事后合理分配责任，最大程度避免企业损失

实践表明，未建立有效合规机制的企业难以预防犯罪，一旦失控将导致不可挽回的损失。在美国20世纪发生的安然事件和安达信事件中，联邦司法部对这两家企业提起刑事诉讼，最终导致两家企业相继破产，数以万计的公司员工失业。[13] 2020年，空中客车向英、美、法三国支付39亿美金，以就其国际战略和市场营销部行贿及出口管制问题达成和解。一个没有有效合规计划的企业难以采取措施预防高管犯罪，一旦企业被定罪判刑，将会导致企业自身其无辜的员工、股东、投资者、代理商、经销商的利益受到严重损失，企业信誉严重受损，轻则失去交易机会，重则失去上市资格，甚至面临破产。

刑事合规可以促使公司建立合规机制，在实施过程中觉察潜在犯罪风险，采取措施主动预防犯罪，从而避免因被定罪判刑或受到监管处罚而付出惨痛代价。即使未能成功在事前遏制犯罪，刑事合规也有助于弥补传统替代责任在单位犯罪中过于严苛的缺陷，避免出现只要员工为了企业利益实施违法犯罪行为，企业便会受到刑事追诉，无法以企业本身不存在过失来进行抗辩的情况，[14]有效实现员工犯罪与企业责任的切割，最大程度保全企业。

2. 紧跟国际趋势，避免企业在世界范围内遭遇被动合规

如今，企业合规已成为世界趋势。在国内企业合规被提上日程之前，我国部分企业在全球范围屡遭被动合规。[15] 2018年6月，中兴公司为与美国商务部达成解除制裁的协议支付10亿美元罚款，并且更换管理团队，同时聘请美

---

[13] 陈瑞华：《企业合规制度的三个维度——比较法视野下的分析》，载《比较法研究》2019年第3期。

[14] 田宏杰：《刑事合规的反思》，载《北京大学学报（哲学社会科学版）》2020年第2期。

[15] 李玉华：《有效刑事合规的基本标准》，载《中国刑事法杂志》2021年第1期。

方认可的合规官。[16] 2021 年 6 月,因浙江省第一水电建设集团股份有限公司在广西来宾水环境综合治理项目中存在腐败和欺诈行为,世界银行对其实施为期两年的禁令制裁,其间禁止其参与世界银行资助的项目,解除条件为满足指定的合规要求。[17]

在针对中国企业反腐败、反垄断、反洗钱、反金融欺诈、数据隐私保护等领域的调查和惩罚日趋频繁的形势下,运用有效手段激励企业合规具有重要意义。通过刑事政策上的正向激励和责任归咎,以提早预判公司可能出现的各种刑事风险并采取预防措施,使企业在当今各国政策复杂多变的形势下得以化被动为主动,尽可能避免在"走出去"的过程中遭受阻碍。

3. 优化公司治理结构,树立企业正面形象

在刑事合规中,有效的合规计划是刑事正向激励措施得以适用于企业的前提。在此机制下,企业会更积极主动地建立有效的合规计划,由此带来公司治理结构上的显著变化。在传统的董事会、监事会、高级管理层、审计部门组成的管理体系中,引入合规部门和合规团队,负责向高级管理层和董事会报告公司内部存在的合规风险。此外,公司在各项业务运行、财务管理乃至审计监督等环节,全部都要接受合规部门的独立审查。合规部门独立于传统的由公司决策者、执行者和监督者所组成的三角结构,将发挥不可替代的作用。[18]

此外,通过建立合规计划进行自我约束,企业可以承担更大的道德责任和社会责任,由此树立良好的社会形象,获得长久的商业信誉和公众肯定,从而实现可持续发展。

(二)刑事合规对社会的意义

1. 有效预防企业犯罪,保障社会秩序

在刑事立法和司法活动中,刑法发挥其评价功能,将一定的行为规定为犯罪并给予处罚,表明该行为被法律所禁止,并通过具体案件判处的刑罚要求人们作出不实施这种犯罪的决定,据此防止犯罪发生。循此逻辑展开的刑法学

---

⑯ 李玉华:《我国企业合规的刑事诉讼激励》,载《比较法研究》2020 年第 1 期。

⑰ Daniel Nikolits, *World Bank Group Debars Zhejiang First Hydro & Power Construction Group Co.*,载世界银行网站,https://www.worldbank.org/en/news/press-release/2021/06/16/world-bank-group-debars-zhejiang-first-hydro-power-construction-group-co。

⑱ 陈瑞华:《企业合规制度的三个维度——比较法视野下的分析》,载《比较法研究》2019 年第 3 期。

必然有其合理之处,但人们关注更多的是犯罪行为实际发生后犯罪的认定与刑罚的适用,从社会治理的角度来看这并非犯罪预防最理想的状态。尤其在企业犯罪的预防方面,国家制定的措施往往缺乏及时性和针对性。由于不同类型的企业在运作程序上存在不同,具体情况千差万别,国家难以制定和实施适合不同企业特点的犯罪预防措施,外部监督的效力又会被进一步削弱。

通过将公司自治引入犯罪预防机制,刑事合规可以有效弥补刑法的缺陷。一方面,合规减刑或不起诉机制可以有效促进企业自我监管,促使公司调动内部治理资源以限制员工对犯罪活动的参与,从而缓解国家对犯罪行为的监管负担。另一方面,犯罪预防在刑事合规的背景下形成国家与企业合作的治理模式,熟知内部运作机制的企业有能力制定更为适配的合规政策;与此同时,国家具备强力的公权保障,使得最优的犯罪预防成为可能,从而为企业创造公平良好的经营环境和社会秩序。

2. 降低企业犯罪发现、惩治及刑事追诉难度

传统上,企业犯罪的侦查、惩处与预防均由国家从外部监督指导,依赖国家法律的制裁实现。但一方面,经济犯罪本身具有复杂性,案件需要长时间调查,所需要的时间、人力上的成本并非国家有限的资源可承担;而企业内部管理机制同样存在复杂性,国家缺乏进行企业内部调查的必要技能。[19] 另一方面,当企业内部发生违规行为时,企业往往选择内部解决处理而非第一时间请求公权力介入;当企业内部犯罪被发现时,企业及其员工出于自保心态常常倾向于互相推诿指责,使追诉机关获取可信证据、惩处犯罪变得困难。[20]

通过实现国家与企业的合作,刑事合规可以有效降低企业犯罪发现、惩治及刑事追诉的难度。作为刑事合规的内容之一,当违法行为发生后,要求企业具有应对违法犯罪行为的方法和报告程序。企业发现犯罪行为后,应当及时报告司法部门,并积极协助司法部门侦查。而企业的合规积极性则来自通过合规管理可以实现的受罚风险规避。另外,为实现刑事合规促使员工遵守刑法的目的,企业在制定刑事合规规则时必然需厘清本企业的职责内容、职位关系及议事决策程序,企业在实施刑事合规规则对违规行为调查时,必然也会承

---

⑲ [德]托马斯·罗什:《合规与刑法:问题、内涵与展望——对所谓的"刑事合规"理论的介绍》,李本灿译,载(赵秉志主编)《刑法论丛》2016年第4期,法律出版社2016年版,第365页。

⑳ 石磊:《刑事合规:最优企业犯罪预防方法》,载《检察日报》2019年1月26日,第3版。

担部分收集、固定证据的义务，为后续的刑事追诉提供良好的证据基础。[21]

3. 解决单位犯罪刑事归责的困境

长期以来，传统理论认为，单位犯罪是单位决策机构故意或者过失造成社会危害结果的行为。[22] 然而，如今现代企业的结构和分工都更为复杂，与此同时，内控机制的普遍缺乏使企业内部职责义务内容不清，议事决策规则不明，难以界定单位决策机构，在危害结果发生后同样难以证明单位决策机构存在故意和过失。作为组织体的单位难以被认定有独立于自然人的主观过错，由此会陷入刑事归责的困境。

刑事合规制度可以对上述问题予以回应。通过刑事立法促进企业内部建立有效的犯罪预防机制，并通过考量企业是否建立有效合规机制来判断犯罪主观方面，有效回答了单位犯罪与自然人犯罪的关系，也能有效解决单位犯罪刑事归责的独立性问题。

---

[21] 孙国祥：《刑事合规的理念、机能和中国的构建》，载《中国刑事法杂志》2019年第2期。

[22] 秦长森：《以"刑事合规"破解单位犯罪归责难题》，载《检察日报》2020年8月25日，第3版。

探索完善企业刑事合规附条件不起诉制度

庄燕君[*]　刘　超[**]

近期,许多专家学者及实务人士呼吁对现行刑事诉讼制度进行改革,引入域外暂缓起诉制度,并进行本土化改造,以此作为企业刑事合规的重要激励措施,促进企业建立完善的刑事合规体系,形成合规经营文化。虽然目前尚缺少开展企业刑事合规暂缓起诉的制度基础,但值得关注的是,自2020年以来,浙江、江苏、广东等多地检察机关在现行刑事诉讼制度框架下,积极探索将企业刑事合规引入司法实践的可行路径,最高人民检察院也积极探讨"企业犯罪相对不起诉适用机制改革"课题。在依法办理涉企业刑事案件的同时,检察机关充分参与社会综合治理,逐步摒弃偏重于"打击"的传统办案模式,采用"刑事打击"与"合规指导"并重的办案理念,督促企业依法合规经营。本文认为,现阶段可以将"合规检察建议"与"相对不起诉"制度充分结合起来,将企业在刑事合规方面的表现作为检察机关对涉案企业作相对不起诉处理的重要考量因素。

一、疫情笼罩下检察官的办案"压力"

日前,山东省青岛市人民检察院的一名检察官在办理一起走私普通货物案件时感到肩上的"压力"很大。青岛某跨境电商公司副总经理陈某帮助青岛某实业有限公司将应当按照一般贸易商品进口的化妆品,通过伪造单据的方式冒充跨境电商的进口模式,偷逃税款,涉嫌构成走私犯罪。案发后,陈某所在公司考虑到无法预估的刑事风险,决定停止公司所有的跨境电商业务,这让承办案件的检察官倍感"压力"。① 这种"压力"源于办案检察官对当前经济形

---

* 庄燕君,方达律师事务所律师。

** 刘超,方达律师事务所律师。

① 孙佳:《当检察官听说企业准备不干了　检察建议助力跨境电商　保障新型小微企业复工复产》,载微信公众号"青岛市人民检察院"2020年6月15日。

势下企业生存、职工就业、税收缴纳等诸多社会问题的深深忧虑,这体现了办案检察官的责任担当。该名检察官认为,案涉企业属于早期在青岛成立的一批公司之一,具有进一步发展壮大的前景,如果因为受案件影响放弃继续经营,对企业、员工甚至整个行业都会产生严重的负面影响。在2020年疫情给整个社会经济发展带来很大影响的背景下,绝不能出现因为办理一起案件而导致一个有发展前途的企业倒闭。经向领导汇报,该检察官决定对企业开展“营救”,帮助企业搭建合规体系,打消企业顾虑。

检察官发挥检察建议在参与社会治理中的积极作用,采取了一系列合规指导措施:(1)沟通考察。检察官与企业负责人开展多次沟通,并前往企业考察,建议企业继续经营发展。(2)提出检察建议。建议企业建立风控部门,完善业务审批机制,堵塞系统漏洞,更改系统设置,加强法制培训。(3)公开送达。在第三方代表监督下,向企业公开送达检察建议,要求案涉企业认真整改、合规经营。案涉企业表示将根据检察建议进行有针对性整改,完善企业内控制度,规范合规做好跨境电商业务。案件办理因此得到良好的社会效果。

检察官的“压力”促成了一家国内跨境电商企业刑事合规体系的完善,挽救了企业蓬勃发展的新兴业务。实际上,早在2001年,美国联邦检察官在处理“安达信公司事件”时也曾遭遇过类似的“震撼”。“安达信公司事件”中,一位联邦检察官在国会作证时表示安达信事件深深“震撼”了所有联邦检察官,促使他们积极寻找处理法人犯罪的第三条道路。[②] 安达信公司曾是全球五大会计师事务所之一,为安然公司提供内部审计和咨询服务。2001年安然财务丑闻爆发,安达信的休斯敦事务所开始销毁有关安然公司的大量会计账册,后检方认定安达信公司涉嫌妨害司法罪。联邦地区法院认定指控安达信公司的罪名成立,对其判处罚金50万元,责令其五年内不得从事会计业务,后案件上诉至联邦最高法院。案件对安达信公司造成毁灭性打击,公司业务大量流失,仅在美国就有28,000余员工失业,在美国经济下行的背景下,联邦检察官动辄对企业提起刑事诉讼的做法也受到较大的争议,该事件最终促成了美国对企业起诉政策的重大调整。

中美两国虽然法律文化背景不同,且隶属于不同法系,但两国检察机关对

② 参见陈瑞华:《企业合规基本理论》,法律出版社2020年版,第316页。

于企业、经济乃至国家发展的关注和责任是相通的,在鼓励、引导企业开展刑事合规方面具有相似的使命。

二、多地检察机关创新引导企业刑事合规举措

除了上述青岛市检察机关外,还有多地检察机关在实际办案中关注到了企业刑事合规问题。这些检察机关在办案之余,同时对企业的刑事合规问题进行走访调查,听取企业、行业相关人员意见,查阅企业管理规章制度,提出整改建议,有的还要求涉案企业出具合规承诺书,并将企业刑事合规风险作为适用相对不起诉的重要评估指标。以下选择两个典型案例述之。

(一)引导企业刑事合规的典型案例

1. 对涉案企业作不起诉处理的同时,要求企业提供刑事合规承诺书

浙江省岱山县某企业通过伪造增值税专用发票、虚构抵押物等方式骗取银行贷款人民币400余万元,涉案企业及员工也被移送检察机关审查。受理案件后,办案检察官多次走访企业、银行,了解到企业经营困难。办案检察官认为,涉案当事人是企业负责人及业务骨干,如果提起公诉,势必会影响企业运营及融资能力,且大量员工将面临失业风险。从服务民营经济角度出发,检察官在仔细审查案件的基础上,要求企业以此为戒,严格筑牢合规经营"防火墙",并要求企业提交合规经营承诺书。收到承诺书后,岱山县人民检察院召开了拟不起诉公开听证会,邀请了人民监督员参与案件评议,最终对涉案企业与涉案人员作出相对不起诉决定并公开宣告。③

2. 对涉案企业作不起诉处理的同时,督促企业搭建刑事合规体系

江苏省盐城市某单位智能化项目公开招标,某公司管理人员刘某某使用公司名义帮助其他公司违规围标、串标,后被以串通投标罪名移送检察机关审查起诉。④ 检察官在审查起诉时发现,刘某某等人犯罪情节较轻,且作为公司主要管理人员,一旦被判处刑罚,企业的经营必定会陷入困境。检察官通过走访公司,听取相关人员意见,邀请侦查人员、人民监督员等参加公开听证,并最终从促进企业生存发展、保障员工生计、维护社会稳定的角度出发,依法作出相对不起诉处理。与此同时,检察机关向公司提出完善人员管理制度、加强公

③ 《这家企业向检察官提交了企业合规承诺书,这是怎么回事?》,载微信公众号"岱山县人民检察院"2020年8月14日。

④ 《不起诉决定让企业放下"包袱"》,载微信公众号"盐城开检"2020年7月14日。

章管理、健全公司内部监管等的检察建议，帮助企业堵塞管理漏洞、提高安全防范能力。

（二）引导企业刑事合规的机制

除了在具体个案中引导企业刑事合规，一些地区检察机关还尝试在现有制度框架下，建立引导企业刑事合规的机制。

1. 深圳创新：注重企业刑事合规内控机制

2020 年 8 月 21 日，广东省深圳市宝安区人民检察院与宝安区司法局举行企业刑事合规协作会签仪式，共同签署《关于企业刑事合规协作暂行办法》（以下简称《暂行办法》），双方围绕办理涉企刑事案件建立工作衔接机制，共同推动宝安区企业刑事合规独立监控人的选任、培训、考核、监督和管理工作，保障独立监控人依法履行职责，发挥调查、规划、监督的作用，为企业合规经营提供专业的法律支撑，提升企业风险防控能力及市场竞争力，避免企业因法律风险遭受巨大损失。同月 28 日，宝安区司法局发布了《深圳市宝安区司法局关于企业刑事合规独立监控人选任及管理规定（试行）》，之后又公布了第一批企业刑事合规独立监控人拟入库名单。

《暂行办法》规定，企业刑事合规是指涉嫌单位犯罪的公司、企业等主体，在独立监控人的监督及帮助下，针对刑事风险的识别、控制方面的漏洞，建立并完善预防、发现和制止企业违法犯罪行为的内部控制机制，使企业的生产经营行为符合《中华人民共和国刑法》等刑事法律规定。其中，独立监控人是指受犯罪嫌疑企业委托，对企业刑事合规情况进行调查、规划、监督的律师事务所，主要职责是就企业刑事合规情况进行调查，协助犯罪嫌疑企业制订合规计划以及协助区人民检察院监督合规计划的执行，并针对其履职情况、企业刑事合规建设出具阶段性书面监控报告，作为区人民检察院作出相应处理决定的参考。

总结而言，深圳市宝安区的上述做法通过引入外部专业第三方机构，强化了企业刑事风险的内控机制。同时，在企业涉嫌刑事犯罪时，检察机关可以根据第三方机构出具的书面监控报告，来决定对涉案企业作何种处理。

2. 浙江创新：强调企业刑事合规轻缓化处理

2020 年 10 月 22 日，浙江省人民检察院携手浙江省工商业联合会在温州市鹿城区人民检察院挂牌成立新时代“两个健康”法治研究中心（以下简称研究中心),旨在通过亲清政商关系、清廉民企建设、知识产权保护、法律风险防范等方面进行调查研究。同日下午,研究中心召开涉企刑事司法与营商环境优化研讨会,围绕侵犯商业秘密、加强企业涉税类犯罪案件轻缓化处理等问题展开交流。

在研讨会上,专家学者及实务人士围绕虚开增值税专用发票罪的认定及处理问题展开了探讨。虚开增值税专用发票罪是企业比较常见和高发的犯罪类型,一些企业基于方便交易、虚增业绩、提高融资能力及逃税等考虑,用购买等非法方式取得增值税专用发票。当前,我国对虚开增值税专用发票罪采取了较为严厉的刑事政策,不仅规定了较低的入罪及法定刑升格门槛,还未区分犯罪意图、有无真实交易、造成的损失等因素,仅以虚开的税款数额作为主要标准,一定程度上模糊了行政处罚与刑事处罚的界限,而一旦刑事立案,就会查封、扣押或冻结上百万元、上千万元的企业资产。较多专家学者建议应当区分不同情形,适当降低刑罚,避免给企业生存发展造成巨大压力,继而引发就业和社会问题。对此,被浙江省人民检察院指定为企业经济犯罪刑事合规法律监督试点单位的鹿城区人民检察院提出,将创新办案思路,拟对 250 万元以下的虚开增值税专用发票案件,在初犯偶犯、挽回损失的前提下,具有相应法定从轻减轻情节的,考虑作不起诉决定,同时对于行为人有违法所得或违法行为的,及时向有关主管机关发出《检察意见书》,确保刑事法律和其他法律法规的衔接;此外,将考虑借鉴未成年人附条件不起诉制度的精神,在审查起诉时,检察机关对应当负刑事责任的犯罪嫌疑人设立一定考察期,如其在考察期内积极履行相关社会义务,完成刑事合规审查的,检察机关将依法作出不起诉决定。

总结而言,温州市鹿城区在现行法律框架下,将结合实际情况针对特定企业刑事犯罪作“轻缓化处理”,具体以相对不起诉及“附条件不起诉”(将来)为主要措施,并借助检察建议实现刑事处罚向行政处罚的过渡,这具有相当的积极意义。

3. 江苏创新:突出企业刑事合规综合治理

2020 年 11 月 19 日,江苏省人民检察院发布了《关于服务保障民营企业健康发展的若干意见》,该意见以保障民营经济高质量发展为出发点,较为全面地规定了关于检察机关开展企业刑事合规的改革措施,重点内容总结如下。

第一，落实“轻轻重重”刑事理念。要求检察机关充分落实“少捕”“少押”“慎诉”要求，对于社会危害性不大、认罪认罚的民营企业涉罪轻案，坚决做到能不捕的不捕、能不诉的不诉、能不羁押的不羁押、能不判实刑的就提出宽缓量刑的建议。

第二，慎重处理新类型案件。要求检察机关严格把握涉民营企业生产经营、创新创业等新类型案件的法律政策界限，对形式上符合刑法罪名规定，但实质上没有社会危害性或者危害性不大，可依据行政法规处罚或寻求民事法律救济的，要从有利于促进企业生产发展、有利于保障员工生计、有利于维护社会稳定的角度作出检察决定，不能机械套用刑法条文，防止简单化“对号入座”。

第三，用足用好起诉裁量权。逐步扩大酌定不起诉在认罪认罚案件中的适用，推动更多民营企业涉罪轻刑案件在检察环节依法得到轻缓处理。对具有从轻、减轻情节或者社会危害性不大且认罪认罚的民营企业涉罪轻刑案件，可暂缓作出起诉决定，督促企业建立健全合规体系。经过一定的期限后，经评估达到刑事合规标准的，可依法对其作出不起诉决定或者提出从宽处罚的量刑建议，并撤回检察机关已公开的案件信息。

第四，建立健全企业违法犯罪预防机制。例如，及时制发刑事风险提示函。司法办案中发现民营企业存在刑事犯罪风险的，可主动向相关企业制发刑事风险提示函，提示企业运营过程中的法律风险点并提出具体防范对策，督促企业改进风险内控制度，提高企业家的自我保护意识，提高企业经营管理的法治化水平。再如，精准制发检察建议。结合司法办案，深入剖析企业内部发生犯罪的原因、特点和规律，向涉案企业精准制发检察建议，帮助企业建章立制、堵塞漏洞，建立并执行有效的刑事合规计划。分析研究涉罪涉诉民营企业特点，就金融、知识产权、逃废债等领域的公共管理问题，加强类案研究，向政府相关职能部门提出检察建议，解决影响民营企业健康发展的普遍性、苗头性问题。

总结而言，江苏省发布的上述文件，涵盖了深圳及浙江的主要创新举措，从两个角度概括：一是加强企业违法犯罪预防及内控机制，前述第四点即属于此类；二是落实企业部分刑事犯罪“轻缓化”处理政策，前述第一、二、三点即属于此类。值得一提的是，上述文件将认罪认罚程序与相对不起诉制度结合，给相对不起诉决定提供了更充分的正当性基础。

三、关于“合规检察建议 + 相对不起诉”方案的可行性

上述分析了现阶段检察机关创新引导企业刑事合规的相关举措，目前各地检察机关采用的处理方式虽然略有不同，但此类差异化的处置方案所遵循的基础脉络是相同的，可概括为“内控整改 + 轻缓化处理”，对应在程序上即为“合规检察建议 + 相对不起诉”模式。当前，“合规检察建议 + 相对不起诉”模式已经具备在刑事司法实务中广泛适用的条件，主要理由如下。

（一）运用检察建议推动民营企业合规经营是检察机关的重要职能

1. 检察机关引导企业开展刑事合规的职能定位

“推动民营企业筑牢守法合规经营底线”⑤是最高人民检察院（以下简称高检院）检察长张军在 2020 年 1 月召开的全国检察长会议上对检察工作提出的要求。此外，高检院常务副检察长童建明在 2020 年 9 月召开的企业刑事合规与司法环境优化研讨会上提出，检察机关要准确把握涉企案件司法政策界限、改进办案方式方法。要把民法典中蕴含的产权保护理念贯彻到刑事司法中，尽量把对企业正常生产经营活动的负面影响降到最低。检察机关在做好指控证明犯罪的同时，要积极参与社会治理，助力依法开展刑事合规管理⑥。

根据国家机构职能定位，检察机关属于司法机关而非行政机关，其主动参与企业治理的方式有限，但目前检察建议的制度设计无疑是检察机关参与企业治理的有力抓手。检察建议是人民检察院依法履行法律监督职责，参与社会治理，维护司法公正，促进依法行政，预防和减少违法犯罪，保护国家利益和社会公共利益，维护个人和组织合法权益，保障法律统一正确实施的重要方式。根据高检院发布的《人民检察院检察建议工作规定》（以下简称《检察建议工作规定》）第 11 条规定，人民检察院在办理案件中发现涉案单位在预防违法犯罪方面制度不健全、不落实，管理不完善以及存在违法犯罪隐患，需要及时消除的，可以向有关单位和部门提出改进工作、完善治理的检察建议。不难看出，涉案单位预防违法犯罪方面的制度不健全、不落实，管理不完善以及存

⑤ 姜洪：《全国检察长会议在京召开》，载正义网 2020 年 1 月 19 日，http://news.jcrb.com/jxsw/202001/t20200120_2102720.html。

⑥ 《最高人民检察院在宝安主办企业刑事合规与司法环境优化研讨会》，载搜狐网 2020 年 9 月 11 日，https://www.sohu.com/a/417788541_487460。

在的违法犯罪隐患等对应的恰恰是企业刑事合规体系缺失的问题,而检察建议针对的正是企业经营刑事不合规的“疾患”。通过检察建议督促、引导企业刑事合规应是一项重要的检察职能。

2. 检察机关开展企业刑事合规尽职调查的措施

为保障检察建议的针对性,《检察建议工作规定》第14条赋予检察官多项具体调查措施,这些措施包括:查询、调取相关证据材料;向当事人、有关知情人员或者其他相关人员了解情况;听取被建议单位意见;咨询专业人员、相关部门或者行业协会等对专门问题的意见;委托鉴定、评估、审计;现场走访、查验等。《检察建议工作规定》赋予检察官的调查措施与国内外专业律师事务所针对企业采取的常规刑事合规尽调手段相似,换言之,检察建议的出具过程相当于由办案检察官针对涉案企业进行一次中低强度的合规尽调,符合专业机构用以发现企业合规漏洞的尽调逻辑及方法。

3. 检察机关参与企业刑事合规的改进空间

囿于案件数量多、办案期限紧、压力大等现实因素的影响,检察官采用检察建议履职较多关注检察建议发放后涉案单位的回函,属于“文件对文件”的对接层面,而对于建议、回函内容是否真正得到有效推行,企业刑事合规问题是否得到切实整改落实的关注则有待加强。检察建议作为治疗企业刑事合规“疾患”的一剂“良药”,尚未充分发挥其应有功效,需要逐步建立保障检察建议发挥作用的长效机制,确保刑事合规检察建议落地生根。

(二)“可诉可不诉的,不诉”是保护民营企业刑事政策的集中体现

在2020年的全国检察长会议上,张军检察长明确指出,要以更大力度支持民营经济健康发展,把依法惩处与平等保护结合好。既要以更大的力度保护民营企业和企业家合法权益,依法切实做到能不捕的不捕、能不诉的不诉、能不判实刑的就提出适用缓刑建议,又要有力推动民营企业筑牢守法合规经营底线。此前,在重庆市人民检察院第一分院接待群众来访时,张军检察长也曾提出,对于民营企业在今天要格外依法予以平等保护,涉及就业、社会稳定,涉民营企业家的刑事案件,可捕可不捕的不捕,可诉可不诉的不诉,可判缓刑的就要提出缓刑的建议。

前述刑事政策体现了对民营企业的“偏向”,但未违反司法平等原则,因为相对于国有企业,民营企业无论是在政策支持、市场风险,还是融资途径等方

面,均处于弱势地位,因此需受到更多的鼓励与保护。⑦

1. 摒弃“风险规避”的办案理念

践行“可诉可不诉的,不诉”,需摒弃“风险规避”的办案理念。实践中,一些公诉和侦查监督部门的检察官总结出了一套办理批捕、公诉案件的“实用经验”,如“可捕可不捕的,不捕”“可诉可不诉的,起诉”。这样的办案经验总结,源于办案人员在司法责任制下的“风险厌恶”倾向。“可捕可不捕,不捕”,是指批捕环节作为检察机关接触刑事案件的第一环节,要严把案件质量关,能不批捕就尽量不批捕。如此一来,若未来案件出现证据问题导致案件存疑,进而涉及国家赔偿等事宜,但由于批捕阶段检察官并没有批捕犯罪嫌疑人,所以办案检察官的个人责任较轻。“可诉可不诉的,起诉”,是指当案件已经过批捕环节把关,定罪证据一般较为充分,即便案件情节轻微,作起诉决定依然是第一选择。其一,起诉决定可以由员额检察官直接作出,免去汇报请示的繁琐程序;其二,为防止司法腐败发生,不起诉案件被本院或上级单位复查的概率高,为避免复查“麻烦”,案件起诉更为稳妥。

2. 摒弃单一报应主义的刑罚理念

践行“可诉可不诉的,不诉”,需摒弃单一报应主义的刑罚理念,特别是当涉及单位犯罪的刑罚问题时,更应当在考虑报应刑理论的基础上,将预防主义纳入考量之中,实现合理的刑罚目的。很长一段时间里,检察机关更关注于案件的求刑、起诉,较少关注不起诉权的适用。不起诉权是法律赋予检察机关的自由裁量空间,具有重要的社会价值,应当得到充分合理运用。实践中,对于相对不起诉的案件适用范围需要进一步放宽。根据刑事诉讼法的规定,对于犯罪情节轻微,依照刑法规定不需要判处刑罚或者免除刑罚的,人民检察院可以作出不起诉决定。严格从条文文义理解,刑事诉讼法赋予检察机关不起诉的案件适用范围相对较窄。但在检察工作中,各地检察机关针对个案所把握的裁量尺度依然为不起诉权的适用留下了一定的空间。回到条文解释层面,关于“情节轻微”的理解目前存有不同意见,有人主张以刑期作为判断依据,例如,将对应刑期在三年或五年以下有期徒刑的列入情节轻微可作不起诉处理

⑦ 《大检察官接访实录|“通过张检您讲的这些话,我想我这个案子今天就到此为止”》,载最高人民检察院网站 2020 年 5 月 12 日,https://www.spp.gov.cn/spp/zdgz/202005/t20200512_460787.shtml。

的范围。以对应刑期作为不起诉决定的参考依据有一定的合理性，但是，检察机关作不起诉决定考量因素是多方面的，在单位犯罪领域，除去对单位犯罪行为的考量外，单位自身情况、单位犯罪后的表现等情形也应作为评定犯罪情节的重要因素。例如，单位是否有良好的从业记录，是否有一定的合规机制，是否开展国内稀缺业务，是否对地方经济发展存在影响，是否积极配合调查，是否及时挽回损失，是否具有合规整改的强烈意愿和行动，等等，也需要作为评估情节轻微的参考因素，综合运用以服务于检察机关不起诉决定的决策制定。

（三）引导企业刑事合规的人才储备较为丰富

企业刑事合规是一项专业性很强的系统工作，从域外成熟的企业刑事合规实践做法来看，企业主动开展刑事合规体系搭建往往需要借助外部专业化律师团队的帮助。而在监管层面，负责评估、验收企业刑事合规机制搭建成果的也是在企业刑事犯罪领域经验丰富的检察官。现阶段，国内大量经过系统法学教育培养的高层次人才涌入检察官队伍，较多成熟的检察官具备独立应对企业刑事案件的思路和能力，如上文提及的青岛市检察官在引导企业刑事合规过程中所采取的走访考察、建议企业建立风控部门、完善业务审批机制、堵塞系统漏洞，加强法制培训等，都体现了较高的专业性。

此外，可以推广深圳市宝安区的做法，从律师队伍里选任有经验的刑事合规监控人，承担企业刑事合规中的预防、指导和监督工作，在提升企业刑事合规的效率同时，减小检察机关的工作压力。

四、关于“合规检察建议 + 相对不起诉”方案的初步构想

尽管多地检察机关在企业刑事合规不起诉方面作了许多有益的探索，由于缺乏明确的操作指南，类似探索做法尚未形成完备统一的范式。对此，本文提出以下“合规检察建议 + 相对不起诉”的初步构想。

（一）涉案企业向检察机关提交不起诉处理的申请及合规承诺书

现阶段，“合规不起诉”宜采取依申请启动的模式。对于涉案的企业，如具有悔罪表现，有意愿进行刑事合规整改，应当在案件审理初期及时向检察机关申请对案件作不起诉处理，同时作出合规整改承诺，保证在一定期限内递交合规整改方案。

（二）检察官针对适宜作合规不起诉处理的涉案企业，出具合规检察建议

检察官应在查阅案件卷宗材料，走访涉案行业、企业，查阅企业文件资料，

询问相关人员的基础上，针对适宜作合规不起诉处理的涉案企业，出具合规检察建议，结合涉案企业现有的合规制度，指出企业管理方面存在的合规漏洞，提出设置专门合规管理部门、制定合规政策和程序、开展合规风险评估、组织合规培训、进行第三方尽职调查等企业刑事合规整改的方向性建议。同时，做好刑事处罚向行政处罚的过渡工作，即发现存在行政处罚必要性的，应及时向相关部门发送检察建议。

(三)涉案企业接到合规检察建议后，在一定期限内提交合规整改方案，并着手开展整改

涉案企业接到合规整改检察建议后，应组织企业法务人员或外聘律师针对检察机关的合规检察建议进行逐条落实，制作合规整改方案并及时提交检察机关，由于受现行刑事诉讼制度下审查起诉办案期限所限，现阶段整改方案提交期不宜过长。与此同时，企业需要按照合规检察建议及整改方案的内容着手进行企业合规内部整改，将相关政策落到业务开展的实践中去，同样地，该整改期限也不宜过长。在特定情况下，检察机关可以考虑针对拟进行"合规检察建议 + 相对不起诉"处理的单位犯罪案件运用现行刑事诉讼制度下的延长审查起诉期限等办案程序，或者采用提前介入侦查的方式，在侦查阶段指导企业开展合规整改，以确保验收阶段涉案企业合规整改方案切实执行。

(四)检察机关验收企业刑事合规成果，结合案情对企业作出相对不起诉处理

检察机关收到合规整改方案后，可以对方案提出修订完善建议并反馈给涉案企业。同时在涉案企业根据检察建议及整改方案对企业进行刑事合规整改后，对企业实际整改落地情况进行验收评估，最后结合案情对企业作出相对不起诉处理。

总的来看，"合规检察建议 + 相对不起诉"方案是当前法律框架下，完善企业刑事合规下的不起诉制度之适宜办法，但考虑到企业刑事合规整改方案的提出、执行通常需要较长的时间，将来更为妥当的做法是借鉴未成年人附条件不起诉制度，创建企业刑事合规下的附条件不起诉制度，以提升检察机关引导企业刑事合规工作的规范性。

为了正义：英国暂缓不起诉制度对于我国合规不起诉的可借鉴性分析

郑善建　尹云霞　陈涵杰　夏陈婷*

一、问题背景

（一）刑事合规不起诉制度存在不断完善的驱动力

2020年3月，最高人民检察院启动涉案违法犯罪依法不捕、不诉、不判处实刑的企业合规监管试点工作，这标志着我国的刑事合规制度建设正式启动。2021年6月，最高人民检察院发布企业合规改革试点典型案例，同时会同司法部、财政部等九部门联合发布《关于建立涉案企业合规第三方监督评估机制的指导意见（试行）》（以下简称《合规指导意见》），我国刑事合规不起诉制度的适用范围进一步扩大。作为一项目前尚未通过立法确认的新制度，刑事合规不起诉直接指向企业与企业人员的刑罚适用规则，难免会引起各方担忧，而担忧的实质不外乎制度是否构成对罪刑法定原则的挑战，是否会异化成"为了效率而牺牲正义"的"怪兽"。此种担忧是合理的，尤其是考虑到在相关制度相对成熟的美国，不起诉协议"不再是基于司法正义原则所达成，而是根据利益兼得的功利考量所签订"。[①] 且在签订具体协议的过程中，由于缺乏外部监督，检察官和涉诉企业就正义"讨价还价"，滥权现象较为显著。[②] 因此，我们在构建中国特色的刑事合规不起诉制度的过程中，应当借鉴和参考不同国家的刑事合规路径，不断自我完善，确保制度的价值不会落空，制度的效益得以彰显。

---

* 郑善建、尹云霞、陈涵杰、夏陈婷，方达律师事务所律师。

① 参见陈瑞华：《企业合规基本理论》，法律出版社2020年版，第69页。

② 参见叶良芳：《美国法人审前转处协议制度的发展》，载《中国刑事法杂志》2014年第3期。

(二)"为了正义"(in the interest of justice):英国法下暂缓起诉协议的生效要件

以英国为例,在借鉴和学习美国相关制度的过程中,英国走出了一条完全不一样的路。2013 年,英国执法机构引入和解制度,企业可以同执法机关签订暂缓起诉协议,与执法机关达成和解。相较于美国法,英国法下暂缓起诉协议的制度优势在于,通过赋予法官审核暂缓起诉协议的权力,避免公司和检察官达成"免受第三方监管从而可能有害于公共利益的秘密协议"[③],以提升该制度运作的透明度。而根据创设该制度的《犯罪与法院法》要求,法官批准一项暂缓起诉协议之前,必须确保该协议是"为了正义"(in the interest of justice)而签订的。可见,英国法下的暂缓起诉协议制度自诞生伊始,就灌注着正义的基因。

(三)如何认定暂缓起诉协议系"为了正义"而签订

就暂缓起诉协议的批准生效,英国皇家法院目前已经宣判 11 个案例,相关案例规则具有鲜明的衡平法特征。法院并未严格要求案涉不起诉协议必须符合某些条件才生效,而是综合考虑多种因素作出决定,其中首要因素是罪行的严重程度。正如莱维森法官(Sir Brian Henry Leveson PC)在暂缓不起诉协议第一案"反严重欺诈署诉南非标准银行案"(以下简称南非标准银行案)中所说:"罪行愈严重,以刑事追诉的方式实现正义的可能性就越大,不起诉协议生效的可能就越小"。[④] 在确定罪行的严重程度之后,法院将其放在"天平一边",随后确认天平的另一边的其他因素是否有足够的分量使天平倒向支持不起诉协议生效的一侧。[⑤]

二、天平的一端:案涉罪行的严重程度

(一)区分作为犯和不作为犯

一般而言,不作为犯的恶性较低,正当化的难度较小。在南非标准银行案中,法官认为,"虽然案涉贿赂行为由两位斯坦比克银行(南非标准银行的关联公司)的高级雇员实施……但贿赂行为本身并非南非标准银行亟待评价的罪

---

③ See Karl Laird, *Deferred Prosecution Agreements and the Interest of Justice: A Consistent Approach?*, Criminal Law Review 6, 2019, p. 503 – 504.

④ Serious Fraud Office v. Standard Bank PLC, Case No: U20150854, 30 November 2015, para 25.

⑤ Karl Laird, *Deferred Prosecution Agreements: the Latest Developments*, Criminal Law Review 4, 2021, p. 294.

行”。原因在于，“没有任何证据表明，南非标准银行的内部人员知晓斯坦比克银行的相关贿赂行为，且南非标准银行和斯坦比克银行在管理上没有关联性”。基于此，法官进一步阐明，真正需要评价的是“南非标准银行因为合规体系不完善，导致其未能识别斯坦比克银行行为的内在风险，从而未能阻止相关贿赂行为”。从而确定南非标准银行的过错表现为不作为犯的监管失职，而不是作为犯的直接共谋。⑥

南非标准银行案作为暂缓不起诉协议制度下的第一案，确定了关于行为恶性的判断基准。在该案之后的许多案件中，法官会表明，这些案件的案涉罪行较之南非标准公司案要严重得多，因此若要使不起诉协议生效，需要更多的正当化依据。譬如，在 2016 年的“反严重欺诈署诉沙科拉德公司案”（以下简称沙科拉德公司案）中，法官就强调，“案涉罪行从根本上与南非标准银行案中的罪行不同，被告公司并非仅是未能阻止关联公司的单次贿赂行为，而是其自身直接密谋实施了非常严重的贿赂（substantive offences of bribery）。由此，需要进一步考虑更多的正当化因素”。⑦ 相对而言，被告公司与关联公司的直接密谋决定了其在共同犯罪中的作为犯地位，被告公司罪行更为严重，相应也应当负担更重的责任。

（二）加重要素

2016 年公布的“反严重欺诈署诉罗尔斯·罗伊斯公司案”（以下简称罗尔斯·罗伊斯公司案）中，法官称，被告犯下了“有史以来最严重的贿赂及腐败犯罪”（the most serious breach of criminal law in bribery and corruption）。⑧ 该案确系英国历史上最大的海外腐败案件，反严重欺诈署亦对其发起了历史上规模最大的调查。⑨ 除了规模前无古人外，该案亦为后续的案件确立了诸多可用于判断罪行严重程度的要素，这些要素包括：贿赂外国高级官员，行为跨越多法域且遍及被告公司的各个部门及子公司，极大地破坏了市场的公正程度，时间上横跨 24 年（1989～2013），涉及巨额贿赂资金，计划周密，被告公司受有巨

---

⑥ Serious Fraud Office v. Standard Bank PLC, Case No: U20150854, 30 November 2015, para 25.

⑦ Serious Fraud Office v. Sarclad Limited, Case No: U20150856, 8 July 2016, para 33 – 34.

⑧ Serious Fraud Office v. Rolls-Royce PLC, Rolls-Royce Energy System INC, Case No: U20170036, 17 January 2017, para 4.

⑨ Rita Cheung, *Deferred Prosecution Agreements: Cooperation and Confession*, The Cambridge Law Journal, 2018, p. 13.

额获利(两亿五千万英镑),并牵扯被告公司极高级别的雇员。这些因素在后续的案件中被反复用来说明案涉罪行的严重程度。譬如,在2019年公布的"反严重欺诈署诉古拉普系统有限公司案"(以下简称古拉普系统有限公司案)中,法官就认为,"被告的腐败行为与罗尔斯·罗伊斯公司非常类似,其贿赂外国官员、贿赂行为持续多年、计划详细、受有以其体量而言非常巨额的利益(两百万英镑)、由其高级别的雇员实施,并巨大地损坏了市场上其他竞争者对市场公正的信心"。[10]

三、天平的另一端:正当化暂缓起诉的因素

(一)被告公司的合作程度

1.最具分量的因素

被告公司的合作程度是天平另一端最具分量的因素。法官一般从自首(self-reporting)和证据披露两个角度评估该因素。在沙科拉德公司案中,法官强调,英国创设暂缓起诉制度的核心目的,就是为经济犯罪的自首和证据披露提供足够的制度激励。而自首和证据披露之所以如此重要,是因为在暂缓起诉协议制度出台之前,对于经济犯罪的勘察,出于英国法下严格的律师保密制度等因素的限制,官方能够获取信息的渠道非常有限。其往往只能依赖于吹哨人、利益相关方以及有限的自首者来获取蛛丝马迹。[11] 因此,自首和信息披露承载了实现制度目的的重担。

2.核心在于信息披露的质量

需要注意的是,即便被告公司并没有自首,只要信息披露的质量足够高,使得相关调查能够顺畅地展开,则不起诉协议仍然具有生效的可能,罗尔斯·罗伊斯公司案即是如此。如前所述,该案被告犯下了"有史以来最严重的贿赂及腐败犯罪",且并未自首。而在该案之前所有生效的暂缓起诉协议中,被告皆具有自首情节。由此,法官最终宣判该案暂缓起诉协议系"为了正义"签订时,引发了巨大的争议。莱文森法官的理由之一是,该公司展现出了"极端良好的合作态度"(extraordinary cooperation)。具体包括:放弃相关的保密特权、全方位且无篡改地披露内部调查文件、对执法机构提出的任何文件调查要求

---

[10] Serious Fraud Office v. Guralp Systems Limited, Case No: U20190840, 22 October 2019, para 25.

[11] Michael Bisgrove & Mark Weekes, *Deferred Prosecution Agreements: A Practical Consideration*, Criminal Law Review 6, 2014, p. 417.

都有求必应、由执法机构先对相关证人进行访谈等。基于此,莱文森法官认为被告“不可能做得更好”(could not have done more)。三年后,“反严重欺诈署诉空中巴士案”(以下简称空中巴士案)的法官对莱文森法官的观点进行重述并表示认可。其认为,“把合作程度狭隘地理解为必须自首是错误的……真正重要的是被告公司的合作是否能够达到‘如若无此等合作,相应的罪行将不会被有权机关发现的程度’”。⑫

(二)案发时和案发后被告公司对合规建设的关注度

在南非标准银行案中,法官即已强调,应当着重考虑(weight is to be give)案发时的合规情况和案发后合规建设的提升情况。在该案中,法官认为,南非标准银行在案发后就合规体系建设做了巨大的努力,并获得了重大的提升(significant enhancement),由此,天平向暂缓起诉一端倾斜。然而,就如何理解“重大”,该案法官语焉不详。好在空中巴士一案中,法官详细阐释了何谓合规建设上的“重大变革”(significant change),为后续案件提供了足够清晰的合规建设指南。

首先,空中巴士公司创设了一个“独立合规审查工作组”。该工作组负责审查公司运营的政策和程序,并开展实地调研、访谈员工,最后按年度出具报告。截至判决日,其出具了两份报告,其中 2019 年报告称,空中巴士“和两年前相比已经不可同日而语”。

其次,空中巴士公司重组了其合规团队,招聘了诸多合规专家,并使合规团队在功能上和架构上独立于其他业务团队,且该团队直接向新任命总法律顾问汇报工作。

再次,空中巴士公司根据外部股东、独立合规审查工作组、普华永道会计师事务所以及相关监管机构的建议,对其反贿赂及腐败的政策和程序进行修改,并发起一场面向全集团公司的风险评估。在此基础上,针对所有中高风险职位上的员工,发起一场历时 24 个月的,在合规团队监督下的教育工作,并开除不能遵守相关规定的职员。

最后,空中巴士公司决定在全公司范围内减少使用外部顾问,在销售部门直接停止使用外部顾问。同时,重新设计了其对商业伙伴的接触流程、尽职调

---

⑫ Serious Fraud Office v. Airbus SE, Case No: U20200108, 31 January 2020, para 68 – 69.

查方法以及持续监管程序。

（三）起诉对雇员及其他无辜者的影响

在南非标准银行案中，莱文森法官并未考虑该要素。就是否应考虑该要素，确实存在争议。有观点认为，如若考虑此要素，可能会导致"大而不罪"(too big to jail)的情况出现。由此，在后续的案件中，法官即使考虑该要素，也会反复强调该要素不具有"决定性"。譬如，在空中巴士案中，法官即强调，"这并不是说，如果一个公司是大公司，起诉的相关影响过于严重，该公司就会对起诉'免疫'(immune to prosecution)。没有公司是大而不可诉的(too big to prosecute)"。在"反严重欺诈署诉特易购"案(以下简称特易购案)中，法官亦强调："国民经济利益并不是分析某暂缓起诉协议是否正义时必然相关的因素。特易购是一家超大公司的事实既不应也不会(should not and does not)使其免于被追诉。"⑬由此，更关键的因素或许不在于影响本身，而在于这些受影响的主体和罪行的实施"毫无关系"。易言之，更关键的因素是对无辜者的影响。正如特易购案法官所言，"起诉特易购将对和案涉罪行毫无关联(have no connection at all)的人员造成巨大的影响"。

（四）其他因素

除前述三个重要因素外，法院亦会考虑案涉公司是否有前科以及其在文化和人事上是否有革新。前科问题是容易理解的，此处不赘述。就文化革新问题，法院往往会与合规建设问题一并分析，故此处亦不赘述。就人事革新问题，莱文森法官在罗尔斯·罗伊斯公司案和特易购案中都表明："离开具体的个人，公司无法决策。由此，那些涉及犯罪或任由犯罪发生的个人是否仍然留在管理层里，至关重要。"莱文森法官的观点被空中巴士案的法官所引用，其认为，空中巴士公司在案发后更换了首席执行官、首席财务官、总法律顾问，满足了人事革新的要求。

四、可借鉴性分析

作为罪刑法定原则和认罪认罚制度下的创新举措，刑事合规不起诉制度一方面需要考虑刑法的预防犯罪功能的实现，另一方面更需要考虑制度的刑罚效果和社会效果的统一。笔者认为，可以从以下四个方面对该制度进行思

---

⑬ Serious Fraud Office v. Tesco Stores Limited, Case No: U20170287, 10 April 2017, p. 63 - 64.

考,以最大限度地实现司法活动的公平正义价值。

(一)适用合规不起诉的案件范围

《合规指导意见》第3条的规定实际上扩大了合规不起诉的适用范围,从实控人宣告刑三年以下的案件扩大至“生产经营活动中涉及的经济犯罪、职务犯罪等案件”。有观点认为,“作为出罪机制的合规不起诉,其适用范围应限制在三年以下轻罪案件范围之内”。[⑭] 笔者认为,在制度探索的初期,不宜在适用案件范围上限制过死,以免失却制度的激励功能。实际上,我国刑法对刑事出罪的实质要件已有明确规定,即犯罪情节显著轻微的不是犯罪。除此之外,犯罪情节轻微也可以免予刑事处罚。对于轻罪案件的涉案企业而言,按照刑法现有规定和认罪认罚制度本身即可实现出罪的效果。如若将刑事合规不起诉的适用范围局限于轻罪案件,企业从控制成本的角度出发,再行大规模耗费时间和资源进行合规改善的动力明显不足。相应地,合规不起诉制度的预防犯罪和保障经济功能也难以得到有效发挥。对照来看,英国法并不限制出罪范围,但以罪行严重程度为参照,确定相应的暂缓起诉条款强度(罚金、合规改进计划、第三方监督计划等)的进路值得借鉴。英国法下评估罪行严重程度的各要素,如损害、获利、与公司商业活动连接的紧密程度、是否有高级别雇员参与、是否在周密计划下实施等,亦可借鉴为独立评价单位行为恶性的工具。上述要素对于完善我国的刑事合规不起诉制度的评估机制具有较大参考价值。

(二)涉案企业、个人认罪认罚

《合规指导意见》第4条规定,适用合规不起诉制度,涉案企业、个人必须认罪认罚。根据最高人民法院、最高人民检察院、公安部、国家安全部等《关于适用认罪认罚从宽制度的指导意见》(高检发〔2019〕13号)第6条规定,“认罪认罚从宽制度中的‘认罪’,是指犯罪嫌疑人、被告人自愿如实供述自己的罪行”。英国法下考虑被告公司的合作程度时,着重考虑涉罪信息披露的质量,这和我国要求被告“如实供述罪行”的规定相类似。同时,英国法下积累了大量如何确定“公司”(而非自然人)如实供述罪行的判例,亦可为我国在实践中更好地区分单位意志和自然人意志所借鉴。

但需要注意的是,英国法下将该因素置于“天平另一端”最重要的地位,即

⑭ 毛立新:《合规不起诉制度构建与律师作为》,载微信公众号“尚权刑辩”2021年7月12日。

使是“有史以来最严重的贿赂及腐败犯罪”也能因其正当化,这种做法有其特殊的制度背景。英国刑事诉讼实践中,对企业商业犯罪信息的获取存在重重障碍,司法机关出于节约司法成本的目的对企业的主动披露给予充分的激励。尽管在我国不存在类似的障碍,但是考虑到未来刑事合规不起诉的规模化适用,检察机关可能面临司法调查人力不足的局面。为了保证制度适用的全面性和公平性,适度节约司法成本,可以考虑借鉴英国法的做法,将企业信息披露的质量作为正当化其罪行的要素之一,适当地鼓励企业提升合规的主动性和自觉性。

(三)刑事追诉对无辜的关联人员的影响

在合规不起诉制度的第一批试点中,部分地区规定,适用合规不起诉制度,案涉企业在当地经济活动中应当具有一定地位。例如,辽宁省人民检察院等10家单位在《关于建立涉罪企业合规考察制度的意见》第5条中,对适用考察制度的主体作出要求,这些要求包括要在就业、纳税、带动经济发展等方面发挥作用、拥有有价值的知识产权、产业链上有巨大影响力等。《合规指导意见》没有直接体现上述要求,笔者认为,此安排恰好暗合正义原则在合规不起诉制度中的指导作用。正如莱文森法官所述,“没有企业是‘大而不能诉’(too big to prosecute)的”。起诉相关企业造成的影响大小并不能直接正当化不起诉本身,真正重要的是,这些受影响的关联人员并没有参与犯罪,是无辜的。我国检察机关在决定是否应当合规不起诉案涉企业时,除了考量企业的经济效益,还应考量企业成员可能遭受的影响。在释法说理时,除了强调案涉企业的经济地位之外,也应强调相关受影响个人的无辜性,从而更好地凸显不起诉该企业的正当性价值。

(四)合规体系建设和人事革新

《合规指导意见》第三章规定了独立第三方监管人制度。独立监管人需要在出具合规报告,对“企业内部治理结构、规章制度、人员管理等方面存在的问题,制定可行的合规管理规范”,明确合规体系建设和人事革新均是合规改善方案的内容和方向。最高人民检察院公布的合规试点典型案例——“新泰市J公司等建筑企业串通投标系列案件”也曾提及,案涉公司监事会作出了人事调整,以完善公司重大法务风险防控机制。尽管案例没有介绍该人事调整是否是根据检察机关的建议作出的,但是我们可以看到将人事革新纳入合规改善内容的正当性。从正义平衡的角度出发,人事革新不仅可以认定为合规优化的内容,以确保企业纠正违法决策,防止犯罪再次发生;而且可以认定为对企业违法人员的有效惩戒措施,明确案涉企业在合规不起诉下的责任负担方式,形成企业对内部人员合规运营的管理压力。换言之,即使企业相关人员因为刑事合规免于被刑事追诉,仍然无法逃脱企业的内部惩戒措施。英国相关判例下,就如何具体认定治理结构和人员管理的变更,阐释了具体方案,上述要素或可为我国细化第三方监管人针对企业合规的评估机制提供借鉴。

需要指出的是,《合规指导意见》和典型案例均未就"可行的合规管理规范"提出具体的标准,这可能会造成刑事合规实践中的权力滥用和执行不统一。而我国要在公平正义原则之下实现刑事合规不起诉制度的正当性价值,也需要确立符合我国企业的"有效合规体系评价"的指南。我们希望相关部门可以尽快推出实践指南,推动刑事合规不起诉制度的规范化运行。

律师角色的重构：合规不起诉中第三方监管机制探索

庄燕君[*]　王　鼎[**]

近日，最高人民检察院联合司法部、财政部、生态环境部、国资委、国家税务总局、国家市场监管总局、全国工商联、中国贸促会印发了《关于建立涉案企业合规第三方监督评估机制的指导意见（试行）》（以下简称《指导意见》），正式确立了刑事合规不起诉制度项下的第三方监管机制。律师作为第三方组织的重要组成部分，承担起协助企业制定合规计划、协助检察机关监督合规计划的执行、对企业推进合规计划的情况定期出具书面监管报告等重要职责。

第三方监管机制的创设标志着律师的角色从"涉案企业（客户）—律师"二元范式向"涉案企业—律师—检察院"三元范式转型。律师角色转型的重要意义在于，诸如忠实勤勉义务、保密义务、利益冲突等律师执业道德与行为准则均是建立在律师与客户的委托关系上并以此作为价值导向，而律师在第三方监管机制中执业立场的转变意味着以传统委托关系展开的诸多执业准则亟待重新审视并加以调整。

一、合规不起诉的实现路径与现实困境

合规不起诉，作为一种刑事处遇措施，为涉案企业减少刑罚负累、激励企业合规经营、优化营商环境提供了一种全新的思路。合规不起诉的制度运行逻辑在于，对于那些涉嫌犯罪而又具有建立合规机制意愿的企业，检察机关可以责令其进行合规调查并提交合规计划，对于其中符合条件的企业，将其纳入合规监管程序之中，设定合规考察期，责令其定期提交合规考察报告，并在考察期结束之前，检察机关根据合规考察报告对企业作出是否提起公诉的决定。

---

* 庄燕君，方达律师事务所律师。
** 王鼎，方达律师事务所律师。

与刑罚注重“通过惩罚唤醒改造”的运行机制不同，合规不起诉的设计立足于“通过有效的改造替代惩罚”，即确保涉案企业针对其被控刑事不法行为制定整改方案（合规计划），并将整改举措落实到涉案企业的具体生产经营活动中，通过一定的考察方式判断涉案企业是否有再度实施被控刑事不法行为之虞。因此，合规不起诉的制度价值，必须通过对涉案企业的合规计划制定、整改措施落实、整改效果验收等进行事前、事中、事后三个维度的监管来实现，并以此为事实依据衡量涉案企业的改造是否足以替代刑事处罚。

然而，如何对涉案企业进行有效的监管则成为一个重要的现实问题。事实上，即便是合规不起诉制度与经验都比较成熟的美国，都面临诸多实现监管有效性的实践难题。在合规不起诉的本土化移植过程中，我们逐渐认识到中国营商环境的复杂性与民众合规意识的淡薄，致使有效监管的司法需求与现实监管缺位的矛盾更加突出，稍有不慎，合规不起诉就会沦为“纸面合规”，更有可能成为涉案企业逃避法律制裁、监管机构寻租权力的温床。

二、第三方监管机制与律师角色的范式转型

致力于弥合有效监管的司法需求与监管缺位的现实困境之间的矛盾关系，各地方检察机关自 2020 年 3 月开始，自发地探索合规监管模式并取得了阶段性成果。例如，深圳市南山区人民检察院采取“检察机关自我监管模式”。[①] 又如，深圳市宝安区人民检察院采取“委托独立监管人模式”。[②] 再如，浙江省宁波市人民检察院采取“委托行政部门监管模式”。[③]

上述三种合规监管模式均具有一定的现实合理性，其中“委托独立监管人模式”更有利于积极地调动各界社会力量，在确保合规监管有效性的前提下，兼顾司法成本的考量。《指导意见》正是以“委托独立监管人模式”为设计蓝本确立了刑事合规不起诉的第三方监管机制。

《指导意见》规定，人民检察院在办理涉企犯罪案件时，对符合企业合规改革试点适用条件的，交由第三方监督评估机制管理委员会（以下简称第三方机制管委会）选任组成的第三方监督评估组织（以下简称第三方组织），对涉案

---

① 详见《深圳市南山区人民检察院关于涉企业犯罪案件适用附条件不起诉试点工作方案（试行）》。

② 详见《深圳市宝安区人民检察院涉企刑事案件附条件不起诉使用办法（试行）》。

③ 详见《宁波市检察机关关于建立涉罪企业合规考察制度的意见（试行）》。

企业的合规承诺进行调查、评估、监督和考察,考察结果作为人民检察院依法处理案件的重要参考。《指导意见》没有对第三方组织的人员范围做出明确的限定,仅规定为"专业人员",并同时规定其组成人员可以是律师、注册会计师、税务师等中介组织人员。

那么,当律师作为第三方组织人员时,其在第三方监管机制中的角色与传统的律师角色有哪些区别呢?

第一,从选任机制来看,律师作为第三方组织人员并非由涉案企业自行委托聘请。根据《指导意见》,检察院经审查认为符合第三方机制适用条件的,可以商请本地区第三方机制管委会启动第三方机制。第三方机制管委会应当根据案件具体情况以及涉案企业类型,从专业人员名录库中随机抽取人员组成第三方组织,向社会公示,并报送办案检察院备案。

第二,从职责范围来看,律师作为第三方组织人员并非为涉案企业提供法律服务。根据《指导意见》,律师作为第三方组织主要承担三方面职责:一是对涉案企业合规计划的可行性、有效性与全面性进行审查,提出修改完善的意见建议;二是在合规考察期内,定期或者不定期对涉案企业合规计划履行情况进行检查和评估,要求涉案企业定期书面报告合规计划的执行情况;三是在合规考察期届满后对涉案企业的合规计划完成情况进行全面检查、评估和考核,并制作合规考察书面报告。同时,《指导意见》规定,涉案企业及其人员应当按照时限要求认真履行合规计划,不得拒不配合第三方组织合规考察或者实施其他严重违反合规计划的行为。

第三,从工作机制来看,律师作为第三方组织人员并非对涉案企业负责。根据《指导意见》,律师可以将涉案企业合规计划履行情况报告给负责办理案件的人民检察院,并且在合规考察期届满后,将律师制作的合规考察报告报送第三方机制管委会与负责办理案件的人民检察院。

由此来看,作为第三方组织人员,律师在第三方监管机制中的地位作用突破了传统意义上的律师角色,更趋向于一个独立的第三方评估机构,因而其角色从传统的"涉案企业(客户)—律师"二元范式向"涉案企业—律师—检察院"三元范式转型。

三、律师执业道德与行为准则在第三方监管机制项下的重构

正如"涉案企业—律师—检察院"三元范式的表述次序所揭示的,律师作

为第三方组织人员在合规不起诉制度中为检察机关与涉案企业搭建起公开对话的平台,合规监管的有效性要求律师被定义为具有相当独立性与中立性的第三人。这一角色定位应当从两个维度展开:律师既要独立于涉案企业,又不能成为检察机关的代理人。因此,当我们在第三方监管机制项下重新厘定律师的执业道德与行为准则时,既要确保律师不再以维护涉案企业的自身利益为其服务导向,亦要防范律师沦为披着律师袍的另一个执法机关。

(一)律师担任第三方组成人员可能存在的利益冲突及其豁免条件

《律师执业行为规范》(以下简称《执业规范》)第4章第4节对于律师及其律师事务所与委托人之间的利益冲突作了详细的规定。就利益冲突规则而言,《指导意见》仅在第17条第3款规定,第三方组织组成人员系律师、注册会计师、税务师等中介组织人员的,在履行第三方监督评估职责期间不得违反规定接受可能有利益关系的业务;在履行第三方监督评估职责结束后一年以内,上述人员及其所在中介组织不得接受涉案企业、个人或者其他有利益关系的单位、人员的业务。由于《指导意见》仅就律师在结束第三方监管职责后规定了禁业条件,因此律师在第三方监管过程中仍受《执业规范》中未与上述禁业条款相抵触的条款约束。

现实的问题在于,曾经担任涉案企业合规顾问或者作为辩护人参与该案的律师,能否担任第三方组织人员?如果答案是否定的,该利益冲突是否会转嫁到同一律师事务所的其他律师身上?

第一,就担任涉案企业辩护人的律师而言,我们认为该律师及其律师事务所的其他律师均不能担任第三方组织人员。《执业规范》依照律师与委托人之间利益冲突的不同对抗程度提出了两种解决方案,其中第50条列举了八种存在直接利益冲突的情形,并规定凡符合该情形之一的,律师及律师事务所不得与当事人建立或维持委托关系。其中,第三种情形规定了"曾经亲自处理或者审理过某一事项或者案件的行政机关工作人员、审判人员、检察人员、仲裁员,成为律师后又办理该事项或者案件的",其目的在于消解民众对于上述公务人员在执行公务时所持有的中立立场可能产生的任何不信任。同理,曾经担任涉案企业辩护人的律师参与该案的刑事诉讼活动,而后成为第三方组织人员负责对涉案企业进行合规监管,同样会导致民众质疑第三方组织人员的中立立场。因此,曾经担任涉案企业辩护人的律师,应适用《执业规范》第50条,作为与前述情形相似的其他情形，该律师及其律师事务所的其他律师均不能担任第三方组织人员。

第二，就担任涉案企业合规顾问的律师而言，我们认为该律师及律师事务所应当主动向地区第三方机制管委会披露该利益冲突，在第三方机制管委会与涉案企业书面同意的情况下，该律师及其律师事务所的其他律师可以担任第三方组织人员。《执业规范》第 51 条规定了 6 种存在间接利益冲突的情形，并规定律师在主动告知该利益冲突及其可能产生的法律后果并取得委托人书面同意的情况下，可以建立委托关系。我们认为，作为涉案企业合规顾问的律师，可能会更加了解该企业的实际情况，在后续担任第三方组织人员时，可对企业提交的合规计划、整改方案提供更具针对性的指导，帮助企业完成整改。但不可否认的是，律师若先后担任合规顾问与第三方组织人员，在发现涉案企业存在犯罪行为是否履行报告义务时会面临利益冲突风险。但是，我们认为这种利益冲突是一种间接的利益冲突，不宜禁止合规顾问担任第三方组织人员。因此，曾经担任涉案企业合规顾问的律师应当按照《执业规范》第 51 条规定，主动向本地区第三方机制管委会披露该利益冲突，并由第三方机制管委会做出具体判断。在第三方机制管委会与涉案企业书面同意的情况下，该律师及其律师事务所的其他律师可担任第三方组织人员。

（二）律师对涉案企业犯罪事实的报告义务及其限度要求

《执业规范》第 8 条第 2 款规定，律师对在执业活动中知悉的委托人和其他人不愿泄露的情况和信息，应当予以保密。但是，委托人或者其他人准备或者正在实施的危害国家安全、公共安全以及其他严重危害他人人身、财产安全的犯罪事实和信息除外。换言之，即使律师在执业活动中知晓委托人实施了尚未被司法机关发现的犯罪行为，也应当予以保密。

然而，《指导意见》第 12 条规定，第三方组织发现涉案企业或其人员尚未被办案机关掌握的犯罪事实或者新实施的犯罪行为，应当中止第三方监督评估程序，并向负责办理案件的人民检察院报告。由此来看，《指导意见》在第三方监管机制项下对律师的保密义务作了一定程度的修正。但是，我们认为保密义务的修正应当存在两个限度：

第一，就“尚未被办案机关掌握的犯罪事实”而言，律师不应当向检察机关报告尚未有证据证明的犯罪线索。犯罪事实不等同于犯罪线索，两者存在证明程度上的区别,这种区别在司法实践中已形成共识,并被《公安机关办理刑事案件程序规定》等司法解释性文件予以认可。由于《指导意见》仅要求律师作为第三方组织人员发现涉案企业或其人员有犯罪事实时向检察机关报告,因此当律师在合规监管过程中仅接触到举报、控告甚至是自我检举等犯罪线索而尚未有证据证明时,律师不负有报告义务。特别需要强调的是,由于《指导意见》并未赋予律师作为第三方组织人员在合规监管中的侦查权,故律师在掌握犯罪线索后,不得自行开展内部调查进而认定存在犯罪事实。

第二,"尚未被办案机关掌握的犯罪事实"的范围应当被进一步限定,而非任何由涉案企业或其员工实施的犯罪行为。如前所述,律师作为第三方组织人员,并非侦查机关,因而并未肩负惩治犯罪的使命。第三方监管机制的设立意图在于审查与企业涉嫌犯罪有密切联系的企业内部治理结构、规章制度、人员管理等方面存在的问题,从而判断能否制定可行的合规管理规范,弥补企业制度建设和监督管理漏洞,防止再次发生相同或者类似的违法犯罪。因此,《指导意见》所规定的"尚未被办案机关掌握的犯罪事实"应当围绕上述目的展开,具体包括以下类型:与被控犯罪相同或类似的犯罪、与职务有关的犯罪、妨害司法犯罪、危害国家安全、公共安全犯罪以及其他利用企业监督管理漏洞而滋生的犯罪。

刑事合规考察标准的确立：以污染环境案为例

郑善建[*]　陈涵杰[**]　夏陈婷[***]

2021年6月，最高人民检察院联合多部门发布了《关于建立涉案企业合规第三方监督评估机制的指导意见（试行）》（以下简称《合规指导意见》），明确引入了第三方监管人的角色，并细化了合规考察流程规则，这体现出了我国刑事合规不起诉制度程序公正的价值，也在一定程度上避免了检察机关同时担任执法者和企业合规评估员的角色冲突和可能导致的权力滥用。但同时需要看到，我国的刑事合规不起诉制度尚处于起步状态，针对不同罪名的刑事合规考察标准仍未明确，第三方监管人履行监督评估工作缺乏规范统一的衡量标尺，到底如何真正实现制度的实体正义价值值得探讨。

我们认为，在当前形势下，我国有必要构建刑事合规考察的初步标准体系，细化不同罪名考察的具体标准内容，确保刑事合规制度在为涉案企业及其相关人员探索刑事免处路径的同时，不偏离公平正义的价值内涵。最高人民检察院发布的第一批企业合规改革试点典型案例，列举了五类刑事合规不起诉案件，本文仅以“张家港市L公司、张某甲等人污染环境案”为例，借鉴欧盟法关于环境犯罪合规管理的成熟经验，围绕我国的环境犯罪刑事合规内容，探讨污染环境犯罪的刑事合格考察标准确立的可能性，以求丰富学理、有益实践。

一、欧盟法下的环境合规评估标准

（一）企业的环境合规体系标准

1. 现有的环境管理体系标准

在环境执法中，执法机构面对的巨大挑战之一就是公司很可能“装模做样”（windows dressing）。也即，涉案公司往往规章制度订立得很好，但相较于纸面

* 郑善建，方达律师事务所律师。

** 陈涵杰，方达律师事务所律师。

*** 夏陈婷，方达律师事务所律师。

上的制度,公司的实操往往是"打折扣"(decoupling)的。想要解决这个问题,必须构建一个能够连接宏观制度和微观运行的桥梁,也即良好的环境管理体系。

事实上,公司环境管理体系的建设早有国际认证标准,其中最具有代表性的就是国际标准化组织(international organization for standardization)制定的国际标准14000系列。欧盟委员会以国际标准14001为核心制定了"欧盟环境管理和审计计划认证"(EU Eco-Management and Audit Scheme Certification),并在信息披露、环境合规程序等方面提出了更高的要求。

我国在1996年即引入国际标准14000系列作为国家标准,并不断更新相关版本,其中最新一版《合格评定 管理体系审核认证机构要求 第2部分:环境管理体系审核与认证能力要求》(GB/T 27021.2-2021)将于2021年12月1日开始实施,内容涉及企业领导层的作用、职责、权限;应对风险措施的策划与制定;支持合规的资源、能力、意识、信息交流程序等。

2. 环境合规管理体系的价值和作用

然而,这些环境管理体系认证并非万能药。在欧盟的环境合规实践中人们就发现,一个公司能通过国际标准14001认证或欧盟环境管理和审计计划认证并不必然意味着它拥有一个有效的环境合规管理体系。最重要的鸿沟(the most important gap)在于规章制度的执行、控制、监督和自我纠正。

欧盟环境法执法机构(european union network for the implementation and enforcement of environmental law)于2014年出台了《合规管理体系监管指南》(guidance CMS supervision),对如何评估环境合规体系的有效性提出具体的标准,即构建"基于合规系统的监管体系"(systems-based supervision),从整体上改变传统的环境监管策略。传统策略中,执法机关通常亲自下场纠正公司行为,而在新的监管体系中,执法机关的工作重点转向了监督公司合规体系的运作,从而大大降低了执法成本。

(二)《合规管理体系监管指南》

按照《指南》规定,环境合规管理体系要满足有效性的要求,涉案公司必须满足两项条件:一是总计22个重点标准必须全部达标;二是其他26个普通标准至少有一半达标。一般而言,监督人员可以从以下三个方面判断规定的要求是否得到满足:第一,是否符合设定此等标准的目的(suitable)。第二,是否已经在公司政策等文件中有所体现(documented)。第三,是否已经实施

(implemented)。

1.第一部分:系统管理(system regulatory requirements)

第一部分主要涉及公司的合规数据库和公司的风险评估程序。《指南》明确指出,合规官应当关注是否存在相关数据库、就该数据库的管理是否有书面形式的责任清单(written responsibility)、公司是否能积极地跟进相关法律法规的变化并根据变化定期更新数据库的内容等。

2.第二部分:愿景与行为(vision and behaviour)

第二部分主要涉及环境合规的愿景,公司管理层是否积极地支持(actively support)环境合规管理建设以及员工行为守则(code of conduct)。合规官应当审核行为守则的内容、宣传方案以及公司是否有计划定时(至少每三年一次)审查行为守则的内容。

3.第三部分:有质量的思考、教育、自省和持续改进(quality thinking, education, self-reflection and continuous improvement)

第三部分主要涉及公司环境管理体系和环境合规体系间的衔接,以及公司处理不合规行为的程序。监督人员应当检查公司的年度环境合规计划和对不合规操作采取的措施。

4.第四部分:合规官与合规主动性(compliance officer and pro-activity)

第四部分主要涉及如何建设合规部门,确保合规部门应经常性地(至少两年一次)与监管机构进行沟通,并对此等沟通留档(书面报告、会议纪要等)。除此之外,合规部门应当有权直接向最高级别的管理层汇报,有权直接以公司的名义与第三方沟通,并独立于其他任何需要具体遵守环境合规标准的部门。

5.第五部分:坦诚的态度和报告(open attitude and reporting)

该部分主要涉及公司是否坦诚地与股东交流其合规水平。《指南》要求公司发布环境合规年报,并在年报中以数据的形式披露其对于所有相关法律法规要求的合规情况。

6.第六部分:雇员筛选及纪律措施(pre-screening employees and disciplinary measures)

该部分主要分为两个部分:第一,对不合规行为的纪律措施;第二,对处于易受欺诈岗位(jobs vulnerable with regard to fraud)的员工的要求。《指南》要求公司明确规定举报的奖励措施和相应的处置方案,同时公司必须对特别岗位上的员工采取相关监督措施以确保这些员工行为合规。

二、我国的环境犯罪合规考察标准的构建

根据《合规指导意见》,我国设立刑事合规不起诉制度的目的之一即是助力推进国家治理体系和治理能力现代化,而执法机关的任务从“纠正违法”到“监督合规”正是治理能力现代化的应有之义。作为环境法的合规体系监管标准,欧盟环境法执法机构的《合规管理体系监管指南》为我们提供了一个成熟的参考样本,我们认为可以由此构建符合我国实情的环境犯罪合规考察标准。

(一)考核标准的指导原则

1. 环境合规的完备性

在环境犯罪刑事合规的过程中,第三方监管人可以根据公司环境合规的完备程度将其区分为四个等级:(1)不愿/不能合规;(2)已获取 ISO 认证或环保部门的管理和认证;(3)特别针对环境合规问题构建管理体系;(4)环境合规管理体系已被证实有效。不同合规等级的公司之间的刑事合规待遇不同,公司的合规等级越高越能获得更多的刑事责任减免。而公司若要提升自己的等级,则必须通过环保部门的审核程序。第三方监管人可以根据涉案企业的环境合规的完备性确定其合规等级,选择可以适用的刑事合规手段。

2. 环境合规的可执行性

国际环境合规和执法网络(international environmental compliance and enforcement network)出台的《环境合规与执法原则手册》(principles of environmental compliance and enforcement handbook)第 5.3 条阐明,任何行为要求都应当兼顾“技术上、经济上和管理上的可行性”。严格的行为要求确实有助于提升公司的环境合规表现,但过于“雄心壮志”(overambitious)的要求只会导致员工要么彻底不开展业务,要么彻底放弃对要求的遵守,这对最终的合规结果只会有害无益。由此,在评估环境刑事合规制度时,第三方监管人在必要的时候应当邀请环境科学专家和管理学专家加入评估团队。同时,合理性考量并不仅从员工是否能够遵守出发,还需要考虑第三方监管人能否以及如何发现、收集不合规行为的证据。

(二)考察标准的具体内容

根据对近年来污染环境罪案例的梳理,涉案企业多为中小型企业,大型企业并不多见。出现此类情形的原因较为复杂:其一,中小型企业过于追求利

润,忽视环境合规建设,同时也没有成本和能力支持合规建设,导致产生刑事责任;其二,大型企业,尤其是上市公司重视刑事风险对公司商誉的影响,更倾向于在生产过程中严格遵守环境合规标准;或是在涉嫌刑事犯罪过程中通过积极配合司法机关,以刑事合规的方式获得免于刑事起诉的处理。因此,我们在设计环境犯罪合规考察标准的过程中,也应当充分考虑我国环境犯罪的特征,具体而言,我们认为环境犯罪刑事合规的考察标准可以考虑从以下三个方面确立。

1. 环境合规的承诺和风险防控

企业应当按照国家环境管理体系要求改进生产流程,建立书面形式的责任清单,确保企业经营与组织的环境方针和对污染预防及持续改进的承诺一致。同时确保企业在生产经营决策过程中,设置风险分析和风险管理的程序(包括降低风险的控制措施),做好应急响应措施的准备。

2. 环境合规的履行和持续改进

企业管理层应当推进环境合规管理建设并对员工进行相关培训教育,监督检查员工是否遵守环境合规的相关规定,同时公司应当定期记录不合规操作,对不合规行为成因进行分析,指派相关人员负责纠正不合规行为并明确纠正行为的时间表,委派人员进行后续的监督,等等。

3. 环境合规的主动性和自愿性

企业应当向第三方监管人和司法机关主动披露环境合规建设情况,包括合规设计、合规工作运行状态、合规运行成果等方面,同时配合第三方监管人和司法机关的要求积极改进环境合规建设,确保企业的生产经营符合相应的国家标准。

污染环境罪的司法实践多次验证一次性的刑事处罚不是处理该罪的最佳路径,同时也不利于美丽中国建设目标的实现。相应地,刑事合规计划中所推行的明确的举报机制的建立、对企业的非一次性惩罚、重视刑罚对企业行为的“再改造”以及关注企业客观的发展需要,更加符合风险社会下环境犯罪的规制思路。因此,我们有必要尽快确立刑事合规的一般考察标准,确保在程序公正和实体公正的基础之上,充分实现刑事合规不起诉制度的犯罪预防价值。

Decreto Legislativo 8 giugno 2001, n. 231
意大利关于企业合规的第231号法令

2001年6月8日颁布

刘　霜[*]　译

" Disciplina della responsabilita' amministrativa delle persone giuridiche, delle societa' e delle associazioni anche prive di personalita' giuridica, a norma dell'articolo 11 della legge 29 settembre 2000, n. 300"

根据2000年9月29日第300号法律制定的关于法人、公司和协会的行政责任法规,包括没有法人资格的单位。

pubblicato nella *Gazzetta Ufficiale* n. 140 del 19 giugno 2001

IL PRESIDENTE DELLA REPUBBLICA

Visti gli articoli 76 e 87 della Costituzione;

Visto l'articolo 14 della legge 23 agosto 1988, n. 400;

Visti gli articoli 11 e 14 della legge 29 settembre 2000, n. 300, che delega il Governo ad adottare, entro otto mesi dalla sua entrata in vigore, un decreto legislativo avente ad oggetto la disciplina della responsabilita'

amministrativa delle persone giuridiche e delle societa', associazioni od enti privi di personalita' giuridica che non svolgono funzioni di rilievo costituzionale secondo i principi e criteri direttivi contenuti nell'articolo 11;

考虑到《宪法》第76条和第87条;

考虑到1988年8月23日第400号法律第14条;

鉴于2000年9月29日的法律第11条和第14条,第300号决议,授权政府在其生效后八个月内通过关于责任纪律的立法法令;

---

* 刘霜,天津大学法学院教授。

对法人以及没有法人资格的公司,协会或实体的管理,这些人不按照第 11 条所载的原则和指示标准履行具有宪法意义的职能;

Vista la preliminare deliberazione del Consiglio dei Ministri, adottata nella riunione dell'11 aprile 2001;

Acquisiti i pareri delle competenti commissioni permanenti del Senato della Repubblica e della Camera dei deputati, a norma dell'articolo 14, comma 1, della citata legge 29 settembre 2000, n. 300;

Vista la deliberazione del Consiglio dei Ministri, adottata nella riunione del 2 maggio 2001;

Sulla proposta del Ministro della giustizia, di concerto con il Ministro dell'industria, del commercio e dell'artigianato e del commercio con l'estero, con il Ministro per le politiche comunitarie e con il Ministro del tesoro, del bilancio e della programmazione economica;

鉴于部长理事会在 2001 年 4 月 11 日的会议上通过了初步决议;

根据上述法律第 14 条第 1 款,获得了共和国参议院和众议院主管常设委员会的意见。

考虑到部长理事会在 2001 年 5 月 2 日的会议上通过的决议;

根据司法部长的建议,与工业、贸易、手工业和对外贸易部长,社区政策部长以及库务、预算和经济计划部长达成协议;

颁布以下立法法令:

Emana

il seguente decreto legislativo:

Capo I

RESPONSABILITA' AMMINISTRATIVA DELL'ENTE

SEZIONE I

Principi generali e criteri di attribuzione della responsabilita' amministrativa

第一章 机构的行政责任

第一节 归因于行政责任的一般原则和标准

Art. 1.

Soggetti

1. Il presente decreto legislativo disciplina la responsabilita degli enti per gli illeciti amministrativi dipendenti da reato.

2. Le disposizioni in esso previste si applicano agli enti forniti di personalita giuridica e alle societa' e associazioni anche prive di personalita' giuridica.

3. Non si applicano allo Stato, agli enti pubblici territoriali, agli altri enti pubblici non economici nonche' agli enti che svolgono funzioni di rilievo costituzionale.

第一条 主体

1. 这项法令规定了实体对由犯罪引起的行政违法行为的责任。

2. 其中所载规定适用于具有法人资格的实体以及公司和协会,包括没有法人资格的公司和协会。

3. 它们不适用于国家,领土公共机构,其他非经济公共机构以及履行具有宪法重要性的机构。

Art. 2.

Principio di legalita'

1. L'ente non puo' essere ritenuto responsabile per un fatto costituente reato se la sua responsabilita' amministrativa in relazione a quel reato e le relative sanzioni non sono espressamente previste da una legge entrata in vigore prima della commissione del fatto.

第二条 合法性原则

1. 对于构成犯罪的事实,在该犯罪事实发生前已生效的法律未明确规定其对犯罪的行政责任及相关处罚的,不得追究该单位的责任。

Art. 3.

Successione di leggi

1. L'ente non puo' essere ritenuto responsabile per un fatto che secondo una legge posteriore non costituisce piu' reato o in relazione al quale non e' piu' prevista la responsabilita' amministrativa dell'ente, e, se vi e' stata condanna, ne cessano l'esecuzione e gli effetti giuridici.

2. Se la legge del tempo in cui e' stato commesso l'illecito e le successive sono diverse, si applica quella le cui disposizioni sono piu' favorevoli, salvo che sia intervenuta pronuncia irrevocabile.

3. Le disposizioni dei commi 1 e 2 non si applicano se si tratta di leggi

eccezionali o temporanee.

第三条 法律继承

1. 对于随后的法律已不再构成犯罪或不再设想对该单位承担行政责任的事实,以及如果受到谴责,该单位的执行和法律不承担任何责任效果停止。

2. 如果犯罪发生时的法律与随后的犯罪有所不同,除非适用不可撤销的裁定,否则将适用其规定更为有利的法律。

3. 第 1 款和第 2 款的规定不适用于例外或临时法律。

Art. 4.

Reati commessi all'estero

1. Nei casi e alle condizioni previsti dagli articoli 7,8,9 e 10 del codice penale,gli enti aventi nel territorio dello Stato la sede principale rispondono anche in relazione ai reati commessi all'estero,purche' nei loro confronti non proceda lo Stato del luogo in cui e' stato commesso il fatto.

2. Nei casi in cui la legge prevede che il colpevole sia punito a richiesta del Ministro della giustizia,si procede contro l'ente solo se la richiesta e' formulata anche nei confronti di quest'ultimo.

第四条 在国外犯下的罪行

1. 在《刑法》第 7、8、9 条和第 10 条规定的情况和条件下,总部设在本国领土内的单位也应对在国外犯下的罪行负责,

前提是犯罪发生地国的犯罪已经发生。

2. 在法律规定应司法部长的要求对犯罪方进行处罚的情况下,只有在对单位也提出追诉要求时,才对该单位提起诉讼。

Art. 5.

Responsabilita' dell'ente

1. L'ente e' responsabile per i reati commessi nel suo interesse o a suo vantaggio:

a) da persone che rivestono funzioni di rappresentanza,di amministrazione o di direzione dell'ente o di una sua unita' organizzativa dotata di autonomia finanziaria e funzionale nonche' da persone che esercitano,anche di fatto,la gestione e il controllo dello stesso;

b) da persone sottoposte alla direzione o alla vigilanza di uno dei soggetti di cui alla lettera a).

2. L'ente non risponde se le persone indicate nel comma 1 hanno agito nell'interesse esclusivo proprio o di terzi.

第五条 单位责任

1. 单位应当对为本单位利益或好处而实施的下列自然人犯罪负责：

a) 单位的法定代表、履行管理和领导职能的人，或者被单位赋予财务和职能自主权的个人，以及行使甚至事实掌握管理和控制权的人；

b) 受前款(a)管理或监管的人员。

2. 如果第1款规定的主体是为了他个人或第三方的利益行事，则单位不承担任何责任。

Art. 6.

Soggetti in posizione apicale e modelli di organizzazione dell'ente

1. Se il reato e' stato commesso dalle persone indicate nell'articolo 5, comma 1, lettera a), l'ente non risponde se prova che:

a) l'organo dirigente ha adottato ed efficacemente attuato, prima della commissione del fatto, modelli di organizzazione e di gestione idonei a prevenire reati della specie di quello verificatosi;

b) il compito di vigilare sul funzionamento e l'osservanza dei modelli di curare il loro aggiornamento e' stato affidato a un organismo dell'ente dotato di autonomi poteri di iniziativa e di controllo;

c) le persone hanno commesso il reato eludendo fraudolentemente i modelli di organizzazione e di gestione;

d) non vi e' stata omessa o insufficiente vigilanza da parte dell'organismo di cui alla lettera b).

第六条 单位高管和单位组织模式

1. 如果犯罪是由第5条第1款(a)项所规定的人员所犯，该单位在证明以下情况时不承担责任：

a) 管理机构在犯罪发生之前已经采用并有效地实施了适合于预防该类犯罪的组织和管理模式；

b)职能的监督和遵守及上述任务的更新已交由具有自主权和控制权的单位的机构负责；

c)犯罪人以欺诈方式规避单位管理模式而实施犯罪的；

d)本条(b) 项规定的机构未履行监管职责或者监管不足的。

2. In relazione all'estensione dei poteri delegati e al rischio di commissione dei reati, i modelli di cui alla lettera a), del comma 1, devono rispondere alle seguenti esigenze:

a) individuare le attivita' nel cui ambito possono essere commessi reati;

b) prevedere specifici protocolli diretti a programmare la formazione e l'attuazione delle decisioni dell'ente in relazione ai reati da prevenire;

c) individuare modalita' di gestione delle risorse finanziarie idonee ad impedire la commissione dei reati;

d) prevedere obblighi di informazione nei confronti dell'organismo deputato a vigilare sul funzionamento e l'osservanza dei modelli;

e) introdurre un sistema disciplinare idoneo a sanzionare il mancato rispetto delle misure indicate nel modello.

2. 关于授权的扩展和犯罪风险，本条第 1 款(a)项所指的模式必须满足以下要求：

a)确定可能的犯罪领域；

b)提供旨在规划和实施单位有关预防犯罪决定的具体协议；

c)确定适合预防犯罪的财务资源管理方式；

d)规定监督和遵守模式的机构的信息披露义务；

e)引入合适的纪律制度以制裁不遵守管理模式规定措施的行为。

3. I modelli di organizzazione e di gestione possono essere adottati, garantendo le esigenze di cui al comma 2, sulla base di codici di comportamento redatti dalle associazioni rappresentative degli enti, comunicati al Ministero della giustizia che, di concerto con i Ministeri competenti, puo' formulare, entro trenta giorni, osservazioni sulla idoneita' dei modelli a prevenire i reati.

3. 基于单位代表协会制定的行为准则，并经主管部门同意，并报给司法部，单位可以在 30 天内制定预防犯罪的合适的组织和管理模式，以保证满足本条第 1 款(a)项规定的条件。

4. Negli enti di piccole dimensioni i compiti indicati nella lettera b), del comma 1, possono essere svolti direttamente dall'organo dirigente.

5. E' comunque disposta la confisca del profitto che l'ente ha tratto dal reato, anche nella forma per equivalente.

4. 在小规模的单位中,本条第 1 款(a)项规定的内容可由给该单位的管理机构直接执行。

5. 无论如何,可以下令没收该单位从犯罪中获得的利润,即便是以等价形式。

Art. 7.

Soggetti sottoposti all'altrui direzione e modelli di organizzazione dell'ente

1. Nel caso previsto dall'articolo 5, comma 1, lettera b), l'ente e' responsabile se la commissione del reato e' stata resa possibile dall'inosservanza degli obblighi di direzione o vigilanza.

2. In ogni caso, e' esclusa l'inosservanza degli obblighi di direzione o vigilanza se l'ente, prima della commissione del reato, ha adottato ed efficacemente attuato un modello di organizzazione, gestione e controllo idoneo a prevenire reati della specie di quello verificatosi.

3. Il modello prevede, in relazione alla natura e alla dimensione dell'organizzazione nonche' al tipo di attivita' svolta, misure idonee a garantire lo svolgimento dell'attivita' nel rispetto della legge e a scoprire ed eliminare tempestivamente situazioni di rischio

4. L'efficace attuazione del modello richiede:

a) una verifica periodica e l'eventuale modifica dello stesso quando sono scoperte significative violazioni delle prescrizioni ovvero quando intervengono mutamenti nell'organizzazione o nell'attivita';

b) un sistema disciplinare idoneo a sanzionare il mancato rispetto delle misure indicate nel modello.

第七条　受他人管理的主体和单位组织模式

1. 在第 5 条第 1 款(b)项规定的自然人主体如果不遵守管理或监督义务

而实施犯罪，则单位应承担责任。

2. 在任何情况下，如果单位在实施犯罪之前已采取并有效实施了适当的预防犯罪的组织、管理和控制模式，则可以排除其不履行管理或监督义务的责任。

3. 该预防模式的规定是根据单位的组织属性和规模而制定的，符合该单位活动的类型，即采取适当的措施以确保单位符合法律规定的活动的开展，且能够迅速发现和减少风险状况。

4. 所需模式的有效实施：

a）当发现严重违反规定，或者组织形式和活动发生变化时，应（对该模式）进行定期验证并进行修改；

b）规定适当的纪律处罚措施以制裁不遵守模式规定的行为。

Art. 8.

Autonomia delle responsabilita' dell'ente

1. La responsabilita' dell'ente sussiste anche quando：

a）l'autore del reato non e' stato identificato o non e' imputabile；

b）il reato si estingue per una causa diversa dall'amnistia.

2. Salvo che la legge disponga diversamente，non si procede nei confronti dell'ente quando e' concessa amnistia per un reato in relazione al quale e' prevista la sua responsabilita' e l'imputato ha rinunciato alla sua applicazione.

3. L'ente puo' rinunciare all'amnistia.

第八条　单位责任的自主权

1. 在下列情况下，也应追究单位的责任：

a）自然人罪犯尚未查明或者无法对其归责的；

b）罪行因大赦以外的原因而被消灭。

2. 除非法律另有规定，否则当单位对其所承担责任的罪行获得赦免并且被告已放弃适用时，不得对单位采取任何行动。

3. 单位可以放弃特赦。

SEZIONE II

Sanzioni in generale

Art. 9.

Sanzioni amministrative

1. Le sanzioni per gli illeciti amministrativi dipendenti da reato sono:

a) la sanzione pecuniaria;

b) le sanzioni interdittive;

c) la confisca;

d) la pubblicazione della sentenza.

第二节　一般性制裁(措施)

第九条　行政制裁(措施)

1. 根据所犯罪行对于行政违法行为的制裁措施包括:

a)罚金;

b)资格的取消;

c)没收(财产);

d)判决的公开。

2. Le sanzioni interdittive sono:

a) l'interdizione dall'esercizio dell'attivita';

b) la sospensione o la revoca delle autorizzazioni, licenze o concessioni funzionali alla commissione dell'illecito;

c) il divieto di contrattare con la pubblica amministrazione, salvo che per ottenere le prestazioni di un pubblico servizio;

d) l'esclusione da agevolazioni, finanziamenti, contributi o sussidi e l'eventuale revoca di quelli gia' concessi;

e) il divieto di pubblicizzare beni o servizi.

2. 取消资格的制裁(措施)包括:

a)取消单位行为的资格;

b) 暂停或撤销对实施犯罪产生作用的授权、执照或特许;

c)禁止与公共行政部门签订合同,除非是为了公共服务的支付;

d)不得享受优惠、贷款、捐款或补贴,并可能撤销已经给予的优惠;

e)禁止为其商品或服务做广告。

Art. 10.

Sanzione amministrativa pecuniaria

1. Per l'illecito amministrativo dipendente da reato si applica sempre la sanzione pecuniaria.

2. La sanzione pecuniaria viene applicata per quote in un numero non inferiore a cento ne' superiore a mille.

3. L'importo di una quota va da un minimo di lire cinquecentomila ad un massimo di lire tre milioni.

4. Non e' ammesso il pagamento in misura ridotta.

第十条 罚款(形式的)行政处罚

1. 根据其所犯罪行对行政违法行为处以罚款制裁措施。

2. 罚款处罚对于股份而言不低于100、不高于1000。

3. 每股股份的数额最低五十万里拉、最高三百万里拉。

4. 不允许减少罚款支付的数额。

Art. 11.

Criteri di commisurazione della sanzione pecuniaria

1. Nella commisurazione della sanzione pecuniaria il giudice determina il numero delle quote tenendo conto della gravita' del fatto, del grado della responsabilita' dell'ente nonche' dell'attivita' svolta per eliminare o attenuare le conseguenze del fatto e per prevenire la commissione di ulteriori illeciti.

2. L'importo della quota e' fissato sulla base delle condizioni economiche e patrimoniali dell'ente allo scopo di assicurare l'efficacia della sanzione.

3. Nei casi previsti dall'articolo 12, comma 1, l'importo della quota e' sempre di lire duecentomila.

第十一条 衡量经济性制裁措施的标准

1. 在衡量罚款数量时,法官会根据事实的严重性、实体的责任程度以及单位为消除或减轻后果而实施的行为来确定股份数量;目的在于防止主体进一步犯罪。

2. 股份的数额是根据单位的经济和财务状况确定的,以确保制裁措施的有效性。

3. 在第十二条第1款规定的情况下，每股的数额总是为二十万里拉。

Art. 12.

Casi di riduzione della sanzione pecuniaria

1. La sanzione pecuniaria e' ridotta della meta' e non puo' comunque essere superiore a lire duecento milioni se:

a) l'autore del reato ha commesso il fatto nel prevalente interesse proprio o di terzi e l'ente non ne ha ricavato vantaggio o ne ha ricavato un vantaggio minimo;

b) il danno patrimoniale cagionato e' di particolare tenuita';

2. La sanzione e' ridotta da un terzo alla meta' se, prima della dichiarazione di apertura del dibattimento di primo grado:

a) l'ente ha risarcito integralmente il danno e ha eliminato le conseguenze dannose o pericolose del reato ovvero si e' comunque efficacemente adoperato in tal senso;

b) e' stato adottato e reso operativo un modello organizzativo idoneo a prevenire reati della specie di quello verificatosi.

3. Nel caso in cui concorrono entrambe le condizioni previste dalle lettere del precedente comma, la sanzione e' ridotta dalla meta' ai due terzi.

4. In ogni caso, la sanzione pecuniaria non puo' essere inferiore a lire venti milioni.

第十二条 减轻罚款制裁措施的情形

1. 在下列情况下，罚款将减半，但任何情况下均不得超过两亿里拉：

a) 自然人犯罪主体是为了其个人或第三方的利益行事，而单位并没有从中获得利益，哪怕是最小利益也没有从中获得；则单位不承担任何责任。

b) 造成的金钱损失特别小；

2. 一审开庭宣判前，有下列情形之一的，制裁措施可以减少三分之一至二分之一：

a) 单位已完全赔偿损失并消除了犯罪的有害或危险后果，或者无论如何，单位都做出了有效的努力；

b) 采用了适当且具有可行性的组织模式以预防犯罪。

3. 如果前款规定的两个条件同时具备,则制裁将减少一半至三分之二。

4. 在任何情况下,罚款不得少于两千万里拉。

Art. 13.

Sanzioni interdittive

1. Le sanzioni interdittive si applicano in relazione ai reati per i quali sono espressamente previste, quando ricorre almeno una delle seguenti condizioni:

a) l'ente ha tratto dal reato un profitto di rilevante entita' e il reato e' stato commesso da soggetti in posizioneapicale ovvero da soggetti sottoposti all'altrui direzione quando, in questo caso, la commissione del reato e' stata determinata o agevolata da gravi carenze organizzative;

b) in caso di reiterazione degli illeciti.

2. Le sanzioni interdittive hanno una durata non inferiore a tre mesi e non superiore a due anni.

3. Le sanzioni interdittive non si applicano nei casi previsti dall'articolo 12, comma 1.

第十三条　取消资格

1. 对明文规定的犯罪,至少符合下列条件之一的,适用取消资格处罚:

a) 单位从犯罪中获得了可观的利润,并且犯罪是由单位高管或受他人领导的主体实施的,在这种情况下,犯罪的实施是由单位存在严重的组织缺陷导致或促成的;

b) 在多次实施犯罪的情况下。

2. 取消资格处罚期限不少于三个月,不超过两年。

3. 第十二条第一款规定的情形,不适用取消资格处罚。

Art. 14.

Criteri di scelta delle sanzioni interdittive

1. Le sanzioni interdittive hanno ad oggetto la specifica attivita' alla quale si riferisce l'illecito dell'ente. Il giudice ne determina il tipo e la durata sulla base dei criteri indicati nell'articolo 11, tenendo conto dell'idoneita' delle singole sanzioni a prevenire illeciti del tipo di quello commesso.

2. Il divieto di contrattare con la pubblica amministrazione puo' anche essere

limitato a determinati tipi di contratto o a determinate amministrazioni. L’interdizione dall’esercizio di un’attivita’ comporta la sospensione ovvero la revoca delle autorizzazioni, licenze o concessioni funzionali allo svolgimento dell’attivita’.

3. Se necessario, le sanzioni interdittive possono essere applicate congiuntamente.

4. L’interdizione dall’esercizio dell’attivita’ si applica soltanto quando l’irrogazione di altre sanzioni interdittive risulta inadeguata.

第十四条 取消资格的选择标准

1. 取消资格的适用对象是单位所实施的违法活动。法官根据第 11 条规定的标准确定制裁措施的类型和期限,同时考虑适用单个制裁措施是否适合防止此类罪行。

2. 禁止与公共行政部门签订合同的制裁可能仅限于某些类型的合同或某些行政部门。取消从事活动的资格,或者暂停或撤销对其开展活动具有作用的授权、执照或特许权。

3. 如有必要,可以合用适用取消资格的制裁措施。

4. 只有在其他取消资格的制裁措施不充分的情况下,才适用禁止活动的制裁措施。

Art. 15.

Commissario giudiziale

1. Se sussistono i presupposti per l’applicazione di una sanzione interdittiva che determina l’interruzione dell’attivita’ dell’ente, il giudice, in luogo dell’applicazione della sanzione, dispone la prosecuzione dell’attivita’ dell’ente da parte di un commissario per un periodo pari alla durata della pena interdittiva che sarebbe stata applicata, quando ricorre almeno una delle seguenti condizioni:

a) l’ente svolge un pubblico servizio o un servizio di pubblica necessita’ la cui interruzione puo’ provocare un grave pregiudizio alla collettivita’;

b) l’interruzione dell’attivita’ dell’ente puo’ provocare, tenuto conto delle sue dimensioni e delle condizioni economiche del territorio in cui e’ situato, rilevanti ripercussioni sull’occupazione.

2. Con la sentenza che dispone la prosecuzione dell'attivita', il giudice indica i compiti ed i poteri del commissario, tenendo conto della specifica attivita' in cui e' stato posto in essere l'illecito da parte dell'ente.

3. Nell'ambito dei compiti e dei poteri indicati dal giudice, il commissario cura l'adozione e l'efficace attuazione dei modelli di organizzazione e di controllo idonei a prevenire reati della specie di quello verificatosi. Non puo' compiere atti di straordinaria amministrazione senza autorizzazione del giudice.

4. Il profitto derivante dalla prosecuzione dell'attivita' viene confiscato.

5. La prosecuzione dell'attivita' da parte del commissario non puo' essere disposta quando l'interruzione dell'attivita' consegue all'applicazione in via definitiva di una sanzione interdittiva.

第十五条 司法专员

1. 如果存在适用取消资格制裁的条件,且该制裁会导致单位活动的中断,当单位至少满足以下条件之一时,法官将委派专员监督单位的活动,而不是适用制裁措施,并规定与本应适用的取消资格措施的持续时间相等的期限:

a)单位从事的是公共服务或公共需要的服务,其活动的中断可能对社区造成严重伤害;

b)考虑到单位的规模和所处地区的经济状况,单位活动的中断可能导致对就业产生重大影响。

2. 法官在命令单位继续活动的判决中,考虑到单位实施犯罪的具体活动,可以赋予专员一定的职责和权力。

3. 作为法官赋予其任务和权力的一部分,司法专员应当确保适用和有效实施适合预防已发生犯罪的单位的组织和控制模式。未经法官授权(司法专员)不得进行特别的行政行为。

4. 没收持续经营活动产生的利润。

5. 在确定适用取消资格制裁之后,如果(单位)活动中断,则不能下令专员继续活动。

Art. 16.

Sanzioni interdittive applicate in via definitiva

1. Puo' essere disposta l'interdizione definitiva dall'esercizio dell'attivita' se l'ente ha tratto dal reato un profitto di rilevante entita' ed e' gia' stato condannato, almeno tre volte negli ultimi sette anni, alla interdizione temporanea dall'esercizio dell'attivita'.

2. Il giudice puo' applicare all'ente, in via definitiva, la sanzione del divieto di contrattare con la pubblica amministrazione ovvero del divieto di pubblicizzare beni o servizi quando e' gia' stato condannato alla stessa sanzione almeno tre volte negli ultimi sette anni.

3. Se l'ente o una sua unita' organizzativa viene stabilmente utilizzato allo scopo unico o prevalente di consentire o agevolare la commissione di reati in relazione ai quali e' prevista la sua responsabilita' e' sempre disposta l'interdizione definitiva dall'esercizio dell'attivita' e non si applicano le disposizioni previste dall'articolo 17.

第十六条　取消资格制裁的最终适用

1. 如果单位从犯罪中获得了可观的利润,并且在最近七年中至少被惩处三次,则可以下令最终禁止其从事活动。

2. 如果该单位在最近七年至少被判处三次相同的刑罚,法官可以明确禁止该单位与公共行政部门签订合同,或禁止其为商品或服务做广告。

3. 如果该单位或其组织机构之一的责任是可以被预见的,它仍然持续以此作为唯一目的或者容许或为犯罪提供便利,则可以永久禁止其从事活动,且不适用本法令的第十七条的规定。

Art. 17.

Riparazione delle conseguenze del reato

1. Ferma l'applicazione delle sanzioni pecuniarie, le sanzioni interdittive non si applicano quando, prima della dichiarazione di apertura del dibattimento di primo grado, concorrono le seguenti condizioni:

a) l'ente ha risarcito integralmente il danno e ha eliminato le conseguenze dannose o pericolose del reato ovvero si e' comunque efficacemente adoperato in tal senso;

b) l'ente ha eliminato le carenze organizzative che hanno determinato il reato mediante l'adozione e l'attuazione di modelli organizzativi idonei a prevenire reati della specie di quello verificatosi;

c) l'ente ha messo a disposizione il profitto conseguito ai fini della confisca.

第十七条 犯罪后果的赔偿

1. 在一审宣布开庭前,在不影响适用金钱处罚的情况下,符合下列条件的,不适用取消资格处罚:

a)该单位已完全赔偿损失并消除了犯罪的有害或危险后果,或尽可能地采取了有效行动;

b)该单位通过采用和实施适当的预防已发生的犯罪类型的组织模式,消除导致犯罪的组织缺陷;

c)该单位已经将利润上缴用于没收。

Art. 18.

Pubblicazione della sentenza di condanna

1. La pubblicazione della sentenza di condanna puo' essere disposta quando nei confronti dell'ente viene applicata una sanzione interdittiva.

2. La sentenza e' pubblicata una sola volta, per estratto o per intero, in uno o piu' giornali indicati dal giudice nella sentenza nonche' mediante affissione nel comune ove l'ente ha la sede principale.

3. La pubblicazione della sentenza e' eseguita, a cura della cancelleria del giudice, a spese dell'ente.

第十八条 有罪判决的公布

1. 当对单位适用取消资格的制裁措施时,可以公布该判决。

2. 法官可以在判决中指明在该单位总部所在地的市镇的一份或多份报纸上,公布一次该判决的摘录或者全文。

3. 判决的公布由法院的秘书处具体实施,但费用由单位承担。

Art. 19.

Confisca

1. Nei confronti dell'ente e' sempre disposta, con la sentenza di condanna, la

confisca del prezzo o del profitto del reato, salvo che per la parte che puo' essere restituita al danneggiato. Sono fatti salvi i diritti acquisiti dai terzi in buona fede.

2. Quando non e' possibile eseguire la confisca a norma del comma 1, la stessa puo' avere ad oggetto somme di denaro, beni o altre utilita' di valore equivalente al prezzo o al profitto del reato.

第十九条　没收

1. 没收措施规定在单位有罪判决中,适用对象是犯罪的代价或所获的利润,但可以退还给受害方的部分不包括在内。维护善意第三方的权利。

2. 如果无法按照第 1 款的规定适用没收措施,可以没收价值相当于犯罪所获代价或利润的金钱、货物或其他公用事业的款项。

Art. 20.

Reiterazione

1. Si ha reiterazione quando l'ente, gia' condannato in via definitiva almeno una volta per un illecito dipendente da reato, ne commette un altro nei cinque anni successivi alla condanna definitiva.

第二十条　累犯

1. 累犯是指该单位已经明确因犯罪被处罚至少一次,在定罪判决后的五年内再次犯罪。

Art. 21.

Pluralita' di illeciti

1. Quando l'ente e' responsabile in relazione ad una pluralita' di reati commessi con una unica azione od omissione ovvero commessi nello svolgimento di una medesima attivita' e prima che per uno di essi sia stata pronunciata sentenza anche non definitiva, si applica la sanzione pecuniaria prevista per l'illecito piu' grave aumentata fino al triplo. Per effetto di detto aumento, l'ammontare della sanzione pecuniaria non puo' comunque essere superiore alla somma delle sanzioni applicabili per ciascun illecito.

2. Nei casi previsti dal comma 1, quando in relazione a uno o piu' degli illeciti ricorrono le condizioni per l'applicazione delle sanzioni interdittive, si applica quella prevista per l'illecito piu' grave.

第二十一条　犯罪的竞合

1. 当单位对因单一作为或不作为或实施同一活动中负有责任时，在其行为被判决(即使不是最终判决)之前，对最严重罪行的罚金可以增加到三倍。由于这种增加，罚金的金额在任何情况下都不能超过每项罪行的罚金总额。

2. 在第一款规定的情况下，当一项或多项犯罪符合适用取消资格处罚的条件时，适用最严重的犯罪。

Art. 22.

Prescrizione

1. Le sanzioni amministrative si prescrivono nel termine di cinque anni dalla data di consumazione del reato.

第二十二条　失效(时效)

1. 行政制裁措施从实施犯罪之日起五年内有效。

Art. 23.

Inosservanza delle sanzioni interdittive

1. Chiunque, nello svolgimento dell'attivita' dell'ente a cui e' stata applicata una sanzione o una misura cautelare interdittiva trasgredisce agli obblighi o ai divieti inerenti a tali sanzioni o misure, e' punito con la reclusione da sei mesi a tre anni.

2. Nel caso di cui al comma 1, nei confronti dell'ente nell'interesse o a vantaggio del quale il reato e' stato commesso, si applica la sanzione amministrativa pecuniaria da duecento e seicento quote e la confisca del profitto, a norma dell'articolo 19.

3. Se dal reato di cui al comma 1, l'ente ha tratto un profitto rilevante, si applicano le sanzioni interdittive, anche diverse da quelle in precedenza irrogate.

第二十三条　不遵守取消资格的制裁

1. 任何人在参加被处以禁止性制裁或预防性措施的单位活动时，违反了此类制裁或措施所规定的义务或禁令，将被处以六个月至三年的监禁。

2. 在第 1 款所述的情况下，依照第 19 条的规定，对实施犯罪的单位或获取利益的单位处以 200 至 600 的行政罚款，并没收其利润。

3. 如果该单位从第1款所述的罪行中获得了可观的利润,则对其适用取消资格制裁,即使与之前的强制性制裁不同。

SEZIONE III

Responsabilita' amministrativa per reati previsti dal codice penale

Art. 24.

Indebita percezione di erogazioni, truffa in danno dello Stato o di un ente pubblico o per il conseguimento di erogazioni pubbliche e frode informatica in danno dello Stato o di un ente pubblico.

1. In relazione alla commissione dei delitti di cui agli articoli 316 – *bis*, 316 – *ter*, 640, comma 2, n. 1, 640 – *bis* e 640 – *ter* se commesso in danno dello Stato o di altro ente pubblico, del codice penale, si applica all'ente la sanzione pecuniaria fino a cinquecento quote.

2. Se, in seguito alla commissione dei delitti di cui al comma 1, l'ente ha conseguito un profitto di rilevante entita' o e' derivato un danno di particolare gravita'; si applica la sanzione pecuniaria da duecento a seicento quote.

3. Nei casi previsti dai commi precedenti, si applicano le sanzioni interdittive previste dall'articolo 9, comma 2, lettere c), d) ed e).

第三节　刑法规定的犯罪的行政责任

第二十四条　不当收取资金或实施欺诈损害国家或公共机构的利益,或者为获取公共资金而进行信息欺诈行为损害国家或公共机构的利益

1. 实施《刑法》第316条之二、第316条之三、第640条第2款、第640条之二和第640条之三规定的犯罪,危害国家或其他公共机构,对单位惩处不高于500股的罚款。

2. 如果实施第1款规定的罪行,单位取得了可观的利润或造成了特别严重的损害;对其适用从200股到600股的罚款。

3. 在前款规定的情况下,适用第9条第2款第c、d、e项规定的取消资格制裁。

Art. 25

Concussione e corruzione

1. In relazione alla commissione dei delitti di cui agli articoli 318, 321 e 322,

commi 1 e 3, del codice penale, si applica la sanzione pecuniaria fino a duecento quote.

2. In relazione alla commissione dei delitti di cui agli articoli 319, 319 – *ter*, comma 1, 321, 322, commi 2 e 4, del codice penale, si applica all'ente la sanzione pecuniaria da duecento a seicento quote.

3. In relazione alla commissione dei delitti di cui agli articoli 317, 319, aggravato ai sensi dell'articolo 319 – *bis* quando dal fatto l'ente ha conseguito un profitto di rilevante entita', 319 – *ter*, comma 2, e 321 del codice penale, si applica all'ente la sanzione pecuniaria da trecento a ottocento quote.

4. Le sanzioni pecuniarie previste per i delitti di cui ai commi da 1 a 3, si applicano all'ente anche quando tali delitti sono stati commessi dalle persone indicate negli articoli 320 e 322 – *bis*.

5. Nei casi di condanna per uno dei delitti indicati nei commi 2 e 3, si applicano le sanzioni interdittive previste dall'articolo 9, comma 2, per una durata non inferiore ad un anno.

第二十五条 行贿和受贿

1. 单位如果犯《刑法》第 318 条、第 321 条、第 322 条第 1 款和第 3 款规定之罪,对其可处以最高 200 股的罚款。

2. 单位如果犯《刑法》第 319 条、第 319 条之三第 1 款、第 321 条、第 322 条第 2 款和第 4 款规定之罪,对其可处 200 股至 600 股的罚款。

3. 单位如果实施《刑法》第 317 条、第 319 条规定的犯罪,根据第 319 条之三第 2 款和第 321 条的规定从中获得重大利益,且符合第 319 条之二规定的加重处罚情形,对单位处以 300 股到 800 股的罚款。

4. 符合第 1 款至第 3 款规定的经济性制裁,既可以适用于单位,也可以适用于刑法第 320 条和第 322 条之二规定的自然人。

5. 实施了第 2 款和第 3 款规定的犯罪,根据第 9 条第 2 款的规定,对其可以适用取消资的制裁,期限不少于一年。

Art. 26.

Delitti tentati

1. Le sanzioni pecuniarie e interdittive sono ridotte da un terzo alla meta' in

relazione alla commissione, nelle forme del tentativo, dei delitti indicati nel presente capo del decreto.

2. L'ente non risponde quando volontariamente impedisce il compimento dell'azione o la realizzazione dell'evento.

第二十六条 犯罪未遂

1. 以未遂形式实施该法令本节所列罪行的,罚款和取消资格的处罚可减少三分之一至二分之一。

2. 如果单位主动阻止行为的完成或事件的实现时则不承担责任。

Capo II

RESPONSABILITA' PATRIMONIALE E VICENDE MODIFICATIVE DELL'ENTE

SEZIONE I

Responsabilita' patrimoniale dell'ente

Art. 27.

Responsabilita' patrimoniale dell'ente

1. Dell'obbligazione per il pagamento della sanzione pecuniaria risponde soltanto l'ente con il suo patrimonio o con il fondo comune.

2. I crediti dello Stato derivanti degli illeciti amministrativi dell'ente relativi a reati hanno privilegio secondo le disposizioni del codice di procedura penale sui crediti dipendenti da reato. A tale fine, la sanzione pecuniaria si intende equiparata alla pena pecuniaria.

第二章 单位变更与财产性责任

第一节 单位的财产性责任

第二十七条 单位的财产性责任

1. 单位以其资产或共同基金对支付罚款承担责任。

2. 根据刑事诉讼法关于犯罪信用记录的规定,单位因其行政违法而产生的犯罪记录信用享有特权。为此,行政罚款被认为等同于作为刑罚措施的罚款。

SEZIONE II

Vicende modificative dell'ente

Art. 28.

Trasformazione dell'ente

1. Nel caso di trasformazione dell'ente, resta ferma la responsabilita' per i reati commessi anteriormente alla data in cui la trasformazione ha avuto effetto.

第二节　单位的变更活动

第二十八条　单位的变更

1. 对于单位变更而言,在其转型生效之日之前犯下的罪行其应当承担的责任不受影响。

Art. 29.

Fusione dell'ente

1. Nel caso di fusione, anche per incorporazione, l'ente che ne risulta risponde dei reati dei quali erano responsabili gli enti partecipanti alla fusione.

第二十九条　单位的合并

1. 在发生合并的情况下,包括为了合并的场合,单位应对参与合并的机构所实施的罪行负责。

Art. 30.

Scissione dell'ente

1. Nel caso di scissione parziale, resta ferma la responsabilita' dell'ente scisso per i reati commessi anteriormente alla data in cui la scissione ha avuto effetto, salvo quanto previsto dal comma 3.

2. Gli enti beneficiari della scissione, sia totale che parziale, sono solidalmente obbligati al pagamento delle sanzioni pecuniarie dovute dall'ente scisso per i reati commessi anteriormente alla data dalla quale la scissione ha avuto effetto. L'obbligo e' limitato al valore effettivo del patrimonio netto trasferito al singolo ente, salvo che si tratti di ente al quale e' stato trasferito, anche in parte il ramo di attivita' nell'ambito del quale e' stato commesso il reato.

3. Le sanzioni interdittive relative ai reati indicati nel comma 2, si applicano agli enti cui e' rimasto o e' stato trasferito, anche in parte, il ramo di attivita'

nell'ambito del quale il reato e' stato commesso.

第三十条 单位的分立

1. 在单位存在部分分拆的情况下,除第 3 款另有规定外,被分拆的单位的责任对于在分拆生效日之前犯下的罪行不受影响。

2. 分割后的受益单位,无论是全部分离还是部分拆分,都有连带义务支付被分拆单位在分拆生效日期之前犯下的罪行所欠的罚款。该义务仅限于转移到单个单位的净资产的实际价值,实施犯罪的分支机构已转移至单位或者部分转移至该单位的除外。

3. 与第 2 款所述罪行有关的取消资格的制裁适用于实施了该罪行的分支机构,该分支机构仍然存留于单位或者被部分转移至单位。

Art. 31.

Determinazione delle sanzioni nel caso di fusione o scissione

1. Se la fusione o la scissione e' avvenuta prima della conclusione del giudizio, il giudice, nella commisurazione della sanzione pecuniaria a norma dell'articolo 11, comma 2, tiene conto delle condizioni economiche e patrimoniali dell'ente originariamente responsabile.

2. Salvo quanto previsto dall'articolo 17, l'ente risultante dalla fusione e l'ente al quale, nel caso di scissione, e' applicabile la sanzione interdittiva possono chiedere al giudice la sostituzione della medesima con la sanzione pecuniaria, qualora, a seguito della fusione o della scissione, si sia realizzata la condizione prevista dalla lettera b) del comma 1 dell'articolo 17, e ricorrano le ulteriori condizioni di cui alle lettere a) e c) del medesimo articolo.

3. Se accoglie la richiesta, il giudice, nel pronunciare sentenza di condanna, sostituisce la sanzione interdittiva con una sanzione pecuniaria di ammontare pari da una a due volte quello della sanzione pecuniaria inflitta all'ente in relazione al medesimo reato.

4. Resta salva la facolta' dell'ente, anche nei casi di fusione o scissione successiva alla conclusione del giudizio, di chiedere la conversione della sanzione interdittiva in sanzione pecuniaria.

第三十一条 合并或分立情况下制裁措施的确定

1. 如果单位的合并或分立发生在判决作出之前，法官在根据第 11 条第 2 款决定经济处罚的幅度时，应考虑最初负责单位的经济和财务状况。

2. 在不违反第 17 条规定的情况下，合并或者分立后的单位如果要适用取消资格制裁，在分立或者合并后，如果单位符合第 17 条第 1 款第 b 项所规定的条件已得到满足，且满足同一条 a 项和 c 项中规定的附加条件，可以要求法官以经济性制裁代替取消资者制裁。

3. 如果法官同意单位请求，在其宣布有罪判决时，可以将取消资格处罚替换为相当于对单位就同一罪行施加的一到两倍的金钱处罚。

4. 即使在判决结束后单位发生合并或分立的情况下，单位请求将取消资格制裁转换为金钱制裁的权利不受影响。

Art. 32.

Rilevanza della fusione o della scissione ai fini della reiterazione

1. Nei casi di responsabilita' dell'ente risultante dalla fusione o beneficiario della scissione per reati commessi successivamente alla data dalla quale la fusione o la scissione ha avuto effetto, il giudice puo' ritenere la reiterazione, a norma dell'articolo 20, anche in rapporto a condanne pronunciate nei confronti degli enti partecipanti alla fusione o dell'ente scisso per reati commessi anteriormente a tale data.

2. A tale fine, il giudice tiene conto della natura delle violazioni e dell'attivita' nell'ambito della quale sono state commesse nonche' delle caratteristiche della fusione o della scissione.

3. Rispetto agli enti beneficiari della scissione, la reiterazione puo' essere ritenuta, a norma dei commi 1 e 2, solo se ad essi e' stato trasferito, anche in parte, il ramo di attivita' nell'ambito del quale e' stato commesso il reato per cui e' stata pronunciata condanna nei confronti dell'ente scisso.

第三十二条 累犯情形下合并或分立的关联性

1. 合并或分立的受益人对合并或分立生效之日后实施的犯罪，如果单位在合并或者分立日期之前也曾犯下罪行，法官根据第 20 条的规定，在宣判时可以认定其为累犯。

2. 为此,法官考虑违法行为的性质和所实施的活动,包括合并或分立单位的特点。

3. 对于从分立中受益的单位,根据第 1 款和第 2 款规定,只有当分支机构被宣判为犯罪,分立机构被判处刑罚时,可以认定为累犯。

Art. 33.

Cessione di azienda

1. Nel caso di cessione dell'azienda nella cui attivita' e' stato commesso il reato, il cessionario e' solidalmente obbligato, salvo il beneficio della preventiva escussione dell'ente cedente e nei limiti del valore dell'azienda, al pagamento della sanzione pecuniaria.

2. L'obbligazione del cessionario e' limitata alle sanzioni pecuniarie che risultano dai libri contabili obbligatori, ovvero dovute per illeciti amministrativi dei quali egli era comunque a conoscenza.

3. Le disposizioni del presente articolo si applicano anche nel caso di conferimento di azienda.

第三十三条 公司的转让

1. 在转让实施犯罪活动的公司的情况下,受让人有连带性义务在公司价值范围内支付罚款,但转让机构事先强制执行的利益除外。

2. 受让人的义务仅限于因强制性会计账簿导致的经济性制裁,或者因其所知晓的行政违法行为而导致的经济性制裁。

3. 本条规定也适用于公司转让的情形。

Capo III

PROCEDIMENTO DI ACCERTAMENTO E DI APPLICAZIONE DELLE SANZIONI AMMINISTRATIVE

SEZIONE I

Disposizioni generali

Art. 34.

Disposizioni processuali applicabili

1. Per il procedimento relativo agli illeciti amministrativi dipendenti da reato, si osservano le norme di questo capo nonche', in quanto compatibili, le

disposizioni del codice di procedura penale e del decreto legislativo 28 luglio 1989, n. 271.

第三章 行政制裁的评估和适用程序

第一节 一般性规定

第三十四条 程序的适用规定

1. 与行政违法行为相关的程序取决于犯罪,应遵守本章的规定以及与《刑事诉讼法》相关的规定和 1989 年 7 月 28 日第 271 号法令。

Art. 35.

Estensione della disciplina relativa all'imputato

1. All'ente si applicano le disposizioni processuali relative all'imputato, in quanto compatibili.

第三十五条 被告纪律处分的扩大

1. 所有与被告相关的程序性规定也在合适的范围内适用于单位。

SEZIONE II

Soggetti, giurisdizione e competenza

Art. 36.

Attribuzioni del giudice penale

1. La competenza a conoscere gli illeciti amministrativi dell'ente appartiene al giudice penale competente per i reati dai quali gli stessi dipendono.

2. Per il procedimento di accertamento dell'illecito amministrativo dell'ente si osservano le disposizioni sulla composizione del tribunale e le disposizioni processuali collegate relative ai reati dai quali l'illecito amministrativo dipende.

第二节 主体、管辖和(责任)能力

第三十六条 刑事法官的权属

1. 了解单位违法犯罪的权限属于主管刑事法官,对其行政违法行为行使管辖权。

2. 认定单位行政违法的程序,适用法院组成规定和行政违法行为所依据的相关程序规定。

Art. 37.

Casi di improcedibilita'

1. Non si procede all'accertamento dell'illecito amministrativo dell'ente quando l'azione penale non puo' essere iniziata o proseguita nei confronti dell'autore del reato per la mancanza di una condizione di procedibilita'.

第三十七条 不可受理的情况

1. 当由于缺乏可受理条件而无法对犯罪行为人提起或继续进行刑事诉讼时,不能认定单位的行政犯罪。

Art. 38.

Riunione e separazione dei procedimenti

1. Il procedimento per l'illecito amministrativo dell'ente e' riunito al procedimento penale instaurato nei confronti dell'autore del reato da cui l'illecito dipende.

2. Si procede separatamente per l'illecito amministrativo dell'ente soltanto quando:

a) e' stata ordinata la sospensione del procedimento ai sensi dell'articolo 71 del codice di procedura penale;

b) il procedimento e' stato definito con il giudizio abbreviato o con l'applicazione della pena ai sensi dell'articolo 444 del codice di procedura penale, ovvero e' stato emesso il decreto penale di condanna;

c) l'osservanza delle disposizioni processuali lo rende necessario.

第三十八条 会议(听证)和程序的分流

1. 单位的行政违法程序与自然人主体因其犯罪已确立的刑事诉讼程序相结合。

2. 仅在以下情况下针对行政违法的单位单独进行诉讼:

a) 根据《刑事诉讼法》第 71 条规定命令中止诉讼的;

b) 适用简易程序,或者根据《刑事诉讼法》第 444 条应适用刑罚或者已经下达刑事定罪判决书的;

c) 遵守程序性规定是必须的。

Art. 39.

Rappresentanza dell'ente

1. L'ente partecipa al procedimento penale con il proprio rappresentante legale, salvo che questi sia imputato del reato da cui dipende l'illecito amministrativo.

2. L'ente che intende partecipare al procedimento si costituisce depositando nella cancelleria dell'autorita' giudiziaria procedente una dichiarazione contenente a pena di inammissibilita':

a) la denominazione dell'ente e le generalita' del suo legale rappresentante;

b) il nome ed il cognome del difensore e l'indicazione della procura;

c) la sottoscrizione del difensore;

d) la dichiarazione o l'elezione di domicilio.

3. La procura, conferita nelle forme previste dall'articolo 100, comma 1, del codice di procedura penale, e' depositata nella segreteria del pubblico ministero o nella cancelleria del giudice ovvero e' presentata in udienza unitamente alla dichiarazione di cui al comma 2.

4. Quando non compare il legale rappresentante, l'ente costituito e' rappresentato dal difensore.

第三十九条　单位代表

1. 单位与其法定代表人一起参加刑事诉讼,除非该法定代表人被指控犯有行政违法行为。

2. 参加诉讼的单位通过在诉讼司法当局秘书处存放一份其本身声明,该声明应包含以下内容,否则不予受理:

a)单位名称及其法定代表人的详细信息;

b)辩护人的名字、姓氏以及授权书的声明;

c)辩护人的签名;

d)声明或住所的选择。

3. 依照《刑事诉讼法》第100条第1款规定的形式授予的授权书,存放在检察官秘书处或法官的文书室,或者在听证会与第2款规定的声明一起提交。

4. 当法定代表人不出席时,单位可以替换辩护人出席。

Art. 40.

Difensore di ufficio

1. L'ente che non ha nominato un difensore di fiducia o ne e' rimasto privo e' assistito da un difensore di ufficio.

第四十条 官方辩护人

1. 单位没有指定一名受托律师或者一直没有律师的,可由官方律师协助。

Art. 41.

Contumacia dell'ente

1. L'ente che non si costituisce nel processo e' dichiarato contumace.

第四十一条 单位缺席

1. 不参与诉讼的单位被宣布为缺席。

Art. 42.

Vicende modificative dell'ente nel corso del processo

1. Nel caso di trasformazione, di fusione o di scissione dell'ente originariamente responsabile, il procedimento prosegue nei confronti degli enti risultanti da tali vicende modificative o beneficiari della cissione, che partecipano al processo, nello stato in cui lo stesso si trova, depositando la dichiarazione di cui all'articolo 39, comma 2.

第四十二条 诉讼中单位的变更

1. 如果原应负责的单位发生转型、合并或分拆,则该程序继续适用于因此类单位变更或参与该过程的转让受益人,其在诉讼过程中应提交第39条第2款规定的声明。

Art. 43.

Notificazioni all'ente

1. Per la prima notificazione all'ente si osservano le disposizioni dell'articolo 154, comma 3, del codice di procedura penale.

2. Sono comunque valide le notificazioni eseguite mediante consegna al legale rappresentante, anche se imputato del reato da cui dipende l'illecito amministrativo.

3. Se l'ente ha dichiarato o eletto domicilio nella dichiarazione di cui

all'articolo 39 o in altro atto comunicato all'autorita' giudiziaria, le notificazioni sono eseguite ai sensi dell'articolo 161 del codice di procedura penale.

4. Se non e' possibile eseguire le notificazioni nei modi previsti dai commi precedenti, l'autorita' giudiziaria dispone nuove ricerche. Qualora le ricerche non diano esito positivo, il giudice, su richiesta del pubblico ministero, sospende il procedimento.

第四十三条 通知单位

1. 第一次通知单位时,要遵守《刑事诉讼法》第 154 条第 3 款的规定。

2. 被指控有行政违法行为的单位,即使通知给该单位的法定代表人,在任何情况下仍然有效。

3. 如果单位已经根据第 39 条规定的声明或者在提交给司法当局的其他文件中声明或选择了住所,则根据《刑事诉讼法》第 161 条进行通知。

4. 如果无法按照前文规定的方式进行通知,司法机关将安排新的调查。如果调查不成功,法官可以应检察官的要求中止诉讼。

SEZIONE III

Prove

Art. 44.

Incompatibilita' con l'ufficio di testimone

1. Non puo' essere assunta come testimone:

a) la persona imputata del reato da cui dipende l'illecito amministrativo;

b) la persona che rappresenta l'ente indicata nella dichiarazione di cui all'articolo 39, comma 2, e che rivestiva tale funzione anche al momento della commissione del reato.

2. Nel caso di incompatibilita' la persona che rappresenta l'ente puo' essere interrogata ed esaminata nelle forme, con i limiti e con gli effetti previsti per l'interrogatorio e per l'esame della persona imputata in un procedimento connesso.

第三节 证 明

第四十四条 证人机构不适格

1. 下列情形下不能作为证人:

(a)被控犯有行政违法行为的人；

(b)在第39条第2款规定的声明中被指定的单位法定代表人,并且在犯罪时履行这一职能的人。

2. 在不适格的情况下,单位的代表人可以按照在相关程序中对被指控人依照规定的形式、限制和效果进行讯问。

SEZIONE IV

Misure cautelari

Art. 45.

Applicazione delle misure cautelari

1. Quando sussistono gravi indizi per ritenere la sussistenza della responsabilita' dell'ente per un illecito amministrativo dipendente da reato e vi sono fondati e specifici elementi che fanno ritenere concreto il pericolo che vengano commessi illeciti della stessa indole di quello per cui si procede, il pubblico ministero puo' richiedere l'applicazione quale misura cautelare di una delle sanzioni interdittive previste dall'articolo 9, comma 2, presentando al giudice gli elementi su cui la richiesta si fonda, compresi quelli a favore dell'ente e le eventuali deduzioni e memorie difensive gia' depositate.

2. Sulla richiesta il giudice provvede con ordinanza, in cui indica anche le modalita' applicative della misura. Si osservano le disposizioni dell'articolo 292 del codice di procedura penale.

3. In luogo della misura cautelare interdittiva, il giudice puo' nominare un commissario giudiziale a norma dell'articolo 15 per un periodo pari alla durata della misura che sarebbe stata applicata.

第四节　预防性措施

第四十五条　预防措施的适用

1. 当有充分的迹象表明该实体对因犯罪而负行政违法责任时,并且有充分的根据和具体的因素使人们相信可能发生与正在提起诉讼的行为相同性质的非法行为的真正危险,检察官可以要求申请作为预防措施第9条第2款规定的取消资格制裁之一,向法官提出请求所依据的要素,包括有利于单位的因素和扣除因素以及辩护摘要。

2. 法官通过命令对请求作出决定,并在命令中指明适用措施的方法。应当遵守《刑事诉讼法》第 292 条的规定,

3. 法官可以根据第 15 条司法专员适用预防性禁止措施,期限应与本应适用制裁措施的期限相等。

Art. 46.

Criteri di scelta delle misure

1. Nel disporre le misure cautelari, il giudice tiene conto della specifica idoneita' di ciascuna in relazione alla natura e al grado delle esigenze cautelari da soddisfare nel caso concreto.

2. Ogni misura cautelare deve essere proporzionata all'entita' del fatto e alla sanzione che si ritiene possa essere applicata all'ente.

3. L'interdizione dall'esercizio dell'attivita' puo' essere disposta in via cautelare soltanto quando ogni altra misura risulti inadeguata.

4. Le misure cautelari non possono essere applicate congiuntamente.

第四十六条 选择措施的标准

1. 在制定预防措施时,法官会考虑每种情况的具体适用性,以适应在特定情况下需要满足的预防需求的性质和程度。

2. 每项预防措施都必须与单位行为成比例,并与适用于该单位的制裁措施相适应。

3. 只有在任何其他措施不充分时,才可以下令禁止从事该活动作为预防措施。

4. 预防措施不能共同适用。

Art. 47.

Giudice competente e procedimento di applicazione

1. Sull'applicazione e sulla revoca delle misure cautelari nonche' sulle modifiche delle loro modalita' secutive, provvede il giudice che procede. Nel corso delle indagini provvede il giudice per le indagini preliminari. Si applicano altresi' le disposizioni di cui all'articolo 91 del decreto legislativo 28 luglio 1989, n. 271.

2. Se la richiesta di applicazione della misura cautelare e' presentata fuori

udienza, il giudice fissa la data dell'udienza e ne fa dare avviso al pubblico ministero, all'ente e ai difensori. L'ente e i difensori sono altresi' avvisati che, presso la cancelleria del giudice, possono esaminare la richiesta dal pubblico ministero e gli elementi sui quali la stessa si fonda.

3. Nell'udienza prevista dal comma 2, si osservano le forme dell'articolo 127, commi 1, 2, 3, 4, 5, 6 e 10, del codice di procedura penale; i termini previsti ai commi 1 e 2 del medesimo articolo sono ridotti rispettivamente a cinque e a tre giorni. Tra il deposito della richiesta e la data dell'udienza non puo' intercorrere un termine superiore a quindici giorni.

第四十七条 主管法官和适用程序

1. 法官负责预防措施的适用和撤销以及对其保护方式的改变。在调查期间,法官依照1989年7月28日第271号法令第91条的规定进行初步调查。

2. 如果在听证会之外提出采取预防措施的请求,法官确定听证会的日期并通知检察官、单位和辩护律师。单位和律师还被告知,在法官的秘书处,他们可以审查检察官的请求及其所依据的材料。

3. 应当依照第2款的规定审理,同时适用《刑事诉讼法》第127条第1、2、3、4、5、6、10款的规定;同一条第1款和第2款规定的期限分别减少到5天和3天。从提出请求到听证会开始,不得超过15天。

Art. 48.

Adempimenti esecutivi

1. L'ordinanza che dispone l'applicazione di una misura cautelare e' notificata all'ente a cura del pubblico ministero.

第四十八条 执行义务

1. 适用预防措施的命令由检察官通知单位。

Art. 49.

Sospensione delle misure cautelari

1. Le misure cautelari possono essere sospese se l'ente chiede di poter realizzare gli adempimenti cui la legge condiziona l'esclusione di sanzioni interdittive a norma dell'articolo 17. In tal caso, il giudice, sentito il pubblico ministero, se ritiene di accogliere la richiesta, determina una somma di denaro a

titolo di cauzione, dispone la sospensione della misura e indica il termine per la realizzazione delle condotte riparatorie di cui al medesimo articolo 17.

2. La cauzione consiste nel deposito presso la Cassa delle ammende di una somma di denaro che non puo' comunque essere inferiore alla meta' della sanzione pecuniaria minima prevista per l'illecito per cui si procede. In luogo del deposito, e' ammessa la prestazione di una garanzia mediante ipoteca o fideiussione solidale.

3. Nel caso di mancata, incompleta o inefficace esecuzione delle attivita' nel termine fissato, la misura cautelare viene ripristinata e la somma depositata o per la quale e' stata data garanzia e' devoluta alla Cassa delle ammende.

4. Se si realizzano le condizioni di cui all'articolo 17 il giudice revoca la misura cautelare e ordina la restituzione della somma depositata o la cancellazione dell'ipoteca; la fideiussione prestata si estingue.

第四十九条 预防措施的中止

1. 根据第 17 条的规定,如果单位要求能够履行排除取消资格制裁的法律规定的义务,则可以暂停预防措施。在这种情况下,如果法官认为接受请求,确定一笔款项作为押金,命令中止措施,并指明执行同第 17 条所述补救行为的期限。

2. 保证金包括向罚款办公室存入一笔款项,数额在任何情况下都不得低于为犯罪行为规定的最低罚款金额的一半。允许以抵押或连带担保的方式代替存款提供担保。

3. 如果在既定期限内未能、不完整或无效地执行活动,则恢复预防措施,并将已存入的款项或已提供担保的款项转交给罚款办公室。

4. 符合第 17 条规定的条件的,法官可以撤销预防措施,责令退还保证金,或取消抵押;提供的担保失效。

Art. 50.

Revoca e sostituzione delle misure cautelari

1. Le misure cautelari sono revocate anche d'ufficio quando risultano mancanti, anche per fatti sopravvenuti, le condizioni di applicabilita' previste dall'articolo 45 ovvero quando ricorrono le ipotesi previste dall'articolo 17.

2. Quando le esigenze cautelari risultano attenuate ovvero la misura applicata non appare piu proporzionata all'entita' del fatto o alla sanzione che si ritiene possa essere applicata in via definitiva, il giudice, su richiesta del pubblico ministero o dell'ente, sostituisce la misura con un'altra meno grave ovvero ne dispone l'applicazione con modalita' meno gravose, anche stabilendo una minore durata.

第五十条　　预防措施的撤销与变更

1. 由于随后的行为,使得第45条规定的适用条件缺失,或当第17条规定的情形发生时,预防措施可依职权撤销。

2. 当预防性要求减弱,或者采取的措施不再与单位的行为或明确适用的制裁相称时,法官应检察官或单位的要求替换一种不太严重的措施,或者适用一个不太繁琐的模式,且减少适用的期限。

Art. 51.

Durata massima delle misure cautelari

1. Nel disporre le misure cautelari il giudice ne determina la durata, che non puo' superare la meta' del termine massimo indicato dall'articolo 13, comma 2.

2. Dopo la sentenza di condanna di primo grado, la durata della misura cautelare puo' avere la stessa durata della corrispondente sanzione applicata con la medesima sentenza. In ogni caso, la durata della misura cautelare non puo' superare i due terzi del termine massimo indicato dall'articolo 13, comma 2.

3. Il termine di durata delle misure cautelari decorre dalla data della notifica dell'ordinanza.

4. La durata delle misure cautelari e' computata nella durata delle sanzioni applicate in via definitiva.

第五十一条　预防措施的最长期限

1. 在下达预防措施的命令时,法官确定其持续时间,该持续时间不得超过第13条第2款规定的最长期限的一半。

2. 在初审判决之后,预防措施的持续时间可以与适用相同刑罚的持续时间相同。在任何情况下,预防措施的期限不得超过第13条第2款规定的最长期限的三分之二。

3. 预防措施的期限自命令下达之日起计算。

4. 预防措施的持续时间以最终实施制裁的持续时间计算。

Art. 52.

Impugnazione dei provvedimenti che applicano le misure cautelari

1. Il pubblico ministero e l'ente, per mezzo del suo difensore, possono proporre appello contro tutti i provvedimenti in materia di misure cautelari, indicandone contestualmente i motivi. Si osservano le disposizioni di cui all'articolo 322 – *bis*, commi 1 – *bis* e 2, del codice di procedura penale.

2. Contro il provvedimento emesso a norma del comma 1, il pubblico ministero e l'ente, per mezzo del suo difensore, possono proporre ricorso per cassazione per violazione di legge. Si osservano le disposizioni di cui all'articolo 325 del codice di procedura penale.

第五十二条 适用预防措施的上诉程序

1. 依照《刑事诉讼法》第322条之二、第1款之二和第2款的规定,检察官和单位可以通过辩护律师对所有预防措施提出上诉,同时阐明理由。

2. 依照《刑事诉讼法》第325条的规定,如果违反了第1款的规定,检察官和单位可以通过辩护律师,就违法行为提出上诉。

Art. 53.

Sequestro preventivo

1. Il giudice puo' disporre il sequestro delle cose di cui e' consentita la confisca a norma dell'articolo 19. Si osservano le disposizioni di cui agli articoli 321, commi 3, 3 – *bis* e 3 – *ter*, 322, 322 – *bis* e 323 del codice di procedura penale, in quanto applicabili.

第五十三条 预防性扣押

1. 依照《刑事诉讼法》第321条第3款、第3款之二和第3款之三,第322条,第322条的规定,在适用过程中,法官可以下令扣押第19条规定的可没收的物品。

Art. 54.

Sequestro conservativo

1. Se vi e' fondata ragione di ritenere che manchino o si disperdano le garanzie per il pagamento della sanzione pecuniaria, delle spese del procedimento e di ogni altra somma dovuta all'erario dello Stato, ilpubblico ministero, in ogni stato e grado del processo di merito, chiede il sequestro conservativo dei beni mobili e immobili dell'ente o delle somme o cose allo stesso dovute. Si osservano le disposizioni di cui agli articoli 316, comma 4, 317, 318, 319 e 320 del codice di procedura penale, in quanto applicabili.

第五十四条 扣押措施的保留

1. 在适用过程中，依照《刑事诉讼法》第316条第4款、第317条、第318条、第319条和第320条的规定，检察官如果有理由相信支付罚款、诉讼费用和任何其他应付国库款项的担保缺失或分散，则在案情审理程序的每个阶段和层级都可要求保全没收单位的动产和不动产或因实体而产生的款项或物品。

SEZIONE V

Indagini preliminari e udienza preliminare

Art. 55.

Annotazione dell'illecito amministrativo

1. Il pubblico ministero che acquisisce la notizia dell'illecito amministrativo dipendente da reato commesso dall'ente annota immediatamente, nel registro di cui all'articolo 335 del codice di procedura penale, gli elementi identificativi dell'ente unitamente, ove possibile, alle generalita' del suo legale rappresentante nonche' il reato da cui dipende l'illecito.

2. L'annotazione di cui al comma 1 e' comunicata all'ente o al suo difensore che ne faccia richiesta negli stessi limiti in cui e' consentita la comunicazione delle iscrizioni della notizia di reato alla persona alla quale il reato e' attribuito.

第五节 初步调查和初步庭审

第五十五条 行政违法行为的记录

1. 检察官根据单位所犯罪行获得的行政违法信息，应立即记录在《刑事诉讼法》第 335 条规定的登记册中，尽可能将单位的识别要素及其法定代表人的详细信息以及犯罪所依赖的罪行一并记录。

2. 第 1 款所指的记录在允许通报犯罪报告记录的范围内传达给提出请求的单位或其律师。

Art. 56.

Termine per l'accertamento dell'illecito amministrativo nelle indagini preliminari

1. Il pubblico ministero procede all'accertamento dell'illecito amministrativo negli stessi termini previsti per le indagini preliminari relative al reato da cui dipende l'illecito stesso.

2. Il termine per l'accertamento dell'illecito amministrativo a carico dell'ente decorre dalla annotazione prevista dall'articolo 55.

第五十六条 初步调查中确定行政违法行为的期限

1. 检察官根据与该罪行所依据的初步调查的相同条件，确定是否构成行政违法行为。

2. 确定单位构成行政违法的期限从第 55 条规定的记录开始计算。

Art. 57.

Informazione di garanzia

1. L'informazione di garanzia inviata all'ente deve contenere l'invito a dichiarare ovvero eleggere domicilio per le notificazioni nonche' l'avvertimento che per partecipare al procedimento deve depositare la dichiarazione di cui all'articolo 39, comma 2.

第五十七条 信息的保障

1. 发送给单位的担保信息必须包含通知或住所的选择以及为了参与诉讼而必须提交第 39 条第 2 款规定的声明。

Art. 58.

Archiviazione

1. Se non procede alla contestazione dell'illecito amministrativo a norma dell'articolo 59, il pubblico ministero emette decreto motivato di archiviazione degli atti, comunicandolo al procuratore generale presso la corte d'appello. Il procuratore generale puo' svolgere gli accertamenti indispensabili e, qualora

ritenga ne ricorrano le condizioni, contesta all'ente le violazioni amministrative conseguenti al reato entro sei mesi dalla comunicazione.

第五十八条 存档

1. 如果检察官未能根据第59条对单位的行政违法行为提出抗辩,则可以发出命令,要求提交文件,并将其传达给上诉法院的检察长。总检察长可以进行必要的调查,如果其认为条件满足,则可以在通报后的六个月内向造成行政违法行为的单位起诉。

Art. 59.

Contestazione dell'illecito amministrativo

1. Quando non dispone l'archiviazione, il pubblico ministero contesta all'ente l'illecito amministrativo dipendente dal reato. La contestazione dell'illecito e' contenuta in uno degli atti indicati dall'articolo 405, comma 1, del codice di procedura penale.

2. La contestazione contiene gli elementi identificativi dell'ente, l'enunciazione, in forma chiara e precisa, del fatto che puo' comportare l'applicazione delle sanzioni amministrative, con l'indicazione del reato da cui l'illecito dipende e dei relativi articoli di legge e delle fonti di prova.

第五十九条 对行政违法的起诉

1. 当检察官不下令备案时,以该罪行引起的行政违法行为向单位提出质疑。《刑事诉讼法》第405条第1款规定的就是对罪行的抗辩。

2. 争议包含单位的可识别要素,以明确和准确的形式陈述其可能导致适用行政制裁的事实,并表明该行政违法行为所依赖的犯罪及其相关法律条款和证据来源。

Art. 60.

Decadenza dalla contestazione

1. Non puo' procedersi alla contestazione di cui all'articolo 59 quando il reato da cui dipende l'illecito amministrativo dell'ente e' estinto per prescrizione.

第六十条 起诉的失效

1. 当实体行政违法行为所依据的罪行因时效而消灭时,无法发起第59条规定的起诉。

Art. 61.

Provvedimenti emessi nell'udienza preliminare

1. Il giudice dell'udienza preliminare pronuncia sentenza di non luogo a procedere nei casi di estinzione o di improcedibilita' della sanzione amministrativa, ovvero quando l'illecito stesso non sussiste o gli elementi acquisiti risultano insufficienti, contraddittori o comunque non idonei a sostenere in giudizio la responsabilita' dell'ente. Si applicano le disposizioni dell'articolo 426 del codice di procedura penale.

2. Il decreto che, a seguito dell'udienza preliminare, dispone il giudizio nei confronti dell'ente, contiene, a pena di nullita', la contestazione dell'illecito amministrativo dipendente dal reato, con l'enunciazione, in forma chiara e precisa, del fatto che puo' comportare l'applicazione delle sanzioni e l'indicazione del reato da cui l'illecito dipende e dei relativi articoli di legge e delle fonti di prova nonche' gli elementi identificativi dell'ente.

第六十一条 初审过程中发布的规定

1. 初审法官可以宣告不进行审理,当在行政处罚被废除、不被起诉,或者犯罪行为不存在,或者构成要件不充分、存在矛盾,或者在任何情况下在法庭上不适合支持对单位追究责任时,适用《刑事诉讼法》第 426 条的规定。

2. 初审后下达的法令对单位作出判决,其中包括无效刑罚,可构成犯罪的行政违法行为的抗辩,以明确和精准的方式说明事实,可能适用的制裁,涉及的相关法律条文、证据来源以及单位的识别要素。

SEZIONE VI

Procedimenti speciali

Art. 62.

Giudizio abbreviato

1. Per il giudizio abbreviato si osservano le disposizioni del titolo I del libro sesto del codice di procedura penale, in quanto applicabili.

2. Se manca l'udienza preliminare, si applicano, secondo i casi, le disposizioni degli articoli 555, comma 2, 557 e 558, comma 8.

3. La riduzione di cui all'articolo 442, comma 2, del codice di procedura

penale e' operata sulla durata della sanzione interdittiva e sull'ammontare della sanzione pecuniaria.

4. In ogni caso, il giudizio abbreviato non e' ammesso quando per l'illecito amministrativo e' prevista l'applicazione di una sanzione interdittiva in via definitiva.

第六节 特别程序

第六十二条 简易程序

1. 对于简易程序,应遵守《刑事诉讼法》第六编第一章的规定。

2. 如果缺席初审,根据情况适用第555条第2款,第557条和第558条第8款的规定。

3.《刑事诉讼法》第442条第2款所指的减少适用于取消资格制裁措施的期限和罚款的数额。

4. 在任何情况下,当预判对行政违法行为适用取消资格制裁时,都不允许适用简易程序。

Art. 63.

Applicazione della sanzione su richiesta

1. L'applicazione all'ente della sanzione su richiesta e' ammessa se il giudizio nei confronti dell'imputato e' definito ovvero definibile a norma dell'articolo 444 del codice di procedura penale nonche' in tutti i casi in cui per l'illecito amministrativo e' prevista la sola sanzione pecuniaria. Si osservano le disposizioni di cui al titolo II del libro sesto del codice di procedura penale, in quanto applicabili.

2. Nei casi in cui e' applicabile la sanzione su richiesta, la riduzione di cui all'articolo 444, comma 1, del codice di procedura penale e' operata sulla durata della sanzione interdittiva e sull'ammontare della sanzione pecuniaria.

3. Il giudice, se ritiene che debba essere applicata una sanzione interdittiva in via definitiva, rigetta la richiesta.

第六十三条 基于诉求的制裁措施的适用

1. 如果根据《刑事诉讼法》第444条对被告的判决是明确的或是可解决的,以及在任何情况下对于行政违法行为仅处以罚款的情形,则允许基于请求对单位实施制裁. 应当在适用的范围内遵守《刑事诉讼法》第六编卷第二章的规定。

2. 在适用请求制裁的情况下,《刑事诉讼法》第 444 条第 1 款规定的"减少"适用于取消资格制裁的期限和罚款的金额。

3. 如果法官认为最终应适用取消资格制裁措施,则可以拒绝该请求。

Art. 64.

Procedimento per decreto

1. Il pubblico ministero, quando ritiene che si debba applicare la sola sanzione pecuniaria, puo' presentare al giudice per le indagini preliminari, entro sei mesi dalla data dell'annotazione dell'illecito amministrativo nel registro di cui all'articolo 55 e previa trasmissione del fascicolo, richiesta motivata di emissione del decreto di applicazione della sanzione pecuniaria, indicandone la misura.

2. Il pubblico ministero puo' chiedere l'applicazione di una sanzione pecuniaria diminuita sino alla meta' rispetto al minimo dell'importo applicabile.

3. Il giudice, quando non accoglie la richiesta, se non deve pronunciare sentenza di esclusione della responsabilita' dell'ente, restituisce gli atti al pubblico ministero.

4. Si osservano le disposizioni del titolo V del libro sesto e dell'articolo 557 del codice di procedura penale, in quanto compatibili.

第六十四条 适用于法令的程序

1. 检察官认为仅应适用经济处罚时,在将行政违法记录在第 55 条规定的登记册之日起六个月内,并在移送之后提请法官进行初步调查,并有权要求颁布法令以适用经济制裁,并说明制裁的范围。

2. 检察官可请求减少适用罚款至最低适用数额的一半。

3. 法官不接受请求时,他不必宣布免除单位责任的判决,而要将文件退还给检察官。

4. 应遵守《刑事诉讼法》第六编第五章的规定与第 557 条规定。

SEZIONE VII

Giudizio

Art. 65.

Termine per provvedere alla riparazione delle conseguenze del reato

1. Prima dell'apertura del dibattimento di primo grado, il giudice puo' disporre la sospensione del processo se l'ente chiede di provvedere alle attivita' di cui all'articolo 17 e dimostra di essere stato nell'impossibilita' di effettuarle prima. In tal caso, il giudice, se ritiene di accogliere la richiesta, determina una somma di denaro a titolo di cauzione. Si osservano le disposizioni di cui all'articolo 49.

第七节　判　　决

第六十五条　补救犯罪后果的最后期限

1. 在一审开庭前，如果单位要求进行第 17 条规定的活动并证明其以前无法进行，法官可以下令中止审判。在这种情况下，如果法官接受请求，则确定一笔钱作为押金。应当遵守第 49 条的规定。

Art. 66.

Sentenza di esclusione della responsabilita' dell'ente

1. Se l'illecito amministrativo contestato all'ente non sussiste, il giudice lo dichiara con sentenza, indicandone la causa nel dispositivo. Allo stesso modo procede quando manca, e' insufficiente o e' contraddittoria la prova dell'illecito amministrativo.

第六十六条　免除单位责任的判决

1. 如果不存在对单位提出诉讼的行政违法行为，则法官可以判决形式予以宣布，并说明原因。当行政违法的证据缺乏、不充分或存在矛盾时，可以同样的方式免除单位的责任。

Art. 67.

Sentenza di non doversi procedere

1. Il giudice pronuncia sentenza di non doversi procedere nei casi previsti dall'articolo 60 e quando la sanzione e' estinta per prescrizione.

第六十七条 不必继续进行的判断

1. 符合第60条所规定的情形,当制裁因时效被解除时,法官宣布终止审理。

Art. 68.

Provvedimenti sulle misure cautelari

1. Quando pronuncia una delle sentenza di cui agli articoli 66 e 67,il giudice dichiara la cessazione delle misure cautelari eventualmente disposte.

第六十八条 预防措施规定

1. 当法官宣布第66条和第67条规定的判决时,可以宣布停止适用预防措施。

Art. 69.

Sentenza di condanna

1. Se l’ente risulta responsabile dell’illecito amministrativo contestato il giudice applica le sanzioni previste dalla legge e lo condanna al pagamento delle spese processuali.

2. In caso di applicazione delle sanzioni interdittive la sentenza deve sempre indicare l’attivita’ o le strutture oggetto della sanzione.

第六十九条 有罪判决

1. 如果单位应对所指控的行政违法行为负责,法官将适用法律规定的处罚并命令其支付诉讼费用。

2. 在适用取消资格制裁的情况下,判决必须指定活动或受制裁的机构。

Art. 70.

Sentenza in caso di vicende modificative dell’ente

1. Nel caso di trasformazione, fusione o scissione dell’ente responsabile, il giudice da’ atto nel dispositivo che la sentenza e’ pronunciata nei confronti degli enti risultanti dalla trasformazione o fusione ovvero beneficiari della scissione, indicando l’ente originariamente responsabile.

2. La sentenza pronunciata nei confronti dell’ente originariamente responsabile ha comunque effetto anche nei confronti degli enti indicati nel comma 1.

第七十条 单位变更时判决的修正

1. 在应承担责任的单位变更、合并或分立的情况下,法官在判决中对改制或合并产生的单位或分立的受益人宣判,并指明最初负责的单位。

2. 对原负责单位宣判的刑罚,对第1款规定的单位也有效力。

SEZIONE VIII

Impugnazioni

Art. 71.

Impugnazioni delle sentenze relative alla responsabilita' amministrativa dell'ente

1. Contro la sentenza che applica sanzioni amministrative diverse da quelle interdittive l'ente puo' proporre impugnazione nei casi e nei modi stabiliti per l'imputato del reato dal quale dipende l'illecito amministrativo.

2. Contro la sentenza che applica una o piu' sanzioni interdittive, l'ente puo' sempre proporre appello anche se questo non e' ammesso per l'imputato del reato dal quale dipende l'illecito amministrativo.

3. Contro la sentenza che riguarda l'illecito amministrativo il pubblico ministero puo' proporre le stesse impugnazioni consentite per il reato da cui l'illecito amministrativo dipende.

第八节 上 诉

第七十一条 对有关单位行政责任的判决提出上诉

1. 对适用取消资格以外的行政处罚的判决,单位可以在案件中提出上诉,并可以按照行政违法行为所依据的犯罪确立被告的方式提出上诉。

2. 对于适用一项或多项取消资格处罚的判决,单位始终可以提出上诉,即使对于行政违法所依据的犯罪的被告来说是不允许的。

3. 对于涉及行政犯罪的判决,检察官可以提出与行政犯罪所依据的犯罪相同的上诉。

Art. 72.

Estensione delle impugnazioni

1. Le impugnazioni proposte dall'imputato del reato da cui dipende l'illecito amministrativo e dall'ente, giovano, rispettivamente, all'ente e all'imputato, purche' non fondate su motivi esclusivamente personali.

第七十二条 上诉延期

1. 上诉延期

1. 被告人与行政犯罪所依据的单位分别提出上诉,只要不完全基于个人原因,对单位和被告人都有利。

Art. 73.

Revisione delle sentenze

1. Alle sentenze pronunciate nei confronti dell'ente si applicano, in quanto compatibili, le disposizioni del titolo IV del libro nono del codice di procedura penale ad eccezione degli articoli 643, 644, 645, 646 e 647.

第七十三条 判决的修正

1. 对单位作出的判决,除第643、644、645、646、647条外,适用《刑事诉讼法》第九编第四章的规定。

SEZIONE IX

Esecuzione

Art. 74.

Giudice dell'esecuzione

1. Competente a conoscere dell'esecuzione delle sanzioni amministrative dipendenti da reato e' il giudice indicato nell'articolo 665 del codice di procedura penale.

2. Il giudice indicato nel comma 1 e' pure competente per i provvedimenti relativi:

a) alla cessazione dell'esecuzione delle sanzioni nei casi previsti dall'articolo 3;

b) alla cessazione dell'esecuzione nei casi di estinzione del reato per amnistia;

c) alla determinazione della sanzione amministrativa applicabile nei casi previsti dall'articolo 21, commi 1 e 2;

d) alla confisca e alla restituzione delle cose sequestrate.

3. Nel procedimento di esecuzione si osservano le disposizioni di cui all'articolo 666 del codice di procedura penale, in quanto applicabili. Nei casi

previsti dal comma 2, lettere b) e d) si osservano le disposizioni di cui all'articolo 667, comma 4, del codice di procedura penale.

4. Quando e' applicata l'interdizione dall'esercizio dell'attivita', il giudice, su richiesta dell'ente, puo' autorizzare il compimento di atti di gestione ordinaria che non comportino la prosecuzione dell'attivita' interdetta. Si osservano le disposizioni di cui all'articolo 667, comma 4, del codice di procedura penale.

第九节　执　　行

第七十四条　执行法官

1.《刑事诉讼法》第665条规定的法官,有权知晓因犯罪而执行的行政处罚。

2. 第1款所述的法官也有权执行下列措施:

a)在第3条规定的情况下停止执行制裁;

b)在赦免罪行的情况下终止执行;

c)确定适用第21条第1款和第2款规定情形的行政处罚;

d)没收和归还被扣押的物品。

3. 在执行程序中在合适的范围内遵守《刑事诉讼法》第666条的规定。在第2款b)和d)项规定的情况下,遵守《刑事诉讼法》第667条第4款的规定。

4. 当禁止实施活动的制裁措施被适用时,法官可以根据单位的要求,授权进行不涉及继续被禁止活动的普通管理行为。行为应当遵守《刑事诉讼法》第667条第4款的规定。

Art. 75.

Esecuzione delle sanzioni pecuniarie

1. Le condanne al pagamento delle sanzioni amministrative pecuniarie sono eseguite nei modi stabiliti per l'esecuzione delle pene pecuniarie.

2. Per il pagamento rateale, per la dilazione del pagamento e per la sospensione della riscossione delle sanzioni amministrative pecuniarie si osservano le disposizioni di cui agli articoli 19 e 19 – *bis* del decreto del Presidente della Repubblica 29 settembre 1973, n. 602, come modificato dall'articolo 7 del decreto legislativo 26 febbraio 1999, n. 46.

第七十五条　罚款的执行

1．行政罚款的制裁按照刑罚罚款的方式执行。

2．对于分期付款、延期付款和暂停行政罚款的规定，依照 1973 年 9 月 29 日共和国总统第 602 号法令第 19 条和第 19 条之二的规定，并经 1999 年 2 月 2 日第 46 号立法令第 7 条修正。

Art. 76.

Pubblicazione della sentenza applicativa della condanna

1．La pubblicazione della sentenza di condanna e' eseguita a spese dell'ente nei cui confronti e' stata applicata la sanzione. Si osservano le disposizioni di cui all'articolo 694, commi 2, 3 e 4, del codice di procedura penale.

第七十六条　定罪判决的公布

1．宣判的费用由被制裁单位承担。应遵守《刑事诉讼法》第 694 条第 2、3、4 款的规定。

Art. 77.

Esecuzione delle sanzioni interdittive

1. L'estratto della sentenza che ha disposto l'applicazione di una sanzione interdittiva e' notificata all'ente a cura del pubblico ministero.

2. Ai fini della decorrenza del termine di durata delle sanzioni interdittive si ha riguardo alla data della notificazione.

第七十七条　取消资格制裁的执行

1．下令适用取消资格处罚的判决摘录由检察官通知单位。

2．取消资格处罚的期限以通知日期为准。

Art. 78.

Conversione delle sanzioni interdittive

1. L'ente che ha posto in essere tardivamente le condotte di cui all'articolo 17, entro venti giorni dalla notifica dell'estratto della sentenza, puo' richiedere la conversione della sanzione amministrativa interdittiva in sanzione pecuniaria.

2. La richiesta e' presentata al giudice dell'esecuzione e deve contenere la documentazione attestante l'avvenuta esecuzione degli adempimenti di cui all'articolo 17.

3. Entro dieci giorni dalla presentazione della richiesta, il giudice fissa l'udienza in camera di consiglio e ne fa dare avviso alle parti e ai difensori; se la richiesta non appare manifestamente infondata, il giudice puo' sospendere l'esecuzione della sanzione. La sospensione e' disposta con decreto motivato revocabile.

4. Se accoglie la richiesta il giudice, con ordinanza, converte le sanzioni interdittive, determinando l'importo della sanzione pecuniaria in una somma non inferiore a quella gia' applicata in sentenza e non superiore al doppio della stessa. Nel determinare l'importo della somma il giudice tiene conto della gravita' dell'illecito ritenuto in sentenza e delle ragioni che hanno determinato il tardivo adempimento delle condizioni di cui all'articolo 17.

第七十八条 取消资格制裁的变更

1. 拖延实施第17条规定行为的单位,自收到量刑通知之日起二十日内,可以请求将取消资格的行政处分改金钱处分。

2. 请求应提交给执行法官,并且必须包含证明履行第17条规定义务的文件。

3. 自提出请求之日起十日内,法官在议事厅安排听证,并向当事人和辩护律师发出通知;如果请求并非明显没有根据,法官可以暂停执行制裁。暂停是根据可撤销的动议法令下令进行的。

4. 如果法官接受请求,通过命令变更取消资格处罚,确定不低于已适用的罚款金额且不高于其两倍的罚款金额。在确定总金额时,法官会考虑量刑中罪行的严重性以及第17条规定的延迟条件的满足。

Art. 79.

Nomina del commissario giudiziale e confisca del profitto

1. Quando deve essere eseguita la sentenza che dispone la prosecuzione dell'attivita' dell'ente ai sensi dell'articolo 15, la nomina del commissario giudiziale e' richiesta dal pubblico ministero al giudice dell'esecuzione, il quale vi provvede senza formalita'.

2. Il commissario riferisce ogni tre mesi al giudice dell'esecuzione e al pubblico ministero sull'andamento della gestione e, terminato l'incarico, trasmette

al giudice una relazione sull'attivita' svolta nella quale rende conto della gestione, indicando altresi' l'entita' del profitto da sottoporre a confisca e le modalita' con le quali sono stati attuati i modelli organizzativi.

3. Il giudice decide sulla confisca con le forme dell'articolo 667, comma 4, del codice di procedura penale.

4. Le spese relative all'attivita' svolta dal commissario e al suo compenso sono a carico dell'ente.

第七十九条 司法专员的任命及利润的没收

1. 必须执行第 15 条规定的确定单位继续活动的判决时,执行法官基于检察官的要求任命司法专员,而检察官无须办理任何手续。

2. 司法专员每三个月向执行法官和检察官报告管理进展情况,任务结束后,向法官发送关于所开展活动的报告,并报告管理情况,说明没收利润的程度以及组织模式的实施方式。

3. 法官以《刑事诉讼法》第 667 条第 4 款规定的形式决定没收。

4. 专员开展活动的费用及报酬由单位承担。

Art. 80.

Anagrafe nazionale delle sanzioni amministrative

1. Presso il casellario giudiziale centrale e' istituita l'anagrafe nazionale delle sanzioni amministrative di cui al capo II.

2. Nell'anagrafe sono iscritti, per estratto, le sentenze e i decreti che hanno applicato agli enti sanzioni amministrative dipendenti da reato appena divenuti irrevocabili nonche' i provvedimenti emessi dagli organi giurisdizionali dell'esecuzione non piu' soggetti ad impugnazione che riguardano le sanzioni amministrative.

3. Le iscrizioni dell'anagrafe sono eliminate trascorsi cinque anni dal giorno in cui hanno avuto esecuzione se e' stata applicata la sanzione pecuniaria o dieci anni se e' stata applicata una sanzione diversa sempre che nei periodi indicati non e' stato commesso un ulteriore illecito amministrativo.

第八十条 行政制裁国家登记册

1. 第二章规定的国家行政处罚登记建立在中央司法档案中。

2. 以摘录方式在登记处登记的对单位实施的依赖于犯罪的行政处罚的判决和法令以及司法执行机构发布的规定,一旦它们变得不可撤销,不可再就行政处罚提出上诉。

3. 如果适用罚款,则自生效之日起五年后,如果不适用其他制裁,则十年之内注销登记,但在此期间内不得再有行政违法行为。

Art. 81.

Certificati dell'anagrafe

1. Ogni organo avente giurisdizione, ai sensi del presente decreto legislativo, in ordine all'illecito amministrativo dipendente da reato ha diritto di ottenere, per ragioni di giustizia, il certificato di tutte le iscrizioni esistenti nei confronti dell'ente. Uguale diritto appartiene a tutte le pubbliche amministrazioni e agli enti incaricati di pubblici servizi quando il certificato e' necessario per provvedere ad un atto delle loro funzioni, in relazione all'ente cui il certificato stesso si riferisce.

2. Il pubblico ministero puo' richiedere, per ragioni di giustizia, il predetto certificato dell'ente sottoposto a procedimento di accertamento della responsabilita' amministrativa dipendente da reato.

3. L'ente al quale le iscrizioni si riferiscono ha diritto di ottenere il relativo certificato senza motivare la domanda.

4. Nel certificato di cui al comma 3 non sono riportate le iscrizioni relative alle sentenze di applicazione della sanzione su richiesta e ai decreti di applicazione della sanzione pecuniaria.

第八十一条 登记证书

1. 根据本法令,对基于犯罪的行政违法行为具有管辖权的每个机构,出于公正原因,有权获得针对该机构的所有现存登记证明。所有公共行政部门和负责公共服务的机构都享有平等的权利。证书应与单位有关,且对于执行其职能行为是必要的。

2. 检察官为公正起见,可以向依照行政责任认定程序的主体要求提供上述证明。

3. 登记的机构有权获得相关证书,无须说明申请理由。

4. 第3款所指的证书不包含与适用制裁的判决和适用罚款的法令相关的

登记。

Art. 82.

Questioni concernenti le iscrizioni e i certificati

1. Sulle questioni relative alle iscrizioni e ai certificati dell'anagrafe e' competente il tribunale di Roma, che decide in composizione monocratica osservando le disposizioni di cui all'articolo 78.

第八十二条 有关登记和证书的事项

1. 罗马法院有权处理与登记和证书有关的事项,登记处的组成由单一机构组成,应遵守第 78 条的规定。

Capo IV

DISPOSIZIONI DI ATTUAZIONE E DI COORDINAMENTO

Art. 83.

Concorso di sanzioni

1. Nei confronti dell'ente si applicano soltanto le sanzioni interdittive stabilite nel presente decreto legislativo anche quando diverse disposizioni di legge prevedono, in conseguenza della sentenza di condanna per il reato, l'applicazione nei confronti dell'ente di sanzioni amministrative di contenuto identico o analogo.

2. Se, in conseguenza dell'illecito, all'ente e' stata gia' applicata una sanzione amministrativa di contenuto identico o analogo a quella interdittiva prevista dal presente decreto legislativo, la durata della sanzione gia' sofferta e' computata ai fini della determinazione della durata della sanzione amministrativa dipendente da reato.

第四章 适用和协调的规定

第八十三条 制裁措施的竞合

1. 即使有不同的法律规定,也仅对单位适用本法令规定的取消资格的制裁,作为犯罪后果的有罪判决,对单位适用内容相同或相似的行政制裁。

2. 如果由于违法行为,已经对该单位适用了与本立法令规定的取消资格相同或相似内容的行政处罚,则计算已经接受处罚的期限,以确定依赖于犯罪的行政制裁的期限,视犯罪情况而定。

Art. 84.

Comunicazioni alle autorita' di controllo o di vigilanza

1. Il provvedimento che applica misure cautelari interdittive e la sentenza irrevocabile di condanna sono comunicati, a cura della cancelleria del giudice che li ha emessi, alle autorita' che esercitano il controllo o la vigilanza sull'ente.

第八十四条 与监管或控制机关的联系

1. 适用禁止性预防措施的规定和不可撤销的定罪判决，是由签发这些判决的法官的登记处向对该单位行使控制或监督权的机构进行沟通。

Art. 85.

Disposizioni regolamentari

1. Con regolamento emanato ai sensi dell'articolo 17, comma 3, della legge 23 agosto 1988, n. 400, entro sessanta giorni dalla data di pubblicazione del presente decreto legislativo, il Ministro della giustizia adotta le disposizioni regolamentari relative al procedimento di accertamento dell'illecito amministrativo che concernono:

a) le modalita' di formazione e tenuta dei fascicoli degli uffici giudiziari;

b) i compiti ed il funzionamento dell'Anagrafe nazionale;

c) le altre attivita' necessarie per l'attuazione del presente decreto legislativo.

2. Il parere del Consiglio di Stato sul regolamento previsto dal comma 1 e' reso entro trenta giorni dalla richiesta.

第八十五条 监管规定

1. 根据1988年8月23日颁布的第400号法律的第17条第3款规定，自本立法令发布之日起60天内，司法部长通过了有关确定行政违法行为监管程序的规定：

a) 司法部门档案的形成和保存手续；

b) 国家登记处的任务和功能；

c) 为执行本法令所必需的其他活动。

2. 国务委员会对第1款规定的意见应在提出请求后30天内提出。

第三编

案　例

检察推动涉案企业合规管理的路径探析

——探索“简式”企业合规刑事案件办理的“金山方案”

一、基本案情

被告人姜某，上海R电子科技有限公司(以下简称R公司)、上海S信息技术有限公司(以下简称S公司)负责人。2015年至2018年，被告人姜某在经营R公司、S河公司过程中，在无实际交易的情况下，以支付开票费的方式，让K实业(上海)有限公司为自己实际经营的上述两家公司虚开增值税专用发票。其中R公司收受虚开的增值税专用发票62份，价税合计人民币6,288,410元，涉及税款人民币879,169.07元；S公司收受虚开的增值税专用发票5份，价税合计人民币500,760元，涉及税款人民币71,286.97元，均已申报抵扣。2020年7月13日，被告人姜某主动至公安机关投案并如实供述上述犯罪事实，同日被公安机关取保候审。2020年7月21日，R公司、S公司向税务机关补缴全部税款及相应滞纳金。

二、检察履职过程

2020年10月27日，公安机关以犯罪嫌疑人姜某、犯罪嫌疑单位R公司、S公司涉嫌虚开增值税专用发票罪移送上海市金山区人民检察院审查起诉。本案系民营企业犯罪案件，金山区人民检察院重点开展了以下工作。

调查核实，多维立体评估企业合规必要性与可行性。在案件办理过程中，检察机关了解到：R公司、S公司主要从事汽车类高科技软件开发应用，经常对接日本、德国等国际先进技术团队开展合作，而国外企业对合作方的合规状况审查较严，受过刑事处理的企业很难获得合作机会，技术交流的封锁极易造成公司经营困难。而两家公司自注册成立以来经营状况一向良好，如果继续保持稳定发展态势，未来在附加现代服务、总体利税等方面会有较大提升，对地方经济发展和增进就业也会有所助益。此外，受到疫情影响，民营企业为了维持生存,不得不付出更高的运营成本,如果公司因刑事处罚致使经营陷入困境,很可能会出现降薪、裁员甚至倒闭的局面。因此,引导民营企业积极开展企业合规建设,对确有成效的企业从轻处罚,在当前稳企业、保就业、促发展的大形势下确有必要。

检察机关多管齐下,全面考察 R 公司、S 公司开展企业合规建设的可能性。

一是通过上海市大数据中心及“信用上海”数据平台,对涉案公司的经营信息进行初步了解,获知 R 公司 2019 年获授高新技术企业称号,现拥有 15 份计算机软件著作权登记证书、3 项已通过形式审查的发明专利,其为政府、多家事业单位及大型企业提供技术服务;列明清单,要求涉案公司提供近 5 年财务审计报告及纳税记录、近 2 年经营合同等材料,通过清单了解到公司近几年营业收入较好,账面现金流充足,足以支撑合规构建所需费用;分别向企业所在地人民政府、税务局、市监局查询了解,获知 R、S 两家公司此前纳税正常,均无违法经营处罚记录;四是实地走访调查,查明公司员工中研究生、本科学历占比达 75%,人员素质较高,对合规管理的接受度高、执行力强。2020 年 11 月 27 日,上海市金山区人民检察院决定对 R 公司、S 公司进行企业合规考察。

二是分开处理,区分单位和自然人刑事责任。本案被告人姜某作为涉案两家公司的实际经营人,让他人为自己公司虚开增值税专用发票,且系数额较大,法定刑为三年以上十年以下有期徒刑。姜某虽有自首及补缴税款的从轻处罚情节,但其作为一名具有较高学历的经营者,为了降低企业经营成本而实施虚开行为,时间近三年,体现了一定的社会危险性,也具有刑事处罚必要性。因此,检察机关对被告人姜某以单位犯罪直接负责的主管人员提起公诉,对涉案 R 公司、S 公司开展企业合规建设,依据合规制度建立和实施情况作出最终起诉与否的决定。

三是繁简分流,选择适宜的合规方案。金山区人民检察院在探索助力企业合规制度构建过程中,根据企业性质、经营规模、合规难易程度和必要性等内容,设置繁简程度有所差异的合规程序。对经营规模较大、制度完善的空间和需求大的涉案企业严格按照区院制定的标准化实施样板开展合规审查;对以本案 R 公司、S 公司为代表的小微企业,基于合规成本和可行性考量,实行简化版的合规程序，以制发检察建议的形式提出刑事合规的要求，根据企业整改表现作出相应处理决定。

四是对症下药，以检察建议助推合规构建。检察机关结合前期调查内容，于2020年12月18日分别向R公司、S公司制发检察建议指出，本案暴露出公司管理层法律风险防控意识不强，辨识法律风险的敏锐度不够；日常经营缺乏有效的合规经营管理体系，既没有专职法务及财务人员，在与税务管理相关的资金流动、采购付款、合同管理等业务流程中，也没有完整的规章制度可供遵循；税收筹划和成本控制能力较弱，导致成本控制压力完全落到财务管理层面，企业最终只能选择通过虚开发票的方式保障利润。据此，检察机关建议涉案企业：第一，加强学习，切实提高守法经营的重要性认识。通过购买法律服务等方法，学习了解企业经营过程中的高发犯罪风险，将依法治企纳入公司经营重点内容。第二，加快构建，有效制订落实合规计划。企业应当根据自身发展特点和主营业务类型，制订符合实际的合规计划，有效实现风险管理。第三，加强交流，畅通与当地税务机关的沟通联系。通过及时获取最新税法规定及涉税政策变化，更准确地进行涉税处理，有效降低税务风险。第四，加快创新，着力建设公司合规文化。通过日常管理、团队建设、业务培训、入职谈话等多种形式潜移默化地塑造良好合规文化氛围。检察机关通过检察建议宣告送达，督促涉案公司在规定期限内依照建议内容查缺补漏，建立健全企业合规制度，并告知公司会根据其合规建设考核评估状况作出最终刑事处理决定。

五是回访考察，切实了解涉案企业合规建设情况。检察建议制发后，涉案R公司、S公司均在规定期限内书面复函。检察机关上门考察，审查了相关合规材料，确认两家公司已按照检察建议内容开展了相关整改工作：(1)开展了涉税法律知识培训。先后向律师事务所、财务公司及注册地所在经济区咨询、学习了企业经营相关税务知识政策。(2)根据公司的业务模式和经营重点建立了相应财务、销售及工程项目管理流程，初步形成了公司内控管理制度及规范文档，同时专职财务人员已经到岗，有效健全了公司的管理体系。(3)开发了公司数据管理系统，目前已完成日常应用和核心功能模块开发，未来将通过该系统开展经营管理，减少人为干预带来的管理偏差。此外，在走访过程中，涉案公司负责人还表示，已经深刻吸取此次教训，切实感受到合规经营的必要性，对所承担的社会责任有了更真切的认识。作为研发型企业，R公司以此次合规建设为契机，主动开展了国际标准 9001 标准体系咨询认证，并向上海市慈善基金会“蓝天下的至爱”项目进行了捐款。

六是公开听证，第三方参与彰显司法公开。2021 年 2 月 3 日，检察机关组织召开公开听证，对 R 公司、S 公司企业合规建设进展及成果进行验收评估，并邀请区城管局、工商联、区内部分企业负责人及主管人员作为听证员到场。听证会上，涉案公司实际经营人姜某分别介绍了两家公司企业合规制度的建设情况。经评估，检察机关认为 R 公司、S 公司均已制定了较为完善的企业合规制度并遵照执行，有效降低了再犯可能性。实际经营人姜某在公司合规建设过程中积极主动作为，认真落实检察建议相关内容，具有较强悔罪表现。据此，检察机关拟对 R 公司、S 公司相对不起诉，对被告人姜某进行量刑减让，由原先提起公诉时建议的有期徒刑三年降为有期徒刑二年。各听证员均同意检察机关上述拟处理意见。

七是司法激励，依法对涉案企业及负责人从轻处罚。2021 年 2 月 5 日，检察机关对被告人姜某调低量刑建议为有期徒刑二年，缓刑二年，双方重新签署《认罪认罚具结书》，随后又对 R 公司、S 公司进行相对不起诉公开宣告，向两家公司送达不起诉决定书。涉案公司表示在接下来的经营过程中会进一步加强公司法律法规培训，牢固树立合规经营理念，丰富完善企业合规文化，继续积极回馈社会。同日，上海市金山区人民法院对被告人姜某作出一审宣判，判决刑期与检察机关调整后量刑建议一致。

八是行刑衔接，有效落实涉税案件不起诉后的行政处罚介入。宣告不起诉后，检察机关向涉案公司所在地税务机关制发了检察意见书，通报了涉案公司虚开增值税专用发票的基本案情及不起诉决定，建议由税务机关对涉案公司给予行政处罚，以确保对涉案公司的监管处罚不缺位。

九是加强跟踪，持续关注涉案公司企业合规建设落实情况。检察机关要求涉案 R 公司、S 公司根据拟定的合规制度建设计划制定项目进度表，定期向检察机关书面反馈工作进程，并计划在不起诉公开宣告一个月后进行实地考察，以确保涉案公司切实遵照承诺开展合规经营。

三、典型意义

（一）全面核查，针对性指导企业落实合规建设。检察机关通过实地走访调查、向当地政府及主管行政单位核实、利用大数据系统筛查企业经营状况及信誉评级等方式,准确评估和判断企业整体经营状况及未来发展潜能;对具有较大发展潜力、有扶持必要性的民营企业,通过开展合规监督考察,查明企业犯罪的内在原因、制度漏洞、刑事风险等,并通过检察建议的形式,指导、督促企业结合自身发展实际情况,有效建立预防、发现和制止违法犯罪行为的内控机制,并将合规制度的构建和运行状况作为对企业从宽处罚的考量因素。

(二)有效监督,依法从宽激励企业落实合规承诺。检察机关把企业落实合规承诺的表现作为悔罪表现和从宽处罚的考量因素,在符合法律规定的前提下,积极运用从轻处罚等刑事激励手段,帮助、督促涉案企业积极开展合规建设,有效降低、防范法律风险,为企业健康长远发展贡献检察智慧。

(三)多方参与,提升企业合规试点工作司法公信力。企业合规是检察机关探索运用检察智慧优化营商环境的重要抓手,也是一项创新举措。将邀请第三方参与公开听证纳入开展涉罪企业刑事合规建设的必经环节,可以有效增强检察工作公开性,促使检察机关更加规范公正办案,同时向社会彰显检察机关服务保障民营企业发展,积极实现“三个效果”有机统一,切实提升司法公信力的责任担当。

(四)分别处理,准确认定单位和自然人责任。单位犯罪大多采用双罚制,但对单位和单位负责人责任承担方式可以不同。本案中,一方面,姜某作为具有较高学历的企业经营者,实施虚开行为长达三年且虚开增值税专用发票数额较大,虽有自首及补缴税款情节,但其行为仍体现出一定的社会危险性和刑罚必要性,因此,检察机关对姜某以单位犯罪直接负责的主管人员提起公诉,法院也给予其有罪判决。另一方面,涉案企业通过建立并执行有效的合规制度,刑罚必要性明显降低,对涉案企业作不起诉决定,更有利于教育和挽救企业发展。针对案件具体情况,对单位和自然人作出区别处理,在追究自然人刑事责任的同时又保障了企业继续发展和合规经营,符合罪刑责相适应原则,这也是发挥检察职能服务“六稳”“六保”的有益探索。

随州市S公司、余某某非法采矿案

一、基本案情

随州市S公司是一家从事加工、销售石材的民营企业，拥有国内先进的花岗岩设备80多套，年产板材100万平方米。2019年6月，因花岗岩矿原材料价格上涨，S公司在经营中为获取更多利润，在随县某镇某村流转一处山场作为采矿矿区，且在未取得采矿许可证的情况下，擅自采矿数日，共计开采花岗岩矿石310立方米，造成价值170,500元的矿产资源被破坏。案发后，S公司主动投案，立即停工停产，缴纳行政罚款42,625元及矿产资源损失费用170,500元，覆土复绿恢复矿山环境。因涉嫌犯罪，公安机关对S公司及主要负责人余某某立案侦查，后移送随县人民检察院审查起诉。

二、企业合规整改情况及处理结果

（一）立足办案实际，审慎精选案件。经向当地政府、县石材办调查了解发现，S公司自成立以来纳税358万余元，解决近百人就业，助力当地经济发展；并积极履行社会责任，为乡镇修路捐资25万元、抗击疫情捐款10万元。同时，检察机关深入到石材企业实地调查走访，发现S公司存在公司管理粗放、制度不健全、大股东决策缺乏监督、风险防范机制尚未建立等问题。结合随县矿产资源丰富，石材类企业因在经营管理上存在漏洞和风险，导致违法犯罪时有发生的实际情况，检察机关拟将石材企业纳入企业合规试点，借以推动整个石材行业的健康发展。经综合分析评估，结合S公司提交的企业合规申请，经层报省检察院批复同意将该案纳入合规考察程序办理范围。

（二）形成工作合力，推动第三方监管。根据《随州市政法机关开展企业合规改革试点办案工作规程（试行）》的规定，检察机关要求该公司制定了具有可操作性的《企业合规计划》。同时，检察机关积极与第三方机制管委会协商，推动组建以自然资源规划部门为主的第三方监督评估组织。第三方监督评估组织成立后，及时帮助企业修改完善合规计划，并多次赴S公司察看合规计划落实情况，进行中期检查、评估，督促企业积极整改。

经过合规整改，该公司调整了公司组织结构，进一步规范内部管理；实行职工岗位责任制，强化警示教育；增设合规法务部门，认真履行合规计划，依法进行合规经营文化建设。关于生态修复问题，因所需期限较长，在检察机关法定办案期限内完成整改存在一定难度。但是，该公司一直在积极整改，并承诺在考察后30日内提交生态修复治理专业机构出具的验收评估报告，故在未复查前，暂定S公司考察结果为合格。

（三）依法公开听证，作出处理决定。案件承办人考虑到S公司及主要负责人犯罪情节轻微，且具有认罪认罚、退赃退赔、覆土复绿等从宽处罚情节，根据合规考察暂定合格的结果，拟对S公司及主要负责人余某某作相对不起诉处理，并于2021年7月29日进行公开听证，听证员对S公司合规整改成效予以充分肯定，一致同意检察机关拟处理意见。同日，经随县人民检察院检察委员会研究决定，依法对S公司及主要负责人余某某作出相对不起诉。目前，S公司已提交生态修复治理领域权威专业机构出具的验收评估报告，第三方监督评估组织经现场复查，认定S公司已按合规计划要求整改落实，考察结果为合格。

（四）经营管理转型，示范作用明显。通过合规整改，S公司完善了公司决策合规审查和风险预警机制，经营管理从粗放型转变为精细化管理，初步完成了企业现代治理机制建设。S公司从基础的覆土复绿，进阶到对矿区的生态修复治理，保护了矿山地质生态环境，促进了矿业活动的稳步发展，实现了生态环境保护和经济发展的双赢共赢。同时，该企业的合规标准，成为推动企业合规建设的鲜活素材，其他石材企业纷纷效仿，积极进行企业合规机制建设，实现了“办理一起案件、扶助一批企业、规范一个行业”的良好示范效应。

三、典型意义

（一）因地制宜，发挥典型案件的示范作用。一方面，检察机关以犯罪事实清楚且罪行较轻、符合当地产业政策、企业有继续发展潜力等因素作为选案原则，并针对当地非法采矿违法犯罪频发的实际，审慎选择将本案作为企业合规案件办理，通过这一典型案件来提升办案效果。另一方面，针对本地石材建筑行业企业多、安全生产事故多发等情况，积极推动市场监管、应急管理等部门制定行业合规标准，促进石材行业规范发展。

（二）群策群力，制订有效合规计划。科学合理的合规计划是企业合规整改的基础。检察机关集结涉案企业、律师、行政监管部门等主体的意见，按照针对性强、可操作性强、能有效预防再违法犯罪的原则指导涉案企业制定合规计划，切实助推企业合规建设。

（三）积极履职，推动企业合规与检察听证结合。为强化社会各界的监督，提升司法公信力，检察机关坚持以公开促公正，主动召开公开听证会，认真听取各方意见。经检察机关检察委员会集体研究后，对涉案企业依法作出不起诉决定。同时，检察机关还邀约第三方监督评估组织在不起诉后，再次复查评估，定期回头看，达到对企业的持续监管，增强了整改效果。

随州市Z公司康某某、朱某某等重大责任事故案

一、基本案情

湖北省随州市Z有限公司(以下简称Z公司)主要经营范围为生产和销售加工速冻食品、肉制品,是当地引进的重点企业。康某某、朱某某、周某某分别系该公司行政总监、行政部负责人、安全环境管理部责任人。

2020年4月23日13时许,外包人员曹某某与刘某某在Z公司羽毛粉车间后面清理污水沟。由于沟内有毒气体溢出,且作业空间受限,致曹某某、刘某某和营救人员吴某某三人死亡。事故调查组认定该事故为一起较大生产安全责任事故,康某某、朱某某、周某某三人未认真履行工作职责,导致了该起事故的发生。

2021年1月,随州市公安局高新技术产业园区分局以康某某、朱某某、周某某涉嫌重大责任事故罪向随州市曾都区人民检察院移送审查起诉。

二、企业合规整改情况及处理结果

检察机关在办案中了解到,Z公司是随州市高新技术产业开发区管委会引进的重点企业。企业已累计缴纳税费超过5000万元,解决了2500余人的就业问题,在一定程度上助力了当地经济发展,如果公司管理人员被判刑,对企业的发展将造成较大影响。

检察机关听取Z公司合规意愿并进行办案影响评估后,经审查认为,Z公司员工康某某、朱某某、周某某虽涉嫌重大责任事故罪,但系企业人员在生产经营职务行为中发生的过失犯罪,反映出涉案企业可能存在安全生产管理制度不健全、操作规程制定或执行不到位、生产经营场所和设备不符合规定、安全生产条件不达标等问题,可以进行合规考察监督并参考考察情况依法决定是否起诉。2021年5月初,Z公司提交了开展企业合规的申请书,书面合规承诺,以及企业经营状况、纳税就业、社会贡献度等证明材料,检察机关在认真审查调查报告、听取有关行政机关意见以及综合审查企业书面承诺的基础上,对Z公司作出合规考察决定,并要求该公司提交《企业合规计划》。

此后,Z公司请所属集团公司专家排查企业合规风险,制订详细合规计划。同时,以应急管理部门为牵头人的第三方监督评估组织成立,对Z公司合规计划的针对性与可行性进行了审查,并深入到Z公司内部,对公司的合规整改实施情况进行全面了解。2021年8月,第三方监督评估组织对Z公司整改情况及合规建设情况进行了评估,经第三方机制管委会审核,Z公司通过企业合规考察。

随州市曾都区人民检察院在收到评估报告和审核意见后迅速召开公开听证会,邀请省人大代表,省政协委员,人民监督员,公安机关、行政监管部门代表,市工商联代表,第三方监督评估组织等参加。听证会上,各听证参加人均同意对案件作出不起诉处理。

2021年8月24日,随州市曾都区人民检察院依法对康某某、朱某某、周某某作出不起诉决定。

三、典型意义

一是积极研判,针对行业突出问题精准发力。结合辖区内安全生产事故时有发生的特点,为预防和减少安全事故发生,保护人民群众生命财产安全,帮助企业合规经营,重点选择在安全生产领域开展合规建设。为此,从多起重大责任事故犯罪案件中,筛选出Z公司等5家符合企业合规适用范围、整改积极性高的企业,开展提前介入,引导侦查机关深入开展社会调查,进行合规必要性、可行性评估,并在充分听取各方意见、努力防范化解可能影响企业经营的风险隐患的情况下,引导、帮助企业加强合规建设。

二是积极协调,建立健全涉案企业合规建设监督机制。在企业制定合规计划期间,检察机关协调市场监督管理局、应急管理局、工商联等第三方机制管委会成员单位及安全生产协会共同研判,着力制定、完善协商机制,指导涉案企业结合事故调查报告和整改要求,按照合规管理体系的标准格式,制定、完善合规计划,搭建了以法定代表人为负责人、企业部门全覆盖的合规组织架构,健全了企业经营管理需接受合规审查和评估的审查监督、风险预警机制,完善了安全生产管理制度和定期检查排查机制,从制度上预防安全事故再发生,形成了安全生产领域"合规计划样板"雏形。

三是督促整改,推动涉案企业生产经营趋于合规。在合规整改期间,检察机关与第三方机制管委会积极沟通,快速成立第三方监督评估组织,由第三方监督评估组织对企业合规整改情况组织定期或不定期检查,确保企业合规整改措施落实落细。同时,检察机关同步了解涉案企业整改进度,要求企业搭建合规组织架构,建立合规制度体系,形成合规风险预警机制,定期组织安全生产全面排查和专项检查,组织作业人员学习生产安全操作规程,加强施工承包方安全资质审查,配备生产作业防护装备,聘请安全协会专家对公司班长级以上人员进行专项安全教育培训并考试考核。通过合规整改,涉案企业大幅提高了安全生产隐患排查和事故防范能力,更有利于自身健康发展。

四是能动履职,促进涉案企业健康发展。检察机关总结相关工作经验,积极与第三方机制管委会沟通协调,理顺工作机制,构建“检察听证+第三方监管”的合规办案模式,促使企业合规办案公平、公正、公开,确保企业合规案件政治效果、法律效果、社会效果有机统一。通过开展合规建设,Z公司逐步建立起完备的生产经营、安全生产、合规内控的管理体系,企业管理人员和员工的安全生产意识和责任感明显提高,公司整体面貌焕然一新,抵御和防控经营风险的能力得到进一步增强,因疫情影响导致的重大亏损得以扭转。2021年第二季度,Z公司销售收入同比增长19%,纳税增长20%,投入3亿余元的全新熟食厂即将建成并运营投产,预计可年加工熟食制品4万吨,产值增加9亿元,新增就业岗位200余个。

大冶市S公司、李某某、陈某某串通投标案

一、基本案情

大冶市S公司是一家市政及建筑工程公司,李某某系该公司党支部书记,陈某某系该公司职工。2012年10月,李某某、陈某某在明知程某某(另案处理)、叶某某(另案处理)等人围标某道路及排水工程项目的情况下,出借S公司资质,配合程某某、叶某某等进行围标活动,最后使黄石市Z工程公司中标该项目,中标金额为18,481,265.28元,该项目实际由程某某施工。2014年1月,李某某、陈某某配合程某某参与某建设工程围标,最终使大冶市S公司中标该项目,中标金额为29,369,999.00元,该项目实际由程某某施工。因涉嫌犯罪,公安机关对大冶市S公司及李某某、陈某某立案侦查,后移送大冶市人民检察院审查起诉。

二、企业合规整改情况及处理结果

检察机关受案后,承办检察官积极听取涉案企业相关人员意见,实地走访调研该公司,认真开展办案影响、风险研判。经了解,大冶市S公司是大冶市国有企业,主要从事市政及建筑工程业务。如果检察机关提起公诉,可能会对该公司生存发展产生较大影响。

检察官通过实地走访调研和深入分析发生本次违法问题的原因,发现大冶市S公司存在依法合规经营理念薄弱、内部规范管理制度不健全的问题,但该公司存在的问题并不复杂,不需要纳入第三方机制考察程序办理。2021年6月9日,大冶市人民检察院向该公司制发了企业合规《检察建议书》,建议该公司针对相关管理漏洞进行有效整改,并在公司员工大会上公开送达,以示警醒。大冶市S公司收到检察建议后,开展了为期1个月的合规整改,制定了整改方案,建立了相关制度,规范了工作流程,并向检察机关递交合规整改报告。2021年7月,检察机关邀请人大代表、政协委员以及相关企业家代表等,召开公开听证会,见证了企业整改的初步成效。听证会结束后,经综合研究,大冶市人民检察院依法对大冶市S公司、李某某、陈某某作出不起诉决定。

三、典型意义

（一）加强办案影响、风险研判，实现案件办理“三个效果”的有机统一

大冶市S公司作为本地建筑类国企，多年来为建设“美丽”大冶、“生态”大冶作出了积极贡献。如果检察机关“一诉了之”，那么将会发生企业征信被列入黑名单，企业被禁入招投标领域等一系列连锁反应，企业生存将举步维艰，很可能会陷入“案子办了、企业垮了”的困境。考虑到该案的犯罪性质和情节，大冶市人民检察院立足检察职能，积极推动该公司开展企业合规建设，最大限度弱化因犯罪行为对企业和社会造成的负面影响，让企业“活下来”，努力实现案件办理政治效果、社会效果和法律效果的有机统一。

（二）倒逼国有企业建章立制，促进企业长远发展

该案折射出该公司在招投标市场的不规范经营行为，其根源在于公司法律意识淡薄，管理上存在漏洞，企业如不及时整改，开展企业合规建设，日后有可能因同样原因而重蹈覆辙。因此，大冶市人民检察院充分发挥检察机关在参与社会综合治理方面的职能，针对该公司的管理漏洞发出检察建议，要求该公司切实提升管理人员及企业的法律意识，建立现代企业管理制度，组建法务部门，聘请专业法律顾问，明确企业市场行为首先由法务部门把关审核后再提交管理层研究讨论确定的流程，从制度机制上确保该公司依法依规经营；同时积极和该公司上级主管单位沟通协商，要求其强化监管，推动实现该公司迈上良性发展道路。

随州市L公司、夏某某非法占用农用地案

一、基本案情

随州市L公司系随县某镇政府招商引资的民营企业，从事钾长石来料加工及销售，夏某某系该公司法定代表人。

2006年7月31日，夏某某以L公司名义向原随州市某区国土资源局申请临时占地，后获得批准临时占用某镇某村0.3333公顷耕地，使用期限为2006年7月31日至2007年7月31日，L公司还缴纳了1.8万元的复垦费及管理费。在该块土地使用期限到期后，该公司在未办理展期手续的情况下实际继续使用，并且未经土地管理部门批准，又先后两次与所在村签订了土地租赁协议，擅自占用并建设加工厂房及其他配套设施。经现场勘测，L公司已建成的违建物总面积达16,832平方米。随州市自然资源和规划局关于耕地破坏程度的鉴定意见显示，该块8.133亩基本农田的种植功能已丧失，随州市L公司建设加工厂和配套设施，并堆放砂石的行为已导致农田重度破坏（种植条件严重毁坏）。

2019年10月14日，犯罪嫌疑人夏某某到随县公安局投案，如实供述其犯罪事实。2020年8月6日，公安机关以L公司及夏某某涉嫌非法占用农用地罪将该案移送随县人民检察院审查起诉。

二、企业合规整改情况及处理结果

检察机关在办案中了解到，L公司系政府招商引资企业，每年都缴纳税费并配合镇政府开展相关建设工作，吸纳了当地不少农民就业，对当地经济发展具有促进作用。检察机关同时还了解到，该公司系一家民营企业，公司管理人员法律意识淡薄，认为只要镇政府同意建厂房，就是合法经营；该公司有股东夏某某、李某某等7人，虽然公司组织形式是有限公司，建立有公司法规定的决策、执行等管理机构，但在实际运营管理中，并未按照公司法和该公司章程的规定规范运行，夏某某全权负责公司所有大小事项，其余股东基本不参与实际经营管理，公司的法务审核也形同虚设。如果夏某某被判处刑罚，可能会对

该公司生产经营造成重大影响。

检察机关向L公司介绍企业合规相关政策后,该公司主动申请参与企业合规程序。鉴于L公司积极配合检察机关的工作,自愿进行整改,当地镇政府也有建设相关工业园的计划,2021年5月,检察机关将该案纳入企业合规办案程序。随后,随州市第三方机制管委会成立了以随州市自然资源和规划局主要领导为组长,随县自然资源和规划局、随县国土资源执法监察局、随县市场监管局、随县工商联、律师事务所等7家单位相关人员组成的第三方监督评估组织。

在检察机关的积极推动下,第三方监督评估组织对L公司制订的合规计划提出了修改和完善的意见,并对其遵守规定、履行承诺以及合规计划执行情况进行全面考察、评估、验收。同时,检察机关也多次赴L公司查看合规计划落实情况,督促L公司积极整改。

2021年7月,经过近两个月的合规考察,第三方监督评估组织出具了考察报告,报告认为:经过法律政策讲解,L公司虽然认识到其占用农地行为不符合土地管理法,但其仍然认为自身受当地镇政府邀请投资建设没有过错,导致现场整改不主动;多名股东对夏某某的整改处理意见提出异议,但并未得到尊重,夏某某的个人意见最终仍代表公司意见,《企业合规计划》中规定的完善内部决策程序、法务审核程序、加强与政府相关监管部门的协调配合等整改措施落实不到位,其申请适用企业合规程序的主要目的是想通过相关单位的协调,帮助其补办土地使用手续,企图将其非法占地行为合法化。在考察期到期时,该公司既未办理用地合法手续,也未拆除违建的厂房,其违法占用农用地一直处于持续状态。综合认定合规考察结果为“不合格”。

结合第三方监督评估组织的考察结果,2021年8月3日,随县人民检察院检委会经讨论决定,依法对L公司提起公诉,同时向随县自然资源和规划局发出公益诉讼诉前检察建议。

2021年8月,随县人民法院支持随县人民检察院提出的量刑建议,依法判处L公司罚金2万元;夏某某有期徒刑7个月,缓刑1年,并处罚金8000元。目前,该判决已生效。随县自然资源和规划局在收到检察机关的检察建议后,也已对该公司作出行政处罚。

三、典型意义

检察机关运用企业合规程序办理案件，是为了促进涉案企业加强合规建设，做到既依法办理相关犯罪案件，追究相关人员的责任，又充分运用法律政策，尽最大限度保住企业、救活企业，尽可能减少对企业经营发展的不良影响。但是，如果第三方监督评估组织经认真考察认为涉案企业合规承诺履行不到位、未如期完成合规计划的，那么检察机关应当按照相关法律规定及时依法处理，不能以已进行合规考察为由作出从宽从轻处理的决定。

本案的成功办理，具有以下意义：

一是要结合案件涉及的领域，组建有力的第三方监督评估组织。不同的案件，涉及不同的领域。根据案件特点，需要选取相关领域专业人员，组成第三方监督评估组织。本案由于涉及自然资源领域，第三方机制管委会根据实际组建了一支由市县两级自然资源和规划管理部门为主体，市场监管、工商联、律师共同参与的监管团队，发挥专业特长和行政管理优势，坚持靶向治疗，找准问题症结，督促企业按照合规计划全面整改落实。

二是要加强审查，及时识破涉案企业的真实目的。涉案企业愿意适用合规程序，是为了获得从轻处理，但开展合规整改是有一定成本的，并不是所有的企业都会不折不扣地进行整改。有的涉案企业积极主动，是真整改；有的涉案企业所谓的“合规整改”，只是掩人耳目，是假整改。本案L公司及夏某某申请适用企业合规程序，其真实目的是企图借助相关单位帮助，以零成本或极小成本的投入，将非法占地合法化，其自身并无真实整改意愿。第三方监督评估组织经过深入考察，加强审查，认定该公司并无真正整改意愿。

三是要坚持依法办案，避免企业合规成为涉案企业的“免罚金牌”。企业合规是检察机关督促涉案企业作出合规承诺并积极整改落实、促进企业合规守法经营、减少和预防企业犯罪的重要措施，但企业合规并不是落在纸面的“走过场”，也不是没长牙的“软约束”。针对合规整改中敷衍了事、承诺落实不力、整改效果不好的企业，检察机关应依法惩处。本案中，检察机关按照合规办案规定，依法对L公司和夏某某提起公诉，捍卫了法律尊严和权威。

四是要发挥检察一体优势，形成法律监督的整体合力。强化法律监督，需要坚持检察一体，发挥检察机关内部各职能部门之间的优势，加强协作配合，形成法律监督的整体合力。本案中，检察机关刑事检察部门和公益诉讼检察部门密切配合,积极发挥刑事职能和公益诉讼检察职能,在对 L 公司及夏某某提起公诉的同时,还向随县自然资源和规划局发出公益诉讼诉前检察建议,要求该局认真履行监管职责,认真查处违法占用土地行为,最大限度地保护了国家和社会公共利益。

葛某某逃税、秦某某伪造公司印章案

——北京市通州区人民检察院首宗适用第三方监管企业合规案件

一、基本案情

2014年至2016年,被不起诉人葛某某作为涉案企业北京某医药公司的法定代表人,与部分买家交易时不开发票,并将此部分销售收入不计入纳税申报。2019年4月,该公司被查出偷税税额达人民币344余万元,税务机关作出行政处罚,决定处以其偷税税额一倍的罚款。在税务机关调查期间,被不起诉人秦某某作为公司副总经理,因无法提供与部分买家的交易单据,伪造了多枚买家公司印章,用于捏造交易材料,仅提供给税务机关检查。

同年10月,该公司仍欠缴税款320余万元,被公安机关刑事立案侦查,公司法定代表人葛某某以涉嫌逃税罪被刑事拘留,副总经理秦某某以涉嫌伪造公司印章罪被刑事拘留。同年12月31日,全部欠款已补缴。

二、检察履职情况

(一)涉企案件进行企业常态化评估,从三个方面具体落实少捕慎诉司法理念,最大限度地降低对民营企业正常生产经营活动的影响

该案于2021年1月21日由北京市公安局通州分局向北京市通州区人民检察院提请逮捕,对于"涉企案件",检察机关从三个方面迅速甄别企业合规制度适用条件,即行为是否涉及生产经营,情节是否严重,企业经营情况三个方面进行企业合规启动甄别常态工作,发现如下情形:涉案嫌疑人的行为与生产经营相关,且积极补缴全部欠税及相关滞纳金等,同时嫌疑人认罪认罚;通过引导侦查,确定该企业生产经营状况良好,在疫情期间积极履行企业责任等。综合上述情节,检察机关初步确认该涉企案件符合企业合规的标准,随即以无逮捕必要为由对2名被不起诉人不批准逮捕。

(二)捕后启动走访调查,从四个方面为企业合规第三方监管评估机制奠定基础,为企业和第三方监管人员留足期限

在对二人作出不批准逮捕的决定后,检察机关启动走访调查机制,向公司

全部高管介绍企业合规的重要性和具体内容，企业高管均明确表示自愿签署《企业合规承诺书》，同时结合制度制定、执行流程、合规督查、合规文化四个方面对企业合规要求进行逐一介绍，并建议企业分别进行专项合规监管和整体合规监管。涉案企业接受检察机关建议，先进行自查自纠，后委托两家第三方专业机构进行专项合规监管和整体合规监管，两家第三方专业机构经工作出具的报告，均显示公司的财税制度等相关制度已完善，符合合规要求。

（三）重视第三方监管评估的效果审核，从两个方面增加审核效果，持续关注企业合规的落地落实

为确保第三方评估的独立性和公正性，检察机关打造“专业审核＋公开听证”模式，委托北京市税务局稽查人员对报告内容进行细致审核，并邀请财务、税务专家作为听证员，参加对2名被不起诉人拟不起诉案件的公开听证会，同时邀请第三方监管评估人员参与听证，通过现场问答的形式，明确合规报告真实可靠。检察机关结合专家和听证员的意见，认定该公司在执行流程和合规文化方面还存在一定的不足，并制发检察建议，督促企业持续落实相关要求。

三、指导意义

（一）涉企案件常态评估，确保企业合规的真实性

涉企案件常态评估，有利于尽早尽快确定涉案企业是否符合企业合规启动标准，进而实现尽早启动，充分将引导侦查工作与企业合规工作相结合，确保企业结合自身经营情况，为其自查自纠和第三方监督评估留足时间，以此确保企业合规的真实性，为后续案件办理奠定坚实的基础。本案中，检察机关在审查逮捕期间初步确认启动企业合规制度，为涉案企业留足自查自纠和第三方监督评估的时间，从以无逮捕必要不批准逮捕到公安机关移送审查起诉，相距6个月有余。

（二）第三方监督评估分级机制的确立，提升企业合规的精准性

检察机关在涉案企业进行合规整改的过程中，应注意结合案件具体情况和企业实际情况进行分类处理，具体可以分为专项监管评估和整体监管评估，案情越复杂，企业规模越大，整体监管评估必要性越大；反之则越小，以此实现企业合规的精准度，不搞“一刀切”。而本案中，涉案企业固定从业人员数百人，经营规模较大，故检察机关建议其进行财税合规监管和整体制度监管。

（三）注重对第三方监督评估结果的审核，注重企业合规的有效性

鉴于企业合规第三方监督评估机制目前仍处于探索阶段，故在适用第三

方监督评估机制时,检察机关高度重视对于评估结果的审核,通过委托专业人员进行专业审核,以及公开听证接受公开质询等方式充分确保评估结果的客观性和中立性,以此实现企业合规的有效性,确保企业合规的整改结果符合企业实际经营需求,并注重日后持续不断的跟踪督促。

张家港保税区某国际贸易有限公司、孙某某等人虚开增值税专用发票案

一、基本案情

被不起诉单位：张家港保税区某国际贸易有限公司（以下简称张家港某公司），2002 年 7 月注册成立，注册资金 550 万元，所在地：江苏省张家港市。

关联企业：漯河某生物化工有限公司（以下简称漯河某公司），2012 年 3 月注册成立，注册资金 500 万元，所在地：河南省漯河市舞阳高新区。

被不起诉人：孙某某，系张家港某公司、漯河某公司法定代表人、实际控制人。

2016 年 8 月至 2020 年 3 月，被不起诉人孙某某在经营张家港某公司期间，在没有真实业务往来的情况下，以支付开票费的方式，接受河南、上海等地 5 家公司虚开的增值税专用发票 387 份并申报抵扣，造成国家税款损失 223 万余元。到案后，孙某某及涉案企业退缴了全部税款，自愿认罪认罚，有立功表现。

二、检察履职过程

（一）案件审查

2020 年 8 月 21 日，张家港市公安局以涉嫌虚开增值税专用发票罪将本案移送张家港市人民检察院审查起诉。受案后，检察机关按照企业合规改革试点相关要求，对案件开展三个方面的审查调查工作：一是对案件事实证据进行审查，发现本案犯罪事实清楚，证据确实充分，张家港某公司、孙某某构成犯虚开增值税专用发票罪，其中孙某某案发后积极退缴税款，到案后认罪态度好，有劝他人自首的立功情节。二是对合规办案条件进行调查，发现张家港某公司，年均纳税 200 余万元、员工 8 人，目前经营状况良好，案发后积极退缴税款，已经逐步完善财税制度，有较强的合规整改意愿。孙某某本人主动提出其名下的漯河某公司也存在合规风险，愿意一并开展合规建设。三是对检察办案影响进行评估，发现孙某某经营的多家公司对其依存度高，特别是漯河某公司年均纳税 300 余万元、员工 80 余人，系当地骨干企业，为当地脱贫攻坚作出

了实质贡献，而且正在规划第三期投资事项，无合适替代人员管理经营。经综合衡量，检察机关认为本案依法可以减轻处理，漯河某公司作为张家港某公司关联企业，由同一人实际经营，相互间有业务往来，且有较大合规风险，可以一并开展合规建设。

（二）协商监督

2021 年 5 月 20 日，经江苏省人民检察院、苏州市人民检察院批准，张家港市人民检察院对本案启动合规监督考察程序。针对漯河某公司与张家港某公司不在一地，且当地不在全国企业合规改革试点范围的实际，检察机关就第三方监督评估开展两个方面的协调工作：一是向张家港市企业合规监管委员会报告，建议从案件实际及合规完整性、有效性等角度考虑，采取本地第三方组织专业监督和外地第三方组织协助监督相结合的方式，同时对两家公司合规建设进行监督考察。二是通过河南省舞阳县人民检察院与舞阳高新区管委会、商务局联系对接，详细说明企业合规改革试点、第三方监督等工作，成功协调当地政府对漯河某公司合规建设进行协助监督。

（三）跟踪考察

2021 年 5 月 24 日，张家港市企业合规监管委员会根据企业规模、风险领域分类随机抽取 5 名合规监管人，组成包括律师、会计师、税务机关骨干在内的第三方监督评估组，对两家公司合规建设开展监督；漯河市舞阳高新区组建了包括区政府办公室、商务局骨干在内的临时第三方监督组，对漯河某公司合规建设开展监督。因疫情原因，张家港市第三方监督评估组，多次通过远程视频方式对漯河某公司合规建设进行跟踪，并指导开展合规建设。2021 年 8 月 19 日，两家公司邀请合规顾问如期完成合规体系建设，张家港市第三方监督评估组经过专业评估，一致通过合规验收。对漯河某公司评估期间，漯河某公司通过网络向张家港市第三方组织传送全套合规资料，并通过远程视频接受合规考察验收。

（四）处理结果

检察机关综合考虑案件情况、从宽情节以及企业合规建设等情况，拟对案件作不起诉处理。2021 年 8 月 20 日，检察机关召开拟不起诉公开听证会，承办检察官、案件侦查人员、涉案企业代表、合规顾问等参加会议，3 名人大代表作为听证员对案件处理进行评议，10 名张家港市第三方监督评估专业人员列席旁听。经独立评议,3 名人大代表一致同意检察机关对案件作出相对不起诉处理决定。检察机关当场对案件不起诉决定进行公开宣告;同日,向税务机关发出检察意见,建议对本案进行行政处罚,并征缴因虚开增值税发票所遗漏的其他税款。

三、借鉴意义

(一)检察机关办案发现涉案企业有关联企业,且合规风险大的,可以引导关联企业与涉案企业一并开展合规建设

同一企业负责人名下、高管管理下的同类型企业、上下游企业等,管理模式、经营理念等较为相似,可能存在相同或相近的合规风险。检察机关在办理合规案件过程中,应当了解核实涉案企业有无类似关联企业、相关企业有无相关合规风险。合规风险大、确有合规建设必要的,可以结合办案情况,向企业负责人、高管等讲清企业合规政策和关联企业开展合规建设意义,以引导关联企业一并开展合规建设。本案中,检察机关通过办案,引导涉案企业关联企业开展合规建设,使涉案企业家名下企业整体合规,起到举一反三的办案效果。

(二)全面评估办案对犯罪嫌疑人名下其他企业的影响,结合认罪认罚从宽制度、企业合规改革试点等制度,予以同等保护

检察机关办理涉企案件,可以通过走访调查、审查案卷、询问讯问、查询工商登记信息等方式,了解犯罪嫌疑人名下企业,从而在开展办案风险评估时予以全面考量,避免因考虑不周对未涉案的关联企业造成重大影响。犯罪嫌疑人及其经营的关联企业主动要求参与合规建设,并经第三方监督评估验收合格有效的,可以作为认罪悔罪表现予以正面评价,在案件起诉、提出量刑建议时酌情从宽处理。本案中,检察机关在依法减轻处罚的基础上,综合考虑涉案企业、关联企业都完成合规建设的情况,作出相对不起诉决定,得到了案件当事人、关联企业所在地政府的高度肯定。

(三)探索第三方监督评估机制在异地协作中的具体运行,提高办理异地合规案件的质效

检察机关引导异地企业开展合规建设时,应当与异地企业所在地检察机关沟通,探索建立异地协作配合和第三方监督评估结果互认机制,以提高办案效率保证办案效果。企业所在地属于改革试点地区的,由承办检察机关启动合规办案程序,商请异地检察机关委托当地第三方组织开展监督评估;企业所

在地不属于改革试点地区的,由承办检察机关启动合规办案程序,委托本地第三方组织对异地企业开展监督评估,必要时可商请当地政府、有关行政机关作为临时第三方组织协助监督,从而保证企业合规计划落实进度、合规建设合格有效。本案中,河南省漯河市舞阳县不属于改革试点地区,承办检察机关针对正式第三方组织跨省监督、疫情外出不便的实际,协请当地政府对合规建设进行跟踪监督,最终使企业通过了正式第三方组织评估验收。

张家港市密封件企业销售假冒注册商标的商品系列案

一、基本案情

被不起诉单位:张家港市S机械密封有限公司(以下简称S公司),张家港市密封件行业商会成员企业,住所地:江苏省张家港市。

被不起诉人:徐某某,系S公司实际控制人。

被告单位:江苏K流体科技有限公司(以下简称K公司),张家港市密封件行业商会成员企业,住所地:江苏省张家港市。

被告人:陆某,系K公司法定代表人、实际经营人。

张家港市D机械制造有限公司、江苏H密封科技有限公司、苏州X流体有限公司3家被告单位,徐某1、唐某1、唐某2、王某某4名被告人,以及张某某、袁某某、张某3名被不起诉人情况略。

2020年3月至5月,张家港市密封件行业商会成员企业涉嫌生产、销售假冒"格兰富""博格曼"等国外品牌机械密封件共13起,8起受到行政处罚,5起进入刑事程序。其中5件刑事案件中,S公司销售假冒注册商标的商品数额共计11.3万余元,K公司假冒注册商标数额共计16.6万余元,张家港市D机械制造有限公司假冒注册商标数额共计29.3万余元,江苏H密封科技有限公司假冒注册商标数额共计17.5万余元,苏州X流体有限公司假冒注册商标数额共计10.9万余元。以上均由郑州、沈阳两家采购企业发出正品采购邀约后发现非正品,向有关部门举报而案发。案发后,5家企业和9名人员均认罪认罚,S公司交出全部违法所得。

二、检察机关履职过程

(一)审查起诉情况

2020年11月12日、12月3日,张家港市公安局以涉嫌、销售假冒注册商标的商品罪,分两批将上述系列案件移送张家港市人民检察院审查起诉。受案后,检察机关综合考虑案件数额、认罪认罚、积极退赃以及"钓鱼式"维权打假侵犯知识产权的社会危害性相对较小等因素，对S公司及徐某某、张某等4人不起诉，以假冒注册商标罪对K公司等4家公司及陆某等5人提起公诉，提出8个月至1年10个月有期徒刑不等、处罚金人民币2.8万元至8.6万元不等、适用缓刑的量刑建议，均得到法院判决支持。

（二）合规建设协商情况

检察机关在办理该系列制假售假案件中发现，张家港密封件行业有相关厂家50余家，13家涉及假冒“洋品牌”的厂家存在一定关联性，如居中介绍制假、向同行提供造假产品图纸、假冒外国品牌商标标识的产品包装等协助。这些集群性假冒“洋品牌”厂家，因遭受处罚和赔偿多重打击，对本地行业乃至全国密封件行业造成了较大伤害。为此，检察官分别走访了工商联、密封件行业商会、涉案企业以及市场监督管理局等，调研行业合规建设的意愿，并进行可行性分析。通过沟通协商，张家港密封件行业商会同意就全行业开展合规建设，并牵头落实。

（三）行业合规推进情况

张家港市人民检察院推动在全市层面建立合规监管委员会，组建了合规监管专业人员队伍，细分为安全生产、环境保护、税务管理、知识产权四个专业化合规监管小组，制定了分类型企业合规工作指引、合规分级评定办法等。张家港市企业合规监管委员会接受密封件行业商会申请，从合规监管专业人员名录中抽取了一家律师事务所为行业合规建设提供法律服务。在合规律师团队的指导下，密封件行业协会确定了包括涉案企业在内的首批进行合规建设的7家公司，并与其签署合规承诺书；组建了合规组织机构，成立了合规委员会和合规部，负责制定行业合规公约、讨论行业合规重大决定问题、监督企业落实合规政策等；制定了密封件行业员工合规行为准则23项，知识产权管理专项制度9条。50家成员企业中，已有2家企业完成企业合规建设，并向张家港市合规监管委员会申请分级评定。

（四）第三方监督评估情况

张家港市企业合规监管委员会根据第三方监督评估机制，从第三方监管人员库中随机抽取组建监督评估小组，跟踪商会合规整改、评估合规计划落实情况。其间，第三方监督评估小组与张家港密封件行业商会建立合规巡查制度，第三方评估小组与该商会合规部已对商会企业合规建设完成巡查10次，发现共性问题15个,发出《违规告知单》9份,持续推动商会及成员企业实质化整改。

三、指导意义

(一)推动行业整体合规,集末端处理与前端治理于一体

检察机关办理企业合规案件时,应注重从类案或系列案件中发现共性问题,分析梳理所属行业、领域企业普遍具有的合规风险,积极宣传合规文化、合规政策,引导行业、领域开展整体合规建设。在具体实践中,检察机关应立足检察职能,在充分调查、协商的基础上,采取检察建议、风险提示函、走访沟通等形式,促进企业自愿开展合规建设。从时间界限上看,应将合规贯穿于整个办案过程,拓展于办案之外,将点对点个性化服务拓展到面上的普遍服务,推动行业、领域共性问题的解决。

(二)依托行业商会建立本行业合规标准,以行业合规促进企业合规

在发挥检察职能推进行业合规的过程中,检察机关应从服务和保障企业发展角度出发,找准定位和方向,通过引导调动行业和企业的积极性,使合规成为企业自身的内在需求,避免检察机关的大包大揽和企业的消极被动。行业商会要注重发挥相关行业牵头作用,组建行业自身合规组织机构,梳理本行业共同面临的合规风险,建立相对统一的合规计划、合规标准,指导督促成员企业在执行行业统一标准的基础上完善单个企业的合规体系,以有效弥补小微企业独立开展合规建设能力不足的弱点,从而实现合规成本最小化、合规效果最大化,促进行业、领域整体合规。

(三)拓展第三方监督评估机制,客观公正评价实质化整改效果

最高人民检察院、司法部、全国工商联等9部门联合发布的《关于建立涉案企业合规第三方监督评估机制的指导意见(试行)》规定,由第三方监督评估组织对涉案企业的合规承诺进行调查、评估、监督和考察,考察结果作为检察机关依法处理案件的重要参考依据。检察机关在引导行业合规建设过程中,可以依托第三方监督评估机制,对行业整体合规建设进行指导,对单个企业合规建设情况进行评估评定,对评估合格的企业,可在行政审批、公共服务等方面给予正面评价和政策激励。

X 集团走私普通货物案

——深圳市宝安区人民检察院首宗适用第三方监督评估机制企业合规案件

一、基本案情

被不起诉单位 X 集团股份有限公司(以下简称 X 集团)成立于 2003 年 5 月 19 日,主营境内外水果采购、分销业务,2019 年度营收人民币 46 亿元,纳税人民币 1.95 亿元。2017 年 10 月,X 集团收购了 T 集团有限公司(以下简称 T 公司),并于 2018 年开始,从 T 公司采购榴莲进口,销售给国内大型连锁商超客户以及其他客户。其中,被不起诉人张某某为 T 公司总经理,负责在泰国采购榴莲并包装、报关运输至香港;被不起诉人曲某某为 X 集团副总裁,分管进口业务部;被不起诉人李某为该部单证组经理,被不起诉人程某为 X 集团财务部核算经理,两人负责具体对接榴莲进口报关、财务记账、货款支付等。

X 集团进口榴莲海运主要委托深圳 S 进出口有限公司(以下简称深圳 S 公司)、珠海市 S 供应链管理有限公司(以下简称珠海 S 公司)代理报关。在报关过程中,由 S 公司每月发布“指导价”,X 集团根据指导价制作虚假采购合同及发票用于报关,报关价格低于实际成本价格。2018 年至 2019 年,X 集团多次要求以实际成本价报关,均被 S 公司以行业惯例为由拒绝。2019 年 4 月,经双方商议,最终决定往后以实际成本价报关。

2019 年 12 月 12 日,经海关查缉,张某某、曲某某、李某、程某被抓获归案。经深圳海关计核,2018 年 3 月至 2019 年 4 月,X 集团通过深圳 S 公司、珠海 S 公司低报价格进口榴莲 415 柜,涉嫌走私犯罪。案发后,X 集团积极整改,规范报关行为,主动补缴了税款。

2020 年 6 月 17 日,深圳市海关缉私局以 X 集团、张某某、曲某某、李某、程某涉嫌走私普通货物罪为由,将其移送至深圳市人民检察院审查起诉。

二、检察履职情况

(一)积极主动作为,持续落实"少捕慎诉"的司法理念,最大限度地降低对民营企业正常生产经营活动的影响

X 集团系国内水果行业的龙头企业,现有员工 5000 人,因主要管理人员涉嫌走私犯罪被采取逮捕措施,企业经营出现重大困难。经审查,X 集团虽存在一定的低报价格行为,但与生鲜水果易腐烂、需要快速通关的行业属性密切相关。鉴于 X 集团长期以正规报关为主,案发后积极与海关、银行合作,进一步探索水果进口合规经营模式,深圳市人民检察院经过综合考量,对重要业务员李某、程某作出相对不逮捕决定,后经羁押必要性审查,企业高管张某某、曲某某强制措施被变更为取保候审,以有效避免企业生产停顿带来的严重影响。2020 年 3 月,在深圳市人民检察院的建议下,X 集团开始进行企业合规整改工作。鉴于上述情况,为进一步支持民营企业复工复产,深圳市人民检察院于 2020 年 9 月 9 日对 X 集团及涉案人员作出相对不起诉处理,X 集团被不起诉后继续进行合规整改。疫情期间,X 集团努力践行社会担当,积极参与抗疫扶贫,被农业农村部、中国人民银行评为全国疫情防控重点保障单位,检察工作取得明显成效。

(二)"精准问诊 + 第三方监督评估",依法督促涉案企业加强合规管理,将严管厚爱落到实处

本案为最高人民检察院等九部委联合印发《关于建立涉案企业合规第三方监督评估机制的指导意见(试行)》(以下简称《指导意见》)后,全国首宗适用第三方监督评估机制进行合规考察的案件。为充分发挥检察职能,服务"六稳""六保",深圳市人民检察院多次到 X 集团调研及跟进复工复产情况。经过合规整改,X 集团已建立了相当完善的合规管理体系,做到合规管理覆盖全业务、贯彻全流程,并被宝安区促进企业合规建设委员会(以下简称宝安区合规委)列为首批合规建设示范企业。为检验合规整改效果,根据《指导意见》以及深圳市宝安区人民检察院牵头制定的《宝安区促进企业合规建设委员会企业合规第三方监督评估工作办法(试行)》的相关规定,深圳市宝安区人民检察院受深圳市人民检察院委托,于 2021 年 6 月向宝安区合规委提出申请,宝安区合规委组织成立了企业合规第三方监督评估工作组,对 X 集团合规整改情况进行评估验收和回访考察。工作组由企业合规专家、检察机关(非办案检察机

关)、深圳海关(非承办侦查人员)业务专家共7人组成,通过查阅资料、听取汇报、针对性提问、调查问卷等方式进行考察评估并形成考察意见。通过合规互认的方式,相关考察意见将作为深圳海关对X集团作出处理决定的重要参考。

(三)强化合规引导,做好刑事司法与行政管理、行业治理的衔接贯通,着力提升服务,保障民营经济工作成效

为扎实做好服务保障民营经济相关工作,提供更加精准的司法保护,深圳市人民检察院在该案办理过程中,在合规整改结果互认、合规从宽处理等方面加强与深圳海关的沟通协作,形成保护合力,共同指导X集团做好合规整改,发挥龙头企业在行业治理的示范作用。整改期间,X集团积极推动行业生态良性发展,不仅主动配合海关总署关税司工作,不定期提供公司进口水果的采购价格作为海关总署出具验估价格参数的参照标准;还参与行业协会调研、探讨开展定期价格审查评估与监督机制。针对案件办理过程中发现的行政监管漏洞、价格低报等行业普遍性问题,深圳市人民检察院依法向深圳海关发出《检察建议书》并得到采纳,深圳海关已就完善进口水果价格管理机制向海关总署提出合理化建议,并对报关行业开展规范化管理以及加强普法宣讲,引导企业守法自律。

三、指导意义

(一)积极探索检察履职与企业合规的结合方式,实现"双向激活"良性循环

检察机关要深刻认识保障和促进非公有制经济健康发展的重要意义,加大对民营经济保护的司法力度,对于一些企业历史上曾有过的不规范行为,要以发展的眼光看问题,在法律允许的范围内讲政策、给出路,让企业通过合规重获新生;同时,要改变以往直捕直诉的简单处理模式,积极探索检察履职与企业合规的结合方式,推动企业合规与依法适用认罪认罚从宽制度、检察建议、不起诉相结合,推动企业合规与清理"挂案"相结合,推动企业合规与经济、行政处罚相衔接,通过合规来激活少捕慎诉等司法保护政策的优势,并形成反向合规激励,激活企业加强合规管理的动力,让企业卸下包袱,轻装前进。

(二)检察机关应保持主导性与中立性,推动企业真正依法合规经营

检察机关在涉案企业进行合规整改的过程中,应在发挥程序性主导作用的同时保持中立性,推动企业真正依法合规经营。采取何种强制措施、何时启

动合规整改、是否选择适用第三方监督评估机制、是否进行公开听证等事宜，检察机关应根据具体情况作出相应决定。因企业合规涉及公司内部治理，检察机关不宜深度介入，由于缺乏相关经验，应尽量交由客观中立的第三方对涉案企业的合规承诺进行调查、评估、监督和考察。

（三）通过检察履职传导合规理念，形成保护民营经济健康发展合力

企业合规改革是检察机关服务保障经济社会高质量发展的切入点和结合点，检察机关应通过检察履职传导合规理念，促进多机关协同发力、全社会合力参与，加强社会综合治理效果，助力打造共建共治共享的社会治理格局。检察机关既要注重案件办理效果，通过企业合规的一个个鲜活事例，以点带面，形成“辐射效应”，实现“办理一起案件、扶助一批企业、规范一个行业”的良好示范效应；也要注重加强与行政机关的沟通协作，促进行政机关改善监管及服务方式，通过刑事激励与行政激励相结合的方式，进一步促进企业依法合规经营。

惠山区某塑胶公司、赵某某虚开增值税专用发票案

一、基本案情

被不起诉单位某塑胶公司，法定代表人赵某某。

被不起诉人赵某某，某塑胶公司法定代表人。

2016年8月至2017年2月，被不起诉单位某塑胶公司为少缴税款，在无货物实际交易的情况下，由被不起诉人赵某某向黄某某（另案处理）实际控制的某塑料化工有限公司等三家企业支付了票面金额8%左右的开票费，通过虚构购销合同、发货单、入库单等方式，虚开增值税专用发票16份，税额共计人民币245,420.43元。后某塑胶公司向税务机关申报抵扣了税款。

2020年3月27日，赵某某主动至公安机关投案，并如实供述犯罪事实。案发后，被不起诉单位及被不起诉人已全部补缴相应税款及滞纳金。

二、检察机关履职过程

（一）提前介入阶段

2020年3月27日，无锡市公安局惠山分局以某塑胶公司、赵某某涉嫌虚开增值税专用发票罪立案侦查。惠山区人民检察院受邀提前介入，针对发现的税款未补缴、企业情况不明等问题，向侦查机关提出以下意见：一是积极追缴逃税，挽回国家税收损失；二是开展释法说理，向犯罪嫌疑人和辩护人开示证据，促使犯罪嫌疑人认罪认罚；三是依据惠山区公、检、法会签的《涉民营企业刑事案件办案影响评估工作实施细则》，要求公安机关在移送审查起诉时提供企业纳税、用工等基本情况。

（二）审查起诉阶段

2021年3月26日，惠山区公安分局以某塑胶公司、赵某某涉嫌虚开增值税专用发票罪移送惠山区人民检察院审查起诉。

检察机关通过自行研发的惠企"慧"控民营经济风险防控平台进行线上风险评估，该平台系浙江省人民检察院确定的"建设涵盖海量数据的民营企业数

据共享服务平台”试点项目。平台涵盖税务、公安、市场监督管理等部门的经济类犯罪、行政处罚、企业经营情况等数据共计540余万条,数据主要来源于统一业务应用系统、互联网采集以及与相关职能部门专线对接等。平台在数据共享、风险研判与预防、法治体检自测、智能评估、合规案件启动、合规调查、数据信息集成等方面实现全流程闭环管理。该平台通过设置的多项指标对涉案企业开展正负双向量化评价:一是正项指标主要包括社会贡献、企业评级、专利发明等内容,某塑胶公司拥有正面无边框玻璃冰箱门及其制备方法发明专利,且该企业将于近期在科创版上市。二是中性指标主要包括企业规模、用工人数、社保缴纳等内容,某塑胶公司系小微民营企业,用工记录良好,虽仅有8名职工,但近5年年均销售收入在1000万元以上,近3年年均纳税20余万元(相关税务局工作人员表示,不同行业税收也有差异,以本行业的销售额评估,该纳税额应不低于行业平均水平),且逐年递增,在行业内具有较大影响力。三是负向指标主要包括前科劣迹、行政处罚、失信惩戒等内容,某塑胶公司、赵某某无任何犯罪、行政处罚及诉讼纠纷等负面行为。四是人工评查,赵某某有自首情节,其企业经营态势良好本人自愿认罪认罚且连续13年坚持从事社会公益活动,结对资助四川省绵竹市某小学、中学等公益项目,并资助汶川地震受灾女孩付某某累计6万余元。

经对某塑胶公司、赵某某上述情节进行量化评价,由正向指标加上中性指标再减去负向指标,得到企业初评“考试成绩”,该企业综合评价为良好,自动生成的涉企影响评估报告表明,该企业的正面特性占主导地位,社会贡献度较高,可持续性发展势头较好。

检察机关经评估后认为,某塑胶公司、赵某某虚开税额不大,有自首情节且自愿认罪认罚,税款已补缴,依法可从轻处罚。若对本案不起诉,将更有助于某塑胶公司及关联企业的经营发展,因此,检察机关拟对该公司作出不起诉决定。

(三)举行不起诉公开听证会

2021年6月8日,无锡市惠山区人民检察院综合衡量办案影响,召开不起诉公开听证会,邀请侦查机关代表、被不起诉单位代表、被不起诉人及其辩护人、人民监督员、特约检察员等代表参加并现场远程视频连线结对帮扶对象。检察机关介绍了案件基本情况、涉案企业概况、认罪悔罪情况、拟相对不起诉处理意见及理由。经评议,听证员一致认为检察机关对企业和个人的拟不起诉处理意见,有法律和事实依据;同时充分考虑到某塑胶公司及关联企业生存发展状况,认为作出不起诉决定将有利于经济发展和社会稳定。

2021 年 6 月 9 日,惠山区人民检察院依法对某塑胶公司、赵某某作出不起诉决定。

(四)推动企业合规与行政处罚衔接

2021 年 6 月 9 日,针对办案中发现的某塑胶公司存在的企业管理混乱、采购环节存在漏洞、财务制度不健全的问题,检察机关向企业制发检察建议书,督促其合规经营。一是预先沟通协商,加强对合规整改效果互认的衔接配合。试行涉税案件通报制度,无锡市惠山区人民检察院牵头区税务局无锡市税务局第二稽查分局联合出台了《涉税案件企业合规工作衔接办法(试行)》,促使企业合规与行政处罚衔接,明确将企业合规整改结果作为税务机关是否对该企业进行从宽行政处罚的依据。二是探索简化小微企业合规程序,降低企业运营成本。鉴于无锡是全国乡镇民营企业发源地,小微企业数量庞大,针对该类型企业,检察机关对某塑胶公司简化合规建设项目和整改内容,通过集中归纳风险点送达涉案企业、由税务机关无偿专项培训、选派检察合规专业人员库成员跟进监督与企业自查自纠有机结合等方式,降低合规成本、提升合规成效。三是制发检察建议,建议某塑胶公司加强企业内部日常管理,通过官方渠道有效甄别上游采购方,对应付账款等关涉进项税的重要科目建立更规范、严格的入账制度。四是落实考核监督,检察机关会同税务机关对某塑胶公司整改及合规计划完成情况进行考察验收评估,某塑胶公司采纳了检察机关的建议,由企业法律顾问担任公司独立合规审查专员,围绕企业运管、生产经营、财税申报、入账四个方面建立完善相关制度 18 项,经验收,符合合规标准。

2021 年 8 月 26 日,检察机关向税务机关发出《检察意见书》,建议税务机关对某塑胶公司可适用行政处罚下限,依法从轻处罚。

三、借鉴意义

(一)办理涉民企案件,可以利用"大数据"研判优势开展办案影响评估,为作出检察决定提供参考

海量的涉企办案数据是服务保障民营企业发展的重要资源,检察机关可以充分整合公安、税务、人社、市场监管等涉企数据,形成集数据共享、智能评

估、风险预防于一体的民营企业大数据研判平台，从企业生产、纳税、征信、科技创新等方面开展评估。对犯罪情节较轻且自愿认罪认罚、经营态势良好、社会贡献度较高的企业及其经营人员，可以从轻处罚。本案中，检察机关利用惠企“慧”控民营经济风险防控平台对企业进行量化评估，最终作出不起诉决定，最大限度地保护了企业的生存与发展。

（二）企业合规应注重与行政处罚衔接，提升合规动力

企业合规既是企业治理体系和治理能力现代化的重要标志，更是国家治理体系和治理能力现代化的重要组成部分。检察机关应强化企业合规与行政处罚的有效衔接，通过预先与行政机关沟通、建立双向衔接机制等形式将合规整改效果作为具体行政处罚的重要考量因素，防止“不诉了之”及企业合规动力不足；同时可联合行政机关在相关专业领域建立专门化的合规标准，从源头上治理企业的违法违规经营问题。本案中，检察机关对某塑胶公司、赵某作出不起诉决定后，及时向税务机关制发检察意见，根据企业合规效果建议税务机关对其从轻处罚，以提升合规动力，有效实现了正向激励；还同步建立了专门的税收合规标准，实现了源头治理。

（三）对小微企业合规可探索适用“简式”程序

在企业合规过程中，应灵活对待大型企业和小微企业，结合不同企业类型，采取不同合规方式。对小微企业，可简化合规建设项目和整改步骤，提高合规整改的针对性。由检察机关针对风险点集中归纳并送达涉案企业，精准定位 1 至 2 个特别风险进行专项合规；同时，检察机关应加强与行政机关的联动，采用第三方监管、检察合规专业人员库选派与企业自查自纠有机结合等方式，帮助企业堵塞漏洞。本案中，检察机关向某塑胶公司制发以税务合规、公司运营为重点内容的检察建议，提出明确整改方向、补强合规成本，该企业积极主动对照整改，税务机关提供无偿培训，并联合检察机关着重对企业应对风险的内控机制是否完善、合理进行监督考察，有效降低了合规成本、全面提升了合规成效。

某管业公司虚开增值税专用发票合规整改案

黄　斐*

一、基本案情

被不起诉人陈某于2018年7月至2019年1月,在担任被不起诉单位某管业有限公司法人代表期间,为偷逃税款,在没有真实货物交易的情况下,以支付票面总金额8.5%开票费的方式,通过沈某、谢某(均另案处理)介绍,通过山东某制品有限公司、山东某塑料制品有限公司为被不起诉单位某管业有限公司虚开增值税专用发票21份,价税合计人民币2,146,310.03元,税款合计人民币296,042.73元。上述21份增值税专用发票已由被不起诉单位某管业有限公司向税务部门申报抵扣,致使国家税款被骗人民币296,042.73元。

被不起诉人陈某于2019年3月26日主动到某市公安局投案,并如实供述了犯罪事实。

案发后,被不起诉单位某管业有限公司已补缴全部税款。

二、合规整改过程

整个整改过程,以发现风险—评估风险—整改风险的逻辑,由点到线、由线到面逐步展开。

(一)"点"——合规风险排查

1.刑事阅卷

对涉案企业充分阅卷,检索涉及虚开增值税专用发票的相关法律法规政策,了解虚开发票行为的分类,虚开的判定,虚开增值税专用发票定罪量刑标准以及税款、滞纳金的规定,研判犯罪原因、手段、环节以及岗位。

根据《中华人民共和国发票管理办法(2019修订)》(国务院令第709号)的规定,某管业公司的行为属于让他人为自己开具与实际经营业务情况不符的发票的行为。其涉嫌虚开的增值税税务风险,包括进项税额风险、销项税额

---

* 黄斐,江苏振强律师事务所高级合伙人。

风险，而涉案企业涉案环节主要在于“收票”环节，即增值税进项税额抵扣环节。

2. 排查方式及内容

一是问卷调查，可以分为三个部分：第一部分主要是关于企业负责人、企业管理人员对企业合规管理的认识的调查；第二部分主要是关于对企业现状的调查，包括但不限于企业基本情况及基本法律文件（经营资质、审批文件）、组织架构、股权结构及其变化、财务审计报告、销售资料（客户管理）、采购资料（供应商、外协单位管理）、现有规章制度、行政处罚、知识产权等；第三部分主要是就有关进项税额相关风险点向财务人员、办税人员进行的调查，内容包括票、物、款不一致，抵扣进项税额风险，虚构资金流，抵扣进项税额的风险，取得不符合规定的增值税扣税凭证风险，不得抵扣进项税额项目未做进项转出风险，发出进货退回或折让进项税额未转出风险，等等。调查结果作为附件供核查。

二是访谈及会议。首先，访谈主要是确定案发原因在于增值税进项税额抵扣环节，针对该环节涉及的内部控制流程对涉案人员（企业负责人）、财务人员、办税人员（如有）、采购管理人员、销售管理人员、仓库管理人员等进行逐一访谈，内容围绕职责、权限、工作流程以及重大事项报告审批流程等，并分别制作访谈笔录，以进一步确定内部控制的缺失、漏洞；对财务人员、办税人员访谈内容还应更加注重对其专业知识的了解，譬如企业税目、发票使用与登记情况、营运资金、费用业务、财务报告编制及报送、税务申报等情况。其次，会议主要是召集企业负责人、销售管理人员、采购管理人员、仓库管理人员、财务管理人员等开集体会议，梳理企业整体的运营模式，确定是以销定产模式还是以产定销模式，而大部分中小微企业均属于以销定产的经营模式。访谈和会议笔录作为附件供核查。

三是大数据检索。因为案发原因在于增值税进项税额抵扣环节，所以该环节中供应商的管理极为重要。因此，除对涉案企业员工、客户、股东、外协单位等进行调查之外，还应重点对涉案企业提供的供应商资料进行大数据检索，重点排查个人供应商、贸易单位、吊销注销单位、受过行政处罚以及有税收优惠的单位等，并详细登记供应商的各种负面清单。检索结果作为附件供核查。

四是文件审阅，根据案涉环节，文件审阅包括合同审阅、账目审阅、台账审阅。首先是合同审阅，应重点审阅采购合同、销售合同、委托加工合同等。其次是账目审阅，其与一般的财务审计既有相同又存在不同，不同之处在于合规账目审阅更关注财物收支背后的实质性问题，如财物收支的审批流程是否完善、财物的用途是否存疑、对应的合同是否实际履行、报销发票内容是否合理等。在进行账目审阅时，必须关注以下几点：第一，注意电子财务序时账的应用；第二，注意对重点的科目、可疑支出的筛查；第三，注意对原始报销凭证的核查；第四，需要注意法律适用性问题。最后是台账审阅，诸如请购单、入库、出库、结存单、采购合同登记以及销售合同登记等台账。

五是走访调研，主要对涉案企业以现场走访、可疑供应商暗访等形式开展调研工作。

六是税务沟通，主要通过开座谈会，邀请乡镇税务部门上门进行税务辅导、风险提示，目的在于对涉案企业其他增值税风险点进行查漏补缺，同时亦体现出了企业的主动合规性，以及防范其他税务风险、整改税务风险的决心。

（二）"线"——确定需整改的风险隐患

通过分析涉案原因、涉案手段、涉案环节、涉案岗位，以问卷调查、访谈及会议、大数据检索、文件审阅以及走访调研等排查方式，从税收遵从意识、涉税人员的职业操守和专业胜任能力、组织机构、经营方式和业务流程、现金流情况、涉案环节内部控制制度的设计和执行等税务风险因素入手，识别税务合规风险点。

案涉企业按经营活动及其业务流程，针对涉案涉税事项及税种，最终确定销售、采购、存货（仓库）、营运资金、业务外包、合同、费用、发票、纳税申报等业务为需要整改的风险隐患。

（三）"面"——整改风险隐患

要整改风险隐患，就要制定涉案涉税事务的税务合规制度、管理办法以及处理流程工作指引，以确保对税务事项的处理符合相关法律法规。

整改风险隐患并非识别一个点、评估一条业务流程线就能解决，而应该从面上布局考虑，即视企业规模大小来建立合规管理体系。如此，涉案企业虽规模小，但仍可以建立一个合规管理体系的初步模型，这需要通过以下五步骤。

第一步，企业要作出合规承诺。涉案企业通过制定《合规手册》确定合规方针，通过全员合规宣誓大会、签署合规承诺书，确定"自上而下"的全员合规承诺。同时,涉案企业确定宣誓之日即为企业的“合规日”,可借助“合规日”培育企业的合规文化。相关图片、签到表等作为附件供核查。

第二步,应考虑由谁来制定并专门监督检查合规整改。根据央企指引,应搭建合规组织体系,设置合规部门。案涉企业通过任命税务合规专员来制定并监督相关制度及流程工作指引,同时还进一步就涉及整改的业务部门人员的职责范围、权限分工进行了确定。组织架构图、职责范围以及权限分工情况作为附件供核查。

第三步,制定税务合规管理制度体系。涉案企业根据确定的销售、采购、存货(仓库)、营运资金、业务外包、合同、费用、发票、纳税申报等业务制定相应的合规管理制度,同时根据每一项制度制定相应的管理办法及工作指引,以最简单的方式融入员工的各项业务流程办理当中,并形成合规台账,方便税务合规专员监督检查合规整改。税务合规管理制度、内部控制管理办法及工作指引各一本供核查。

第四步,制定合规保障体系。首先,涉案企业为了保障合规整改有效推进,在合规整改期间定期开展合规培训,包括合规文化培训、税务合规管理制度培训、内部控制工作指引培训,以及与合规专员的业务沟通咨询。培训资料、图片、签到表作为附件供核查。其次,制定员工合规履职考核办法、员工违规惩戒管理办法来督促全员合规整改工作。其中考核办法内容包括考核适用范围、考核主体、考核方式、考核内容、考核周期、考核结果等级公示、考核档案管理以及考核结果的使用等;违规惩戒包括处罚类型、处理原则与尺度、处罚程序、警告、通报批评、停职、降职、开除等。最后,制定重大违法违规行为举报奖励暂行办法,包括举报内容、举报途径、举报奖励方式、举报奖励条件、举报奖励标准、奖励程序等。所指定的考核办法、违规惩戒管理办法以及重大违法违规行为举报奖励暂行办法放入内部控制管理办法及工作指引一本内供核查。

第五步,合规审计。审计是一种独立、客观的保证和咨询活动。针对合规整改,聘请审计师事务所对企业运营、内部控制、风险管理以及公司治理进行评估和评价。

三、检察院合规验收方式

检察院的合规验收方式主要包括抽查和核查。其中,抽查是指不定时抽查,而核查则包括核查是否按照合规计划执行,以及核查企业的整改是否与合规整改报告内容一致两个部分。基于检察院合规验收的方式,报告提供附件供核查。

四、结语

对涉案企业进行风险排查,不仅要排查税务合规风险,还要排查其他如生产安全领域、环境保护的合规风险。在合规整改过程中,针对生产安全领域、环境保护领域,考虑到整改的成本以及整改的有效性,案涉企业可采取安全生产托管的形式将合规风险隐患的排查、整改及处置等业务进行托管;此外,案涉企业还应建立合规审查机制,对托管企业的资质、工作方式、派遣专家等进行审查并监督。

附录 “企业合规监督考察制度改革的理论与实践研讨会”会议实录*

2021 年 10 月 16 日,“企业合规监督考察制度改革的理论与实践研讨会”在北京中国大饭店隆重召开。本次会议由北京大学法学院、中国人民公安大学法学院、中国人民公安大学企业合规与社会治理研究院、金杜律师事务所共同主办。

来自最高人民检察院、全国人大常委会法制工作委员会、生态环境部、北京市市场监督管理局、北京市人民检察院第三分院、湖北省人民检察院、随州市人民检察院、广州市人民检察院、深圳市人民检察院、南京市人民检察院、苏州市人民检察院、无锡市人民检察院、金华市人民检察院、深圳海关、张家港市人民检察院、上海市金山区人民检察院、深圳市宝安区人民检察院、南京市建邺区人民检察院、无锡市惠山区人民检察院等实务机关的专家领导,来自北京大学、中国人民公安大学、中国人民大学、中国政法大学、清华大学、中国社会科学院大学等高等院校的教授学者,以及来自金杜律师事务所、方达律师事务所等专业机构的行业代表共计 100 人参加了此次会议。

本次会议以“企业合规监督考察制度改革的实务界与理论界对话会”为办会宗旨,在本轮改革的关键时期,汇聚多个检察机关在同一时空范围内,集中展示各自改革的探索经验,共同推动改革和法律的发展,可谓精彩纷呈、意义深远。

大会开幕式由金杜律师事务所合伙人吴巍律师主持,北京大学法学院学术委员会主任陈瑞华教授、中国人民公安大学汪勇副校长、金杜律师事务所中国管理合伙人王玲律师发表致辞。

---

* 会议实录由北京大学法学院博士研究生毛逸潇、余沁,中国人民公安大学法学院博士研究生焦娜,对外经济贸易大学法学院博士研究生陶朗逍整理编辑。

陈瑞华教授对各位嘉宾的到来表示热烈欢迎和衷心感谢。陈瑞华教授表示,企业合规监督考察制度在高检院的领导下顺利推进,从2020年的6家基层检察院的初步探索,到2021年10个省份超过100家检察院的大规模推开,发生了一系列重大变化。例如,第一轮改革由6家基层院先行先试,而本轮改革则由省级院批准把关、市级院主持推进,克服了早期试点案件数量少、影响力不足的局限性,改革局面焕然一新;早期试点案件主要是涉及中小微企业的轻微刑事案件,而近来已经有上市公司、国有企业、拥有上万名员工的大型民营企业被纳入合规考察对象;改革探索初期的涉案企业在合规考察中常建立大而全的合规体系,而今涉案企业普遍开始建立专项合规计划进行有效整改、有针对性地纠正错误和填补漏洞。本次会议筹办历时三个多月,在制定研讨议题时充分研究了合规监督考察制度改革面临的理论和实践困惑。企业合规监督考察制度的适用对象问题争议很大。例如,该项制度改革适用于中小微企业还是大型企业,以及适用于三年以下的轻微刑事案件还是重大刑事案件,等等。企业合规整改与验收标准是大家都很关心的话题,目前出现了有针对性的整改和体系性建设两种观点,很期待聆听来自一线检察机关与会代表的案例和实务经验分享。合规监管人制度也是制度改革的重点,如何保障合规监管人的独立性、权威性、专业性,合规监管人应由律师事务所、会计师事务所、税务师事务所等专业机构还是由专业人员担任,如何设定合规监管人的地位,等等,均是有待本次会议讨论的理论和实践问题。刑事合规与行政合规的衔接议题主要是由于单位犯罪均为从行政违法转化而来的法定犯,合规体系如果只预防刑事违法而不预防行政违法,就无法实现源头治理,对此,多家参会检察机关进行了卓有成效的探索,期待检察人员的精彩分享。

陈瑞华教授衷心期待通过一天的会议研讨达到两个效果:一是经验交流会和总结会,与一般的理论研讨会不同,本次在设计议程时主要将一线检察官确定为报告人,倾听、学习和调研一线改革经验能让大家收获良多;二是法律发展的推动会,改革,既要注重良好的社会效果,也要注意理论上的正当性,只有理论界参与进来论证每一项改革措施的正当性,这场改革才能够突破经验主义的局限,从而具有理论上的正当性,最高人民检察院领导下各地检察机关积极探索的宝贵经验也才能上升为科学的规范,因此,期待本次会议能够为立法提供依据,推动法律的发展。

汪勇副校长对本次会议的召开表示热烈祝贺，向与会领导和远道而来的专家表示衷心的感谢。汪勇副校长表示，中国人民公安大学作为一所公安院校，应当积极推动社会发展、参与社会治理。企业合规是国家和社会治理体系和能力现代化建设的重要抓手。随着改革开放深入，多元企业主体在市场经济中竞相成长，并发挥着重要作用。伴随着国际化交往日益频繁，合规成为企业规范化运营的自主需求和有力保障。今天讨论的企业合规监督考察制度就像一种体检机制，会议的四个主题都与此相关。企业合规监督考察制度的适用对象主要探讨哪些企业应当体检；企业合规整改与验收标准环节主要讨论体检的内容和指标；合规监管人制度的改革探索环节则讨论谁来实施体检；刑事合规与行政合规的衔接环节将给出诊疗方案。本次会议与实务结合非常紧密，相信实务部门和高校学者的激烈讨论，将极大推动企业合规制度的发展，为市场经济建设保驾护航。

王玲律师对各位领导和来宾的到来表示感谢与欢迎。王玲律师表示，近几年，随着合规监管的国际环境日趋严格，企业合规更是成了各国关注的热点。在这样的背景下，为了推进企业合规制度的建设，提升中国企业的国际竞争力，我国在企业刑事合规不起诉制度方面展开了大胆的探索。截至目前，最高人民检察院已启动两期企业合规改革试点工作，参与试点工作的检察院可谓是各显其能，呈现百花齐放、百家争鸣的局面。金杜律师事务所自成立以来，始终致力于为我国经济建设的参与主体、企业和政府机构等组织提供全方位、多领域、高质量的法律服务。在本次企业刑事合规不起诉制度改革试点过程中，金杜律师事务所也有幸以不同角色参与到各地试点工作中，并成为六家试点单位的独立监管人，深度参与了多地、多个试点案例的办理。除此之外，为了能更好地发挥金杜力量，金杜律师事务所总部统一协调各地分所团队，通过承办不起诉案件、不断与试点检察院交流、走访和调研大量企业的方式，在刑事合规方面积累了丰富的经验，为今后提供更优质的法律服务奠定了良好的基础。随着改革的不断深入，我们更加清楚地认识到，企业合规不起诉制度还有很多新问题亟须解决。相信今天的研讨会，对于出现的这些问题而言将具有很好的探索与指导意义，预祝本次会议圆满成功。

第一单元　企业合规监督考察制度的适用对象

第一单元研讨由中国人民公安大学法学院院长、企业合规与社会治理研究院院长李玉华教授主持。李玉华教授表示,企业合规是一个新兴的交叉领域,2020 年 3 月,最高人民检察院开始了企业合规的首轮试点,今年又进行了第二轮的扩大试点。合规考察的适用对象中到底是大企业还是中小微企业,是针对个人还是针对企业,是针对轻罪还是针对重罪,都是试点改革中迫切需要面对和解决的问题。对此,在第一轮的试点和第二轮的试点过程中,各地出现了不同的探索,学术界对此也有不同的认识。期待五位报告人和三位评论人的精彩发言。

最高人民检察院法律政策研究室主任高景峰以《涉案企业合规改革的案件适用范围及不起诉相关问题》为题作了报告。高景峰主任认为,涉案企业合规改革的范围既包括案件范围、地域范围,也包括适用企业范围。案件范围上,既包括重罪案件,也包括轻罪案件。地域范围上,2021 年 3 月最高人民检察院开展的第二期企业合规改革试点范围扩大至北京、浙江等十个省份,涉及 27 个市级院 165 个基层院。对于没有被确定为试点的地区,因为第二批试点是在法律规定的范围内进行的,所以也可以进行。在办案过程中,如果发现涉案企业在生产经营方面存在的制度问题,检察机关可以根据我国的《人民检察院组织法》《刑事诉讼法》等法律规定,采取检察建议的方式,督促有条件的涉案企业,进行合规整改。在企业范围上,既包括国有企业,也包括民营企业;既包括大中型企业,也包括小型企业;既包括上市企业,也包括非上市企业;既包括涉案企业,也包括与涉案企业密切关联的企业,比如说涉案企业的被害企业。

对于企业而言,不起诉制度是重要的刑事激励措施之一,不起诉对企业的生存发展及合规建设的确能带来重要的积极影响。理论界对企业适用附条件不起诉制度的研究,有助于下一步深化企业合规研究,推进涉案企业改革。各地在实践过程中,则应当严格遵守法律,按照法律规定推动改革;同时应当注意总结经验,尤其在重大、复杂案件中,注意总结涉案企业合规改革中存在的问题,积累相关案例,为提出立法建议提供案例和经验积累。另一个问题是关于企业与直接责任人员责任能否分离的问题。对此要区别不同情况,特别是要注意不仅要研究理论问题,也要研究实务中遇到的问题。企业责任和直接责任分离,对于我国的国有企业没有问题;但是民营企业则不同,对于有些民营企业的直接责任人员,特别是对于民营企业家,如董事长和总经理,直接责任人员实际上和企业是一体的,追究直接责任人员责任,就等于追究企业责任,二者责任在实践中区分与否,对于民营企业来说,几乎不存在差别。这是我们研究企业责任与直接责任人员责任时不得不注意的一个问题。另外,对于相对不起诉的第三方监管评估程序,也不可一概否定。实践中存在检察机关对企业作出不起诉决定之后,有关行政主管机关对企业行政处罚非常严厉的情形,有时这种行政处罚对于企业的影响甚至超过了刑事处罚,如行政处罚中的资格罚。因此,在有些相对不起诉案件中,检察机关为了对有关主管机关提出的检察意见更具有针对性、合理性,仍然需要通过第三方评估,检察机关可以参考合规考察评估结果,向有关行政机关提出行政处罚的检察意见。

2021 年 9 月 3 日,第三届民营经济法治建设峰会上,最高人民检察院等九部门成立了国家层面的涉案企业合规第三方监督评估机制管理委员会及其办公室。近期,最高人民检察院将要出台涉案企业合规方面的第三方指导意见的具体实施细则,以及第三方监管人员库的选任和管理办法,为进一步深化改革提供依据。自第一批试点以来,各地就第三方监管人员库和第三方组织的组成人员形式进行了积极探索,有的以单位为主,有的以个人为主;但在今后的试点中,第三方监管人员库的要由个人组成,如律师、会计师等,以保证第三方评估机制长期健康发展。对于第三方组织监管费用,各地也进行了各种探索,有的由企业支付监管费用,有的地方把监管费用纳入地方财政。各种方式各有利弊。有人认为,由地方财政负担监管费用的弊端体现在企业违法犯罪的代价转由全体纳税人员来承担,这是值得注意的问题。未来发展中可以尝试设立第三方合规监管基金,具体的支付方式体现为由涉案企业将监管费用交给工商联的合规管理办公室,再由合规管理办公室交给第三方组织。也即在涉案企业与第三方监管评估组织之间,构建一道“防火墙”,防止涉案企业直接支付监管费用,从而影响第三方组织考察评估的客观性和中立性。

上海市金山区人民检察院(以下简称金山区检察院)副检察长潘春伟以《因“企”制宜,探索繁简分流的合规监管模式》为题作了报告。潘春伟副检察长认为,金山区检察院是最高人民检察院开展第一期企业合规改革的试点单位,通过合规改革,涉罪企业能够重获新生,持续创造良好的经济和社会效益。检察机关应借助这项全新的改革探索,更新执法理念、转变执法方式,获得更多社会认同,实现双赢、多赢、共赢。根据当前最高人民检察院的制度设计,企业合规考察对象范围的扩大，拓宽了企业合规试点改革的工作空间，然而实践中还有一些问题需要研究。例如，基层层面往往是小微企业犯罪案件数量比较多，真正的大型企业内部治理结构比较完善，犯罪概率不高。因此，对大型企业进行合规考察的情况比较少，相应地，实践中发生的案例如果没有达到一定程度的量的积累，那么推动立法修改将会存在困难。我国法律规定单位犯罪实行双罚制，这样的处罚结果会导致单位及其自然人都有主动配合、积极进行合规整改的动力。但是，一旦是单位的自然人实施犯罪，检察机关要求单位配合，并进行合规整改，单位会认为自己是被害单位，合规整改的动力将明显不足。涉案企业合规改革的案件范围既包括重罪也包括轻罪，但是对于企业可能被判处三年以上有期徒刑的罪名，如果企业的法定代表人或者高管都被关押在看守所，即使作为企业的主心骨，他们主观上想配合，由于人身自由受到限制，也无法做到真正配合。换之由企业员工配合检察机关开展合规整改，实际操作可能性不高、难度较大。总之，基层实践中不断暴露出的问题仍然需要很多的配套措施加以规定。

金山区检察院繁简分流的合规监管模式会因适用对象的差异而有所区别，而且企业合规监管的方案设计也会因为企业的个体特征以及合规的目标、要求、重点方式发生一些变化。例如，在一起较大企业涉嫌犯罪的案件中，检察机关就决定由该企业所在园区的管理人员，还有市场监管局、税务局以及环保局的工作人员联合组成一个监管考察组，深入企业进行督促检查。但是，对小微企业涉嫌犯罪的情况，安排 4 ~ 5 个人的团队对其进行合规监管，是否具有必要性？金山区检察院通过个案总结出一套模式，对规模较大、整改要求较高的企业，按照完整范式的一个程序，选任监管人进入企业进行日常监督考察；而对整改要求比较低的小微企业，则通过向企业制发合规检察建议来提出整改方向，检察机关根据企业自己后续的整改作出相应的处理决定。小微企业缺少第三方监管，如何保证合规整改的成效？金山区检察院在制度上设计了相应的环节：事前，检察机关进行详细深入的企业调查；事中，检察机关提出具有专项合规功能的检察建议；事后，办案检察官实地走访，通过公开听证，由企业报告合规整改情况，公安机关发表意见，行政机关进行日常监管，人民监督员进行公开评议，确保合规整改验收工作公开公正，避免暗箱操作。

金山区检察院在探索中，得到了学术界的理论支撑。中小企业数量众多，合规意识淡薄,制度不健全,违法犯罪的概率更高,因此中小企业合规具有普遍意义和紧迫性。但如果中小企业一律追求形式上尽善尽美的合规,既会增加企业负担,又会耗费监管所需的大量社会资源。在这样的背景下,繁简分流的合规监管模式能提升企业合规的便利性,易于被监管对象所接受,并产生积极的社会效益,有助于在试点初期使改革工作能够更得到广泛的认同,使企业合规朝着更深更远的方向发展。

南京市建邺区人民检察院副检察长李勇以《检察主导下的合规协同监管——南京建邺的探索》为题作了报告。李勇副检察长认为,南京市建邺区人民检察院对大型企业和小型企业采用的合规考察方式不同。

具体而言,本院在办理的一起案件中,针对大型企业,既要考虑涉案罪名建立专项合规体系,同时也要考虑企业的实际需求建立全面合规体系。虽然这家企业之前有一些合规管理制度,但显然是停留在纸面上。案发后检察机关的目标就是要求其重建合规计划,为了使该合规计划能够建成并且有效实施,南京市建邺区人民检察院建立了“双听证模式”。具体来说,就是在涉案企业建立合规计划的初期(前三个月),为了防止这套计划是纸面的、形式主义的,检察机关要主导召开一次专家听证咨询会,邀请合规领域的专家,对企业已经建立的合规计划进行咨询、论证,提出针对性的改进措施,然后要求涉案企业按照专家的意见,对合规计划全面修改完善。我们邀请陈瑞华教授、孙国祥教授等著名学者提出了很多修改建议,然后要求企业在一个月之内,根据专家的意见全面修改、完善合规计划,并将修改完善后的合规计划重新提交检察机关审查。因为合规风险是动态的,所以合规计划在执行过程中不断修改完善是常态,以上就是第一次听证。第二次听证体现在合规考察期结束后,结合第三方监管的考察报告以及检察机关自行监管考察的情况,由检察机关组织召开第二次听证会(六个月至一年后),对涉案企业合规计划的有效性、执行效果进行评估。检察机关对评估报告进行审查,并根据听证会专家意见进一步审查,对合规计划的有效性作出判断,并作为案件处理决定的依据。我们这个“双听证”的模式,与其他地方检察机关不同的是,在合规建立和实施的初期就进行一次专家听证,这对于保障企业合规计划的专业性、针对性和有效性具有重要意义。

关于小型企业,以一个小型企业(全体员工不超过 20 个人)环境污染的案件为例。案发之后行政机关对该企业施加了行政处罚，如果加上刑事公诉，该企业将濒临破产。对小微企业进行合规的第一个目标是让小微企业活下来，第二个是使其不再实施污染环境行为。检察机关通过采取检察建议的方式，发现该企业环境污染的所有的风险点，检察官联合合规监管委员会的相关成员，帮助其排除风险，堵塞漏洞。这样的方式成本并不高，而且案件本来就符合相对不起诉的条件，因此，检察机关结合案件情况对单位及其自然人进行相对不起诉，同时制发合规检察建议。但其中存在一个问题，如何保障检察建议具有刚性？南京市建邺区人民检察院拟采取公益诉讼的方式作出了一个很好的回答，具体而言，就是在提出检察建议的同时启动公益诉讼的调查，公益诉讼调查的结果并非一定会导致检察机关提起公益诉讼，如果检察建议实施情况良好，则最终不提起公益诉讼，如果企业没有整改到位，检察机关可能会提起公益诉讼。先行启动公益诉讼的调查，将刑事与公益诉讼相结合、相衔接，这种“相对不起诉＋检察建议＋公益诉讼”的建邺模式，是南京市建邺区人民检察院独具特色的探索。

在监管模式方面，南京市建邺区人民检察院采取由检察机关主导，与行政机关共同成立第三方监管委员会的方式，推荐产生监管人员的名单库。检察机关、被监管的企业以及监管委员会派出的监管小组要共同签一个三方协议，保证监管小组在监管过程中履行相对独立、中立的职责。同时，检察机关委托第三方监管小组之后，一方面要对第三方小组的工作进行监督，防止其不正确履行职责，甚至与企业串通；另一方面还要对企业的合规情况进行动态监管。关于监管过程中“放过企业还是放过责任人”的问题，南京市建邺区人民检察院的做法是：对于大型企业，放过企业、严惩责任人；对于小微企业，企业和责任人都放过。这与我国有大量的中小微企业相关，很多中小微企业没有现代企业法人治理结构，企业家与企业高度混同、企业与责任人融为一体，因此，检察机关在办案过程中需要结合个案，决定是否对企业家慎捕慎诉。

深圳市人民检察院第二检察部主任刘山泉以《企业合规的深圳探索》为题作了报告。刘山泉主任认为，深圳的特点是企业合规需求比较大，企业犯罪案件量较多，涉及罪名主要体现在经济类犯罪、知识产权类犯罪等。今年深圳市人民检察院积极出台了一系列的政策文件，对企业合规采取了一系列措施，尤其是对企业犯罪作出了灵活式处理，包括组织召开专门的听证会，与企业、相关部门建立联动模式。考虑到深圳市有些区院企业犯罪案件比较少，市检察院会将部分案件交给区院负责办理，因此办理企业合规的典型案例不断出现。例如，最高人民检察院于2021年6月发布的企业合规改革试点典型案例中，包括了由南山区人民检察院办理的王某某、林某某、刘某乙对非国家工作人员行贿案，检察机关在司法办案过程中了解到，Y公司属于深圳市南山区拟上市的重点企业，该公司在专业音响领域处于国内领先地位，因此，检察机关与Y公司签署合规监管协议，对企业提出整改意见，推动企业合规建设，进行合规考察等后续工作，让涉案企业既为违法犯罪付出代价，又吸取教训建立健全预防再犯罪的合规制度，推动企业查漏补缺并重启了上市申报程序，维护了正常经济秩序。此外，在关于跨境电商企业涉嫌犯罪的案件中，检察机关对涉罪企业的关联企业同时进行合规，这在实践中操作工作难度大。通过整改验收合格后，做到了从规范企业合规到规范行业合规。钻石企业合规案例的特点是涉罪管理企业数量达到几十家，经营链条非常长，经营模式非常大。通过对单个企业做合规没有意义，所以检察机关启动行业协会进行行业合规，不是只针对某个别的企业，而是将合规对象设置为整个行业，因为行业内部的企业存在共性问题，行业合规有利于将合规效果很好地推广出去。因此，深圳市人民检察院尝试以个案为切入点，对部分大型企业及其关联企业进行合规整改，同时在全行业开展合规。

深圳市人民检察院在探索过程中暴露出的问题包括：一是行刑衔接问题。例如，在走私犯罪案件中，海关机关对检察机关作出不起诉的决定之后，海关机关仍然会对企业施加大额罚款。因此，检察机关需要加强和海关等行政机关的沟通与合作，避免出现不合理的行政处罚，实现行政合规与刑事合规的良好衔接。二是在国企涉嫌犯罪的案件中，国企对做合规整改容易产生顾虑，会认为合规整改过程的公开容易影响企业形象和声誉。目前，深圳市人民检察院正在探索企业附条件不起诉，这对于深圳而言是一次领先全国其他地区，创新发展的重大机遇。

清华大学法学院教授黎宏以《企业合规从宽的制度障碍及消除》为题作了报告。黎宏教授认为，企业合规不起诉制度作为一种舶来品，来自国外，主要是美国。因此，我国在进行这种尝试时，有必要借鉴国外的相关做法。国外在推广企业合规不起诉的过程中，有两个特点：

一是企业事先制定有妥当有效的合规制度,而后才能享受由此而带来的制度福利;而不是在企业犯罪之后,承诺制定合规计划,并因此而享受这种承诺所带来的福利。例如,2001 年 6 月 8 日颁布的《意大利关于企业合规的第 231 号法令》(以下简称《第 231 号法令》)第 6 条规定,企业必须对其高管以及其他雇员在业务活动中的犯罪行为承担刑事责任,但是,企业如果能够证明,其管理机构在犯罪发生之前已经采用并有效地实施了适合于预防该类犯罪的组织和管理模式,则可以不负刑事责任。

为了落实上述规定,意大利在企业犯罪的处罚范围上还有过一个小的插曲。按照《第 231 号法令》,企业仅对少数几种法人犯罪,如腐败、盗窃以及诈骗国家财产等负责,之所以这样规定,主要是考虑到,新设的法人犯罪制度和传统的刑事责任模式相去甚远,如规定过多的犯罪种类,将会给众多公司的适应调整带来问题。因此,意大利立法决定,在众多的公司建立法定的管理和监督制度方面获得一定经验之后,再扩充相关的法人犯罪种类。2002 年意大利通过另一项法律,将企业承担刑事责任的范围扩张到受害人为私人的类似犯罪上。现在意大利,企业为下列个人实施的犯罪承担刑事责任:(1)经济犯罪,包括诈骗罪、盗窃犯罪、经济犯罪、洗钱罪、垄断犯罪、伪劣产品犯罪;(2)对个人的犯罪,包括业务过失致人死伤罪、儿童色情犯罪、奴隶监禁罪、侵犯知识产权及著作权的犯罪;(3)对公务以及公共秩序的犯罪,包括贪污贿赂罪、恐怖主义犯罪(如为恐怖分子提供资金等)、有组织犯罪。

之所以出现这种现象,主要是因为,现有的企业合规不起诉都是在自然人刑法的规定之下而展开的。实际上,企业犯罪和自然人犯罪还是有很多不同之处的。如对责任原则的要求是不一样的,企业处罚必然会殃及无辜,即对企业判处罚金时,必然会使现在的股东利益受损,而犯罪时的股东在大赚一笔之后,早已抽身而退;还有,企业责任很容易出现无过失责任的情形,因为,企业责任,在最初是根据“仆人犯罪,主人受过”的习惯而来的。另外,企业犯罪之后,按照自我责任原则,处罚企业就够了,为什么还要处罚其中实施犯罪的自然人,特别是法人代表,法人代表的处罚根据是什么?这些和处罚自然人的个人责任原则差别极大。正因如此,在国外,关于企业犯罪,一种有力观点是,要专门制定一部《企业犯罪法》;但这样一部法律太费事,所以最终未能实现。

因为处罚企业犯罪是在针对自然人犯罪和处罚的现行刑法之下进行的,

所以必须按照自然人刑法来对待企业犯罪。但自然人犯罪之后,不可能写个检讨,认个错,就马上被不起诉。因此,《第231号法令》才有了上述规定。

但是,也有例外情况。例如,《西班牙刑法典》第31条之一第4款规定,法人的刑事责任仅因犯罪行为发生后法定代理人的下述行为而受到豁免:在庭审之前,通过制定有效措施预防或者披露未来法人可能通过各种方式实施的或由法人掩盖的犯罪行为。

换言之,在西班牙,即便企业事先制定有妥当有效的合规制度,但在企业犯罪之后、庭审之前,制定有妥当有效的合规制度的话,也能享受豁免的优遇。这大概是因为企业犯罪的特殊情况才作的规定。这样说来,我国在企业犯罪之后,通过有效的合规计划,可以享受不起诉待遇的做法,也并非完全不可行。只是,西班牙刑法中的这个规定在诉讼程序上是如何执行的,还有待进一步研究。

二是在推广企业合规制度的过程中,能够享受有效合规计划所提供的优遇的是企业自身,而不是企业中的自然人。这一点从全世界各国有关企业处罚中涉及合规计划的情形都能看出。意大利是如此,西班牙也是如此。但由于我国的特殊情况,所以,我认为,可以尝试“企业合规改革试点”的内容多元化,既尝试“企业合规不起诉”,也尝试“企业家合规不起诉”。

现在将这种观点进一步具体化,就是对于小微企业而言,考虑尝试“企业家合规不起诉”。“企业家合规不起诉”的意思是,将实务当中所认定的企业犯罪还原为企业家个人犯罪。这里要注意的是,有个转化程序,即将企业犯罪转化为企业家个人犯罪,然后对其尝试适用一种特殊的“认罪认罚”从宽处理制度,促使企业家以建立企业合规制度、加强内部管理的方式保证以后不再犯罪,同时考虑到过往的犯罪是在企业经营活动过程中所发生的,行为人的主观目的是企业的发展,犯罪所得没有中饱私囊等情形,最终对企业家个人适用相对不诉,对企业本身进行行政处罚,从而达到既保护企业家又保全企业的效果。少数运营者起主要作用的小微企业,几乎都是家族企业,企业家本人的意思在企业当中绝对占据主导地位,企业的经营活动主要是在企业家本人的支配或者掌控之下进行的,换言之,在这种企业中,在企业家个人的能力范围之内,绝大多数情况下,就能确保遵守法令的管理监督,因此,在这种企业,只要对企业家进行合规培训即可,而没有要求企业进行合规制度建设的必要。

但是,对于在全国乃至全世界有许多分店和工厂,拥有庞大数量的员工的大中企业而言,只能采用"合规不起诉"模式。因为,在这种企业当中,在代表人个人能力范围之内进行管理监督的情形非常罕见,几乎在所有的场合下,都有必要进行"作为系统的法令体制的完善和适当运用"的合规管理。对于大中型企业,很多场合下能够与企业同一视之的人物并没有参与,或者即便是有这样的人物参与,也不能确定具体的行为人;而且,与企业同一视之的代表人并不一定具备对所有的企业底层从业人员的违法行为进行具体监督的能力,许多侵害重大法益的场合并不能够还原为企业内部个人的行为或者组织结构的缺陷。在这种场合,采用企业家合规的方式,以特定自然人为媒介,追究企业责任,是很困难的。

但是,在难以确定违法行为人的场合;或者就代表人的能力而言,不可能回避法益侵害的场合,考虑到企业的规模或者实力,只要从行为人和组织结构两方面加以注意,完善遵守法律的内部合规制度,并加以适当运用,就能够避免上述问题。

中国人民大学法学院教授陈卫东在评论中认为,从我国企业合规改革实践的基本情况来看,检察机关监督企业合规改革的方式有两种,一种是检察建议模式,另一种是合规监管系统,也就是我国当前确定的第三方监管系统。应该说检察建议模式是一种常规模式,其适用条件相对宽松;而合规监管模式较为严格,执行标准高,在司法资源相对有限的情况下,其属于检察机关参与犯罪企业商事治理制度的非常规体系,需要考虑特定的适用条件、适用对象。

浙江省金华市人民检察院检察长钟瑞友在评论中认为,关于企业合规监管,金华市人民检察院制定了系列规定,作了各种探索。金华市包括 9 个县市区,截至目前,金华市人民检察院共办理了 12 个企业合规案件。最近,金华市人民检察院部署了服务民营经济专项合作,提出了"1 +9"模式,并在 10 个单位全部开展了符合企业合规的大排查,另外成立了涉企案件治理检察官办公室,主要目的是涉企案件进入审查起诉阶段后,检察官之间首先进行会商,确定涉罪企业符合不符合合规要求,如果符合,那么将涉罪企业纳入合规监管的程序,对此金华市人民检察院专门建立了一个与自然人犯罪不同的"绿色通道"。

金华市现有 705 万人,140 万为企业主体,企业主体数量排浙江省第二,企业合规监管对于整个金华市而言具有现实性和紧迫性。在构建企业合规监管过程中,应当体现合法性、合理性和目的性的基本原则。在方法论上,确定合规监管对象时应当体现概括性、列举性、排除性。在此过程中改善检察生态,构造涉企案件检察机关主导模式,如果适用范围太小,产生的影响达不到理想的效果;如果适用范围过大,则可能会触犯法律底线,因此需要综合考虑政治生态、社会生态。此外,合规监管工作应当与地方结合,考虑地方的实际情况;与个案结合,针对不同涉罪企业采用的具体的合规监管方式存在差异,合规监管的具体工作不宜上升到类案甚至是行业;与少捕、慎捕、慎押结合,考虑到小微企业的实际情况,降低对涉罪企业家的逮捕率;与行政合规结合,保证行政合规与刑事合规协调发展,使企业活下来,并朝着健康方向发展;与检察官的廉政风险结合,防止检察官在办理企业合规监管案件时获利,从而滋生腐败问题。

北京市检三分院第一检察部副主任李晓蕾在评论中认为,企业合规考察适用对象需要厘清四个方面的问题。一是企业合规考察的是企业还是企业家;二是是否涵盖所有类型的企业;三是认罪认罚是否是适用企业合规考察的前提条件,对于存疑不诉、法定不诉的企业是否能够适用企业合规;四是企业合规的监督考察对象是轻罪还是重罪。合规考察制度适用的对象是企业本身,因此我们企业合规的适用对象实际上就是企业本身,关于企业和企业家的讨论,实际上是企业合规出罪层面的讨论。在企业员工实施犯罪的情况之下,员工辩称是企业行为。那么企业如何实现单位责任和个人责任的划分?以雀巢公司员工侵犯公民信息案为例,兰州中院以属于企业合规的管理体系为依据,认定了单位不构成犯罪,从而将单位责任和个人责任进行了一个有效的切割。对此我建议,构建企业及其责任人员的刑事追究程序,在实践之中,当面临企业合规的长期性与办案期限相对较短的矛盾时,检察机关的办案期限应根据企业责任人员被采取强制措施的期限来确定,而不是根据涉案企业的情况。这相当于检察机关在诉讼程序中,对于涉案的企业及其责任人员进行了一个分案处理,这样能够兼顾对于企业人员的依法追诉,同时对于企业合作整改的一个实际需求。

李晓蕾主任同时认为,小微企业不具有合规的条件,只是在危机来临时直接进行制度上的纠错。中型企业可以建立专项的合规体系,而对于大型的甚至是上市公司,可以在评估以后建立全面的合规体系。对于存疑不诉、相对不诉的案件,可以通过检察建议或检察意见的方式,建议行政机关实施合理的行政处罚,同时构建企业整改信息衔接的提前介入。企业合规适用的对象不仅是轻罪,也包含一些重罪,特别是针对情节严重的情况,建议通过制度上的设计,构建企业犯罪记录封存制度,为企业合规试点工作的顺利开展提供更好的激励。

第二单元　企业合规整改与验收的标准

第二单元研讨由北京大学法学院学术委员会主任陈瑞华教授主持。陈瑞华教授表示,本单元的主题是企业合规整改与验收标准,在企业合规考察司法实践中,标准具有三个方面的作用。其一,检察机关要依据标准对企业提交的合规考察申请、合规自查报告、合规整改方案进行审查,确定哪些企业可以纳入合规考察的对象,如果没有标准,检察机关可能将不具备合规整改条件的企业纳入合规考察对象,这将给社会带来不良效果。其二,合规考察程序中委任的合规监管人要依据标准对涉案企业合规建设进行监督、指导、验收,判定合规整改是否合格。其三,合规考察程序结束前,检察机关要组织召开合规验收听证会,这也需要确定考察验收标准。因此,合规考察预验收的标准已经成为困扰各地检察机关改革的一大难题,对此很难找到现成的方案,世界范围内现有的有效合规计划标准只是一个原则性的框架。有效合规计划有两大标准,一是有效预防违法犯罪,二是有效督促企业依法依规经营,以创造一种依法依规经营的企业文化和管理体系。本单元即围绕上述议题展开,期待五位报告人和三位评论人的精彩发言。

最高人民检察院检察理论研究所所长谢鹏程作了题为《涉案企业合规管理体系有效性的评估与审查》的报告。谢鹏程所长表示,美国自 1991 年将企业合规纳入量刑指南以后,涉案企业合规管理体系的有效性问题就一直受到关注,检察官必须区分真诚的合规和虚假的合规。这就需要建立一套评估合规有效性的标准,美国司法部从一开始就制订了这套标准,而且越来越详细,经常更新,比如 2019 年、2020 年先后都进行了更新。合规管理体系有效性的评估,通常是指第三方组织对涉案企业合规管理体系是否有效进行调查和评价。合规管理体系有效性的审查,通常是指检察机关对第三方组织评估过程和结论的审查。

关于合规管理体系有效性的评估和审查的原则。第一，合规管理体系建设与合规风险相适应原则。涉案企业应当建立怎样的合规管理体系，既不以检察机关的意志为转移，也不是依照某个国际标准或者国家标准来建立一个大而全的合规管理体系，而是根据涉案企业合规风险的情况来决定的。所谓的“全面合规”都是相对的，都是与企业的合规风险相适应的，是针对企业合规风险所建立的防控机制。换言之，全面合规就是具有针对性和充分性的合规管理体系。有人认为，中小微企业只能做专项合规，而不能做全面合规，因为它们没有足够的人力和物力建设大而全的合规。这个观点似是而非，首先，只要做合规，无论是针对一个犯罪的还是针对一类犯罪的专项合规，都需要建立一套由机构和制度构成的合规管理体系，只有建设了这个体系，合规管理才能持续地进行，而建立合规管理体系后，每增加一种专项合规的边际成本很低。其次，对于任何一家企业只做一两个专项合规都是不够的。涉案的专项合规不仅是合规管理体系的重点，也是涉案企业合规管理体系建设的起点。另外还有五项原则值得注意：第一，全面评估审查与重点评估审查相结合的原则。第二，过程评估审查与结果评估审查相结合的原则。第三，主观评价与客观内容相结合的原则。第四，评估和审查的标准保持明确性和一致性的原则。第五，评估和审查的结论保持可证实性和可比性的原则。

关于合规管理体系有效性评估的主要内容。对涉案企业合规管理体系有效性的评估，我们可以借鉴美国评估标准的基本框架，根据 ISO 37301 国际标准，结合我国企业的实际情况，研究制订一套有中国特色的合规管理体系有效性评估标准。美国评估标准的基本框架是从合规管理体系的设计、执行和效果三个主要环节对合规有效性进行评估。企业合规管理体系设计的有效性，是指根据涉案企业合规风险设计的合规管理体系具有充分性和可行性。企业合规管理体系执行的有效性，是指企业具备实施合规管理体系的条件、意识和能力，并提供了足够的资源保障。企业合规管理体系效果的有效性，是指通过合规管理体系的实施促进了合规文化的形成、合规目标的实现、可持续发展能力的获得等。这个框架的好处是特别适合司法机关在不同的诉讼阶段来适用。对上述三个环节的评估标准则可以借鉴 ISO 37301 国际标准，并进行必要的中国化改造。

关于检察机关对合规管理体系有效性评估的审查。对企业合规管理体系有效性评估的审查程序一般包括对评估过程和评估结论两个方面的审查。对评估过程的审查重点,一方面是第三方组织与被评估企业的工作关系,如有无利益冲突、是否互相配合、沟通意见是否充分等;另一方面是评估活动的全面性、客观性、可验证性和公正性。对评估结论的审查重点,主要是文件信息和结论的关联性、完整性,以及结论的合理性、可参考价值。

湖北省人民检察院法律政策研究室主任李世军作了题为《涉案企业合规整改之专项性思考》的报告。李世军主任认为,涉案企业合规整改之宏观目标是,有所为有所不为。涉案企业整改宏观目标的设定,应当充分考虑检察职能定位与特点,充分考虑现有条件和资源,坚持有所为有所不为。第一,涉案企业合规整改的实质在于“去犯罪化”。涉案企业合规治理,首先是要进行风险评估,对企业的经营模式和管理模式中存在的漏洞和隐患进行诊治,发现企业的“原罪”,制定合规计划。接下来,帮助企业完成商业模式改造,改变带有犯罪因素的经营模式和管理模式,消除犯罪的基因和隐患,并将合规整改方案落地,嵌入经营管理、人事管理、考核奖惩机制的各个流程之中。第二,专项性合规符合检察职能定位与特点。对企业进行整改治理,有两个层次目标,即全面合规和专项合规。涉案企业进行合规整改,从科学性的角度来看,全面合规和专项合规都是必要的,既需要预防犯罪再次发生,也需要建立完整的有效合规计划体系,将合规管理融入企业经营管理的每一环节,甚至逐步确立一种依法依规经营的企业文化。但是,从可行性的角度来看,全面合规需要更大的资源投入,成本更高,时间更长,更适合行政监管部门对问题企业的治理。检察机关作为司法机关、法律监督机关参与企业治理主要是结合司法办案进行,并不代替行政机关履行其对企业的全面监管,在现阶段,结合办案促进涉案企业合规整改,其目标设定宜量力而行,全面合规是一种理想目标,实际设定目标时应当坚持有所为有所不为。第三,专项性合规是涉案企业合规改革期间的现实选择。检察机关在推进合规改革中,由于受合规考察期的限制,不可能督促企业进行一套完整的合规管理体系。作为一种督促企业进行合规整改的方式,检察机关在合规考察过程中可以要求企业作出有针对性的合规整改,即针对企业的管理漏洞、制度隐患和主要风险点,确立有针对性的合规整改方案。

涉案企业合规整改之微观要求:应当考虑的一般要素。企业整改与验收标准的设定,应当坚持专项性合规,立足于涉案企业因刑事犯罪暴露出的问题和薄弱环节,但又不局限于这些问题和环节,而是以此为抓手,适当延伸加强企业治理,专项性合规并不否认必要和适当的延伸。第一,紧盯重点领域和环节。确定整改与验收标准,指向应明确,应该要求涉案企业必须对此作出积极回应,针对问题暴露出的领域和环节进行整改。属于涉案企业某一重点领域的问题,要根据涉案企业情况,明确交易、环保、质量等相应领域的整改标准和要求;属于重点环节问题的,要明确制度制定、经营决策、生产运营等环节的整改标准和要求;属于涉案企业相关人员问题的,要明确重要风险岗位人员及其管理者的整改标准和要求。第二,建立健全涉案企业合规管理运行机制。涉案企业合规治理离不开合规管理运行机制的构建,如检察机关在办理企业串通投标案时,不仅应要求涉案企业纠正招投标环节存在的制度缺陷,而且还应要求其结合该行业特点完善企业治理架构、治理流程,从合规治理体系源头上避免类似违法犯罪问题再次发生。第三,建立合规保障机制。合规保障机制是涉案企业真正走向运营规范化的基石,要设立合规专业化岗位,对企业负责人及员工进行合规履职情况进行考核评价,建立合规尽职调查、培训、举报控告等机制,涉案企业还可以通过合规文化建设等措施,提高合规治理机制运作的有效性。

涉案企业合规整改之实践观察:应当注重合规考察的实际效果。一方面,需要防止和避免涉案企业合规整改时的“虚假整改”以及可能出现的“花钱买刑”等腐败问题;另一方面,还需要对包括涉罪事项或涉案的业务环节在内的多方面进行整改,确保整改取得实实在在的效果。第一,建立健全程序保障,建立针对第三方组织的回避制度、巡回检查制度、履职监督制度。第二,加强合规动态监管。第三方组织的合规考察是对涉案企业整改情况的一种动态监管。涉案企业愿意适用合规考察程序,是为了获得从轻处理,有的涉案企业积极主动,是真整改;有的涉案企业所谓的合规整改,只是掩人耳目,是假整改。严格的考察,会将这种压力传导给涉案企业,促使企业认真整改,构建合规治理机制。第三,后期持续关注和跟踪。对涉案企业而言,检察机关依法对涉案企业作出不起诉决定或者轻缓量刑建议后,不能简单地一放了之,还要对企业展开持续监督。检察机关在案件办结后,仍应对涉案企业予以一定的关注,掌握相关讯息,与相关行政部门和行业协会密切沟通,做好企业整改后续相关工作。

张家港市人民检察院检察长邓根保作了题为《以量化的形式明确合规验收标准》的报告。邓根保检察长认为,为保证第三方监督评估组织科学公正地履行职责,明确企业合规整改与验收的标准,张家港市人民检察院着重制定了合规有效性审查办法及配套的有效性审查参考指标体系,量化指标、动态调整、持续跟踪,对企业合规建设状况作出全面、系统、客观地评估,以期兼顾合规有效性审查的完整性和灵活性。

第一,借鉴现有的合规标准,形成符合实际的指标体系。企业合规指标体系应立足于涉案企业完成合规建设的目标,即主要围绕与企业犯罪有密切联系的企业管理问题来确立相关整改标准。我院从刑事合规出发,以行政合规为落脚点,以行业合规为有益补充,构建起较为全面的合规管理体系。参考指标体系规定了审查项目,三级指标体系以及审查的证明材料、要点等内容。在指标项目的设计上,分析了近3年涉企犯罪案件刑事风险点,形成了“一票否决”的负面清单,学习借鉴了陈瑞华教授提出的合规计划的三个文件、三个流程以及北京新世纪跨国公司研究所设计的企业合规管理体系评审指标作为合规审查标准,收集各行政机关现行的各项评价指标作为专项合规标准,在缺乏行政评价体系的情况下,辅之以行业合规标准。例如,将“发生重、特大环境污染事故”作为一票否决项;安全生产专项指标参考张家港市应急管理局制定的《张家港市工业企业“创蓝行动”》;知识产权管理没有专门的行政评价指标,可参考《企业知识产权管理规范》等国标要求。

第二,采用多元化的区分方法,确定参考指标的运用规则。涉案企业存在的风险领域不同,对应的参考指标也不同。同时,涉案企业生产经营的规模不同,达到合规的标准要求也不同。大型企业合规审查标准应当接近央企标准,具备参考指标明确的全部要素;对于中小微企业,可以适度放低标准,但应当具备合规管理体系的核心要素。对于具有多个合规风险领域的企业,无论规模大小,需建完整的合规管理体系,并且要将开展的专项合规要素在完整的合规管理体系中体现。我院针对张家港市中小民营企业合规需求,确定了以“1+4”为核心内容的合规有效性审查办法和参考指标体系。“1”是指对企业合规管理的审查,“4”是指安全生产、环境保护、财税管理、知产管理四个分类指标体系,合规管理审查应嵌入上述四个指标体系中。例如,在我市某科技公司及其负责人顾某虚开增值税专用发票案中，涉案企业业务开票金额200余万、年均纳税10余万、员工3人，系典型的微型企业，而且其主要在税务管理方面存在合规风险，适用税务管理参考指标体系。

第三，依托第三方监督评估组织，提高参考指标的合理性。第三方监督评估组织不仅要对企业的合规计划落实情况进行监督，还要对照参考指标对合规计划本身是否完整、是否具有操作性进行初评，此时就可以结合企业实际情况对参考指标进行调整完善。因此，第三方监督评估组织对企业合规计划进行审查时，应当同步制定有效性审查方案。即根据企业合规计划确定的合规整改内容，综合考量企业的公司结构、经营规模、业务和产品线的运营管理模式等因素，对照参考指标体系进行初评，形成符合企业实际的合规整改指标体系。在合规监督考察期间，根据合规计划的调整以及企业合规建设情况，第三方监督评估小组可以对指标体系进行微调。例如，在我市某贸易公司及其法定代表人睢某销售假冒注册商标商品案中，企业根据涉罪因素确定了知识产权管理风险，制订了有针对性的合规计划，第三方监督评估组织工作中发现企业还存在税务风险，建议涉案企业完善合规计划的同时，确定了一套合规有效性参考指标，融合了知产管理、税务管理两个类别的指标。经过第三方组织3个月的监督考察，该公司合规建设通过评估验收。

第四，建立一套配套制度，保障合规审查的科学性、公正性。我院围绕落实九部委《关于建立涉案企业合规第三方监督评估机制的指导意见(试行)》，建立完善了五个方面的配套措施。一是制定第三方监督评估人员遴选管理办法。明确推荐遴选、学习培训、年度考核、监管回避、资格年审、责任追究等管理制度，保证合规监管人规范、公正履职。目前，已遴选应急管理、市场监管、生态环境、税务等行政机关专业骨干61人、合规专家学者3人，以及律师24人、会计师7人、税务师7人。二是制定合规有效性审查工作办法。明确监督考察评估的启动条件、工作原则，以及组建第三方组织、编制审查方案、跟踪合规计划执行情况、现场审查、出具评估意见5个重点流程；要求第三方监督评估组织应当在有效性审查方案中，说明有效性审查参考指标设计的理由，并对每一次调整作出说明，写明事实和依据，最终交企业合规监管委员会审核、检察机关备案，确保检察机关公正履职并发挥实质化作用。例如，在我市某科技公司及其负责人顾某虚开增值税专用发票案中，针对合规计划中第三方记账、公司决策制约机制等落实不及时、不到位问题，第三方组织决定延长合规监督考察期限 2 个月。该公司对此高度重视，积极性明显增强，现已经按照第三方组织提出的 5 个方面完善意见进行整改。三是制定巡回检查工作办法。明确巡回检查的成员选任、培训、考核、管理以及组织实施等具体工作，对第三方监督评估组织履职情况进行飞行检查。根据发现问题的严重程度，采取口头纠正、更换成员、免除资格、追究责任等方式作出处理。目前，已有人大代表、政协委员以及退休的检察官、法官、行政机关人员 14 人通过资格审查，成为第一批入库成员。四是制定第三方监督评估经费管理办法。明确第三方组织合规监督考察、聘请合规顾问、基础性研究等费用列支项目。明确工商联负责管理经费账户、编制项目预算决算、按照项目使用经费、报告年度收支情况等，检察院负责对经费使用的合法性、合理性、真实性进行监督。五是研发第三方监督评估组织智能管理平台。该平台可根据企业规模、案件中暴露出的具体合规风险，分类随机选取第三方监督评估人员，并自动导出选取结果进行公示，最大限度地减少人为干预。平台还设置了人员管理、统计分析等功能，为专业人员的调整、培训等提供依据，并可为本地区企业合规整体建设提供决策参考。目前，我院在办的合规案件，第三方组织均由平台随机选取产生。

深圳市宝安区人民检察院第二检察部主任黄美华作了题为《企业合规整改与验收标准的思考——从一宗水果走私案说起》的报告。黄美华主任介绍说，X 集团股份有限公司（以下简称 X 集团）成立于 2003 年，主营境内外水果采购、分销业务。2017 年 10 月，X 集团收购了 T 集团有限公司（以下简称 T 公司）并于 2018 年开始，从 T 公司采购榴莲进口，并销售给国内大型连锁商超客户以及其他客户。X 集团进口榴莲海运主要委托深圳 S 进出口有限公司（以下简称深圳 S 公司）、珠海市 S 供应链管理有限公司（以下简称珠海 S 公司）代理报关。在报关过程中，由 S 公司每月发布“指导价”，X 集团根据指导价制作虚假采购合同及发票用于报关，报关价格低于实际成本价格。2018 年至 2019 年，X 集团多次要求以实际成本价报关，均被 S 公司以行业惯例为由拒绝。2019 年 4 月后，经双方商议最终决定以实际成本价报关。2019 年 12 月 12 日，经海关查缉，相关责任人被抓获归案。经深圳海关计核，2018 年 3 月至 2019 年 4 月，X 集团通过深圳 S 公司、珠海 S 公司低报价格进口榴莲 415 柜，合计偷逃应缴税款人民币 397.43 万元，涉嫌走私犯罪。案发后，X 集团积极整改,规范报关行为,主动补缴了税款。

2020 年 6 月 17 日,深圳市海关缉私局以 X 集团、张某某、曲某某、李某、程某涉嫌走私普通货物罪移送深圳市人民检察院审查起诉。2020 年 3 月,在深圳市人民检察院的建议下,X 集团开始进行企业合规整改工作。为支持民营企业复工复产,深圳市人民检察院于 2020 年 9 月 9 日对 X 集团及涉案人员作出相对不起诉处理,X 集团被不起诉后继续进行合规整改。

2021 年 6 月,深圳市宝安区人民检察院受深圳市人民检察院委托,向宝安区促进企业合规建设委员会(以下简称宝安区合规委)提出申请,并由宝安区合规委组织成立了企业合规第三方监督评估工作组,对 X 集团合规整改情况进行评估验收和回访考察。经评估,X 集团的合规整改取得明显效果。

对本案进行合规考察的缘由包括,第一,本案涉案企业系非系统性犯罪,主观恶性较小。首先,考虑到涉案企业的业务性质,因为水果易腐烂,具有快速通关的实际需求。其次,考虑到行业惯例,企业普遍对“海关指导价”存在误解。最后,考虑到企业的经营利润,由于企业以低于实际成本价格报关,导致增值税基数增大,后期缴纳增值税增加,企业利润减小,因此企业多次要求以实际成本价报关。第二,合规风险点简单明确,适合针对犯罪风险点进行专项合规整改。首先,在价格申报方面,核心风险是申报价格的真实性、准确性、完整性。其次,在税款缴纳方面,主要涉及不同进口模式和低报等情况的处理。最后,在第三方尽职调查方面,需要严格筛选代理报关公司,加强业务沟通及合规培训。第三,公共利益考量。首先,涉案企业是国内水果龙头企业,公司规模大,员工有 5000 多人,且在上市辅导期。其次,出于行业治理的考虑,龙头企业具有“辐射效应”,可以通过办理此案推动代理报关公司的业务整改。再次,在海关监管模式方面,希望通过此案推动完善全国进口水果价格管理机制,对诚信企业实施进口水果差别化价格管理,并对报关行业开展规范管理。最后,关于民众利益,希望能够提供物美价廉的进口水果和支持水果扶贫工作。

在常规动作,也就是全面合规方面,X 集团重新搭建了标准的合规体系。一是培育合规文化,形成高层做起、全员合规、坚守底线、持续优化的集团合规理念;二是在董事会下设合规管理委员会;三是设置合规风险管理三道防线:第一道防线是各业务部门、分公司、子公司,第二道防线是合规管理委员会领导下的合规部与高级管理层领导下的内控部，第三道防线是审计委员会领导下的审计部；四是设有专职、兼职合规人员 94 人，其中专职合规人员 4 人；五是制定了一系列企业合规规章制度，如《合规管理制度》《合规手册》《合规管理委员会议事规则》等；六是严格挑选第三方公司并进行尽职调查，如要求代理报关公司三年内无任何违法违规记录，行业口碑好、排名高，有操作正规的专业团队，优先选择海关高级认证企业，在合作之初进行合规评估，签订相应的合规协议，在海关的信用度好、公司信用良好等；七是严惩责任人，如对责任人给予严重警告处分，取消当年项目奖金等。

在自选动作，也就是主动配合方面，第一，X 集团主动提供验估价格参数，主动配合海关总署关税司工作，不定期提供公司进口水果的采购价格，作为海关总署出具验估价格参数的参照标准；第二，主动补缴税款，主动向海关验估科申请验估，11 次主动补缴税款；第三，主动披露与数据对接，这是最能取得海关监管机关信任的举措，是达到企业合规风险管理最理想的模式，X 集团成为"互联网 + 智慧征管"数据对接试点企业，公司系统数据无保留地实时向海关开放，积极向海关新的监管模式靠拢；第四，主动开展交流，多次参加深圳海关关税处组织的座谈会、研讨会，沟通业务模式和贸易流程，参与行业协会调研，探讨开展定期价格审查评估与监督机制。

在验收评估方面，第三方监督评估工作组成立后，要求企业自查与提交企业合规整改报告，召开合规整改座谈会，开展现场调查、随机抽查、文本审查、人员访谈，并进行回访考察，最终出具考察评估意见认为合规整改有效，并尚有可改进之处。

第一是企业合规表面化的问题。首先，有效合规体系的表面特征很容易被模仿，但难以判断其是否实质有效；其次，合规红利、机会主义使企业合规在很大程度上成为一种表象，从而为企业提供了市场合法性并减轻了法律责任；最后，对企业不当行为的威慑力不足，违法违规的成本较低，共同导致了企业合规表面化问题，其结果是高代价低效力的内部合规结构的大量出现。

第二是形式化审查与验收的问题。出于对认罪认罚的考察、防止合规表面化、形成监管压力与合规动力等考虑，评估验收具有必要性。由于我国检察机关办理企业合规案件时可以设置的考察期较短，合规管理体系的建立受限于办案期限，只能要求企业建立专项合规，实现"去犯罪化"，这就需要将评估验收落到实处。

第三是合规整改与验收标准化的思考。一是合规整改的标准化。首先是设置合规整改的优先级,即结合企业的规模、治理结构、涉及罪名,设置最优级合规计划和次优级合规计划,以及全面合规或是专项合规。其次是合规整改的具象化,即按照大目标、小步骤的思路,列明可操作、可评价的合规整改要点。最后是合规整改的执行偏离,即根据企业的具体情况进行复盘与调查,允许进行一定的调整。二是合规验收的标准化。首先,合规整改标准与验收标准要具有同一性。其次,合规整改验收的要点要细化。最后,要制定标准化的合规验收的方法及程序。

金杜律师事务所资深律师刘艳洁作了题为《以个性化合规考察标准督导企业有效整改》的报告。刘艳洁律师表示,下面将结合我们办理的一个案例探讨如何以个性化合规考察标准督导企业有效整改。涉案企业是一家高新技术企业,在未取得相关资质的情况下,违规使用单位账户为他人提供向个人账户转账的服务,涉嫌非法从事资金支付结算业务(即所谓“过票”),被认定为涉嫌非法经营犯罪。涉案企业于2016年成立,营业收入连年增长,发展势头良好。但是,这家成立5年的公司,在创始人被采取刑事强制措施2个多月后,便面临严重的经营困难。承办检察官考虑到涉案企业有正常合法经营的业务,仅在近1年有违规过票行为,并且涉案企业在案发后,积极整改,停止违规业务,认罪认罚,承诺退缴全部非法所得,建议对涉案企业启动刑事合规监督考察程序。

我们以独立监管人身份介入案件后,认为涉案企业合规整改的目的是防范同类犯罪行为的再次发生,而识别违法行为背后的管控漏洞,才能对症下药。企业自查及监管人调查则有助于制定合规考察标准。

在企业自查方面,首先是对外部规定的了解,包括公司相关人员在涉案前后对相关法律法规的了解程度、是否已经学习相关法律法规、涉案之后通过对法律法规的学习是否加深了合规认识。其次是对违法行为的认识,要求企业就违规行为的起因、经过、所涉人员及其主观认识进行自查,同时深入分析自身行为的违法性与风险点。再次是内控制度的建设现状,一方面是分析是否已将法律法规转化为公司规章制度,另一方面是筛查公司内部制度中的漏洞及不完善的地方。最后是分析问题出现的原因。例如,结合案件具体情况,要求公司自查公司监事对公司经营管理的合法合规性是否发挥了监管作用、公司是否建立了有效的财务体系、是否对员工进行了普法教育和合规文化的培训等。除了企业自查外,独立监管人也会通过审阅案卷材料、审阅公司制度、开展人员访谈,深入挖掘涉案企业的合规管控漏洞。

本案中,企业涉嫌犯罪的直接原因是未获得中国人民银行许可的资质证照,相应地,最直接的整改措施是要求企业停止违法行为,并且建立合规审查制度。但是,这种“哪里有漏洞,哪里打补丁”的做法,并不是有效的合规整改。

经过调查,我们发现,涉案企业一年内的过票金额高达1700多万元,背后肯定隐藏着巨大的管控漏洞。因此,我们决定顺着资金的流向,进一步分析。

首先,涉案资金是由另外一家公司以技术咨询费的名义转入涉案企业的,双方签订合同后并未实际履行,由此暴露出合同管理漏洞。其次,款项进入涉案企业之后,由公司创始人以财务报销或借支备用金的方式将其先转入个人账户,再转入其他人账户,由此暴露出财务管理漏洞。除了以上原因外,还有更深层次的原因。涉案企业的创始人在访谈时曾表示,公司是其一手创办的,在她看来,公司的钱就是她自己的钱。公司的小股东虽然担任监事,但并不参与经营,没有话语权。所以,财务才会按照其要求,将大额的资金转移到其个人账户。由此也反映出公司治理及大小股东权利制衡方面的问题。

发掘管控漏洞之后,就可以考虑制定个性化考察标准。涉案企业的合规考察标准应综合考虑企业规模、违规行为暴露的管控漏洞、整改期限、企业经营情况等多种因素。

为此,应由三方主体协同制定个性化考察标准。我们作为独立监管人会优先提出合规整改模型,就该模型与涉案企业进行沟通,细化具体标准,并提交检察院审定。

本案中,我们提出以下合规考察标准,一是全面停止涉案违规业务并积极退缴非法所得;二是高层重视与承诺,要求公司创始人确保每年能够投入一定的资源保障合规体系建设,并要求其签署承诺函;三是具有承担合规管理职责的人员,这些人员的独立性、专业性、权威性要得到保障,其管理职责要通过纸面文件固定,并应签署承诺书,承诺定期监督检查公司相关规章制度的执行情况,在发现问题时及时制止并报告;四是建立并完善公司内部经营管理规章制度，因为本案企业存在财务管理漏洞，因此要求其关注《财务管理办法》《费用支出报销管理办法》等规章制度建设；五是采取有效措施保障专项合规整改的落地执行，要求企业采取具体措施保障合规体系有效落实，本案中，企业合规官承诺定期抽查财务报销凭证票据，以确保管理制度落地执行；六是宣贯合规文化。

经过六个月的努力，我们督促涉案企业将合规整改落到实处。在选任合规官方面，要求由新股东任监事参与公司经营，担任合规官，并在公司章程及制度中赋予合规官充分的履职权限。在完善合同管理与财务管理制度方面，要求企业建立合同台账，加强合同管理，并修订多项财务管理制度，加强对费用支出的监控。在修订《员工手册》方面，要求企业明确对员工的合规要求，以及明确规定违规行为的惩戒措施。在开展合规培训与宣贯方面，要求公司高层以案说法，与员工一同签署合规承诺函，并组织开展多种形式的合规培训与宣贯活动。检察机关最终对涉案企业作出不起诉决定，而且本案也被深圳市检评选为典型案例。

截至目前，我们已办理多个合规考察案件，涉及非法经营罪、非国家工作人员行贿罪、走私类犯罪、证券类犯罪等多个罪名。通过办理这些案件，我们也获得了一些启示。

第一，合规整改既不是“哪里有漏洞，哪里打补丁”，也不是全面的合规管理体系建设。第二，通过企业自查及独立监管人调查，准确识别违法行为背后的合规管控漏洞，将有助于制定合规考察标准。第三，涉案企业合规考察标准，既要借鉴全面合规管理体系建设的经验，又要充分考虑企业规模、违法行为、考察期限等因素，由独立监管人、涉案企业及检察院协同拟定。第四，有效的合规整改不仅是要求企业停止违法行为，还应帮助企业搭建起与企业运营相融合的合规管理基本框架。

中国政法大学刑事司法学院副院长王志远在评论中表示，通过聆听五位报告人的精彩发言，感受到合规不起诉的企业犯罪治理模式和诉讼机制改革已经得到深入推进，在此一并提出一些关于纸面化合规的困惑。企业在合规整改过程中会按照要求建立相关管理组织、制定相关管理政策，但能否真正实现“去犯罪化”，在获得不起诉决定后企业能否长期坚持合规治理，避免合规建设“有名无实”，可能是需要持续攻克的难题。首先，企业犯罪是企业治理缺陷所构成的犯罪,因此企业合规整改不能是全面整改,而应是专项整改。其次,我们可以考虑制定阶段化的合规整改有效性标准,而不是采取去犯罪基因、建立企业合规文化等完成化的评价标准,我国长期以来形成了实际控制人主导企业运行的企业文化,要实现彻底改造企业文化是极为困难的。因此,如果采取阶段性的评估标准,企业只要在合规整改过程中落实了阶段性、程序性、人员配置等方面的要求,就可以获得从宽处理,这实际上降低了合规考察评估的标准。最后,从实体法的角度来看,目前企业犯罪的处遇方式只有罚金,今后可以考虑将检察机关主导的合规监督作为一种处遇方式,如此一来,在降低考察评估标准以确保企业合规不起诉的可操作性之后,仍然能够保证企业合规不至于流于形式。

中国社会科学院大学法学院教授孙远在评论中表示,本单元研讨的主题是为合规整改的有效性提供一个判断标准,此类问题在法学研究中是较为困难的。在聆听五位报告人的发言之后,感受到大家能够形成一些共识。首先,关于合规整改有效性的判断标准,没有唯一正确的答案,而只可能是原则性、个性化、阶段式的标准,具有一定的抽象性,合规整改有效性的判断标准在不同案件中会展现出不同的表现形式。以合规不起诉为例,检察机关介入合规治理的途径非常有限,这种个案化的介入方式意味着检察机关不需要像行政机关那样建立一套统一的规范体系,所以相应的评估标准也应当是个案化的。其次,检察机关介入企业合规案件的权力基础主要是起诉裁量权,检察机关行使起诉裁量权的前提是涉案企业已经构成犯罪,此时仍然作出不起诉决定的正当性,只能是基于利益衡量,在个案中综合考虑各项因素之后,发现不追诉企业所获得利益要远远大于惩治企业所获得的利益,要通过不起诉的方式来维护比追诉犯罪更重要的利益。因此,合规整改与验收的标准问题要站在程序的背景下,综合判断个案中追诉或不追诉企业所牵涉的利益关系和法律效果。在现阶段,没有具体确定的合规整改与验收标准可能反而是一件好事。

北京大学法学院研究员吴洪淇在评论中表示,听了两个单元代表的发言,感受到对合规的认识越来越具象。虽然本单元的讨论主题是有效合规计划的标准,但各位报告人的谈话内容显然已经超出了这个范围,囊括了以下四个层面。第一,从整体过程来看,合规验收的过程实际上就是证明的过程,企业通过合规证明自己已经认识到了错误并愿意去除这些错误的违法因素,律师则是帮助企业完成这一证明过程,通过材料、文件、手段等形成是否存在“有效合规”的内心心证。第二,从合规评估和验收的主体来看,根据谢鹏程主任介绍的主要从评估和审查两个角度实现证明的过程,可以明确企业的两个说服对象,一是第三方监管主体,二是检察院,因为检察院对第三方的报告还有一个验收的过程。第三,从具体的评估方法来看,根据一线办案人员的发言,我们当前实践中采取了较为多样化的证明方法,有定性的方法,也有定量的方法,有主观评估的方法,也有客观评估的方法,这些方法非常灵活,可结合具体企业本身的情况来展开。第四,从具体的验收标准来说,我们目前正处在将这些证明标准从抽象原则到具象标准的探索过程中。先从类案中,将标准的指标抽象出来,再在个案中将类案的指标具象化,在这一过程中逐步形成我们自己的合规验收标准。这就如同“事实清楚、证据确实充分”的刑事案件证明标准一样,其展现在个案中的具体方案必然不同。我个人认为,类案化的标准能够形成,但无法产生个案化的清晰标准,而我们正在探索类案化标准的正确道路之上。

第三单元　合规监管人制度的改革探索、问题与出路

第三单元研讨由金杜律师事务所合伙人吴巍律师主持。吴巍律师表示,合规监管人在这次改革中扮演着十分重要的角色。2021 年 6 月,最高人民检察院发布了《关于建立涉案企业合规第三方监督评估机制的指导意见(试行)》,对改革试验中的合规监管人制度作出了初步规定。但是,什么样的人可以做合规监管人?什么样的案件可以适用合规监管?对于这些问题,各地做法仍然存在差异。期待五位报告人和三位评论人的精彩发言。

广州市人民检察院副检察长李学东作了题为《广州市涉案企业合规监督评估机制的实践探索与路径思考》的报告。李学东副检察长表示,广州市是最高人民检察院确定的第二批企业合规改革试点地区,除了市检察院外,我们还选取了两个基层检察院作为试点,一个是广州经济规模排名第一的天河区人民检察院,另一个是经济相对落后的从化区人民检察院,目的在于尽可能探索不同的试点样本。两级院党组高度重视本次改革试点,成立了领导小组强力推进。试点改革意义在于,落实“少捕慎诉慎押”的刑事司法政策,在依法作出不捕不诉或者根据认罪认罚制度提出轻缓刑量刑建议的同时,督促涉案企业

作出合规承诺并整改。这样既能服务于“六稳”“六保”，促进市场主体健康发展，解决就业问题；又能使市场主体依法规范经营，增强竞争力。最高人民检察院公布的第二批改革试点中增加了一些地级以上的市检察院，从级别管辖的角度看，案件涉及大中型企业、重罪案件的可能性较高，一些长期野蛮生长的，甚至行业领先的、多种经营的企业，一旦犯罪风险暴露，影响范围较大，有纳入合规考察进行整改的必要。这显然不同于第一批试点。此外，这类案件往往较为疑难、复杂，办理周期较长，试图在半年乃至一年内使合规见效有相当难度。因此，可能会面临案件起诉以后如何开展企业合规的问题。目前，我们正在探索扩展试验的规模，以期塑造更多的合规改革样本，我个人建议，在试点中，可以结合认罪认罚从宽，进行企业合规“附条件量刑建议”的实践尝试，这样有利于涉案企业合规长期健康有效。关于涉案企业单位犯罪和个人犯罪的分离问题，我认为应该积极探索，否则对企业发展不利，也有违试点改革初衷。同时，如果是民营企业，要高度关注企业合规与经营活动的衔接，因为许多民企的经营过程大都是由董事长创立、主导，如果涉嫌重罪，在难以不诉或判处缓刑的情况下，企业的经营和管理怎么办？不能出现企业合规了，最后又经营不下去了的情况。

就第三方监督评估机制而言，首先要考虑参与的成员单位。目前，从试点情况看，各有特色。我们目前是 13 家，包括证监局、金融局、海关等。我们制定了“1 +3”文件，包括第三方机制实施办法、管委会规则、专业人员选任办法、运行规则等，对成员单位、专业人员的选择以及进入退出管委会等问题予以明确。我们认为，第三方合规监管的要点有：第一，检察机关主导第三方监督机制的建立和运行。第二，处理好检察机关与第三方成员单位间的关系，如果第三方成员组成单位提出意见，检察机关应积极吸收；如果参与意愿不高，我们就做说服工作。第三，检察机关需对整个第三方机制的运行过程进行全程监督、深入参与。第四，检察机关应对制度运行中的具体问题提出必要建议。第五，确保企业合规的有效性。因为企业合规是检察机关主导启动，案件的最终处理决定是由检察机关作出，或由检察机关提出基于合规成效的附条件量刑建议，因此，最终目标是要积极努力促使第三方监管取得成效。如果涉案企业的犯罪“基因”有问题，那么进行基因改造需要较长时间。检察机关在这个过程中要始终处于主导地位，以确保合规整改的健康、持续、有效。第三方机制运行中的费用问题是不可回避的。现在主要有这么几种模式，一是检察机关给予专业人员的经费往往是杯水车薪，既影响积极性，又影响有效性和持续性。二是企业直接支付合规监管费用给专业人员，但这种方式容易被诟病，可能带来利益冲突。三是完全由政府财政出资，但容易产生差异，而且操作难度大。四是由企业主要出资，财政争取支持一部分，由管委会核定、收支、开设专户。我们拟采用最后这种方式。

上海市金山区人民检察院副检察长潘春伟作了题为《利弊与权衡：由第三方监管路径的艰难选择，谈合规监管当前面临的问题》的报告。潘春伟副检察长表示，2021 年 4 月最高人民检察院领导在金山调研时提出，合规整改要抓好入口、出口、监管三个关键环节，这个基本思路一直指导着我们的改革实践。合规改革试验是一个探索的过程，需要各地区不断摸索才能发现制度设计的最佳路径。各地已经基本达成共识的是，检察机关由于自身法律监督的定位及专业、经验、资源等限制，需要聘请第三方组织帮助检察机关履行合规监督职能。在各地的司法实践中，合规监管制度主要有检察机关主导模式、检察机关协同行政机关主导模式、独立监控人模式三种。作为第一期试点单位，深圳主要采取的是独立监控人模式，该模式的优势在于合规监管的专业性较好，律所有人才储备、资源优势，能够高效地履行合规监督工作。但是，金山区检察院最初没有效仿这种模式，因为担心合规监管的客观性和公正性难以保障，社会公众也难以接受这样的制度安排。如果由企业向律师支付合规监管费用，那么难免产生利益勾连的遐想。于是，金山区检察院选择行政机关监管模式，不用企业花费成本，也能确保合规监管的客观性和公正性不受质疑。然而，这种模式的实践效果不佳，因为担任合规监管人的行政机关人员身份具有双重性，有造成冲突的潜在风险。这些行政机关人员的权力来源混乱，履职积极性也不高，这导致合规监管的效果不理想。随后，最高人民检察院传达了“用好第三方”的政策信息，实际上是肯定了独立监控人模式。但是，如果完全依靠律师、会计师等社会经济服务者，那么就还是没有办法消除客观性和公正性的隐患。因此，金山区检察院采取了融合模式，由律师等专业人士作为第三方监管人来监督企业落实日常的合规整改工作，再在此之上架设第三方合规管理委员会，其人员由司法机关和行政机关共同组成，负责对律师的工作进行监督。显然，这种融合模式与最高人民检察院最终发布的《关于建立涉案企业合规第三方监督评估机制的指导意见(试行)》基本一致。

目前,合规监管制度仍然有需要完善的方面。首先,费用是绕不开的问题,应当保障合规监管的待遇与工作需要相适应。对此,如上午高景峰主任所言,可以通过由第三方管委会负责薪酬统筹的方式绕开企业直接支付合规监管人费用的风险。与未成年人教育挽救的公益性质不同,企业违法犯罪要付出相应的制度成本,由企业来支付第三方监管的费用合理合法。其次,第三方监管人员的组成需要进一步明确。在各试点的试验中,有选取人大代表、政协委员、企业家代表等担任合规监管人的尝试。对此,我们认为,应当秉持几个基本的原则确定合规监管人的身份,包括:专业优于非专业、专职优于兼职、体制外优于体制内、有上级(或行业监管)优于无上级、行业监管等。最后,需明确律师在合规监管中的职能定位。在改革初期,我们曾经设想律师作为监管人,具备监督与服务的双重职责,既指导企业搭建合规体系,又检查和督促企业整改执行。但是按照最高人民检察院的指导意见,第三方组织的职责侧重于监督。在这种情况下,律师进入合规监管人名录库,是担任专家型的角色,所以不是一个常态化的、可持续的督导,那么企业本身对合规体系建设的需求由谁来实现?可能企业需要另行聘请合规团队帮助其打造合规计划。所以我认为将来律师参与合规的途径,会是履行监督职责和服务职责,两者各行其道、各取所需。

无锡市人民检察院第四检察部主任孙宁作了题为《企业合规监督的实务性构建——以无锡检察为样本》的报告。孙宁主任表示,虽然无锡市是合规改革的第二批试点地区,但实际上我们早于2019年就开始了民营企业合规相关的实践尝试。

首先,向大家介绍一下无锡改革的基本情况。2020年至今,无锡市人民检察院对民营企业、投资者、经营管理者、业务骨干等不批捕51人、不起诉189人,这两年无锡市人民检察院按照每年50%至60%递增不批捕、不起诉人数。此外,无锡市人民检察院也出台了一些制度,尤其是《关于服务保障民营经济高质量发展的十二条意见》获得了张军检察长的肯定。试点工作开始后,我们一共受理案件222件,涉及405人,对28家涉案企业进行了合规化改造,在此过程中打造了一批典型案例,其中无锡F警用器材公司虚开增值税专用发票案被最高人民检察院选为指导案例。

其次,向大家介绍无锡合规监督制度的演变过程。我们最早探索的是检察官独立监督模式,由检察机关主导整改过程,负责按照繁式和简式两种标准监督企业合规的建设情况。一方面,我们把合规作为相对不起诉的参考因素,另一方面,我们也创设了《法律风险提示函》,作为推动企业合规的创新文件。我们最早使用的是《检察建议》,后来使用的是《法律意见书》,再后来创设了《法律风险提示函》。这是因为,我们在办案的过程中发现职务侵占罪一类犯罪的受害企业也存在内部风控问题,在这种企业是民营企业的情况下,使用《法律风险提示函》比《检察建议》更为适当。我曾全程跟踪办理典型案例,发现检察官介入公司治理模式、发现风险源点存在困难。在办案过程中,我至少跑了三次企业,每次耗时半天以上。在员额法官巨大的办案压力下,如果采用检察官独立监督模式,要求检察官经常跑到企业去监督合规整改有些难以实现。于是,我们开始试验合规监督员模式,由检察院委托独立监督人协助监督,这也可以分为两种模式,一种是检察院付费模式,这可以防止监督人受资本驱动,从而保持合规监督工作的中立;另一种是企业付费模式。但是,如果涉案企业不承担费用,用纳税人的钱帮助犯罪企业合规,情理无法相通,这将对企业的惩罚变为了一种嘉奖。根据罪责刑自负原则,纠正企业的责任不应由其他主体承担,于是我们当时选择采取企业付费模式,但在实践中容易产生纸面合规的效果。因为检察官经常直接把权力委托给了第三方,在没有弄清企业合规风险点的消解和评判方法的情况下,不能仅通过第三方监管人提交一些纸面报告评判合规有效性。更何况,大多数的合规监督员是刑事律师,其以个人身份承担这些业务,而风险的评判和设定并不是刑事律师的特长。我们认为,“刑事律师 + 专业律师 + 非诉律师”的团队应当比个人担任合规监督人的效果更好。例如,刑事律师知道什么是犯罪,环保律师知道如何需要在哪些环节进行控制,而非诉律师知道如何把环节控制到具象制度上。2021 年年初至今,我们还尝试了检察机关和行政机关联合监督模式,目前正在进行合规监督的案件数量是 14 件,无锡的第三方监管机制尚在征求意见中。目前,我们正在向市委申请专项经费,也在思索和尝试以成立行业保险等方式解决经费问题。

最后,我提出一些困惑与与会代表交流。第一,差异化处理和一体化保护的选择问题。域外的合规制度主要针对大型企业,但我国(尤其是无锡)的中小微企业案件较多。无锡是乡镇企业发源地,去年民营经济总量达到8000多亿,占到经济总量的65%。无锡的大多企业是中型企业、家族企业,发展至10亿至50亿体量或100亿体量以下,企业家就会产生“小富即安”的思想。家族企业的管理模式导致了起诉企业家等于要企业倒闭的结果。如果采取差异化处理的办案方式,不起诉企业却起诉企业家对企业的现实意义不大,因为这些乡镇企业的经营都是“以人为中心”,人在订单才在。第二,关于监管时间的设置问题。客观上检察机关的有效监管期是6个月左右,还可能只有3至5个月,这么短的时间恐只够排查风险点,无法做到有效监督。对此,我建议参考域外的做法,如企业主管人员的量刑建议是“判二缓三”,可以考虑将企业合规考验期放宽至3年,如果这3年中企业没有行政违法和刑事犯罪,那么就认定合规整改成功。第三,合规中有针对性整改和体系性整改的问题。刚开始,我们认为应当做“大而全”的合规,但实践发现无法实现,做出来的东西也不是企业目前刑事合规所应当涵盖的内容。第四,监管和监督的区别对待问题。合规应当在刑事检察权的权力范围内运行,行政机关讲“监管”,检察机关讲“监督”,检察机关无法按照“监管”的要求来实现合规,只能在“监督”层面上发挥功效。第五,合规监管的保密问题。例如,在公开听证会中,企业的商业秘密、交易价格、组织架构等都将被全面公开,这恐有损企业和企业家的实际利益,需要进一步探索合规监管人履职过程中的保密问题。

国浩律师(苏州)事务所律师吴鑫作了题为《浅谈律师在我国企业合规第三方监督评估机制中面临的挑战与机遇》的报告。吴鑫律师表示,他曾经帮一些企业打造过合规计划,本次将从三个方面展开第三方监管问题的讨论。

第一,第三方机制的定位对律师的影响。最高人民检察院于6月4日发布了《关于建立涉案企业合规第三方监督评估机制的指导意见(试行)》,确立了“检察主导、各方参与、客观中立、强化监督”的制度定位。检察机关主导是国内公认的定律,最终的目的也是帮助检察官作出起诉或不起诉的决定。检察机关监督第三方组织,第三方组织监督企业,这是各方参与制度的基本角色定位。第三方监督机制保持“客观中立”,其不是企业的服务者,也不是检察机关的分支,作为“国家队”队员履行工作,履职过程中存在违法犯罪行为也要承担相应的责任。

第二,影响律师在第三方组织中履职的因素。这主要涉及时间、经费、权限、能力问题。时间问题目前受到办案时限的制约，日后可以考虑纳入案件追诉时效等因素的考量，以建立较长的考验期，在此期间应尽量保证合规监管人的全程监督。合规监管制度的费用可以分为三个部分：第三方监督评估机制的组织费用、第三方组织实施监督的费用、有效合规的评估费用。苏州地区在企业合规改革实践中由第三方监管委员会负责第一项和第三项费用，第二项费用由企业承担。在听了专家们的发言后，我建议考虑将行政机关罚款作为费用保障的一部分，在行政罚款的过程中纳入企业合规因素的考量，尝试用行政罚款建立“合规基金”。此外，合规监管人的权限问题也十分关键，特别是其中的保密问题仍未解决，具体涉及律师是否应当签署保密协议，律师监管过程中发现企业的其他违法犯罪行为是否需要进行举报，等等。

第三，律师如何适应合规业务的蓝海。我认为，应当对顾问和合规监管人的地位差异予以明确，因为二者的职能有许多相似之处，包括提出整改意见、进行尽职调查等。合规监管人的选任资质也需要进一步规范，包括如何考核合规监管人的能力，检察官和法官出身的律师是否需要回避担任合规监管人等。总之，每个国家都有适合自身的特色合规监管制度，我国需要基于自身情况建立区别于域外的合规监管程序和标准。

金杜律师事务所合伙人冯晓鹏作了题为《合规监管人制度的完善思路——从监管人的角色定位出发》的报告。冯晓鹏表示，在担任第三方监管人的过程中，发现了其与担任合规业务律师有较大区别。合规业务律师重点在“事前”，着重为企业建“防火墙”，而且是全面的体系构建，类似于多科医生的会诊式治疗；而第三方监管人工作则是在“事后”，着重为企业堵“着火点”，整治企业已经发生的违法行为，进行专项的合规治理，类似于专科医生进行某个部位的手术式治疗。

最高人民检察院给第三方监管人的定位是“调查、评估、监督、考察”，在这8个字出台以前，各试点地区对第三方监管人的描述大同小异，包括“指导企业建立合规体系”“检察评估书面报告”“出具考察报告”等，这些职能现在基本能够被最高人民检察院的8字概念所包含。我认为，合规监管人是中间人，保证独立于检察院和企业双方。但是，合规监管人最终是对检察院负责的，其工作来源、工作成果都由检察院来评判，所以既要符合检察院的期许和要求，又要保证工作的独立性，存在一定难度。在案件中，合规监管人不是检察院职能的延伸,也不是企业的代表,而是要跳出研究具体涉诉案件的范畴,而对某一类违法行为进行检讨,帮助企业建立合规计划。另外,监管人自身也要"合规",除了利冲回避之外,还包括工作程序,如应该在检察机关的允许和监督下与企业接触,而且应当直接接触企业而不是接触企业的辩护人,因为辩护人的视角与企业的运营视角有较大差别。

对于完善第三方监管制度的问题,我从以下几个方面提出建议。一是最高人民检察院规定需要选任"专业人员"担任合规监管人,但没有对"专业人员"作出解释。我认为这种专业包括法律的专业、行业的专业、公司运营过程中财税方面的专业,除了包括律师、会计师、审计师等之外,还可以包括主管部门人员,如海关关员、税务人员,行业协会人员,研究机构人员等。二是担任合规监管人的应当是个人而不是机构,因为合规监管工作对个人能力的要求很高,需要将身份和责任落实到人。合规监管人与辩护律师不同之处在于,合规监管人不能与商业脱离,必须是该行业内的专业人士。例如,我们在日常合规业务中也接触了跨境电子商务企业走私问题,其贸易特征与传统贸易有显著差别,法律规定也不健全,只有少量的部门文件对其进行规范,而走私类犯罪本质上是行政犯,行政法本身规定不清楚会导致入罪标准认定不清,因此担任这方面案件合规监管人的必须同时是跨境电子商务方面的实务专家。三是关于有效合规标准问题。我认为,制定特殊行业、特殊类型犯罪、特殊领域犯罪的合规标准应当参考相关行业或行政部门的标准,与此同时,应注重给予企业一定的适用"弹性",即如果企业不能完成,应经检察机关及监管人同意允许微调。这样的合规计划不应当是一个"大综合",而应当是在专项领域中融入合规"小综合"。四是合规监管程序的中止或终结问题我们也应当予以重视,包括规定合规监管人在监管过程中发现企业有新的犯罪行为应当如何处理等。

方达律师事务所合伙人尹云曾担任过跨国企业的合规监管员,也为不少中外企业做过合规服务。她认为,合规第三方监管机制的问题主要包括:合规监督员的选择和定位,应当由一个人还是一个小组担任合规监督员,合规监督员的费用应当由政府还是企业支付,企业付费的话是否一定是高额监管费用,等等。

第一,小组担任合规监督人是不适当的,因为落地的有效合规就需要有人去负责。当时西门子案请她的团队做合规监督员的时候花了很多钱,团队有

60多名律师参与,西门子支付了每年几千万美金的费用。但是,实际上是不需要那么贵的,当时是因为律师们也不清楚具体如何做合规,需要一个学习和探索的过程,而现在就能够更有效率地完成合规工作。尹云霞认为,要做好合规,还是需要有专人去负责,要有一个负直接责任的合规监督官。她现在也在做世界银行的合规监督员,世界银行就对她强调:我们知道你很忙,但你个人必须对此事负责,你可以有一个包括行政机关参与的小组,但你一定要保障专业性和专职性。然而,她认为不需要对所有企业都这样处理,因为对于十几个人的小企业,不需要这样的机制也能厘清合规问题,但若是拥有复杂治理结构的、几万人的大企业,没有这样的团队是不可能实现有效合规的。此外,这不需要是一个长期的实践。例如,在西门子案件时期,合规监督非常热门,很多项目都有合规监督员,但现在其实已经少了很多,因为合规行业已经逐渐发展成熟,已有一些专业人士可以作为企业的律师帮助企业完成合规工作,检察机关只需要监督这些企业律师的工作就足够了。她认为,在短期内,大型企业或大中型企业是需要由一个团队来落实合规监督工作的,即由一个合规监督官直接负责。长期来看,则需要再考察团队监督的适用性问题。

第二,合规监督的薪酬需要由企业支付。合规监督员的独立性可以通过其他方式保障。例如,与企业签合同时明确合规监督员不是企业律师、没有保密义务,明确几年内不能承接该企业的业务,等等。如果合规监督费用由检察机关支付,或由纳税人承担,就存在两个问题:一是企业规模不同易导致费用分配不公;二是由于政府经费有限,便宜的费用难以保障高质量的合规工作,也无法将优秀人才引入合规行业。

第三,对于合规应当差异化处理还是建立统一标准的问题,她建议应当形成统一标准。从美国经验来看,有效合规指南是一套方法论,实践中是以风险为导向差异化落实到各个企业中,这个过程要考虑企业的风险大小、规模、资源等具体情况。她认为,合规的标准是统一的,只是需要由检察机关指导每个企业差异化地落实。

第四,对于合规是应当保障针对性还是体系性的问题,她认为合规一定是有针对性的,是在犯罪的名目之下,但合规不是打补丁。例如,企业通过咨询公司行贿,如果合规将这个“口子”堵上,但企业违法的动力还在,那么企业的行贿资金还是可能通过虚报、赞助等其他非第三方渠道流出。因此,在做合规时,应当把问题系统性地抓出来,全面地进行反腐败合规。总之,合规是一个体系性的,也是一个针对性的制度建设。

第五,若要让合规监督制度切实落地,避免形式主义的合规,就一定要将制度放入市场。在检察机关的监督下,把合规监督工作的定价权放入市场。

第六,对于合规监管的时间,她认为2年左右的时间较为合适。合规不仅是制度设计,还涉及制度运行的监督。目前6个月时限显然不足,在合规监管期之后,可以通过合同的方式让合规监督员继续监督企业的合规体系建设,或者可以由行政机关持续督导和参与。

中国政法大学诉讼法学研究院教授杨宇冠在评论中表示,他曾在企业工作过很多年,做过总账会计,参加过企业的管理,也做过审计、保管、出纳等工作,后来也做过司法外事工作,最后才进入刑事诉讼的研究领域。对于合规监管制度的问题,他认为合规监管没有固定的模式,还是需要依据企业本身的状况、企业的涉案情况等确定合规监管人的资质以及合规监管团队的规模。他认为,合规监管语境下的"专业人员"是对某一方面有专门知识的人的概括。例如,如果企业涉嫌环境类犯罪,就需要找一个对环保法、环境污染问题有专业知识的人做监管比较合适。

企业合规是一个系统性的工程,涉及刑法、民法、行政法、国际法、人权法等多个方面,刑事司法只是企业合规的一个部分。最高人民检察院在改革中将不起诉与合规监管结合起来是一个很好的创新。他认为,检察院只能在作出不起诉决定之前对企业进行合规监督,在监督结果之后作出不起诉决定,因为检察院无权也无法律依据在不起诉决定作出之后对企业进行合规监管。同理,如果企业没有触犯刑法,检察机关也没有参与或指导企业合规的法律依据。

对于合规监管的期限问题,目前审限下的监管时间是不够的,但可以考虑向侦查或审判阶段借用时间。美国、英国、加拿大等国家建立的DPA制度就是如此,通过协议建立3年或4年的考验期。很多人将deferred prosecution翻译为"暂缓起诉",这容易造成案件没有起诉的误解,但实际上检察官和被追诉方签署协议之后仍要将案件起诉至法院,由法院停止对案件的审理。为获得这种机会,被追诉方承诺的条件包括承认指控事实、承诺合规整改、保证不再违法、承诺不对DPA内容提出异议等,检察官会在协议设置的考验期到期后,再撤销案件。企业合规不仅可以涉及检察院,还可以成为由侦查部门、检察部门、法院、律师等多方共同推进的制度建设。

另外,合规的对象不仅可以是小型企业、大型企业,将来还可以纳入所有与中国有关联的企业,包括外国企业、中国在域外注册的企业等,这样才能有更好的制度前景。

中国人民大学法学院教授李奋飞在评论中对五位报告人的发言进行了简要梳理和总结,并就合规监管人制度的完善谈了自己的观点。

第一,合规监管人的性质定位。作为独立的第三方专业人员,合规监管人既不是企业的代表,也不是检察机关的代表,但从其实际运行看来,合规监管人扮演着双重角色,其既是企业合规整改的帮助者,也是企业合规整改的监督者,因此需要协调好合规监管人的帮助功能和监督功能。

第二,合规监管人的适用条件。在域外,并非所有案件都应当约定适用监管人。只有依据案情,在有限的、必要的情况下,才适用监管人。例如,企业没有有效合规计划,或必须有监管人协助其建立内控机制时,才需要约定适用合规监管人。对于已经建立有效合规计划的企业,检察官可以免除其聘请合规监管人的义务。实践中,在合规难度较高的大企业、复杂行业、域外执法等案件中才适用合规监管人。此外,也要考虑企业的经济条件是否能够承受合规监管的成本。只有在设置合规监管人后,企业所获利益明显大于付出的成本时,检察官才会为涉案企业设立监管人。而在我国,通过检察建议模式督促企业进行合规整改基本上不需要设置合规监管人,即使适用合规考察模式,也并非所有案件都需要有合规监管人。最高人民检察院等九部门发布的《关于建立涉案企业合规第三方监督评估机制的指导意见(试行)》仅要求以企业自愿为前提,但还需要在此基础上明确检察机关判断是否适用合规监管的条件。

第三,合规监管人的选任。《关于建立涉案企业合规第三方监督评估机制的指导意见(试行)》建立的随机抽选方式,未能尊重企业在监管人选任过程中的意见,易增加监管工作的难度。

第四,合规监管人的权利。要督促涉案企业进行有效的合规整改,合规监管人需要享有相应的阅卷、调查等权利。《关于建立涉案企业合规第三方监督评估机制的指导意见(试行)》仅规定了第三方组织及其组成人员在合规考察期内,可以针对涉案企业合规计划、定期书面报告开展必要的检查、评估,但对其享有的权利却未予明确。

第五，合规监管人的费用。合规监管的费用原则上应当由企业承担，但不能让合规监管人直接与企业协商收费，未来应明确合规监管费用的基本标准。

第四单元　刑事合规与行政合规的衔接

第四单元研讨由中国人民公安大学法学院教授马明亮主持。马明亮教授表示，刑事合规和行政合规的衔接，一是由单位犯罪的自身特征决定，大部分单位犯罪是行政犯，刑事违法和行政违法之间的界定并不清晰；二是由企业合规本身的有效性决定，企业合规离不开司法机关和行政机关等社会各方面的协同支持；三是由运行机制优化的要求决定，刑事合规的适用期限较长，刑行衔接甚至一体化可以从总体上优化运行机制。那么，刑事合规和行政合规如何衔接？衔接的必要性和可行性何在？衔接的模式如何设计，是顺向衔接还是逆向衔接？对于这些问题，实务部门做法各异，专家学者看法不同。期待五位报告人和三位评论人的精彩发言。

湖北省随州市人民检察院检察长陈江波作了题为《刑事合规与行政合规衔接的司法实践》的报告。陈江波检察长认为，如何加强刑行合规衔接，发挥现有行政监管合规机制的积极作用，加强企业合规的行政激励效果，引领更多企业依法规范经营，是企业合规改革面临的重要课题。

加强企业合规改革重要性的认识是落实刑行合规衔接的重要前提。从政治上看，企业合规是贯彻落实习近平法治思想、中央决策部署和最高人民检察院工作要求的具体体现。企业合规不仅是刑事司法理念的重大进步，也是检察机关自觉履行检察职能、推进社会治理的必然要求，有助于增强企业经营合规管理意识，提升经营合规管理水平，增加企业社会贡献度。

加强组织保障是落实刑行合规衔接的重要基础。刑行合规有效衔接要从行政机关有效参与开始。在党委领导和支持下，检察机关应充分发挥主导作用，积极会商相关行政机关和行业协会共同研究解决工作中遇到的困难和问题，积极邀请人大代表、政协委员、人民监督员、新闻媒体参与相关行政执法、司法和合规考察活动，积极争取相关部门在机构、人员、经费上提供专门保障。

加强职能融合是落实刑行合规衔接的重要路径。在行政执法与行政检察职能的融合上，检察机关对适用企业合规考察制度作出不起诉决定的案件，认为应当给予行政处罚的,应当提出检察建议,移送有关行政机关处理。探索在行政检察领域开展行政合规,可以运用线索移送、检察建议等方式,推动行政监管部门积极履职,共同督促涉案企业加强合规管理。在行政执法与检察公益诉讼职能的融合上,检察机关对损害社会公共利益、适用企业合规考察制度、拟作不起诉的案件,应强化线索内部移送,由公益诉讼部门同步立案审查,通过诉前检察建议方式督促行政机关依法履行监管职责,保护社会公共利益,将恢复生态环境、赔偿损害等保护社会公共利益的情况作合规考察的重要内容;对于合规考察未通过,不符合不起诉条件但确需提起公诉,同时又符合民事公益诉讼范围的案件,依法提起刑事附带民事公益诉讼。在行政处罚与刑事处罚职能的融合上,企业所实施的违法犯罪行为往往属于行政监管的范畴,若企业触犯相关行政管理法律法规,企业合规中行政主管部门、工商联、企业行业协会等都有督促整改推动合规的使命,行政机关已经作出处罚的,检察机关应依法予以认定。

加强工作认同是提升刑行合规衔接质效的重要标志。在调查依据的认同上,检察机关应深度应用“两法衔接”信息共享平台,完善与行政执法机关、公安机关、审判机关、司法行政机关执法司法信息共享制度,对行政材料和司法证据按照相关司法解释及时移送、相互认同。在调查方法的认同上,检察机关可与行政主管部门共同建立合规调查机制,对涉案企业经审查认为有必要适用企业合规考察制度的,应当通知侦查(调查)机关提前介入,并引导侦查(调查)机关开展社会调查,还应同步固定相关证据,以缩短后期考察期限。在调查结果的认同上,检察机关应立足检察职能,全流程主导企业合规案件办理和法律政策适用,监督行政监管部门履行合规考察职责。针对合规整改中敷衍了事、承诺落实不力、整改效果不好的企业,要依法建议行政机关加大监管力度。

加强飞行监管是巩固刑行合规衔接成果的重要手段。在组建监管团队方面,根据飞行监管工作需要,有针对性邀请行政部门中具有专门知识的人参加,突出行政机关人员参与,体现专业特点。在飞行监管方法方面,飞行监管团队应重点围绕企业合规建设及第三方监管团队的工作进行监督,全面审查企业合规建设准备、审查、考察、决定和治理五个环节工作开展等情况,并直接对企业合规第三方监管机制管理委员会负责。行政机关监管是否到位,行政处罚是否执行到位是检查重点之一。在监管结果运用方面，检察机关处理完毕后，认为需要给予企业行政处罚或禁止从事特定活动的，应将不起诉决定书一并移送行政监管机关，由行政监管机关依法依规处理。对于未能做到合规整改的涉案企业及人员，要从严起诉，或者移交给相关行政主管部门依法从重处罚。

目前改革试点工作已经卓有成效，但仍然存在一些问题和不足有待完善：一是外地企业考察监管团队组建存在障碍，合规考察工作衔接不够，沟通协调难度大，造成办案期限紧张。二是刑事处罚与行政处罚衔接机制不够健全。三是合规整改中行政机关监管职能作用发挥不够，推动监管团队积极规范履职有待探索等。

张家港市人民检察院检察长邓根保作了题为《刑事合规与行政合规衔接探索》的报告。邓根保检察长认为，要真正解决企业的违法违规问题，不能只着眼于刑事诉讼程序中的“去犯罪化”，还应从源头上治理企业的违法违规经营问题。为此，张家港检察院从合规改革试点一开始，就注重与司法行政部门以及相关行政执法机关的协作，并开展了一些探索和实践。

第一，共同成立合规监管委员会。张家港市委、市政府联合印发《关于推进企业合规建设工作的意见》，成立由检察院主要领导任主任，司法局、工商联主要领导和检察院分管领导任副主任的合规监管委员会，统筹推进全市企业合规建设，对行政合规和刑事合规进行总体布局。合规监管委员会成员包括法院、公安、各区镇以及各相关行政执法部门等 37 家单位，具体承担制定企业合规建设工作指引、组建管理合规监管人队伍、开展合规有效性审查等职能，为企业合规建设提供正面评价和激励政策。

第二，共同制定刑事合规验收指标体系。合规监管委员会研究制定了《合规有效性审查办法（试行）》及配套的有效性审查参考指标体系，确保以量化的形式对企业合规建设状况作出全面、系统的客观评估。除了合规管理指标外，在安全生产、环境保护、纳税信用、知产保护四个重点领域，分别参考的是张家港市应急管理局制定的《张家港市工业企业“创蓝行动”》，江苏省发改委、市场监督管理局制定的《江苏省企事业环保信用评价办法》等规定。参考指标的设计充分听取了行政机关的意见，各部门提交了书面的修改意见，以增强指标体系的合理性和可操作性。

第三,共同编制行政合规清单。为了便于企业快速、简明、准确地了解和排查合规风险点,我院与市司法局系统地收集整理了企业受到行政处罚、刑事处罚的“高频”违法犯罪行为,并制定合规指导清单,帮助企业避免发生类似违法涉罪行为,进一步优化营商环境。张家港市司法局协调行政处罚案件数较多的人社、住建、应急管理、市场监管 4 个行政机关,制编了首批企业行政合规指导清单 123 条。清单梳理了合规事项、常见违法行为表述、法律依据及违法责任、发生频率、合规建议、指导部门 6 个事项,鲜明突出了契合企业实际需求、预警高频违法行为、科学设置清单事项的创新气质。

第四,共同规范行政执法行为。将免罚轻罚清单落实与推动企业合规建设有机结合,指导各行政执法部门在办理涉企行政违法案件中,通过合规监管委员会开展合规有效性审查,审查结果可作为评判违法行为的事实、性质、情节以及社会危害程度等的参考,在行政处罚时予以考量。建立“免罚轻罚”清单执行情况季报统计制度,各行政执法机关建立健全“行政执法决定法制审核”“集体讨论”等内部制约程序以及“企业档案记录”“信用惩戒管理”等配套制度,依法作出不予行政处罚或者从轻减轻行政处罚的决定。

第五,共同推进事前合规建设。联合召开企业合规监管委员会第一次会议暨企业事前合规建设启动仪式,各成员单位共同讨论确定沙钢、永钢等 50 家民营企业和 1 家行业商会,成为我市首批合规建设试点单位。我院与市司法局、市工商联组成联合调研小组,对我市 8 家重点试点企业合规建设情况开展专题调研,亲历企业合规进展情况,纾解企业合规建设面临的难题。建立企业合规分级评定机制,对企业合规建设情况进行优质、良好、达标等不同等级评定。目前已有 3 家企业完成合规建设、申请验收。加强行政机关、司法机关对企业事前合规的互认,并将评定结果作为对企业进行政策激励以及行政、刑事处罚从宽的依据。

第六,共同提供合规法治服务。依据企业所处行业、经营状况、组织构架等情形,服务企业开展合规风险排查、原因分析及合规制度建设,特别是针对信息披露等特殊监管要求,帮助企业制定更加完善的合规工作流程。结合市冶金、机械、化工、医疗器械等支柱产业的行业特点,思考和探索建立行业专项合规计划,分批次开展合规指导,协助企业围绕劳动用工、商业贿赂、安全生产等方面开展专项合规检查,并通过相关法律服务摸索事中合规法律服务产品,涵盖合规尽职调查、出具合规报告等。

第七，共同建立定期会商制度。建立联席会议制度，适时组织相关单位召开联席会议，商讨推进行政合规与刑事合规建设工作中遇到的困难和问题，研究工作方法、形成工作合力。目前，张家港市企业合规监管委员会共召开四次联席会议，就企业合规规范性文件的制定、修改，事前合规工作推进、合规经费管理、运行流程、巡回检查小组组建等问题研究讨论，不断推进企业合规试点工作向纵深发展。

下一步，我院将从以下六个方面加强探索。

一是建立移送案件备案监督机制。规定行政机关在依法查处违法行为过程中，发现有构成犯罪或有重大犯罪嫌疑，依法可能需要追究刑事责任的涉企案件，应及时移送公安机关处理，并统一制作移送书，报检察机关备案；公安机关对行政机关移送案件经审查作出立案或不立案决定，在书面通知行政执法机关的同时，报检察院备案。检察机关在备案审查中发现涉案企业符合合规监督考察条件的，可以书面建议行政机关或者公安机关适用合规从宽制度，开展调查评估，决定是否启动合规监督评估程序。企业通过合规验收可以获得行政从宽或刑事从宽的激励措施。

二是建立提前介入、主动对接机制。对涉企重大、疑难案件，在行政调查阶段即提前介入，在法律咨询、证据收集固定、刑事立案标准等方面引导行政机关开展调查。同时，检察机关对涉案企业是否符合合规从宽制度适用条件，应引导行政机关开展调查评估工作，对企业的内部结构、经营规模、业务和产品线的运营管理模式，以及政府监管和所在行业所面临的合规风险进行全面调查，为下一步合规制度适用、第三方监督评估组织的产生等工作提供参考。

三是建立移送案件跟踪监督机制。对于行政执法机关移送公安机关的涉企犯罪案件，检察机关应指派专人对公安机关立案后的侦查情况进行全程跟踪监督，及时掌握案件情况，从源头把控落实少捕慎诉慎押的刑事司法政策。

四是建立移送案件信息反馈制度。对于行政机关移送后公安机关决定不予立案或者立案后决定撤销的涉企案件，行政机关应当对案件依法作出处理，并将处理结果通报公安机关和检察机关。检察机关对作出不起诉决定的案件，认为依法应当给予行政处罚的，提出检察建议并移送行政机关处理。

五是建立涉企行政案件评查制度。定期组织检察官对涉企行政案件进行评查,查找行政案件中暴露出的企业违法风险点,查看行政机关对企业违法风险进行排除的方式、方法是否恰当、有效;有无对企业的违法涉罪原因进行剖析,提出建议、辅导、提醒等。

六是建立不起诉后定期回访制度。检察机关应在作出从宽处理决定后的一段时间内,联合相关行政部门和第三方监督评估组织通过走访等方式对企业跟踪回访,促进企业将刑事合规逐步延伸到行政合规,形成全面合规的自觉。同时,检察机关应跟踪监督,发现存在实施新的违法犯罪、没有有效运行合规管理体系或者其他需要撤销不起诉决定情形的,根据情况决定是否撤销不起诉决定,提起公诉。

深圳市宝安区人民检察院第二检察部主任黄美华作了题为《企业合规行刑衔接的“宝安样本”》的报告。黄美华主任认为,从商户使用微信扫码点餐功能违规收集公民个人信息案入手,宝安区人民检察院在开展多行业个人信息保护专项行动的巡查过程中发现,宝安区某商场入驻的 15 家商户存在不同程度的利用“扫码点餐”小程序违规收集公民个人信息的问题,负有监管职责的深圳市市场监督管理局宝安区分局存在怠于履行职责的行为。经请示深圳市人民检察院,宝安区人民检察院对该案进行立案,向宝安区监管局发函督促其履行监管职责,并对相关涉案企业进行个人信息保护行政合规。本案首次在行政公益诉讼合规案例中引入第三方监督评估机制,由专家组成的工作组负责在确定的考察期限内对商户进行考察督导,对商户的正规方案的合法性、可行性进行验收评估,最后出具合规考察报告供执法机关参考。这启示我们,行政领域的合规不仅是由行政机关发起,检察机关还可以从公益诉讼的角度进行监督,企业合规应当交给专业的第三方进行监督和跟进。

深圳市宝安区在 2020 年 3 月开始合规建设,依据自己独特的区情,力图打造合规宝安区的样本。一是统筹区委区政府成立区级合规建设委员会。合规建设委员会由行政职能部门、司法机关和监察委三家联办,下设刑事合规、行政合规、信用合规和行业合规四个合规小组。二是加强行政监管单位联合配动。合规建设委员会优化重点企业联合执法检查,区司法局牵头重点行政执法单位分批推出行政执法自由裁量权清单。三是建立信用分级监管系统以及信用修复机制。合规建设委员会对辖区内企业进行信用分级,信用级别和企业优惠政策相挂钩,从而推动行政执法部门细化辖区重点企业的违法违规行为,并推动“从快从简”信用修复地进行。四是强化科技支撑,升级信用宝安区系统。合规建设委员会建立企业合规建设管理信息平台,设立监管端口、领导端口、企业端口和第三方端口,适用职权启动和申请启动两种启动方式。五是强化人才支撑,打造企业合规服务高地。合规建设委员会引进全国合规专家、共建合规工作室,建设第三方监督评估专家名录库,吸收254名高、精、专法律服务人才加入合规智库。六是强化平台支撑,共建企业合规管理示范基地。合规建设委员会共建企业规范管理示范基地暨稽查核查实训示范基地,综合运用人工智能、虚拟现实等技术,为企业搭建“全景还原生产经营场所、全程模拟稽核流程、全面考评配合针对性指导”三位一体的实训体系。七是助力辖区企业降低成本得实惠。全区各执法部门适时采取纠错执法、分类处置违法行为等措施,有效降低企业经营成本。目前企业合规的宝安区样本已初步形成。

行政合规与刑事合规存在一种延续、交叉和循环的关系,行政监管流程与刑事诉讼流程有衔接,涉案企业所做的合规整改从行政监管持续至检察机关介入,行政合规与刑事合规有不同但交叉的合规范围、重点领域,合规整改效果依赖于行政监管与刑事诉讼的融合及彼此促进。在探索试点的过程中,我们发现存在一些难点,也试图提出自己的解决思路。一是企业自主合规的难点。由于企业规模小、管理理念与合规模式不契合、合规标准缺失以及对合规效果的担忧,企业可能不愿意开展合规。这就需要我们注重中小企业的合规需求,出台遵守法律法规最低限度的合规标准和合规指引,鼓励符合企业风险偏好及发展状况的合规建设,发挥行业自律和经济激励的作用。二是行政合规的难点,主要是合规监管的表面化。这就需要我们紧抓高层承诺及合规落地,重视信用体系建设及并网融合,注重合规引导与合规服务,强化第三方合规监管,充分利用多机关协作的聚合效应,来促使合规监管落到实处。三是刑行衔接的难点。刑行衔接介入时间点、结果互认效力、第三方监管专家费用如何制度化?我们认为应当加强企业刑事合规、行业合规管理协作,扩大合规培训与宣讲,再将前期探索的经验做法上升为制度规定。基于经验总结,我们完善并制定了《宝安区人民检察院企业合规办案指引》,对企业合规工作的整个流程、工作要点、重要事项予以明确;出台《宝安区公检法及行政执法机关企业合规工作衔接办法(试行)》,将合规整改节点提前至行政执法阶段,合规整改节点延后至法院审判阶段,同时将第三方机制的广泛适用与认可作为互认的前提。

北京市市场监督管理局法制办主任吴恒友作了题为《平台经济行政合规治理的尝试》的报告。吴恒友主任认为,平台经济是指由互联网平台协调组织资源配置的一种经济形态。平台经济在北京经济发展中占据重要地位。北京市市场监管局于今年对北京市10余家平台企业开展了行政合规治理活动,呈现了如下亮点:一是突出高位推动,加强顶层设计。本次平台治理整合了北京市优势行政资源。二是突出统筹推进,强化行业协同。通过建立每日会商机制,加强沟通协同和专业支撑,通过治理工作提高了企业规范治理的认识和水平。三是突出问题导向,强化企业自律。从问题出发,治理工作坚持以党建引领促整改,以政策指导促整改,以风险提示促整改。四是突出规范发展,强化整改成效。治理工作从平台自查入手,在核查平台自查报告基础上,借助第三方力量评估自查报告,推动落实整改实效。行政合规治理实现了企业合规预防与规范并举,创设了综合动态化经济治理的新范式,补充了现代化行政治理的框架结构。

这启示我们:合规治理制度建设必须要整合社会资源,与社会发展、经济安全、权益保护等有机结合,推动社会共治。此外,合规治理还应当体现出经济发展特色,通过顶层设计、基层摸索和强力推动完成合规治理架构和机制建设。作为本次平台治理的行政监管部门,我们也有一些反思:一是合规计划审查标准未来应不断成熟化、体系化。如何审查企业合规计划的有效性和完整性,行政监管部门应当制定相应的审查标准或指导意见。二是“重处罚轻协商”的监管思路有待完善。为适应经济发展的要求,行政监管部门应当在现有行政监管模式上,加强行政和解与行政指导协商模式的探索。三是垄断及其他违法行为多样化,为合规管理提出新要求。行政监管部门应当增强行政合规监管的科学性和针对性,根据企业的具体情况不断探索调整执法模式。未来,应当加强与相关职能部门在知识产权、商业贿赂、非法经营、食品药品违法等传统领域的合作,并在平台经济、高科技领域治理方面作出更多有益探索。

深圳海关缉私局法制一处副处长戴冰作了题为《海关缉私部门在刑事合规改革中的定位与应对》的报告。戴冰副处长表示,海关总署缉私局为海关总署内设机构,受公安部和海关总署的双重领导,以公安部领导为主,重点是加强政治领导、干部管理和队伍建设,海关领导负责海关缉私业务工作。这种部门的双重属性有利于加强司法机关和海关行政监管部门的协作和沟通，有助于海关缉私部门在刑事合规中发挥积极作用。

以走私犯罪案件为例。走私犯罪案件中单位主体较多，以民营企业为主。缉私部门在侦办走私犯罪案件过程中，从社情掌握、情报研判、立案侦办、侦查终结、移送起诉到补充侦查的诉讼的这段时间，长时间和涉案企业及其所在行业进行接触和了解，客观上会对公司治理结构、日常经营情况、参与走私动机、涉案程度深浅等问题有一个较全面的认识，从而形成基于第一手办案信息获得的判断，这种判断有可能比诉讼案卷材料展现得更为全面和具体。海关缉私部门可以从事前、事中和事后三个阶段进行刑事合规的参与。在事前阶段，遴选及推荐合规对象。海关缉私部门应从企业历史、业务分布、人员结构、行业情况、涉案深浅、主从地位、悔罪表现和改进余地进行综合考量，为检察机关选取和推荐合规对象。在事中阶段，审定合规计划的可行性。在实体上，海关缉私部门要审查合规是否针对违法症结、是否具有可操作性；在程序上，海关缉私部门要充分发挥受公安部和海关总署双重领导的自身优势，在合规计划审定过程中有针对性地邀请海关业务部门专家参与讨论专业性问题。在事后阶段，审查及验收合规考察。海关缉私部门通过推荐第三方评估专家，参与合规考察及听证，独立发表听证意见，对合规报告进行验收考察。

海关缉私部门参与刑事合规改革，是实现刑法教育、规范功能的途径之一；是当事人认罪悔罪、弥补损失的重要表现；是落实宽严相济刑事司法政策的新抓手；是促进综合治理、行业自律、自我整改的手段；是反哺监管，促进政策优化，形成良性互动的要求。因此，在未来我们要深化海关缉私部门参与刑事合规改革的程度。首先是个案积极参与，谨慎探索适用范围。目前最高人民检察院出台的一系列推进刑事合规改革文件，尚未上升为法律或司法解释形式；与此同时，公安部和海关总署暂未出台相应文件和制度，以承接检察机关的改革创新。海关缉私部门的刑事合规参与需要加强立法正当性的考量。其次是刑事合规前伸后移，侦查部门全程参与。刑事合规程序启动的时间可以提前，建议在侦查阶段就可以启动合规程序，采取侦查阶段企业主动启动和审查起诉阶段检察机关主导验收审核相结合的方式。刑事合规程序的参与主体中，作为经办单位的缉私部门需要被刑事合规制度明确规定，并作为特殊主体全程参与其中，改“友情赞助”为“法定职责”。最后是刑事合规的成果覆盖后续的行政处理。《行政处罚法》规定对不起诉人需要给予行政处罚的，应当及时移送有关行政机关。最高人民检察院刚出台的《关于推进行政执法与刑事司法衔接工作的规定》也明确检察院决定不起诉的案件，应当同时审查是否需要对不起诉人给予行政处罚。问题是合规成功后的企业如果同时面临高额罚款等行政处罚，企业仍然具有很高破产风险，因此在未来应当考虑在后续的行政处理中延续刑事合规的成果，真正挽救企业的生命。

中国政法大学比较法学研究院院长解志勇作了题为《企业合规语境下的行政监管激励机制》的报告。解志勇院长表示，企业合规的含义可以从积极、消极和外部激励机制三个方面进行理解。在积极层面，企业合规是指企业在经营过程中要遵守法律和规则，并督促员工、第三方以及其他商业合作伙伴依法依规进行经营活动。合规意味着企业既要遵守相关法律法规及监管规定，也要遵守相关标准、合同、有效治理原则或道德准则。在消极层面，企业合规是指企业为避免或减轻因违法违规经营而可能受到的行政责任、刑事责任，避免更大的经济或其他损失，而采取的一种公司治理方式。若不合规，组织可能遭受法律制裁、监管处罚、重大财产损失和声誉损失，由此造成的风险，即为合规风险。在外部激励机制层面，为鼓励企业积极建立或者改进合规计划，国家法律需要将企业合规作为宽大行政处理和宽大刑事处理的重要依据，使企业可以通过建立合规计划而受到一定程度的法律奖励。企业合规语境下的激励机制包含行政监管部门依据合规所建立的宽大行政处理机制、刑事司法部门基于合规所推行的宽大刑事处理机制、国际组织基于合规所实施的制裁消除机制三个板块。

我国目前已经在金融企业、国有企业以及中国企业境外经营建立起合规管理体制。但是，我国的行政监管激励制度也面临发展上的瓶颈。以我国证券业企业合规制度建设为例。中国证监会在证券期货领域先行试点行政和解，出台《行政和解试点实施办法》，初步建立证券行政和解制度；发布《证券公司和证券投资基金管理公司合规管理办法》，以行政规章方式对各类证券经营企业实施合规管理提出了法律要求。中国证监会所建立的强制合规制度以及合规激励机制，是我国行政监管部门第一次在全行业强制推行合规管理制度，该制度对不依法依规建立合规管理保障机制的证券企业确立了法律责任，这对于证券企业积极完善合规计划，建立健全合规团队，有效维护合规管理机制的运行,起到了积极的推动作用。完善我国证券企业合规制度建设,应当完善行政和解制度的配套制度,使行政和解制度落地。可以尝试将合规管理制度普遍、明确地引入所有行政和解实施过程中,针对不同类型行政和解设计不同的合规管理指南,引导企业建立或改进合规计划。此外,可在行政和解中公开和解协议内容,公开涉案企业的合规管理报告以及进展报告。在考验期结束之前,监管部门要对企业履行行政和解协议的情况进行检查验收,经检验认定为完全履行和解协议的,才最终停止行政执法程序。

行政合规与刑事合规的衔接存在一系列问题。一是在行政监管调查和刑事侦查程序之间,存在"时间差"引发的程序衔接障碍。我国金融类法律往往适用"行政处罚前置"制度,即先由行政监管部门对涉案企业展开行政调查,作出行政处罚,对于其中涉嫌犯罪的企业,再移送刑事侦查部门进行立案侦查。由此引发的程序衔接问题,除了因监管调查与侦查程序竞合所导致的程序耗费外,最终处理上也存在难点,如果行政部门在执法过程中施以严厉处罚,则进入刑事诉讼程序后,刑事司法部门就不可能吸引企业选择合规方案,"合规不起诉"也就难以实施了。因此,建议行政监管部门和刑事司法部门在合规监管领域应建立信息共享机制,避免司法资源的浪费,同时可以提高企业主动纠错的效率。二是检察机关欠缺有效合规计划的基本标准。建议检察机关都应联合相应行政监管部门制定发布专门合规风险的有效合规计划,共同为企业制定具体可行的合规管理标准,统一行政合规和刑事合规的标准,使企业合规有据可依,同时行政执法与刑事司法能更顺利衔接。

证券行政和解与证券犯罪刑事合规出罪机制的有效衔接同样存在问题,有待完善。一是中国证券监管部门应尽快制定专门性的合规管理指南。中国证券监管部门尚未制定专门性的合规管理指南,指导企业如何针对特定证券合规风险点建立或者改善证券专项合规管理计划,合法从事证券期货经营活动。二是设立合规机制应作为和解程序的启动条件之一。是否在违法前已经建立证券违法、犯罪合规机制,以及是否在和解之后贯彻行政合规的操作规范,都应列为和解程序是否启动的条件。三是在行政和解中引入完整的企业合规条款。英美国家在行政和解协议中会要求企业签署"合规条款"或者另行签订"合规协议",这些条款和协议将作为检验企业是否履行行政和解协议的主要依据,这在完善行政和解制度中值得借鉴。另外,行政和解制度需要建立监督机制和考验期。借鉴英美等国的有益实践,在达成和解协议之后设定考验期,依照建立或者完善的证券合规计划,行政相对人要在此期限内履行相关承诺,再由监管部门根据个案情况来决定是否派驻合规监督官定期对企业进行监督和验收。

中国人民公安大学治安学院教授谢川豫在评论中表示,刑事合规和行政合规可能面临衔接不畅的问题。一是中美行政合规概念的差异。合规是来自美国的舶来品。但是美国实行刑事一体化,不区分行政违法和刑事犯罪。美国的刑事合规伴随行政部门的监管,其行政和解是指行政机关、行政监管机关和涉案企业就刑事犯罪问题达成的和解。而我国的行政合规内容更为宽泛,企业与行政机关的和解,不仅包括行政违法的内容,还包括刑事犯罪的内容。因此,换个思路不谈衔接,取消对违法和犯罪的区分,考虑违法犯罪一体化之下的合规一体化的构建,这或许是一个创新的想法。二是中美对警察权理解的差异。我们理解的美国警察只是美国众多有行政执法权的机构之一,美国联邦执行机构有 60 多个,还包括一些专门委员会,如果从是否享有侦查权和强制权的角度来理解,美国的很多行政执法部门也是在行使警察权。例如,侦查企业是否涉嫌犯罪,行使法院授予的搜查、扣押等侦查权。而我国除公安机关、海关缉私局之外的行政机关不能行使警察权。三是我国没有辩诉交易及辩诉交易所体现出的交易文化。这意味着行政机关习惯在企业违规后直接管理甚至处罚,缺乏运用行政合规的思维,这是适用合规制度的一个障碍因素。四是从企业合规的视角来看,公安机关的治安管理工作相当于公安机关在进行合规监管。例如,公安机关有内保处,其工作是指导企业保卫处开展企业内部的安全保卫工作,公安机关的内保处相当于合规监管部门,而企业内部的保卫处就相当于企业的治安专项合规部门。治安部门“合规监管”的主要内容是企业可能涉及重大公共安全的问题,但对企业非涉及公共安全的经营活动,没有管理的权限。

北京大学法学院教授陈永生在评论中表示,从客观角度来看,行政合规和刑事合规有着紧密的联系。这主要体现在:一是企业的刑事合规案件绝大部分来源于行政执法机关;二是涉嫌犯罪的单位先前如果建立了有效的行政合规体系,应当从宽处罚;三是对合规成功的企业还需要进行行政处罚的,检察机关一般会将案件退回行政机关,使企业接受行政处罚;四是检察机关在开展刑事合规过程中需要行政执法机关的协助和配合。

合规的适用还可以解决我国刑事单位犯罪立案标准过低的难题。目前很多单位犯罪直接适用自然人犯罪的立案标准,导致单位犯罪的门槛很低。这个问题未来应当在立法和司法解释上予以回应,但现阶段我们可以通过扩大合规的适用来解决单位犯罪立案标准过低的问题。比如,对可能判处 3 年以下有期徒刑的自然人犯罪,通过对单位适用合规出罪,可以在实质上将单位犯罪的起刑点提高到 7 年以下或者 10 年以下有期徒刑。

全国人大常委会法制工作委员会刑法室副主任黄永在评论中说,在我看来,企业合规要重点把握理论合理性和制度框架两个维度,合规的合理性和制度构建虽然看似是两个层面的概念,但实际上二者有交叉的部分。一是合规的合理性。无论是刑事合规还是行政合规,都需要放置在企业营商环境的大背景下思考合规的合理性。比如,对于合规是企业自主性行为还是法律外部性行为等基础性认知,中美存在较大差异,美国企业通常对合规感到较大的外界压力,而我国企业则倾向于积极争取合规。因此,有必要对这种现实差异现象的背后动因和理性基础进行深入研究。又如,我国当前的企业合规采取的是合规激励机制,合规激励机制是否有合理性?在罪责刑相适应原则下,企业在合规的同时是否应当追究责任人的刑事责任?在权利、责任和利益相适应的要求下,企业在合规的同时是否应当承担例如行政罚款等其他责任?二是合规的制度框架。企业合规可以分为企业自主合规、行政合规和刑事合规三个层次。目前我国由检察机关、行政机关和第三方监管机构进行的合规监管,关键在于如何保障合规监管期结束后企业的良性经营,这可能会涉及企业从行政合规、刑事合规到企业自主合规的调整问题。

闭 幕 式

会议闭幕式由中国人民公安大学法学院唐彬彬老师主持,北京大学法学院学术委员会主任陈瑞华教授作总结发言。

陈瑞华教授表示,本次会议讨论的四个议题之间有内在关联性,主要是讨论如何使企业合规监督考察制度健康发展,以及如何解决改革过程中遇到的理论困惑和实践难题。

企业合规监督考察制度的适用对象单元的研讨,涉及该项改革适用于中小微企业还是大型企业、适用于轻微刑事案件还是重大刑事案件等问题,大家讨论得非常热烈。尤其是地级市检察院开始主导该项改革之后,出现了一批重大单位犯罪刑事案件,人们对适用的案件类型和企业类型就产生了争论。其中涉及单位犯罪的概念、单位责任与自然人责任的分离、相对不起诉与附条件不起诉分离等理论问题。经过今天会议的讨论,得以凝聚一些共识。

关于适用对象基本可以分为两种模式,一种是适用于中小微企业涉嫌轻微刑事案件的简式合规程序,另一种是针对大型企业涉嫌重大单位犯罪的范式合规程序。简式合规程序不需要设置合规考察期、合规监管人,只需要制发合规检察建议,而且可以在作出不起诉决定之后发出。该模式最大的危险就是检察建议是否具有约束力,出于这一考虑,部分试点地区的检察建议开始采取设置期限、中期考核等方式增强刚性和约束力,而一旦企业怠于按照检察建议进行合规体系建设,检察机关也有了两大“杀手锏”,一是向行政机关提出建议,加大行政处罚,二是今天会议上提到令人耳目一新的观点,即提起公益诉讼。对于范式合规程序,首先,其适用于重大单位犯罪案件,在办理过程中要注意将责任人和单位分开,就是今天许多检察长和检察官提出的分案处理的思路——将责任人先起诉,对单位则按照合规考察程序办理。其次,根据案件情况和整改难度设立 6 个月到 1 年的合规考察期,并指派合规监管人。

关于企业合规整改与验收标准问题,与会嘉宾也展开了热烈的研讨。一派观点坚持“制度纠错说”,认为刑事合规不同于企业合规,刑事合规就是制度纠错和制度修补,目的在于找到犯罪原因、堵塞制度漏洞、消除制度隐患。这种观点看到了检察机关督促合规整改具有时间限制;另外,也看到了不做有针对性的整改是无法解决问题的,不同案件中企业的犯罪原因都不相同,有的是因为公司治理结构出现问题,董事会形同虚设,公司治理“一言堂”,有的是因为财务管理制度混乱,有的是因为第三方商业伙伴管理失控,有的是因为公司法务对商业行为没有进行合法性审查,因此更多地强调单位的个性化整改。另一种观点针锋相对,坚持“体系化整改说”,认为之所以合规整改重在体系化,是因为从美国、欧洲,到世界银行等国际组织,都坚持体系化合规建设,并且全球范围内有效合规整改的标准趋于统一,我们应当直接引入这些标准。但是,面对任何一个案件,如果将公式化的合规整改计划直接交给检察机关,这样的整改注定是无效的,即便目前体系化整改说有很大的影响力,但在调研时许多检察官都认为体系化的整改过于空洞。而制度纠错说则像是打补丁，就事论事，而无法消除犯罪的真正病因。因此，经过今天的讨论，所能达到的共识是，有效的合规一定是制度修复与合规体系的结合，制度修复在于“破”，破除漏洞百出的管理模式和经营模式，合规体系在于“立”，建立一套有针对性的专项合规体系。合规整改的要义在于先破后立，先进行制度修复，再进行体系构建。

合规监管人制度的改革探索、问题与出路单元，涉及许多琐碎的问题。例如，谁来当合规监管人，合规监管人的标准，费用由谁支付，等等。目前存在两种较为极端的声音，一种认为应当直接引入美国的合规监管人模式，这种模式固然有一定优点，但容易发生利益冲突问题，很多合规监管人常由现任法官、检察官任命已经辞职的法官、检察官担任，而且监管费用极其高昂，超出了企业的承受能力，也容易影响监管人的独立性。另一种较为极端的声音出于对律师和中立专业机构的不信任，认为由检察官或者行政监管部门担任监管人较为可靠。这两种极端模式都存在一定的问题，我们可以在两种模式的中间地带寻找出路。目前基本已经达成共识，认为应由律师、会计师、税务师、科研机构的专业人员担任合规监管人，而且不能以机构的名义担任。关于费用问题，不能让监管人无偿工作，因为合规监管工作非常复杂，合规监管人是一位犯罪学专家，需要发现犯罪原因，制定犯罪控制方案，设计合规管理体系，并且负责监督落实和试运行，还需要监管部门的配合，整个过程需要大量的人力物力资源投入，因此一定要让企业承担费用。具体而言，可以由第三方监管委员会收取费用，作为合规监督考察基金，存入专用账户，支付给合规监管人的费用应从基金中开支。监管人到第三方监管委员会中领取报酬时，就知道其具有准司法人员的身份，代表合规监管委员会负责合规监督考察，要保持独立和专业的精神。

在刑事合规与行政合规的衔接单元的讨论中，我们看到，刑事合规和行政合规的衔接在于两个方面：第一，刑事合规进行到一定程度一定要延伸到行政合规，先刑事合规，再延伸到行政合规，这就是源头治理。例如，侵犯公民个人信息罪的入罪标准之一是侵犯重大敏感信息 50 条，刑事合规只解决侵犯重大敏感信息 50 条以上的情况，当初步问题解决之后，难道合规体系就不管侵犯其他 49 条重大敏感信息的情形了吗？因此，必须引入行政合规，做到不再侵犯任何一条重大敏感信息。当刑事合规做到一定程度，检察机关已经作出不起诉决定时，下一步应当做好行政合规的衔接，由行政监管部门接手工作，监督企业继续建设合规计划，从根源上治理违法违规行为。第二，虽然检察机关推进的合规整改是一种刑事合规整改，但是企业建立的合规计划应当包括行政合规和刑事合规。无论是西门子公司，还是中兴公司的合规计划，根本不会区分行政违法和刑事犯罪，例如，反商业贿赂合规计划，应当同时预防构成行政违法和刑事犯罪的商业贿赂行为。我们在对合规计划进行命名时，也是冠以出口管制合规计划、反商业贿赂合规计划、数据保护合规计划等包括刑事合规和行政合规在内的名称，如果不建立一种同时预防行政违法和刑事犯罪的合规管理体系，只强调刑事违法的特殊性，根本无法发挥预防犯罪的效果。

最后，所有改革最终目标都是立法，合规本质上是公司治理问题，但需要外部的刑事激励机制和行政激励机制，因此需要修改刑事法和行政法。美国合规领域伟大的革命不是发生在20世纪60年代，那种自生自发的合规是彻底失败的，日常性的合规管理体系，没有外部监管压力，是无法起到实际效果的；而是1991年，合规写入美国联邦量刑指南，成为减轻处罚的情节，并明确了有效合规计划的标准，到20世纪90年代后期，暂缓起诉协议和不起诉协议大量适用于企业犯罪，尤其是在2002年安达信事件后适用率开始出现爆发性增长，相当于刑诉法发生了重大变化。没有刑事法和行政法的修改，没有刑事合规和行政监管合规的共同推动，就没有风靡美国甚至全世界的合规制度。此后，一条线索是在英国通过立法引入暂缓起诉协议制度后，澳大利亚、新加坡、法国等国家都引入了暂缓起诉协议的程序出罪制度；另一条线索是大陆法系国家意大利2001年颁布了《第231号法令》，规定了合规实体出罪制度，《西班牙刑法典》也规定了一种具有相同功能的制度。因此，我们这场改革试验的最终目标，一是推动刑诉法修改，将企业合规监督考察制度写入刑事诉讼法，甚至可以专章设置企业犯罪案件特别刑事诉讼程序；二是修改刑法典，将单位犯罪定义重塑，将单位责任和自然人责任分离，将已经建立合规体系作为出罪的根据、无罪抗辩事由以及减轻处罚的情节。感谢各位嘉宾对本次会议的支持，让我们一起推动这项事业持续向深入发展。